國家社科基金重大項目（10&ZD104）成果

宋代筆記研究叢書

戴建國 主編

宋人筆記視域下的唐五代社會

張劍光 著

中原出版傳媒集團
中原傳媒股份公司
大象出版社
·鄭州·

圖書在版編目(CIP)數據

宋人筆記視域下的唐五代社會 / 張劍光著. — 鄭州 ：
大象出版社, 2020. 6 (2021. 5 重印)
(宋代筆記研究叢書 / 戴建國主編)
ISBN 978-7-5347-9863-4

Ⅰ. ①宋… Ⅱ. ①張… Ⅲ. ①社會生活-史料-中國
-唐代②社會生活-史料-中國-五代(907-960)
Ⅳ. ①D691. 9

中國版本圖書館 CIP 數據核字(2018)第 159831 號

宋人筆記視域下的唐五代社會

SONGREN BIJI SHIYU XIA DE TANG WUDAI SHEHUI

張劍光 著

出 版 人 汪林中
責任編輯 成 艷
責任校對 毛 路 李婧慧 萬冬輝 牛志遠 安德華
裝幀設計 王莉娟

出版發行 大象出版社(鄭州市鄭東新區祥盛街 27 號 郵政編碼 450016)
發行科 0371-63863551 總編室 0371-65597936
網 址 www. daxiang. cn
印 刷 洛陽和衆印刷有限公司
經 銷 各地新華書店經銷
開 本 720 mm×1020 mm 1/16
印 張 36. 75
字 數 605 千字
版 次 2020 年 6 月第 1 版 2021 年 5 月第 2 次印刷
定 價 98. 00 元

印廠地址 洛陽市高新區豐華路三號
郵政編碼 471003 電話 0379-64606268

序

戴建國

“宋代筆記研究叢書”係國家社科基金重大項目“《全宋筆記》整理與研究”的重要成果。

在中國古代，筆記作爲一種文體乃隨筆記事而非刻意著作之文，其以質樸、不事雕琢的特色生動呈現了古代社會生活的場景。筆記既有對社會重大事件的記録，也有對微觀生活的叙述，蘊含着豐富的社會文化，是中國傳統文化寶庫中一顆璀璨的明珠。筆記文獻在文化史、社會史、學術史、科技史等領域的研究價值是其他文獻無法替代的。

宋代是中華民族燦爛文化創造的高峰期。陳寅恪先生云：“華夏民族之文化，歷數千載之演進，造極於趙宋之世。”宋代人文昌盛，經濟發達，對外交流極爲頻繁，儒、釋、道相容并包。有學者指出：筆記作爲獨具一格、隨筆記事的文體，長短不拘，輕鬆活潑，是古代文體解放的重要標志。這種文體在宋代文學史上占有一席之地，值得將其作爲獨立的文體門類進行學科性的探究。文體的解放與環境、寫作者意識的開放相關聯，不拘一格的筆記是精神環境相對寬鬆、士人文化勃興氛圍下發展的結果。

宋代的這些時代特色，在筆記中都有具體的記載和生動的反映。如北宋的《夢溪筆談》，記載了人類發展史上最早發明活字印刷術的畢昇，并記述了二百多條有關自然科學方面的内容，涉及數學、天文學、氣象學、地質和礦物學、物理學、灌溉和水利工程學、農藝學、醫藥和製藥學等。指南針發明後，我們的祖先將其運用於航海，大大便利了海上航行。朱彧的《萍洲可談》是現存最早記録這一活動的宋人筆記，書中記載：“舟師識地理，夜則觀星，晝則觀日，陰晦觀指南針。”

宋代處於海上絲綢之路的興盛時期，對此，宋人筆記亦多有記載。例如：周去非《嶺外代答》，保存有南海、南亞、西亞、東非、北非等地古國及交通方面的寶貴資料。成書於1225年的《諸蕃志》,記述了海外諸國的物産資源,其範圍東自日本,西極東非索馬里、北非摩洛哥及地中海東岸,内容詳贍,記載明晰。因相關不少國家、地區尚處於無文字時代,故此書記録尤顯珍貴,是研究中古時期中西交通、海上絲綢之路及東南亞、南亞、西亞、北非等地歷史風土的重要文獻。

中華民族是一個多民族組成的大家庭,宋人筆記也爲我們記述了多民族共同生活、共同書寫歷史的活動。如范成大《桂海虞衡志》生動真切地記載了宋代西南、海南各少數民族聚居地區的民俗風情及氣象地貌、礦産土物、民族特色、中外交通,乃至政治、經濟、文化、軍事等社會狀况,是極爲可貴的實録,給後人留下了以桂林爲中心的西南地區的歷史地理、社會學、人類學、民族學、民族史、中外關係史、中外貿易史、經濟史、生物學、農學、地質學等衆多領域的珍貴史料。

《夢溪筆談》《東京夢華録》《萍洲可談》《容齋隨筆》……這一部部鮮活的筆記,記録了我們先人的偉大發明創造,記録了我們民族認識世界、改造世界的活動,構成了我們民族記憶的瑰麗寶典。

"宋代筆記研究叢書"共計七部研究成果,從文史結合的角度多方位地探討了宋代筆記的文獻價值及所蘊含的豐富的社會文化價值,將微觀考釋與宏觀論述相結合,探求唐宋時期社會文化繁榮和發展的歷史軌迹。

研究成果之一《全宋筆記書目提要》,是爲《全宋筆記》收録的宋人筆記逐一撰寫的學術提要。對相關筆記的作者、筆記内容、版本流傳、學術價值等詳加考訂,并吸收采納最新的研究成果,糾正文獻流傳過程中的訛誤,言簡意賅地反映了《全宋筆記》的基本面貌和學術研究成果,揭示出這些筆記的史料價值和學術意義。

研究成果之二《兩宋筆記研究》,通過對宋代筆記史料的全面搜集、梳理和辨析考訂,對筆記的源流和筆記概念的界定、筆記的數量及分類、筆記中之僞書問題、宋代筆記興盛的社會文化背景、筆記的撰寫體裁與史料來源、筆記的刊印傳布、筆記作者等諸多問題作了詳盡的論述。此成果在學界已有研究的基礎上,對宋人筆記作了更爲深入的研究,提出了一些新的見解。

研究成果之三《宋人筆記視域下的唐五代社會》，深入探討了筆記所反映的唐五代時期的社會生活。在傳世的宋代筆記中，有一部分保存有唐後期至五代社會生活的資料，具有獨特的史料價值，記録了中唐以降至五代社會的深刻變化。這些變化顯著地體現在人們的飲食、住居、交通、婚姻、家庭、教育等方面。社會生活的變化是社會進步的標志，所有這些變化爲其後宋代社會經濟和文化的進一步繁榮打下了基礎。

研究成果之四《筆記語境下的宋代信仰風俗》，認爲經歷了唐宋之際政治、經濟、社會、文化的重大變革，宋人的宗教觀念和信仰習俗也展現出前所未有的新特點。首先，人們的社會生活更趨豐富，與之相應，信仰習俗也更加複雜。其次，宋王朝"佛、道并重"的政策使佛、道二教獲得發展良機，從而在民間廣泛傳播。再次，原始崇拜所具有的神秘虚妄色彩至宋代有所淡化，在諸多信仰活動和崇奉儀式中已增添了不少俗世情趣和生活氣息。

研究成果之五《宋代的仕女與庶民女性——筆記内外所見婦女生活》，以社會性别理論作爲分析的主要工具，以筆記爲主要資料，揭示了宋代婦女生活的面貌。選取社會下層婦女這一群體進行探討，以乳母群體爲例，進行個案的分析論述，探究宋代庶民婦女的生活，認爲乳母本爲婢女的一種，也具有由下層向上層流動的特點，與妾具有某些共通點。

研究成果之六《宋代筆記語言概論》，對筆記史料進行了文字學、詞彙學、訓詁學、語音學、語法學等多視角的全面考察，并深入探討了筆記中的一批新詞新義、詞義演變、常用詞、方言俗語、行話隱語與外來詞語，總結了筆記中藴含的因聲求義、求證方言、追求語源、排比歸納、鈎沉古注、探求理據、古今對比等訓詁方法，從古今語音演變、南北方音差异、實際語言與韵書記録差异等多個角度對語言進行了深入研究。

研究成果之七《宋代筆記國際學術研討會論文集》，是課題組 2015 年主辦的學術研討會會議成果，收録了 20 位學者的論文。這些論文運用筆記材料，對宋代社會文化史、政治經濟史及文學史諸領域作了多維度的研究，或運用新理論、新方法從文本、空間等新視角切入，深入解讀宋人筆記文獻；或考證梳理兩宋興衰治亂之由，進一步拓展了文史研究的新領域。

本叢書的出版，是參與子課題研究工作的各位學者同心協力、多年辛勤耕耘的結果。這些成果爲我們認識有血有肉、豐富多彩的宋代社會提供了一個多方位的視角。這套叢書是我們對宋人筆記進行初步探討的階段性的研究成果。我們深知這些研究還有諸多不足,在此敬請讀者批評指正。

2019 年 7 月 20 日

目録

第二章　住居與交通 / 九九

第三章　商業與消費 / 一五九

第六章　節日與文娱 /四六一

緒論

在目前存世的數百種宋代筆記中,有相當部分或多或少記録到唐五代社會的政治、軍事、經濟、文化、藝術、思想和社會生活,這些史料有其獨特的一面,是研究唐五代歷史的重要參考資料。深入、詳細地對這些資料進行整理研究,對唐五代歷史研究是十分有益的,既可以拓展唐五代研究的資料範圍,又可以得出許多新的觀點和結論,應該引起學術界的足够重視。

一、宋人筆記對唐五代社會記載的三個階段

從現有的宋人筆記來看,涉及唐五代的資料,不同時期的作者在記録的興趣上是有所不同的,而且無論是記録方式還是可信度,均有較大的差别。如果要將這些筆記進行大體分類,我認爲可以粗略地分爲三個階段。

第一個階段爲北宋前三朝的筆記。主要是宋太祖、太宗、真宗年間宋人撰寫的筆記。這個階段的筆記有相當數量是描寫唐五代社會的政治、經濟和社會生活的變遷。由於這些筆記的作者大多是由五代入宋,他們在五代各個國家爲官任職,亦有人是唐末五代官員的後代,他們本來有着比較美好的政治前途,衹是因爲國家大形勢發生了變化,旗幟變易,跟着前輩一起來到北方。這些人在唐末五代有政治經歷,或抱有特殊的政治情結,或想對上一個朝代的所見所聞進行記録、總結和借鑒,因而他們詳細地記録了唐五代社會的方方面面,描寫的內容特别有助於展示社會生活的時代特點。有很多筆記,專以唐五代舊事爲記録對象,對唐五代一個國家或一個方面的描繪十分詳細。比如《北夢瑣言》《南唐近事》《江表志》《南部新書》等書,實際上就是一部部筆記體的小型史學著作。這部分筆記的記録內容,有很多是第一手資料,可以補充唐人記載的不足,與唐代的筆記相互印證。如果從《全宋筆記》的收録上看,這部分著作主要集中在第一編的前五册。

第二個階段爲北宋仁宗以後至北宋末期的筆記。仁宗以後，從五代進入北宋的政治人物都已作古，唐五代遺民的政治情結漸漸消失，以自己或家人在唐末五代任官的政治經歷作爲記録内容的筆記基本不再出現。宋仁宗時期，宋朝的政治發生了很多變化，尤其是邊疆形勢越來越緊張，朝廷君臣試圖借鑒唐代的經驗教訓作爲宋王朝振興的法寶，一股探討唐代歷史的熱潮出現，大批歷史著作也隨之產生，如石介的《唐鑒》、陳彭年的《唐紀》等。這股潮流的產生，主要與仁宗君臣們注意到唐王朝"制度文物可觀"大有關聯。仁宗曾説："唐有天下幾三百年，明君賢臣……盛德顯功，美政善謀，固已多矣。"他對當時史書沒有效法唐代"典章制度之英"不滿，説："史官非其人，記述失序，使興壞成敗之迹，晦而不章，朕甚恨之。"[1]因此，借鑒唐代的經驗教訓，以振興大宋王朝，是當時許多大臣的共識。這種意識，在宋人的筆記中時有反映，相當一部分筆記是抱着彰顯唐代制度而編著的。有學者以唐五代科舉史料爲例，發現這個時期的筆記"博采唐五代及宋初先輩舊籍"，既有雜史筆記，又包括大量詩文，"絶大部分爲唐五代人作品，少數爲宋初人作品"。此外還有的資料來自作者所目見的金石遺物。[2] 如果亦從《全宋筆記》的收録來看，這部分著作主要集中在第一編的後五册、第二編和第三編。

第三個階段主要是南宋時期的筆記。由於政治、軍事形勢發生了重要變化，宋王朝偏居東南一隅，宋人撰寫筆記的興趣發生了重大轉變，對唐五代的記載明顯減少。不過，亦有一些文人對唐代的詩文和制度有不少考訂和研究，一些文人在論述北宋制度時會上溯至唐五代。這一時期的筆記中，純粹的大段關於唐五代新史料的抄録較少，大部分是南宋文人引用唐五代詩文進行糾謬、辨僞和考據，亦常見有人利用金石材料與文獻參證。他們的主要目的是借古喻今，常會在説宋代的制度有什麽問題時往前推到唐五代舊制，從而拿來作爲比較。如洪邁《容齋隨筆》的一千二百二十個條目中，有約二百七十條的記載是與唐代的歷史和制度有關的。南宋何异作序時説《容齋隨筆》："可以稽典故，可以

1 陳振孫：《直齋書録解題》卷四《正史類・新唐書》，上海古籍出版社，1987年，第103頁。

2 宫雲維：《有關宋人筆記中唐五代科舉史料的幾個問題》，《古籍整理研究學刊》2003年第1期，第18~22、42頁。

廣聞見，可以證訛謬，可以膏筆端，實爲儒生進學之地。”[1] 亦就是説，這個時期的筆記對研究唐五代歷史，雖然没有前兩個階段的作用大，但仍是比較重要的。一方面我們可以看到宋人對唐五代歷史的考鏡源流，另一方面仍會不時出現一些今天不見的新材料，儘管這些材料是比較零散的。從《全宋筆記》的收録情況而言，這部分著作主要是第四編以後的筆記。

二、宋人筆記對唐五代社會記載的資料價值

這些記載了唐五代史料的宋人筆記，對研究唐五代歷史有着重要的作用。儘管不同時期的筆記對研究唐五代歷史作用有大小，但不可否認這些筆記有着特殊的價值。舉其大者，我認爲有這樣幾個方面值得注意。

宋人筆記記載的唐五代史料内容比較廣泛。首先，宋人筆記記載了唐後期、五代政治的許多内容。舉凡唐五代的宫廷制度、政治鬥争、職官制度、科舉制度、行政構架、政治人物的活動和政治生活，都有豐富的記載。[2] 尤其是關於十國中的南唐、前後蜀、楚等國的記載，資料較爲集中，内容翔實，研究這些國家的歷史，宋人筆記中的記載是特别重要的史料。而宋人對唐五代政治制度、盛衰興廢、皇帝和大臣的評價，往往使用了今天難以見到的一些史籍，得出了一些重要的評價。其次，宋人筆記記載了許多唐五代社會生活的内容。一些作者比較注意日常生活，記録了許多道聽途説的故事，可以與歷史文獻相互印證。這些反映人們平時生活的資料包含着豐富的歷史信息。諸如衣食住行、婚姻喪葬、政治經濟、文化教育、宗教信仰、節令風俗、生活心態等，涉及唐五代人們生活的方方面面。再者，宋人筆記記載了唐五代文學藝術的大量内容。筆記作者

1 何异：《容齋隨筆總序》，載《容齋隨筆》，上海古籍出版社，1978 年，第 1 頁。

2 例洪遵《翰苑遺事》云：“唐人奏事，非表非狀者謂之‘榜子’，亦謂之‘録子’，今謂之‘札子’。凡群臣百司上殿奏事，兩制以上，非時有所奏陳，皆用札子。中書、樞密院事有不降宣敕者，亦用札子，與兩府自相往來亦然。若百司申中書，皆用狀，惟學士院用諮報。其實如札子，亦不出名，但當直學士一人押字而已，謂之‘諮報’。此唐學士舊規也。唐世學士院故事，近時隳廢殆盡，惟此一事在爾。”（《全宋筆記》第四編第八册，第 108 頁。注：凡出自大象出版社《全宋筆記》的引文，後文中均僅注明編、册數）類此資料，對研究唐代政治制度十分重要，在宋人筆記中有相當的分量。

往往就是著名的文人,他們有着較高的文化藝術素養,張口就能拈來唐五代的詩詞,可以大量摘引唐五代的詩詞探討詩歌形式、内容上的問題,對唐五代人的詩詞作出深刻的分析。唐後期至五代,是繪畫藝術變化較大的一個時期,人物畫、花鳥畫有着很大的突破,山水畫開始出現,大量畫家涌現,畫法技藝推陳出新,這些都直接對宋代的書畫發展産生較大的影響,而宋代的筆記作者們對這些比較敏感,作了大量的記載。再如語言、宗教、禮儀上的一些記載,都比較豐富,這裏不再一一列舉。總之,大量豐富的宋人筆記關於前朝歷史的記載,對推進唐五代歷史的研究,作用是較大的,應該引起學界的高度重視。

宋人筆記記載的唐五代史料,價值重大,可以從這樣幾個方面來觀察:

一是宋前期筆記記載的内容有很多是獨一無二的。因爲很多内容是作者親歷的,或者是作者根據原始資料進行的史學創作,這些内容就十分珍貴。而宋仁宗至南宋時期的筆記,儘管較多的是二手資料,是對前人書籍的轉手抄録和加工,或者引金石碑志的記載來與史料相互印證,但這些都具有比較大的價值。比如南宋洪邁的《容齋隨筆》一書,所引用過的隋唐五代史書、筆記、文集,有數十種今天已不存在[1],有些儘管衹是很短的數句話語,但至今日,是珍貴而且難得的。

二是宋人筆記關於唐五代的記載,可以補文獻之缺漏。史書文獻的記載,限於資料來源,有些衹是勾勒式的描繪,有些比較粗疏,而宋人的筆記有時通過大量的文獻分析,得出的史實往往可以補史書記載的缺略。比如吴曾《能改齋漫録》卷一一《崔湜年不可及》,提到《新唐書·崔湜傳》云:"湜執政

1 例洪邁在《容齋隨筆》卷一引《唐類表》,卷三引《唐刑統》、韋述《集賢注記》;《容齋續筆》卷一引石文德《唐朝新纂》,卷四引吕才《廣濟陰陽百忌曆》,卷七引韋縠《唐才調詩》,卷一〇引賈耽《皇華四達記》,卷一一引《登科記》、韓儀《唐制詔》,卷一三引《貽子録》、盧子期《初舉子》,卷一六引皇甫松《醉鄉日月》;《容齋三筆》卷六和卷七引《昭宗實録》,卷八引《唐賢啓狀》,卷九引范質《五代通録》,卷一〇引劉道原《十國紀年》;《容齋四筆》卷四引韋端符《李衛公故物記》,卷六引竇叔向《聯珠集》、韓偓《金鑾密記》,卷八引李繁《大唐説纂》,卷九引《貞觀氏族志》、薛漁思《河東記》、侯白《啓顔録》,卷一〇引馬永錫《唐職林》,卷一一引劉仁軌《行年河洛記》、玄度《九經字様》,卷一二引張參《五經文字》;《容齋五筆》卷七引蘇耆《開譚録》、《五代登科記》。這裏主要對程佳佳《〈容齋隨筆〉所録隋唐五代史料之研究》(上海師範大學2013年碩士論文)第一章、第四章所列的部分書目進行了重新排列。由於程文所列書目并不是十分全面,還有不少錯誤,因而這裏的舉例衹是大致加以説明。

時，年三十八。嘗暮出端門，緩轡賦詩。張説見之嘆曰：'文與位固可致，其年不可及也。'"吴曾引了《翰林盛事》説："唐崔湜弱冠進士登科，不十年，掌貢舉，選兵部。父楫，亦嘗爲禮部。至是，父子累日同省爲侍郎。後登宰輔，年始三十六。崔之初執政也，方二十七，容止端雅，文辭清麗。嘗出端門，下天津，馬上自吟曰：'春還上林苑，花滿洛陽城。'張説時爲工部侍郎，望之杳然而嘆曰：'此句可效，此位可得，其年不可及也。'"由於引用了今天已失傳的《翰林盛事》，所以可以看到："今湜傳不載此詩，是矣。第以執政時年三十八，則失之，蓋湜之賦詩時，是始爲執政，年方二十七耳，故張説嘆慕之。今湜傳仍以其後執政時，年三十六，爲説所嘆慕，其失甚明。以三十六而後爲執政，何足羡慕哉。"[1] 人們之所以看不懂《新唐書》記載張説話的意思，是因爲它省略掉了不少内容。宋人筆記由於引用了其他書籍，就可以糾正正史的缺略，這樣的材料是極爲重要的。

三是宋人筆記中關於唐五代的記載，有和現存史書相互參校的功能。宫雲維曾舉《容齋三筆》卷二《秀才之名》爲例，談到《新唐書》有關杜正倫一門三秀才的記載都比較簡單，而洪邁利用《北史》，經過資料演繹，最後搞清一門三秀才是誰，同時闡述了隋代重秀才的緣由。[2] 這樣的例子可以列舉很多。再如《容齋五筆》卷二《唐史省文之失》記載，爲了表達楊虞卿兄弟依恃了李宗閔的勢力，時人有順口溜説："欲入舉場，先問蘇、張。蘇、張尚可，三楊殺我。"[3]《新唐書》的記録中没有"先"字，而洪邁認爲這個"先"字是《新唐書》省文導致的失誤。有這個"先"字，可以更加清楚地表達出楊虞卿在科舉考試請托中的腐敗。類此例子，不再枚舉。

四是宋人筆記中關於唐五代的記載，有些帶有濃重的隨意性，但從中我們可以看到一些史實在傳説過程中有新内容的加入，這種傳説本身就是一種歷史記憶。如王銍《默記》談到晏元獻在長安曾對其僚屬説："唐小説：唐玄宗爲上

1　吴曾：《能改齋漫録》卷一一《崔湜年不可及》，第五編第四册，第 48 頁。

2　可參看宫雲維《有關宋人筆記中唐五代科舉史料的幾個問題》一文的第三部分，《古籍整理研究學刊》2003 年第 1 期，第 22 頁。

3　洪邁：《容齋五筆》卷二《唐史省文之失》，第五編第六册，第 412 頁。

皇,遷西内,李輔國令刺客夜携鐵槌擊其腦。玄宗卧未起,中其腦,□□皆作磬聲。上皇驚謂刺者曰:'我固知命盡於汝手,然葉法善曾勸我服玉,今我腦骨皆成玉;且法善勸我服金丹,今有丹在首,固自難死。汝可破腦取丹,我乃可死矣。'刺客如其言取丹,乃死。孫光憲《續通曆》云:玄宗將死,云:'上帝命我作孔昇真人。'爆然有聲。視之,崩矣。亦微意也。然則,此乃真玄宗之髑髏骨也。"因爲肅宗殺了父親,所以"因潛命瘞於泰陵云。肅宗之罪著矣。或云,肅宗如武乙之死,可驗其非虚也"。[1] 這種戲説,雖不是歷史事實,但反映出了唐後期至宋朝文人們對這段歷史的看法。宋人筆記讓我們看到了由唐入宋人們對一些歷史問題看法的演變軌迹。

當然,宋代筆記中的記載有些并不是十分可信,這是我們應該加以注意的。如洪邁《容齋隨筆》卷一《淺妄書》説:"俗間所傳淺妄之書,如所謂《雲仙散録》《老杜事實》《開元天寶遺事》之屬,皆絶可笑。然士大夫或信之,至以《老杜事實》爲東坡所作者,今蜀本刻杜集,遂以入注。孔傳續《六帖》,采摭唐事殊有工,而悉載《雲仙録》中事,自穢其書。《開天遺事》托云王仁裕所著,仁裕五代時人,雖文章乏氣骨,恐不至此。"[2] 筆記有不少是好事者所作,有許多内容似是而非,南宋人就已指出了這個問題。袁文《甕牖閒評》卷八隨手枚舉一例宋前期筆記所記矛盾之處,説:"宋齊丘之死,僧文瑩《玉壺清話》云:'齊丘少夢乘龍上天,至垂老猶存狂望,當國家發難,尚欲因釁以窺覬,時年七十三矣。事敗,囚於家,鑿土坎穿竇以給食,因而縊焉。'鄭工部《南唐近事》云:'齊丘登相位數歲,致仕,復以大司徒就徵,保大末,坐陳覺謀叛,餓死青陽。'二書不同如此,未知孰是也。"[3] 儘管他發現了記載上的不同而提出疑問,但實際上由於筆記内容傳説的成分較重,各書的記載并不能完全相符,這無疑會使筆記的價值打一些折扣。

1 王銍:《默記》,第四編第三册,第 127 頁。

2 洪邁:《容齋隨筆》卷一《淺妄書》,第五編第五册,第 17 頁。

3 袁文:《甕牖閒評》卷八,第四編第七册,第 211 頁。

三、宋人筆記對唐五代社會生活的記載十分豐富

唐五代是中國歷史上的一個重要時期。這一時期農業經濟比較穩定，商業經濟波瀾壯闊，手工業生産遠超前代，中國成爲一個具有較大影響力的國家，對東亞、中亞和西亞都産生了較大的政治和經濟上的影響。在這樣一個經濟比較發達的社會，許多新的因素漸漸萌芽，出現了不少與以前各個朝代不一樣的社會新景象。

經濟發展所帶來的這些新氣息，在生活上反映十分明顯，爲唐五代人們提供了享樂的物質條件，爲社會上層人士的奢侈生活提供了方便，爲普通人追求優厚的生活提供了前進的動力。總體上説，中唐以後至五代，人們在飲食、住房和交通上，在商品生産和消費上，在家庭生活和婚嫁喪事上，在教育和文化事業上，在節日、文娱和競技活動上，都發生了深刻的變化。這種變化的産生，是社會向前發展的標志，是魏晉南北朝以來許多舊的社會因素的結束和趙宋以後新的社會因素的萌芽，是社會形態從一種階段向另一新階段過渡的反映。這種社會生活上的變化，預示着整個社會結構將發生一定程度的變革。

通過對宋人筆記中關於唐五代社會生活資料的分析，我們發現宋人筆記恰恰對這種社會變化給予了大量的記載，内容十分豐富。

唐五代社會生活上的變化，首先顯著地體現在人們的日常生活中。飲食上的變化比較明顯，都愛好肉食，不但肉食的品種較多，有牛、羊、猪及小家禽和野生動物，而且肉食的數量有增加，在人們的飲食中占有重要地位。肉食數量的增多，與經濟水準的提高和人們生活品質的變化有關。唐五代人都喜歡食魚，沿海、沿江和一些湖泊的周圍地區，很多人終年食魚，能做出很多新品種的魚菜。海魚的食用數量增多，表明沿海地區漁業經濟較爲發達，且與内地的往來較爲頻繁。飲茶和飲酒在唐五代風行，深刻地影響了人們的飲食生活習慣。特别是飲茶，作爲一種新出現的社會現象，反映出南方經濟的快速發展和社會生活的變化。

社會生活的變化亦體現在人們的住居和交通上。對中古社會而言，居家條件與交通工具是衡量人們生活水準的重要方面。城市民居建築的樣式，最能反

映城市的經濟發展狀況，能看出人們精神文化的變化。唐五代官員們不但在城市中有住宅，而且在城外大量興建别墅和莊園，普通人的住宅條件亦有所改觀。城市内部和城市附近，大量興建園林，講求環境改善，注重緑化。城市交通工具種類繁多，交通路綫密布，逆旅住宿條件改善。從人們住居和交通的風尚中，可以清晰地看到唐五代的時代風貌。

唐五代商業發展比較迅速，出現了很多新的氣象，商業經營上的新元素越來越多。手工業和農副産品大量地進入市場，商品化程度提高，導致整個社會的流通量增加。從事商業的人員遍及社會各個階層，人數增多，坐商和長、短途商販大量涌現，各級城市的商品流通網絡普遍建立。商業的發展深刻地影響了人們的生活，社會各個階層和市場的關係十分緊密，人們的日常生活已離不開市場，社會消費總量不斷增大。一些新的生産領域的商品消費，最能説明商業經濟對社會生活的影響，如醫療、花卉、香等，看似衹是三個具體的社會生活側面，却無不浸淫在商業經濟的發展中，説明人們的消費觀和審美觀在不斷發生變化。

社會生活上的變化深刻地影響了人們的婚姻、家庭和兩性關係，影響了喪葬觀念。隨着社會政治的變化，隨着人們價值觀的改變，擇偶觀念與前代有許多不同，能力和才情文采得到社會的推崇，離婚、再婚受到法律保護，人們對新生命的到來十分重視，慶生成爲一種普遍的現象。唐五代兩性關係比較開放，男女交往自由，人們對非婚關係寬容。市妓的出現，反映出了社會階層結構的變化和商品經濟的繁榮，人們在兩性關係的認識上發生着變化。喪葬既恪守着傳統的禮儀，又不斷增添進新的元素，具有明顯的時代特徵。

社會進步最爲顯著地表現在教育和文化上。唐五代除了政府大量興辦官學，更有意義的是鄉村教育的普及，私相傳授、家庭私學和鄉村學校，三位一體，共同促進了教育的發展，教育普及化使大量的貧寒子弟進入學校，走上科舉之路，升入官場。唐五代文化界對科舉考試的專注，使文化的發展具有時代的氣息，科舉文化影響着越來越多的士人。文化的發展促進了圖書的印刷出版和收藏，促進了紙墨筆硯書房類文化用品的生産和消費。

社會經濟的發展，城市的繁榮，使人們的娱樂活動和節日慶賀内涵不斷增加。這種民間文化生活的豐富，是人們在基本的物質生活滿足後，不斷追求精神生活的愉悦和快感的具體表現，同時亦是人們通過豐富多彩的體育和文化娱樂活動陶冶情操的表現。隨着交通的發達和人們社會交往範圍的不斷擴大，游覽之風盛行，從社會上層的官員士大夫到普通文人和城市居民，人們在舒適的生活中萌生出許多閑情逸致。

這些具有唐五代時代特色的内容，在宋人筆記中有大量的記録。因此在梳理宋人筆記時，我們自然會特别加以關注。如果進行研究，必將有助於對唐末五代社會的瞭解，有助於從社會生活中尋找出唐五代的時代特點。我們亦相信，對這些筆記中記録的唐五代社會生活内容進行具體分析，可以清晰地展現唐五代社會日常生活、經濟生活、家庭生活、文化教育生活和社會娱樂活動的發展態勢，清晰地揭示出宋人視域下的唐五代社會風貌。

四、宋人筆記可以從多角度展現唐五代社會的面貌

宋人筆記對唐五代社會生活的記載衹是一個重要的方面，還有很多其他内容值得我們注意。對這些内容進行研究，可以更加豐富地反映出唐五代社會的真實面貌。

比如宋人筆記中有大量關於唐五代典章制度的資料，一些筆記還對這些資料進行考證，從唐五代的典制中找到典制演變和發展的軌迹。宋人認爲："五季承唐以後，雖兵革相尋，然去唐未遠，制度典章，人猶得以持循。"[1] 五代與唐制度相近，照例是一致的，但事實并非這麽簡單，具體制度在不知不覺中發生變化。程大昌《程氏續考古編》卷四引《周世宗實録》云："晋天福初，楊凝式以禮書致仕。宰相桑維翰知其絶俸，艱於家食，奏拜太子少傅，尋分司。"所以程大昌推斷説："案此即致仕官無俸也。"[2] 不過宋人發現唐代致仕官是有俸的。葉夢得《石林燕語》卷五説："唐致仕官，非有特敕，例不給俸。國初循用唐制，至真宗乃始詔致仕官特給一半料錢，蓋以示優賢養老之意。"對這段話，他作了考證，發現有較多的錯誤："唐貞元五年，蕭昕等致仕，給半俸，遂爲例。大和元年，楊於

1　費衮：《梁谿漫志》卷五《五代典章》，第五編第二册，第184頁。

2　程大昌：《程氏續考古編》卷四《致仕官無俸》，第四編第十册，第157頁。

陵致仕，特全給俸料，辭曰：'半給之俸，近古所行，伏自思維，已爲過幸。'此云唐致仕官非有特敕，例不給俸，非也。"[1]他發現唐代的致仕官有半俸，并不是特例纔給。王楙《野客叢書》卷一五更是找到了法律依據："觀唐令，諸職事官年七十，五品以上致仕者，各給半禄。又致仕官，建中五年敕：所請半禄料，從敕出日，於本貫及寄居處州府支給。"[2]亦就是説，按照這些筆記的記載，唐代官員退休後有半禄料，是法令規定的，而五代後晋是没有的，官員退休後生活艱難。所以，表面上看五代是遵循了唐代的典章制度，但其中變化很大，必須作具體分析。通過這幾種筆記的揭示，我們可以看到唐五代之際制度變化是呈多樣性的。像這樣的資料其實有不少，有待於我們去探討。

宋人筆記對唐代歷史的記載還引用了很多今天已經不見的書籍，這些重要記載可以使我們瞭解許多史實的真相。洪邁《容齋三筆》卷六談道："唐僖宗幸蜀，政事悉出内侍田令孜之手。左拾遺孟昭圖、右補闕常濬上疏論事，昭圖坐貶，令孜遣人沉之於蟆頤津，賜濬死。《資治通鑒》記其事。予讀《昭宗實録》，即位之初，贈昭圖起居郎，濬禮部員外郎，以其直諫被戮，故褒之。方時艱危，救亡不暇，而初政及此，《通鑒》失書之，亦可惜也。"[3]對洪邁來説是讀史過程中的發現，而對今天研究政治史來説，則是一個重要的史實。再如《唐昭宗實録》談道："宗正少卿李克助奏：'准去年十一月赦書，皇三等以上親無官者，每父下放一人出身；皇五等以上親未有出身陪位者，與出身。寺司起請承前舊例，九廟子孫陪位者，每父下放一人出身，共放三百八十人。其諸房宗室等，各赴陪位納到文狀，共一千二十七人。除元不赴陪位及不納到狀，及違寺司條疏，不取宗室充係落下外，係三百八十人，合放出身。'敕准赦書處分。"洪邁將之與大順元年（890年）南郊赦文對比，發現同樣有"三等五等親、陪位與不陪位之差别也"[4]。舉這些是想説明，在宋人筆記中有大量的唐代資料，其原書今天都已亡佚，但對這些資料的甄别和整理，可以推進唐代歷史的研究，對唐代政治和制度研究有

1 葉夢得：《石林燕語》卷五，第二編第十册，第77頁。

2 王楙：《野客叢書》卷一五《致仕官禄》，第六編第六册，第204～205頁。

3 洪邁：《容齋三筆》卷六《唐昭宗贈諫臣官》，第五編第六册，第79頁。

4 洪邁：《容齋三筆》卷七《宗室補官》，第五編第六册，第81頁。

重要的價值。

宋人筆記中抄録了不少唐人的筆記小説和詩歌,其中有些原書早已不見,但如果我們對這些材料加以關注,對唐代歷史研究會大有裨益。趙與時《賓退録》卷一〇引唐小説《辨疑志》載:"明皇時,姜撫先生,不知何許人也。常着道士衣冠,自云年已數百歲。持符籙,兼有長年之藥,度世之術。有荆巖者,頗通南北史,問撫:'何朝人也?'撫曰:'梁朝人也。'巖曰:'梁朝絶近,先生亦非長年之人,不審先生梁朝出仕,爲復隱居?'撫曰:'吾爲西凉州節度。'巖曰:'何得誑妄,上欺天子,下惑世人。梁朝在江南,何處得西凉州? 袛有四平、四安、四鎮、四征將軍,何處得節度使?'撫慚恨,數日而卒。"[1]從中我們可以看到唐代中期的一種社會現象,一些人身穿道士衣冠,爲了達到自己不可告人的目的,四處招摇撞騙,沽名釣譽。相似的情況在文人士大夫中有很多。如一些人的家譜冒用名人爲自己的祖先,在當時極爲多見。宋人揭露説:"公卿家譜多古之賢者,不肖者皆去之。馬總自謂伏波之裔,建銅柱於安南,以著其美。郭崇韜自謂子儀之後,上子儀冢哭之。"[2]這種冒牌家譜的行爲,唐五代一以貫之,可以説是一種社會風尚。爲了糊弄别人,一些人寫文章故作高深,好用古人語,好用古人典。沈括説:"唐以來士人文章好用古人語,而不考其意。"[3]這種文風反映了文人士大夫裝腔作勢的一種病態風氣。王讜《唐語林》卷七談道:"盧司空鈞爲郎官,守衢州。有進士贄謁,公開卷閲其文十餘篇,皆公所製也。語曰:'君何許得此文?'對曰:'某苦心夏課所爲。'公云:'此文乃某所爲,尚能自誦。'客乃伏,言:'某得此文,不知姓名,不悟員外撰述者。'"[4]文人抄襲,表面上看是科舉考試造成的,士子爲了干謁,有個好名聲,似乎是無奈的,但透過表面看實質,我們發現這應該是當時的一種社會惡劣風氣,因爲有些人能從抄襲中得到好處,而且屢屢得手,所以投機取巧的士人就肆無忌憚。像這類關於社會風氣的資料在宋人筆記中有很多,我們今後必須特别重視。

1　趙與時:《賓退録》卷一〇,第六編第十册,第 136 頁。

2　朱翌:《猗覺寮雜記》卷下,第三編第十册,第 58 頁。

3　沈括:《補筆談》卷一,第二編第三册,第 218 頁。

4　王讜:《唐語林》卷七《補遺》,第三編第二册,第 256 頁。

我們列舉上面三個方面的一些例子，主要是想説明，宋人筆記關於唐五代歷史的資料相當豐富，還有很多資料需要我們特別加以關注。宋人筆記對唐五代社會的記録，會有所偏差，亦可能會有失誤，但我們必須看到畢竟有很多資料是唐五代文獻記載中所没有的，需要更多的有心人來深入探索。

第一章 飲食

飲食是人們賴以生存的第一要素,是社會活動的基本條件。所謂“民以食爲天”“食色性也”,都是説飲食在人們的生活中處於首要地位。飲食是一個時期人們生活水準的重要表現,從中可以看出社會的經濟發展水平和政治、文化思想的變化。不同的階層有着不一樣的飲食習俗,各自顯現出鮮明的生活習性。不同的地區,飲食習俗亦有着較大的區别。在一些介紹唐五代社會生活的著作中,對這一時期的飲食習俗有不少專門的探索,反映出唐五代在中國古代飲食史上的重要地位,并揭示出飲食發展的一些規律。[1] 不過,宋人筆記中的記述是站在宋朝的角度看唐五代社會,人們的聚焦點不同,興趣不一致,揭示出的社會面貌另有一番風味,有些細節的描繪十分詳盡,對我們從不同維度和不同層次認識唐五代社會有着十分重要的意義。

一、肉類食品

我國自古以來是一個以農業種植爲主的國家,肉食在飲食生活中所占的比重很小。作爲副食中最爲高檔的肉食,除社會上層統治者或家庭富裕者外,對普通百姓來説能在節慶日吃上一次就十分難得。隋唐五代時期,在人們的飲食生活中,肉食的比重并没有表現出明顯的增加,但由於有大量的官宦士大夫和商人的存在,肉食的消費需求還是很大的。宋代的筆記中有不少具體記載唐五代肉食的内容,有助於我們對中古飲食生活作細致的瞭解。

---

1 類似的研究近年來較多,如黎虎主編《漢唐飲食文化史》(北京師範大學出版社,1998 年)、李斌城等《隋唐五代社會生活史》(中國社會科學出版社,1998 年)第二章第一節、吴玉貴《中國風俗通史·隋唐五代卷》(上海文藝出版社,2001 年)第一章、王賽時《唐代飲食》(齊魯書社,2003 年)、劉樸兵《唐宋飲食文化比較研究》(中國社會科學出版社,2010 年)、徐連達《唐朝文化史》(復旦大學出版社,2003 年)第一章等。

（一）愛好肉食風尚

唐代朝廷飲食，肉食是少不了的。唐太宗"使宇文士及割肉，乃以餅拭手，帝屢目之。士及佯爲不悟，更徐拭而後啖之"[1]。雖然没説是什麼肉，但帝王請人吃飯飲酒，肉應該是最重要的菜肴。唐高宗時打獵，"見大官刲羊，謂其無罪就死，以死鹿代之"[2]，意謂宫内本是要殺羊作爲肉食的，不過由於打獵有所獲，就將射死的鹿作爲肉食代替羊肉。北宋平後蜀，宋太祖留曹彬、潘美等三將與秦、晋兩王在福寧殿吃飯，"席地而坐，陳彘肉、白熟，情意款狎，酒終設飯"[3]。宋太祖説米是江南運來的，但没説猪肉來自哪裏，估計是中原地區出産的。

官府機構平日裏都有肉食。李載仁唐末來到江陵，高季興署觀察推官。一天高季興召他，他剛上馬想動身，手下兩人互毆。李載仁很不高興，"且命急於厨中取飯并猪肉，令相毆者對餐之"。他還讓軍將告誡兩人："如敢再犯，必當於猪肉中加之以酥。"[4]用吃肉來懲罰人，倒是從未見過，但官府機構的厨房裏有肉，隨時可以拿出來吃，這應是一般衙門大體的情况。

官宦家庭，肉食是不可少的。崔胤是崔慎由爲浙西觀察使時所生，一直到七歲還没有吃過肉。傳説崔胤是瓦官寺僧人的後身，某天碰到一個僧人，對他説："既要他官爵，何不食肉？"[5]從此崔胤開始食葷。這當然是個故事，但剥去一些傳説，還是能看到官員家裏的飲食中是有肉的。再比如中唐宰相裴度，不信術數，不好服食，認爲人要淡然地看待自己的生命。他説："鷄猪魚蒜，逢着則吃，生老病死，時至則行。"[6]從裴度對待生活的態度中，我們看到唐代高級官員家裏，平時有鷄猪魚蒜等各種葷、素菜肴，估計這幾種菜是當時比較常見的。南唐徐鉉進入北宋，"平居自奉寡儉，食無重肉"[7]。徐鉉説自己是亡國大夫，吃一

1　王讜：《唐語林》卷三《夙慧》，第三編第二册，第126頁。

2　錢易：《南部新書》卷戊，第一編第四册，第50頁。

3　陳師道：《後山談叢》卷五，第二編第六册，第113頁。

4　周羽翀：《三楚新録》卷三，第一編第二册，第130～131頁。

5　葉夢得：《避暑録話》卷下，第二編第十册，第314頁。

6　孔平仲：《續世説》卷三《雅量》，第二編第五册，第56頁。

7　田况：《儒林公議》，第一編第五册，第124頁。

種肉已是多了,所以要節儉點,這讓我們看到五代入宋官宦家裏一般起碼有一種肉食,亦可能有兩種或三種。清源人楊某爲本郡防遏營副將,官不大,但生活條件不錯。他在西郭有大第,將家安在其中。楊有二女,某天吃早飯時"長女入厨切肉具食"[1],説明地方官員家裏條件較好,早晨亦食用肉類食物。

一些官員對食用肉類製品特別講究。如開元中的殿中監李令問,"厚於自奉,食饌豐侈"[2],"事饌尤酷,罌鵝籠驢皆有之"[3]。罌鵝、籠驢,應該是兩種具體的烹飪方法。《靈怪録》談到李令問"好服玩飲饌,以奢聞於天下,其炙驢、罌鵝之屬,慘毒取味"。如此追求驢肉和鵝肉的特殊吃法,竟然"天下言服饌者,莫不祖述李監,以爲美談"[4],還受到很多人的追捧。李令問吃的這些動物,都是自己"廣畜芻豢,躬臨宰殺"[5]。段文昌"尤精饌事",對飲食有很高的要求。他家裏的厨房榜曰"煉珍堂",在路途中的厨房號"行珍館"。家中有個老婢,專門"掌修爨之法",應該是她燒的肉食味道最佳。段文昌還自編《食經》五十章,時稱"鄒平公食憲章"[6]。像這樣精益求精地追求飲食,應該是比較少見的。

官員之間如果碰到聚餐會飲,都是有肉食的。如王咸任官後,"遭喪,服除數年,不飲食酒肉"。服喪期間,官員是不能吃肉喝酒的。後來和其他官員一起"會聚,人勸勉之,咸捧肉欲啖,泪下盈盤,竟不食而離席"[7]。官員們是有條件吃肉的,特别是與其他官員聚會時,飯桌上必然是有肉有酒的,所以服喪期間不吃肉就是有孝思的一種表現。

一些比較富有的家庭日常飲食中有肉食,但數量有限,并不是可以敞開肚子大吃的。隋朝王劭讀書比較認真,"用思既專,性頗恍惚,每至對食,閉目凝思,盤中之肉,輒爲僕從所啖。劭弗之覺,惟肉少,數罰厨人。厨人以情白劭,劭依前閉目,伺而獲之"[8]。肉爲僕人所吃,王劭發現肉的數量在減少,就多次責

1 徐鉉:《稽神録》卷三《清源都將》,中華書局,1996年,第45~46頁。

2 劉昫:《舊唐書》卷六七《李靖傳附李令問傳》,中華書局,1975年,第2482頁。

3 錢易:《南部新書》卷丙,第一編第四册,第29頁。

4 李昉:《太平廣記》卷三三〇引《靈怪録》"李令問",中華書局,1982年,第2623頁。

5 劉昫:《舊唐書》卷六七《李靖傳附李令問傳》,第2482頁。

6 陶穀:《清异録》卷下《饌羞門》"鄒平公食憲章",第一編第二册,第105頁。

7 王讜:《唐語林》卷一《德行》,第三編第二册,第16頁。

8 孔平仲:《續世説》卷一一《紕漏》,第二編第五册,第199頁。

問厨人。王劭家有僕人有厨人,應該亦算是比較富裕的家庭,所以吃飯時能有肉吃,但對肉的數量十分關注。這個就是富裕家庭食用肉類的真實情況。廣陵有户姓朱的人家,"家世勛貴",有一定的地位,亦有一定的經濟實力,其子"性好食牛,所殺無數"[1]。

部隊士兵行軍打仗,體能消耗很大,需要補充肉類食品。唐朝都城的禁軍,"每行從進食,及有宴設,多食鵝鵝,每隻價直二三千"[2]。若要設宴,必有鵝鵝等家禽肉類。哀帝時,魏博節度使羅紹威"以牙軍之逼,召朱全忠"。朱全忠帶了部隊過來,幫羅紹威殺退了牙軍,遂在魏博逗留半年左右,"紹威供億,所殺牛羊豕,近七十萬,資糧稱是,所賂遺又近百萬"[3]。好吃好喝招待將帥,牛、羊、豬是最主要的肉食。

大量社會底層的百姓在日常生活中是否能吃上肉類食品呢?翻看宋人筆記的記載,我們發現普通百姓日常生活中亦能吃上一定數量的肉食,當然要視經濟是否寬裕而定。如嶺南雷州西有雷公廟,"彼中百姓,每年配納雷鼓、雷車。人有以黄魚、彘肉同食者,立遭雷震,人皆敬而憚之"[4]。雷州百姓,平時會吃黄魚、彘肉,但不同時食用,同食則違反禁忌,説明肉食在百姓飲食中是占有一定地位的。段成式某次外出打獵,肚子特别餓,没辦法就"叩村家主人"。農村老太"出彘臛,五味不具,成式食之,有餘五鼎"。段成式吃後十分滿意,説:"老姥初不加意,而殊美如此。"[5]於是讓自己家裏的厨子亦做這樣的肉食。農村人家中有"彘臛",説明肉食在農村人的飲食生活中亦占有一席之地。

令人意外的是,唐代有一些僧人亦食肉。冤朐僧行修,"食必大炙"。所以有人嘲笑他説:"修院主,豬羊鵝鴨三昧正受。"[6]南唐時,僧人謙明嗜酒。他獨居一室,"每日鐺中煮肉數斤,醇酒一壺,不俟爛熟,旋割旋飲,以此爲常"[7]。當

1　徐鉉:《稽神録》補遺《朱氏子》,第133頁。
2　錢易:《南部新書》卷壬,第一編第四册,第102頁。
3　孔平仲:《續世説》卷七《尤悔》,第二編第五册,第132頁。
4　錢易:《南部新書》卷庚,第一編第四册,第81~82頁。
5　陶穀:《清异録》卷下《饌羞門》"無心炙",第一編第二册,第101頁。
6　陶穀:《清异録》卷上《釋族門》"豬羊三昧",第一編第二册,第30頁。
7　佚名:《江南餘載》卷下,第一編第二册,第253頁。

然，和尚吃肉是特例，并不是整個佛教界平日裏的習慣都是如此。

其時人們不但吃新鮮的肉，還喜歡吃腌製和風乾的肉。唐代宦官仇士良家的肉脯名爲赤明香，“輕薄甘香，殷紅浮脆，後世莫及”[1]。腌製的肉顔色特別鮮艷。《清异録》卷下談道：“小雪乍晴，開明窗深爐之會。時檐際串脯正乾濕得宜，取以侑觴。衆賓用小刀削食，獨丘侑之左右咬嚼，捷如虎兒，一坐嘩云：‘丘主簿口中自有玉版刀也。’”[2]冬天，屋檐下挂着一串串的肉脯，不乾不濕，燒煮了吃最合適。從常識推測，肉脯是腌製的，然後挂着慢慢風乾，而冬天是腌製鹹肉的最佳時期，肉不會變質。這樣的風乾鹹肉，別有風味。

(二)肉食的種類

唐五代人們平日生活裏吃些什麽肉？不同的地域，人們的食肉是否有所區別？

1.猪肉與羊肉

肉食中最爲常見的是猪肉。唐代浙江四明山下有張老莊，“其家富，多養豕”[3]，顯然養猪是爲了到市場出售。而歙州刺史邢思渙“嗜彘肉，日再食”[4]，必定有專人爲其提供鮮肉。南唐首都金陵城内，官員經常食用猪肉：“僞唐陳喬食蒸肫，曰：‘此糟糠氏，面目殊乖，而風味不淺也。’”[5]蒸猪肉風味特別佳。五代時張齊賢，人長得很高大，“飲食過人，尤嗜肥猪肉，每食數斤”[6]。顯然，不管是北方還是南方，猪肉是最大宗的肉食。巴蜀曾在高山建天公壇祈水旱，傳説這壇“或羊牛所犯，及預齋者飲酒食肉，多爲震死”，意謂吃肉類參加齋會的人要被雷震死。新繁人王蕘有次到農村別業中，“村民烹豚待之。有一自天公齋回，乃即席食肉”[7]，結果没有雷震。這樣的傳説讓人很害怕，使參加齋會的人不敢吃

---

1 陶穀：《清异録》卷下《饌羞門》“赤明香”，第一編第二册，第102頁。

2 陶穀：《清异録》卷下《肢體門》“玉版刀”，第一編第二册，第67頁。

3 李昉：《太平廣記》卷四三九引《集异記》“李汾”，第3581頁。

4 杜牧：《樊川文集》卷八《唐故歙州刺史邢君墓志銘》，上海古籍出版社，2007年，第133頁。

5 陶穀：《清异録》卷上《獸名門》“糟糠氏”，第一編第二册，第58頁。

6 劉斧：《青瑣高議》後集卷二《張文定》，第二編第二册，第125頁。

7 孫光憲：《北夢瑣言》佚文三《雷公録》，第一編第一册，第243頁。

肉,换個角度來説,不參加齋會的人吃猪肉還是比較多見的。青城寶園山僧彦先暴卒,被人追攝,來到陰間的一官府。一判官"乃取一猪脚與彦先,彦先推辭不及,僶俛受之"[1]。故事雖是虚構,但可看到不少人喜歡吃猪脚。猪肉的吃法很多,還有將凍狀的猪肉放入其他食品中的。宋人説:"今市中所賣薑豉,以細抹猪肉凍而爲之,自唐以來有也。"説明宋代的做法源自唐朝。唐朝的事例記録在《朝野僉載》中,談到吏部侍郎姜晦"眼不識字,手不解書。濫掌銓衡,曾無分别"。因此選人歌曰:"案後一腔凍猪肉,所以名爲姜侍郎。"[2]這種用猪肉做成的薑豉,應該是一種調料,想來味道特别鮮美。

羊肉是重要的肉類食品,北方食用尤爲多見,在人們的飲食生活中占有重要地位。一些地區養殖的羊,肉質鮮美肥嫩:"馮翊産羊,膏嫩第一,言飲食者,推馮翊白沙龍爲首。"[3]馮翊地區出産的羊肉在全國都有名氣,必然在養殖上有一定的訣竅。皇宫裹特别喜歡吃羊肉,唐高宗時就有"大官封羊"[4],爲宫裹準備肉食。玄宗時,"尚食置熟俎,有羊臂臑",應該是將整個羊腿割下來後燒熟。唐肅宗爲太子,侍膳在玄宗旁,用刀先割肉,"餘污漫刃,以餅潔之","徐舉餅啖之",玄宗大悦。[5]羊肉往往是皇宫内待客的主要肉食。北宋太祖開寶末,"吴越王錢俶始來朝"。馬上要到開封了,太祖對厨房説:"錢王,浙人也。來朝宿共帳内殿矣,宜創作南食一二以燕衎之。"厨房的官員接受命令後手忙脚亂,"一夕取羊爲醢,以獻焉,因號'旋鮓'。至今大宴,首薦是味,爲本朝故事"。[6]可見,南方和北方的上流社會人士都喜愛食用這種用羊肉做的醢。

高官家裹是常吃羊肉的。大曆末年(779年),"禁屠殺,而郭子儀隸人殺羊"[7]。據《舊唐書》卷一二六《裴諝傳》,禁屠殺是在建中元年(780年)十月,

---

1 孫光憲:《北夢瑣言》佚文三《僧彦先犯隱穢》,第一編第一册,第242頁。

2 吴曾:《能改齋漫録》佚文二,第五編第四册,第272頁。原文可參張鷟《朝野僉載》卷四,《唐五代筆記小説大觀》,上海古籍出版社,2000年,第51頁。

3 陶穀:《清异録》卷上《獸名門》"白沙龍",第一編第二册,第58頁。

4 錢易:《南部新書》卷戊,第一編第四册,第50頁。

5 王讜:《唐語林》卷一《德行》,第三編第二册,第10頁。

6 蔡絛:《鐵圍山叢談》卷六,第三編第九册,第247~248頁。

7 錢易:《南部新書》卷乙,第一編第四册,第20頁。

“禁屠殺,以甫近山陵,禁益嚴”[1]。主要是因爲下葬代宗,所以禁止宰殺動物。但郭子儀家裏的僕人不顧禁令殺羊,足以説明羊在當時肉類食品消費中的地位比較突出。郎士元詩歌“清絶輕薄”,喜歡開玩笑。他曾説:“郭令公不入琴,馬鎮西不入茶,田承嗣不入朝。”馬燧知道後,對他説:“郎中言燧不入茶,請左顧爲設也。”你説我不喝茶,那就約定時間到我家來,馬上爲你端上茶。郎士元由是依約前往。“時豪家食次,起羊肉一斤,層布於巨胡餅,隔中以椒豉,潤以酥,入爐迫之,候肉半熟食之,呼爲‘古樓子’。馬晨起啖古樓子以伫。士元至,馬喉乾如窑,即命急烹茶,各啜二十餘甌。”[2]有錢人家都是將羊肉一層層攤在胡餅中,還要加上椒豉,塗上油酥,放進爐子裏烤,羊肉半熟就拿出來吃。這是羊肉的一種特殊吃法。後周廣順中,宫中尚食學習到了新方法,用“于闐法全蒸羊”來烹製羊肉[3],這應該是西域傳進來的一種比較有特色的製作方法。

無論是有錢人還是一般人家庭,都喜歡吃羊肉。羊全身都是寶,各人的飲食習慣不同,就會嗜好不同部位的羊肉。武則天喜歡吃“冷修羊腸”,張昌宗有“冷修羊手札”[4]。開元末,“有人好食羊頭”[5]。唐末尚書歸登,“性甚鄙嗇”。有一次他吃一煮爛的羊脾,“旋割旋啖,封其殘者”。吃了一半,把吃的地方再封好。而他的老婆在他封好的地方繼續用刀割了吃,當歸登重新吃時,發現他原來封好的地方被動過了,大怒。他老婆很生氣,“由是没身不食肉”[6]。這個故事的前因後果不是這裏要討論的,我們看到的是,歸登和他的老婆都喜歡吃羊脾,而且十分嗜愛,要分好幾次食用。還有人專門吃羊眼。唐竇儼“嘗病目,幾喪明,得良醫愈之,勸令頻食羊眼,儼遂終身食之,其家名‘雙暈羹’,世人有呼爲

1 劉昫:《舊唐書》卷一二六《裴諝傳》,第 3567 頁。

2 王讜:《唐語林》卷六《補遺》,第三编第二册,第 218 頁。

3 陶穀:《清异録》卷下《饌羞門》“于闐法全蒸羊”,第一编第二册,第 108 頁。

4 陶穀:《清异録》卷上《獸名門》“珍郎”,第一编第二册,第 58 頁。

5 錢易:《南部新書》卷庚,第一编第四册,第 73 頁。該則故事云:“開元末,有人好食羊頭者,常晨出,有怪在焉。羊頭人身,衣冠甚偉,告其人曰:‘吾未之神也,其屬在羊。吾以爾好食羊頭,故來求汝。汝輟食則已;若不已,吾將殺汝。’其人大懼,遂不復食。”故事是虚構的,是説有人食用羊頭太多,所以羊頭人身者要報復,編故事者用因果報應的理論勸導大家少食羊頭。

6 孫光憲:《北夢瑣言》卷五《裴氏再行》,第一编第一册,第 67 頁。

'學士羹'者"[1]。雖然是奉了醫生的囑咐纔吃羊眼,有醫療上的作用,但反過來説其實是羊的一些部件在人們飲食生活中占有重要的地位。有些人特别喜愛吃小羊肉。如蕭璡,仕至太常博士,"家習庖饌,慕虞悰、謝諷之爲人,作卷子生,止用肥羜,包卷成雲様,然美觀而已"[2]。肥的小羊肉,卷起來燒煮,味道鮮嫩。連道士亦喜歡小羊羔,將羊肉與修身燒丹聯繫起來:"開運中,術士曹盈道來謁,自陳能肉竈燒丹,借廳修養。詢其説,肉竈者,末生朱砂飼羊羔,腯乃供厨;借廳者,素女、容成,閉陽采陰之意。"[3]意謂用朱砂飼養小羊羔,人吃了羊羔就是"肉竈燒丹",等於在人的肚子裏煉丹,而男女房中術就是"借廳修養",實際上既品賞了羊肉的美味,又享受到男女魚水之情。

南方亦有不少地方吃羊肉。孟詵《食療本草》稱,北方的河西羊最佳,河東羊亦好,但"江浙羊都少味而發疾",説明不但北方人吃羊肉,而且南方人亦食羊肉。他説南方羊"都不與鹽食之,多在山中吃野草,或食毒草。若北羊,一二年間亦不可食,食必病生爾。爲其來南地食毒草故也"[4]。朗州道士羅少微在茅山紫陽觀寄泊,"有丁秀才者,亦同寓於觀中"。冬天的夜晚,"二三道士圍爐,有肥羜美醖之羡"。丁秀才外出一次,"蒙雪而迴,提一銀榼酒,熟羊一足,云:'浙帥厨中物。'"[5]雖然這裏講述的是一個故事,但從中我們看到茅山地區是食用羊肉的。當然,南方食用羊肉的數量畢竟不能和北方相比。

2.牛肉與驢肉、狗肉

牛肉亦是人們喜愛的大宗肉類食品之一,不過由於牛對農耕有着特别重要的意義,所以歷代政府都一再頒布詔令禁止宰殺耕牛,違者要予以嚴懲。唐五代,仍不時有禁止殺牛的詔令。如王建即位,大赦境内。赦文中談道:"唯十惡五逆者,屠牛鑄錢,固意殺人,……致令冤濫,不問有贓,不在赦限。"[6]五代時期,中原地區農業生産破壞嚴重,爲了恢復農業,獲取更多的糧食,政府一再禁

1 陶穀:《清异録》卷下《饌羞門》"學士羹",第一編第二册,第104頁。
2 陶穀:《清异録》卷下《饌羞門》"麥穗生",第一編第二册,第105頁。
3 陶穀:《清异録》卷上《獸名門》"肉竈燒丹",第一編第二册,第60頁。
4 孟詵著,鄭金生等譯注:《食療本草譯注》卷中,上海古籍出版社,1992年,第188頁。
5 孫光憲:《北夢瑣言》佚文二《丁秀才奇術致物》,第一編第一册,第226頁。
6 勾延慶:《錦里耆舊傳》卷五,第一編第五册,第8頁。

止殺耕牛:“天成、長興中,以牛者耕之本,殺禁甚嚴。”不過,赦文對食用牛肉的限制,仍擋不住人們對牛肉的喜愛之情,因此總有人偷偷地殺牛盗賣:“有盗屠私販,不敢顯其名,宛稱曰‘格餌’。”[1]實際上是用個替代的名字,行買賣牛肉之實,畢竟中原地區食用牛肉是長期以來形成的一種飲食習慣。

大多數情況下,食用牛肉并没有受到特别嚴格的限制。唐建中初,士人韋生移家汝州,半路上來到一莊墅,一僧人“有頃布筵,具蒸犢,犢上劄刀子十餘,以虀餅環之”[2]。故事自然是有虚構的成分,但可看到當時人吃的牛肉是蒸熟的,大家都是用刀子割着吃。吴越胡進思年輕時以屠牛爲業,後“民有殺牛者,吏按之,引人所市肉近千斤”。忠遜王問胡進思一般大牛殺後可得多少肉,進思説:“不過三百斤。”[3]忠遜王亦因此知道了官吏在瞎胡弄。嚴昪期攝侍御史,“於江南巡察,性嗜牛肉,所至州縣,烹宰極多”[4]。五代時,廣陵有位姓朱的年輕人,“家世勛貴。性好食牛,所殺無數”,吃掉了不知多少牛肉。有一次還在“暑月中,欲殺一牛”,其母親阻止他,説:“暑熱如此,汝已醉,所食幾何?勿殺也。”[5]從這條材料來看,廣陵城裹的有錢人,比較喜歡吃牛肉,而當時一般的城市恐怕都有這種習俗。

北方亦有不少人喜歡吃驢肉。玄宗爲太子時,“每歲畋於城南韋、杜之間。嘗因逐兔,意樂忘反,與其徒十餘人,飢倦休息於大樹下。忽有一書生,殺驢拔蒜,爲具甚備”[6]。京城附近民間有吃驢肉的習慣,烹飪時要加蒜去腥。這個書生,後來玄宗知道是王琚。再如李令問,開元中爲殿中監,“事饌尤酷,罌鵝籠驢皆有之”[7]。籠驢,應該是一種具體烹飪的方法。《靈怪録》談到李令問“其炙驢、罌鵝之屬,慘毒取味”[8]。如此説來,這是將活驢放在籠子裹烤熟的一種做

---

1 陶穀:《清异録》卷上《獸名門》“鈍公子”,第一編第二册,第59頁。

2 王讜:《唐語林》佚文,第三編第二册,第297頁。

3 吴任臣:《十國春秋》卷八八《胡進思傳》,中華書局,1983年,第1277~1278頁。

4 張鷟:《朝野僉載》卷三,《唐五代筆記小説大觀》,第46頁。

5 徐鉉:《稽神録》補遺《朱氏子》,第133頁。此條《太平廣記》卷四三四亦引,“性好食牛”明談愷本《廣記》作“性好食黄牛”。

6 王讜:《唐語林》卷四《豪爽》,第三編第二册,第129頁。

7 錢易:《南部新書》卷丙,第一編第四册,第29頁。

8 李昉:《太平廣記》卷三三〇引《靈怪録》“李令問”,第2623頁。

法,可以保持驢肉的新鮮度。唐宣宗大中七年(853 年)登第進士的李詹,吃驢肉有自己的一套方法:“以灰水飲驢,蕩其腸胃,然後圍之以火,翻以酒調五味飲之。”亦是一種烤活驢的做法,所以宋人認爲他“好爲酷”[1],十分殘忍。白廷讓在洛陽通利坊逆旅中,與一黄鬚劍客共飲,“須臾,將一木盆至,取酒數瓶,滿其盆,各置一瓷碗在面前,舁一案,驢肉置其側。中一人鼓刀,切肉作大臠。用杓酌酒於碗中,每人前設一肉器。廷讓視之,有難色。黄鬚者一舉而盡,數輩亦然,且引手取肉啖之,顧廷讓,揚眉攝目,若怒色。廷讓强飲半碗許,咀嚼少肉而已”[2]。旅店供應驢肉,説明在中原地區驢肉是一種比較大宗的肉食,供應的數量很大,喜歡吃的人很多。

狗肉亦是人們喜歡的一種肉食。唐末陳敬瑄鎮西川,“乃委政事於幕客,委軍旅於護戎。日食蒸犬一頭,酒一壺,一月六設曲宴”[3]。用蒸煮的方式來食用狗肉。南唐江夢孫解職回家,有群强盜心想他肯定很有錢,就去搶劫。夢孫聽説强盜來了,“巾帶迎候,使烹犬豕,爲設飲食於盆盎中,疑懼其鴆不食,乃對之先飲七甌,及啖數臠,然後與之”[4]。殺了狗和豬,招待强盜,説明社會上是流行吃狗肉的。

3.鷄、鴨、鵝、鴿等小家禽肉

家養的小動物,因爲豢養方便,成活率高,是農村百姓的重要肉食。市場裏小家禽的買賣交换多見,因爲價格不貴,受到很多城裏人的喜愛。如家養鴿子常是被食用的。《清异録》卷上“人日鳥”條,記録了金陵城内食用鴿子的情况:“南唐王建封,不識文義,族子有動植疏,俾吏録之。其載鴿事,以傳寫訛謬,分一字爲三,變而爲‘人日鳥’矣。建封信之,每人日開筵,必首進此味。”[5]南唐陳誨,特别喜歡吃鴿子,自己“馴養千餘隻”。後來他自南劍州調至建州赴任,“去郡前一月,群鴿先之富沙,舊所無孑遺矣”[6]。鴿子跟了他一起到建州。

1 錢易:《南部新書》卷己,第一編第四册,第 64 頁。

2 張齊賢:《洛陽搢紳舊聞記》卷三《白萬州遇劍客》,第一編第二册,第 178 頁。

3 孫光憲:《北夢瑣言》佚文一《陳敬瑄大度》,第一編第一册,第 222 頁。

4 龍衮:《江南野史》卷八《江夢孫》,第一編第三册,第 207 頁。

5 陶穀:《清异録》卷上《禽名門》“人日鳥”,第一編第二册,第 56 頁。

6 鄭文寶:《南唐近事》卷二,第一編第二册,第 221 頁。

小家禽中鷄鴨的豢養最爲常見，所以食用量就比較多，經常擺上人們的餐桌。李白在南陵縣賦詩："白酒新熟山中歸，黄鷄啄黍秋正肥。呼童烹鷄酌白酒，兒女嘻笑牽人衣。"[1]説的是農村山區養鷄主要是自己食用。五代時，湖南馬希聲"聞梁太祖嗜食鷄，慕之，日殺五十"。家人死了出殯，他仍是"頓食鷄臛數盤"，結果爲手下人嘲諷。[2] 江夏有位林主簿，"甚愛一女，好食鷄，里胥日供雙鷄。一日將殺鷄，鷄走，其女自逐之"[3]。林女吃的鷄應是附近百姓家裏養殖的。五代時合肥有位富人劉某，"好食鷄。每殺鷄，必先肘雙足，置木櫃中，血瀝盡力乃烹，以爲去腥氣"[4]。這種殺鷄的方式比較殘酷。

鴨子喜水，所以鴨子的養殖要有河道或湖泊，相對而言南方鴨子較多。鴨子有不同的品種。唐宣宗大中十二年(858 年)，李遠爲杭州刺史，"嗜啖緑頭鴨。貴客經過，無他饋餉，相厚者乃緑頭鴨一對而已"[5]。這種緑頭鴨的肉應該比較有特點，所以李遠纔會特别喜歡。

鵝亦是人們常常食用的一種家禽。宋人認爲："晋、宋以前，雖南方亦不多得。"[6]唐代或許總體上仍是這種局面，但北方并不是見不到鵝，亦有一些人在追求鵝肉的鮮美。前已談到開元時殿中監李令問"罯鵝籠驢"[7]，應該是將鵝放在瓦罐裏蒸煮。不過李令問可能是將活鵝蒸煮，因爲《靈怪録》談到他將驢、鵝"慘毒取味"[8]。既然是慘毒，必然有其特殊之處。唐朝京都人説："兩軍每行從進食，及有宴設，多食鷄鵝，每隻價直二三千。每有設，據人數取鵝，燖去毛及五藏，餉以肉及粳米飯，五味調和。先取羊一口，亦燖剥去腸胃，置鵝於其中，縫合炙之，肉熟便堪。去却羊，取鵝渾食之，謂之'渾羊没忽'。"[9]禁軍吃的鷄鵝，不

1 李白著，郁賢皓校注：《李太白全集校注》卷一二《南陵别兒童入京》，鳳凰出版社，2015 年，第 1887 頁。

2 孔平仲：《續世説》卷七《企羡》，第二編第五册，第 126 頁。

3 徐鉉：《稽神録》卷一《鷄井》，第 11 頁。

4 徐鉉：《稽神録》補遺《合肥富人》，第 135 頁。

5 王讜：《唐語林》佚文，第三編第二册，第 300 頁。

6 趙叔問：《肯綮録·晋宋前南方鵝貴》，第三編第六册，第 140 頁。

7 錢易：《南部新書》卷丙，第一編第四册，第 28 頁。

8 李昉：《太平廣記》卷三三〇引《靈怪録》"李令問"，第 2623 頁。

9 錢易：《南部新書》卷壬，第一編第四册，第 102~103 頁。

僅腔内被塞上肉及粳米飯,而且還被塞進羊腔内,最後燒出的鵞鵝,融合了多種肉味和米飯的香味。南方有鵝,文獻中記載就相對比較多見,如白居易在蘇州,對吃到的鵝贊不絶口,他念念不忘"炙脆子鵝鮮"[1]。《至順鎮江志》卷四《畜》云:"金壇縣子鵝肥美,特异他處,初生無百日即可食。羅隱《京口送楊子蒙東歸》詩云:'東吴逸客樓船後,拋擲子鵝離京口。'"[2]金壇縣的子鵝聞名遠近。不過唐代鵝的價格的確很高,"每隻猶三二千",應該是總量不太多的緣故。五代處州平固有人打算招待客人,對客人説:"我有鵝甚肥,將以食子。"因爲發現鵝有靈性,"主人於是舉家不復食鵝"[3]。五代乙卯歲(955年),南唐海陵郡西村中"有二鵝鬥於空中,久乃墮地","村人殺而食之"[4]。説明長江流域及以南地區,食用鵝肉十分多見。到了宋朝,總體上鵝南多北少的局面未見改變,"今自淮而北,極難得鵝"[5],鵝仍是主要在南方養殖,因而可能在南方人的肉食中比較常見。

小家禽産出的卵,很適合人體生理需要,易爲機體吸收,營養價值很高,是人類常食用的食物之一。唐五代時期,隨着鷄、鴨養殖數量的增多,禽蛋産量增加,人們食用愈見增多。如劉軻爲僧時,"因葬遺骸,乃夢一書生來謝,持三鷄子,勸食之。軻嚼一而吞二者"[6]。雖然説是在夢裏吃了三個鷄蛋,但這必然是現實飲食生活的反映。鷄鴨蛋是送人的好物品,禮不算重但能體現出情誼。陶穀就"嘗以鴨卵及蓮枝一捻紅餉符昭遠"[7]。鷄鴨蛋還被加工成鹹蛋。《吴興備志》卷一六載湖州唐時貢單黄杬子一千三百五十顆,重黄杬子一千三百顆。宋人對杬子有詳細的解釋,如洪邁從《玉篇》《唐韵》中認爲杬是指"木名,出豫章,煎汁,藏果及卵不壞"。杬木煎汁後,把鴨蛋放進去就不會變質。又《异物志》説:"杬子,音元,鹽鴨子也。"所以洪邁説:"以其用杬木皮汁和鹽漬之。今吾鄉

1 白居易:《白居易集》外集卷上《和夢得夏至憶蘇州呈盧賓客》,中華書局,1979年,第1517頁。

2 俞希魯:《至順鎮江志》卷四《畜》,江蘇古籍出版社,1999年,第164頁。

3 徐鉉:《稽神録》補遺《平固人》,第136頁。

4 徐鉉:《稽神録》補遺《海陵鬥鵝》,第136頁。

5 趙叔問:《肯綮録·晋宋前南方鵝貴》,第三編第六册,第140頁。

6 錢易:《南部新書》卷己,第一編第四册,第65頁。

7 陶穀:《清异録》卷上《百果門》"赤志翁",第一編第二册,第42頁。

處處有此,乃如蒼耳、益母,莖幹不純是木。……至藏鴨卵,則又以染其外,使若赭色云。"[1]用杬汁和鹽漬過的鴨蛋,外殼顏色變紅,這是鴨蛋的又一種吃法,深受唐代帝王的喜歡。朱翌亦談道:"南人以鹽收鴨子,曰鹹丸子。《爾雅》'杬魚毒',注謂'杬皮厚,赤汁,中藏卵果'。《廣韵》音杬,亦云'煎汁,藏卵果不壞'。"[2]可知,用杬汁和鹽腌製鴨蛋,歷史十分悠久,到唐代像湖州這種水面較爲寬廣的地方,養殖的鴨子較多,製作單黄和雙黄鹹蛋成了地區特色。估計在湖泊衆多、水蕩密布的地方,不但有着優良的養殖鴨子的條件,而且這種腌製鹹蛋的方法都是能掌握的。

4.野生動物肉

一些野生動物,因爲味鮮肉硬,爲人們喜愛。唐高宗時,曾將打獵得到的鹿肉代替羊肉食用。[3] 唐玄宗時命射生官射鮮鹿,"取血煎鹿腸食之,賜安禄山、哥舒翰"。玄宗當然不會没有肉吃,之所以派人射鹿之後用鮮血煎鹿腸,肯定認爲這種吃法是高檔、有營養的,所以纔會賜給兩位大將。這種製作鹿腸的方法,應該在當時上流社會中相當流行。再如玄宗楊貴妃的三姐虢國夫人,在屋梁上懸挂鹿腸,"其中結之,有宴則解開,於梁上注酒,號'洞天聖酒'"[4]。對鹿腸的不同吃法,其實都是當時追求最高級美食的結果。《稽神録》談到番禺村女"庭中陳列筵席,有鹿脯、乾魚、果實、酒醢,甚豐腆"[5]。這裏的鹿脯可能是指野生的鹿肉,因爲現有資料中未見有關於鹿的養殖的記載。

打獵中捕獲的一些小動物亦是人們喜歡的肉食。貞元年間裴肅爲浙東觀察使,"嗜兔,日再食"[6],特别喜歡吃兔肉。浙東多山,野兔較多,估計有人專門從事打獵。

野生飛禽是人們比較喜愛的肉食。南唐陳喬的兒子和張佖的兒子,秋晚并游玄武湖。其時看到"群鷗游泛",陳喬兒子説:"此白色水禽可作脯否?"看到

---

1 洪邁:《容齋續筆》卷一六《鹹杬子》,第五編第五册,第412頁。

2 朱翌:《猗覺寮雜記》卷上,第三編第十册,第48頁。

3 錢易:《南部新書》卷戊,第一編第四册,第50頁。

4 王讜:《唐語林》卷五《補遺》,第三編第二册,第182頁。

5 徐鉉:《稽神録》卷一《番禺村女》,第7頁。

6 錢易:《南部新書》卷戊,第一編第四册,第51頁。

飛的水禽就想到要吃其肉,所以人稱"白鷗脯"[1]。從陳喬兒子本能的話語來看,當時的確有很多人會將捕捉的飛鳥拿來食用。如《稽神録》記載"海陵縣東居人多以捕雁爲業"[2],很多人靠捕鳥爲生。野生鳥一般網捕比較多見。章貢小蒙川蘇氏山林多鳩,"賓客滿坐,可悉饜飫。一網數十百,咄嗟可具",所以人們開玩笑説:"此君家肉寄生也。"[3]山林裹鳩比較多,就等於是蘇氏家裹養殖的一樣。這樣的捕捉方式,已經做到了現場活宰,肉十分新鮮,味道更加鮮美。其時人們還喜歡吃野生的鵪鶉,"捕之者多論網而獲,故雌雄群子同被鼎俎。世人文其名爲'族味'"[4]。亦是通過網具捕捉的。竹鷄是一種肉質鮮美、個頭較大的飛禽。崔鉉在江陵時,有一位富商在船上"中夜暴亡。迨曉,氣猶未絶"。崔鉉的隔壁房間有位武陵醫士梁新聽到後,趕去診視,説:"此乃食毒也,三兩日得非外食耶?"富商的僕人説:"主公少出船,亦不食於他人。"梁新問富商平時喜歡吃什麽東西,僕人説:"好食竹鷄,每年不下數百隻。近買竹鷄,并將充饌。"梁新説:"竹鷄吃半夏,必是半夏毒也。"於是"命搗薑捩汁,折齒而灌之,由是方蘇"[5]。竹鷄當然是野生的,從每年吃數百隻來看,幾乎每天都在食用,而且是從市場上買來的,説明江陵一帶有食用竹鷄之類野生飛禽的習俗。相同的事例還有一件,如南唐馮延巳"苦腦中痛,數日不減"。太醫令吴廷紹問厨師:"相公平日嗜何等?"厨師回答説:"多食山鷄、鷓鴣。"[6]因爲山鷄等經常食用烏頭、半夏,所以引起馮延巳頭痛不止。江南自然環境比較優越,樹木比較茂盛,丘陵衆多,所以捕捉野生動物并不困難。

南方河流湖泊衆多,爲青蛙大量繁殖生長提供了有利條件。其時人們發現青蛙的肉特别鮮美。宋人談道:"余頃官海上,同僚多吴人,盛誇蛙味之美。坐有一關右士人,大噱,吴人不能平,余從旁爲解紛。"吴人是食用蛙肉的,而西北地區人則聞所未聞。宋人的這種飲食習慣,來自於唐代,因爲顔師古曾説:"蛙

1　陶穀:《清异録》卷上《禽名門》"白鷗脯",第一編第二册,第 54 頁。
2　徐鉉:《稽神録》補遺《海陵人》,第 136 頁。
3　陶穀:《清异録》卷上《禽名門》"肉寄生",第一編第二册,第 55 頁。
4　陶穀:《清异録》卷上《禽名門》"族味",第一編第二册,第 56 頁。
5　孫光憲:《北夢瑣言》卷一〇《梁趙意醫》,第一編第一册,第 123 頁。
6　吴任臣:《十國春秋》卷三二《吴廷紹傳》,第 458 頁。

似蛤蟆而小,長脚,人亦取食之。”[1]所以宋人認爲唐代的人都是食蛙的。亦有人專門吃蛇。安陸人毛生,“善食毒蛇,以酒吞之。嘗至洪州,以弄蛇取食,積十餘年”[2]。

對平民百姓來説,購買肉食有一定的經濟壓力,所以很多人想辦法捕捉野生動物。如趙武孟因爲家裏窮,“初以馳騁田獵爲事”。後來他“嘗得肥鮮以遺母”,其母哭着説:“汝不讀書而田獵,如是吾無望矣!”[3]母親的意思是讀書纔能改變窮苦,打獵得到點肉,并不能改變家裏的貧窮。

5.特殊的肉食

飲食中有很多怪异的現象,如有的人喜歡吃人肉。隋末唐初的割據勢力朱粲,喜歡吃嬰兒肉,“烝而啖之”。他對軍士説:“食之美者,寧有過於人肉乎?但令宅内有人,我何所慮。”他常取自己駐地的“小弱男女,以益兵糧”。其時隋著作佐郎陸從典、通事舍人顔愍楚等人路過朱粲處,他“悉引之以爲賓客。後遭饑餒,合家俱爲所啖”,吃人成性。後來唐高祖派段確去迎降他。段確喝醉了,對朱粲説:“聞卿啖人,作何滋味?”想不到朱粲説:“若啖嗜酒之人,正似糟臟猪肉。”[4]竟然是一門心思想吃人肉。唐末東川有位“唐吃人”,被韋昭度“呼而戒之”,説:“人肉何如猪羊?”這個姓唐的人以吃人肉出名,所以韋昭度責罵他,“乃賜一緡,俾充肉價”[5]。吃人肉的記載在唐五代還真不少。烏重胤僕射討伐蔡州的時候,“有蔡將李端來降,其妻爲賊縛於樹,臠食至死絶”[6]。亦就是説,李端妻子的肉被蔡州士兵割下後吃掉,殘酷至極。《盧氏雜説》記載:“唐張茂昭爲節鎮,頻吃人肉。及除統軍到京,班中有人問曰:‘聞尚書在鎮,好人肉,虚實?’笑曰:‘人肉腥而且臊,争堪吃!’”張茂昭是吃人肉的,但當别人問他,他亦意識到這不是正常人應該做的,馬上加以否認。五代時有位萇從簡,仕至左金

1 孫宗鑑:《西畬瑣録》,第三編第四册,第7頁。

2 佚名:《江南餘載》卷下,第一編第二册,第250頁。徐鉉《稽神録》卷二《安陸人》也引此條,大致相同,第22~23頁。

3 孔平仲:《續世説》卷七《自新》,第二編第五册,第124頁。

4 孔平仲:《續世説》卷八《輕詆》,第二編第五册,第143頁。

5 孫光憲:《北夢瑣言》卷五《韋太尉伐西川》,第一編第一册,第66頁。

6 樂史:《廣卓异記》卷一八《將士割股祭長帥》,第一編第三册,第127頁。

吾衛上將軍,歷官數鎮,但這人“好食人肉,所至多潛捕民間小兒以食”。吴將高澧,“嗜殺人而飲其血。日暮必於宅前後掠行人而食之”[1]。當然,吃人肉畢竟極少見,而且這些吃人肉的行爲往往與殘暴是挂上鈎的。

另有一種特殊的情况,吃人肉主要是爲了療病。烏重胤帶兵有方,“赤心奉上,能與下同甘苦,不居功勛,善待寮佐,當時名士咸願依焉”。由於他和士兵關係很好,碰到問題時士兵就赤誠相待。他生病的時候,“將士割股以療,後有軍士二十餘人,皆割股以祭焉”[2]。傳説人肉可治病,士兵對長官十分忠誠,因而都主動割股肉讓長官食用,希望能治好疾病。

還有人喜歡吃蟲子,如“鮮于叔明嗜蟠蟲”[3]。這位鮮于叔明曾經做過劍南節度使,“好食臭蟲,時人謂之蟠蟲。每散,令人采拾得三五升,即浮之微熱水中,以抽其氣盡,以酥及五味熬之,卷餅而啖,云其味實佳”[4]。當然這樣的吃法,恐怕是很少有人敢嘗試的。

(三)肉食普及的條件

社會經濟發展,百姓生活富裕,城市規模擴大,人口增加,這些都會對飲食風氣産生一定的影響。社會各階層大量食肉,而且食用品種較多,最爲直接的條件必然與動物的大量養殖、捕捉和銷售渠道通暢有關。

由於皇宫和各級官府都要食用大量的肉食,所以政府出面興辦牧場,曾在虢州養殖了數千頭食用猪。盧杞除虢州刺史,上奏中談到“虢州有官猪數千,常爲人患”。德宗説:“可移沙苑。”盧杞對曰:“同州豈非陛下百姓?爲患一也。臣謂無用之物,與人食之爲便。”[5]虢州的數千頭官猪,主要是爲了供應皇宫中食用。虢州官猪的養殖,肯定有相當長一段時間,并不是短期行爲。乾寧二年(895年)春三月,蜀地開始大量徵收雜税,“綾一匹一百文,絹一匹七十文,布一

1 趙與時:《賓退録》卷七,第六編第十册,第92頁。

2 樂史:《廣卓异記》卷一八《將士割股祭長帥》,第一編第三册,第127頁。

3 錢易:《南部新書》卷戊,第一編第四册,第54頁。

4 李昉:《太平廣記》卷二〇一引《乾𦠆子》“鮮于叔明”,第1516頁。

5 王讜:《唐語林》卷六《補遺》,第三編第二册,第212頁。

匹四十文,猪每頭一百文"[1]。雜税中有猪,意味着猪的銷售量很大,農民大量養殖,政府纔有徵税的必要,猪和綾、絹、布一樣,成爲社會最大宗的商品。一頭猪和一匹綾的納税數額相同,説明其價格可能相當。後蜀王衍乾德六年(968年)春,"雲南進江猪"[2],從四周地區運進新的品種,蜀地猪的體格在不斷發生變化。

民間飼養小家禽十分普遍,甚至出現規模性的養殖。嶺南人陳懷卿,養鴨百餘頭。鴨欄裏的糞堆積得很厚,除掉後當肥料。[3] 這種飼養規模,必然是具有一定經濟實力者纔能做得到。李德裕被貶到崖州時,曾經給段成式寫過一封信,内中提道:"自到崖州,幸且頑健。居人多養鷄,往往飛入官舍,今且作祝鷄翁爾。"[4]就是説,崖州人多養鷄,而且這些鷄都是散養的,常四處飛跑。一些地方官員,積極鼓勵老百姓養鷄養鴨。柳宗元任柳州刺史,教百姓"植木、種禾、養鷄、育魚,皆有條法。民益富"[5]。

一些官員和士大夫想吃鷄,往往在農村自己的深宅大院中養殖。如郝輪在自己的别墅中,"畜鷄數百",等於一個大型的養殖場。其外甥丁權伯勸説他,謂:"畜一鷄日殺小蟲無數,况損命莫知紀極,豈不寒心。"從不殺生的角度來勸説,其實是没有什麽用的。郝輪回答説:"汝要我破除羹本,雖親而實疏也。"[6]養鷄的目的就是爲了吃鷄羹。再如陳誨嗜鴿,"馴養千餘隻"[7]。後來陳誨自南劍州刺史升至建州觀察使,就帶了這些鴿子一起去上任。

即使是在城市裏,也有一些人養殖家禽。如給事馮衮,"親仁坊有宅。南有山庭,院多養鵝鴨及雜禽之類。常一家人掌之,時人謂之'鳥省'"[8]。馮衮在自己家的庭院裏養了鵝鴨等雜禽,是否僅是養了玩玩而不食用?恐怕不是。馮衮

1 勾延慶:《錦里耆舊傳》卷五,第一編第五册,第7頁。

2 勾延慶:《錦里耆舊傳》卷六,第一編第五册,第18頁。

3 錢易:《南部新書》卷庚,第一編第四册,第77頁。

4 孫光憲:《北夢瑣言》卷八《李太尉與段少常書》,第一編第一册,第100頁。

5 劉斧:《青瑣高議》前集卷一《柳子厚補遺》,第二編第二册,第12頁。

6 陶穀:《清异録》卷上《禽名門》"羹本",第一編第二册,第53頁。

7 鄭文寶:《南唐近事》卷二,第一編第二册,第221頁。

8 錢易:《南部新書》卷戊,第一編第四册,第57頁。

是一位對飲食十分講究的人，養了這麽多家禽，有可能主要是爲了自己食用。[1]咸通初年，洛陽城裏流行一首謡言："勿鷄言，送汝樹上去；勿鴨言，送汝水中去。"[2]謡言以鷄鴨爲主題，肯定與城裏十分常見養殖和銷售鷄鴨有關。還有人養鴿子："豪少年尚畜鴿，號'半天嬌'。"[3]這些少年飼養鴿子不一定全是爲了食用，但肯定會有一部分最後的結局是被當成菜肴吃掉。

肉類食品進入市場，交易十分旺盛，銷售量在市場中占有重要地位。久視元年(700年)，"越州有祖録事，不得名。早出，見擔鵝向市中者。鵝見録事，頻顧而鳴。祖乃以錢贖之"[4]。既是"擔鵝"，説明這位農民飼養鵝的數量不少，肩挑手提運鵝進市場，供應城内居民的需要。這些鷄鴨鵝小家禽，大多是城市周圍地區的農民養殖後提供給市場的。可見，爲了要供應城市不斷擴大的物質需求，一部分農民漸漸將養殖與市場緊密地聯繫到了一起。文宗大和中，"樂工尉遲璋左能囀喉爲新聲。京師屠沽效，呼爲'拍彈'"[5]。京師有屠沽，殺了猪直接銷售。路巖"風貌之美，爲世所聞"，長得特别漂亮。鎮守成都時，人們都學他的穿衣打扮。有一次他來到"鬻豚之肆，見儈豕者謂屠主曰：'此豚端正，路侍中不如。'"[6]可知成都的商品市場裏有專門出售猪肉等肉類的地方，有牙人爲店主聯繫生猪，在這種店鋪裏宰殺後再出售，估計這種"鬻豚之肆"的結構是前爲門面銷售，後是殺猪作坊。南唐程員舉進士，臨近考試，人變得緊張起來。夜裏做夢，"理服馳馬詣省門，見楊遂、張觀、曾顗立街中"。幾人對程員説："榜在鷄行，何忽至此？"[7]可知金陵城内有專門出售鷄的鷄行，因爲處於熱鬧之地，所以科舉的録取榜就張貼在那裏。一些野生動物爲人捕獲後，也會被拿到市場上出

1 李昉：《太平廣記》卷二五一引《抒情詩》"馮衮"(第1951頁)，説他"江外優佚，暇日多縱飲博"，"更因飲酣，戲酒妓"。該書卷二三四引《盧氏雜説》"尚食令"(第1795頁)，説他"素精於飲饌"，親手做出的餹子"其味脆美，不可名狀"。

2 王讜：《唐語林》卷七《補遺》，第三編第二册，第263頁。

3 陶穀：《清异録》卷上《禽名門》"插羽佳人"，第一編第二册，第53頁。

4 張鷟：《朝野僉載》卷四，《唐五代筆記小説大觀》，第57頁。

5 錢易：《南部新書》卷乙，第一編第四册，第26頁。

6 王讜：《唐語林》卷四《容止》，第三編第二册，第139頁。

7 鄭文寶：《南唐近事》卷二，第一編第二册，第224頁。

售，如江陵市場上有竹鷄出售。[1] 一些飯店、逆旅中都有肉食供應。白廷讓平日"游行於廛市中"，某次和一黄鬚劍客相約到通利坊逆旅中一起喝酒，"驢肉置其側"[2]。

宋代筆記比較具體地描繪了唐五代人食用肉類食品的大致情況，總體上可以看出人們對肉食品是比較喜愛的。這種喜愛，既是身體吸收養分的需要，又是社會風尚變化後導致的結果。然而由於整個社會的富裕程度還很有限，大部分家庭做不到大快朵頤，盡情品嘗，即使是一些官員或大户人家，對肉食品也是有節制地享用。

從食用的肉食品種類來説，猪肉大概是最普遍的肉食，無論南方人還是北方人都喜歡食用。牛肉和羊肉同樣亦是人們食用的大宗肉食品，南北方雖然都喜歡，但主要食用地是北方，南方的食用地區主要是在長江流域。驢的食用數量相對猪、牛、羊而言要少，一般是北方地區喜歡食用。不少人喜歡食用狗肉，但食用數量與前幾種動物是不能相比的，要少很多。鷄、鴨等家禽由於家庭養殖比較普遍，因而數量較多，市場銷售旺盛，從城市到農村食用者較多。鵝在唐五代的北方比較少見，主要是南方地區食用。鴿也有養殖，但數量上與鷄、鴨等家禽相比要少許多，因而不可能是主要的食用家禽。由於唐五代的自然環境比較優越，飛禽走獸較多，它們亦是人們主要食用的肉類。唐五代社會總的肉食量很大，人們都比較喜歡吃肉，之所以會出現這樣的風尚，主要與唐五代時畜産養殖的發展和農村副業經濟的勃興有很大關係。動物養殖的數量增加，導致了商品市場的繁榮，一般市場内肉類食品是作爲重要商品在銷售，因而爲人們的食用提供了便利的條件。

二、魚類食品

喜歡魚類食品，這是中國人飲食上的傳統。魚産品的豐富，依賴於漁業生産的發展。漁業是唐五代部分百姓賴以生存的基本産業，在長達三百五十多年

1 孫光憲：《北夢瑣言》卷一〇《梁趙意醫》，第一編第一册，第123頁。

2 張齊賢：《洛陽搢紳舊聞記》卷三《白萬州遇劍客》，第一編第二册，第178頁。

的時段中，由於社會的相對穩定和農業經濟的發達，漁業經濟得到較快的發展，魚類產品的捕撈、養殖、加工和銷售等都有長足的進步。中唐以後商品經濟較爲繁盛，農副產品逐漸走向市場，生產的商品化傾向十分明顯。[1] 在這種情況下，漁業生產的發展必然和市場緊密相連，商品經濟的發達對唐五代漁業經濟影響極大。在宋代筆記中，有大量第一手的資料記載了唐五代的漁業生產和人們的嗜魚風氣。雖然這些資料不够完整，并不系統，但還是能看出當時社會生活的多彩面貌。

（一）喜愛水産品風尚

隋唐五代時期，帝王、妃嬪對水産品有着特殊的喜好。

隋代，生活在北方的帝王們喜歡吃南方的魚。《中吴紀聞》談道："鮸魚出吴中，其狀似鮎。隋大業中，吴郡嘗獻海鮸魚乾膾四缶，遂以分賜達官。"[2] 鮸魚一般是生長在江河中，長江下游地區的鮸魚以魚肉鮮嫩細膩而出名，因而隋煬帝要將魚分給大臣們共同享用。龔明之談到吴郡所獻爲海鮸魚，大概因爲魚是在江海交匯處捕捉到的。

地處西北内陸的皇室宫廷，對海魚類産品有着特殊的喜好。唐朝各地上貢中有大量的海産品，已經説明帝王對海魚的愛好。沿海到長安，路途遥遠，且海産品易變質，很難保存，這就對運輸提出了很高的要求。明州的海産品皇帝特别喜歡。元和年間，"明州歲貢海蟲淡菜蛤蚶可食之屬，自海抵京師，道路水陸，遞夫積功歲爲四十三萬六千人"，華州刺史孔戣"奏疏罷之"。[3] 這種停貢可能是臨時性的，因爲到了穆宗長慶三年（823 年），元稹爲浙東觀察使，這一問題又提了出來。時"明州歲進海物，其淡蚶，非禮之味，尤速壞，課其程，日馳數百里。

1　對唐五代漁業生産的成就，相關論述可參陳偉明《唐宋時期的漁業生産》，《農業考古》1994 年第 3 期，第 207～217 頁；張劍光《唐代漁業生産的發展及其商品化問題》，《農業考古》1996 年第 3 期，第 195～204 頁。

2　龔明之：《中吴紀聞》卷二《鮸魚》，第三編第七册，第 208 頁。

3　韓愈著，馬其昶校注：《韓昌黎文集校注》卷七《唐正議大夫尚書左丞孔公墓志銘》，古典文學出版社，1957 年，第 591 頁。

公至越,未下車,趨奏罷。自越抵京師,郵夫獲息肩者萬計,道路歌舞之”[1]。説明明州歲進海物已經有很長時間了。由於要保鮮,解送的速度要快,動用了大量的人力。到了唐文宗,明州依然在進貢:“上頗好食蛤蜊。沿海官吏先時遞進,人亦勞止。一旦,御饌中有擘不開者,即焚香禱之。”[2]這些資料説明,江南的海鮮有着特殊的魅力,帝王享用時充滿樂趣。

唐末五代初年,吴越王錢鏐時,“應西湖之捕魚者必日納數斤,謂之使宅魚。有終日不及其數者,必市爲供之,民頗怨嘆”[3]。錢鏐喜歡吃魚,因而在西湖捕魚的漁民每天一定要送幾斤到宫内,成了變相的漁税。後宫嬪妃受到帝王影響,亦特别喜歡吃鮮魚。如開元時“宫掖競食黄魚,故於河陽作池養之,故謂之‘黄魚池’者”[4]。挖池養魚以後,衹要嬪妃們想吃,可隨時提供。

各級官員,特别是在南方任職的官員,大多喜愛魚産品。唐武宗會昌年間,李紳在揚州時,“因科蛤,爲屬邑令所抗,云:‘奉命取蛤,且非其時,嚴冬沍寒,滴水成凍。若生於淺水,則猶可涉脛而求;既處於深潭,非没身而不得。貴賤則异,性命不殊。’紳大慚而止”[5]。從文字看,李紳“科蛤”是爲了自己食用,結果地方官員認爲文蛤生於深水處,現在天氣嚴寒,下水的話實在太冷,李紳這纔認識到自己的不妥。揚州的蛤應産自長江入海口附近。皮日休云:“何事晚來還欲飲,隔墻聞賣蛤蜊聲。”[6]顯然蛤蜊是深受人們喜愛的。

普通官員喜好吃魚的亦十分多見。唐崔樞爲小朝官,“家人於井中汲得一魚。樞本好鮮食,意是厨人治魚,誤落井中,乃令烹而啖之”[7]。因爲平日裏喜好吃魚,眼下得到一條魚,馬上想要烹煮吃掉。官員招待客人,常用魚做菜。滑州僧景陽,有一次受到令狐刺史的招待,“以僧有戒行,以紅米飯魚鱠施之,令僧

1 白居易:《白居易集》卷七〇《河南元公墓志銘》,第1467~1468頁。

2 錢易:《南部新書》卷戊,第一編第四册,第58頁。

3 陶宗儀:《説郛》(涵芬樓本)卷一四引蘇耆《閑談録》,中國書店,1986年,第8頁。

4 錢易:《南部新書》卷癸,第一編第四册,第121頁。

5 錢易:《南部新書》卷丁,第一編第四册,第47頁。

6 彭定求:《全唐詩》卷六一五皮日休《酒病偶作》,第7098頁。

7 孫光憲:《北夢瑣言》卷一〇《崔樞食龍子》,第一編第一册,第125頁。

餐”[1]。官員與二三好友一起吃飯,必以蝦蟹爲主要的菜肴。《清异録》記載:“二三友來訪,買得蝦蟹具饌,語及唐士人逆風至長鬚國娶蝦女事。坐客謝秉冲曰:‘蝦女豈不好?白角衫裹個水晶人。’滿筵無不大笑。”[2]

在南方人的日常生活中,魚蝦是最爲主要的菜肴,是家庭生活的必需品。吴郡地區的百姓喜歡吃蟹。《中吴紀聞》説:“吴之出蟹舊矣。……又陸魯望集有《蟹志》云:‘漁者緯蕭,承其流而障之,曰蟹斷。’又曰:‘稻之登也,率執一穗以朝其魁,然後縱其所之,今吴人謂之輸芒。’”[3]吴郡地區對蟹的熱愛其實唐以前早就出現。《吴越春秋》説:“蟹稻無遺種。”説明吃蟹風氣由來已久。宋朝始置通判,謂之監州,“往往與知州争權”。錢昆少卿家世代居住在餘杭,“杭人嗜蟹,嘗求外補。或問欲何郡,昆曰:‘但得有螃蟹無通判處可矣。’聞者以爲笑”[4]。這雖然是宋代初年的事情,但杭州人嗜蟹已經有相當長時間。南唐德昌宫使劉承勛嗜蟹,“但取圓殼而已。親友中有言古重二螯,承勛曰:‘十萬白八,敵一個黄大不得。’謂蟹有八足,故云”[5]。所謂黄大,指蟹黄黄的圓殼,劉承勛喜歡吃螃蟹的身體,認爲無論多少蟹脚都不敵一個蟹身體。盧絳從弟盧純,以蟹肉爲“一品膏”,特别喜歡吃蟹。他曾説:“四方之味,當許含黄伯爲第一。”將螃蟹的鮮美看得特别重。後來因爲食蟹的二螯,“筴傷其舌,血流盈襟,絳自是戲純:‘蟹爲筴舌蟲。’”[6]

鰻魚和鱔魚,是兩種没有鱗的外觀爲長條蛇形的魚,屬洄游性魚類,原産於海中,溯河到淡水内長大。唐五代時期,有一些人特别衷情於這兩種魚。南唐紫微郎韓熙載,酷好鰻鱺,庖人私語曰:“韓中書一命二鰻鱺。”[7]意味韓熙載飲食中將鰻鱺看得很重。黿、龜、鱉之類亦是唐五代人喜歡吃的水産品。江西軍

1 錢易:《南部新書》卷癸,第一編第四册,第 118 頁。
2 陶穀:《清异録》卷上《魚門》“水晶人”,第一編第二册,第 62 頁。
3 龔明之:《中吴紀聞》卷四《蟹》,第三編第七册,第 244 頁。
4 陳善:《捫虱新話》卷一一《國朝始置通判》,第五編第十册,第 90 頁。
5 陶穀:《清异録》卷上《魚門》“黄大”,第一編第二册,第 62 頁。
6 陶穀:《清异録》卷上《魚門》“筴舌蟲”,第一編第二册,第 62 頁。
7 陶穀:《清异録》卷上《魚門》“一命鰻鱺”,第一編第二册,第 61 頁。

吏宋氏嘗至星子市木,“見水濱人物喧聚,乃漁人得大黿”[1]。大家都圍着大黿看,是因爲大黿可以成爲美食。

長江下游地區的人還嗜河豚魚。沈括説:“吴人嗜河豚魚,有遇毒者往往殺人,可爲深戒。”“吴人所食河豚有毒,本名侯夷魚。”河豚因爲有個大肚子,所以南方人稱其爲“吹肚魚,南人通言之,以其腹脹如吹也”。它不是規魚,“規魚,浙東人所呼。又有生海中者,腹上有刺,名海規”。上述沈括對河豚魚的理解,估計不是宋朝纔有的,應該是唐五代以來人們就有的認識。唐《本草》説:“河豚味甘温,無毒,補虚,去濕氣,理腰脚。”沈括説一些人根據《本草》的這段話就認爲河豚無毒,“食之不疑”。他認爲《本草》所載的河豚實際上是鮠魚,“江、浙間謂之回魚者是也”。[2] 那麽唐代人是否對河豚還没有認識得很清楚呢?其實,我們翻看唐前期孟詵《食療本草》,發現書中已經記載到了鯸鮧魚:“有毒,不可食之。其肝毒殺人。緣腹中無膽,頭中無腮,故知害人。若中此毒及鱸魚毒者,便銼蘆根煮汁飲,解之。”[3]孟詵認爲此魚有毒,其毒没有很有效的消解辦法,所以提出不能食用,而至沈括時説吴人嗜食,説明長江下游地區的人是一直在吃這種魚的,因爲其味道特别鮮美。

沿海地區的人們喜歡吃海産品。如淡菜,宋人提道:“淡菜,貝中海錯之美。韓退之《孔戣墓志》曰:‘淡菜,蚶蛤之屬。’李長吉詩云:‘淡菜生寒日。’以天色極寒方出。元微之《論海錯》亦云:‘淡菜,海蚶之屬。’”[4]認爲淡菜是一種鮮美的蚶蛤類海産品。李賀詩名《畫角東城》,他説:“淡菜生寒日,鮞魚噀白濤。”[5]白居易曾游浙右數郡,來到越州,談到這裏是“投竿出比目,擲果下獮猴”[6]。説明越州的海魚十分受人喜歡。嶺南雷州地區的百姓“有以黄魚、彘肉同食者”[7],説明黄魚是他們喜歡的一種海魚。

---

1 徐鉉:《稽神録》卷三《宋氏》,第 54 頁。

2 沈括:《補筆談》卷三,第二編第三册,第 250 頁。

3 孟詵著,鄭金生等譯注:《食療本草譯注》卷中,第 201 頁。

4 朱翌:《猗覺寮雜記》卷上,第三編第十册,第 35 頁。

5 彭定求:《全唐詩》卷三九二李賀《畫角東城》,第 4413 頁。

6 白居易:《白居易集》卷二七《想東游五十韵》,第 607 頁。

7 錢易:《南部新書》卷庚,第一編第四册,第 81~82 頁。

江南地區的一些海魚十分著名。吴曾談到兩浙沿海的石首魚説:"兩浙有魚,名石首,云自明州來。問人以石首之名,皆不能言。予偶讀張勃《吴録·地理志》載:'吴婁縣有石首魚,至秋化爲冠鳧,言頭中有石。'又《太平廣記》云:'石首魚,至秋化爲冠鳧,冠鳧頭中有石也。'"[1]説明江南地區的人長期以來一直食用石首魚,而且認爲明州産的魚品質最高。有時,一些海魚會跑到内河中:"又有海鰍,形如大堤,長數十丈,至於潯陽,值冬水涸,不能旋,每每噞喁,水自腦出,或云海神取其珠矣。迨死,人食其肉,多者至卒,以脅骨爲橋,脊骨爲臼。鰍者,鯉之類也。"[2]内地人當然亦是喜歡食用海魚的。

普通百姓也經常食用魚類食品。魚産品被製成炙、脯、鮓、羹、臛等各種菜肴,如光明蝦炙、金銀夾花平截(剔蟹細碎卷)、冷蟾兒羹(冷蛤蜊)、白龍臛(治鱖肉)、金粟平䭔(魚子)、鳳凰胎(雜治魚白)、逡巡醬(魚羊體)、乳釀魚、丁子香淋膾、剪雲析魚羹、魚羊仙料、加料鹽花魚屑、金丸玉菜臛鱉、藏蟹含春侯等。[3]一些人以做魚菜盛名。如廣陵法曹宋龜,擅長做縷子膾,"其法用鯽魚肉、鯉魚子,以碧筒或菊苗爲胎骨"[4]。這是將鯽魚肉、鯉魚子放入碧筒或和菊苗一起煮的菜。而洛陽地區的人們特别愛吃鱔魚,有人以做鱔魚出名,"京洛白鱔極佳烹治,四方罕有得法者"。後周有位楊承禄,擅長做去骨鱔魚菜,"獨爲魁冠,禁中時亦宣索,承禄進之,文其名曰'軟釘雪籠'"[5]。宫内和宫外,都喜歡他做的鱔魚。

還有人喜歡吃生魚。蜀中有一道人出售一種名爲自然羹的食品,有人買來嘗鮮。衹見"碗中二魚,鱗鬣腸胃皆在,鱗上有黑紋,如一圓月,汁如淡水,食者旋剔去鱗腸,其味香美"[6]。有人問爲什麽魚上有一個圓月,道人就將杯水傾倒,衹見倒出的皆是荔枝仁。

唐末五代時期,記録中的水産品越來越多。陶穀《清异録》談到"吴越功德

1 吴曾:《能改齋漫録》卷一五《石首魚》,第五編第四册,第168頁。

2 龍衮:《江南野史》卷三《後主》,第一編第三册,第176頁。

3 陶穀:《清异録》卷下,第一編第二册,第102~104頁。

4 陶穀:《清异録》卷下《饌羞門》"縷子膾",第一編第二册,第101頁。

5 陶穀:《清异録》卷上《魚門》"軟釘雪籠",第一編第二册,第62頁。

6 陶穀:《清异録》卷下《饌羞門》"自然羹",第一編第二册,第101頁。

判官毛勝,多雅戲,以地產魚蝦海物,四方所無,因造水族加恩簿,品叙精奇"。他將各種水產品全部封一個官位名,雖是游戲笑談,但列出了衆多時人食用的海産品名單。這些水產品,按書中的先後次序有:江瑶、章舉、車螯、蚶菜、蝦魁、蠘、蝤蛑、蟹、彭越、蛤蠑、文、鱸、鰣、鱭、黿、鱉、鱟、石首、石决明、烏賊、鼂、水母、真珠、玳瑁、牡蠣、梵響、砑光螺、珂、螺螄、蛙、鯸鮧、江豚、鱖、鯉、鯽、白魚、鯿、鱘鰉、鱔、葱管、東崇、崇連、河豚、鰒、蜆。[1] 這份名單説明人們對魚類的認識已進一步細化。

唐五代還有一些人因爲太喜好魚類食品,結果將身體吃壞。《北夢瑣言》説有一少年眼中常常看見一面小鏡子,於是請醫工趙卿治療。趙卿與少年相約第二天早晨"以魚膾奉候"。少年第二天按約定的時間去了,看到桌子上"施一甌芥醋,更無他味",而趙卿未至。等的時間一長,少年覺得肚子餓了,"且聞醋香,不免輕啜之,逡巡又啜之,覺胸中豁然,眼花不見,因竭甌啜之"。這時趙卿出現,説:"郎君吃膾太多,非醬醋不快。又有魚鱗在胸中,所以眼花。適來所備醬醋,衹欲郎君因飢以啜之,果愈此疾。烹鮮之會,乃權誑也,請退謀餐。"[2] 他認爲少年吃魚膾太多,所以得病,通過大量喝醋進行治療,病就能治好。

(二)水產品的加工和捕撈

隋唐五代時期,人們喜歡將魚類產品加工後食用,如用蜜漬魚蟹,或將魚製成鹹魚或魚乾等。沈括發現北方人吃魚喜歡甜的,而南方人喜歡吃鹹的:"宋明帝好食蜜漬鯸鮧,一食數升。鯸鮧乃今之烏賊腸也,如何以蜜漬食之?大業中,吴郡貢蜜蟹二千頭,蜜擁劍四瓮。又何嗣嗜糖蟹。大底南人嗜鹹,北人嗜甘。魚蟹加糖蜜,蓋便於北俗也。"[3] 南方人投北方帝王所好,纔用蜜漬的方式對魚蟹進行加工。隋大業間吴郡貢水產品,其他書上亦有記載。如《清异録》説:"煬帝幸江都,吴中貢糟蟹、糖蟹。每進御,則上旋潔拭殼面,以金縷龍鳳花雲貼其

1 陶穀:《清异録》卷上,第一編第二册,第 62~66 頁。

2 孫光憲:《北夢瑣言》卷一〇《療疑病》,第一編第一册,第 124 頁。

3 沈括:《夢溪筆談》卷二四,第二編第三册,第 184 頁。

上。"[1]吴郡上貢有糟蟹和糖蟹兩種,這是用不同的加工方法製成的美食。所謂糟蟹,就是將蟹用酒或糟加上鹽及其他調味品腌製,味道十分鮮美。吴越國有一種玲瓏牡丹鮓特别有名,"以魚葉鬥成牡丹狀"。所謂鮓,其實是一種用鹽和紅麴腌製的魚。爲什麽稱爲玲瓏牡丹鮓,主要是因爲鮓"既熟,出盎中,微紅如初開牡丹"[2]。鮓是南方人比較喜歡的一種吃法。南唐陳陶"所居不與俗接,唯嗜鮓,一啖或至千臠"。嗣主爲了找到他,派人"衣商賈之服賫鮓往。既至,陶即時出"。陳陶後來在西山,靠賣藥材爲生,與一煉師"獲資則市鮓就爐,二人對飲且啖,旁若無人","時人見其縱逸,姿貌非常,每飲酒食鮓"[3]。再如池州百姓楊氏"以賣鮓爲業。嘗烹鯉魚十枚,令兒守之。將熟,忽聞釜中乞命者數四"[4]。南方百姓如此喜歡食鮓,反映出當時社會上流行的一種飲食風氣。

對魚産品的喜愛,必須基於這些産品就市場而言有穩定的提供渠道,首先是能有大量的捕撈。在唐代長安城的百姓中,可能亦有專職的漁民:"長安有龍户,見水色即知有龍。或引出,但如鰍魚而已。"[5]龍并不存在,龍户的設立亦不可能是真的,但專門安排人捉鰍魚應是有可能的。如果是地方上州縣官府厨房用魚,應該是由州縣派專人捕撈。《稽神録》談道:"近有漁人,泊舟馬當山下。"[6]這是指在長江邊上有專門捕魚的漁民,他們以捕魚賣魚爲生。

捕魚的方法多種多樣。一般漁民捕撈最重要的是網具,通常由漁船載着網具再撒到江湖中。如溧水"有漁人李黑獺,恒張網於江"[7]。漁網可以攔截的距離較長,過往的魚觸網就無法逃脱。唐末吕師造爲刺史,吕氏諸子打算"網魚於鄱陽江,召問柳翁。翁指南岸一處:'今日惟此處有魚,然有一小龍在焉。'諸子不信,網之,果大獲。舟中以瓦盆貯之"[8]。鄱陽湖這樣的湖泊,用漁網捕魚特

1 陶穀:《清异録》卷下《饌羞門》"縷金龍鳳蟹",第一編第二册,第104頁。

2 陶穀:《清异録》卷下《饌羞門》"玲瓏牡丹鮓",第一編第二册,第102頁。

3 龍衮:《江南野史》卷八《陳陶》,第一編第三册,第207~208頁。

4 徐鉉:《稽神録》卷三《池州民》,第56頁。

5 錢易:《南部新書》卷丁,第一編第四册,第39頁。

6 徐鉉:《稽神録》卷三《漁人》,第55頁。

7 徐鉉:《稽神録》卷三《史氏女》,第55頁。

8 徐鉉:《稽神録》卷四《柳翁》,第71頁。

别有效。

在近海捕撈中,網具能發揮出巨大的作用:“東州静海軍姚氏率其徒捕海魚,以充歲貢。時已將曉,而得魚殊少。方憂之……明日,魚乃大獲,倍於常歲矣。”[1]顯然網具捕魚的效率很高。一些人偶然捕魚也常用網具,收穫頗豐:“王蜀時,梓州有張温者,好捕魚。曾作客館鎮將,夏中携賓觀魚,偶游近龍潭之下,熱甚,志不快,自入水,舉網獲一魚,長尺許。”[2]儘管張温是下池張網,但足以説明使用網具是捕魚的一種重要方法。

垂釣亦是常見的一種有效方法。有人將生米等物品作爲魚餌而誘釣。豫章有漁人,“投生米於潭中捕魚”[3],引誘魚來吃米,從而使垂釣更有效果。唐末天祐中,饒州有一位柳翁,“常乘小舟,釣鄱陽江中”。因爲垂釣的時間長了,“凡水族之類,與山川之深遠者,無不周知之。凡鄱人漁釣者,咸諮訪而後行”[4]。李匡威“與諸游俠輩釣於桑乾赤欄橋之側,自以酒禱曰:‘吾若有幽州節制分,則獲一大魚。’果釣得魚長三尺,人甚异焉”[5]。能釣到三尺長的大魚,應該説不是經常能做得到的。

唐代末期,陸龜蒙在蘇州地區見到了衆多漁具。他説:“大凡結繩持網者,揔謂之網罟。網罟之流曰罛,曰罾,曰罺。圓而揔捨曰罩,挾而升降曰罛。緡而竿之,總謂之筌。筌之流曰筒,曰車。横川曰梁,承虚曰笱。編而沈之曰箄,矛而卓之曰矠,棘而中之曰叉,鏃而綸之曰射,扣而駭駭之曰根,以薄板置瓦器上,擊之以驅魚。置而守之曰神,列竹於海澨曰滬,吴之滬瀆是也。錯薪於水中曰槮,所載之舟曰舴艋,所貯之器曰笭箵。”[6]這些漁具雖不一定全部在筆記小説中能見到,但還是可以看出當時漁具的大致使用情况。《稽神録》補遺中曾經談到“近有海上人於魚扈中得一物”[7],所謂“魚扈”,就是通常我們説的魚滬,即魚簖,也

---

1 徐鉉:《稽神録》卷四《姚氏》,第 65 頁。

2 孫光憲:《北夢瑣言》佚文四《捕魚獲龍》,第一編第一册,第 248 頁。

3 徐鉉:《稽神録》卷五《沈彬》,第 84 頁。

4 徐鉉:《稽神録》卷四《柳翁》,第 71 頁。

5 孫光憲:《北夢瑣言》卷一三《李全忠蘆生居室》,第一編第一册,第 154 頁。

6 陸龜蒙:《唐甫里先生文集》卷五《漁具》,何錫光校注《陸龜蒙全集校注》,鳳凰出版社,2015 年,第 365~366 頁。

7 徐鉉:《稽神録》補遺《海上人》,第 137 頁。

就是陸龜蒙説的“列竹於海澨”。這種魚滬就是將竹竿插在海邊的淺水灘中,兩竹竿中間布置一種口大身體細長的口袋型的網具,攔截海面,捕捉來往游動的魚類。

截流爲柵,待魚大量游來時全部抓獲,這是南方慣用的一種抓魚方法。沈括説:“南人捕河豚法,截流爲柵,待群魚大下之時,小拔去柵,使隨流而下,日莫猥至,自相排蹙,或觸柵則怒,而腹鼓浮於水上,漁人乃接取之。”[1]根據魚的習性,將河豚魚引進河流,拔出河流一頭的柵欄後將水放出,河豚會隨着水流向前游,魚貫而來,全部被抓捕。

唐代漁民還利用動物捕魚,用鸕鷀、水獺抓捕的方法已十分常見。杜甫詩云:“家家養烏鬼,頓頓食黄魚。”這烏鬼就是鸕鷀。沈括指出:“《夔州圖經》稱峽中人謂鸕鷀爲烏鬼。蜀人臨水居者皆養鸕鷀,繫繩其頸,使之捕魚,得魚則倒提出之,至今如此。”[2]鸕鷀原是一種野生動物,大約在魏晋時已被馴化,并用來捕魚,至唐代,這種方法在許多地區已推廣和運用。這種捕魚的方式,一直到北宋仍然存在。沈括説:“予在蜀中,見人家養鸕鷀使捕魚,信然,但不知謂之‘烏鬼’耳。”[3]范鎮説:“蜀之漁家養鸕鷀十數者,日得魚可數十斤。以繩約其吭,纔通小魚,大魚則不可食,時呼而取出之,乃復遣去。甚馴狎,指顧皆如人意。有得魚而不得歸者,則押群者啄而使歸。比之放鷹鶻,無馳走之勞,得利又差厚。”[4]雖然沈括和范鎮都是説北宋時候的事情,但這種鸕鷀馴養方法,不是很短時間内就能做到的,必定是在相當長時段中才漸漸形成的。在宣州當塗芰塘,有人“畜鸕鷀於家,纜小舟在岸,日遣一丁取魚供家。邑尉過時,見之,謂阜民曰:‘小舟即納艙場,鸕鷀乃小尉耳。’復曰:‘江湖漁郎用鸕鷀,乃小尉耳。’復曰:‘江湖漁郎用鸕鷀者,名烏頭網。’”[5]這種用鸕鷀取魚的辦法,時人認爲“快捷爲甚”,十分有效。

---

1 沈括:《補筆談》卷三,第二編第三册,第250~251頁。

2 沈括:《續筆談》,第二編第三册,第256頁。

3 沈括:《夢溪筆談》卷一六,第二編第三册,第123頁。此段話,黄朝英《緗素雜記》卷五“烏鬼”條全部引述,第三編第四册,第206頁。

4 范鎮:《東齋記事》佚文,第一編第六册,第234頁。

5 陶穀:《清异録》卷上《禽名門》“納艙場小尉”,第一編第二册,第56~57頁。

一些人爲了能隨時吃到魚,將買來或捕捉到的魚養在自己家裏的池塘中。隋朝將軍虞孝仁,性奢靡,跟從帝王伐遼,但特别想吃魚,所以用"駱駝負函盛水養魚充庖",以保證魚的鮮活。李世民曾經醉卧在劉文静家,"見宅南大池中有白龍下飲水,池中大魚皆躍上岸,以百數,良久乃隱"[1]。白龍當然是不存在的,但劉家池塘裏有大魚百數條,這個應該是真事,一些達官貴人家裏可能都是這樣挖了池塘臨時性養魚,主要爲了自己能隨時享用鮮美的魚肉。再如開元時唐朝後宫中的嬪妃們喜歡食黄魚,"故於河陽作池養之,故謂之'黄魚池'者"[2]。將魚養在池塘裏,想吃的時候可隨時捕撈。

唐五代時有一部分魚産品是人工養殖的。人工養殖後放養魚苗,在史書記載中我們經常可以看到。隨着科學技術的發展,漁民已開始試養各種魚類。由於大多數在流水生活中的魚類不適宜在静水中飼養,而少數能在静水中飼養成長的魚類却不能進行繁殖,於是人們通過反復多次的試養,選擇其中能在静水中成長的草、青、鰱、鱅等來飼養,漸漸獲得成功,其中的一種重要方法是捕撈魚苗。這種方法在隋代就已萌芽:"吴郡送太湖白魚種子,敕苑内海中以草把别遷着水邊,十餘日即生小魚。其取魚子,以夏至前三五日,白魚之大者,日晚集湖邊淺水中有菰蔣處産子,綴着草上,是時漁人以網罟取魚。然至二更,則産竟散歸深水,乃刈取菰蔣草有魚子者,曝乾爲把,運送東都。至唐時東都猶有白魚。"[3]南方的魚種在東都成活并能生長良好。不過隋代的方法到宋代已不再見到,但"太湖白魚實冠天下"。同時,浙東地區還有另一種養魚的方法:"浙東溪水峻急,多灘石,魚隨水觸石皆死,故有溪無魚。土人率以陂塘養魚,乘春魚初生時,取種於江外,長不過半寸,以木桶置水中,細切草爲食,如食蠶,謂之魚苗。一夫可致數千枚,投於陂塘,不三年,長可盈尺。但水不廣,魚勞而瘠,不能如江湖間美也。"[4]所謂陂塘養魚,類似於今天的挖魚塘養魚,春初覓得魚種投入池塘,不到三年就變成可以食用的大魚。陂塘大,魚生長就快;反之,魚就

---

1 沈作喆:《寓簡》卷三,第四編第五册,第31頁。

2 錢易:《南部新書》卷癸,第一編第四册,第121頁。

3 朱長文:《吴郡圖經續記》卷下《雜録》,江蘇古籍出版社,1999年,第81頁。

4 葉夢得:《避暑録話》卷下,第二編第十册,第343頁。

很小。

江南海洋漁業的發展，豐富了人們的日常飲食生活，對人們的生活習性產生了一定的影響。吴越國孫承祐"嘗饌客，指其盤筵曰：'今日坐中，南之蝤蛑，北之紅羊，東之蝦魚，西之粟，無不畢備，可謂富有小四海矣。'"[1]社會各個階層，對海洋魚類越來越喜好，這使得原有的飲食習慣發生變化，海產品的食用數量日益增多。

三、品茶

中唐以後，茶葉生產突飛猛進，深刻地改變了人們的飲食習慣。不過，唐代以前，茶葉生產其實已有一定的規模，許多地區出現了茶葉栽培和製茶手工業。陸羽《茶經》卷下《七之事》就談到南朝的僧人們"年垂懸車，飯所飲茶"[2]，説明飲茶在一些人群中已經比較流行。至唐五代，隨着種植茶葉的區域不斷擴大，製作茶葉的技術日益提高，茶葉的產量不斷增加，飲茶的人越來越多，從而深刻地改變了社會生活面貌。

（一）茶葉生産

唐代産茶葉的地方很多，而且誕生了一些名茶，長江中下游地區是主要的茶葉生産區。李白《答族侄僧中孚贈玉泉仙人掌茶并序》談到荆州玉泉寺近清溪諸山，有水的地方"處處有茗草羅生，枝葉如碧玉"。李白在金陵時碰到宗侄僧中孚，"示余茶數十片，拳然重叠，其狀如手，號爲仙人掌茶，蓋新出乎玉泉之山，曠古未覿。因持之見遺"[3]。這種仙人掌茶，後來池州九華山亦生産，"其狀略如蕨拳也"[4]。而事實上，池州在唐代就已産茶。金地藏《送童子下山》云：

1 陶穀：《清异録》卷下，第一編第二册，第106頁。

2 蔡嘉德、吕維新：《茶經語釋》卷下《七之事》引《釋道該説·續名僧傳》，農業出版社，1984年，第56頁。

3 李白著，郁賢皓校注：《李太白全集校注》卷一六，第2347頁。

4 洪邁：《容齋四筆》卷一〇《青蓮居士》，第五編第六册，第315頁。

"添瓶澗底休招月,烹茗甌中罷弄花。"[1]金地藏是唐至德初到達九華山,他喝的茶葉肯定是當地生産的。《江南通志》卷八六《食貨志·物産》云:"金地茶,出九華山也,金地藏自西域携來者。"是否真是從西域帶來,這是有點令人懷疑的,但他來九華山之時,當地已有茶葉,估計當時所産還不是仙人掌茶。宋人筆記雖没有系統地揭示唐代的茶葉到底有哪些産地,但從分散的記録中還是可以看到長江以南地區大多是出産茶葉的。

唐代好的茶葉都要進貢給朝廷,如湖州顧渚和常州義興的紫笋茶。貢茶生産的規模較大,一般是由地方政府出面組織生産:"唐制,湖州造茶最多,謂之顧渚貢焙。歲造一萬八千四百八斤,焙在長城縣西北。大曆五年以後,始有進奉。至建中二年,袁高爲郡,進三千六百串,并詩一章,刻石在貢焙。"但到了唐文宗後,顧渚的貢茶生産出了問題,品質不能保證,"開成三年,以貢不如法,停刺史裴充"[2]。

自唐入宋,茶葉産地在發生一些變化。白居易《琵琶行》説:"商人重利輕别離,前月浮梁買茶去。"[3]商人家在潯陽,到浮梁去購買茶葉,所以白居易在潯陽的商船上見到了商婦。宋代趙與時認爲既然到浮梁去買茶,那説明唐代潯陽不産茶,而浮梁是重要的産茶區。不過到了宋代,情况發生變化,"今其行幾遍天下,而浮梁所産反不著。時代推移,而土地所生亦復變遷如此"[4]。自唐入宋,産茶區發生了變化。

在這個階段,茶葉的生産亦出現了不少變化。比如岳州城南的南湖,其時稱爲灉湖,湖四周的山上唐時出産茶葉,謂之灉湖茶。李肇《唐國史補》談到"茶之名品",説"岳州有灉湖之含膏"[5],他將其作爲一種重要的茶葉向人們推薦,説明唐人極爲看重這種茶葉。這是一種蒸青團茶,略帶黄顔色,香味較足。齊己有《謝灉湖茶》詩,云:"灉湖唯上貢,何以惠尋常。還是詩心苦,堪消蠟面香。

1 彭定求:《全唐詩》卷八〇八,第 9122 頁。
2 錢易:《南部新書》卷戊,第一編第四册,第 54 頁。
3 白居易:《白居易集》卷一二,第 243 頁。
4 趙與時:《賓退録》卷三,第六編第十册,第 37 頁。
5 李肇:《唐國史補》卷下,《唐五代筆記小説大觀》,第 196 頁。

碾聲通一室,烹色帶殘陽。若有新春者,西來信勿忘。”[1]不過這種茶葉到了宋代就發生了變化,“今人不甚種植,惟白鶴僧園有千餘本,土地頗類北苑,所出茶一歲不過一二十兩,土人謂之‘白鶴茶’。味極甘香,非他處草茶可比,并茶園地色亦相類,但土人不甚植爾”。亦就是説,除了白鶴僧園還保存着千餘棵茶樹外,當地人基本不再種植。儘管宋人認爲這種茶味極甘香,品質較高,但亦無可奈何。就連湖邊上的灉湖井,“唐人嘗稱甘水”,喜歡用這種水來燒水泡茶,但到了宋朝已“荒穢不治,汲者亦少,當不逮昔也”[2]。可知,這種唐代十分著名的茶葉,到了宋代已很少生産,名聲亦無。宋代筆記記録了茶葉種植上發生的變化,是十分珍貴的資料。

唐代很多地方出産茶葉,不過宋人認爲有些茶葉製作不精。茶葉的顔色,唐人通常推崇純净的緑色。陳鵠《耆舊續聞》説:“唐李泌《茶》詩‘旋沫翻成碧玉池’,亦以碧色爲貴。”[3]即以碧緑色作爲茶葉顔色的最高境界。再如白居易《茶詩》云:“渴嘗一盞緑昌明。”昌明是綿州的屬縣。不過宋人認爲這并不是説昌明的茶是以緑色著名的,“蓋是時未知所以造茶,製作不精,故茶之色猶緑,而好事者録其茶之妙,亦未以白色爲貴,其詩故如此。使樂天見今日之茶之美,而肯爲是語耶”[4]。指出唐代茶葉呈緑色是製作上的無奈,而宋人推崇白色,所謂“茶之貴白”[5]。王觀國認爲:“茶之佳品,其色白,若碧緑色者,乃常品也。”他引鄭谷《嘗茶詩》:“入坐半甌輕泛緑,開緘數片淺含黄。”[6]認爲唐人推崇的是緑色和淺黄顔色的茶葉,而到了宋代人們認爲白色的茶葉品質更好。但也有人有不同意見:“今諸郡産茶去處,上品者亦多碧色,又不可以概論。”[7]認爲碧色茶也是上品。

唐代茶葉品質較高的是貢茶。宋人總結出唐代的貢茶“以早爲貴”,而且這

1　彭定求:《全唐詩》卷八四〇,第 9476 頁。

2　范致明:《岳陽風土記》,第二編第七册,第 79~80 頁。

3　陳鵠:《耆舊續聞》卷八,第六編第五册,第 95 頁。

4　袁文:《甕牖閒評》卷六,第四編第七册,第 188~189 頁。

5　吴曾:《能改齋漫録》卷一五《綿州緑茶》,第五編第四册,第 160 頁。

6　王觀國:《學林》卷八《茶詩》,第四編第二册,第 68 頁。

7　陳鵠:《耆舊續聞》卷八,第六編第五册,第 95 頁。

種早都是被政府催逼出來的。根據《能改齋漫録》記載的一些唐代茶詩,宋人發現,政府是在茶樹芽剛冒出來時就發文來催了。李郢《茶山貢焙歌》云:"陵烟觸露不停采,官家赤印連帖催。"劉禹錫《試茶歌》云:"何况蒙山顧渚春,白泥赤印走風塵。"袁高《茶山作》云:"陰嶺茅未吐,使者牒已頻。"吴曾發現"三詩皆及赤印與牒也"[1],是政府發文把産茶的時間越弄越早。宋人認爲:"茶之佳品,摘造在社前,其次則火前,謂寒食前也。其下則雨前,謂穀雨前也。……茶之佳品,芽蘖微細,不可多得,若取數多者,皆常品也。"唐人對茶葉的認識可能没有宋人這樣精細,但茶葉采摘時間越早,品質越高,這一點顯然是知道的。齊己茶詩曰:"甘傳天下口,貴占火前名。"又曰:"高人愛惜藏岩裏,白硾封題寄火前。"宋人評論説:"凡此言火前,蓋未知社前之品爲佳也。"盧仝《茶歌》曰:"開緘宛見諫議面,手閲月團三百片。"薛能《謝劉相公寄茶》詩曰:"兩串春團敵夜光,名題天柱印維揚。"宋人認爲好茶葉數量很少,"茶之佳品,珍逾金玉,未易多得,而以三百片惠盧仝,以兩串寄薛能者,皆下品可知也"[2]。

唐代的貢茶中,有一種茶叫紫笋茶。所謂笋,即茶芽剛萌還尚未展開,形狀如笋。陸羽認爲"笋者上,芽者次",所以這種貢茶是春天茶樹萌出尖芽時就開始采摘,一般認爲這樣的茶葉品質較高。到了宋代,人們對茶葉品質的看法發生了變化,如沈括説:"茶牙,古人謂之雀舌、麥顆,言其至嫩也。今茶之美者,其質素良,而所植之木又美,則新牙一發,便長寸餘,其細如針,唯牙長爲上品,以其質幹土力皆有餘故也。如雀舌、麥顆者,極下材耳,乃北人不識,誤爲品題。"沈括説的"古人",就是唐五代之際人,當時認爲雀舌、麥顆是最嫩的茶芽,形狀如笋,所以品質較高。而宋人認爲茶芽較長的爲上品,因爲這種形狀反映了茶樹生長良好,土力充足。沈括有《嘗茶詩》云:"誰把嫩香名雀舌?定來北客未曾嘗。不知靈草天然异,一夜風吹一寸長。"[3]實際上説的就是上述觀點,指出由唐入宋,由於標準不一樣,人們對茶葉品質的看法發生了變化。

另外,茶樹種植在山的陽面還是陰面也大有講究,劉禹錫認爲:"陽崖陰嶺

---

1 吴曾:《能改齋漫録》卷一五《貢茶貴早》,第五編第四册,第160頁。

2 王觀國:《學林》卷八《茶詩》,第四編第二册,第68頁。

3 沈括:《夢溪筆談》卷二四,第二編第三册,第183頁。

各殊氣,未若竹下莓苔地。”[1]不過相比較還是“竹間茶最佳”,這個唐宋人的看法是一樣的。

唐末五代,不斷有茶葉新品種涌現,其中最主要的是建州産的北苑茶。宋初丁謂有《北苑茶録》三卷,是專門論述這種茶葉的著作。關於這種茶葉,宋朝楊億《談苑》有介紹:“建州,陸羽《茶經》尚未知之。但言‘福建等十二州未詳,往往得之,其味極佳’。江左近日方有蠟面之號。李氏别令取其乳作片,或號曰京挺、的乳及骨子等,每歲不過五六萬斤。迄今歲出三十餘萬斤。”吴曾《能改齋漫録》談道:“其曰京挺、的乳,則茶以京挺爲名。又稱北苑,亦以供奉得名,可知矣。李氏都於建業,其苑在北,故得稱北苑。……李氏有北苑,而建州造挺茶又始之,因此取名,無可疑者。”[2]亦就是説,并不是建州的茶葉烘焙工廠叫北苑,而是因爲金陵城裏有北苑,而茶葉進貢到都城,就以此稱這種茶葉。沈括對北苑茶的意見大體與吴曾相似,他説:“建茶之美者號‘北苑茶’。今建州鳳凰山,土人相傳謂之北苑,言江南嘗置官領之,謂之北苑使。予因讀《李後主文集》有《北苑詩》及《文苑紀》,知北苑乃江南禁苑,在金陵,非建安也。江南北苑使,正如今之内園使。李氏時有北苑使,善製茶,人競貴之,謂之‘北苑茶’,如今茶器中有學士甌之類,皆因人得名,非地名也。”宋人把北苑當作地名,始於丁謂《北苑茶録》,書中云:“北苑,地名也,今曰龍焙。”又云:“苑者,天子園囿之名。此在列郡之東隅,緣何却名北苑?”丁謂自己亦有懷疑,這是他“蓋不知北苑茶本非地名”。因而沈括認爲“始因誤傳,自晋公實之於書,至今遂謂之北苑”[3],從此傳開了。

建州的茶葉,張舜民《畫墁録》談道:“有唐茶品以陽羡爲上供,建溪北苑未著也。貞元中常衮爲建州刺史,始蒸焙而研之,謂研膏茶。其後稍爲餅樣,貫其中,故謂之一串。陸羽所烹惟是草茗爾。”[4]亦就是説,建州茶是膏茶,製成餅

1 劉禹錫:《劉禹錫集》卷二五《西山蘭若試茶歌》,中華書局,1990年,第329~330頁。

2 吴曾:《能改齋漫録》卷九《北苑茶》,第五編第三册,第265~266頁。

3 沈括:《補筆談》卷一,第二編第三册,第218頁。

4 張舜民:《畫墁録》,第二編第一册,第210頁。本則引文中,“陽羡”原作“易羡”,吴曾《能改齋漫録》卷一五《茶品》引用該書,作“陽羡”(第186頁);吴曾引文中有“貫”字,原文無,據之引文中作了增補。

樣。這同時亦告訴我們,中唐以後建州膏茶已經出現。五代,有人得建州茶膏,“取作‘耐重兒’八枚,膠以金縷,獻於閩王曦”[1]。茶膏早在南唐建立前已經生產,估計數量不多,品質較高,故用來獻給閩王。《五代史》有一段話這樣描述:“當後唐天成四年五月七日,中書門下奏:‘朝臣時有乞假覲省者,欲量賜茶藥。’奉敕宜依者,各令據官品等第指揮,文班自左右常侍、諫議、給、舍,下至侍郎,宜各賜蜀茶三斤、蠟面茶二斤、草荳蔻一百枚、肉荳蔻一百枚、青木香二斤,以次武班官各有差。”吴曾認爲“以此知建茶以蠟面爲上供,自唐末已然矣”[2]。説明建州茶全是蠟面茶,茶面色澤光瑩。沈括談到唐代長江流域的茶葉和建州茶的區别:“古人論茶,唯言陽羡、顧渚、天柱、蒙頂之類,都未言建溪。然唐人重串茶粘黑者,則已近乎建餅矣。”建州的餅茶,與唐代的串茶粘黑者還是有點相近的。建茶茶葉异軍突起,主要是“建茶皆喬木,吴、蜀、淮南唯叢茇而已,品自居下。建茶勝處曰郝源、曾坑,其間又岔根、山頂二品尤勝”[3]。貶抑吴、蜀、淮南茶而追捧建州茶,這是到了宋代纔出現的現象。

宋人認爲建州産的龍茶在南唐時已經上貢給朝廷:“建溪龍茶,始江南李氏,號‘北苑龍焙’者,在一山之中間,其周遭則諸葉地也。居是山,號‘正焙’,一出是山之外,則曰‘外焙’。‘正焙’‘外焙’,色香必迥殊,此亦山秀地靈所鍾之,有异色已。龍焙又號‘官焙’,始但有龍鳳、大團二品而已。”不過南唐貢茶有山中和山外之分,品類有兩種。直到北宋仁宗時纔另外有小龍團茶的出現,所以蔡絛説:“茶之尚,蓋自唐人始,至本朝爲盛;而本朝又至祐陵時益窮極新出,而無以加矣。”[4]大體説清了從唐至宋仁宗時建州茶的變化和發展。

建州茶主要是作爲上貢品,比較珍貴,但民間亦有膏茶流通。後周顯德初,“大理徐恪見貽卿信鋌子茶,茶面印文曰‘玉蟬膏’,一種曰‘清風使’”[5]。徐恪是建州人,所以能得到玉蟬膏送人。

除建州茶外,各地都出現了不少名品。如湖州顧渚吴越國末年有一種新

1 陶穀:《清异録》卷下《茗荈門》“縷金耐重兒”,第一編第二册,第99頁。

2 吴曾:《能改齋漫録》卷一五《茶品》,第五編第四册,第187頁。

3 沈括:《夢溪筆談》卷二五,第二編第三册,第188頁。

4 蔡絛:《鐵圍山叢談》卷六,第三編第九册,第247頁。

5 陶穀:《清异録》卷下《茗荈門》“玉蟬膏”,第一編第二册,第99頁。

茶,“味極美,奩面標云‘龍陂山子茶’。龍陂,是顧渚之别境”[1]。而僧人梵川在蒙頂“結庵種茶,凡三年,味方全美,得絶佳者聖楊花、吉祥蕊,共不逾五斤,持歸供獻”[2]。説明蒙頂有聖楊花、吉祥蕊等新品種,茶質較高。

南方各地茶葉産量猛增。如南唐曾“遣使往湘潭市茶”,後來邊鎬平馬氏,“嗣主因而引對慰勞,遂以上茗萬斤備人船遣之,自夏口轉令入江陵而還”[3]。能够以品質較高的“上茗”萬斤作爲禮物送人,説明南唐在湘潭購到的茶葉數量十分巨大。

唐宋之間的茶葉生産技術已有較大的不同。朱翌説:“唐造茶,與今不同。今采茶者,得芽即蒸熟焙乾,唐則旋摘旋炒。”[4]所以劉禹錫詩説:“莞然爲客振衣起,自傍芳叢摘鷹嘴。斯須炒成滿室香,便酌砌下金沙水。”采和炒幾乎同步進行。茶炒好後要碾磨,須放在臼裏搗碎:“唐末有碾磨,止用臼,多是煎茶。故張志和婢樵青使竹裹煎茶。柳子厚云:‘日午獨覺無餘聲,山童隔竹敲茶臼。’”[5]茶葉被搗散以後纔能放在熱水裏煎。

(二)品茶風尚

宋朝人認爲茶葉發源於南方,唐以前喝茶習俗没有真正流行:“前古止謂之苦茶,以此知當時全未知飲啜之事。”“《茶録》中亦載茶古不聞食,晋以降,吴人采葉煮之,號茗粥。則知畾茶者自晋蓋有之矣,非復今之人始食也。”[6]直到中唐,社會上纔開始流行喝茶:“南人好飲茶,孫皓以茶與韋昭代酒,謝安詣陸納,設茶果而已。北人初不識,開元中,泰山靈岩寺有降魔師,教禪者以不寐,人多作茶飲,因以成俗。”[7]大體而言,茶葉最早是在南方生産,而北方人在唐以前還不知道茶有什麽用處,直到開元年間很多人開始飲茶,品茶纔成爲一種風俗。

1 陶穀:《清异録》卷下《茗荈門》“龍陂山子茶”,第一編第二册,第98頁。
2 陶穀:《清异録》卷下《茗荈門》“聖楊花”,第一編第二册,第98頁。
3 龍衮:《江南野史》卷二《嗣主》,第一編第三册,第165頁。
4 朱翌:《猗覺寮雜記》卷上,第三編第十册,第24頁。
5 朱翌:《猗覺寮雜記》卷上,第三編第十册,第24頁。
6 袁文:《甕牖閒評》卷六,第四編第七册,第189頁。
7 李石:《續博物志》卷五,第四編第四册,第190頁。

到了陸羽編撰《茶經》,書中談了煎炙之法以及製造茶具等事情,飲茶纔迅速流行開來。中唐還有位常伯熊,積極向大衆傳播陸羽茶法,使得更多人知道茶葉的重要性。

自唐入宋,由於喝茶流行,茶葉價格轉高:"自唐至宋,以茶爲寶,有一片值數十千者,金可得,茶不可得也,其貴如此。"[1]茶葉價格較高與政府收榷利有關,這一點唐與宋是一樣的。不過唐代對茶葉品質的追求與宋朝是不能相比的,因而相對而言價格不是太高:"逮唐中世榷利,遂與煮酒相抗,迄今國計賴此爲多。唐人所飲不過草茶,但以旗槍爲貴,多取之陽羡,猶未有所謂臘茶者。今建州製造日新歲异,其品之精絶者,一餅直四十千。蓋一時所尚,故豪貴競市以相誇也。"[2]

爲什麽唐代流行喝茶?宋人認爲主要是唐代人認識到茶葉有不少特殊功效。程大昌説:"盧仝《謝惠茶》詩,歷叙一碗至六碗,皆有功用,蓋淺深不同耳。其誇茶力至曰:'既覺兩腋習習清風生,蓬萊山,在何處?玉川子乘此欲歸去。'"又《茶譜》談到蒙頂茶的功效:"若獲四兩,服其一則祛疾,二即無病,三即换骨,四兩即爲地仙。"有一位僧人相信了上面這些話,"僅獲一兩,服之,病差,容貌若三十許人,眉髮緑色。然則謂茶能輕身,可爲飛仙,唐世通有其傳,非仝出意自爲恠奇也"[3]。是否真如程大昌所説茶葉的功效是常人喝了能成仙,眉髮能變成緑色。這當然是可以懷疑的,但以此作爲唐代流行喝茶的原因之一,或許還是可以成立的。

唐五代很多人認爲喝茶對改善身體健康是有效果的。湯悦有《森伯頌》,就是歌頌茶葉的:"方飲而森然嚴乎齒牙,既久四肢森然。二義一名,非熟夫湯甌境界,誰能目之。"[4]喝茶使四肢有力抖擻。用豹皮做成鼓風的囊,對增加火力十分有效,"煮茶啜之,可以滌滯思而起清風。每引此義,稱茶爲'水豹囊'"[5]。喝茶,能蕩滌人的思緒,就像豹囊鼓風生火一樣。

---

1 袁文:《甕牖閒評》卷六,第四編第七册,第189頁。

2 佚名:《南窗紀談》,第五編第一册,第200頁。

3 程大昌:《演繁露續集》卷四《盧仝茶詩》,第四編第九册,第208頁。

4 陶穀:《清异録》卷下《茗荈門》"森伯",第一編第二册,第99頁。

5 陶穀:《清异録》卷下《茗荈門》"水豹囊",第一編第二册,第99頁。

唐五代流行喝茶，所以社會各個階層都以茶葉爲貴。朝廷君臣之間都喝茶。《晁氏客語》引《王沂公筆録》談道："五代以前，宰相奏事罷，賜茶方退。"[1]皇帝要賜大臣飲了茶，纔正式退朝。平時，帝王常將茶葉賜給臣下百姓。如前蜀永平二年（912年）二月一日，王建游龍華禪院，"召僧貫休，命坐，賜茶藥彩段，仍令口誦近詩"[2]。僧人喜歡喝茶，皇帝就將自己認爲品質比較高的茶葉賜給寺院。

飲茶流行於上層社會。客人前來，主人都以茶待客。如裴佶姑夫聽到門者報壽州崔使君候，遂出外相見，"須臾，命茶甚急"[3]。用茶招待是對客人比較重視的一種禮節；反過來，要是不用茶待客，會被人認爲是小氣。郎士元"詩句清絶輕薄"，他曾説："郭令公不入琴，馬鎮西不入茶，田承嗣不入朝。"談到馬燧，説他從不用茶招待客人。馬燧聽後，先自己吃了一斤羊肉夾胡餅，然後邀請郎士元來喝茶。"士元至，馬喉乾如窑，即命急烹茶，各啜二十餘甌。士元已老，虚冷腹脹，屢辭"，馬燧問，你不是説"馬鎮西不入茶"，現在我招待你飲茶了，你爲什麼要急着告辭啊？郎士元這下就不能走了，"如此又七甌。士元固辭而起，及馬，氣液俱下。因病數旬"[4]，被馬燧好好捉弄了一番。

官員碰面，常坐着一邊喝茶一邊閑聊。兵部員外郎李約性嗜茶，"客至，不限甌數，竟日執茶器不倦"。可以邊喝邊談，終日不倦。他"嘗奉使行至陝州石硤縣東，愛渠水，留旬日，忘發"[5]，看到好水就想到要煎茶，竟然誤事。唐末皮光業特别喜愛喝茶，某天中表請他去嘗新柑，"筵具殊豐，簪紱叢集"。但皮光業一到中表家裏，不顧席上豐盛的菜肴，却是"呼茶甚急。徑進一巨甌，題詩曰：'未見甘心氏，先迎苦口師。'"[6]説明他對飲茶有着狂熱的愛好。

一些官員甚至在外出的路上，也是茶不離身。杜黄裳位極人臣，富貴無比，乘船從西川到廣陵，經過瞿塘峽時，"左右爲駭浪所驚，呼唤不暇，渴甚，自潑湯

1 晁説之：《晁氏客語》，第一編第十册，第104頁。
2 張唐英：《蜀檮杌》卷上，第一編第八册，第38頁。
3 王讜：《唐語林》卷六《補遺》，第三編第二册，第214頁。
4 王讜：《唐語林》卷六《補遺》，第三編第二册，第218頁。
5 王讜：《唐語林》卷六《補遺》，第三編第二册，第225頁。
6 陶穀：《清异録》卷下《茗荈門》"苦口師"，第一編第二册，第101頁。

茶吃也”[1]。乘船的時候，備好茶湯，隨時飲用。官員士大夫之間，常將好茶作爲禮物，相互贈送。薛能“累出戎鎮”，“因有詩謝淮南寄天柱茶”[2]，説明他人寄來的天柱茶是一種大家都認可的品質較高的茶葉。

官方機構都有專門的茶葉儲備，一旦有需要就能使用。有一官員任江南驛官，驛中專設一茶庫，“諸茗畢貯”，各種茶葉都有儲藏，門口貼有門神陸羽[3]。

平民百姓之間也流行喝茶。胡生是“以釘鉸爲業”的手藝人，“去厥居十餘步，有古墳。胡生若每茶飲，必奠酹之”[4]，喝茶是他日常生活的一部分。朱梁用兵河北，命令楊師厚攻棗强縣。一天有一百姓向楊師厚軍投降，被編入李周彝的部隊。那位百姓“忽然抽茶擔子揮擊，周彝頭上中擔，幾仆於地”[5]，原來是位詐降者。可知河北地區有肩挑茶擔、專門販賣茶葉的小商人。葛從周鎮兖州，“劉鄩將圖兖也，詐爲茶商，苞苴鎧甲，大起店肆，剖巨木藏兵杖而入”[6]。茶商在兖州地區活動頻繁，以經營茶葉爲主要商品的店肆在兖州城裏應該十分多見。

僧人亦喝茶。唐宣宗大中三年（849 年），東都有一僧人，號稱年一百二十歲。唐宣宗問：“服何藥而至此？”僧對曰：“臣少也賤，素不知藥性。本好茶，至處唯茶是求。或出，亦日遇百餘碗；如常日，亦不下四五十碗。”於是宣宗賜茶五十斤，令僧人居保壽寺，喝茶養老[7]。如此，喝茶還能使僧人長壽。

當然，亦有些人是不喜歡喝茶的，還認爲喝茶對人的身體没有好處。唐代右補闕毋煚，“性不飲茶”，因而對飲茶有成見。他撰有《代茶餘序》，内中説：“釋滯銷壅，一日之利暫佳；瘠氣侵精，終身之累斯大。獲益則歸功茶力，貽患則不爲茶灾。豈非福近易知，禍遠難見。”[8]他認爲暫時喝茶是有好處的，但對人

1　孫光憲：《北夢瑣言》卷三《杜邠公不恤親戚》，第一編第一册，第 31 頁。

2　孫光憲：《北夢瑣言》卷四《薛氏子具軍儀》，第一編第一册，第 43 頁。

3　王讜：《唐語林》卷六《補遺》，第三編第二册，第 294 頁。

4　錢易：《南部新書》卷壬，第一編第四册，第 104 頁。

5　孫光憲：《北夢瑣言》卷一六《梁祖圍棗强》，第一編第一册，第 177 頁。

6　孫光憲：《北夢瑣言》卷一七《劉鄩忠於舊主》，第一編第一册，第 183 頁。

7　錢易：《南部新書》卷辛，第一編第四册，第 98 頁。

8　劉肅：《大唐新語》卷一一《褒錫》，《唐五代筆記小説大觀》，第 314 頁。

的一生來説，喝茶是一場大禍大害。五代時符昭遠不喜喝茶，有一次碰見“御史同列會茶”，於是他嘆息説：“此物面目嚴冷，了無和美之態，可謂冷面草也。”他認爲不喝茶者可以“飯餘，嚼佛眼芎，以甘菊湯送之，亦可爽神”[1]。宋人認爲茶不宜多喝，如常伯熊，因爲“飲茶過度，遂患風氣”。甚至還有人認爲北方人得的一種黄病，最後導致很多人病死，都與大量喝茶有關：“或云北人未有茶，多黄病，後飲，病多腰疾偏死。”[2]

（三）品茶習俗

唐人喜歡喝茶，所以漸漸地形成了一些喝茶的習慣和方法。唐御史大夫李季卿宣慰江南，“至臨淮。或言常伯熊善茶者，李公請之。伯熊着黄衫、烏紗帽，手執茶器，口誦茶名，區别指點，左右刮目。茶熟，李公爲啜兩杯”。常伯熊特地煎茶應該是在解釋喝茶的方法，他對茶葉的品種十分熟悉，所以周圍的人感到吃驚。李季卿“至江外，又召陸鴻漸。漸身衣野服，隨茶具而入，既坐，敷攤如伯熊故事。公心鄙之。茶畢，令奴子取錢三十文酬煎茶博士”[3]。陸羽的煎茶步驟與方法應該和常伯熊基本一致，所以李季卿纔會不以爲然。反過來説，中唐時江南人煎茶的步驟已有大致的程式。

不過宋人認爲唐人并不善喝茶。劉禹錫《西山蘭若試茶歌》云：“山僧後檐茶數叢，春來映竹抽新茸。宛然爲客振衣起，自傍芳叢摘鷹嘴。斯須炒成滿室香，便酌砌下金沙水。驟雨松聲入鼎來，白雲滿碗花徘徊。”[4]劉禹錫詩裹談到唐人的飲茶方式，説要煎水至沸，全是白雲般的湯花。根據詩的内容，宋人推測出“唐人未善啜茶也”。宋初《香譽類稿》云：“觀此詩，自摘至煎，則便飲之，初無焙造碾羅之事。雖曰茶芽，不知争得入口，豈亦如藥之㕮咀，去其滓而飲之乎？”對唐代的煮茶方式不以爲然。宋人認爲：“夫旋摘之茶必香，其香當倍於常茶，非龍麝之比也。古人入茶有用龍麝者，其壞茶爲不少，茶有自然之香，其何

1　陶穀：《清异録》卷下《茗荈門》“冷面草”，第一編第二册，第100頁。

2　李石：《續博物志》卷五，第四編第四册，第190頁。

3　王讜：《唐語林》佚文，第三編第二册，第299頁。

4　劉禹錫：《劉禹錫集》卷二五，第329頁。

假於龍麝乎！”剛采摘的茶葉，馬上就炒，香味四溢，根本不用再加什麽其他香味。這段話意味唐代喝茶是放香料的，這是退而求其次的做法，茶應該要有自然之香，“茶之新者，其香尤可愛也”[1]。這反映出自唐入宋，喝茶習俗在發生變化。

唐人煎茶，的確是加入一些配料的。蘇軾認爲：“唐人煎茶用薑，故薛能詩云：‘鹽損添常戒，薑宜煮更誇。’據此，則又有用鹽者矣。近世有用此二物者，輒大笑之。然茶之中等者，若用薑煎，信佳也，鹽則不可。”[2]唐人有加薑或鹽入茶的習俗，蘇軾認爲到了宋代如果還有這種習俗的話要讓人笑死了。不過品質中等的茶葉加薑一起煎，當時仍是有的。然而陳鵠《耆舊續聞》認爲唐代用鹽入茶的風俗亦傳到了宋朝：“東坡之説如此，不知今吴門、毗陵、京口，煎點茶用鹽其來已久，却不曾有用薑者。風土嗜好，各有不同。”[3]按照這種説法，唐人煎茶的習俗在宋代一些地方仍然是繼承了下來，不過有的是繼承了加薑，有的是繼承了加鹽。

茶葉味苦，難以下咽，爲了讓茶葉變甜，唐代采取了加藥材的辦法。《萍洲可談》云：“茶見於唐時，味苦而轉甘，晚采者爲茗。今世俗客至則啜茶，去則啜湯。湯取藥材甘香者屑之，或温或凉，未有不用甘草者，此俗遍天下。”[4]茶湯中加甘草，茶味就變甜。

唐末五代，點茶法流行。宋人談道：“古人客來點茶，茶罷點湯，此常禮也。近世則不然，客至點茶與湯，客主皆虚盞，已極好笑。而公廳之上，主人則有少湯，客邊盡是空盞，本欲行禮而反失禮，此尤可笑者也。”[5]此雖是北宋時的喝茶風俗，但可以使我們看到唐末五代點茶法是盞裏先放茶，然後是點茶點湯。

煎茶要有好水。陸羽曾經品第煎茶用水，雪水品爲第二十，認爲雪水“滯而

1 袁文：《甕牖閒評》卷六，第四編第七册，第188頁。
2 蘇軾：《商刻東坡志林》卷一〇，第一編第九册，第176頁。
3 陳鵠：《耆舊續聞》卷八，第六編第五册，第95頁。
4 朱彧：《萍洲可談》卷一，第二編第六册，第131頁。
5 袁文：《甕牖閒評》卷六，第四編第七册，第189頁。

太冷也”[1]。宋人認爲陸羽的看法有問題。晋羊孚《雪贊》曰:“資清以化,乘氣以霏。遇象能鮮,即潔成輝。”高似孫據此説:“雪蓋取其清潔也,安可謂之冷滯耶?”他還看到唐代有很多人是用雪水或冰水煮茶的。如喻凫詩:“煮雪問茶味,當風看雁門。”白居易詩:“吟咏霜毛筆,閑嘗雪水茶。”高似孫説“皆是雪水瀹茶也”。曹松詩:“讀易明高燭,煎茶取折冰。”姚合詩:“研露題詩潔,銷冰煮茗香。”高似孫又説“則又以冰瀹茶也”。他説唐代逸人王休“居太白山下,冬至取溪冰敲其精瑩者煮茗,共客飲之,無非取其潔清也”[2]。所以用哪種水煮茶都無關緊要,關鍵是看水的清潔程度。他還引姚合、張喬詩,説明煎茶用什麼水爲好。其中姚合詩:“酒用林花釀,茶將野水煎。”張喬詩:“簟冷窗中月,茶香竹裏泉。”[3]乾净的野水、泉水,都可以用來煮茶。宋人還提到李德裕從浙西遞水到長安的事情,説李德裕平時生活簡儉,但就是在使用煎茶水上十分奢侈。他在中書省時,“不飲京城水,茶湯悉用常州惠山泉,時謂之‘水遞’”。後來有人給他説“京中昊天觀厨後井,俗傳與惠山泉脉相通”,實際上是這井裏的水質很好,與惠山泉水差不多,於是李德裕“遂罷取惠山水”[4]。李德裕看重煎茶用水,讓後人記憶深刻。

煎茶燒水時要用文火。高似孫《緯略》中將顧況等人的詩集中在一起,列出“文火”一條,從而强調燒水時的火候十分重要。顧况《茶論》曰:“煎以文火細烟,小鼎長泉。”皮日休《茶》詩:“山謡縱上下,火候還文武。”[5]火烟要細,這樣煎出來的茶口感就好。《唐語林》談到兵部員外郎李約“性又嗜茶,能自煎,曰:‘茶須緩火炙,活火煎。’活火,謂炭火之有焰者也”[6]。對煎茶的火候控制很有講究。

唐人喝茶的器具比較講究。喝茶用茶杯,茶杯下墊有茶碟。茶杯裏因爲全

1　陸羽品第煎茶水爲二十等,云:“雪水第二十,用雪不可太冷。”文見張又新《煎茶水記》,《中國古代茶書集成》,上海文化出版社,2010年,第63頁。

2　高似孫:《緯略》卷七《雪茶》,第六編第五册,第254~255頁。

3　高似孫:《緯略》卷一一《文火》,第六編第五册,第354頁。

4　王讜:《唐語林》卷七《補遺》,第三編第二册,第241~242頁。

5　高似孫:《緯略》卷一一《文火》,第六編第五册,第354頁。

6　王讜:《唐語林》卷六《補遺》,第三編第二册,第225頁。

是熱水,比較燙手,而茶碟是平坦的,稍不小心茶杯就容易傾翻,於是出現了茶托子:“建中蜀相崔寧之女,以茶杯無襯,病其熨手,取碟子承之。既啜,杯傾,乃以蠟環碟中央,其杯遂定。即命工以漆環代蠟。寧善之,爲製名,遂行於世。其後傳者,更環其底,以爲百狀焉。”[1]照這條資料,茶托子的出現是偶然的,因爲崔寧之女臨時想出用蠟將杯子固定在碟子的中央。後來又以漆代蠟,并流傳開來,出現各種材質的茶托子,如銀茶托子和瓷茶托子等。

蘇廙《仙芽傳》卷九記載了五代時製作茶湯的十六種方法,認爲“湯者茶之司命,若名茶而濫湯,則與凡末同調矣”。這本書裏記載了十六種茶湯,其中從茶葉老嫩角度談的茶湯有三種,從注水緩急角度談的茶湯有三種,從茶具角度談的茶湯有五種,從煎茶湯的薪火談的茶湯有五種。按次序分别是得一湯、嬰湯、百壽湯、中湯、斷脉湯、大壯湯、富貴湯、秀碧湯、壓一湯、纏口湯、減價湯、法律湯、一面湯、宵人湯、賊湯、魔湯。[2]

一些煎茶名家亦應運而生。吴僧文了善烹茶,游荆南,“高保勉白子季興延置紫雲庵,日試其藝,保勉父子呼爲‘湯神’”。因爲煎茶水平較高,於是“奏授華定水大師上人,目曰‘乳妖’”[3]。估計茶水比較清晰透白,所以纔得到這個雅號。沙門福全,“生於金鄉,長於茶海,能注湯幻茶成一句詩,并點四甌,共一絶句,泛乎湯表。小小物類,唾手辦耳。檀越日造門求觀湯戲”。和尚注湯能幻化成一句詩,四甌下來,變成一絶句“泛乎湯表”,其技術高超,所以能够“却笑當時陸鴻漸,煎茶贏得好名聲”。五代宋初的陶穀認爲:“饌茶而幻出物象於湯面者,茶匠通神之藝也。”[4]認爲是通神之藝,評價特别高。五代時期,茶藝技術不斷涌現出新花樣:“近世有下湯運匕,别施妙訣,使湯紋水脉成物象者,禽獸蟲魚花草之屬,纖巧如畫,但須臾即就散滅,此茶之變也。時人謂之‘茶百戲’。”[5]這種

1 王讜:《唐語林》卷八《補遺》作“茶拓子”,第三編第二册,第291頁。引文中的“碟”原爲“楪”。此條引自李匡文《資暇集》卷下“茶托子”條,并云:“貞元初,青、鄆油繪爲荷葉形,以襯茶碗,别爲一家之樣,今人多云托子始此,非也。”(《全唐五代筆記》第三册,三秦出版社,2002年,第1895頁)

2 陶穀:《清异録》卷下《茗荈門》“十六湯”,第一編第二册,第96~98頁。

3 陶穀:《清异録》卷下《茗荈門》“乳妖”,第一編第二册,第99頁。

4 陶穀:《清异録》卷下《茗荈門》“生成盞”,第一編第二册,第100頁。

5 陶穀:《清异録》卷下《茗荈門》“茶百戲”,第一編第二册,第100頁。

茶百戲,實際上是一種别樣的茶道。還有一種漏影春法,“用鏤紙貼盞,糝茶而去紙,僞爲花身,别以荔肉爲葉,松實鴨脚之類珍物爲蕊,沸湯點攪”[1]。用各種配料和茶葉一起組成圖案,煮成茶湯。

四、飲酒

承繼了前朝的傳統,唐五代時期飲酒十分普遍,很多人對酒有着特别的喜好,酒在飲食生活中占有重要地位,酒對唐代的政治、軍事都有一定的影響。關於唐五代的飲酒風氣和習俗,以往學者已有一定的研究,對酒的種類、酒肆、酒家、酒令等都有相當深入的探索。[2] 不過,宋代筆記中仍有很多關於唐五代飲酒習俗的相關記載,可以彌補唐五代資料記載上的缺略,讓今人更加深入詳細地瞭解這一時期人們飲酒的風俗和特點。

(一)酒樓等飲酒場所

隋唐五代時期,飲酒成風。這種風氣的出現,與飲酒場所衆多有關,特别與酒樓的普遍開設有比較重要的關係。

其時一般城市裏普遍都有稱之爲酒樓、酒店、酒家、酒肆的飲食店,主要供應的是各種酒類和飲食。杜牧曾談到潤州市中酒樓:“青苔寺裏無馬迹,緑水橋邊多酒樓。”[3]金陵地處南北衝要,酒樓最爲多見,李白云:“風吹柳花滿店香,吴

1　陶穀:《清异録》卷下《茗荈門》“漏影春”,第一編第二册,第100頁。

2　對唐五代飲酒文化研究的主要有李斌城等《隋唐五代社會生活史》第二章、黎虎《漢唐飲食文化史》第三章、徐連達《唐朝文化史》第一章、吴玉貴《中國風俗通史·隋唐五代卷》第一章、王賽時《唐代飲食》(齊魯書社,2003年)第三章、劉樸兵《唐宋飲食文化比較研究》(中國社會科學出版社,2010年)第三章和第四章、王昆吾《唐代酒令藝術》(東方出版中心,1995年)等,將酒的生産和飲酒習俗作爲唐代飲食文化的一個方面,作了較爲深入的研究。黄正建《唐代官員宴會的類型及其社會職能》(《中國史研究》1992年第2期,第97~103頁)、徐連達《隋唐的酒事、酒宴與酒令》(《中國社會經濟史研究》1997年第3期,第4~9頁)、安彩鳳《唐代的飲酒風》(《文博》1999年第2期,第80~81、92頁)、黄正建《唐代前後期皇帝賜宴的比較研究》(《中晚唐社會與政治研究》,中國社會科學出版社,2006年,第336~370頁)等論文對唐代的飲酒活動以及飲酒時的娱樂和游戲進行了研究。

3　杜牧:《樊川文集》卷三《潤州》,第43頁。

姬壓酒喚客嘗。"又云:"朝沽金陵酒,歌吹孫楚樓。"[1]孫楚酒樓在金陵城西,秦淮河邊。建康江寧縣廨之後有酤酒王氏,"以平直稱。……居一日,江寧大火,朱雀橋西至鳳臺山居人焚之殆盡。此店四鄰皆爲煨燼,而王氏獨免"[2]。酒店開到了緊鄰縣政府的地方。五代廣陵的城門附近有酒店,王攀"恒往來廣陵城東",每數月一值高郵縣。某次他第二天"當赴縣,今夕即欲出東水門,夜泛小舟,及明可至。既而乃與親友飲於酒家,不覺大醉,誤出參佐門"[3]。這個酒家應該在離東水門和參佐門不遠的地方,否則他不會弄錯一個城門。成都東市有酒肆,有一位李姓者和史見魂"偕行,至市南勾氏家酒肆前"[4],這是勾姓人家開設的酒肆。既然酒肆要冠以姓氏來區分,估計東市中的酒店不會就一家。在各個州縣,酒店實際上是最爲多見的一種商業經營模式。濠州有酒肆,門前有大井,酒家還"召井工陶浚之"[5]。如李夢符常游洪州市井中,"遍歷城中酒肆,高歌大醉,好事者多召之與飲"[6],説明洪州城内酒店衆多。

作爲當時最重要的飲酒場所,酒店的經營有哪些特色?

酒店一般開設在城市内的熱鬧地段,如金陵楊某原先所購之地"正值繁會之處,遂製層樓爲酒肆",分爲上下兩層[7]。有的酒店開設在周圍環境比較能吸引人的地方。如蘇州大酒巷環境極佳,酒價很高,經營者"植花浚池,建水檻、風亭,醖美酒以延賓旅"[8]。再如河間王李孝恭次子李晦的家是高樓,"下臨酒肆"[9],酒店開設在富貴者的住宅區内,應當是環境較好的地段。不過現有記載表明,酒店開設最多的地方應當是在城市的市場裏。如王涣之與王昌齡、高適

1 李白著,郁賢皓校注:《李太白全集校注》卷一二《金陵酒肆留别》,第1838頁;卷一六《玩月金陵城西孫楚酒樓》,第2339頁。

2 徐鉉:《稽神録》卷六《酤酒王氏》,第101~102頁。

3 徐鉉:《稽神録》卷三《王攀》,第49頁。

4 黄休復:《茅亭客話》卷四《史見魂》,第二編第一册,第34頁。

5 徐鉉:《稽神録》卷一《濠州井》,第10~11頁。

6 吴淑:《江淮异人録·李夢符》,第八編第七册,第145頁。

7 吴任臣:《十國春秋》卷一二《錢亮傳》引《江淮异人録》,第158頁。

8 朱長文:《吴郡圖經續記》卷下《往迹》,第60頁。

9 孔平仲:《續世説》卷一《德行》,第二編第五册,第7頁。

“飲於旗亭,有伶人唱兩詞,皆昌齡詞也”[1]。旗亭本是市場的標志,一般作爲市場管理者的辦公地,所以王昌齡的飲酒處是否真的在旗亭還不能完全肯定,但在市場的某個樓裏飲酒是毫無疑問的。亦有酒樓開設在城門外。如唐末,馮翊城外酒家門額書云:“飛空却回顧,謝此含春王。”[2]酒店的門口有題額,當然是爲了促進銷售。各地草市之類的小型市場和一些人口聚集處,也可見到一些酒店的開設。陶俊在廣陵附近的白沙市中,“避雨於酒肆,同立者甚衆”[3],酒肆中喝酒和避雨的人有很多。

酒店的標志是有一面酒旗。宋人説:“今都城與郡縣酒務,及凡鬻酒之肆,皆揭大帘於外,以青白布數幅爲之,微者隨其高卑小大,村店或挂瓶瓢,標帚秆。唐人多咏於詩,然其制蓋自古以然矣。”[4]宋代的酒店當然全是酒旗飄揚,從都城到郡縣、鄉村,標識大同小异。但宋人認爲這種做法源自前代,唐代有很多詩歌已經談到,説明唐代亦是如此。

酒店的開設者一般叫主人,店裏的工作人員叫店人。江寧縣廨之後的酒店,“癸卯歲二月既望夜,店人將閉外户”,碰到來客人了,於是“店人奔告其主,其主曰:‘出迎。’則已入坐矣。主人因設酒食甚備,又犒諸從者,客甚謝焉”。[5]店人是開門關門,做簡單的服務工作,而準備酒食等厨房内的工作,還是要主人親自負責。

亦有很多人并不是在酒店内飲酒,而是在逆旅中。逆旅的功能主要是住宿,但亦提供飲食。《新唐書》卷九八《馬周傳》談到馬周“舍新豐逆旅,主人不之顧,周命酒一斗八升,悠然獨酌,衆异之”。宋人認爲“馬周窮未遇時,逆旅獨酌,不知何人記此一事。設當時有見周獨酌而記之者,又何足記也?”所以認爲這段話是“不足書也”。[6] 事情的真實性究爲如何的確很難説,但唐人在逆旅中

---

1 程大昌:《演繁露續集》卷四《春風不度玉門關》,第四編第九册,第202頁。

2 陶穀:《清异録》卷下《酒漿門》“含春王”,第一編第二册,第94頁。

3 徐鉉:《稽神録》卷四《陶俊》,第59頁。

4 洪邁:《容齋續筆》卷一六《酒肆旗望》,第五編第五册,第410頁。

5 徐鉉:《稽神録》卷六《酤酒王氏》,第101~102頁。

6 王觀國:《學林》卷七《馬周杜甫傳》,第四編第二册,第26頁。馬周事見《新唐書》卷九八《馬周傳》,第3895頁。

喝酒應該是一種普遍的現象。

酒店、逆旅外，還有很多常見的飲酒場所。比如各種官方機構中。

如果是作爲國家層面上舉辦的各種宴會酒席，飲酒地點會安排在宫内主要的大殿裏。帝王們私下喜歡飲酒，皇宫中的一些大殿和宫室内都可能是皇帝和大臣們飲酒作樂的地方。如南唐李璟即位之初，“春秋鼎盛，留心内寵，宴私擊鞠，略無虚日”[1]。天天喝酒，過着花天酒地的生活。

中央政府機構的辦公地點是可以喝酒的，常能見到大臣們在此聚會。如諫議大夫李景儉“與馮宿、楊嗣復、温造、李肇、王鎰同謁史官獨孤朗，乃於史館飲酒”[2]。裴度在中書省時，“印忽亡失。度命張筵，舉座不曉其故”。酒喝到半夜，手下人説：“印復得。”裴度什麽亦没説，“極歡而罷”。[3]

地方政府機構裏亦能喝酒。五代石晋時，馮道出鎮同州，胡饒時爲副使。馮道因爲自己地位較高，很少和下屬接狎，高高在上，胡饒十分忿恨，“每乘酒於牙門詬道，道必延入，待以酒肴，致敬而退”[4]。兩位正副長官在衙門裏是可以喝酒的。朱梁時雷滿鎮守澧朗，“於府中浚一深潭，構一大亭於其上”，平時就在這亭子中招待人喝酒，有時酒喝到一半就跳入水中，“戲玩於水面，久之方出，復整衣冠就坐”。[5] 平盧掌書記周元樞居臨淄官舍，招待一朋友，“即具酒與之飲，相酬數百杯”[6]。

爲各級官員提供方便的驛站有酒供應。驛站是官方的交通服務設施，專爲過往的政府各級官員提供住宿和飲食，因此驛站中有酒供應。江南地區有一位元驛官，以精幹自詡。他對刺史曰：“驛中已理，請一閱之。”刺史跟了他一起來看驛站的酒庫，“諸醖畢熟，其外畫神”。刺史問：“何也？”驛官對曰：“杜康。”刺史曰：“公有餘也。”[7] 心想你整理的酒庫真不錯，有這麽多好酒啊。

---

1 鄭文寶：《南唐近事》卷二，第一編第二册，第 220 頁。

2 孔平仲：《續世説》卷八《輕詆》，第二編第五册，第 145 頁。

3 王讜：《唐語林》卷三《雅量》，第三編第二册，第 97 頁。

4 孔平仲：《續世説》卷三《雅量》，第二編第五册，第 57 頁。

5 孔平仲：《續世説》卷一二《假譎》，第二編第五册，第 209 頁。

6 徐鉉：《稽神録》卷二《周元樞》，第 31 頁。

7 王讜：《唐語林》卷八《補遺》，第三編第二册，第 294 頁。

再如各種風景優美的野外場所。

喜歡飲酒的習俗,促使人們想方設法找到很多飲酒的場所。如蘇州子城的西城墻,唐朝建樓其上,名“觀風”。北宋范仲淹曾作詩説:“高壓郡西城,觀風不浪名。山川千里色,語笑萬家聲。碧寺烟中静,紅橋柳際明。登臨豈劉白,滿目是詩情。”意爲劉禹錫、白居易等唐代官員在觀風樓喝過酒,主要是能登高望遠,蘇州城的寺廟、各種建築及遠處的山川景色都收於眼中。白居易有《西樓命宴》詩,就是指在城樓上喝酒。[1] 唐末御史中丞蕭某爲杭州刺史,與方干等“會宴於城樓飲”[2],主要是城樓上能高瞻遠矚,風景特别好的緣故。

園林中環境優美,是喝酒游玩的好地方。大臣路恕私第中有優美的園林,“自貞元初,李紓、包佶輩,迄於元和末,僅四十年,朝之名卿咸從之游。高歌縱酒,不屑外慮”[3]。飲酒的同時亦在欣賞美景。柳渾好諧謔放達,官至宰相,後罷相不久,“則命親族尋勝宴,醉而歸,陶陶然忘其黜免”[4]。尋找好地方喝酒去,順便還可以排遣一下内心的不快。有一位官員新授宣州廣德縣令,心裏十分高興,與五六人一起坐在曲江水次,“飲酒軒昂,笑語輕脱”[5]。坐在景區的湖邊飲酒,是當時流行的一種風尚。至五代,金陵成了都城,建起很多園林,皇家園林更成爲喝酒的場所。南唐中主李璟宴請右僕射宋齊丘,“選景於華林廣園,以明妝列侍,召齊丘共宴,試小妓羯鼓,齊丘即席獻《羯鼓詩》”[6]。

有的人乘了船在江面上喝酒。玄宗爲潞州别駕,入覲京師,時“暮春,豪家子數輩游昆明池。方飲次,上戎服臂鷹,疾驅至前,諸人不悦”[7]。昆明湖上豪家子划船飲酒,是上流社會的風雅之舉。唐後期崔涓爲杭州刺史,“湖上飲餞”,酒宴設在西湖的一條船上。後來中使先走,“解舟而去”[8],説明如果喝酒的人要上下船,必須另外準備條小船。五代時有位銅陵縣尉某,“嗜酒善狂。嘗與同

1 龔明之:《中吴紀聞》卷三《觀風樓》,第三編第七册,第211頁。

2 王讜:《唐語林》卷七《補遺》,第三編第二册,第267頁。

3 孔平仲:《續世説》卷五《任誕》,第二編第五册,第90頁。

4 孔平仲:《續世説》卷五《任誕》,第二編第五册,第90頁。

5 王讜:《唐語林》卷四《豪爽》,第三編第二册,第136頁。

6 文瑩:《湘山野録》卷下,第一編第六册,第51頁。

7 王讜:《唐語林》卷四《豪爽》,第三編第二册,第128頁。

8 王讜:《唐語林》卷三《夙慧》,第三編第二册,第125頁。

官會飲江上"[1]。這種會飲江上,純粹是爲了追求江面上不拘一格的風景,是附庸風雅的一種表現。南唐潘扆嘗過江來到金陵,泊舟秦淮口,有一老父,請求他幫忙搭載過江。潘一看是個老人,就允許了。"時大雪,扆市酒與同飲。及江中流,酒已盡,扆甚恨其少,不得醉。"[2]在船上喝酒,可以看兩岸風景,船動景動,風吹樹動,十分風雅,這是官員們特别喜歡的飲酒場景。

還有人是真坐在水裏喝酒的。如玄真子張志和,"飲酒三斗不醉"。"其後真卿東游平望驛,志和酒酣,爲水戲,鋪席於水上獨坐,飲酌嘯咏。"[3]這種在水面喝酒的情况應該説是比較少見的。

寺院竟然亦是官員喝酒的場所。兵部員外郎李約,至金陵,見到李錡,"屢贊招隱寺之美"。有一天,"錡宴於寺中",第二天對李約説:"十郎常誇招隱寺,昨游宴細看,何殊州中?"[4]李錡因爲是浙西觀察使,所以可以在寺院中宴客,一般人應當是不被允許的。

比較常見的無疑是人們自己的家中。

喝酒最多的地方,應該是在自己的家裏。諫議大夫陽城某次與二弟痛飲,"有謁城者,城引之與坐,輒强以酒,客辭,城輒自飲,客不得已,乃與城酬酢。或客先醉,仆於席上,或城先醉,卧客懷中,竟不能聽客語"。與弟弟飲酒,而且"仆於席上",估計是在家裏。不過陽城還和其弟説自己所得月俸除了平常家用,"餘悉以送酒家,無留也"[5]。就是説平日裏亦常在酒家喝。五代後漢時,史弘肇"嘗與大臣飲於竇貞固之第"[6]。後唐莊宗异母弟存乂,曾在"妖人楊千郎家飲酒聚會,攘臂而泣"[7]。存乂和楊千郎其實是老朋友,碰到不高興的事情就到老朋友家喝酒解悶。

---

1 佚名:《江南餘載》卷上,第一編第二册,第240頁。

2 吴淑:《江淮异人録·潘扆》,第八編第七册,第148頁。

3 沈汾:《續仙傳》卷上《玄真子》,《景印文淵閣四庫全書》第1059册,臺灣商務印書館,1986年,第585頁。

4 王讜:《唐語林》卷六《補遺》,第三編第二册,第225頁。

5 孔平仲:《續世説》卷三《雅量》,第二編第五册,第55~56頁。

6 錢易:《南部新書》卷癸,第一編第四册,第127頁。

7 孫光憲:《北夢瑣言》卷一八《楊千郎》,第一編第一册,第187頁。

(二)酒的名稱及酒器

唐代酒的釀製有官、私兩種。由於唐代中期以後官方榷酒,控制酒的生産和銷售,所以很長一段時間内對私釀是有限制的。《南部新書》卷甲云:"江西私釀酒,法尤嚴。王仲舒廉察日,奏罷之。"[1]對此,其他書亦有記載。《舊唐書》卷一九〇下《王仲舒傳》談道:"江西前例榷酒私釀法深,仲舒至鎮,奏罷之。"[2]官榷後,不允許私釀,所以地方上執行起來十分嚴格。

儘管如此,不同的時期,城市和農村中還是有不少釀酒者。隋及唐代前期,城市裏有專門的釀酒手工業者。如東都洛陽殖業坊十字街,有王戎墓。隋代,"釀家穿其旁作窨"[3],結果發現了王戎的墓銘。釀酒者要挖個酒窨,想不到挖出了一個前代的墳墓。

唐五代公私釀製中,酒的種類比較多,有些十分著名,宋人筆記中有不少記載。

宋人記録了一些唐代的名酒。白居易任杭州刺史時寫有一詩,其序説:"錢湖州以箬下酒,李蘇州以五酘酒相次寄到。"詩云:"勞將箬下忘憂物,寄與江城愛酒翁。鐺脚三州何處會,瓮頭一盞幾時同?傾如竹葉盈樽緑,飲作桃花上面紅。"詩中提到的五酘酒,是蘇州名酒。這是一種怎樣的酒?宋人説:"'酘'字與'羖'同意,乃今之羊羔兒酒也。詳其詩意,當以五羔爲之,以是酒名故從'酉'云。樂天詩云:'竹葉盈樽緑',謂箬下酒,取竹有緑之意也。'桃花上面紅',謂五酘酒,取桃花五葉也。"宋人還提到"酘"字實際上就是"重釀酒也"。所以,"蘇秀道中有地名五木,出佳酒",但這酒與五酘酒是没有關係的。[4] 范成大《吴郡志》談到五酘酒時説:"今里人釀酒,麯米與漿水已入瓮。翌日,又以米投之,有至一再投者,謂之酘。其酒則清洌异常,今謂之五酘,是米五投之耶?"[5]雖然不是太清楚酒名的來歷,但公認這是一種名酒。

---

1 錢易:《南部新書》卷甲,第一編第四册,第 11 頁。

2 劉昫:《舊唐書》卷一九〇下《王仲舒傳》,第 5059 頁。

3 李石:《續博物志》卷八,第四編第四册,第 207 頁。

4 馬永卿:《懶真子》卷五,第三編第六册,第 213 頁。

5 范成大:《吴郡志》卷二九《土物》,江蘇古籍出版社,1986 年,第 429 頁。

又如韓愈有詩云:“百年未滿不免死,且可勤買抛青春。”宋趙令時認爲:“抛青春,酒名。亦有酒名松醪春。唐人酒多以春爲名。”[1] 抛青春、松醪春是兩種唐朝的名酒,唐代的一些名酒常帶有春字。他又據《唐國史補》談道:“酒有郢之富水,烏程之若下,滎陽之土窟春,富平之石梁春,劍南之燒香春。”杜甫詩有“聞道雲安麯米春,纔傾一盞即醺人”,裴硎《傳奇》中有酒名松醪春,都重申了他的觀點:“唐人多以春名酒也。”[2] 王楙説:“僕觀鄭谷《贈富平宰》詩曰:‘易博連宵醉,千缸石凍春。’知富平石凍春信矣。觀白樂天《杭州春望》詩,有‘青旗沽酒趁梨花’之句,注:‘其俗釀酒,趁梨花時熟,號爲梨花春。’是又有梨花春之名。”[3] 的確,唐代帶春的名酒有好多種。

唐代的名酒中還有以碧命名的。唐代戎州,到了宋代稱爲叙州。杜甫《宴戎州楊使君東樓》説:“重碧傾春酒,輕紅擘荔枝。”春酒雖好,但重碧的品質蓋過春酒,宋代時,“今叙州公醞,遂名以重碧”[4]。作爲一種地方特色酒,叙州政府就用它來招待客人。

名酒之所以出名,在製作上是有特點的。李白詩中提到有一種酒叫玉浮梁,後人一直不知到底是什麽酒。陶穀有一吴婢,在陶家“使釀酒,因促其功,答曰:‘尚未熟,但浮梁耳。’”意謂這酒還没到時候,纔剛到浮梁階段。於是陶穀“試取一盞至,則浮蛆酒脂也”,酒中的米未成糟,還是漂浮在缸面上,陶穀這時“乃悟太白所飲蓋此耳”。[5] 李白的玉浮梁酒是否真是陶穀説的“浮蛆酒脂”,還很難説,但陶穀認爲這個階段即將成熟的酒,自有特點,味道極佳。而五代宣州當塗有一種酒麯,“皆發散藥,見風即消,既不久醉,又無腸腹滯之患,人號曰‘快活湯’,士大夫呼‘君子觴’”[6]。這種酒揮發得極快,人喝了以後再吹一下風就會没事,所以得到喜歡喝酒的人們的青睞。後晋開運間,陶穀恩賜到一種叫丑

1 趙令時:《侯鯖録》卷四,第二編第六册,第 224 頁。

2 趙令時:《侯鯖録》卷八,第二編第六册,第 270~271 頁。“石梁春”,《唐國史補》卷下作“石凍春”。

3 王楙:《野客叢書》卷一〇《石凍春》,第六編第六册,第 143 頁。

4 費衮:《梁谿漫志》卷七《二州酒名》,第五編第二册,第 210 頁。

5 陶穀:《清异録》卷下《酒漿門》“玉浮梁”,第一編第二册,第 94~95 頁。

6 陶穀:《清异録》卷下《酒漿門》“快活湯”,第一編第二册,第 95 頁。

未觴的酒,“法用雍酥棧羊筒子髓置醇酒中,暖消而後飲”[1]。這種酒從字面上看,有可能是産於北方。而陶穀提到的加酥油光酒亦同樣來自北方:“張彌守鎮江,一日會客,作加酥油光酒及酥夾生。副戎許鼐,蒼梧人,不諳北饌,甚嗜之。他時再聚,忽問前日盛饌有入口寒而消者,尚可得否。”[2]這種加酥油的酒,南方人還不知道,可能主要是在北方流行的緣故。

再如河中有桑落酒。宋人説:“索郎酒者,桑落河出美酒,訛爲‘索郎’耳。”宋高若訥《後史補》:“河中桑落坊有井,每至桑落時,取其寒暄得所。以井水釀酒甚佳。樂天詩云:‘桑落氣薰珠翠暖,柘枝聲引管弦高。’號桑落酒,舊京人呼爲‘索郎’,蓋語訛耳。”[3]亦就是説,這種酒主要是用桑落河水釀出的,所以味道特別好。還有一種林花酒,亦是很有特點。姚合《和元八郎中秋居》詩云:“酒用林花釀,茶將野水煎。”意謂有的酒是用花釀成的,是唐代的“酴醾酒之類”[4]。

唐代初期,葡萄酒傳了進來,宋人有記録:“太宗破高昌,收馬乳蒲桃種於苑。并得酒法,仍自損益之,造酒成緑色,芳香酷烈,味兼醍醐,長安始識其味也。”[5]葡萄主要種植於西北,葡萄酒在長安剛剛傳開,估計知道的人不會很多。唐穆宗時,“進西涼州蒲萄酒”,穆宗喝後感覺很好,説:“飲此頓覺四體融和,真太平君子也。”[6]估計這酒在中原地區仍然没有普及開,或者説中原地區即使有,但酒的品質與涼州進貢的酒不能相比。

唐代酒的品種很多。陸游曾説:“唐人喜赤酒、甜酒、灰酒,皆不可解。”他列舉了幾個例子來説明。李長吉有詩云:“琉璃鍾,琥珀濃,小槽酒滴真珠紅。”這是指紅酒。白居易有詩説:“荔支新熟鷄冠色,燒酒初開琥珀香。”這個亦是指一種紅酒。杜甫有“不放香醪如蜜甜”句,指的是甜酒。陸龜蒙有“酒滴灰香似去年”句,這是指灰酒。[7] 各種各樣的酒都受到大家的喜愛。不過亦有人認爲唐

1 陶穀:《清异録》卷下《酒漿門》“丑未觴”,第一編第二册,第95頁。

2 陶穀:《清异録》卷下《饌羞門》“寒消粉”,第一編第二册,第105頁。

3 吴曾:《能改齋漫録》卷四《桑落酒》,第五編第三册,第76頁。

4 高似孫:《緯略》卷一一《文火》,第六編第五册,第354頁。

5 錢易:《南部新書》卷丙,第一編第四册,第29頁。

6 陶穀:《清异録》卷下《酒漿門》“太平君子”,第一編第二册,第94頁。

7 陸游:《老學庵筆記》卷五,第五編第八册,第65~66頁。

人并不喜歡甜酒,"唐人以酒比飴蜜者,大率謂醇乎醇者耳,非謂好飲甜酒也"。白居易曾説:"瓮揭開時香酷烈,瓶封貯後味甘辛。"這裏説的是"酒味至於甘辛乃爲佳耳。樂天之詩又如此,豈好甜酒哉?"并且認爲:"大抵酒味之適口,古今所同,豈唐人所好與今异邪?"[1]唐代人對酒的喜好與各個朝代差不多,并没有過分奇特的地方。

很多人喝的酒是自己家裏釀的。安史之亂時玄宗逃到斜谷,"天尚早,烟霧甚晦"。知頓使、給事中韋倜在周圍地區忙了一通,"於野中得新熟酒一壺,跪獻於馬首數四"[2]。荒野的農村,能够得到一壺新熟酒是十分難得的,估計酒的品質比較一般。個人自製的酒,能搞出很多特點。如裴度"盛冬常以魚兒酒飲客。其法用龍腦凝結,刻成小魚形狀,每用沸酒一盞,投一魚其中"[3]。這是裴度别出心裁釀出的一種酒。再如汝陽王璡家有酒法,號"甘露經"。到底這種酒法是怎樣的,後人的記録并不是太清楚,僅説"四方風俗,諸家材料,莫不備具"[4],説明製酒方法較多,王璡家可能綜合了别人的方法創造出一種新的製酒法,釀出的酒像甘露一樣醇正。

無論是農村還是城市,在飲酒比較普遍的背景下,不可能每個人喝的酒都十分高級,有些酒的品質就極其一般:"金陵人謂中酒曰酒惡,則知李後主詩云'酒惡時拈花蕊嗅',用鄉人語也。"[5]南唐都城中的酒被人稱爲酒惡,而農村酒的品質就可以想象了。

熱衷飲酒,對酒品質的講究,還勢必會影響到對酒杯等物的熱情上。唐五代人們使用的酒杯一般是金屬杯,但金屬杯的鑄造有些是比較特别的。如唐文宗時,宦官專權,文宗一舉一動都會受到宦官的干擾,於是文宗衹能"酣飲爲娱"。有嬪御賄賂宦官,打造了個黄金盞,"以金蓮荷菱芰爲玦束盤,其實中空,盞滿則可潛引入盤中。人初不知也,遂有'神通盞''了事盤'之號"[6]。在酒盞

1　王楙:《野客叢書》卷三《唐時酒味》,第六編第六册,第45頁。

2　王讜:《唐語林》卷一《德行》,第三編第二册,第11頁。

3　陶穀:《清异録》卷下《酒漿門》"魚兒酒",第一編第二册,第94頁。

4　陶穀:《清异録》卷下《酒漿門》"甘露經",第一編第二册,第94頁。

5　趙令畤:《侯鯖録》卷八,第二編第六册,第263頁。

6　陶穀:《清异録》卷下《器具門》"神通盞",第一編第二册,第80頁。

上動手脚，酒杯裹的酒斟得太滿，會自行流到酒盞中間的空隙中。這麽好的杯子，是送給文宗的。五代閩國君主王延羲在位，常爲“長夜之飲”。他追求好酒杯，“煉銀葉爲酒杯，以賜飲群下。銀葉即柔弱，因目之爲冬瓜片，又名之曰醉如泥”[1]。這種銀酒杯薄如葉片。

有些人用螺絲殻做酒杯。這種杯子亦没有什麽特别神奇的地方，“惟藪穴極彎曲，則可以藏酒。有一螺能貯三盞許者，號‘九曲螺杯’”[2]。有的酒杯形狀特别奇特，與通常看到的有較大不同。如南唐中書省的厨房裹，宰相飲酒器有一種叫燕羽觴的，“似常杯而狹長，兩邊作羽形，塗以佳漆”。爲什麽做成這個樣子？有人解釋是中書省有的宰相“病目，惡五色耗明，凡器用類改令黑”[3]。眼睛不好，就將酒杯漆成黑色。

最令人驚奇的是有人用荷葉當酒杯。李宗閔“好與賓客飲宴談笑”。他特别能喝酒，酒量比較好。暑月臨池，他“以荷爲杯，滿酌酒，密繫持近口，以箸刺之而飲，不盡再舉”。荷葉代替了酒杯，而且用筷子輕輕地刺一小孔，酒就慢慢地全部流進了喉嚨。宴會剛散，有人言：“昨飲大歡也。”李曰：“今日言歡，明前日之不歡。自今好惡，一不得言。”[4]要一天比一天喝得歡。

其時人們喝的酒，一般釀在酒缸裹。將酒從酒缸舀到容器裹再放到酒桌上，然後倒入酒杯，這樣的盛酒和舀酒的容器，叫樽杓。元和時，“酌酒猶用樽杓”，“數千人一樽一杓，挹酒而散，了無所遺”。之後盛酒的器具改用注子，形狀有點像罌，有蓋、嘴、柄。文宗大和九年(835年)，中貴人惡注子與鄭注名相同，於是將柄去掉，安上繩子，“若茗瓶而小异，名曰‘偏提’，時亦以爲便，且言柄有礙而屢傾側”[5]。説明盛酒器的形狀在唐後期不斷發生着變化。

一些人喜歡喝酒，但有時要外出做事，没有酒喝感覺很難受，最好有容器能裝了酒帶着行走，這樣就能滿足自己的嗜好。五代後唐同光以後，十分流行一種五位瓶，“以銀銅爲之，高三尺，圍八九寸，上下直如筒樣，安嵌蓋，其口有微窪

1 佚名：《五國故事》卷下，第一編第三册，第251頁。

2 陶穀：《清异録》卷下《器具門》“九曲杯”，第一編第二册，第81頁。

3 陶穀：《清异録》卷下《器具門》“燕羽觴”，第一編第二册，第81頁。

4 王讜：《唐語林》卷三《雅量》，第三編第二册，第99頁。

5 王讜：《唐語林》卷八《補遺》，第三編第二册，第291頁。

處,可以傾酒。春日郊行,家家用之”[1]。春天郊游,家家户户用這種銀、銅瓶裝了酒到野外,就是爲了滿足外出飲酒的需求。

(三)宴請飲酒的緣由

宴請他人飲酒,原因亦各不相同。有的是公事的需要,有的是私人之間的交往。反正喝酒總得有個理由,而這個理由則五花八門。

從帝王的角度説,宴請多出於政治的需要。

帝王登上寶座,内心高興,就會連續宴請大臣一起吃喝。徐知誥上臺,“啓慶開國之宴”,這時剛“開國祚首啓宴樂”。[2] 李璟即位,“春秋鼎盛,留心内寵,宴私擊鞠,略無虛日”。有一天他喝醉後“命樂工楊花飛奏《水調詞》進酒,花飛唯歌‘南朝天子好風流’一句,如是者數四。上既悟,覆杯大懌,厚賜金帛,以旌敢言”。想想自己這樣天天喝酒不好,第二天,李璟“罷諸歡宴”,從此“留心庶事,圖閩吊楚,幾致治平”。[3]

到了某個被認爲對國家和百姓生活比較有利的季節或者出現了某種好天氣,帝王一高興就會請大臣一起飲酒。後唐莊宗時,“大雪内宴”。所謂瑞雪兆豐年,所以皇帝心情較好,老伶官黄世明就“敬新磨進詞,號‘冷飛白’”[4]。

爲了顯示出國泰民安的景象,帝王常會借一些緣由主動宴請官員和百姓。開元中,唐玄宗在花萼樓大酺,“人衆莫遏。遂命嚴安之定場,以笏畫地,無一輩敢犯”[5]。大酺的原因,唐玄宗説:“吾以海内豐稔,四方無事,故盛爲宴樂,與百姓同歡。”還有帝王專門宴請鄉親父老,感謝他們對自己的關心和照顧,感謝家鄉人民的養育之恩。錢鏐建立吴越政權後,衣錦還鄉,宴請鄉親們:“爲牛酒大陳鄉飲,别張蜀錦爲廣幄,以飲鄉婦。凡男女八十已上金樽,百歲已上玉樽,時

1 陶穀:《清异録》卷下《器具門》“五位瓶”,第一編第二册,第 80~81 頁。

2 佚名:《五國故事》卷上,第一編第三册,第 240 頁。

3 鄭文寶:《南唐近事》卷二,第一編第二册,第 220 頁。

4 陶穀:《清异録》卷上《天文門》“冷飛白”,第一編第二册,第 16 頁。

5 錢易:《南部新書》卷甲,第一編第四册,第 11 頁。鄭綮《開天傳信記》説:“上御勤政樓大酺,縱士庶觀看。百戲競作,人物填咽。”酺宴前後共進行了五天。(《開元天寶遺事十種》,上海古籍出版社,1985 年,第 52 頁)

黄髮飲玉者尚不減十餘人。鏐起,執爵於席,自唱《還鄉歌》以娱賓。"父老鄉親十分興奮,"合聲賡贊,叫笑振席,歡感閭里"。[1] 這種飲酒場面宏大,主要顯示出君民之間的深厚情誼。

爲了增强君臣之間的友誼,帝王有時會特地宴請大臣。如南唐中主李璟多次宴請大臣喝酒,有一次在華林廣園請宰相宋齊丘"共宴,試小妓羯鼓"[2]。通過這類宴請飲酒,可以達到加深君臣關係的目的。

招待别國使者,爲了表示誠意,要設宴喝酒。唐肅宗時,"吐蕃遣使入朝請和。敕宰相於中書宴設,將詣光宅寺爲盟"[3]。宰相親自設宴招待吐蕃使者,商量兩國結盟大事。南唐孫晟、鍾謨出使後周,周世宗招待他們很熱情,"時召見,飲以醇酒,問以唐事"。因爲套不出什麽有用的消息,將孫晟"送軍巡院,更使曹翰與之飲酒,從容問之,終不言"。[4] 後周設宴置酒招待,固然有套消息的意圖,但一般招待外交使者,都有這樣的安排。反過來,中國人到了周邊國家,人家亦會設宴招待。有位青州商人泛海遇風,漂到了一個海中小國家,小國"即具酒食,設坐於别室,王及其群臣來祀祝。客據案而食"[5]。

帝王有時還會賜酒,這是一種比較特殊的飲酒形式。如玄宗巡幸泰山,隊伍經過上黨時,"路逢父老,負擔壺漿遠迎"。玄宗一看老百姓這樣歡迎他們,十分開心,"親加存問,受其所獻,賜賚有差。父老舊識者,上悉賜酒,與之話舊"。[6] 這種賜酒主要是體現出帝王對百姓的施恩,與一般的飲酒活動是有所不同的。

對官員和文人士子而言,身居不同的社會地位,飲酒的態度有所不同,飲酒的理由亦會不一樣,但總體上改變不了比較熱切的飲酒心態。

官員職務變動升遷,要大肆請客喝酒。唐德宗時吴湊拜爲京兆尹,於是馬上請客吃飯,等客人到府上時,"已列筵矣"。爲什麽速度能這麽快呢?因爲"兩

1 文瑩:《湘山野録》卷中,第一編第六册,第 38 頁。

2 文瑩:《湘山野録》卷下,第一編第六册,第 51 頁。

3 錢易:《南部新書》卷壬,第一編第四册,第 110 頁。

4 孔平仲:《續世説》卷七《尤悔》,第二編第五册,第 133 頁。

5 徐鉉:《稽神録》卷二《青州客》,第 30 頁。

6 王讜:《唐語林》卷四《豪爽》,第三編第二册,第 128 頁。

市日有禮席,舉鐺釜而取之,故三五百人之饌,常可立辦”[1]。市中有專門燒宴席的人,這爲請客吃飯喝酒提供了方便。有的官員職務得到升遷後,他的朋友會聚在一起飲酒爲他祝賀。李蠙和王鐸,進士同年。後王鐸受到中官賞識,即將升遷。李蠙知道後,“挈酒一壺”,對王鐸説:“公將登庸矣,吾恐不可及也。願先事少接左右。”[2]不管李蠙的祝賀是否真誠,但當時一般而言,如有官職升遷,好朋友是會一起喝酒祝賀的。

同僚之間常常設宴相互請吃。宣宗大中年間,丞郎們舉辦宴席。蔣伸“忽酌一杯,言曰:‘座上有孝於家、忠於國,及名重於時者,飲此爵。’衆皆肅然無敢舉者,獨李孝公景讓起飲此爵,蔣曰:‘此宜然。’”[3]

官員新到一地上任,要宴請同僚。白居易有《蘇州郡宴呈同僚》説:“下車已二月,開筵始今晨。”意謂上任兩個月,今天早晨始設宴。宋人指出:“以樂天風流詩酒,而閱兩月方燕飲,可謂知本末也已。”[4]一般官員上任就燕飲,那不過是喝喝酒而已,但白居易知道官職的重要性,所以過了兩個月纔第一次辦酒宴。是否真是如此今天已很難説,然反映出一般官員可能上任就宴請,而白居易對自己的職責和設宴是比較鄭重的。

長官有時要請下屬賓佐喝酒,以搞好上下級關係。五代後漢韋思在上黨五年,没政績可言,衹是聚斂財富。他“性又鄙吝,未嘗與賓佐有酒食之會。有從事欲求謁見者,思覽札而怒曰:‘必是來獵酒也!’命典客者飲而遣之”[5]。不請賓佐喝酒,當時被認爲是鄙吝的表現之一。長官明白自己手底下的人來找他,就是爲了騙點酒喝,説明上下級關係中喝酒是常有的現象。長官請下屬喝酒不一定是政府的要求,但可能官場上一般的做法都是如此,所以韋思纔會被人認爲特別小氣。南唐李建勛鎮臨川,閑暇時“與僚屬會飲郡齋”,有人送文書至,

---

1 王讜:《唐語林》卷六《補遺》,第三編第二册,第 209 頁。

2 王讜:《唐語林》卷七《補遺》,第三編第二册,第 246~247 頁。

3 錢易:《南部新書》卷辛,第一編第四册,第 96 頁。《唐語林》卷一《德行》的記載,基本相同,第三編第二册,第 16 頁。

4 程大昌:《演繁露續集》卷六《樂天知蘇州久方開宴》,第四編第九册,第 229 頁。

5 孔平仲:《續世説》卷二二《儉嗇》,第二編第五册,第 204 頁。

“李無復報簡,但乘醉大批其書一絶云:‘偶罷阿衡來此郡,固無閑物可應官。’”[1]説明政事不繁忙時,長官常與下屬賓佐喝酒。

低級官員請高級官員和同事飲酒,亦是爲了搞好關係。白敏中剛任職爲郎官,没有相熟知的同事。李德裕很器重他,時常向别人推薦他,但他很窮,“無資用以奉僚友”,没錢來搞好同事關係。於是李德裕“遺錢十萬,俾爲酒肴,會省閤諸公宴”,讓他請大家吃一頓飯。其時賀拔惎員外求官未得,將要出京城,因爲與白敏中是同年,所以留書,叙羈游之困。但這天白敏中恰好決定要請同僚吃飯,思索一下,敏中説:“士窮達當有時命,苟以僥倖取容,未足發吾身。豈有美饌上邀當路豪貴,而遺登第故人?”於是請賀拔惎先吃起來。“既而朝客來,聞與惎宴,衆人咸去”[2],白敏中的同僚們都不願與没有官職的人一起吃喝。可知官場中的風氣,新晋官員一般要請老資格的同僚吃喝,經過酒桌上的一番熱鬧,大家會相互熟悉和瞭解,取得認同。

官員對遠道而來的客人,要熱情招待。如果是朝廷和上級派來的客人,就更要設法表達出自己的誠意。盧鋌牧廬江日,“會餞朝客於短亭”[3]。如果有朝廷官員路過,地方官一定是全力以赴招待,因爲對方將來很有可能會成爲自己的同事,甚至上級。路過的官員有朝一日成爲京官,説不定將來在政事上會相互幫助。王彦威爲宣武節度使,鎮守汴州。第二年,夏天大旱。其時袁王傅李玘過汴,王彦威設宴款待他,對他説當地的旱灾,希望他能想點辦法。[4] 説明有相熟的官員路過,一般都要盡地主之誼。再如代宗大曆年間,長林縣令招待路過的馮希樂,“留宴”。吃了人家的飯,善佞的馮希樂開始感謝縣令的款待,説:“仁風所暨,感獸出境,昨初入縣界,見虎狼相尾西去。”話音剛落,有村民就來報“昨夜大蟲食人”。[5] 朱梁時雷滿鎮澧朗,在府治中挖了一個水塘,水面上建造一個大亭,“每鄰道使車經由,必召燕於中……或酒酣對客,即取筵中寶器,亂擲於潭中,因自褫其衣,裸露其文身,遽躍入水,遍取所擲寶器,戲玩於水面,久之

1 鄭文寶:《南唐近事》卷二,第一編第二册,第223頁。

2 王讜:《唐語林》卷三《賞譽》,第三編第二册,第113頁。

3 錢易:《南部新書》卷辛,第一編第四册,第88頁。

4 錢易:《南部新書》卷己,第一編第四册,第62頁。

5 趙令畤:《侯鯖録》卷六,第二編第六册,第245頁。

方出,復整衣冠就坐”[1]。縣級官員更要宴請路過的上級官員。如五代時南唐有使者過南康縣,“縣令胡侃置酒於縣南蓮華館水軒”[2]。官員甚至還會設宴招待下第進士。夏侯孜下第,和一個比較有時名的王生一起游京西,“鳳翔節度使館之。從事有宴召焉”,官方出面安排他們住和吃。其實對官方來説,是預測他們明年能考得中進士纔破費:“酒酣,以骰子祝曰:‘二秀才明年俱得第,當擲堂印。’”[3]

官員政務忙罷,閑暇時節游玩,有時就會設宴擺酒。洛陽伊闕縣前大溪,會出現一個很奇怪的現象,就是每當縣裏有僚佐到御史臺任職,就會漲出小灘。牛僧孺爲縣尉時,一天“忽報灘出。邑宰列筵觀之”[4]。官員們乾脆在溪旁擺起了宴席,坐等灘漲出來。其實大家閑着没事,就找點事情樂樂,飲酒衹是助興。唐末宰相李蔚任淮南節度副大使知節度事,“暇日携酒樂,訪節判韋公昭度”,結果韋昭度不在自己的治所。韋昭度聽説李蔚到了他辦公的館中,馬上奔歸,纔走到半路,“已聞相國舉酒縱樂”。韋昭度説看來有没有自己是無所謂的,於是騎馬回過身來就走。李蔚聽聞趕緊派人把他攔住。等到韋昭度回到辦公地點,“相國舞《楊柳枝》引公入,以代負荆”。[5]

在政府部門任職的低級胥吏,下班以後會相聚在一起吃吃喝喝,主要是放鬆緊張的情緒。這些人喝酒時大呼小叫,比較粗俗。廬陵人彭玗,唐末任胥吏,但心氣太高,“不樂於吏事”,“時曹皆鄙之”。一天,胥吏的小頭目李氏“因私命儕屬燕飲,而玗不之召,自往赴之,見十數輩已會。久之,李不具饌,玗知其忌己,遂去。僞遺其席帽,行數里,乃復往,見其宴笑飲啖。玗乃含笑取帽而去,嘆曰:‘大丈夫當取富貴,食列鼎俎,何至狎此鼠輩而聚飲啜乎!’”李氏在家裏請十多位胥吏喝酒,没請彭玗,所以彭玗認爲將來要與富貴一起喝酒,不與你們這些低層次的鼠輩相聚飲啜。後來彭玗準備了酒饌,請李氏與衆胥吏吃了一餐,“酒

1 孔平仲:《續世説》卷一二《假譎》,第二編第五册,第 209 頁。

2 徐鉉:《稽神録》卷一《南康縣令》,第 8~9 頁。

3 王讜:《唐語林》卷三《雅量》,第三編第二册,第 99 頁。

4 錢易:《南部新書》卷己,第一編第四册,第 63 頁。

5 錢易:《南部新書》卷己,第一編第四册,第 70 頁。

醉",説從此"不能從事於諸君",另謀高就了。[1]

官員中的一些人本是富貴子弟,有的少年得志,内心十分愉快,樂意請人吃喝。有一位年輕人新授宣州廣德縣令,在慈恩寺紫雲樓下,"五六人坐水次"。年輕人穿黄衣,"飲酒軒昂,笑語輕脱"[2]。授了縣令,還没上任,難以抑制内心的喜悦,便招集三五知己一起飲酒慶祝。江陵高季昌,唐末爲荆州留後時,與宰相韋説、鄭珏舅甥姻婭,都是有一些親戚關係的。"高氏以貴公子任行軍司馬,常以歌筵酒饌款待數公。日常宴聚,求取無恒,皆優待之"[3],大家終日在一起吃吃喝喝。

有的官員仕途不順,就借酒澆愁。天寶末年,韋斌謫守蘄春。時李泌亦放逐,兩人在蘄春相見,"中夜同宴,屢聞鴞音。韋流涕而嘆,泌曰:'此鳥之聲,人以爲惡。以好音聽之,則無足悲矣,請飲酒。不聞鴞音者,浮以大白。'坐客皆同其聲,終夕不厭"[4]。貶謫官往往在政治上失意,垂頭喪氣,衹能用酒來澆愁。如果有幾個官員在一起,氣氛一喧染,更是大杯大杯喝酒。失意之時,唯有喝酒能解悶。後唐莊宗异母弟存乂,是郭崇韜的女婿,因爲郭崇韜被殺,存乂十分怨望,認爲郭是無罪的。他又在"妖人楊千郎家飲酒聚會"。存乂被殺時莊宗説他與楊千郎的老婆關係不正常,"常朋淫於其家"[5]。南唐翰林學士常夢錫,"剛直不附,貴近側目"。有人問他回到家後,"私門何以爲樂",他説:"垂幃痛飲,面壁而已。"[6]政治上不順利,回家就衹能喝悶酒。

讀書人科舉登第或者升官,要舉行宴會。唐代"士子初登榮達,及遷除,朋僚慰賀,必盛置酒饌音樂,以展歡宴,謂之燒尾"。有人認爲老虎變爲人,但尾巴没有變化,要火燒纔能變化,會變成人,"故以初蒙除授,如虎得爲人,本尾猶在,體氣既合,人爲焚之,故云燒尾。一云:新羊入群,乃爲諸羊所觸,不相親附,火

---

1 龍衮:《江南野史》卷六《彭玗》,第一編第三册,第194頁。

2 王讜:《唐語林》卷四《豪爽》,第三編第二册,第136頁。

3 孫光憲:《北夢瑣言》佚文三《薛韋輕高氏》,第一編第一册,第233頁。

4 錢易:《南部新書》卷己,第一編第四册,第67頁。

5 孫光憲:《北夢瑣言》卷一八《楊千郎》,第一編第一册,第187頁。

6 鄭文寶:《南唐近事》卷二,第一編第二册,第220頁。

燒其尾則定”[1]。這一類的宴會一般叫燒尾宴。不過官員遷官請朋僚吃喝,亦稱爲燒尾宴。韋嗣立入三品,趙彦昭假金紫,崔湜復舊官,中宗皆令於興慶池“燒尾”[2]。

參加科舉考試的士子們,不管成績如何,要舉行宴會:“進士春關宴曲江亭,在五六月間。”[3]之後曲江宴“比爲下第舉人,其筵席簡率,器皿皆隔山抛之,屬比之席地幕天,殆不相遠。爾來漸加侈靡,皆爲上列所據,向之下第舉人,不復預矣”。“初則至寡,洎大中、咸通已來,人數頗衆。”[4]曲江宴最初是下第舉人的失意一醉,後來成了中舉人的得意一醉,下第人反而不好意思去喝酒。有人瞄準了商機,專門爲進士們舉辦這種宴會:“一春宴會,有何士參者,都主其事,多有次其宴罰錢者,須待納足,始肯置宴。蓋未過此宴,不得出京,人戲謂‘何士參索債宴’。”[5]這種宴會當然不是白白幫進士們準備的,不付錢是不行的。

官員離職,餞行、祖送於道是前代流傳下來的傳統,唐代仍有這樣的習慣。楊憑在位時曾薦舉徐晦,所以當楊憑被貶爲臨賀尉時,“交親無敢祖送者,晦送至藍田”[6],設餞祖送到藍田,表達自己依依不捨之情。中書舍人裴璟坡下送客還,對李德裕説:“今日坡下郎官集,送蘇湖郡守,有飲餞。”[7]五代南唐饒州刺史崔彦章“送客於城東”[8],設宴飲酒。

官員卸任或退休後生活清閑,時常與親朋好友設宴喝酒。五代時,侯元亮

---

1 趙令畤:《侯鯖録》卷六,第二編第六册,第 246 頁。

2 葉夢得:《石林燕語》卷四,第二編第十册,第 55 頁。該書云:“《唐書》言大臣初拜官,獻食天子,名曰‘燒尾’。蘇瓌爲相,以食貴,百姓不足,獨不進。然唐人小説所載與此不同。”又云:“近世獻食天子固無是,而朋僚以音樂燕集,亦未之講也。”

3 錢易:《南部新書》卷乙,第一編第四册,第 19 頁。

4 王定保:《唐摭言》卷三《散序》,古典文學出版社,1957 年,第 24 頁。

5 錢易:《南部新書》卷乙,第一編第四册,第 19~20 頁。“次其宴罰錢者”,中華書局 2002 年版《南部新書》(第 19 頁)作“欠其宴罰錢者”,應是。

6 孔平仲:《續世説》卷一《德行》,第二編第五册,第 12 頁。

7 王讜:《唐語林》卷七《補遺》,第三編第二册,第 244 頁。

8 徐鉉:《稽神録》卷四《崔彦章》,第 66 頁。

"退居長沙,門常有客,宴會無虚日,人目爲'鬧侯'"[1]。侯元亮退休後生活空閑,但又喜歡熱鬧,所以常與人吃喝,過着神仙一樣的日子。

朋友之間感情融洽,你來我往,常會相互宴請飲酒。如原望江李令,居住在舒州,"令嘗飲酒,暮歸,去家數百步,見二子來迎",到朋友家喝酒,其實路并不遠,但因爲到了晚上,二兒就來接他。之後月餘,"令復飲酒於所親家"[2],一月左右碰面一次,喝上幾杯。這種親朋好友間的飲酒在唐五代十分普遍。如建康市中一大宅内,"陳設甚嚴,賓客十餘人,皆善酒,惟飲酒而不設食,酒亦不及樂人。向曙而散"[3],大家都是飲酒聽音樂。建康吏黄廷讓"嘗飲酒於親家。迨夜而散,不甚醉,而恍然身浮,飄飄而行,不能自致"[4]。親朋好友一起喝酒時比較放鬆,所以特别容易喝高醉酒。

節日家人相聚要飲酒。韋應物有《至西峰蘭若受田婦饋》詩云:"田婦有嘉獻,潑散新歲餘。"家人相聚在一起歡送舊的一年,迎接新的一年,就會宴集飲酒,"淮人歲暮家人宴集,曰'潑散'"[5]。

一年中第一次洗澡後要飲酒,這是一種古老的習俗。《禮記》中説:"沐稷而靧粱,櫛用樿櫛,髮晞用象櫛,進禨進羞,工乃升歌。"鄭康成注道:"沐靧必進禨作樂,益氣也。"宋人説:"此謂新沐靧體虚,故更進食飲而又加樂,以自輔助,致福祥也。"新沐浴後身體虚弱,所以要進食飲酒,這種"古之遺法"到唐宋時期還有。"禨頭酒,山東風俗,新沐訖飲酒,謂之禨頭。"[6]

一些文人飲酒是在追求一種半醒半醉的狀態,這時人特别興奮,能揮筆成章。如胡楚賓寫文章的速度很快,"每飲酒半酣,而後操筆"。唐高宗每次要他寫文章時,"必以金杯盛酒令飲,便以杯賜之"[7]。不過胡楚賓并没有真正喝醉,"終日酣宴,家無所藏,費盡復入,待有又出,然未嘗言禁中事。醉後,人或問之,

1 陶穀:《清异録》卷上《人事門》"鬧侯",第一編第二册,第22頁。
2 徐鉉:《稽神録》卷二《望江李令》,第33頁。
3 徐鉉:《稽神録》卷二《建康樂人》,第33~34頁。
4 徐鉉:《稽神録》卷二《黄廷讓》,第34頁。
5 朱翌:《猗覺寮雜記》卷上,第三編第十册,第37頁。
6 趙令畤:《侯鯖録》卷三,第二編第六册,第211~212頁。
7 錢易:《南部新書》卷辛,第一編第四册,第97頁。

答以它事而已”[1]。看似醉了，實是腦子仍保持一定的清醒。王勃凡是要寫作文章時，“先令磨墨數升，飲酒數杯，以被覆面而寢。既寤，援筆而成，文不加點”[2]。再如賀知章，晚年十分放縱，自號四明狂客，“遨游里巷，醉後屬詞，動成卷軸，文不加點，咸有可觀”。最爲著名的是李白，爲翰林待詔時，仍與“飲徒醉於酒肆。玄宗有感，欲造樂府新詞，亟召白，白已卧於肆中矣。召入，以水洗面，即令秉筆，頃之成十餘首”[3]。當然這些都是特例，一般人真醉了必然會誤事。

一些文人是真愛酒，他們從酒中體會出了飲酒的樂趣所在。比如“孟嘉、李白皆謂酒中有趣，而世少有知之者”，很多人都不知酒中真是有樂趣的。韓愈説：“所以欲得酒，爲文俟其醺。酒味既冷冽，酒氣又氤氳。性情漸浩浩，諧笑方云云。此誠得酒趣，此外徒繽紛。”宋代一些人比較喜歡韓愈的這八句詩，認爲“道盡酒中情狀。然又嘗恨其漏泄天機，此趣豈容世間得聞？”而杜甫的詩“猶是未得酒中之趣”。[4] 所以，李白、韓愈等人對酒的喜愛，是他們真正體會到了其中的樂趣。

有時喝酒亦是爲了懲罰人。唐末咸通中，舉子侯泳名聲大震，但這人有個毛病，爲人不够謙虚。其時豆盧瑑罷相守僕射，閑暇時來到僧院，“於僧宇獨坐，皤然一叟也。泳自外入門，殊不顧揖，傲岸據榻”。後來豆盧瑑“恕其不相識也。留而命酒，凡勸十杯，乃小懲也”，并要他以後“凡事更宜在意”。十杯酒下肚的侯生“慚灼無以容”。豆盧家昆弟在一起，“飲清酒而已，侯氏盛饌而飲”，大加排場。從此侯泳每次喝酒就會回想此事，一輩子都記着十杯酒的事情。[5]

(四)嗜酒的習俗與風氣

唐五代人對酒特别愛好，各個階層都喜歡飲酒。

許多帝王喜歡飲酒。安史之亂時，唐玄宗在逃難的路上對大臣説：“始吾即

1　孔平仲：《續世説》卷五《任誕》，第二編第五册，第 90 頁。

2　王讜：《唐語林》卷二《文學》，第三編第二册，第 53 頁。

3　孔平仲：《續世説》卷五《任誕》，第二編第五册，第 90～91 頁。

4　陳善：《捫虱新話》卷一五《孟嘉李白酒趣》，第五編第十册，第 121～122 頁。

5　孫光憲：《北夢瑣言》卷八《侯泳忤豆盧相》，第一編第一册，第 102～103 頁。

位之初，嘗飲大醉，損一人，吾悼之，因以爲戒。迨今四十餘年，未嘗甘酒味。”[1]他的意思是他用理智克制住喝酒，他早年是特别喜愛喝的。至五代時，小國的國王喜歡喝酒的就更多了。

官員們流行喝酒，各種各樣的聚會都要相互勸酒。王咸少監是位舊族之後，“遭喪，服除數年，不飲食酒肉”。後來與同事一起“會聚，人勸勉之，咸捧肉欲啖，淚下盈盤，竟不食而離席”[2]。王咸不飲酒是有特殊原因的，是爲了表達自己的孝思，但一般的官員都是飲酒吃肉的。後周劉坦狀元及第，爲李重進書記。劉坦特别喜歡喝酒，所以李重進對管酒庫的小吏説：“但書記有客，無多少供之。”不過小吏實在太小氣，劉坦去拿酒時，“須索甚艱”。於是劉坦寫一詩於廳之屏風上：“金殿試迴新折桂，將軍留辟向江城。思量一醉猶難得，辜負揚州管記名。”不久，李重進來看劉坦，看到詩就明白是什麽意思，知道小吏不肯把酒給劉坦，“立命斬之”。[3] 唐末陳敬瑄在西川時，“日食蒸犬一頭，酒一壺，一月六設曲宴，即自有平生酒徒五人狎昵，焦菜一碗，破三十千”[4]。他自己喜歡喝酒，所以邀幾個手下一起花天酒地。

同事之間常會相互串門喝酒。家述與常聿修仕蜀國爲太子左贊善大夫，兩人都喜歡嘲諷人，性格滑稽。常聿修經常乘家述喝到酒瓮裏没酒時到他家去，“叩門求飲，未通大道，已見罍耻”。剛一喝就見瓮底，於是常聿修在墻壁上寫詩説：“酒客乾喉去，唯存呷大夫。”[5]意謂他自己没喝酒就走了，還有一個大夫是慢慢呷着酒。有些官員喝酒喜歡到市場的酒肆中。如柳載佐江西幕時，“嗜酒，好入鄽市，不事拘檢”[6]。市中酒肆人員衆多，十分嘈雜，有身份和地位的人一般十分自律，很少到這些地方。

如果官員不喝酒，常被作爲特殊的人物受到人們的表揚。東川韋有翼尚書

---

1 王讜：《唐語林》卷一《德行》，第三編第二册，第 11 頁。

2 王讜：《唐語林》卷一《德行》，第三編第二册，第 16 頁。

3 錢易：《南部新書》卷癸，第一編第四册，第 129 頁。

4 孫光憲：《北夢瑣言》佚文一《陳敬瑄大度》，第一編第一册，第 222 頁。

5 陶穀：《清异録》卷上《人事門》“呷大夫”，第一編第二册，第 22 頁。

6 王讜：《唐語林》卷五《補遺》，第三編第二册，第 194 頁。

自判鹽鐵,“有重名。平生不飲酒,不務歡笑”[1]。李德裕受人表揚的就是“不好聲妓,往往經旬不飲酒”。而他標榜自己的亦是“無常人嗜欲”“不邇聲色,無長夜之歡,未嘗大醉”[2]。不喝酒、不醉酒是道德人格的理想狀態。

唐代中後期至五代,隨着官員中文人數量的增多,喝酒風氣更盛。朝廷欲降詔勸和浙西周寶和淮南高駢,令學士草詞,都不太滿意。於是田令孜讓前進士李端來完成這個任務。李端接受了下來,“仍請酒,飲數杯,詔書一筆而成,文藻之外,乃奇辯也,深稱上旨。除行在知制誥,官至省郎”[3]。倒不是説他喝酒喝出了仕途,却可以看出喝酒是很多文人的一種風格。

社會中上層人物,有很多人特别喜歡飲酒。如郭子儀的同母弟弟郭幼明,没其他專長和愛好,“但善飲酒,好會賓客而已”[4],喜歡與人吃吃喝喝。座主和門生之間,要定期聚會喝酒。羅隱、顧雲都是相國令狐綯的學生,“相國子弟每有宴會,顧獨與之,丰韵談諧,莫辨其寒素之士也”[5]。師生之間大概每年都會有宴會。

部隊官兵常飲酒。河間王李孝恭討伐輔公祏,出兵前,“與諸將宴集,命取水,忽變爲血,在坐皆失色。孝恭舉止自若,徐諭之曰:‘公祏惡積禍盈,今承命致討,碗中之血,授首之徵也。’遂盡飲而罷”。所以李孝恭出兵前辦酒宴,“人服其識度能安衆,竟擒公祏”。[6] 部隊在出兵前,通過飲酒來凝聚力量,主要是起到穩定人心、鼓舞士氣的作用。盧鈞鎮北都,“推官李璋幕中飲酒醉,決主酒軍職銜前虞候”[7],結果引起很多人不服,認爲一個小推官怎麽喝了點酒就升到銜前虞候啊。天德軍使李景略在軍中設宴,“嘗有軍宴,行酒者誤以醯進”,誤將醋

1 王讜:《唐語林》卷一《德行》,第三編第二册,第 16 頁。

2 王讜:《唐語林》卷七《補遺》,第三編第二册,第 241 頁。

3 孫光憲:《北夢瑣言》卷五《淮浙解紛詔》,第一編第一册,第 62 頁。

4 錢易:《南部新書》卷乙,第一編第四册,第 22 頁。

5 孫光憲:《北夢瑣言》卷六《羅顧升降》,第一編第一册,第 84 頁。

6 孔平仲:《續世説》卷三《雅量》,第二編第五册,第 52 頁。

7 王讜:《唐語林》卷一《政事上》,第三編第二册,第 39 頁。

給了判官任迪簡,因爲怕李景略怪罪行酒者,所以任迪簡一口喝完。[1] 而戰争打勝了,回軍後更是要設宴:"裴行儉平敵,大獲瑰寶,蕃酋將士願觀之,行儉設宴出之,有馬腦盤廣二尺餘,文彩殊絶。"[2] 設宴的目的是爲了慶祝勝利,展示一下繳獲的敵方財寶。

部分女性亦飲酒。南唐徐知誥因爲聽了周宗的話"大悦,及宗入内室,與夫人同席而飲。後使宗知鹽鐵職務,家遂大富,官至侍中焉"[3]。徐知誥讓妻子陪周宗喝酒,這是表達對大臣親密的最高禮遇。

仕途不順暢乾脆躲進山裏的隱士,亦是喜歡喝酒的。山東有位隱君子,"素負杰人之材",所以和韓熙載一起來到南唐。不過後來他感到才非所用,"於是放意泉石,以詩酒自娱"。嗣主接位,召他到宫殿想要重用,"嗣主賜之以酒,飲即徑醉,溺於殿陛之下"。嗣主没辦法了,衹能一笑,説:"真隱士也。"[4]

更有個别僧道亦喝酒。僧人喝酒在唐五代時期總體上并不是十分多見,但亦有一些例外。如唐穆宗長慶年間,有一客僧,"留一寺,呼净人酤酒。寺僧見之,怒其粗暴,奪瓶擊柏樹,其瓶百碎,其酒凝滯,着樹如緑玉,摇之不散"[5]。客僧買了酒,違反寺規,所以寺僧發怒奪瓶扔了酒。南唐時有僧謙明嗜酒,"每日鐺中煮肉數斤,醇酒一壺,不俟爛熟,旋割旋飲,以此爲常"[6]。亦有一些道人喝酒。唐乾寧年間,雲安縣漢城宫道士楊雲外,"常以酒自晦,而行止异常"[7]。有一位丁秀才寄泊在茅山紫陽觀,某個冬天的晚上,"二三道士圍爐,有肥羜美醖之羡",道士們想象着如果有點羊肉吃有點美酒喝就十分幸福了。丁秀才聽後説他要出門一下,到晚上回來時,"提一銀榼酒,熟羊一足,云'浙帥厨中物'"。道士們十分開心,"擲劍而舞,騰躍而去",最後"唯銀榼存焉",羊肉和酒全被吃

1 孔平仲:《續世説》卷一《德行》,第二編第五册,第 12 頁。《唐語林》卷三《雅量》(第三編第二册,第 101 頁)云:"軍中宴,後至當飲觥酒,吏誤以醋酌。迪簡以軍使李景略令酷,發之則死矣,乃强飲之,遂病吐血。"

2 孔平仲:《續世説》卷三《雅量》,第二編第五册,第 53 頁。

3 佚名:《五國故事》卷上,第一編第三册,第 239 頁。

4 史虚白:《釣磯立談》,第一編第四册,第 243~244 頁。

5 張邦基:《墨莊漫録》卷五,第三編第九册,第 62 頁。

6 佚名:《江南餘載》卷下,第一編第二册,第 253 頁。

7 孫光憲:《北夢瑣言》佚文一《楊雲外飛空躡虚》,第一編第一册,第 211 頁。

喝掉了。[1]

那麽僧道爲什麽要違反戒律而喝酒呢?其實他們亦是有理由的。河陽釋法常,"性英爽,酷嗜酒,無寒暑風雨常醉,醉即熟寢"。酒醒後就吟詩説:"優游麯世界,爛熳枕神仙。"對自己的舒適生活十分滿意。他嘗對人説:"酒天虚無,酒地綿邈,酒國安恬,無君臣貴賤之拘,無財利之圖,無刑罰之避。陶陶焉,蕩蕩焉,其樂可得而量也。轉而入於飛蝗都,則又蒙騰浩渺而不思覺也。"[2]原來喝酒後,人會進入一個虚無世界,那裏没有現實世界的貴賤之分和財利之欲。

喜歡喝酒的人太多,所以好酒量的人就不斷涌現。玄真子張志和,"博學能文,進士擢第,善畫,飲酒三斗不醉"[3]。前蜀王建曾派押衙潘屺和朱温聯繫事情,朱温設宴招待他。潘屺"飲酒一石不亂,每攀燕飲,禮容益莊,梁祖愛之"。酒喝得暈暈乎乎時,朱温説:"押衙能飲一盤器物乎?"潘屺説:"不敢。"於是將桌上的器皿全收攏過來,"次第注酌",凡是可以盛酒的杯盤碗盞全部倒滿酒,潘屺一一喝完,表情自如。朱温心想這下他回到住的地方肯定要嘔吐了,讓人偷偷看着。想不到潘屺回到住的地方,把頭上飾物和帽子有條有理拿下來,再將酒器一一把玩,全部洗乾净,再收藏好,一點事情亦没有。[4] 看來,潘屺的酒量之大,即使是長期生活在中原地區的朱温亦是很少看到。螺川人何晝,"尤善酒,人以'瓮精'誚之"[5],實際上就是一個量較大的酒鬼。

喝醉酒常會誤事。隋朝牛弘的弟弟牛弼,"好酒而酗,常醉,射殺弘駕車牛"。牛弘回家時,其妻迎上去説:"叔射殺牛。"其妻當然要擔心牛弘從此没有牛來拉車了。牛弘聽後不僅不責怪自己的弟弟,還説:"作脯。"[6]當然牛弘是顯示出自己的寬容,但喝醉酒的確會把事情搞糟。竟陵人劉虚白,擢進士第,但他嗜酒,還寫詩云:"知道醉鄉無户税,任他荒却下丹田。"[7]追求醉酒時的飄浮境

---

1 孫光憲:《北夢瑣言》佚文二《丁秀才奇術致物》,第一編第一册,第226頁。

2 陶穀:《清异録》卷下《酒漿門》"麯世界",第一編第二册,第95頁。

3 沈汾:《續仙傳》卷上《玄真子》,《景印文淵閣四庫全書》第1059册,第585頁。

4 孫光憲:《北夢瑣言》卷一六《蜀使洪飲》,第一編第一册,第172頁。

5 陶穀:《清异録》卷上《幺麽門》"瓮精",第一編第二册,第29頁。

6 孔平仲:《續世説》卷三《雅量》,第二編第五册,第51頁。

7 孫光憲:《北夢瑣言》卷六《陸相公勸酒事》,第一編第一册,第77頁。

界，全然不知任官是爲了幹什麽。

國君醉酒，會亂了一國的治理，必然是政事日漸紊亂。閩國君主王延羲在位，喜歡喝酒，常爲“長夜之飲”。爲人杯裏倒酒後，“酒既盈，即不許復置他所，惟飲盡乃可捨”。宗室大臣如有人喝不下這酒，就要被殺頭。有一天他自己喝醉了，要將宰相李準弃市。而這時的李準亦是喝得大醉，“卧於市中，唯呼其婢春鶯而已。行刑者不敢殺，因致之非所。明日延羲視朝，使召準，左右以夜來之命對之，延羲都不能知，乃急召仍復其位”。這天，王延羲又和翰林學士周維岳喝上了，又將周送到獄裏。“獄吏拂榻而迎之，曰：‘尚書無苦憂，昨夕相公方宿此，今亦無恙。’既醒，果然。”有一天他與周維岳坐着，對周邊的人説：“維岳身軀甚小，而能飲如許酒。”爲什麽能喝這麽多呢？左右對曰：“臣聞酒有别腸，非可以肌體而論之。”王延羲一聽就來勁，讓人拉了周維岳下殿，他想看看别腸是怎樣的。左右對他説：“今侍奉飲樂，唯維岳最有殊量，取其别腸，是無可陪奉者。”[1]一想亦對，周維岳如果死了，還有誰有這麽大的酒量呢？這簡直是喝酒喝出了個昏君。

醉酒常會誤了仕途。王源中爲户部侍郎、翰林承旨學士，本來前途無量。不過他性頗嗜酒，直接影響到他的政治前途。文宗大和年間，有次他喝得太多，恰巧這時文宗召對，他“方沉醉不能起。及醉醒，同列告之，源中但懷憂惕，殊無悔恨。他日，又以醉不任赴召，遂不得大用”。不過文宗知道他喜歡喝酒，“曾賜酒十金甌，酒飲皆盡，甌亦隨賜”。[2]

長官醉酒常會搞亂政事，甚至亂殺下屬。朱業爲宣州刺史，“好酒凌人，性復威厲，飲後恣意斬決，無復見者”。這樣亂殺人，下屬是没有辦法控制他的，祇有他的妻子鍾氏“能制之，搴幃一呼，懾栗而止”。其時張易到宣州任職，朱業歡迎他，爲他接風啓宴。“酒舉未及三爵，易乘宿酲，擲觥排席，詬讓蜂起。”朱業聽到屏幃之間有自己老婆的聲音，就對左右説：“張公使酒，未可當也。”遂命手下人扶易而出，“此後府公無復使酒焉”。[3]

1　佚名：《五國故事》卷下，第一編第三册，第251~252頁。

2　錢易：《南部新書》卷壬，第一編第四册，第109頁。

3　鄭文寶：《南唐近事》佚文，第一編第二册，第227頁。

喝酒不但誤事，有人甚至因爲喝醉酒丢掉了性命。朱慶餘舉進士，其《楊貴妃别明皇賦》寫得非常有名，“然狂於酒”。隴州防禦使鞏咸“亦使酒”，有一次朱慶餘“以鄉人下第，謁之”，於是兩人喝上了。鞏新鑄一劍，説要找個人來試試劍怎樣，“朱便引頸，俄而身首异處”。[1] 兩個醉漢在一起，幹出了什麽誰亦不知道。朱温剛圖霸時，壽州刺史江彦温决定向他投降，於是朱温派親吏張從晦到壽州去慰問江彦温。從晦其實是個無賴，“酒酣，有飲徒何藏耀者與之偕，甚昵，每事誤稟從晦”。二人一喝酒，就對壽州的事情瞎判斷。江彦温知道張從晦要來，數次“大張樂”，但不見從晦人影，原來他“與藏耀食於主將家”。江彦温以爲朱温派人來和自己手下的將領勾搭，目的是爲了圖謀自己，就殺其主將等數十人，後來自縊而死。朱温覺得這事很怪，一調查，原來是張從晦喝酒誤事，於是腰斬從晦。再如後唐明宗時，董璋占據了東川，朝廷派客省使李仁矩出使梓潼。董璋設宴想招待他，没想到仁矩“托以寒熱，召之不至，乃與營妓曲宴”。董璋大怒，“索馬詣館，遽欲害之”。[2]

還有人喝了酒壯膽，借酒不尊敬同事和上級，甚至有失斯文。唐代皇甫湜氣貌剛質，性褊直。爲尚書郎時，有一天飲酒後，“乘酒使氣，忤同列。及醒，不自適，求分務洛都”[3]。喝醉後衝撞了同事，醒來後想想不好，就要求調職務，到東都去。南唐徐知誥開國，“啓慶開國之宴”，本來是君臣極爲高興的事情，而宋齊丘“遂乘醉大詬於筵上，百僚悚然，知誥隱忍而已”[4]。宋齊丘乘醉罵人，徐知誥因爲是新登位，衹能忍着不處理他。南唐翰林學士江文蔚，“侍宴醉而無禮”。至於無禮到什麽樣子，宋人没記載，但估計是對皇帝不尊敬。南唐元宗有一次設宴，宋齊丘以下大臣都出席。“酒酣，出内宫聲樂以佐歡。齊丘醉狂，手撫内人於上前，衆爲之悚栗。”竟然在皇帝面前去摸皇帝的内人，酒精作用下膽子實在太大。幸虧當時南唐元宗知道他是喝了酒，“殊不介意”，第二天，還在“卧帷中索紙筆賜慰，齊丘乃自安”。[5] 還有不少人喝了酒失態罵人。唐穆宗時，諫議

1 孫光憲：《北夢瑣言》卷六《陸相公勸酒事》，第一編第一册，第 77 頁。

2 孫光憲：《北夢瑣言》卷一六《以酒致禍》，第一編第一册，第 171 頁。

3 王讜：《唐語林》卷六《補遺》，第三編第二册，第 223～224 頁。

4 佚名：《五國故事》卷上，第一編第三册，第 240 頁。

5 佚名：《江南餘載》卷上，第一編第二册，第 241 頁。

大夫李景儉“凌蔑公卿大臣,使酒尤甚”。凌蔑和使酒,可能是互爲因果的,説不清哪個在先哪個在後。後來他與馮宿、楊嗣復、温造、李肇、王鎰同謁史官獨孤朗,“乃於史館飲酒。景儉乘醉詣中書,謁宰相,呼王播、崔植、杜元穎名,面疏其失,詞頗悖慢。宰相遜言止之,旋奏貶漳州刺史”[1]。喝醉酒,呼叫宰相的名字,而且還對宰相不尊敬,被貶官到漳州。等他自己醒了酒,恐怕後悔亦來不及。石晉劉處讓對自己除授執金吾感到不滿意,覺得位子太低。有一天他至中書省,“宰臣馮道、趙瑩、李崧、和凝在列,處讓因酒酣,歷詆諸相”[2]。這是憑酒壯膽,亦許罵的是實話,但平時肯定是不敢説這些的。

有些人喝醉酒會失態,又哭又笑。唐衢,有文學,老而無成,一輩子没有什麽大的成就。這人有一個特點,“善哭,發聲哀切,聞者泣下”。他曾經游太原,碰到有人在招待軍隊吃喝,他亦一起喝酒,“酒酣乃哭,滿座不樂,主人爲罷”[3]。喝醉酒成了這種狀態,真是掃所有人的興。還有人喝酒太過量而一命嗚呼。饒州刺史崔彦章送客到城東,設宴,喝得太多,“因即絶倒,携輿歸州而卒”[4]。

一些有爲士大夫認爲喝酒會讓人意志削弱。如陸扆勸年輕人不要喝酒:“陸相扆出典夷陵時,有士子修謁,相國與之從容,因命酒勸此子。辭曰:‘天性不飲酒。’相國曰:‘誠如所言,已校五分矣。’蓋平生悔吝若有十分,不爲酒困,自然減半也。”[5]南唐齊王景遂爲皇太弟,某次“與官僚宴集”。贊善大夫張易覺得齊王經常這樣不務正業不好,有所規諫,而“景遂方與客傳玩玉杯,弗之顧”。張易大怒説:“殿下重寶而輕士。”拿起杯子“抵地,碎之”。喝酒時大家傳玩玉杯,應該是在看寶貝,就不能認真傾聽規諫。張易一擲玉杯,“衆皆失色,景遂斂容謝之”[6],方覺自己喜酒是不太好。喝過量的酒要誤事,而沉溺於酒更不好。宋齊丘和韓熙載不協,“誣以縱酒少檢,貶和州司馬”。沉溺於酒,往往會對自己的行爲缺少約束,這樣的人當然不能擔當要職,宋齊丘就是利用了社會上普遍具

1 孔平仲:《續世説》卷八《輕詆》,第二編第五册,第 145 頁。

2 孔平仲:《續世説》卷八《輕詆》,第二編第五册,第 146 頁。

3 王讜:《唐語林》佚文,第三編第二册,第 300 頁。

4 徐鉉:《稽神録》卷四《崔彦章》,第 67 頁。

5 孫光憲:《北夢瑣言》卷六《陸相公勸酒事》,第一編第一册,第 77 頁。

6 孔平仲:《續世説》卷三《雅量》,第二編第五册,第 58 頁。

有的看法來排擠韓熙載。而事實上,韓熙載是"平生不飲",所以連李璟亦"覺其譖,非久召還"。[1]

從個人的角度而言,喝酒對自己的家庭生活有較大影響。晋安有樵人陳某,得到一塊紫石頭,"圓瑩如珠,因寶藏之。家自是富"。後來傳至其孫子,"奢縱好酒,醉而玩其珠,以爲石何能神,因擊碎之。家自是貧矣"。[2] 説到底石頭對其家的影響并不會很大,但縱酒後不好好經營,對家庭經濟纔會影響很大。

當然,亦有相反的事例,有人喝醉酒不但不誤事,反而誤打誤撞把事情做成功了。銅陵有個縣尉,性格懦弱,雖然做不成什麽大的事情,但這人"嗜酒善狂"。有一次他"與同官會飲江上,忽見賊艘鳴鼓弄兵,沿流而下,尉乘醉仗劍驅市人而襲之,賊皆就縛焉。事聞,後主嘉之,賜以章服,除本縣令"。喝醉酒了反而壯膽,率領市人把賊趕跑,"此因酒而倖成也"。[3] 當然這是帶有偶然性的。

很多人認爲酒是可以喝的,但不要過量。後唐明宗問宰相馮道:"盧質近日吃酒否?"馮道對曰:"質曾到臣居,亦飲數爵,臣勸不令過度。事亦如酒,過即患生。"按馮道的説法,酒不過量,做事情就比較好,一過量,禍患就要出現,過量飲酒要誤事。崔協是喜歡喝酒的,這時在邊上插話説:"臣聞'食醫心鏡'酒極好,不假藥餌,足以安心神。"認爲酒能安心神,喝了酒藥亦不用吃。但他的這種觀點畢竟不占主流,"左右見其膚淺,不覺哂之"。[4] 朝中大臣們覺得特别可笑,認爲他没素質。

而事實上,一些人想發動個兵變、搞個政治事件,往往是乘着人家開宴飲酒時起事。後蜀廣政三年(940年)六月,教坊部頭孫延應、王彦洪等"謀爲逆",想發動叛亂。孫延應原來是趙廷隱的優人,"以能,選入教坊"。後來有個尼姑説他"貴不可言",於是他就糾集十二人,"期以宴日,因持仗爲徘優,盡殺諸將而奪其兵,爲其黨趙廷規所告,盡擒而誅之"[5]。飲酒開宴,往往會放鬆警惕,所以孫

---

1 文瑩:《湘山野録》卷下,第一編第六册,第56頁。《釣磯立談》(第一編第四册,第244頁)簡略記載了這件事,并且云:"其實熙載酒量,涓滴而已。"

2 徐鉉:《稽神録》卷二《紫石》,第20頁。

3 佚名:《江南餘載》卷上,第一編第二册,第240頁。

4 孫光憲:《北夢瑣言》卷一九《崔協對揚》,第一編第一册,第197頁。

5 張唐英:《蜀檮杌》卷下,第一編第八册,第54頁。

延應想乘亂奪權。南唐吉州刺史彭玗知道自己的偏裨將校袁大蟲等十數輩對自己的待遇不滿意,"因雪寒,伏甲於幕下,夜會諸將軍宴樂,酒醉,因盡殺之"[1]。喝酒的時候將人全殺了,因爲此時衆將校最没有防備。

(五)飲酒的禮儀與規則

唐五代人喜歡喝酒,於公於私,對酒都比較偏愛。不過一起喝酒時,酒桌上還是有比較多的規則要大家來遵守。特别是公共正式的場合,這種規則更是有講究。這種規則一方面是社會禮儀的一種體現,而另一方面説明喝酒的娱樂作用在不斷增强。

宋人筆記中比較缺乏對唐代政府宴會的記載,資料比較零散。如果是政府的正式宴請,是有一整套程式的:"公燕合樂,每酒行一終,伶人必唱'嚁酒',然後樂作,此唐人送酒之辭。"[2]音樂、伶人的歌聲和喝酒是相互配合的,這是官府正式的喝酒儀式。唐代末期,朝廷"飲席之間多以《上行杯》《望遠行》拽盞爲主,下次據副之"[3]。這是變化了的政府飲席儀式。

唐五代酒宴上,喝酒是講究禮儀的,端杯喝酒講究先後次序。唐初蕭瑀参加朝廷裏的宴會,太宗對近臣們説:"自知一座最貴者,先把酒。"其時長孫無忌、房玄齡相互看看,没説什麽,亦没有拿酒杯,想不到蕭瑀却"引手取杯"。唐太宗問他:"卿有何説?"蕭瑀對曰:"臣是梁朝天子兒,隋室皇后弟,唐朝左僕射,天子親家翁。"唐太宗聽後"撫掌,極歡而罷"[4]。從這則記録來看,酒桌上流行最貴者最先把酒的風氣。即使不是正式的酒宴,上流社會亦是講究貴者最先端杯。玄宗爲潞州别駕,入覲京師,"豪家子數輩游昆明池。方飲次,上戎服臂鷹,疾驅至前,諸人不悦。忽一少年持酒船唱曰:'今日宜以門族官品自言。'酒至,上大聲曰:'曾祖天子,祖天子,父相王,臨淄王李某。'諸少年驚走,不敢復視。上乃連飲三銀船,盡一巨觥,乘馬而去"[5]。豪家少年説門族官職尊貴的子弟先

1 龍衮:《江南野史》卷六《彭玗》,第一編第三册,第195頁。

2 葉夢得:《石林燕語》卷五,第二編第十册,第71頁。

3 王讜:《唐語林》卷七《補遺》,第三編第二册,第268頁。

4 陸游:《避暑漫抄》引《群居解頤》,第五編第八册,第134頁。

5 王讜:《唐語林》卷四《豪爽》,第三編第二册,第128頁。

喝酒,這個其實并不是隨意説出的,在稍爲正式的場合一般都是如此,衹是少年以爲最尊貴的必然是他們幾位中的一位,没想到最尊貴的是玄宗。張説爲集賢院大學士時,宴集賢院。他先對大家説:“吾聞儒以道相高,不以官閥爲先後。先帝時修史十九人,長孫無忌以元舅,每宴不肯先舉爵。長安中預修《珠英》,當時學士亦不以品秩爲限。”意謂文人士大夫之間不以官位的高低來决定喝酒先後,即使當年高宗時長孫無忌以國舅的身份,宴請時亦不肯先舉杯。於是參加宴會的各位官員不分官位高低,“引觴同飲,時服其有體”。這種風尚流傳到宋代,“至今館職序坐猶以年齒爲差,亦燕公流風之所及歟”[1]。喝酒後來是按照年齡,年齡大的先舉杯。所以從這段話來看,通常情况下,唐人是以官位的高低來决定誰先端酒杯。而到了文化層次較高的群體裏,提倡大家平等,要麽以年齡大的先端杯,要麽不分年齡和官職,大家一起舉杯同飲。

不同的酒,先後講究有所不同。宋人説:“今人元日飲屠酥酒,自小者起,相傳已久,然固有來處。”這種習俗唐代已是如此。劉禹錫《元日樂天見過因舉酒爲賀》説:“與君同甲子,壽酒讓先杯。”白居易《新歲贈夢得》説:“與君同甲子,歲酒合誰先?”他們在問喝歲酒時,一樣大年紀的人到底是誰先飲呢?不過唐代這個問題還是有答案的,因爲白居易另有《歲假内命酒贈周判官、蕭協律》一詩云:“歲酒先拈辭不得,被君推作少年人。”顧况亦有《歲日作》詩説:“不覺老將春共至,更悲携手幾人全。還丹寂寞羞明鏡,手把屠蘇讓少年。”[2]他們都是談到歲酒要讓年輕人先飲。

喝酒有先後,尊貴者先飲一杯酒,一個個輪下去,到最後陪末坐者恐怕要不少時間。白居易云:“三杯藍尾酒,一楪膠牙餳。”《河東記》載申屠澄與路旁茅舍中老父、嫗及處女環火而坐,嫗自外挈酒壺至,曰:“以君冒寒,且進一杯。”澄因揖遜曰:“始自主人翁。即巡,澄當婪尾。”什麽叫藍尾酒?有人説:“唐人言藍尾多不同,‘藍’字多作‘啉’,云出於侯白《酒律》。謂酒巡匝,末坐者連飲三杯,爲藍尾。蓋末坐遠酒,得到常遲,故連飲以慰之。”[3]原來是最後喝酒者要連飲

1 程俱:《麟臺故事》(輯本)卷五,第二編第九册,第260頁。
2 洪邁:《容齋續筆》卷二《歲旦飲酒》,第五編第五册,第236頁。
3 葉夢得:《石林燕語》卷八,第二編第十册,第116~117頁。

三杯,表示自己對前面各位的歉意。不過亦有人認爲根本不是這樣的:“白公三杯之句,衹爲酒之巡數耳,安有連飲者哉。”[1]三杯是指酒三巡,并不是説連喝三杯。到底是連喝三杯,還是酒三巡,到了宋代已經不太清晰了,但却是唐代人喝酒的一種習慣。

端起酒杯,有不少禮節要講究。如端起酒杯者要用指甲蘸酒。杜牧有詩句“爲君蘸甲十分飲”,劉禹錫亦有“蘸甲須歡便到來”,因此唐代人每當“酒斟滿,捧觴必蘸指甲”[2],這是喝酒時的一種重要禮節。端起酒杯喝酒前要將酒灑在地上,叫酹酒。這個習俗是中唐時才有的。傳説僕射孫會宗“宅中集内外親表開宴。有一甥侄聞朝官後至,及中門,見緋衣官人,衣襟前皆是酒污,咄咄而出,不相識。洎即席,説與主人,咸訝無此官。沉思之,乃是行酒時,於階上酹酒,草草傾潑也。自此每酹酒,側身恭跪,一酹而已,自孫氏始也”。開始喝酒前先要在階上潑灑一下。不過這種習俗起初僅在京城的官宦中流行,地方上還没有這種風俗。裴迪到荆南投箠事趙司徒,與人喝酒時“對客側身一酹”。趙司徒不明白這種“朝賢間風規”,覺得很怪,就將裴迪鞭笞七下。自己不懂這種習俗,却要懲罰人家。然這種風俗傳播很快,到了宋初變成了三酹,變化十分大。[3]

酒杯裏的酒一般需要一口氣喝完。李景略在軍中設宴,有行酒者誤將醋給了判官任迪簡,因爲怕李景略怪罪行酒者,所以迪簡“勉爲盡之,歸而歐血。軍士聞之泣下”[4]。之所以會這樣,恐怕當時的習慣是端起了酒杯就得喝完,否則迪簡嘗酒後覺得味道不對,可以悄然換下的。如果酒杯裏的酒不喝完,一般是有原因的。如宋璟嘗侍宴朝堂,“張易之兄弟皆爲列卿位,舉箸待璟,久之方至。先執酒西向拜謝,飲不盡巵,遽稱腹痛而歸”[5]。由於他不想與張易之兄弟一起喝酒,所以來得比較晚。來了以後,拿起酒杯向皇帝拜謝,但没有喝完,找個肚子痛的藉口就溜了。所以喝酒既不能遲到,亦不能不喝盡杯中酒,這應該是當時的一種習慣。

1 洪邁:《容齋四筆》卷九《藍尾酒》,第五編第六册,第 301~302 頁。

2 朱翌:《猗覺寮雜記》卷上,第三編第十册,第 37 頁。

3 孫光憲:《北夢瑣言》卷八《孫僕射酹酒》,第一編第一册,第 100 頁。

4 孔平仲:《續世説》卷一《德行》,第二編第五册,第 12 頁。

5 孔平仲:《續世説》卷三《方正》,第二編第五册,第 40 頁。

唐代喝酒有很多規則是大家默認的，如果打破了這些公認的規則，就要被罰酒。崔郢爲京兆尹時，"三司使在永達亭子宴丞郎"，亦就是説這個宴請是三司使出面，招待的是丞郎。其時崔郢"乘酒突飲，衆人皆延之"，即他先喝了起來。大家讓他慢點喝，要根據規則來。時夏侯孜爲户部使，問他："尹曾任給舍否？"崔答曰："無。"夏侯孜於是説："若不曾任給舍，京兆尹不合衝丞郎宴席。"於是根據大家認可的規定，夏侯孜"命酒糾來罰下籌，且吃罰爵，取三大器引滿飲之，良久方起"。[1] 三大杯下肚，人就站不起來了。

人較多的酒桌上一般是有位桌長的，具體宣布酒桌上的條例，并且監督大家要按這些規定做，違者要罰酒。《清异録》卷上談道："廣席多賓，必差一人慣習精俊者充甌宰，使舉職律衆。"[2] 桌長應該是大家都信得過的人，等於是酒桌上的裁判員。上文中説的酒糾，或者亦叫酒録事、酒監，實際上就是桌長。劉仁表是劉允章的門生。仁表爲華州趙騭幕府，一次大家飲酒，趙騭命歐陽琳作録事，"酒不中者罰之"。亦就是説，酒桌上都要聽歐陽琳的，歐陽琳察看誰有賴皮動作，一定要罰他酒。非常不幸，劉仁表"酒不能滿飲"，即杯子裏還没滿就喝了，被歐陽琳罰酒。劉仁表説："鄂渚尚書解取録事，不解放門生。"時劉允章鎮江夏，仁表"皆自謂也"。[3] 酒録事是酒桌上的老大，任何人都得聽他的。有官員升遷爲蘇湖郡守，郎官們飲餞相送，"倉部郎中崔騈作酒録事，不容倉部員外白敏中"。理由是白敏中後至，"崔下四籌：三，白不敢辭；其一，遣自請罪名從命"。根據録事規定的四籌，估計白敏中要喝很多酒，所以"白委頓而回，去兼不叙别"[4]，因爲他們要用酒桌上的規則捉弄他，白敏中乾脆一溜而去，連招呼亦不打。

唐代士大夫飲酒時總有妓女在場。妓人有時會唱流行的唐人詩歌，爲喝酒的人助興。王涣之與王昌齡、高適一起飲於旗亭，"有伶人唱兩詞，皆昌齡詞也。昌齡誇其同游，遂書壁以記曰：'二絶句矣。'涣之指雙鬟令唱，曰：'脱是吾詩，子

1 錢易：《南部新書》卷辛，第一編第四册，第 100 頁。"乘酒突飲"，王讜《唐語林》卷七《補遺》（第三編第二册，第 251 頁）作"乘醉突飲"。

2 陶穀：《清异録》卷上《人事門》"甌宰"，第一編第二册，第 23 頁。

3 王讜：《唐語林》卷三《賞譽》，第三編第二册，第 114~115 頁。

4 王讜：《唐語林》卷《補遺》，第三編第二册，第 244 頁。

等當拜床下。' 鬟唱曰:'羌笛何須怨楊柳,春風不度玉門關。' 涣之辭也"[1]。妓人不知眼前喝酒的是誰,衹是準備了一些熟悉的歌爲喝酒的人演唱。盧鉟牧守廬江,宰相曾向他囑托一個曹生,希望能署郡職。這位曹生看上了營妓丹霞,"盧阻而不許"。不久碰到"餞朝客於短亭",曹獻詩云:"拜玉亭閑送客忙,此時孤恨感離鄉。尋思往歲絶纓事,肯向朱門泣夜長。"[2] 表達自己對丹霞的感情。這位營妓,當是官府中專門在舉辦宴會時出場唱歌跳舞的。李蔚在淮南,盧澄爲其從事,"因酒席請一舞妓解籍,公不許,澄怒,詞多不遜"[3]。這個舞妓很有可能當時就在現場爲他們飲酒助興。

就是普通人在一起喝酒,亦常會有幾個妓女陪坐。信州有一窶士,將一州的地圖浣染後製成裙子,墨迹全在。"會鄰邀之,出數妓,設酒",大家坐着一起喝酒。一會兒,一婢十分吃驚地對士人説:"君子誤燒裙。"士人馬上問哪裏燒壞了,婢對曰:"正燒着大雲寺門樓。"[4] 貧窶之士穿的裙子是州圖改製的,與人喝酒時却有數妓作陪,可知這是男性世界流行的一種風氣。

有漂亮的妓女佐酒,男人們情緒興奮,喝起來更帶勁。唐末蕭中丞典杭州,"會宴於城樓飲",方干與吴杰作陪。吴杰晚至,"目爲風掠",蕭"笑命近座女伶裂紅巾方寸帖臉,以障風",方干看了不樂意,兩人就作詩相互嘲諷起來。[5] 南唐徐鍇任屯田郎中、知制誥很久,按例應該遷中書舍人,但一直被宰相游簡言壓着。徐鍇到游簡言家去申訴,游簡言説了一通理由,徐鍇不信,"頗怏怏"。游簡言設宴招待他,"徐出妓佐酒,叠唱歌辭,皆鍇所製,鍇乃大喜起謝"[6]。妓女唱的全是徐鍇寫的詩歌,徐鍇一聽就樂了,原來宰相是很賞識他的。可知,男人們喝酒的一個習慣是請妓女來佐酒唱歌,可以調動氣氛。

妓女的另一個作用是行酒令,就是擔任酒録事。唐武宗"聞揚州倡女善爲酒令,敕淮南監軍,選十七人獻之。監軍將請節度使杜悰同選,且欲更擇良家美

---

1 程大昌:《演繁露續集》卷四《春風不度玉門關》,第四編第九册,第 202 頁。

2 錢易:《南部新書》卷辛,第一編第四册,第 88 頁。

3 王讜:《唐語林》卷七《補遺》,第三編第二册,第 265 頁。

4 王讜:《唐語林》佚文,第三編第二册,第 298 頁。

5 王讜:《唐語林》卷七《補遺》,第三編第二册,第 267 頁。

6 佚名:《江南餘載》卷上,第一編第二册,第 243 頁。

女教而獻之”。揚州倡女善酒令，那是風月場上練就的本事，而監軍却想搭車選一些良家美女，杜悰不願參與。這事鬧回去後，武宗説：“敕藩方選倡女入宫，豈聖天子所爲，杜悰不徇監軍意，得大臣體，真宰相，朕甚愧之。”[1]本想弄些良家美女入宫作樂，結果大臣不願意，這樣一來武宗亦不好意思，事情衹能停息。崔涓守杭州，在西湖上飲餞中使。有人獻木瓜，這是從來亦没有過的，崔涓“傳以示客”，讓各位看看。中使不高興了，認爲這個應該送進宫的，“解舟而去”。崔涓十分擔心，“欲撤飲”。“官妓作酒監者”馬上對崔涓説：“請郎中盡飲。某度木瓜經宿必委中流也。”[2]這位杭州官妓本來在宴會中是作酒監的，因爲中使攪局，讓一場酒没有好好喝完。五代蘇逢吉嘲笑史弘肇妻閻氏本酒家倡，史弘肇學不會酒宴上的手勢令，但“坐有姓閻人，何憂罰爵”[3]。意謂你家裏有倡妓懂酒令，你學不好也没有關係，可知酒家倡妓最擅長的就是掌管酒令。

除了妓女男人喝酒時亦喜歡有其他女性在場。天寶年間，天下無事，玄宗在宫中閑得慌，所以選“六宫風流艷態者，名‘花鳥使’，主飲宴”[4]。這些宫中相對妖艷的宫女，實際和外界妓女所起的作用類似。韓愈有《醉贈張秘書》詩談道：“長安衆富兒，盤饌羅膻葷。不解文字飲，惟能醉紅裙。”他嘲笑長安的富兒過着花天酒地的生活，醉倒在紅裙子下。不過宋人認爲韓愈自己亦有不少問題：“然予觀退之，亦未是忘情者。退之自有二侍妾，名絳桃、柳枝，張籍詩所謂‘乃出二侍女，合彈琵琶箏’者也。”韓愈另有《酒中留上襄陽李相公》云：“銀燭未銷窗送曙，金釵半醉座添春。”宋人指出：“此豈空飲文字者耶?”[5]就連韓愈這樣的人，亦是有侍女在身旁，酒要喝到“金釵半醉坐添春”的地步。

唐代人的酒令比較複雜，與游戲、歌舞、詩詞都緊密相聯，前人已作過很多探索。白居易《東南行一百韵》中説：“鞍馬呼教住，骰盤喝遺輸。長驅波卷白，連擲采成盧。”如果僅從字面上看，很多概念後人很難理解。此詩注云：“骰盤、卷白波、莫走、鞍馬，皆當時酒令。”原來這些都與酒令有關。《容齋續筆》談到皇

1　孔平仲：《續世説》卷三《方正》，第二編第五册，第 49 頁。

2　王讜：《唐語林》卷三《夙慧》，第三編第二册，第 125 頁。

3　孔平仲：《續世説》卷一一《仇隙》，第二編第五册，第 197 頁。

4　王讜：《唐語林》卷五《補遺》，第三編第二册，第 189 頁。

5　陳善：《捫虱新話》卷七《韓退之嘲富兒》，第五編第十册，第 59 頁。

甫松有《醉鄉日月》三卷,其中記載了《骰子令》,云:"聚十隻骰子齊擲,自出手六人,依采飲焉。堂印,本采人勸合席;碧油,勸擲外三人。骰子聚於一處,謂之酒星,依采聚散。"洪邁認爲"《骰子令》中改易,不過三章,次改《鞍馬令》,不過一章。又有《旗幡令》《閃擊令》《拋打令》,今人不復曉其法矣,唯優伶家猶用手打令以爲戲云"[1]。這裏酒令與骰子的關係十分複雜,後代一般人很難知曉,到宋代衹有優伶知道其中的一部分。夏侯孜和王生下第後游京西,鳳翔節度使設宴招待他們。酒喝得興起時,"以骰子祝曰:'二秀才明年俱得第,當擲堂印。'"[2]喝酒時骰子就在手邊,應該與平時擲骰子作爲酒令有關。李程與自己的堂弟李石"投盤飲酒",結果李石"誤收頭子,糾者罰之"。李程説李石:"汝向忙鬧時把堂印將去,又何辭焉?"其時喝酒的人"謂重四爲堂印"[3]。李蔚在淮南,盧澄爲從事,一次酒席上因事兩人不高興了,"澄索彩具,蔚與賭貴兆,曰:'彩大者,秉大柄。'澄擲之得十一,席上皆失聲。公徐擲之,得堂印。澄托醉而起。後數月,澄入南省;不數年,蔚入相"[4]。大概當時的酒席上都有彩具,因爲喝酒就要擲骰子。這裏兩人賭上了,倒不是爲了喝酒,但可以看出彩具與喝酒有相當密切的關係。

亦有人認爲唐代的酒令"蓋始於投壺之禮,雖其制皆不同,而勝飲不勝者則一"。白居易詩中如"籌插紅螺碗,觥飛白玉卮。打嫌調笑易,飲訝卷波遲""碧籌攢米碗,紅袖拂骰盤"等,都是指投壺。[5] 投壺的確是酒令的一種,不過從現有資料來看,擲采與喝酒似乎更爲緊密。

酒令亦與作詩有關係。盧肇爲歙州刺史,會客於江亭,讓大家以眼前看到的事物爲酒令,詩的末尾要有樂器之名。盧肇先作令説:"遥望漁舟,不闊尺八。"當時一起喝酒的有位姚巖杰,酒量較差,"飲酒一器,憑欄嘔噦"。不過他很

---

1 洪邁:《容齋續筆》卷一六《唐人酒令》,第五編第五册,第 417 頁。關於《醉鄉日月》,《唐語林》卷八《補遺》(第三編第二册,第 295 頁)有相同的記載。

2 王讜:《唐語林》卷三《雅量》,第三編第二册,第 99 頁。

3 王讜:《唐語林》卷六《補遺》,第三編第二册,第 237 頁。

4 王讜:《唐語林》卷七《補遺》,第三編第二册,第 265~266 頁。

5 趙與時:《賓退録》卷四,第六編第十册,第 50 頁。

快就回到酒席上,作一令曰:"憑欄一吐,已覺空喉。"[1]這樣的即興作詩,如果誰一下子想不出來,估計就要被罰酒。陶穀出使吴越國,錢王先説酒令:"白玉石,碧波亭上迎仙客。"陶穀馬上對曰:"口耳王,聖明天子要錢塘。"[2]對不出詩估計就要罰酒了。

喝酒有手勢酒令。五代漢王章置酒招待各位同僚官員,"爲手勢令,史弘肇不閑其事,客省使閻晋卿坐次弘肇,屢教之。蘇逢吉戲之曰:'坐有姓閻人,何憂罰爵。'弘肇妻閻氏本酒家倡也,意逢吉譏之,大怒,以醜語詬逢吉"[3]。從這段話中,可以看到酒家倡是懂手勢酒令的。但這次酒宴上没有倡女,是大臣們在相互比畫手勢酒令,而史弘肇屢學不會,説明這種手勢令剛剛推行,一部分人會,但亦有一部分人并不熟悉。

喝酒講規則,但人們對强人飲酒却是比較厭煩的。荆南節度判官單天粹,"性耽酒",自己喜歡喝,但一個人喝没勁兒,就找人來一起喝。他"日延親朋",却"强以巨杯,多致狼狽",看到人家大杯喝下後倒下,他却很開心。不過他爲人很不錯,"人以其德善,亦喜從之"。時人戲語曰:"單家酒筵,乃觥籌獄也。"[4]到他家裏喝酒,等於進入了酒杯組成的監獄。

一般情况下大家都不太願意喝混酒。時人説:"酒不可雜飲,飲之,雖善酒者亦醉。蓋生取煮鍊之殊,官法私方之异,飲家之所深忌。"酒的品種不同,製作的方法有异,幾種酒如果一起喝,很容易醉。有位書生胡適,冬至日家裏請客吃飯,"以諸家群遺之酒爲具"。人家送給他的酒其實是不同的品質,如果放在一起喝,必定會醉倒人,所以"席半,客恐,私相告戒"。這位書生大概平時不喝酒的,搞不清楚到底是怎麽回事,"疑而問之",來喝酒的人説:"某懼君家百氏漿。"另一人説:"所畏者雜瑞樣耳。"[5]百氏漿、雜瑞樣,意謂單種酒是不錯的,但將多種好酒混在一起就怕了。

飲酒很少是純粹地喝酒,大多是作爲宴會的一部分來設置的。所以,請人

---

1 洪邁:《容齋四筆》卷一五《尺八》,第五編第六册,第 372 頁。

2 趙彦衛:《雲麓漫鈔》卷一〇,第六編第四册,第 214 頁。

3 孔平仲:《續世説》卷一一《仇隙》,第二編第五册,第 197 頁。

4 陶穀:《清异録》卷下《酒漿門》"觥籌獄",第一編第二册,第 95 頁。

5 陶穀:《清异録》卷下《酒漿門》"雜瑞樣",第一編第二册,第 95 頁。

吃喝一般要配上菜肴,肉類是少不了的。王咸參加某次聚會,大家勸他快點吃喝,咸"捧肉欲啖"[1],説明飲酒常和吃肉搭配在一起。

酒喝得比較高興,喝酒的人就會唱歌跳舞。吴越王錢鏐衣錦還鄉,在臨安設牛酒大陳鄉飲,"别張蜀錦爲廣幄,以飲鄉婦"。喝得興起,他"執爵於席,自唱《還鄉歌》以娱賓曰:'三節還鄉兮挂錦衣,吴越一王駟馬歸。臨安道上列旌旗,碧天明明兮愛日輝。父老遠近來相隨,家山鄉眷兮會時稀,斗牛光起兮天無欺。'時父老雖聞歌進酒,都不之曉。武肅覺其歡意不甚浹洽,再酌酒,高揭吴喉唱山歌以見意,詞曰:'你輩見儂底歡喜,别是一般滋味子,永在我儂心子裏。'"國王這樣放開一唱,衆鄉親當然十分高興,"叫笑振席,歡感閭里",君民之間飲酒成這樣的快樂,是很少見到的。直到宋代,臨安"山民尚有能歌者"。[2]

飲酒時還常做一些游戲。如唐中宗多次和近臣及修文學士們一起宴集,"令各效技藝以爲笑樂"。平時有伎女唱歌跳舞,玩膩了就想讓這些大臣們來表演,於是張錫爲《淡容娘舞》,宗卿舞《渾脱》,張洽舞《黄獐》,杜元琰誦《婆羅門咒》,李行言唱《駕車西河》,盧藏用效道士上章。郭山惲不會唱不會跳,所以對中宗説:"臣無所解,請誦古詩兩篇。"中宗認爲亦可以,於是誦《鹿鳴》《蟋蟀》之詩。[3] 不過這兩詩實是對帝王荒淫的嘲諷。中宗另有一次宴請近臣時,"國子祭酒祝欽明,自請作《八風舞》,摇頭轉目,備諸醜態。上笑"。祝欽明以儒學著名,所以被人背地裏説道:"祝公五經,掃地盡矣。"[4] 從這些大臣的唱歌跳舞來看,飲酒實是一種游戲,是尋找快樂的手段。南唐中主李璟設宴招待宰相宋齊丘,"以明妝列侍,召齊丘共宴,試小妓羯鼓,齊丘即席獻《羯鼓詩》曰:'巧斫牙床鏤紫金,最宜平穩玉槽深。因逢淑景開佳宴,爲出花奴奏雅音。掌底輕憁孤鵲噪,杖頭乾快亂蟬吟。開元天子曾如此,今日將軍好用心。'"[5] 邊飲酒,邊敲鼓賦詩。

飲酒後作的詩,經常是嘲諷别人的長相、身體缺陷等,這種風尚在文人、官

1 王讜:《唐語林》卷一《德行》,第三編第二册,第16頁。

2 文瑩:《湘山野録》卷中,第一編第六册,第38頁。

3 孔平仲:《續世説》卷三《箴規》,第二編第五册,第60~61頁。

4 孔平仲:《續世説》卷一二《邪諂》,第二編第五册,第216頁。

5 文瑩:《湘山野録》卷下,第一編第六册,第51頁。

員中特别流行。太宗宴近臣，爲了營造一下氣氛，讓長孫無忌嘲歐陽率更。長孫無忌看了眼歐陽詢的長相後説："聳髆成山字，埋肩不出頭。誰教麟閣上，畫此一獼猴？"歐陽詢應聲回答："索頭連背暖，完襠畏肚寒。祇由心溷溷，所以面團團。"[1]酒宴上，文臣們相互對詩，嘲諷對方的長相，達到娱樂的高潮。即使是新登第的進士曲江宴，亦要賦詩。如元和十五年（820年），放進士二十九人，崔嘏舍人與施肩吾爲其中的二位。曲江宴賦詩，因爲崔嘏一目已瞎，所以施肩吾就作詩嘲諷他："去古成叚，著蟲爲蝦。二十九人及第，五十七眼看花。"[2]先是把他的名拆開來嘲，再接着笑他少一隻眼睛。杭州蕭中丞"會宴於城樓飲"，方干和吴杰作陪。方干"貌陋唇缺，味嗜魚鮓"，生性比較喜歡嘲笑别人。喝酒的時候，吴杰的眼睛爲風吹了一下，"不堪其苦"，蕭中丞讓在座的女妓"裂紅巾方寸帖臉，以障風"。於是方干嘲吴杰："一盞酒，《一捻鹽》，止見門前懸箔，何處眼上垂簾？"吴杰立即作詩回擊："一盞酒，一臠鮓，止見半臂着襴，何處口唇開褲？"[3]

亦有些文人、官員因爲倡女在宴席上服務較好，就憐愛起美人，作詩贈送。如張又新在李紳席上作詩贈樂妓云："雲雨分飛二十年，當時求夢不曾眠。"[4]《南部新書》卷戊談道："昇平公主宅即席，李端擅場；送王相之鎮，韓翃擅場；送劉相巡江淮，錢起擅場。"[5]所謂擅場，是指一衆文士在一起，邊飲酒邊即席賦詩，衆稱妙絶者爲擅場。這種飲酒時的即席比詩，是當時文士中流行的一種風氣，大家以詩來比拼真功夫。盧鉟牧廬江時，某天"餞朝客於短亭"。曹生看上了營妓丹霞，於是在喝酒時就獻詩説："拜玉亭閑送客忙，此時孤恨感離鄉。尋思往歲絶纓事，肯向朱門泣夜長。"盧鉟亦作詩，"和而勖之曰：'桑扈交飛百舌忙，祖亭聞樂倍思鄉。樽前有恨慚卑宦，席上無聊愛靚妝。莫爲狂花迷眼界，須求真理定心王。游蜂采掇何時已，却恐多言議短長。'"[6]在宴會上文縐縐地寫

1　王讜：《唐語林》卷五《補遺》，第三編第二册，第170頁。

2　王讜：《唐語林》卷六《補遺》，第三編第二册，第228頁。

3　王讜：《唐語林》卷七《補遺》，第三編第二册，第267頁。

4　張耒：《明道雜志》，第二編第七册，第25頁。

5　錢易：《南部新書》卷戊，第一編第四册，第55頁。

6　錢易：《南部新書》卷辛，第一編第四册，第88~89頁。

詩，這在當時是極爲普通的。南唐宋齊丘憤恨史虛白，"欲窮其伎"，於是命僚屬"宴之以倡樂，試之以牋翰，使女奴索諷弄，多方擾之。虛白談笑獻酬，已貽他和，口手應接，曾未暫滯。衆不能屈"[1]。本想派些妓女和史虛白一起喝酒唱歌，擾亂他的思緒，再向他索詩，讓史虛白才盡而寫不出來，不承想史虛白仍能出口成詩。所以，與妓女一起喝酒，文人常會顯身手作詩寫詞，在美女前盡情表演一番。

一些人酒喝得高興，不但創作詩，還要將詩題寫在墻壁上。家述和常聿修都是蜀國的太子左贊善大夫，兩人性格都比較滑稽。常聿修至家述家裏喝了酒，還要"濡筆書壁"，把自己作的詩題寫到家述家裏的墻壁上。[2]

隨着唐五代商品經濟的逐步發展，社會生活豐富多彩，娛樂性、平民性的成分濃重，喜歡飲酒的風俗在各個階層都漫延開來。特别要指出的是，非官方飲酒的記載隨處可見，與國家對社會生活控制的減弱是有一定關聯的。我們認爲，宋人筆記對唐五代時期人們的飲酒習俗和風氣的記載，雖不能全部展現唐五代時期的飲酒風貌，但在不少方面能更爲深入、具體地描繪唐五代人們飲酒的場景，因而，宋代筆記中關於唐五代社會生活的記録是非常有研究價值的。

---

1 龍衮：《江南野史》卷八《史虛白》，第一編第三册，第209頁。

2 陶穀：《清异録》卷上《人事門》"呷大夫"，第一編第二册，第22頁。

第二章

住居與交通

住與行是衡量一個時代人們生活水準的重要内容。民居建築的樣式,最能反映經濟發展狀況和人們精神文化的變化。交通的發展,更與人們的日常生活休戚相關。所以從人們住居和交通的風尚中,可以清晰地看到唐五代的時代風貌。宋人的記載儘管不系統、不全面,但爲我們多角度、多維度地認識唐五代社會生活,提供了重要的資料。

一、住居

唐五代時期,民衆的住房,從大的分類上説可以分爲宫殿、官衙和個人住宅三種。宫殿和官衙建築,因不屬於本書討論範圍,不作過多的分析,這裏我們主要對一些個人住宅的樣式進行描述。就個人住宅來説,大體可以分爲官員的住宅和平民的住宅兩大類建築。通過對宋人筆記中記録的唐五代私人住宅進行探索,可以窺視民衆的日常生活狀態。

(一)官員的住宅

通常情況下,各級地方官員及朝中各府署長官,任職期間可住到官府撥給的府宅中。不過卸任或免職後,他們要搬到屬於個人産權的房屋内,將官府的住宅歸還。

城市中的上層民居一般體量較爲高大巍峨,常以門、廳堂、寢室、廊屋構成一套住宅的最主要部分。一些高官和世家大族營造的宅第十分奢侈,往往占有大片土地,與園林連在一起,渾然一體。長安城曾經出現過一個建築高潮,這基本上是經濟富裕後的一種表現。這輪高潮,從武則天以後掀起:“武后已後,王侯妃主京城第宅日加崇麗。天寶中,御史大夫王鉷有罪賜死,縣官簿録鉷太平坊宅,數日不能遍。宅内有自雨亭子,檐上飛流四注,當夏處之,凛若高秋。又有寶鈿井欄,不知其價。他物稱是。”開元天寶是唐朝的全盛時期,追求住宅奢侈的情況更是多見。“安禄山初承寵遇,敕營甲第,瑰材之美,爲京城第一。太真妃諸姊妹第宅,競爲宏壯。”“明皇爲安禄山起第於親仁坊,敕令但窮極壯麗,不限財力。”安史之亂中,京都的宅第遭到較大的破壞,代宗即位後,“宰輔及朝士當權,争修第舍,頗爲煩弊”,出現了一輪競相修建房屋的熱潮。郭子儀某次將出,看見一位修宅者,便對他説:“好築此墻,勿令不牢。”築者釋鍤而對曰:“數十年來,京城達官家墻皆是某築。祇見人改换,墻皆見在。”[1] 再如御史中丞崔寬,“家富於財,有别墅在皇城之南,池館臺榭,爲當時第一”[2]。這是長安城内的别墅,以園林池塘等作爲建築的特色。

官員的住宅,往往規模十分龐大,不但建築物的體量大,而且庭院設計園林化。長安以外的很多城市,都有官員的巨型住宅。東都洛陽,高官大族的宅第密集,時稱“洛下公卿第宅棋布”,説明到處可見高大的宅院。郭從義的宅第當時號稱洛陽第一,“巧匠蔡奇獻様,起竹節洞,通貫明竅,人以爲神工”。儘管如此,郭從義還認爲不是最好,“終往他所”[3],住到更好的地方去了。再如毗陵有張郎中巷,有宅第十分雄偉,“園亭臺榭之勝,古木參天”。這張郎中巷有可能是南唐文人張佖的府第,此人在南唐爲官,後隨李煜入宋[4]。唐末五代初年,楚州刺史李承嗣少子李禪,居住在廣陵宣平里的一座大宅第中,“晝日寢庭前,忽有白蝙蝠繞庭而飛,家僮輩竟以帚撲,皆不能中。久之,飛出院門,撲之亦不中。及飛出至外門之外,遂不見”[5]。這座大宅的結構比較複雜,正對着寢庭的是院門,説明大宅由幾座院落組成。院門外還有外門,這應該是宅第的大門。

宋人談到安史之亂以後,官員的住宅出現了奢侈之風,“内臣戎帥,競務奢豪,亭館第舍,力窮乃止”。比如馬璘的宅第,單單一個中堂,就費錢二十萬貫。馬璘死了以後,京師士庶都去觀看中堂,“或假稱故吏,争往赴吊者數十百人”。後來唐德宗即位,“詔毁璘中堂及中官劉忠翼之第”,而且還命“馬氏獻其園,謂

1　王讜:《唐語林》卷五《補遺》,第三編第二册,第 193 頁。

2　孔平仲:《續世説》卷一《德行》,第二編第五册,第 9 頁。

3　陶穀:《清异録》卷下《居室門》“竹節洞”,第一編第二册,第 69 頁。

4　佚名:《道山清話》,第二編第一册,第 103 頁。

5　徐鉉:《稽神録》卷四《李禪》,第 72 頁。

之‘奉誠園’”[1]。説明馬璘不但中堂的規模特别龐大,而且住宅中還有園林。

有的官員挖空心思,建造一些比較特殊的房子。如朱梁雷滿鎮守澧朗時在府衙中挖了一個深潭,然後在水面上造了一個大亭子。每當有鄰道使車經過,他就在亭子中設宴,并且説:“此水府也,中有蛟龍,奇怪萬態,惟余能游焉。”有時酒喝到一半,“酒酣對客,即取筵中寶器,亂擲於潭中,因自褫其衣,裸露其文身,遽躍入水,遍取所擲寶器,獻玩於水面,久之方出,復整衣冠就坐”[2]。像這樣的建築,純粹是爲了自己比較特殊的愛好,已經超出了居住的基本目的。

官員退職後往往居住在城内,而且不少人自己修建房子。如唐中期有位吕姓官員“適攝吴縣丞,甚無恙”。後“適月餘罷職,修第於吴之積善里”[3]。南唐有位李令,“累任大邑,假秩至評事”。因爲感到世道很亂,自己年紀大了,不想再在仕途上有什麽發展,於是“築室於廣陵法雲寺之西,爲終焉之計”[4]。這種心態在當時年紀稍大的官員中可能比較多見。反正自己不可能在政治上有什麽發展,就多造幾間房子讓自己的老年生活過得更美滿些。望江李令,“罷秩居舒州”[5],應該亦是不做官了到舒州蓋房養老。

南唐金陵城,因爲定都時間還不長,城市在慢慢發展的過程中,高官們就不斷建造新宅第。如王祝的侄子曾爲金華令,“築私第於邑中”[6],在金陵城建造自己的居室。南唐軍使王建封,“築大第於淮之南,暇日臨街坐窗下”[7]。

五代汴州成爲都城後,高官就不斷建樓閣。後周顯德中,周世宗“許京城民居起樓閣”,於是大將軍周景威“先於宋門内臨汴水建樓十三間,世宗嘉之,以手詔獎諭”。周景威雖説是根據世宗詔令的規定纔起樓閣的,但實際上他建樓後是想賺錢,“實所以規利也,今所謂十三間樓子者是也”[8]。

1 孔平仲:《續世説》卷九《汰侈》,第二編第五册,第164頁。

2 孔平仲:《續世説》卷一二《假譎》,第二編第五册,第209頁。

3 李昉:《太平廣記》卷二七七引《廣异記》“吕諲”,第2201頁。

4 徐鉉:《稽神録》卷一《江南李令》,第16頁。

5 徐鉉:《稽神録》卷二《望江李令》,第33頁。

6 徐鉉:《稽神録》卷一《金華令》,第12頁。

7 徐鉉:《稽神録》卷四《王建封》,第68頁。

8 王闢之:《澠水燕談録》卷九《雜録》,第二編第四册,第92頁。

官員新造房子，還會邀請親朋好友前去觀看，希望能得到大家的好評。如蜀國王衍的舅舅徐延瓊建造住第，剛完工，邀請了王衍等一起去觀賞。王衍看到房子太華麗，"乃於廳壁大書一'孟'字"，因爲"蜀人謂孟爲弱"，大家認爲王衍是開玩笑的。其後孟知祥入蜀，館於徐延瓊的宅第中，看到這麽好的大宅子，驚嘆説："此豈我之居乎。"[1] 房子造得很奢華，所以徐延瓊就想在親朋好友面前顯擺一下。

有些官員的房子并不是很寬敞。如沈傅師"京城居處隘陋，不加一椽"[2]。一些官員生活過得并不如意，其下屬會爲這樣的長官造房栽樹。白居易自杭州刺史分司東都洛陽，經濟不寬裕，住的房子比較破舊。洛陽尹王起和一些官員幫助他在池塘上建造小橋，園宅中植花草樹木。他有一詩談到了修建的住宅，説："弊宅須重葺，貧家乏羡財。橋憑川守造，樹倩府僚栽。朱板新猶濕，紅英暖漸開。仍期更携酒，倚檻看花來。"[3] 洪邁於是發感嘆説："今人居閑，而郡守爲之造橋，府僚爲之栽樹，必遭譏議，又肯形之篇咏哉。"[4] 亦有個别的官員住房與普通百姓一樣，居住在茅草屋中。如唐明宗曾對侍臣談到馮道："馮道純儉，頃在德勝寨，所居一茅庵，與從人同器而食，卧則芻藁一束，其心晏如。及以父憂退歸鄉里，自耕耘樵采，與農夫雜處，不以素貴介懷，真士大夫也！"[5] 居住在茅庵中，應該是暫時的居所，但之後退歸鄉里，與農夫雜處，居住環境應該還是比較艱苦的。南唐孫晟爲尚書郎，皇上賜予的宅第在鳳臺山西岡壟之間。搬家的那天，衆官員都去了，"韓熙載見其門卑巷陋，謂孫曰：'湫隘若此，豈稱爲相第耶！'舉坐莫喻其旨"[6]。韓熙載的意思是這房子對宰相來説是簡單了一些，但并不是説這房子真的很狹小。

官員選擇住宅，講究風水。李吉甫的住宅在安邑坊，牛僧孺的住宅在新昌坊，高僧泓師稱李宅爲"玉杯"、牛宅爲"金杯"，還説"玉一破無復全，金或傷尚

1 吴處厚：《青箱雜記》卷七，第一編第十册，第 232 頁。

2 王讜：《唐語林》卷一《德行》，第三編第二册，第 13 頁。

3 白居易：《白居易集》卷二三《題新居，呈王尹，兼簡府中三掾》，第 525 頁。

4 洪邁：《容齋隨筆》卷一《樂天新居詩》，第五編第五册，第 23 頁。

5 孫光憲：《北夢瑣言》卷一九《明宗獎馮道》，第一編第一册，第 199 頁。

6 鄭文寶：《南唐近事》卷二，第一編第二册，第 216 頁。

可再製”。牛宅本來是一位康姓的將作大匠的宅第,此人對“岡阜形勢”有研究,“謂其宅當出宰相,每命相有案”。這麽好的住宅最後竟果真爲牛相所得。不過關於這兩處住宅還有另一種説法:“李衛公宅在安邑,桑道茂謂之‘玉碗’。韋相宅在新昌北街,謂之‘金杯’。”又《盧氏雜記》記述泓師説長安永寧坊東南是金盞地,安邑里西是玉杯地。後永寧爲王鍔宅,安邑爲馬燧宅。再之後王宅被官方没收,“王宅賜袁弘及史憲誠等,所謂‘金盞破而成’,馬燧宅爲奉誠園,所謂‘玉杯破而不完’矣”[1]。上述三種説法其實大同小异,告訴了我們古時人們相信好的住宅一定是有好的風水,或玉或金,都是寶貝,但會爲主人帶來不一樣的運道。

官員追求龐大的住宅,一定程度而言是有實際的需要,因爲唐朝很多官員仍然恪守世家大族的傳統,聚族而居,一大家子住在一起。比如博陵崔倕,“緦麻親同爨”,幾代的兄弟全住在一起。崔倕自己生有六子,一登相輔,五任大僚,兒子們“自始仕至貴達,亦同居光德里一宅”。宣宗認爲崔氏“家門孝友,可爲士族之法矣”。崔倕六子崔鄲“嘗構小齋於别寢,御筆題額,號曰‘德星堂’”,顯然這是在大宅第中的小建造[2]。因爲一族聚居在一起,必定會建造大宅院,大院中套小院,亭臺樓閣,密集布局。

(二)官員的别墅

官員不但在城市内建住宅,還有很多人喜歡到城外建更大的别墅。比如長安通化門外爲肅宗章敬皇后立的章敬寺,其地原來是魚朝恩莊。唐中期宦官仇士良在長安城南有别業仇家莊,“士良死,籍没其家,後晋賜晋昌軍節度使安彦威,安氏子孫世守之”。唐人在長安城南建了很多别墅,不過“往往舊迹湮没,無所考求”。宋人談道:“嘗讀唐人詩集,岑嘉州有杜陵别業、終南别業,而石鱉谷、高冠谷皆有其居。郎士元有吴村别業,段覺有杜村閑居,元微之亦有終南别業,蕭氏有蘭陵里,梁昇卿有安定莊,今皆湮没,漫不可尋。”這些别業,應是大小不等的宅子院落,城市中的官員們喜歡到農村的宅子中居住。岐國公杜佑在長安

1　王讜:《唐語林》卷七《補遺》,第三編第二册,第240頁。

2　錢易:《南部新書》卷戊,第一編第四册,第51頁。

城南有莊宅,“門人權德輿爲之記,纂叙幽勝,極其形容”。宋人談道:“《舊史》稱佑城南樊川有桂林亭,卉木幽邃,佑日與公卿宴集其間。元和七年,佑以太保致仕居此。《式方傳》又云杜城有别墅亭館林池,爲城南之最。牧之之賦亦曰:‘予之思歸兮,走杜陵之西道。若曲泉深池,地平木老。隴雲秦樹,風高霜早。周臺漢園,斜陽衰草。’其地有九曲池,池西有玉鈎亭,許渾詩所謂‘九曲池西望月來’,池迹尚存,亭則不可考也。”[1]從這些描述來看,杜佑的莊宅是一個將房屋與園林融合在一起的建築。杜佑的這個莊宅中建有薝蔔館,“室形亦六出,器用之屬俱象之”[2]。

洛陽城外,别墅不但密布,而且都是與園林結合在一起的高屋大宅。洛陽城外最有名的應該是李德裕的平泉莊:“平泉莊在洛城三十里,卉木臺榭甚佳。有虚檻,引泉水,縈迴穿鑿,像巴峽洞庭十二峰九派,迄於海門。”平泉莊就是一個大的園林,亭臺樓榭,各種建築全部都有,園中怪石衆多,植物多樣:“平泉莊周圍十餘里,臺榭百餘所,四方奇花异草與松石,靡不置其後。石上皆刻‘支遁’二字,後爲人取去。其所傳雁翅檜、珠子柏、蓮房玉蕊等,僅有存者。怪石名品甚衆,各爲洛陽城族有力者取去。有禮星石、獅子石,好事者傳玩之。”園中的這些檜、柏,十分講究,“檜葉婆娑,如鴻雁之翅。柏實皆如珠子,叢生葉上,香聞數十步。蓮房玉蕊,每跗萼之上,花分五朵,而實同其一房也”。至於這些叠石,選材時有十分高的要求:“禮星石,縱廣一丈,厚尺餘,上有斗極之象。獅子石,高三四尺,孔竅千萬,遞相通貫,如獅子,首、尾、眼、鼻皆全。”[3]平泉莊在宋人的筆記中一再出現。如張洎談道:“李德裕平泉莊,臺榭百餘所,天下奇花异草、珍松怪石,靡不畢具。自製《平泉花木記》,今悉以絶矣。唯雁翅檜葉婆娑,如鴻雁之翅、珠子柏柏實皆如珠子,聯生葉上、蓮房玉蕊等,猶有存者。怪石爲洛陽有力者取去,石上皆刻‘有道’二字。”李德裕自認爲平上黨、破回鶻有功,所以在莊内設置有構思亭和伐叛亭,是對自己功績較爲滿意的一種表示。平泉莊的石頭特别有特點,所以張洎又説:“李德裕平泉莊,怪石名品甚衆,各爲洛陽城有力者取去。

1 張禮:《游城南記》,第三編第一册,第 207~212 頁。

2 陶穀:《清异録》卷下《居室門》“薝蔔館”,第一編第二册,第 70 頁。

3 王讜:《唐語林》卷七《補遺》,第三編第二册,第 242~243 頁。

唯禮星石其石縱廣一丈,長丈餘,有文理,成斗極象、獅子石石高三四尺,孔竅千萬,遞相通貫,其狀如獅子,首尾眼鼻皆具,爲陶學士徙置梁園别墅。”[1]從上面這些描寫來看,平泉莊的功能已不純粹是住宅,而是住宅和園林的結合體,與其説是供主人居住的,不如説是供主人來游玩的。

洛陽郊外這樣的别墅還有很多,如盧簡辭在洛陽城外有别墅,“近伊水,亭榭清峻。方冬,與群從子侄同登眺嵩洛。既而霰雪微下,説鎮金陵時,江南山水,每見居人以葉舟浮泛,就食菰米鱸魚,思之不忘”[2]。這樣的别墅以亭榭建築爲主要特色。再如相國張文蔚的莊園在東都北坡[3]。而《北夢瑣言》卷八談道:“東都柏坡有莊,而多高大屋宇,中庭有土堆若冢,人言其下有樂聲,本主鬻之不售。”[4]洛陽郊外的這些别墅,大多爲“高大屋宇”,説明建造房屋者一般都是城裏的高官。

其他地方這類别墅亦常能見到。鎮州田弘正爲三軍殺死後,大家推立王庭凑。“庭凑生於别墅”,别墅中養“有鳩數十隻,朝集庭樹,暮集檐下”。别墅中“庭樹婆娑”,有很多大樹。“墅西飛龍山神,庭凑往祭之,將及祠百步,有人具冠冕,折腰於庭凑。及入廟,神乃側坐。至今面東起宇尚存焉”[5]。這樣的别墅離城市應有一定的距離,是一座緑化較好的宅院。此外,如許渾集中有《和淮南相公重游瓜村别業》,宋人認爲這裏的淮南相公是指杜佑,“由此考之,在佑已有瓜洲别業”[6]。南唐通事舍人王慎辭在廣陵城西有别墅,“嘗與親友宴游於其上”[7]。這種别墅離城市不遠,官員來去比較方便。朱梁未建國前,崔禹昌擢進士第,有别業在汴州管内。朱温“以其有莊墅,必藉牛,乃問曰:‘莊中有牛否?’禹昌曰:‘不識得有牛。’意是無牛”[8]。這種别墅中没有牛,顯然是以居住爲主,不是以農業生産爲主的農莊。

---

1 張洎:《賈氏譚録》,第一編第二册,第140~141頁。

2 王讜:《唐語林》卷四《栖逸》,第三編第二册,第155頁。

3 孫光憲:《北夢瑣言》卷一二《鼠狼智》,第一編第一册,第150頁。

4 孫光憲:《北夢瑣言》卷八《張裼尚書無忌諱》,第一編第一册,第105頁。

5 孫光憲:《北夢瑣言》卷二《駱山人告王庭凑》,第一編第一册,第24~25頁。

6 張禮:《游城南記》,第三編第一册,第211頁。

7 徐鉉:《稽神録》卷四《王慎辭》,第65頁。

8 孫光憲:《北夢瑣言》卷四《崔禹昌不識牛》,第一編第一册,第56~57頁。

因爲有别墅建在各地，所以朝中官員還要盡量與地方官員搞好關係，如唐宣宗時薛弘宗除鄧州刺史，學士韋澳因爲“有别業在南陽”，於是“召弘宗餞之”[1]，實際上是想和刺史熱絡一下，以便他能關照自己的財産。這些别墅規模較大，平時是官員手下人在管理，常稱之爲莊。如宣宗舅鄭光，“别墅吏頗恣横，爲里中患。積歲徵租不入”，似别墅中還有農田耕種。其時户部侍郎韋澳爲京兆尹，“擒而械繫之”。宣宗問：“卿禁鄭光莊吏，何罪？”韋澳説要置之於法[2]。

官員在農村建别墅，閑來前去居住，或者子弟家人居住的情况十分多見。如唐李當尚書鎮南梁日，“境内多有朝士莊産，子孫僑寓其間，而不肖者相效爲非。前政以其各有階緣，弗克禁止，閭巷苦之”。李當將犯事最大的幾位，“詰其家世譜第、在朝姻親”，裝入竹籠沉於漢江[3]。一個地區就有這麽多的莊産，推而廣之，總的數量肯定不少。一些人還在别墅中養殖家禽鷄鴨。如郝輪的别墅中，“畜鷄數百”。外甥丁權伯勸諭輪，“畜一鷄日殺小蟲無數，况損命莫知紀極，豈不寒心”。郝輪説：“汝要我破除羹本，雖親而實疏也。”[4]意謂自己養了鷄是要熬湯喝的。

（三）百姓的住宅

普通民衆的住宅相對於官員來説總體上要簡單些，但事實上，社會上一些有錢人的住宅不會和官員住宅有什麽太大的差别。比如長安富室王元寶“起高閣，以銀鏤三棱屏風代籬落，密置香槽，自花鏤中出，號‘含薰閣’”[5]。民衆家裏起高閣，這本是有錢人的行爲，而且室内的裝飾很特殊，香氣從各個角落冒出來。再如宜春城内堆土而成的高地，人稱“袁臺”，爲李致所有。李致是“有文馳聲”，後來“衆築室於袁臺，取登東山而小魯之義，榜爲‘小魯軒’”[6]。

城市普通居民可以建造住房，磚、瓦等建築材料還是比較容易獲得。南唐

1 王讜：《唐語林》卷二《政事下》，第三編第二册，第 43 頁，

2 王讜：《唐語林》卷二《政事下》，第三編第二册，第 45 頁。

3 孫光憲：《北夢瑣言》卷三《李當尚書竹籠》，第一編第一册，第 37 頁。

4 陶穀：《清异録》卷上《禽名門》“羹本”，第一編第二册，第 53 頁。

5 陶穀：《清异録》卷下《居室門》“含薰閣”，第一編第二册，第 70 頁。

6 陶穀：《清异録》卷下《居室門》“小魯軒”，第一編第二册，第 71 頁。

建康人杜魯賓家"治舍,有賣土者,自言金壇縣人,來往甚數,杜亦厚資給之。治舍畢,賣土者將去……"[1]城市居民要建造房子,改善居住條件,建築材料都是由周圍農村的農民運進城内。再如蘇州太湖邊上有一老人,專門將太湖石運進城内供應城市建築需要:"細槳輕船賣石歸,酒痕狼藉遍苔衣。"[2]唐王茂章爲潤州刺史,楊行密登城,望見茂章營第曰:"天下未定,而茂章居寢鬱然,渠肯爲我忘身乎?"王茂章聽説後嚇壞了,"遂毁損之"[3]。《金華子》卷上談到池州常侍李寬與其兄"同營别墅於金陵,甲第之盛,冠於邑下,人皆號爲'土墻李家宅'"[4]。

從建築材質上説,有錢人的住宅一般都是用磚瓦建造。李紳對唐代的蘇州城市建築進行過描寫:"烟水吴都郭,閶門架碧流。緑楊深淺巷,青翰往來舟。朱户千家室,丹楹百處樓。……橋轉攢虹飲,波通鬥鷁浮。竹扉梅圃静,水巷橘園幽。……水風摇彩旆,堤柳引鳴騶。"[5]從其中的"朱户千家室,丹楹百處樓"來看,城内的一些主要建築都是木結構的,柱子刷成紅色,而且是二三層樓。墻壁常用版築,如曾録"知江南,地本無棘,潤州倉庫或要固墻隙,植薔薇枝而已"[6]。這説明建築大多是泥土版築的,不全是磚木結構。

城市居民住宅是比較簡陋的,居住在草屋茅舍中的人還有很多,其中亦包括一些士族及較爲清廉的官員。孟郊談到常州義興的住宅時説:"江南莊宅淺,所固唯疏籬。"[7]包括義興城在内,江南一般城市的民宅不可能十分堅固,人們有個固定住處就已經很滿足了。城市人烟稠密,如果民居是草房,十分容易引發火灾,而且牽涉面廣,受灾居民動輒達數千上萬户。如唐貞元四年(788 年)春,常州録事參軍李哲家於丹陽縣東郭,"去五里有莊,多茅舍,晝日無何,有火自焚,救之而滅"[8]。因此,一些地方官十分注重這個問題,如唐代中期王仲舒

1 徐鉉:《稽神録》拾遺《杜魯賓》,第 120 頁。

2 彭定求:《全唐詩》卷二九陸龜蒙《太湖叟》,第 7224 頁。《唐甫里先生文集》卷一二(何錫光《陸龜蒙全集校注》,第 747 頁)"賣"作"買"。

3 俞希魯:《至順鎮江志》卷二〇《雜録·郡事》,第 841 頁。

4 劉崇遠:《金華子》卷上,《唐五代筆記小説大觀》,第 1754 頁。

5 彭定求:《全唐詩》卷四八一《過吴門二十四韵》,第 5474 頁。

6 段成式:《酉陽雜俎》續集卷九,《唐五代筆記小説大觀》,第 782 頁。

7 彭定求:《全唐詩》卷三七八孟郊《寄義興小女子》,第 4238 頁。

8 李昉:《太平廣記》卷三六三引《通幽記》"李哲",第 2885 頁。

爲蘇州刺史時，就"變屋瓦，絶爲災"[1]。

一些士人居住在農村，估計住宅亦是青磚黛瓦，但還是比較簡陋的。如唐末中和年間，有士人蘇昌遠"居蘇臺屬邑，有小莊去官道十里。吴中水鄉，率多芰荷"[2]。既然是小莊，而且離官道很遠，估計是農村一般的住宅。但亦有一些士人在農村建有别墅，當然够不上奢華的程度。如五代末陶穀在廣陵界，"維舟野次，縱步至一村圃，有碧蘆方數畝，中隱小室，榜曰'秋聲館'。時甚愛之，不知誰家之别墅，意主人亦雅士也"[3]。這樣的别墅比較簡單，但有文化品味。南唐時，"廬陵村落間有豪民，暑雨初霽，曝衣篋於庭中"[4]，可見農村富裕者的住房有很大的庭院，而且周圍有圍墻。

南方有不少民居是竹屋。唐代房千里有《竹室記》，内中談道："環堵所栖，率用竹以結其四角，植者爲柱楣，撑者爲榱桷。"亦就是説整個房屋都是竹結構，全部用竹製成。宋朝趙彦衛談到這種自唐至宋的竹建築，説："予嘗至江上，見竹屋，截大竹長丈餘，平破開，去其節，編之；又以破開竹覆其縫脊，檐則横竹夾定，下施窗户，與瓦屋無异。"[5]如此説來，這種竹屋常見於南方的江面上。

至於一些特别貧窮的人，所住衹是一些簡易的棚户而已。如五代時建康城之東郊壇門外，有一人"於此面野水構小屋而居，纔可庇身。屋中唯什器一兩事，餘無他物。日日入城云乞匄，亦不歷街巷市井，但入寺逍遥游觀而已"。這位乞丐的房子十分簡單，房子内部没有什麽傢具。後來乞丐搬家，"乃毁屋，移於玄武湖西南内臣張謀果園。多荒穢，亦有野水，復於水際構屋居之"[6]。小屋建在荒蕪的果園中間，條件十分簡陋。洞庭湖的一角有閣子湖，原來稱角子湖，"灉湖亦謂之閣子湖，楊行密以木籠鎖舟之地。或謂瀕湖地卑，歲苦水患，民多重屋以居，故謂之閣子湖"[7]。亦就是説，爲了避水患，洞庭湖邊百姓的房子都

---

1 歐陽修、宋祁：《新唐書》卷一六一《王仲舒傳》，中華書局，1975年，第4985頁。

2 孫光憲：《北夢瑣言》卷九《白蓮女惑蘇昌遠》，第一編第一册，第110頁。

3 陶穀：《清异録》卷下《居室門》"秋聲館"，第一編第二册，第70頁。

4 鄭文寶：《南唐近事》卷二，第一編第二册，第216頁。

5 趙彦衛：《雲麓漫鈔》卷一〇，第六編第四册，第215頁。

6 吴淑：《江淮异人録・建康貧者》，第八編第七册，第152頁。

7 范致明：《岳陽風土記》，第二編第七册，第82頁。

用木頭搭成兩層，像樓閣一樣。這種房子比較潮濕，條件較差。

（四）住宅的室内布置

現有關於住宅室内布置的資料，大都能反映社會上層的一些情況。一般官員的住房裏放置了很多傢具，如龍武統軍柴再用在大廳裏"憑几獨坐"，後來突發事故，"廳屋梁折，所坐床几盡壓糜碎"[1]。廳裏擺放床几，人可以憑几而坐。唐人喜歡坐在床上的席子上，"以伸足爲箕倨"。不過到了宋代坐榻，"乃以垂足爲禮，蓋相反矣"。宋人認爲"蓋在唐朝，猶未若此"，意謂是箕倨還是坐榻，變化是在唐以後。《舊唐書・敬羽傳》談到敬羽爲御史中丞，太子少傅、宗正卿、鄭國公李遵爲宗子李若冰告發受贜，皇帝下詔讓敬羽調查。敬羽延請李遵"各危坐於小床。羽小瘦，遵豐碩，頃間，遵即倒。請垂足，羽曰：'尚書下獄是囚，羽禮延坐，何得慢耶？'遵絶倒者數四"。所以宋人認爲"唐世尚有坐席之遺風，今僧徒猶爲古耳"[2]。説明來了客人，一般相邀坐在床上，兩足是不下垂的。這種床，唐代叫交床、繩床，隋以前就已出現，其時叫胡床。宋人談道："今之交床，制本自虜來，始名胡床。"又説："隋以讖有胡，改名交床，胡瓜亦改黄瓜。唐柴紹擊西戎，據胡床使兩女子舞，則唐史臣追本語以書也。唐穆宗長慶二年十二月，見群臣於紫宸殿，御大繩床，則又名繩床矣。"[3]所以，這種交床是擺放在大廳裏的，主要用於招待客人，與後代睡覺的床有較大的區别。玄宗爲安禄山在親仁坊建了房子，配的傢具及日常用品十分奢侈，"既成，具幄帟器皿充牣其中。布帖白檀床二，皆長一丈，闊六尺。銀平脱屏風帳一，方一丈八尺"[4]。床的後面一般是擺放屏風，這在當時是比較流行的一種布置。京城北有位姓孫的醫生，"有木頰小石屏，石色赤緑，上有正白如蒙頭坐僧，頗類真。京人相沿號'玉羅漢屏孫家'"[5]。因爲這塊石屏風比較出名，所以醫生的家就以屏風著稱。

擺放飯食的傢具叫案，相當於今天的桌子。有一位青州賈客"泛海遇風"，

1 徐鉉：《稽神録》卷二《柴再用》，第28頁。

2 莊綽：《鷄肋篇》卷下，第四編第七册，第117頁。

3 程大昌：《演繁露》卷一四《交床》，第四編第九册，第127頁。

4 王讜：《唐語林》卷五《補遺》，第三編第二册，第193頁。

5 陶穀：《清异録》卷下《陳設門》"玉羅漢屏"，第一編第二册，第78頁。

漂到一國。國王"即具酒食,設坐於别室,王及其群臣來祀祝。客據案而食"[1]。招待客人,酒食擺放在案上,人有專門坐的地方。玄宗爲安禄山在親仁坊的房子中所配日常用品有:"於厨厩之物,皆飾以金銀。金飯瓮一,銀淘盆二,皆受五斗。織銀絲筐及笊籬各一。他物稱是。"[2]

住宅内屋的門上一般會安裝門簾。尚書左丞相李廙"有清德",妹妹嫁給劉晏爲妻。劉晏有一次到李廙的寢室,"見其門簾甚弊,乃令人潛度廣狹,以粗竹織成,不加緣飾,將以贈廙。三携至門,不敢發言而去"[3]。門簾用粗竹編織成,四周不加緣飾,李廙比較節儉,用壞的門簾肯定已是破舊,劉晏是想給他安一個一般的門簾。有人家裏有一門簾,"赤紫色,人在簾間,自外望之,繞身有光。云得於天寶之亂,蓋宫禁物也"[4]。這門簾當然是寶貝,所以後來流傳到了宰相渾瑊家,有人説是瑞英簾。

很多有錢人的家裏設帳,使格調更爲高雅。後周顯德年間,流行"尊重纈"。這種纈全身淡墨,上面的花是深黄色的。工部郎陳昌達"好緣飾,家貧,貨琴劍,作纈帳一具"[5]。家裏不一定有錢,但也要擠入流行行列,設帳一頂。後蜀時,皇宫裏有皇明帳,不知來自哪裏,"色淺紅,恐是鮫綃之類。於皺紋中,有十洲三島象,施之大小床皆稱可,此爲怪耳。夜則燦錯如金箔狀"[6]。雖説皇宫設的帳與普通人家之間還有距離,不過皇宫裏流行的物件,如果條件許可,宫外也會流行,肯定亦會裝扮到各户人家裏。

墻壁上會有裝飾,不過肯定是有財有勢的人纔能做得到。南唐李煜"嘗於宫中以銷金紅羅冪其壁,以白銀釘瑇瑁而押之;又以緑鈿刷隔眼,中糊以紅羅,種梅花於其外。又於花間設彩畫小木亭子,纔容二座,煜與愛姬周氏對酌於其中。如是數處"[7]。雖然這是皇帝的宫殿裏對墻壁進行的裝飾,但估計社會上

1　徐鉉:《稽神録》卷二《青州客》,第 30 頁。
2　王讜:《唐語林》卷五《補遺》,第三編第二册,第 193 頁。
3　王讜:《唐語林》卷四《賢媛》,第三編第二册,第 163 頁。
4　陶穀:《清异録》卷下《陳設門》"瑞英簾",第一編第二册,第 76 頁。
5　陶穀:《清异録》卷下《陳設門》"尊重纈帳",第一編第二册,第 77 頁。
6　陶穀:《清异録》卷下《陳設門》"皇明帳",第一編第二册,第 77 頁。
7　佚名:《五國故事》卷上,第一編第三册,第 241 頁。

的權貴者會迅速效仿,不過奢侈程度達不到這樣而已。

一些人常通過室内焚香,改善居住環境。如袁象先判衢州時,"幕客謝平子癖於焚香,至忘形廢事"[1]。其實江南并不産香,往往是外國商人販運來的。這種焚香的習俗在南唐比較流行,陶穀《清异録》説:"李璟保大七年,召大臣宗室赴内香燕。凡中國外夷所出,以至和合煎飲、佩帶粉囊,共九十二種,江南素所無也。"[2]又云:"海舶來有一沉香翁,剜鏤若鬼工,高尺餘。舶酋以上吴越王,王目爲'清門處士',發源於心清聞妙香也。"[3]人們還在室内放置花卉:"蘭雖吐一花,室中亦馥郁襲人,彌旬不歇,故江南人以蘭爲'香祖'。"[4]這種習俗從皇室到民間都流行,如"李後主每春盛時,梁棟、窗壁、柱栱、階砌并作隔筒,密插雜花,榜曰'錦洞天'"[5]。好事之徒還用詩歌對這種情况進行描述:"吴門于永錫,專好梅花,吟十二香詩。"[6]看重梅花香味對環境的影響。

(五)住宅的買賣與出租

雖然法律未明確規定平民百姓不能和當官的成爲鄰居,但事實上在城市中,富人居住區和窮人居住區相對來説是分開的。

城市的房子可以轉讓、買賣,也可以出租。唐代時從都城到大城市,房産買賣十分火熱。京城長安,買賣房子盛行。僕射柳公綽族子應規,"爲水部員外郎,求公爲市宅,公不與"。柳公綽私底下對人説:"柳應規以儒素進身,始入省,便造新宅,殊不若且税居之爲善也。"[7]柳公綽認爲租一所房子對柳應規的名聲更好。從這段話可以看到,官員到了城市裏可以隨意出錢購買房子,買下房子會進行一番改造,以符合居住者的審美觀。

大城市的房子買賣亦是常常會見到的。比如杜悰任四川節度使,馬植罷黔

1 陶穀:《清异録》卷上《官志門》"百和參軍",第一編第二册,第20頁。

2 陶穀:《清异録》卷下《薰燎門》"香燕",第一編第二册,第109頁。

3 陶穀:《清异録》卷下《薰燎門》"清門處士",第一編第二册,第111頁。

4 陶穀:《清异録》卷上《草木門》"香祖",第一編第二册,第33頁。

5 陶穀:《清异録》卷上《百花門》"錦洞天",第一編第二册,第38頁。

6 陶穀:《清异録》卷上《百花門》"十二香",第一編第二册,第39頁。

7 王讜:《唐語林》卷一《德行》,第三編第二册,第13頁。

中,“方赴闕”。杜悰門下有術士李生説馬植非常人,“相公當厚遇之”。於是杜悰“厚幣贈之”,“乃令邸吏爲植於闕下買宅,爲生之費無闕焉”[1]。蘇州華亭令曹朗官秩將滿,來到蘇州“置一宅,又買小青衣,名曰花紅云。……後逼冬至,朗緣新堂修理未畢,堂内西間貯炭二百斤,東間窗下有一榻,新設茵席,其上有修車細蘆㢆十領。東行,南厦,西廊之北一房充庫,一房即花紅及乳母,一間充厨”[2]。從曹縣令在蘇州購房居住,同時添置大量日常生活用品這一事例上可以看出,城市房屋的買賣,對促進城市經濟繁榮的作用是相當大的。薛戎曾任浙東觀察使,他未在蘇州任過官,亦不是蘇州人,但根據《元稹集》卷五三他的神道碑文[3],長慶元年(821年)他死在“蘇州之私第”,説明他在蘇州是購置了房産的。同一城市内的居民想調换房産進行交易,就更多見了。蘇州縣民汪鳳家的房子地理位置較佳,“宅在通津”,但因爲有怪异之事出現,遂將房子出售給同邑人盛忠。盛氏住了幾年,又將房子折價售給胥吏張勵[4]。

房屋還流行出租。柳渾,官至丞相,但他“不治産業”,所以没有自己的房子,衹能“假宅而居”。罷相後,他“命親族尋勝宴,醉而歸,陶陶然忘其黜免”[5]。南唐時虔化縣令王瞻罷任歸金陵,“登岸卜居”,“自出僦舍”,租借房子居住[6]。再如有位蘇長史,“將卜居京口”,應該是租借房子。後來因爲“此宅素凶,妻子諫止之”[7],纔没有借成。再如劉同圭到洪州居住,“詣艾氏家,賃其屋而居,家唯翁媪而已”[8]。劉同圭顯然借的不是一整幢房屋,而是借住在其中的一間内。

1 王讜:《唐語林》卷六《補遺》,第三編第二册,第238頁。
2 李昉:《太平廣記》卷三六六引《乾𦠆子》“曹朗”,第2906頁。
3 元稹:《元稹集》卷五三《河東薛公神道碑文銘》,中華書局,1982年,第571~572頁。
4 李昉:《太平廣記》卷一四〇引《集异記》“汪鳳”,第1010頁。
5 孔平仲:《續世説》卷五《任誕》,第二編第五册,第90頁。
6 徐鉉:《稽神録》卷一《王瞻》,第18~19頁。
7 徐鉉:《稽神録》卷二《蘇長史》,第28頁。
8 吴淑:《江淮异人録·劉同圭》,第八編第七册,第146頁。

二、園林與緑化

唐五代的許多城市，不但具備居民生活的基本條件，而且還提供舒適的生活環境。城市中生活着社會最上層的各種政治人物，他們追求有品位的生活質量，希望能過上一種優越的生活，具有完美的生活環境。唐五代時期，大多數城市特别注重在城市内外建造園林，以改善居住環境。從一定程度上説，建造園林是城市民衆提高生活品質的需要，同時亦是在有了一定的經濟實力和物質條件之後，城市民衆對自然的回歸。長期居住在城市中的人們，用貼近自然或直接營建小自然的方式，來保持與自然的緊密聯繫，求得内心的安適。隨着經濟的發展和生活的富裕，城市的管理者逐漸注重城市建設，緑化成了城市建設不可缺少的一個組成部分。這些對公共環境的改變和建設，宋代筆記裏亦有不少記載。

（一）城市的園林建設

關於唐五代城市的園林建設情況，以往的研究并不是很豐富。已有的成果主要局限於個别城市的園林建設，如魏嘉瓚先生的《蘇州古典園林史》[1]，有專章談到唐五代的蘇州園林建設。一些關於造園史和城市史的著作，并没有將園林作爲城市建設中的一個重要元素進行考量，而且缺乏對城市園林的特色和園林建設的社會條件進行分析。

唐五代時期的城市内，分布有衆多園林。這些園林建築是城市物質形態的一部分，標志着城市建設達到了一定的水準。同時，憑藉城市周圍的自然山水，在城市近郊建設了許多園林，使民衆不但在城市内有很多可以游樂的幽静之處，而且在城市周邊地區能尋找到自然和人文結合完美的景觀。

1.都城内的園林

宋人筆記談到唐五代城市内建設的許多園林，主要分布於帝王的皇城、州衙，以及一些權貴豪宅、寺院中。園林建設，表明城市建築除了實用，還講究環

1　魏嘉瓚：《蘇州古典園林史》，上海三聯書店，2005年，第97~122頁。

境美化。城市的權貴們憑着自己的人文眼光和藝術修養，將皇城、州衙、庭院、寺院建成一個個大園林，廳齋堂宇，亭榭樓閣，疏密相間，錯落有致。

宋人談到唐代都城長安内外，園林密布。皇家各機構都將院落建設成了一個個花園，而高官大族更是喜歡在自己家附近建園挖池："唐京省入伏假，三日一開印。公卿近郭皆有園池，以至樊杜數十里間，泉石占勝，布滿川陸，至今基地尚在。省寺皆有山池，曲江各置船舫，以擬歲時游賞。諸司唯司農寺山池爲最，船惟户部爲最，所以文字鄙却舟御，户部船也。"[1] 各部門就是一個個園林，内中司農寺的山池最爲漂亮。而私家大族在皇城附近大建園林，宋人認爲是"布滿川陸"，説明數量極多。曲江在"唐開元中，疏鑿爲勝境。江故有泉，俗謂之漢武泉，又引黄渠之水以漲之"[2]。湖邊柳樹擁簇，十分優美。杜甫曾有《哀江頭》詩説："江頭宫殿鎖千門，細柳新蒲爲誰緑。"安史之亂後宫殿荒廢。唐文宗時"因建紫雲樓、落霞亭，歲時賜宴。又詔百司於兩岸建亭館"[3]。官方通過大力建設，力圖恢復昔年的風貌。張禮《游城南記》談道："大和九年，發左右神策軍三千人疏浚，修紫雲樓、彩霞亭，仍敕諸司有力建亭館者，官給閑地，任營造焉。今遺址尚多存者。江水雖涸，故道可因。"[4] 這説明曲江直到宋代纔被廢弃，衹留存遺迹。長安城裏還有杏園和芙蓉園，"杏園與慈恩寺，南北相直，唐新進士多游宴於此。芙蓉園在曲江之西南，隋離宫也，與杏園皆秦宜春下苑之地。園内有池，謂之芙蓉池，唐之南苑也"[5]。長安城内高官達貴較多，先後修建了一些私人園林，如王龜是宰相王起之子，曾經在永達坊"選幽僻帶林泉之處，構一亭，會文友於其間，名之曰'半隱亭'"[6]。從給亭子起的名字，就知道建造亭子的用意是什麽。

唐代另一個都城洛陽，城内亦分布着很多園林。宋代的"洛陽園池，多因隋

---

1 張舜民：《畫墁録》，第二編第一册，第 215 頁。

2 張禮：《游城南記》，第三編第一册，第 205 頁。

3 宋敏求：《春明退朝録》卷中，第一編第六册，第 280 頁。

4 張禮：《游城南記》，第三編第一册，第 206 頁。

5 張禮：《游城南記》，第三編第一册，第 206 頁。

6 錢易：《南部新書》卷丙，第一編第四册，第 34 頁。

唐之舊”[1],都是在唐代園林的基礎上再修建的。李格非曾經評論說:“方唐貞觀、開元之間,公卿貴戚,開館列第於東都者,號千有餘邸。”他認爲城市内的園林建築中,洛陽和蘇州是南北最典型的代表。五代以後,洛陽城内“池塘竹樹,兵車蹂踐,廢而爲丘墟,高亭大榭,烟火焚燎,化而爲灰燼。與唐共滅而俱亡者,無餘家矣”[2]。一些園林僅留下它們的名稱,如嘉猷、會節、恭安、溪園等,“皆隋、唐官園”,到了宋代“已犁爲良田,樹爲桑麻矣”[3]。不過洛陽仍有一些廢弃園林及遺物留到了宋朝:“今洛陽公卿園圃中石,刻奇章者,僧孺故物;刻平泉者,德裕故物,相半也。如李邦直歸仁園,乃僧孺故宅,埋石數冢尚未發。平泉在鑿龍之右,其地僅可辨,求德裕所記花木,則易以禾黍矣。”[4]如李邦直的歸仁園,園在歸仁坊内,“廣輪皆里餘。北有牡丹、芍藥千株,中有竹百畝,南有桃李彌望。唐丞相牛僧孺園七星檜,其故木也,今屬中書李侍郎,方創亭其中。河南城方五十餘里,中多大園池,而此其冠”[5]。此園應該是建立在唐代宰相牛僧孺的園林之上,有一些遺迹未曾挖掘。而李氏仁豐園,其實是建在唐李德裕家裏的園林之中,就是平泉山莊,原有花木百餘種,“今洛陽良工巧匠,批紅判白,接以他木,與造化争妙,故歲歲益奇且廣”。松島中的松樹有數百年歷史,“其東南隅雙松尤奇,在唐爲袁象先園”[6]。大字寺園是“唐白樂天園也”。白居易說他在履道坊有“五畝之宅,十畝之園,有水一池,有竹千竿”,就是指這個園。宋代時,這上千竿竹子“尚甲洛陽”,寺中“樂天石刻存者尚多”[7]。湖園“在唐爲裴晋公宅園”,這個園林中“有湖,湖中有堂,曰百花洲,名蓋舊堂蓋新也。湖北之大堂曰四并堂,……其四達而當東西之蹊者,桂堂也。截然出於湖之右者,迎暉亭也。過横地,披林莽,循曲徑而後得者,梅臺知止庵也。自竹徑望之超然,登之

1 李格非:《洛陽名園記·富鄭公園》,第三編第一册,第164頁。
2 邵博:《邵氏聞見後録》卷二五,第四編第六册,第181頁。
3 李格非:《洛陽名園記·吕文穆園》,第三編第一册,第172頁。
4 邵博:《邵氏聞見後録》卷二七,第四編第六册,第189~190頁。
5 邵博:《邵氏聞見後録》卷二五《歸仁園》,第四編第六册,第175頁。
6 邵博:《邵氏聞見後録》卷二五《李氏仁豐園》《松島》,第四編第六册,第177頁。
7 李格非:《洛陽名園記·大字寺園》,第三編第一册,第170頁。

修然者，環翠亭也。眇眇重邃，尤擅花卉之盛，而前據池亭之勝者，翠樾軒也”[1]。五代，洛陽城是多個朝代的都城，相繼建起了一些園林。如前蜀相許寂，在王衍死後來到洛陽任官，致政後“葺園館，引水爲溪，架巨竹爲橋，號‘會龍橋’”[2]。園中引水建起人工溪流，上面用竹子架起一座橋梁，模仿自然生態。

五代時期一些小國家的都城内，都修築了衆多園林。

如五代前蜀“廣開池沼，創立臺榭，奇异花木，怪石修竹，無所不有，署其苑曰宣華”。大臣們看到皇帝大肆建園林，於是亦加以仿效：“其公相勛臣，競起第宅，窮極奢麗。時元舅徐延瓊，新創一宅，雕峻奢壯，花木畢有。”這徐延瓊的私人庭院“屋宇華麗，壯侔宫苑”[3]。王衍即位後，“侈蕩無節，庭爲山樓，以彩爲之，作蓬萊山。畫緑羅爲水紋地衣，其間作水獸芰荷之類”，用舟載了妓女“周回山洞”[4]。後蜀時，“僞通政王宗裕亦於北門清遠江東創一亭，臺榭池塘，駢植花竹，泉石縈繞，流杯九曲，爲當時之甲也”[5]。再如後蜀廣政十五年（952 年）三月，後蜀“以趙廷隱别墅爲崇勛園，幅員十餘里，臺榭亭沼窮極奢侈”[6]。趙廷隱官爲太師，封宋王，曾爲後蜀建國立下大功，廣政十三年（950 年）死後，他的漂亮的别墅被改爲園林，方圓十餘里，規模極大。前後蜀的帝王大臣們都熱衷於建園，把園林建造得十分完美，“士庶觀者，闐咽竟日”。《北夢瑣言》談到趙廷隱家裏的園林：“僞蜀主當僭位，諸勛貴功臣競起甲第，獨僞中令趙廷隱起南宅北宅，千梁萬栱，其諸奢麗，莫之與儔。後枕江瀆，池中有二島嶼，遂甃石循池，四岸皆種垂楊，或間雜木芙蓉，池中種藕。每至秋夏，花開魚躍，柳陰之下，有士子執卷者、垂綸者、執如意者、執麈尾者、譚詩論道者。”[7]可知這個園林規模極大，園中有河流湖泊，有高大的廳堂，種植了大量的樹木，湖泊水面以蓮花著稱。

唐代的杭州城内，有不少園林。虚白堂面江依山，憑欄可以看錢塘江潮，天

1　李格非：《洛陽名園記・湖園》，第三編第一册，第 171 頁。

2　陶穀：《清异録》卷下《居室門》“會龍橋”，第一編第二册，第 70 頁。

3　黄休復：《茅亭客話》卷八《瑞牡丹》，第二編第一册，第 58 頁。

4　田況：《儒林公議》，第一編第五册，第 131 頁。

5　黄休復：《茅亭客話》卷八《瑞牡丹》，第二編第一册，第 58 頁。

6　張唐英：《蜀檮杌》卷下，第一編第八册，第 57 頁。

7　孫光憲：《北夢瑣言》佚文四《趙廷隱家蓮花》，第一編第一册，第 245 頁。

氣晴好時能遠眺高山。南亭在杭州城“東南隅,宏大焕顯”,在亭上可以看到錢塘江,所以杜牧説:“江平入天,越峰如髻,越樹如髮,孤帆白鳥,點盡上凝。在半夜酒餘,倚老松,坐怪石,殷殷潮聲,起於月外。”[1] 亭邊有古松,有怪石,官員文人常在這裏登樓倚軒,飲酒作詩。

吴越國定都杭州後,在鳳凰山麓改建隋唐杭州城爲王城,“以山阜爲宫室”,修建了握髮殿、都會堂、八會堂、閲禮堂、功臣堂、天寵堂、仙居堂、天册堂、恩政堂、武功堂、大慶堂、瑶臺院、義和院、天長樓、壘雪樓、青史樓等殿堂樓院,此外還建有不少假山蓮池、曲水亭閣的園林。羅隱有《虚白堂前牡丹相傳云太傅手植在錢塘》詩,指昔日虚白堂前牡丹花名聞遠近,眼下吴越國改名爲都會堂,仍然是賞景宴樂的去處,因而大加贊揚:“莫背欄干便相笑,與君俱受主人恩。”[2]

金陵爲南唐的都城,城内建起多個園林,如西苑、小蓬萊池苑、飲香亭、後圃等。李建勛罷相時,元宗李璟在西苑天全閣“别置廳院待之”,李建勛作詩進曰:“御苑賜房令待詔,此身殊勝到蓬瀛。”[3] 苑内有建築,有樹木花草,景色如仙景。小蓬萊池苑小巧玲瓏,“鑿地廣一頃,池心叠石象三神山,號‘小蓬萊’”[4]。飲香亭以種植蘭花出名[5],亭内蘭香四溢。宫城中的後圃是個種植了許多花草樹木的花園,李後主“常春日與妃侍游宫中後圃,妃侍睹桃花爛開,意欲折而條高,小黄門取彩梯獻”[6]。宫内的清微殿,“樓上春寒水四面”,是建在湖的中央;紅羅亭子,“四面栽紅梅花”[7],爲梅花包圍在中間。金陵城内,民間有很多風景園林。《湘山野録》卷上談道:“金陵賞心亭,丁晋公出鎮日重建也。秦淮絶致,清在軒檻,取家篋所寶《袁安卧雪圖》張於亭之屏,乃唐周昉絶筆。”[8] 重建賞心亭是在北宋初年,但既然是“重建”,説明五代時已經有這個亭子了。

廣州爲南漢的都城,城内的園林與長江、黄河流域一些城市中的園林風格

1　杜牧:《樊川文集》卷一〇《杭州新造南亭子記》,第 156 頁。

2　羅隱:《羅隱集·甲乙集》,中華書局,1983 年,第 146 頁。

3　佚名:《江南餘載》卷下,第一編第二册,第 249 頁。

4　陶穀:《清异録》卷上《地理門》“小蓬萊”,第一編第二册,第 17 頁。

5　陶穀:《清异録》卷上《草木門》“馨列侯”,第一編第二册,第 34 頁。

6　陶穀:《清异録》卷上《獸名門》“緑耳梯”,第一編第二册,第 59 頁。

7　江休復:《江鄰幾雜志》,第一編第五册,第 139 頁。

8　文瑩:《湘山野録》卷上,第一編第六册,第 18 頁。

上有所不同。陶穀《清异録》卷上談道:“南海城中蘇氏園,幽勝第一。廣主嘗與幸姬李蟾妃微至此憩,酌緑蕉林,廣主命筆大書蕉葉曰‘扇子仙’。蘇氏於廣主草宴之所,起扇子亭。”[1]廣州城内的園林種植芭蕉樹,這是南方熱帶地區特有的樹種,因而園林的一大特點是幽静。

2.州縣城内的園林

唐五代各地都建起很多樓閣園林。宋人説:“唐成都府有散花樓,河中有薰風樓、緑莎廳,揚州有賞心亭,鄭州有夕陽樓,潤州有千岩樓。”這些名樓一直傳到宋代,使宋人十分懷念,但已經大變樣,“今皆易其名,或不復見”[2]。這裏,根據宋人的記載,我們列舉幾個城市的園林建築作些描繪。

各地園林,以蘇州城最有特色,不但數量多,而且園林的建造技藝高。六朝的幾個著名園林到了唐代仍在,而且在不斷維修。如西晋的辟疆園,“池館林木之勝”,在蘇州號稱第一,園中的緑竹、假山在唐代依然受人追捧。李白有詩云:“柳深陶令宅,竹暗辟疆園。”陸羽曰:“辟疆舊林園,怪石紛相向。”[3]説明園中的特色是大量種竹和布置怪石。唐代蘇州新建了很多園林。《吴郡志》卷九説:“臨頓,舊爲吴中勝地。陸龜蒙居之,不出郛郭,曠若郊墅。今城東北有臨頓橋,皮陸皆有詩。”[4]用現在的眼光來看,這是一處具有田園風光的園林,其具體地點可能在今拙政園一帶。對此,《中吴紀聞》記載道:“陸龜蒙居臨頓里,其門有巨石。遠祖績嘗仕吴,爲鬱林太守,罷歸無裝,舟輕不可越海,取石爲重。人稱其廉,號鬱林石。”[5]原來臨頓這一吴中勝地的最大特點是門口有巨石。曾爲涇縣令的任晦,晚年歸吴後專注園圃。范成大説園池“深林曲沼,危亭幽砌。池中又爲島嶼,修篁嘉木,掩映隈奥”[6]。蘇州的一些豪貴修造住宅時,會考慮將庭院建造成一個小型花園。大酒巷是一個失却名姓的唐朝富人修建的,他在巷内建造府第,同時“植花浚池,建水檻、風亭,醖美酒以延賓旅,其酒價頗高,故號

1 陶穀:《清异録》卷上《草木門》“扇子仙”,第一編第二册,第34頁。

2 宋敏求:《春明退朝録》卷下,第一編第六册,第284頁。

3 龔明之:《中吴紀聞》卷一《辟疆園》,第三編第七册,第174頁。

4 范成大:《吴郡志》卷九《古迹》,第114頁。

5 龔明之:《中吴紀聞》卷三《鬱林石》,第三編第七册,第216頁。

6 范成大:《吴郡志》卷二五《人物》,第358頁。

大酒巷”[1]。五代時期,處於吴越國統治下的蘇州城相對比較安定。自乾化三年(913年)錢元璙遷蘇州刺史,前後在蘇州長達三十年,特别注重園林的修建。《吴郡圖經續記》卷下説:“元璙治蘇州,頗以園池花木爲意,創南園、東圃及諸别第,奇卉异木,名品千萬。今其遺迹多在居人之家,其崇岡清池,茂林珍木,或猶有存者。”[2]宋代蘇州郡學之東的滄浪亭,原爲吴越中吴軍節度使孫承祐的私家池館,入宋後蘇舜欽以不到四萬的價格買入。[3]

湖州城内最大的園林在白蘋洲。宋人曾説:“吴興山水清遠,城據其會,騷人墨客狀其景者,曰水晶宫,曰水雲鄉,曰極樂城。……一城之内,觸處見山,觸處可以引溪流,故凡爲苑囿,必景物幽雅,雖近市如在雲岩江村,所以爲貴也。唐開成中白蘋洲有三園,錢氏時清源門内有芳菲園,……自白蘋外,俱不可見。鄉老寓公,多爲芳圃,亭宇相望,沼沚旁聯,花木蓊茂,游者争眩,物故不能兩盛也。”[4]白蘋洲在州城東南二百步,原爲一片荒澤,大曆十一年(776年)顔真卿爲刺史,剪除野草,引導溪水,興建八角亭。不久,因水灾受淹,亭子被衝垮,淤泥堆積。八角亭,“唐大曆中刺史顔真卿始剪榛棘,疏溪流以建,茅亭亦顔公建,書柳惲《江南曲》於上。後楊漢公作五亭,有記,因列茅亭及舊址於碑”[5]。開成三年(838年),刺史楊漢公重新疏導了四條管道,疏浚二片池塘,修建三個園林,構築五個亭子,使游覽區成爲“卉木荷竹,舟橋廊室,洎游宴息宿之具,靡不備焉”的勝境,具備了現代度假休閑區的許多特徵。每至“汀風春,溪月秋,花繁鳥啼之旦,蓮開水香之夕,賓友集,歌吹作,舟棹徐動,觴咏半酣,飄然恍然”[6],景區中游人如織,紛紛爲美麗的景色所陶醉,不知身處人間還是方外。湖州城内登高的場所有銷暑、會景、清風、卞蒼等“四樓”,以銷暑樓最爲著名:“銷暑樓在譙門東,唐貞元十五年李詞建,有詩四韵,給事中韋某等詩六首。開成中刺史楊漢公重修,畢工在中秋日,有詩四首。大中間,刺史蘇時有銷暑樓八韵。杜牧、

1 朱長文:《吴郡圖經續記》卷下《往迹》,第60頁。

2 朱長文:《吴郡圖經續記》卷下《園第》引《九國志》,第63頁。

3 龔明之:《中吴紀聞》卷二《滄浪亭》,第三編第七册,第197頁。

4 談鑰:《嘉泰吴興志》卷一三《苑囿》,《宋元方志叢刊》第五册,中華書局,1990年,第4739頁。

5 談鑰:《嘉泰吴興志》卷一三《亭》,第4739頁。

6 白居易:《白居易集》卷七一《白蘋洲五亭記》,第1495頁。

顧况亦有詩。”[1]銷暑樓高聳入雲,官員們以登樓作爲附庸風雅之舉。湖州州衙有後花園,吴越國錢信守湖州時,“後圃芙蓉枝上穿一黄玉玦,枝梢交雜,不知從何而穿也”[2]。

其實,南北方城市中都建有一些大小不等的園林。一些高官的家裏修築有十分漂亮的庭園,遍植花草樹木。《清异録》卷上載:“東平城南許司馬後圃,薔薇花太繁,欲分於別地栽插。”[3]後花園中種植的薔薇花長得十分葱鬱,衹能剪下後再栽插。南唐鄂州帥李簡家後園有池亭,一烏鴉在樹上叫噪不已。[4]

總體上説,宋人筆記中記載的南方城市内的園林較多,北方除了都城,園林較少,這亦應是當時的實際情况。城市中大量園林的出現,一方面與各地的經濟發展有關,官府的財賦收入足够他們有實力來建造這些樓臺亭閣,另一方面又與刺史們的文化修養和興趣嗜好分不開。中唐以後,刺史中的很多人是著名的文學家,他們對園林特别愛好,這些文化官員追求自然勝景,需要有一個雅致的工作和游玩環境。不少官員喜歡招集文人一起過一把吟詩癮,他們對自然的追求直接促使了他們在城市中建設園林的熱情。

3.城市周圍的園林

城市内部畢竟空間狹窄,所以人們利用城市四周的自然地勢,在城市附近建起衆多園林。由於利用了自然山水做景,規模更大。

杭州鳳凰山下,武德中建有望海樓,亦名東樓,樓高十丈。白居易曾有詩描繪在望海樓上四顧周圍優美景色:“東樓勝事我偏知,氣象多隨昏旦移。湖卷衣裳白重叠,山張屏障緑參差。”[5]又云:“不厭東南望,江樓對海門……郡中登眺處,無勝此東軒。”[6]西湖在隋代還是一片葑草,唐代前期,西湖園林名勝主要集中在靈隱、天竺及錢塘江一帶,以靈隱、天竺等寺廟園林著稱。不少刺史認爲西湖的自然環境很有幽雅韵味,因而在此紛紛築亭。西湖中間的孤山寺,“始以元

1 談鑰:《嘉泰吴興志》卷一三《宫室》,第 4737 頁。
2 陶穀:《清异録》卷上《百花門》“黄玉玦”,第一編第二册,第 38 頁。
3 陶穀:《清异録》卷上《百花門》“玉鵶苗”,第一編第二册,第 38 頁。
4 鄭文寶:《南唐近事》卷一,第一編第二册,第 213 頁。
5 白居易:《白居易集》卷二三《重題别東樓》,第 514 頁。
6 白居易:《白居易集》卷二〇《東樓南望八韵》,第 444 頁。

和十二年嚴休復爲刺史時惠晈萌厥心,卒以長慶四年白居易爲刺史時成厥事”[1],成爲西湖景區的一部分,“樓閣參差,彌布椒麓”。靈隱寺西南隅飛來峰下的冷泉亭,是白居易的前任元藇興建的,“高不倍尋,廣不累丈,而撮奇得要,地搜勝概,物無遁形”。白居易曾盛贊亭四周草薰薰、木欣欣、泉渟渟、風泠泠,“山樹爲蓋,岩石爲屏,雲從棟生,水與階平”,其建築華美巧麗,順乎自然山水。[2] 在白居易等官員的努力下,西湖一步步得以建設,成爲迷人的風景勝地。吴越時西湖周圍群山進一步得到開發。吴山不僅有衆多佛寺道觀,還修建了穠華園、江湖亭等亭園,遍植梅樹。錢塘門外有錢弘俶次子錢惟演的别墅,“有白蓮、緑野等堂,碧玉、四觀、披灝等軒,南漪、迎薰、澄心、涵碧、玉壺、雪氍毹等亭”[3],是以衆多堂、軒、亭組成的一個園林。

金陵城外,南唐的官私園林一個連着一個。《南唐近事》卷一談道:“金陵城北有湖,周迴十數里,幕府、鷄籠二山環其西,鍾阜、蔣山諸峰聳其左,名園勝境,掩映如畫,六朝舊迹,多出其間,每歲菱藕罟網之利不下數十千,《建康實録》所謂玄武湖是也。”[4]這些園林都是六朝舊迹,但在南唐大多恢復如新。如徐鉉有《北苑侍燕雜咏》詩五首,按竹、松、水、風、菊五個題目作應制詩,説明金陵城北的北苑中竹木挺立,花香鳥語。開寶七年(973年),“金陵苑中鹿作人語”,南唐氣數已盡,“苑囿荒凉”。[5] 城外有很多私人園林。如徐景運的原亭館,“却據峻嶺,俯瞰長江,北彌臨滄之觀,南接新林之戍”,“建高望之亭,肆游目之觀”,“倚層崖而築室,就積石以爲階”,“虚檻顯敞,清風爽氣襲其間;碕岸縈迴,紅藥翠荇藻其涘。至於芳草嘉禾,修竹茂林,紛敷翳蔚,不可殫記”。[6] 亭館在金陵城西南,有山有水,山上建堂,遍植花草修竹嘉木,令人陶醉。

越州城外,亦有不少園林建築。《嘉泰會稽志》談道:“王逸少有書堂在山陰,蘭亭、鵝池、墨池亦在焉。……後人追懷風流,於是葺爲流觴曲水,此必皆其

1 元稹:《元稹集》卷五一《永福寺石壁法華經記》,第557頁。

2 白居易:《白居易集》卷四三《冷泉亭記》,第944頁。

3 田汝成:《西湖游覽志》卷八《北山勝迹》,浙江人民出版社,1980年,第84頁。

4 鄭文寶:《南唐近事》卷一,第一編第二册,第210頁。

5 吴任臣:《十國春秋》卷一七《後主本紀》,第250頁。

6 董誥:《全唐文》卷八八三徐鉉《毗陵郡公南原亭館記》,上海古籍出版社,1990年,第4090頁。

舊也。"王羲之當年活動的地方,到了唐代已成爲追懷先人的活動場所。該書又云:"王子敬山亭在雲門,唐永淳元年春王勃嘗修禊於此亭,今顯聖寺後有子敬筆倉,疑距其地不遠也。"[1]這是一個文人集會作詩的地方。

一些縣級城市的周圍亦常常建有園林。如餘杭縣南五里的南湖中,唐縣令盧鵬建鰲亭,"以爲游賞之地"。《咸淳臨安志》云:"鰲亭:晏元獻公《輿地志》云:在縣南五里,唐貞元初縣令盧鵬建,以爲游賞之地,在南湖中山上,故曰鰲。"[2]義興縣的荆溪是常州的又一風景區,吸引了大批文人墨客前去游玩。唐代修築的陽羡館坐落在荆溪河畔,而水榭建在溪北,杜牧在此居住了很長時間[3]。再如杭州鹽官縣,"於縣内鑿池構亭,曰'房公亭'",因爲縣令爲房琯[4]。

士人的私人園林開始出現。一些人以一己之力在城内外修築一些規模較小但十分精緻的園林。《清异録》卷下談道:"武陵儒生苗彤,事園池以接賓客,有野春亭者,雜植山花,五色錯列。"[5]在這個園林中,挖了河道,建起亭子,種植野生山花。再如五代蜀國人景焕,是個博雅文人,"志尚静隱,卜築玉壘山,茅堂花榭,足以自娱"[6]。這種私家園林,規模肯定是無法與公家園林相比的,設施比較簡單,但既然有茅堂花榭,必定會大量種植花卉。

4.園林建設的特色

唐五代時期,城市建設過程中的園林因素日益爲人們所重視,到園林中游覽成爲人們休閑生活的重要部分,展現出了城市建設的新境界。城市内外園林大量建造,使城市布局出現較大變化,增加了城市的居住和生活功能,或多或少引發人們思想觀念和文化意識的變化。

園林建設大體來説呈現以下一些特色:

1 施宿:《嘉泰會稽志》卷一三《園池》,《宋元方志叢刊》第七册,第6952頁。

2 潛説友:《咸淳臨安志》卷八六《園亭》,《宋元方志叢刊》第四册,第4159頁。

3 史能之:《咸淳毗陵志》卷二七《古迹》談道:"杜牧之水榭,在荆溪北滑。舊傳邑人王公輔治地,得巨横木亘其中,云是牧之築榭故址。"(《宋元方志叢刊》第三册,第3196頁)并且提及杜牧有多首詩談到這個水榭。

4 王讜:《唐語林》卷五《補遺》,第三編第二册,第189頁。據新、舊《唐書·房琯傳》,房琯未擔任過鹽官令,或《唐語林》所記人名有誤。

5 陶穀:《清异録》卷下《居室門》"野春亭",第一編第二册,第72頁。

6 陶穀:《清异録》卷下《文用門》"副墨子",第一編第二册,第90頁。

其一,城市核心區域的建築呈現園林化的趨勢。不論是作爲都城的唐都長安、洛陽,還是蜀國成都、南唐金陵、吴越杭州,抑或一些州級城市,帝王居住的宫城和州郡長官居住的官署,其建設明顯地體現出統治者政治、生活上的需求,他們在自己的治所大量建造樓臺館閣亭軒,布置園圃,叠山理池,植樹種草,把官府衙門和生活場所裝扮成一個舒適優美的園林。如杭州的州衙,既有供官員登高遠眺的亭臺樓閣,又有以茂密的草樹、精緻的假山和烟渺的碧池組成的園林,爲官員的工作和生活提供了舒適的環境。杭州刺史白居易有詩談到虚白堂説:"况有虚白亭,坐見海門山。潮來一憑檻,賓至一開筵。終朝對雲水,有時聽管弦。持此聊過日,非忙亦非閑。山林太寂寞,朝闕空喧煩。唯兹郡閣内,囂静得中間。"[1] 再如蘇州州衙正北是州圃。《吴郡志》云:"郡圃,在州宅正北,前臨池光亭大池,後抵齊雲樓城下,甚廣袤。案:唐有西園,舊木蘭堂基,正在郡圃之西。其前隙地,今爲教場,俗呼後設場,疑即古西園之地。郡治舊有齊雲、初陽及東、西四樓,木蘭堂,東、西二亭,北軒、東齋等處。今復立者,惟齊雲、西樓、東齋爾。餘皆兵火後一時創立,非復能如舊聞。"[2] 整個州衙簡直就是一個環境優美的園林。

城市出現的這些現象,説明城市建設者的意識在發生變化,城市的核心區域慢慢地變成了官員生活和休閑的場所。在城市的核心區域能够追求到山水的清静,這使得城市已從純軍事和政治的所在地,變成具有舒適生活氣息的場所。官衙從平面、單調的建築,變成庭院、長廊、園圃、樓閣的結合體,建築樣式自然且多變。

其二,在城市中,私人園林建設表現出了强勁的發展前景。唐五代時期,除了官式園林建築,出現了大量的私人園林。私人園林規模小巧、構造精緻,造園方法不但模擬自然山水,而且寫實與寫意相結合,漸漸開始對自然加以概括和抽象,體現了這一時代以自然美爲核心的美學思潮。私家園林唐五代數量較多,分布十分廣泛,不僅都城和州級城市有,而且個别縣級城市亦已出現。

如南唐首都金陵富豪高官衆多,對建造園林十分熱衷。時人對這種情况描

---

1 白居易:《白居易集》卷八《郡亭》,第155~156頁。

2 范成大:《吴郡志》卷六《官宇》,第51頁。

繪云:“有唐再造,俗厚政和,人多暇豫,物亦茂遂,名園勝概,隱轔相望。至於東田之館,西州之墅,婁湖張侯之宅,東山謝公之游,青溪賦詩之曲,白楊飲酒之路,風流人物,高視昔賢。京城坤隅,爰有别館,百畝之地,芳華一新。”[1]金陵城私人園林衆多,有財有勢者想方設法在自己的住宅中建樓造園。再如吴越國蘇州孫承祐池館是大臣孫承祐的私人園林,“積水彌數十畝,傍有小山,高下曲折,與水相縈帶”。“既積土爲山,因以瀦水。”[2]越州城内,《嘉泰會稽志》談道:“嚴長史園林頗名於唐,大曆中有聯句者六人,其宅詩云‘落木秦山近,衡門鏡水通’,園詩云‘杖策山横绿野,乘舟水入衡門’,皆維自句,可以想見其處也。”園中樹木花草茂盛,有河道與鏡水相通,文人學士都聚集在園林中作詩弄文,欣賞美景。城市近郊,亦建有私人園林。越州鏡湖周圍,有“皇甫秀才山亭,……唐人因依鏡湖以爲勝趣”[3]。由於鏡湖水面寬闊,景致秀麗,官員、文人經常在這裏造房建園。值得注意的是,私家園林的大量出現,反映了城市的内涵已發生實質性的變化,標志着城市生活功能的增强。城市中一部分人因政治或經濟地位的變化,成爲生活富裕者,他們的個體意識不斷增强,把個人的生活觀念和思想通過修築的園林,滲透進城市建設的空間中。

其三,園林集中體現了隋唐五代上層社會的價值觀念。他們將園林中假山池塘、草木绿化、廳堂亭榭建築完美地結合起來,當作追求自身價值的場所。社會上層人物崇尚自然和追求奢華的價值觀念不斷體現,他們爲了既能縱情游樂,享受舒適生活,又能在鬧處尋幽,不失高雅,獲得思想上、靈魂上的享受,因此營造園林大多是開池壘山。如蘇州郡治内的西園,姚合有詩説:“西園春欲盡,芳草徑難分。静語唯幽鳥,閑眠獨使君。密林生雨氣,古石帶潮文。”[4]密林、草徑、古石,是一個仿自然的幽雅庭園。再如五代時的東墅,位於今葑門内。范成大《吴郡志》説此園造了三十年,“極園池之賞”。園内“奇卉异木及其身,見皆成合抱。又纍土爲山,亦成岩谷”。刺史錢文奉“緩步花徑,或泛舟池

1　董誥:《全唐文》卷八八三徐鉉《毗陵郡公南原亭館記》,第4090頁。

2　范成大:《吴郡志》卷一四《園亭》,第187頁。

3　施宿:《嘉泰會稽志》卷一三《園池》,第6953頁。

4　彭定求:《全唐詩》卷五〇〇《郡中西園》,第5689頁。

中”[1]。五代初年後梁名將王彦章修園亭時,“壘壇種花,急欲苔蘚少助野意,而經年不生”,心裏十分發急[2]。

其四,園林建造的重點是富有自然氣息,構築假山。其實唐以前的園林已經以假山爲中心,以石構景,與周圍的建築、池塘和植物相互映襯,通過叠山鑿石的造景手法來表達人們的追求。到了唐代,這種造園的方式依然得以堅持,而且有所發揮。如蘇州報恩寺的寺院中,用太湖石壘成峰巒奇山,“寺多太湖石,有峰巒奇狀者”,李紳詩有“數仞峰巒閟月扉”和“坐隅咫尺窺岩壑”句[3],寺廟用太湖石叠山,峰巒岩壑。南唐後苑之北的德明宫,“有太湖石,特奇异,非數十人不能運致,即陳後主之假山遺址”。後苑有宫髻石,相傳是張祐舊物,上有“杜紫薇杭州刻字相寄”等字。“祐以其形若宫髻,故名之云。祐平生癖好太湖石,故三吴牧伯多以爲贈焉”[4]。自南北朝以後,太湖石成了建造園林時的一個重要元素。吴越錢氏在蘇州造的南園,《吴郡圖經續記》卷上《南園》説:“釃流以爲沼,積土以爲山,島嶼峰巒,出於巧思,求致异木,名品甚多,比及積歲,皆爲合抱。亭宇臺榭,值景而造”[5],“流水奇石,參錯其間”[6]。這是一個由大量亭閣樓臺建築的大園林,在叠山、理水、花木上很有特點,園中有池有山,怪石順自然地勢堆積,構思十分精巧。南漢後主劉鋹“欲購怪石,乃令國中以石贖罪。富人犯法者,航海於二浙買石輸之。今城西故苑藥洲有九石,皆高數丈,號‘九曜石’”[7]。石頭在園林中的地位十分顯著。這種假山或用石叠砌,或用土堆築,其實都是想模擬自然的山林環境,説到底是人們心靈和理想的追求。由於大多數城市處於平地,所以大部分假山都是用土壘築,其泥土來自周圍池沼的挖掘,所挖池沼與假山相互構景,平静的湖水和湖中小島上聳立的小山,山上種植草木,山脚下堆着各式各樣的石頭。這種建造園林重石的風氣,對北宋産生了一

1 范成大:《吴郡志》卷一四《園亭》,第 191 頁。
2 陶穀:《清异録》卷上《草木門》“緑衣元寶”,第一編第二册,第 34 頁。
3 彭定求:《全唐詩》卷四八二李紳《開元寺》,第 5484 頁。
4 佚名:《江南餘載》卷下,第一編第二册,第 246 頁。
5 朱長文:《吴郡圖經續記》卷上《南園》,第 15 頁。
6 范成大:《吴郡志》卷一四《園亭》,第 189 頁。
7 朱彧:《萍洲可談》卷二,第二編第六册,第 160 頁。

定的影響。可以這麽説,唐五代的園林大多是有園必有山,有山就有池。這種以土山、水池爲園景的造園風格,是園林最主要的一個建築特色。

(二)城市緑化

在隋唐五代城市建設的過程中,官員們已注意到城市生態環境的改善,認識到緑化可以爲城市居民提供優良的生活條件,如清鮮的空氣、優美的景觀、安静的環境,因而特别注重緑色植物的種植。城市緑化主要是指在城市中種植樹木、栽種花草,在政府治所、園林、寺廟、道路、居民住地等處植樹造林,種草種花。

1.政府治所的緑化

城市往往就是各級政權的所在地,無論是唐朝都城長安、洛陽和五代各國的都城,還是各州府和各縣衙,一個城市最重要的地方就是政府的治所。由於政府握有財政大權,他們常用手裏的權力對自己的辦公和居住處進行美化,而種樹種花草是其中的一種常見手段。

宫殿裏常見種松柏。驪山華清宫,"天寶所植松柏遍滿岩谷",到了宋朝,"望之鬱然,雖經兵寇,而不被斫伐"[1]。宫殿毁廢已久,僅剩下圍墻,但唐代種的松柏樹仍在,長勢良好,葱鬱成林。

政府辦公的地方,特别注重種樹來美化環境。唐高宗時建造蓬萊宫,在宫内各庭院裏"列樹白楊"。具體負責種樹的司稼卿梁孝仁指着白楊對人説:"此木易長,三數年間,宫中可蔭影。"不過白楊一般被認爲是"冢墓間木,非宫室中所宜種"。梁孝仁後來明白這一點後,"遂令拔去,更種梧桐"。[2] 這説明宫庭裏梧桐是常見的樹木,而很容易生長的白楊樹,因爲"多悲風",一般是種在陵墓區。

宫殿裏最常見的是種植柳樹,而且數量很多。柳樹生長較快,唐朝後期,韋莊《金陵圖》裏看到的景色已是:"無情最是臺城柳,依舊烟籠十里堤。"盧海鳴先生認爲這裏"十里堤"指的是玄武湖畔的十里長堤,"臺城離玄武湖尚有一段距離,'臺城柳'不可能'烟籠'到十里長堤。這首詩反映出詩人要麽没有到過

1 張洎:《賈氏譚録》,第一編第二册,第137頁。

2 王讜:《唐語林》卷一《言語》,第三編第二册,第19頁。

金陵,在盡情發揮自己超越時空的想象力;要麽説明詩人所處的時代,六朝宫闕已經蕩然無存,以致造成人們張冠李戴”[1]。不過詩人的句子往往是不能按字面一一對應理解的,詩中韋莊説出了這樣的兩層意思:一是臺城柳樹到唐代已是生機勃勃,二是指出臺城到玄武湖,一路上沿堤走過去都是葱葱蘢蘢的柳樹。韋莊的詩,使我們能够看到金陵大致的緑化情況。事實上,宫城外的朱雀大道旁就種植了大量的柳樹,韋莊的詩不大可能完全是憑空的瞎想。

吴越國都城杭州錢鏐的宫内,亦注重緑化。錢鏐“常游府園”,結果看到睦州人陸仁章“樹藝有智而志之”。這陸仁章就是錢鏐的“園卒”,擅長園林設計[2],因爲府園中種植了大量的花草樹木,所以需要有專門的園丁來養護。

宫殿的花園裏還種植果樹。如天寶年間,“内中柑樹結實,帝日與貴妃賞御”,還稱這種柑是“瑞聖奴”[3]。

2.城門、街道的緑化

一般而言,中國古代的城市等級越高,就越注重環境的美化;城市規模越大,街道縱横交錯,緑化工作就越容易得到重視。

行道樹一般以種植適應性强、遮陽幅度大的槐、楸、榆、柳等最佳,如唐羅鄴《入關》詩有“古道槐花滿樹開”句[4],戴叔倫《送友人東歸》有“萬里楊柳色”句[5],可證行道樹以槐、柳最爲常見。

唐代,城市緑化得到人們重視。洛陽城内大量種植着竹子和桃樹。李義山《七月二十九日崇讓宅宴作》談道:“風過迴塘萬竹悲。”洛陽有崇讓坊,有河陽節度使王茂元宅,李義山就是王茂元的女婿。韋氏《述征記》云:“此坊出大竹及桃。”[6]説明城市緑化十分普遍,種植的有竹子和桃樹,洛陽城内各坊的緑化是頗具特色的。

白居易《吴中好風景》詩云:“吴中好風景,風景無朝暮。曉色萬家烟,秋聲

---

1 盧海鳴:《六朝時期南京(建康)的緑化》,《現代城市研究》2000年第6期,第39~40頁。

2 吴任臣:《十國春秋》卷八六《陸仁章傳》,第1249頁。

3 陶穀:《清异録》卷上《百果門》“瑞聖奴”,第一編第二册,第41頁。

4 彭定求:《全唐詩》卷六五四,第7519頁。

5 彭定求:《全唐詩》卷二七三,第3074頁。

6 姚寬:《西溪叢語》卷上,第四編第三册,第11頁。

八月樹。”[1]蘇州城内大量種植樹木。韋應物《登重玄寺閣》説:“始見吴都大,十里鬱蒼蒼。……禽魚各翔泳,草木遍芬芳。”[2]所謂的“十里鬱蒼蒼”,指的是蘇州城内全是緑色的樹木。張籍《送從弟戴玄往蘇州》詩:“楊柳閶門路,悠悠水岸斜。……夜月紅柑樹,秋風白藕花。”[3]蘇州的行道樹有不少楊柳樹,有的地方還種植水果樹。李紳《過吴門二十四韵》更是對蘇州的城市緑化進行全面描寫:“烟水吴都郭,閶門架碧流。緑楊深淺巷,青翰往來舟。……竹扉梅圃静,水巷橘園幽。……水風摇彩旆,堤柳引鳴騶。”[4]巷子裏種着楊樹,園子中種着竹子和梅樹、橘樹,河邊種着柳樹。白居易《小舫》云:“深坊静岸游應遍,淺水低橋去盡通。黄柳影籠隨棹月,白蘋香起打頭風。慢牽欲傍櫻桃泊,借問誰家花最紅?”[5]蘇州城内的街巷河邊,種植柳樹和櫻桃。

唐代城市緑化的樹種比較多樣,没有哪種樹數量特别多。白居易《武丘寺路》説:“自開山寺路,水陸往來頻。……好住湖堤上,長留一道春。”小注云:“去年重開寺路,桃李蓮荷,約種數千株。”[6]從數千株的數量來看,當時種的行道樹是以桃樹和李樹爲主。又《西湖游覽志》談到杭州的九里松時説:“唐刺史袁仁敬守杭,植松以達靈竺,凡九里,左右各三行,每行相去八九尺,蒼翠夾道。”[7]袁仁敬爲刺史是在開元年間,從杭州城到靈隱寺兩旁的道路以種植松樹爲主,可知當時城市街道兩旁的緑化亦是以松樹作爲重要的樹種。柳宗元爲柳州刺史,教民植木,是個緑化刺史,老百姓唱歌贊頌這事説:“柳州柳刺史,種柳柳江邊。柳色依然在,千株柳拂天。”[8]

南、北方城市中種植的緑化樹種是有所不同的。如耶悉茗花和茉莉花,唐宋人認爲是來自外國,色雪白,“胡人携至交廣之間,家家愛其香氣,皆種植之”。

1 白居易:《白居易集》卷二一,第 466 頁。
2 彭定求:《全唐詩》卷一九二,第 1972 頁。
3 彭定求:《全唐詩》卷三八四,第 4313~4314 頁。
4 彭定求:《全唐詩》卷四八一,第 5474 頁。
5 白居易:《白居易集》卷二四,第 541 頁。
6 白居易:《白居易集》卷二四,第 550 頁。
7 田汝成:《西湖游覽志》卷一〇《北山勝迹》,第 109 頁。
8 劉斧:《青瑣高議》前集卷一《柳子厚補遺》,第二編第二册,第 12 頁。

《廣州圖經》認爲:“舶上有耶悉茗油,蓋胡人取花壓油,偏宜麻風,膏摩於手心,香透於手背。”唐代耶悉茗稱爲素馨。這兩種花被移植至交廣一帶時間較早,到唐代時許多地方都在種植[1]。

3.園林、住宅的綠化

樹木花草是園林建設中的一個要素,因此一般園林都追求樹木花草種類的繁多和種植的普遍。

唐代,在園林及庭院中繼續種植竹子。如永定寺鐵瓶巷内,竹林茂密,蘇州刺史韋應物罷官之後曾寓居此寺中,并有詩:“密竹行已遠,子規啼更深。綠池芳草氣,閑齋春樹陰。晴蝶飄蘭徑,游蜂繞花心。”[2]在永定寺中,竹子的茂密給韋應物印象最深,此外芳草、春樹及其他一些花草,同樣是他對這個寺廟美好評價的一部分。前蜀建宣華苑,“廣開池沼,創立臺榭,奇异花木,怪石修竹,無所不有”。至後蜀時,在宣華苑廣加栽植牡丹[3]。南唐李後主曾作紅羅亭子,“四面栽紅梅花”[4],栽種花草樹木都是有特别的安排。

吴越王錢鏐第八子錢傳瓘“酷好植牡丹,成叢列樹者,顏色葩芳,率皆絶异,人號爲花精”。不過據《海録碎事》,喜歡牡丹的是錢弘俶從兄錢仁杰,他“酷好種花,人號爲花精”[5]。唐末五代,蘇州出現了以種花植草爲主的花圃,如在重元寺,唐末僧人元達辟藥圃,所種名藥品類繁多,大多是從天台、四明移來。

私人的花園、庭院同樣注重綠化。唐玄宗時姜皎爲殿中少監,玄宗“嘗與皎在殿庭玩一嘉樹,皎稱其美,遽令徙植於其家”[6],説明官員的庭院住宅裏喜歡種樹。《北夢瑣言》卷三談道:“唐相國李公福,河中永樂有宅,庭槐一本抽三枝,直過當舍屋脊。”而五代晋朝宰相趙瑩家,“庭有橘棗樹,婆娑异常,四遠俱見”[7]。吴越國廣陵王錢元璙在蘇州築“金穀園”,奇卉异木,名品千種。南唐

1 高似孫:《緯略》卷九《耶悉茗油》,第六編第五册,第308~309頁。

2 彭定求:《全唐詩》卷一九二《與盧陟同游永定寺北池僧齋》,第1977頁。

3 黄休復:《茅亭客話》卷八《瑞牡丹》,第二編第一册,第58~59頁。

4 江休復:《江鄰幾雜志》,第一編第五册,第139頁。

5 吴任臣:《十國春秋》卷八三《錢傳瓘傳》,第1199頁。

6 孔平仲:《續世説》卷九《惑溺》,第二編第五册,第153頁。

7 孫光憲:《北夢瑣言》卷三《李氏瑞槐》,第一編第一册,第33頁。

“但是豪家重牡丹”,宰相嚴續宅園中的牡丹特別著名,所以大家“争如丞相閣前看”。嚴續的宅園牡丹“鳳樓日暖開偏早,鶏樹陰濃謝更難。數朵已應迷國艷,一枝何幸上塵冠”[1]。司徒徐玠的園囿中,“扶疏皆竹柏,冷淡似瀟湘”[2],種植的是竹子和柏樹,安逸寧謐。馮長樂的别墅裏,“有數種梅檀,紫粉、分心、軟帶之類”[3]。長安城南崔遠家墅的池塘裏産藕,“貴重一時”,人稱爲“玉臂龍”[4]。前蜀徐延瓊新建設一宅,“花木畢有”,從秦州挖到紅牡丹一枝,“植於新宅。花開日,少主臨幸,嘆其屋宇華麗,壯侔宫苑”。通政王宗裕於北門清遠江東創一亭,“臺榭池塘,駢植花竹,泉石縈繞,流杯九曲,爲當時之甲也”[5]。

從上面這些叙述來看,官府和有錢人的住宅,已是十分注重環境的緑化建設,不但大量種植常規的花草樹木,很多人還追求新异,種植新品種。亦有不少人根據自己的喜好,大量種植自己偏愛的花草。緑化建設標志着唐五代上層社會的生活和居住環境達到了一定的水準,是上層階層對生活品質的一種追求。當然,緑化對普通人而言,可能還是遥不可及的一件事,人們爲了活命首先是想要盡量填飽肚子。

三、交通

百姓的交通出行,既可以反映出他們日常生活的方便程度,亦可以説明一個時代的經濟繁榮程度,從一定意義上可以看出經濟的發展水平。方便的交通,能增加人們之間的相互聯繫,可以使經濟活動織成密集的網絡。

(一)交通工具

1.車、輿、輦

唐五代時期,人們的交通工具主要是車輿與乘馬。《顔氏家訓》談到南朝的

1 彭定求:《全唐詩》卷七五五徐鉉《嚴相公宅牡丹》,第 8593 頁。

2 彭定求:《全唐詩》卷七四七李中《徐司徒池亭》,第 8506 頁。

3 陶穀:《清异録》卷上《百果門》“梅檀”,第一編第二册,第 42 頁。

4 陶穀:《清异録》卷上《百果門》“褉實”,第一編第二册,第 45 頁。

5 黄休復:《茅亭客話》卷八《瑞牡丹》,第二編第一册,第 58 頁。

交通:“梁世士大夫……出則車輿,入則扶侍,郊郭之内,無乘馬者。周弘正爲宣城王所愛,給一果下馬,常服御之,舉朝以爲放達。至乃尚書郎乘馬,則糾劾之。及侯景之亂,膚脆骨柔,不堪行步,體羸氣弱,不耐寒暑,坐死倉猝者,往往而然。建康令王復性既儒雅,未嘗乘騎,見馬嘶歕陸梁,莫不震懾,乃謂人曰:‘正是虎,何故名爲馬乎?’其風俗至此。”[1]唐代的交通,大體上繼承了南北朝人們使用的工具,種類相似,交通水準接近,但又有所發展,具有時代特色。從這段話可以看出,南朝時的交通工具主要是車和輿,很少有人在市内騎馬,江南人甚至不認識馬。當然這是北方人對南方人的看法,雖不完全準確,但大致情況應該如此。從另一個角度而言,嘲笑南方人的北方人是將馬作爲主要交通工具。

其時皇帝乘的豪華車輛是金根車。據《晋書》卷二五《輿服志》記載,皇帝鹵簿中有兩輛金根車,其中一輛爲六馬拉的,一輛爲四馬拉的。此外,五時副車是皇帝鹵簿中的重要組成部分,包括立車五乘和安車五乘。大臣使用的亦有安車[2],形制和裝飾自然不能和皇帝的車一樣,有相當大的差别。

步輦是帝王短距離出行時乘坐的代步工具,根據閻立本的《步輦圖》,唐朝宫中的步輦由四人抬着,比較典雅和休閑。唐玄宗在禁中,想與宰相姚崇談事情,“時七月十五日,苦雨不止,泥濘盈尺,上令左右以步輦召之”[3]。由於距離不遠,玄宗爲了表示出自己對姚崇的尊重,就用步輦把他抬到宫中。直至五代,步輦仍然是皇帝們短距離出行的主要交通工具。後蜀孟昶“每出則乘步輦,垂以重簾,環結珠香囊至於四角,香聞數里,人亦不能見其面”。孟昶把自己乘的小輦裝飾得很華麗,“昶出外,則以其輿輦崇飾奢麗。居常在内,惟銅裝朱漆小輦而已”[4]。民間有地位的一些人亦會以步輦作爲交通工具。五代時有一位李少師被人陷害,其夫人聽説後,“乘步輦直詣朝門,俟執權者出,趨拜於路側”[5]。步輦應當亦是一些地位較高的女性的交通工具。

六朝一般官員使用軺車,這種車漢代的中下級官員經常使用,用馬拉牽。

1　顔之推著,王利器集解:《顔氏家訓集解》卷四《涉務》,上海古籍出版社,1980年,第295頁。

2　房玄齡等:《晋書》卷二五《輿服志》,中華書局,1974年,第759~761頁。

3　王讜:《唐語林》卷五《補遺》,第三編第二册,第185頁。

4　佚名:《五國故事》卷上,第一編第三册,第245頁。

5　張齊賢:《洛陽搢紳舊聞記》卷二《李少師賢妻》,第一編第二册,第164頁。

南朝時期,改以駕牛爲主。《南齊書》卷一七《輿服志》説東晋、南朝時,三公亦乘軺車。這種車上有車蓋,四面遮罩[1]。并車是婦女乘坐的車輛,官員夫人外出時主要乘坐并車,輜車則主要裝載衣物寢具等,亦可供人在内躺卧休息。兩種車形狀相近,故有時被合稱爲輜車,泛指婦女所用之車[2]。宋人談道:"東晋猶乘車,王導'短轅犢車,長柄麈尾'是也。《唐·劉子玄傳》:右大夫以上皆乘車,以馬爲騑服。魏、晋後,以牛駕車,江左尚書郎,輒輕乘馬,則御史劾治。"[3]有身份有地位的人都是乘車的,無非是馬駕車還是牛駕車,衹不過是在不同階段有所區别。

唐代官員比較看重自己的政治地位,通常是乘車出行,一般乘坐由數匹馬或牛拉的車輛。宋人談道:"唐時士庶親迎,猶盛服冠履,乘輅車。"[4]唐代宗竇應中,竇庭芝分司東都。當他乘車出行在洛陽的道路上時,人們都要"避道"。"值車馬將出",李泌騎的驢受驚,逃到竇庭芝的家裏,"所失驢收在馬厩"[5]。説明竇庭芝的車是由馬匹拉的。

對廣大的普通民衆來説,車是外出時的交通工具之一。李師古跋扈,憚杜黄裳爲相,"未敢失禮,乃寄錢物百萬,并氈車一乘"[6],實際上是想賄賂杜黄裳。這裏的氈車,應該是以毛氈爲篷的車子,由馬或牛牽拉的。這種車子,應該是有地位或者比較富裕者的交通工具。中書舍人王迪,"早負才業,未卜騫翔。一日,謁宰相杜太尉,於宅門十字通衢,街路稍狹,有二牛車東西交至,迪馬夾在其間,馬驚仆而卧,車轍輾靴鼻逾寸而不傷脚指"[7]。城市交通一般是乘牛車,王迪是騎馬在路上走,結果來了兩牛車,把他夾在中間,出了交通事故。二牛車的主人没有記載其姓名,當是低級官員或普通人。

有地位的女性在唐前期常見乘車外出。齊、隋一直到唐代前期,"婦人猶乘

1 蕭子顯:《南齊書》卷一七《輿服志》,中華書局,1962年,第339頁。

2 關於皇帝、官員乘車,這裏主要參考了朱大渭等《魏晋南北朝社會生活史》的相關内容,中國社會科學出版社,1998年,第206頁。

3 孔平仲:《珩璜新論》卷四,第二編第五册,第278~279頁。

4 孔平仲:《珩璜新論》卷四,第二編第五册,第279頁。

5 王讜:《唐語林》卷六《補遺》,第三編第二册,第219頁。

6 王讜:《唐語林》卷一《德行》,第三編第二册,第12頁。

7 孫光憲:《北夢瑣言》卷一〇《王迪車輾》,第一編第一册,第127頁。

車輿”[1]，這當然是指一些有地位的女性出門乘車。

輿，本義是指車廂，指用人力抬的一種運輸工具。因爲抬的人是用肩，所以高度與肩齊平，常被稱爲肩輿、平肩輿等。一般是兩人抬較爲多見。宋人曾談道：“今之肩輿，正是以人代畜也。”唐王求禮諫武后説：“自軒轅以來，服牛乘馬，今輦以人負，則是以人代畜也。”[2]鄭還古家在青、齊間，碰到李師道叛命，“扶老親歸洛，與其弟自舁肩輿，晨暮奔追，兩肩皆瘡”[3]。鄭還古“俊才嗜學”，是個讀書人，所以抬不動肩輿，肩上的皮膚都被磨破生瘡了。

上層人士流行乘肩輿外出，一來比較優雅，亦比較安全，二來舒適度較高，故官員和名士特别喜歡乘坐。丞相乘肩輿，“元和後也”[4]。但宋人亦認爲唐代宰相上朝是乘馬的，到了五代，“則乘檐子矣，莊宗聞呵聲，問之，乃宰相檐子入内是也”。至宋代，高級官員乘檐子上朝，認爲是“皆异恩也”[5]。檐子與肩輿相近，實際上就是肩輿中比較考究的一種轎子，左右前後有簾子。開成中，宰相李石“早朝中箭”，“自此詔宰相坐檐子，出入令金吾以三千人宿直”[6]。乘坐檐子，在衛兵的擁簇下就比較安全。周瞻舉進士後，欲拜謁李德裕，結果一個多月亦没有見到。後來周瞻等李德裕從外面回家，“突出肩輿前”[7]，然後纔搭上話。可知李德裕這樣地位的人，出門辦事，如果距離不遠，是乘坐肩輿的。唐末咸通年間，宰相豆盧琢守僕射，乘閑到僧院。舉子侯泳“見僕御肩輿旋至，方知是豆盧公也”[8]。有僕人抬着肩輿，上面坐的肯定是個社會地位比較高的大人物。後周太祖時，李穀以自己病臂未愈，一再上表辭官，周太祖同意其“罷守本官，令每月肩輿一詣便殿議政事”[9]。讓人抬着他進宫，實際上是表示一種禮遇和尊重。

---

1 孔平仲：《珩璜新論》卷四，第二編第五册，第274頁。

2 孔平仲：《珩璜新論》卷四，第二編第五册，第274~275頁。

3 王讜：《唐語林》卷一《德行》，第三編第二册，第14頁。

4 錢易：《南部新書》卷戊，第一編第四册，第55頁。

5 王得臣：《麈史》卷上《任人》，第一編第十册，第12頁。

6 王讜：《唐語林》卷一《政事上》，第三編第二册，第37頁。

7 王讜：《唐語林》卷七《補遺》，第三編第二册，第242頁。

8 孫光憲：《北夢瑣言》卷八《侯泳忤豆盧相》，第一編第一册，第102~103頁。

9 孔平仲：《續世説》卷五《賞譽》，第二編第五册，第87頁。

社會地位較高的官員，即使遠距離來往，亦會乘肩輿。唐末王鐸被解諸道都統職，“乞歸河北養疾。肩輿就路，妓女數百人擁從前後，觀者駭目。道出鎮州，主帥迎接甚謹”[1]。王鐸是肩輿就路，而前後數百人中相信亦有人是乘肩輿的。由人抬着，比較講排場，坐在上面的人覺得特別風光。

杜甫曾有詩云：“夫人常肩輿，上殿稱萬壽。”婦人被召上殿，是乘坐肩輿的。宋人根據《唐會要》，認爲命婦朝謁并不得乘檐子，“其尊屬年高特敕賜檐子者，不在此例”[2]。乘檐子上朝，這是唐代帝王對女性的一種恩敕。唐代有點地位和財富的婦女乘肩輿出門的很多。韓皋爲京兆尹，一日下朝，“有公主横過騶道，立馬杖肩舁八夫背各二十。命捕賊吏引僦夫，送公主歸宅。主入訴，遂貶杭刺”[3]。公主出行乘肩輿，爲八人抬。肩輿的檔次高低，實際上主要表現在抬的人數，八人抬肩輿應是最高的級别。前述李師古派人送杜黄裳錢物百萬，并氈車一乘。送車送錢的使者“未敢進，乃於宅門伺候”。未幾，杜府“有肩輿自宅出，從婢二人，青衣襤褸”。使者問上面乘的這位是誰，回答是相國夫人，“使者遽歸以告，師古乃止”[4]。意謂相國夫人衹是乘肩輿而没有乘車，而且還跟着兩位穿破衣服的從婢。李師古看杜黄裳十分清廉，就不敢送車送錢了。婦女乘肩輿較多，但宰相夫人大多是會乘車的，杜黄裳夫人衹是乘肩輿，比較節儉。太尉、西平王李晟之女回到娘家出席李晟生日大宴，吃到一半小婢對李晟女説婆婆身體怎樣了，李晟責怪女兒不“檢校湯藥”，“遽遣走檐子歸”[5]。亦就是説，李晟女兒從娘家回自己夫家是乘的檐子。杜悰鎮荆南，“諸院姊妹多在渚宫寄寓，相國未嘗拯濟，節臘一無沾遺。有乘肩輿至府門詬駡者，亦不省問”[6]。他的姐妹一般都是乘肩輿來往活動。

此外，還有一種兜子，是比較小型的二人抬的轎，僅有座位没有轎厢。唐高宗咸亨二年(671 年)時頒敕説百官的家人，“咸預士流”，但他們行走在路上，全

1 張洎：《賈氏譚録》，第一編第二册，第 139 頁。

2 程大昌：《演繁露》卷一二《唐婦人有特敕方許乘檐朝謁》，第四編第九册，第 104 頁。

3 錢易：《南部新書》卷壬，第一編第四册，第 110 頁。

4 王讜：《唐語林》卷一《德行》，第三編第二册，第 12 頁。

5 王讜：《唐語林》卷一《德行》，第三編第二册，第 11 頁。

6 王讜：《唐語林》卷六《補遺》，第三編第二册，第 238 頁。

無障蔽。特別是女人們“曾不乘車,別坐檐子。遞相仿效,浸成風俗”[1]。意謂本是乘車的,現在改乘檐子。這種檐子,也叫“兜籠,若今之‘檐子’”[2]。說明兜籠和檐子之間差別不是很大。李德裕在浙西時,處理甘露寺僧貪污問題,“乃立召兜子數乘,命關連僧人對事。咸遣坐檐子,下簾,指揮門下不令相對。命取黄泥,各令模交付下次金樣,以憑證據。僧既不知形狀,竟模不成。數輩等皆伏罪”[3]。從這段話來看,兜子和檐子的區别,主要在於檐子是有簾的,而兜子應是比較小巧的,没有簾子。宋人還談到肅宗乾元以後,巴蜀女人常乘兜籠,“以兜籠易於檐負”。此外,在唐代的京城還有一種奚車,“似今之坐車耳”[4]。奚車與兜籠在當時差不多已經代替了車輿。

還有一種腰輦,亦是一種小型的轎,前後二人合力抬起,轎杠上應該有繩索搭在肩上,轎杠靠至腰際。褚無量在玄宗朝爲右散騎常侍、崇文館學士侍讀,“以年老,每隨仗出入,時許緩步,特與造腰輦,令内給使舁於内殿”。如果皇上到了别館居住,“以路遠則命宫中乘馬,上親自送迎,以申師資之禮”[5]。在宫中乘腰輦是一種特例,因爲與玄宗有師生情誼,玄宗特殊照顧。民間使用情況,未見具體記載。

2.馬

馬是一種重要的交通工具。在朝廷正式的禮儀中,官員要騎馬入宫。宋人談道:“古者,馬以駕車,非朝臣正禮也。”亦就是説,一般是駕車入宫,不能騎馬。唐睿宗時,“太子將釋奠,有司草儀注,從臣皆乘馬着衣冠”,從臣都是騎了馬一起去參加儀式。左庶子劉子元提出不同的看法:“古大夫乘車,爲馬騑服;魏、晋朝士駕牛車;李廣北征,解鞍憩息;馬援南伐,據鞍顧盼。則鞍馬行於軍旅,戎服所便。江左尚書郎乘馬,御史治之,顔延年罷官,騎馬出入,世稱放誕。”意即古代各朝官員是不能騎馬出入宫中的。但自唐迄宋,情况發生了變化:“却以乘馬朝服爲禮,如入朝及謁廟,先乘車至門外,换馬入宫門;若從駕,則宰執、侍從官

1 李上交:《近事會元》卷五《婦人乘檐子及禁斷》,第一編第四册,第 184 頁。

2 孔平仲:《珩璜新論》卷四,第二編第五册,第 274 頁。

3 王讜:《唐語林》卷一《政事上》,第三編第二册,第 35 頁。

4 李上交:《近事會元》卷五《兜籠》,第一編第四册,第 184 頁。

5 樂史:《廣卓异記》卷一二《侍讀腰輦入内殿》,第一編第三册,第 90~91 頁。

皆騎從;南郊祀上帝,則宰相騎導。以此言之,古以乘車爲禮,騎爲不恭;今人以騎爲禮,乘車爲不恭。古今异宜如此"[1]。進宫騎馬,主要是禮儀上的需要,并不是實用上的問題。

在唐五代人的日常生活中,馬是基本的交通工具。對各個階層的官員來説,馬是他們來往的主要交通工具。宰相上朝都是騎馬的。唐高宗時,上官儀"嘗凌晨入朝,循洛水堤,步月徐轡,咏云:'脉脉廣川流,驅馬歷長洲。鵲飛山月曙,蟬噪野風秋。'音韵清亮。群公望之,猶若神仙焉"[2]。天下無事,治安良好,宰相就一個人静静地騎着馬出門上朝去了。宋人談道:"唐丞相乘馬,故詩人有'沙堤新築馬行遲'之句。裴、武之遭變,而晋公獨以馬逸得免。"[3]皇室人員亦常騎馬。宣宗爲光王時,"常從駕,墮馬雪中。寒甚,困且渴,求水於巡警者,曰:'我光王也。'"[4]武宗車駕出行,光王騎馬從駕,一路跟在後面。五代時,李少師被人陷害,其夫人"俟執權者出,趨拜於路側"。不一會兒,她"叩馬聲甚厲,且訴且泣,援引今古寵辱、禍福、成敗可驗者數事,哀怨凄苦,左右聞者感動之。時當路者慚悔甚,即回馬入朝,非時請對,曲爲論雪之"。宰相對皇帝説:"有妻張氏,即齊王之女,詣臣馬前號訴。"[5]顯然,五代時宰相進出朝廷的主要方式是騎馬。

高級官員們上下班,都是騎着馬。劉晏"每入朝乘馬,則爲鞭算",他"馬取穩健,不務毛色"[6],説明他在平時生活中挑選馬匹以實用爲主。柳仲郢在路上遇見張正甫,"去蓋下馬而拜"。仲郢的父親是柳公綽,平時與張正甫關係很好,張正甫認爲仲郢對他行禮太過,而柳公綽不這樣認爲,他説:"張尚書與公綽往還,欲使兒子於街市騎馬衝公綽耶?"[7]可見,在京城的街道裏,官員們來往都是騎着高頭大馬。京兆尹薛元賞曾經拜謁宰相李石於私第,"故事:百僚將至宰相

1 趙彦衛:《雲麓漫鈔》卷四,第六編第四册,第139~140頁。

2 王讜:《唐語林》卷四《企羡》,第三編第二册,第150頁。

3 王得臣:《麈史》卷上《任人》,第一編第十册,第12頁。

4 錢易:《南部新書》卷戊,第一編第四册,第57頁。

5 張齊賢:《洛陽搢紳舊聞記》卷二《李少師賢妻》,第一編第二册,第164頁。

6 王讜:《唐語林》卷二《政事下》,第三編第二册,第52頁。

7 王讜:《唐語林》卷二《方正》,第三編第二册,第84頁。

宅,前驅不復呵。元賞下馬,石未之知”[1]。因爲没有弄出響聲,薛元賞下馬後走進宅子,李石竟然一無所知。再如韋夏卿退朝後,“於街中逢再從弟執誼,從弟渠牟、丹”,三人都是郎官,“簇馬久之”[2],幾個人騎着馬一起談了會兒話。

再如張杰夫“自襄州從事至京,失馬”。由於臺中三院有不少人是張杰夫的親友,因而大家提出籌錢爲他再買一匹馬。其時“同列或有郤,不肯署字”,權範一個人先簽名,對衆人説:“某向不與張熟,但聞其在窮喪馬,正當求禄求知之際,不可使徒行。且一千何足爲輕重?”[3]權範的意思是張杰夫平時來往都要靠馬,他的生活不寬裕,所以我們要救人於急難之中,一匹馬一千錢,這點忙我們總要幫一下的。官員家裏通常都會有馬廄,飼養馬匹,如歸登,“嘗使僮飼馬,馬踶僮,僮怒擊折馬足,登知而不責”[4]。

騎馬的官員進出皇城門,不必下馬,但他的跟班是必須下馬的,這是要表達一種尊重之意。宋人談道:“國朝舊制,文臣京官方許乘馬出入皇城門,其幕職官以下悉自門外步行入。”[5]這裏當然是指宋朝的情況,估計唐代亦是如此。

騎馬爲官員們的來往提供了方便,同時亦是一種身份的象徵。不過馬畢竟是一種動物,平日裏馴養有素,但難免有時會不聽話,若碰到意外的情況馬受到驚嚇,騎在上面的官員就慘了。杜彦林爲朝官,“一日,馬驚蹶倒,踏鐙既深,抽脚不出,爲馬拖行,一步一踏,以至於卒”。文官手無縛鷄之力,在馬背上時突發緊急情況,根本没法處理,無奈丢掉了性命。再如杜審權弟杜延美,到朝中去上班,“乘馬入門,爲門楣所軋,項頸低曲,伸脰前引,肩高於頂,乃一生之疾也”[6]。騎馬上班還真是有一些風險。

一些有一定社會地位的人,往往以馬作爲交通工具。唐會昌中,河東大旱,狄惟謙時爲晋陽令,多次在晋祠祈禱無果。有位“女巫郭者,攻符術厭勝之道。

1　王讜:《唐語林》卷三《方正》,第三編第二册,第 86 頁。

2　王讜:《唐語林》卷三《識鑒》,第三編第二册,第 104 頁;錢易:《南部新書》卷丁,第一編第四册,第 39 頁。

3　王讜:《唐語林》卷一《政事上》,第三編第二册,第 37 頁。

4　孔平仲:《續世説》卷三《雅量》,第二編第五册,第 54 頁。

5　王得臣:《麈史》卷上《禮儀》,第一編第十册,第 15 頁。

6　孫光憲:《北夢瑣言》卷一〇《非意致禍》,第一編第一册,第 124~125 頁。

有監軍携至京師，因緣出入宫掖。其後歸，遂號'天師'"。於是把女天師請來，"惟謙具幡蓋，迎自私室，躬爲控馬。既至祠所，盛設供帳飲饌"。這位女巫由於出入宫掖，有較高的社會地位，從京師被請到河東，是騎馬出行的。後來祈禱失敗，女巫"乃驟索馬入州宅"，她來來往往全是騎馬。[1]

社會上亦有很多普通人是騎馬來往的。如江東有一客，"常乘一馬，頗有至性。客常於飲處醉甚，獨乘馬，至半路沉醉，從馬上倚着一樹而睡，久不動，直至五更。客奴尋覓，方始扶策，而馬當時倒地，久乃能起，病十餘日方愈。此人無何以馬賣與宣州館家。經二年，客後得一職，奉使至宣州，知馬在焉，請乘此馬"[2]。這個江東客來來往往，以馬代步。陸象先爲同州刺史，"有家僮遇參軍不下馬，參軍責之，鞭其背見血"[3]，説明家僮亦是騎馬來往。唐代舉子來往京城，往往騎馬乘車，所以到咸通末年，宰相覺得舉人乘馬實在不像樣子，"奏請進士并乘驢。鄭光業軀幹偉大，或嘲之曰：'今年敕下盡騎驢，短轡長鞦滿九衢。清瘦兒郎猶自可，就中愁殺鄭昌圖。'"[4]有錢的舉子都是騎馬，到了這個時候想讓他們改騎驢，所以遭到别人的嘲笑。王迪"早負才業，未卜騫翔"，是個低級官員。一天騎着馬在路上行走，結果被兩牛車夾在中間，"馬驚仆而卧，車轍輾靴鼻逾寸而不傷脚指"[5]。南唐殷文圭爲舉子時，"嘗經大澤中，遇大雨震電，僕乘皆踣，文圭安詳如不聞。及至逆旅，從者怪之"[6]。殷文圭到京城考試，帶僕人乘了馬匹，一路風塵，打尖住店。

京城裏的禁軍士兵，都是乘馬的。如憲宗時柳公綽"拜京兆尹，將赴府上，有神策軍小將乘馬不避，公於市中杖殺之"[7]。部隊士兵乘馬，本是常規，禁軍亦是如此。不過因爲在城市内，不是在野外，正常情况下士兵乘馬有很多規定，衝撞京兆尹就意味是十分嚴重的違法行爲。這些禁軍部隊的馬匹，已很少用於

1 王讜：《唐語林》卷一《政事上》，第三編第二册，第 38 頁。

2 李昉：《太平廣記》卷四三五引《原化記》"江東客馬"，第 3538 頁。

3 王讜：《唐語林》卷三《雅量》，第三編第二册，第 100 頁。

4 文瑩：《湘山野録》附録，第一編第六册，第 79 頁。又錢易：《南部新書》卷戊（第一編第四册，第 53 頁）云："咸通中，舉子乘馬，惟張喬跨驢。後敕下不許騎馬。故鄭昌圖肥，是有嘲咏。"

5 孫光憲：《北夢瑣言》卷一〇《王迪車輾》，第一編第一册，第 127 頁。

6 佚名：《江南餘載》卷下，第一編第二册，第 251 頁。

7 王讜：《唐語林》卷三《方正》，第三編第二册，第 84 頁。

實際的戰争,而是講究動作的規範和一致。五代時後周先帝柴榮命内臣李廷玉賜馬予南平王高季興,并且問他喜歡什麽樣的馬。高季興説:"良馬千萬無一,若駿者即可得而選。苟要坐下坦穩,免勞控制,唯騸庶幾也。既免蹄嚙,不假銜枚,兩軍列陣,萬騎如一。苟未經騸,亂氣狡憤,介胄在身,與馬争力,罄控不暇,安能左旋右抽,捨轡揮兵乎?"所以從此以後,"江南蜀馬,往往學騸,甚便乘跨。是知蹬蹀者誇於目,馴柔者便於身。"[1] 這些馬主要是以騎乘爲主,不是爲了戰場上使用。

不過,馬在南方并不是很多,所以使用相對較少。比如南唐建立後,"國中無馬,歲與劉鋹市易。太祖既下嶺南,市易遂罷,馬益艱得。惟每歲入貢,得賜馬百餘匹耳。朝廷未悉其有無也"。北宋統一南方,出兵南伐,李煜"遣兵出戰,騎兵纔三百"。這支騎兵部隊至瓜洲,盡爲曹彬部下俘獲,"驗其馬,尚有印文,然後知其爲朝廷所賜也"[2]。因此,在南方馬作爲一般交通工具其實是很少見的。至北宋,南方無馬的現象更加突出。蘇轍爲績溪令時,"適有朝旨,江南諸郡市廣西戰馬。江東素乏馬,每縣雖不過十餘匹,而諸縣括民馬,吏緣爲奸,有馬之家爲之騷然"[3]。亦就是説,南方馬匹極少。這雖然是宋朝的情形,用來參考唐朝,應當是大同小异。

馬能够在短時期内跑得很快,公務中人們常常會利用馬的這一特性,但在一般的實際交通中,跑馬是没有必要的,相反在城市裹跑馬會擾亂社會秩序,所以政府禁止無故走馬。郭子儀在河中,就曾"禁無故走馬,犯者死"。結果"南陽夫人乳母之子抵禁,都虞候杖殺之。諸子泣訴虞候縱横之狀,公叱而遣之"[4]。這位跑馬者覺得自己是南陽夫人乳母的兒子,與郭子儀的關係比較特殊,所以就得意忘形地跑馬,結果遭到杖殺。

現實生活裹大量使用馬作爲交通工具,在文學作品中亦有所反映。如楊收被軍容楊玄价害死。某天楊收的一個兒子"見收乘白馬,臂朱弓、彤矢,有朱衣

1 孫光憲:《北夢瑣言》卷一〇《非意致禍》,第一編第一册,第125頁。

2 曾敏行:《獨醒雜志》卷一,第四編第五册,第124頁。

3 蘇轍:《龍川略志》卷四《江東諸縣括民馬》,第一編第九册,第273頁。

4 王讜:《唐語林》卷三《方正》,第三編第二册,第80頁。

天吏控馬,曰:‘上帝許我仇楊玄价,我射中之必死。’”[1]作品裏的鬼亦是乘白馬在飛奔,這實際上是現實生活的一種反映。

正因爲馬是特别重要的交通工具,馬的作用比較突出,占有馬匹實際上是一個人社會地位的象徵,表示他有較高的政治地位和經濟實力,所以有人以占有馬匹爲樂。如王昶,“傾金錢市名馬,凡得五疋,各有位號,曰金鞍使者、千里將軍、致遠侯、渥洼郎、驥國公”[2]。王昶用所有的錢買來了五匹馬,分别給它們使者、將軍、侯、郎和國公的稱號,這種奢侈性地占有馬匹,反映了馬匹在交通中的重要地位。安彦威長子安守忠,家中常養着數十個食客。在洛陽,守忠“畜馬數十匹,有時欲出,左右以後槽無馬對。守忠驚問之,對曰:‘早來被一隊措大亂騎去也。’蓋食客不量去就,各乘之而出矣”。因爲安彦威爲後唐、後晋高官,所以家裏有錢,安守忠能“廣延儒士,厚以衣食奉之”[3],衹有這種具有較高社會地位和較好家庭經濟條件的人纔能養馬數十匹。

3.驢與牛

驢亦是一種重要的交通工具。驢跑得没有馬快,但馬匹不足時,驢的價值就體現了出來。李夷簡爲鄭縣丞時,朱泚涇師之亂,有一位使者“走驢東去甚急”,李夷簡看到了,對刺史説:“聞京城有故,此使必非朝命,請執問。”抓住一問,原來是朱泚派到盧龍鎮朱滔處的使者[4]。從京師到盧龍,派出的使者是乘驢而行,説明驢作爲遠距離交通工具是十分實用的。李泌在離洛陽數十里遠的河清縣,“騎驢入洛,至中橋南,遇大尹避道,驢驚逸而走”[5]。洛陽留守的馬車隊伍浩浩蕩蕩,李泌所騎驢受驚亂跑。像這種數十里遠的交通,人們亦常是騎驢來往。

城市交通中使用驢亦是很多見的。劉栖楚爲京兆尹,追捕京城惡少及屠沽商販挂名在諸軍的罪犯,“坊市奸偷宿猾屏迹”,社會治安良好。有一位儒生入

1 錢易:《南部新書》卷戊,第一編第四册,第56頁。

2 陶穀:《清异録》卷上《獸名門》“金鞍使者”,第一編第二册,第58頁。

3 張齊賢:《洛陽搢紳舊聞記》卷四《安中令大度》,第一編第二册,第183~184頁。

4 王讜:《唐語林》卷三《識鑒》,第三編第二册,第110頁。

5 王讜:《唐語林》卷六《補遺》,第三編第二册,第219頁。

市,"市内有一軍人,乘醉誤突生驢過,旁諸少年噪曰:'痴男子,尚敢近衣冠也!'"[1]在城市的日常生活中,儒生以驢作爲交通工具。儒生在時人眼裏是衣冠,有比較高的社會地位,因而騎驢是當時上層社會采用的一種交通方式。再如韋丹在洛陽,"嘗至中橋,見數百人喧集水濱,乃漁者網得大黿,繫之橋柱"。韋丹不忍心,就問這黿"幾錢可贖",人家回答是"五千"。韋丹説:"吾驢直三千,可乎?"他將驢給漁者後,放黿於水,自己"徒步而歸"[2]。可知韋丹是騎了驢在城市中來往。從這些例子可以看出,城市中用驢作爲交通工具,在當時是十分普遍的。

民間交通來往騎驢或乘驢車比較普遍。唐宣宗微服私訪時,亦是乘驢轉悠,其主要的好處是不爲人們注目,便於僞裝成普通人。盧沆科舉考試前,"曾於滻水逆旅遇宣宗皇帝微行"。宣宗拿了盧沆的詩卷"袖之,乘驢而去"[3]。

相對而言,驢是在馬匹缺乏情况下的代用品,所以普通人騎驢似乎更爲多見。唐玄宗時,"苗晋卿困於科舉。一年,似得復落。春時,携酒乘驢出都門,藉草而眠"。[4] 唐德宗出幸奉天,竇易直方舉進士,"亦隨駕西行。乘一蹇驢至開遠門,路隘,門將闔,公懼勢不可進,聞一人叱驢,兼箠其後,得疾馳而出"[5]。向拱年輕時仕途不順,衹能赴各地就職。後來到河東,碰到了常侍中右職郭勛,時爲"石會關鎮遏使兼主關市"。郭對向拱説:"今盗賊滿路,公引一小僮,策兩驢,觀君鮮衣美儀貌,不類貧約者,此去畏塗,非利往矣。"後前行,三十餘里不到,遇群盗數十人,於是"直詣賊所",對强盗説:"某從職軍將,失主無托,今往河東,欲投事。一僮兩驢、隨身衣裝、一兩貫盤纏外,更無財物。"因爲與强盗關係處理得很好,"一盗齎銀一挺,牽一馬至,素鞍勒全,盗魁曰:'僕射無馬,聊代步爾。銀到河東,充茶湯之費。'向皆納之,得結盟而退。"[6]强盗爲他找到一馬,鞍勒齊全。爲什麽會這樣的呢?主要還是反映了人們現實中的想法,認爲馬比驢在交

1　王讜:《唐語林》卷一《政事上》,第三編第二册,第37頁。

2　王讜:《唐語林》卷三《雅量》,第三編第二册,第101頁。

3　孫光憲:《北夢瑣言》卷八《盧沆遇宣宗私行》,第一編第一册,第103頁。

4　王讜:《唐語林》卷六《補遺》,第三編第二册,第221頁。

5　王讜:《唐語林》卷六《補遺》,第三編第二册,第220頁。

6　張齊賢:《洛陽搢紳舊聞記》卷三《向中令徙義》,第一編第二册,第172~173頁。

通中更加實用,既速度快,又馱載的東西多。

裴度年輕時"羈寓洛中,嘗乘驢入皇城,上天津橋"。"有僕携書囊後行,相去稍遠","其秋東府鄉薦,明年登第"[1]。舉子們未中舉時,還没發迹,在京城中多以驢作爲交通工具。至五代,一行脚僧驚嚇了舉子乘的驢,"舉子不忿",僧曰:"麻衣鬼,着汝何時會林?"舉子揚起鞭子説:"鉢盂精,且理會取養命圓。"[2]舉子騎着驢,手拿鞭子行走在城市中,不曾想受到僧人的影響,所以兩人對罵起來。

一些社會地位不是很高的人亦常見騎驢來往。唐德宗初登勤政樓,"望見一人,衣緑乘驢戴帽,至樓下,仰視久之,俯而東去。上立遣宣示京尹,令以物色求之"。後來在春明門外數里内,"應有諸司舊職事伎藝人,悉搜羅之,而緑衣果在其中"。問他是什麽人,緑衣人説:"某天寶舊樂工也。"[3]教坊樂工,身份較低,但交通來往可以騎驢。王沐是宰相王涯的再從弟,"家於江南,老且窮"。後來因爲王涯做了宰相,就"騎驢至京師,三十日始得見涯,所望不過一簿尉耳"[4]。落魄的王沐,騎着一驢,從江南來到京城。再如李宗閔的門生韋楚老,"自左拾遺辭官東歸,居於金陵。常乘驢經市中,貌陋而服衣布袍,群兒陋之"[5]。從上述資料來看,驢在南方地區亦是重要的交通工具,一些經濟條件不太好或社會地位不是很高的人,騎驢是他們較爲常見的交通方式。

此外還有乘牛的。隋末,李密曾"乘一黄牛,被以蒲韉",將《漢書》一帙挂於角上。他"一手捉牛靷,一手翻《漢書》。尚書令越國公見於道,從後按轡躡之"。追上後問他:"何處書生,耽學如此?"李密認出是楊素,"乃下牛再拜,自言姓名"[6]。牛行走的速度較慢,一般用來拉車或馱載,像這種乘牛的情況,估計是距離不太遠,而且是社會底層人士没有馬、驢的變通辦法。

---

1 王讜:《唐語林》卷六《補遺》,第三編第二册,第 223 頁。

2 陶穀:《清异録》卷上《釋族門》"鉢盂精",第一編第二册,第 29 頁。

3 王讜:《唐語林》卷四《傷逝》,第三編第二册,第 151 頁。

4 王讜:《唐語林》卷六《補遺》,第三編第二册,第 236 頁。

5 王讜:《唐語林》卷七《補遺》,第三編第二册,第 257 頁。

6 孔平仲:《續世説》卷五《賞譽》,第二編第五册,第 79 頁。

4.船隻

城市中的另一主要交通工具是小型的船隻。《唐國史補》卷下云:"凡東南郡邑無不通水,故天下貨利,舟楫居多。"[1]説明船是南方人的重要交通工具。江南的一些城市,如蘇州,河流縱横,"城中有大河,三横四直","郡郭三百餘巷"[2],城内的交通是以河道爲骨架,水陸相鄰,河路并行,所以人們的日常生活與船隻關係緊密。白居易《和夢得夏至憶蘇州呈盧賓客》云:"每家皆有酒,無處不過船。"[3]《登閶門閑望》云:"處處樓前飄管吹,家家門外泊舟航。"[4]閶門内的皋橋,船隻聚集,白居易《憶舊游》詩有"皋橋夕鬧船舫迴"[5]之句。白居易還建造了一艘小船,方便自己來往,《小舫》詩云:"小舫一艘新造了,輕裝梁柱庳安篷。深坊静岸游應遍,淺水低橋去盡通。"[6]張繼亦談到蘇州城市交通使用船隻的情况:"耕夫召募逐樓船,春草青青萬頃田。試上吴門窺郡郭,清明幾處有新烟。"[7]再如湖州城内,情況大體與蘇州相同。《嘉泰吴興志》對湖州人的用船作過介紹:"郡爲澤國,動須舟楫之利,大者至數百千斛,輕檻華麗,率用撐駕,小者僅進三五人,人用一楫,出没波濤,最爲輕快。《舊編》云:安吉水多湍瀨,舟皆刳木爲之,有太古制。長興之舟皆短後。又有販鮮魚小舟,不及百斛,用四五櫓者。"[8]船隻與日常交通生活緊密相關。

至於長途交通以及商人長途裝載貨物運輸,既用車又用船,但船舶裝載的貨物量大,所以商人使用得更多。不過船舶交通有很大的缺點,就是水路有風浪,比較危險。五代時有位盧延貴,爲宣州安仁場官,"赴職中途阻風,泊舟江次數日。因登岸閑步,不覺行遠"。他在江邊散步的時候,碰到一人,此人自言道:"我商賈也,頃歲漂舟,至此遇風,舉家没溺,而身獨得就岸。"[9]到外地任官乘

1 李肇:《唐國史補》卷下,《唐五代筆記小説大觀》,第198頁。
2 陸廣微:《吴地記》,江蘇古籍出版社,1999年,第111頁。
3 白居易:《白居易集》外集卷上詩詞,第1517~1518頁。
4 白居易:《白居易集》外集卷上卷二四,第533頁。
5 白居易:《白居易集》外集卷上卷二一,第475頁。
6 白居易:《白居易集》外集卷上卷二四,第541頁。
7 彭定求:《全唐詩》卷二四二張繼《閶門即事》,第2721頁。
8 談鑰:《嘉泰吴興志》卷一八《事物雜志》,第4843頁。
9 徐鉉:《稽神録》拾遺《盧延貴》,第118~119頁。

船,在外地采購貨物亦是用船。南方很多地區,水路交通比較發達,由於河道縱横,陸路反而比較難走。如蘇州至昆山縣有六十里遠,“皆淺水無陸途,民頗病涉。久欲爲長堤,但蘇州皆澤國,無處求土”[1],因而水路交通反而更爲方便。

5.晚上和雨天交通

如果事情緊急,白天行走還不够,必須利用夜間。李德誠爲潤州刺史,“秉燭夜出揚州,遥見,謂有變,立命親兵千餘人渡江”[2]。夜間水陸路交通,通過秉燭照明出行。有些船可以晚上航行。宋人談道:“夜航船,唯浙西有之,然其名舊矣。古樂府有《夜航船》之曲。皮日休答陸龜蒙詩云:‘明朝有物充君信,櫑酒三瓶寄夜航。’”[3]這種夜間航行的船可能唐朝之前在浙西地區就已出現,因爲浙西地區河道較爲平坦而且寬闊,水面落差不大,所以夜間船能航行。夜間船隻航行,會涉及照明的問題。五代蜀國王衍從彩山到其宫内,挖了一管道,“衍乘醉夜下彩山,即泛小龍舟於渠中,使宫人乘短畫船,倒執炬蠟千餘條,逆照水面,以迎其船,歌樂之聲沸於渠上”[4]。王衍和宫人乘在畫船上,執炬前行,雖然這是一種特殊的形式,并不是真正的日常交通,而且是在城市中,但可以看到人們夜間乘船來往,點燃蠟燭前行。

雨天交通,雖然交通工具依舊,但坐在車馬上的人要披上油衣,纔能行動。孔拯爲補遺時,“朝回遇雨,不賫油衣,乃避雨於坊叟之廡下”。這户人家見雨越下越大,已經過了吃飯的時間,想想孔拯肯定要餓,就讓他進屋。孔拯“慚謝之,且借油衣。叟曰:‘某寒不出,熱不出,風不出,雨不出,未嘗置油衣。然已令鋪上取去,可以供借也。’”[5]雨天外出,一般都是穿着油衣。這户人家的家裏没有油衣,但知道京城哪個鋪上有油衣出售。不過唐代的油衣製作技術畢竟不是很高,經常漏雨。唐高宗出獵,“在途遇雨”,於是問手底下的人説:“油衣若爲得不漏?”反過來可以説明,就是皇帝穿的油衣亦會發生漏雨的現象。當時谷那律嘲

1 沈括:《夢溪筆談》卷一三,第二編第三册,第108頁。

2 陳彭年:《江南别録》,第一編第四册,第199頁。

3 龔明之:《中吴紀聞》卷四《夜航船》,第三編第七册,第238~239頁。

4 佚名:《五國故事》卷上,第一編第三册,第243頁。

5 孫光憲:《北夢瑣言》卷一〇《孔侍郎借油衣》,第一編第一册,第120頁。

諷高宗雨天畋獵,說:“能以瓦爲之,必不漏矣。”[1]意謂當時的油衣或多或少是會漏雨的。

有人出外來往時怕太陽曬,就打起了陽傘。宋人談到唐至五代和宋初,“京師皆不禁打傘”[2],“京城士人舊通用青凉傘”[3]。當然到了宋代,打傘外出成了官員的一種禮儀,要按級别纔能打傘。南唐有位軍使蘇建雄,有别墅在毗陵,所以常派自己手底下的李誠“來往檢事”。後周顯德二年(955年)六月,“誠自墅中回。至句容縣西,時盛暑赫日,持傘自覆”,用傘來遮太陽。之後突然颳起大風,“飛沙拔木,捲其傘蓋而去,惟持傘柄行數十步”[4],這時的傘用來防雨,所以傘常常是可以兩用。

(二)交通設施和綫路

交通發展的另一個表現是唐五代時政府在全國範圍内系統地建立了館驛制度。由於當時人們的交通工具主要是馬車和船隻,速度比較緩慢,花費在路上的時間比較漫長,沿途設立館驛客舍爲人們提供食宿就顯得十分有必要。其時政府在全國範圍内建立起館驛制度。與前代相比,驛館數量大大增加,管理有較大改進,完整的官方交通網絡已經建立起來,極大方便了官方人員的來往,促進了行政措施的有效實施。

館驛交通是中央政府有效控制地方的一項重要制度。《唐六典》卷五兵部駕部郎中員外郎云:“凡三十里一驛,天下凡一千六百三十有九所。二百六十所水驛,一千二百九十七所陸驛,八十六所水陸相兼。若地勢險阻及須依水草,不必三十里。”[5]驛是一種非常便利的交通設施,“殊俗入朝者……乘傳者日四驛,乘驛者六驛”。駕部郎中具體管理車乘、傳驛,各個品級的官員給傳乘者都有相應規定[6]。驛的功能主要有傳遞各級公文、傳遞軍情報告、官員赴任、官員出使地方、追捕罪犯、

1 孔平仲:《續世説》卷三《箴規》,第二編第五册,第60頁。

2 葉夢得:《石林燕語》卷三,第二編第十册,第48頁。

3 葉夢得:《石林燕語》卷七,第二編第十册,第99頁。

4 徐鉉:《稽神録》卷一《李誠》,第5頁。

5 李林甫等:《唐六典》卷五“駕部郎中郎員外郎”條,中華書局,1992年,第163頁。

6 歐陽修、宋祁:《新唐書》卷四六《百官志一》,第1196、1198頁。

押送犯人、貢品運輸等衆多方面[1]。驛的數量,不同時期亦有增減,《通典》卷三三《職官一五·鄉官》云唐時有驛一千五百八十七個,而《新唐書》與《唐六典》的記載相同。除驛外,唐政府還有館的制度,"其非通途大路則曰館"。意謂驛設在主要交通大道上,而館設在支綫上。館和驛的區别,表現在"館無遞畜,僅是供食宿的機構,并不是與驛并行的有交通工具的組織","是車牛及傳送馬驢食宿之地","交通綫上每三十里置一館,爲日行三十里的車牛食宿處,當是館設置的主要目的"。[2] 館實際上是官方設立的招待所,招待的對象自然主要是政府官員及其眷屬。

宋人筆記中,有很多資料談到了官方驛站制度和官方的館。比如談到五代時,漳州蘇氏子得病,"既寤,但連呼:'遞鋪,遞鋪!'家人莫之測。乃其日去家十里,有驛吏手持官文書,死於道傍。初,南中驛路,二十里至(立)一遞鋪,(驛)吏持符牒以次傳授,欲近前鋪,輒連呼以警之"[3]。從這段記述來看,沿海的漳州、泉州地區,有着完善的館驛制度,每二十里一驛,即使在五代時期,館驛制度在官方的交通上仍然發揮着重要的作用。而江西地區亦有十分完善的館驛管理制度:"甲午歲,江西館驛巡官黄極子婦生男子。"[4] 甲午歲爲934年,其時官方有專門的官員負責館驛的日常運行,説明江西地區的館驛在交通上仍然發揮着重要作用。

唐五代從中央到地方,官方公務活動的人員來往是可以住驛站和各種公館的。如梁太祖朱温爲了厚待到京城求職做官的舉子,"特帳設賓館,賜之衣服錢物,待之甚厚。福建人徐夤下第,獻《過梁郊賦》,梁祖覽而器重之,……遂留於賓館,厚禮待之"[5]。由於十分重視館驛建設,各地都有系統的館驛制度,政府人員往來十分暢達,政令都能及時地通達到各地。宋人引《唐國史補》卷下談道:"江南有驛官,以幹事自任,白刺史曰:'驛中已理,請一閲之。'初至爲酒庫,

1 劉廣生、趙梅莊:《中國古代郵驛史》,人民郵電出版社,1999年,第227~229頁。

2 李錦綉:《唐代制度史略論稿》,中國政法大學出版社,1998年,第352~353頁。

3 徐鉉:《稽神録》卷三《陳寨》,第57~58頁。四庫本《稽神録》"至"作"立","吏"前有一"驛"字,似更爲合適,加括號補充在引文中。

4 徐鉉:《稽神録》卷四《黄極》,第67頁。

5 張齊賢:《洛陽搢紳舊聞記》卷一《梁太祖優待文士》,第一編第二册,第149~150頁。

諸醞畢熟,其外畫神,問:‘何也?’曰:‘杜康。’刺史曰:‘公有餘也。’一室曰茶庫也,諸茗畢貯,復有神,問:‘何也?’曰:‘陸鴻漸。’刺史益喜。又一室菹庫,諸菹畢備,復有神,問:‘何也?’曰:‘蔡伯喈。’”[1]館驛巡官之類的官員主要負責驛站暢通,要對驛站設施進行維護。上文提及的這位驛官在驛站準備了專門的庫房儲藏酒、茶、飲食,供各地官員路過時前來消費。一些没有驛路的行政機構,有專門的館招待前來的官方人員。如軍將陳守規"嘗坐法流信州,寓止公館。館素凶,守規始至,即鬼物晝見"[2]。陳守規衹是個軍將,而且違犯了法律,但依當時的規定是可以住在公館中的。

唐代的交通路綫四通八達,宋人的筆記中不可能詳細系統地記載當時有哪些交通路綫,亦不可能記述這些路綫的走向,但零星的記録中仍可看出當時交通路綫的暢通情況。

筆記中記録的海上交通綫路較多。李勉在汴州時,"有异骨一節,可爲硯。南海時得於海商,云是蜈蚣脊骨"[3]。東南沿海活躍着大量的海商。海商的來往,自然是依賴於海上航綫的通暢。

五代南唐因爲東靠大海,中有長江,與别國的海上聯繫十分頻繁。南唐内臣朱廷禹談道:"其所親泛海遇風,舟將覆者數矣。海師云:‘此海神有所求,即取舟中所載,弃之水中。’"[4]雖然這裏没説通過海路到達的是國外還是國内沿海,但可以看到通過海路交通南來北往是十分平常的,熟練掌握舟船航行規律的人被稱爲海師。"南海嘗貢奇物,有薔薇水、龍腦漿。薔薇水清泚郁烈,龍腦漿補益男子。"這些外國船將國外的貨物運到南唐,南唐君臣十分喜歡,"上寶惜之,每以龍腦漿調酒服之,香氣連日不絶於口,亦以賜近臣"[5]。薔薇水、龍腦漿之類的物品,來自南亞和阿拉伯地區,顯然這類船隻是沿我國南部海岸進入長江來到金陵的。至於南唐船隻出長江口後往東北偏到朝鮮半島,這樣的事例就更爲多見。如南唐張僚使高麗,回來後他將看到的事情都記録下來,説:"麗多

1 王讜:《唐語林》卷八《補遺》,第三編第二册,第 294 頁。

2 徐鉉:《稽神録》卷三《陳守規》,第 42 頁。

3 李石:《續博物志》卷一〇,第四編第四册,第 221 頁。

4 徐鉉:《稽神録》卷六《朱廷禹》,第 96 頁。

5 吴淑:《江淮异人録·耿先生》,第八編第七册,第 147 頁。

銅,田家饁具皆銅爲之。有温器名服席,狀如中國之鐺,其底方,其蓋圓,可容七八升。”[1]因爲與南唐的器物不一樣,所以進行了詳細記録。南唐的章僚將自己出使的經過和看到的景象寫成了《海外行程記》,因爲書中談到保大初徐弼出使事,宋代程大昌推測是李後主末年的書。程大昌説:“僚之使也,會女真獻馬於麗,其人僅百餘輩,在市商物價不相中,輒引弓擬之,人莫敢向,則其凶悍有素,麗不能誰何矣。”女真人亦在高麗,所以章僚記録了他們的凶狠狀況。南唐使者海上的交通綫路是怎樣的呢?程大昌記録了章僚書中的描繪:“今觀僚所書,水程乃自海、萊二州,須得西南風乃行。則麗地之與中國對者,已在山東之東矣。而麗之屬郡有康州者,又在麗南五千里,乃與明州相對。”[2]他的意思是,當時的使者一般而言是沿海岸北上,到達山東半島的海、萊一綫時往正東方向,即可到達高麗。亦有可能是從明州往東北,直接到達朝鮮半島的最南端康州,再經陸路向北。

宋代筆記中談到了唐朝廣州和印度的交通。韓愈有《上廣帥詩》説:“上日馬人來。”什麽叫馬人?程大昌認爲典出《傳燈録》,説:“富那夜奢昔爲毗舍利國王,其國有一類人如馬倮露,王運神力分身爲蠶,彼乃得衣。王後復生中印度,馬人感戀悲鳴,因號馬鳴大士。”所以程大昌指出:“中印度在西域,西域地與廣近,豈唐時嘗有中印度人來至廣境耶?退之與佛异趣,而此馬人乃出佛典,當是佛教已通中國,馬人已來,亦同民庶赴上日衙集耶?故退之得而記之也。”[3]他根據韓愈詩句中的一個典故,推測出中印度與唐朝廣州之間有海上通道。

内河航行更加暢達。如五代時,“烏江縣令朱元吉言:其所知泛舟至采石,遇風,同行者數舟皆没”[4]。長江航道貫穿東西,是唐五代南方地區重要的生命綫、交通的大動脉。南方租賦往北運送,都是先通過長江再選擇泝漢水或沿大運河北上。長江是重要的出海航綫,内陸經長江折向南北沿海地區的交通十分重要。不過長江江面較寬,遇到風浪,容易翻船,朱元吉談到的采石段交通,就

1 程大昌:《演繁露》卷一《服匿 刁斗 斯羅》,第四編第八册,第147~148頁。

2 程大昌:《演繁露續集》卷一《高麗境望》,第四編第九册,第174~175頁。此條中談到的南唐“章僚”,與《演繁露》卷一《服匿 刁斗 斯羅》條中談到的南唐出使高麗的“張僚”,疑爲同一人。

3 程大昌:《演繁露》卷七《馬人》,第四編第九册,第21頁。

4 徐鉉:《稽神録》卷六《朱元吉》,第101頁。

是常出現事故的一段航道。再如盧延貴五代時爲宣州安仁場官。“赴職中途阻風,泊舟江次數日”。他碰到一人,此人自言:“我商賈也,頃歲漂舟,至此遇風,舉家没溺,而身獨得就岸。”[1]同樣是這段長江航道,常有商人翻船的事情發生,盧延貴的船因爲風浪很大,停在江邊已經數天。

四、逆旅

在宋代的筆記小説中,有大量民間人員來往交流時居住在逆旅中的資料,這些記録十分具體,有助於我們對交通逆旅設施的瞭解。

隨着社會活動的頻繁,唐五代出現了許多私人經辦的供來往客人飲食住宿的場所,旅行、經商、任官、赴京考試、僧道雲游和過往路人都可以借宿入住。這種住宿場所在唐五代有衆多名稱,如逆旅、客舍、旅舍、店、候館、路寢等[2]。

城市中有大量的逆旅,爲到城市裏來辦事的人員提供食宿。唐末李漢雄,曾爲欽州刺史。天祐年間游浙西,“既見府公,厚待之,留旬日,未得遽去。一日,晚出逆旅,四顧而嘆”[3]。這個逆旅應該在浙西道治所潤州城内。一位“貌甚端雅”的少年,與虔州將校鍾某一起來到廣陵,“同舍於逆旅”[4]。開設在城市裏的逆旅一般位於熱鬧地段。五代時鄂州小將奉使至廣陵,“舍於逆旅。見一婦人賣花”[5]。廣陵城中的逆旅,爲了吸引客人,應該開設於較爲繁華的地段,因爲有女人賣花,必是人員流動較大的地方。不少逆旅很有可能是開設在市中,主要是爲了解決市内經商者的住宿。李紳在淮南時,有個宣州崔巡官與他有同年之舊,特地前來拜謁。崔巡官“纔到客舍,不意家僕與市人有競”。於是

1 徐鉉:《稽神録》拾遺《盧延貴》,第118~119頁。

2 關於唐代的旅店業,一些學者已有所研究,對唐代旅店的分類和基本功能有初步的討論。可參林立平《唐宋之際城市旅店業初探》,《暨南學報》1993年第2期,第82~90、149頁;歐陽輝《唐代民間旅店業述論》,江西師範大學2007年碩士論文;冉海問《唐代的旅館業》,山東大學2008年碩士論文。

3 徐鉉:《稽神録》拾遺《李漢雄》,第122頁。

4 吴淑:《江淮异人録·虔州少年》,第八編第七册,第156頁。

5 徐鉉:《稽神録》再補《鄂州小將》,第146頁。

李紳"下其僕與市人,皆抵極法"[1]。南唐李後主時,有"客舍市邸"[2],旅舍設在金陵城内的市中。五代時洛陽通利坊逆旅是個比較有名的旅館,在張齊賢《洛陽搢紳舊聞記》中多次提到。書中提到萬州白讓廷"屢游行於鄽市中",後與人到通利坊逆旅中尋找一位劍客[3]。

軍鎮占據交通要道,是人員來往的必經之地,軍鎮中開設有逆旅。張武爲廬江道一鎮副將,熱衷於解决行旅的住宿。有一老僧經過該鎮,他對和尚説:"師年老,前店尚遠,今夕止吾廬中可乎?"[4]鎮上是否開設逆旅,這裏没有明言,張武衹説是"吾廬",可能還不是完全意義上以經營爲目的的店。但從鎮到"前店尚遠"來看,鎮上開設逆旅已經有了可能。吴國時,豫章徐善因爲妹妹被軍校强行搶走,所以到都城揚州找皇帝申訴。有人對楊渥説:"江西有秀才徐善,將來見公,今在白沙逆旅矣。其人良士也,且有情事未申。公其厚遇之。"[5]白沙離揚州八十里,時人又稱爲白沙市,市中有酒肆[6]。徐善住宿在白沙鎮的逆旅中,準備第二天進都城。可知軍鎮中除了軍隊,還有老百姓,軍鎮能提供各種民用服務設施,正漸漸向具有經濟功能的市鎮轉化。

如果人口衆多,軍鎮可能會建好幾個逆旅。司馬郊自宣入歙,與道士紹修默同行。道士"先往,至一鎮戍,方息於逆旅,郊續至。修默隱身潛窺之,見郊入别店中,召主人與飲,因而凌辱之"。後司馬郊詐死,"一市皆聚觀,乃召集鄉里,縛其主人,檢尸責詞,將送於州"[7]。這個軍鎮上至少有兩個位於市場中的逆旅。

都城長安周圍地區交通綫路密布,由各地來的道路彙集於此,因而開設了很多逆旅。唐代末年,廬陵新淦人楊彦伯,童子科及第,天復年間"赴選至華陰,

1 王讜:《唐語林》卷四《豪爽》,第三編第二册,第134頁。

2 陳師道:《後山談叢》卷四,第二編第六册,第100頁。

3 張齊賢:《洛陽搢紳舊聞記》卷三《白萬州遇劍客》,第一編第二册,第178頁。

4 徐鉉:《稽神録》拾遺《張武》,第115頁。

5 徐鉉:《稽神録》卷一《徐善》,第13頁。

6 徐鉉:《稽神録》卷四《陶俊》云:"張(曜卿)命守舟於廣陵之江口,因至白沙市中,避雨於酒肆,同立者甚衆。"第59頁。

7 吴淑:《江淮异人録·司馬郊》,第八編第七册,第141頁。

舍於逆旅”[1]。大城市之間的交通要道旁,開設的逆旅衆多。洪州高安人劉騭從都城廣陵過江到毗陵,“晚止逆旅”[2]。劉騭走的路程很有可能是從廣陵乘船,直接往東南方向行數十里,斜向過江,再沿内河到達毗陵。因過江里程較長,一天時間來不及,中間要住逆旅。

農村交通要道旁每隔一定路程,就會開設逆旅。高郵縣醫工王攀,經常從廣陵城到高郵縣當值,走的是水路,從廣陵東水門出發,“至城東常宿之店”。有一天在親友家喝醉了酒,“誤出参佐門,投一村舍宿”[3]。無論是廣陵東水門外的農村,還是参佐門外的農村,都開設有逆旅,爲政府當值者提供住宿。這類逆旅常開設在離大城市不遠的近郊鄉村。如潤州處士某,“安仁義之叛也,郡人惶駭,咸欲奔潰”,他“至城外數十里村店中,見其兄亦在焉”[4]。農村的交通要道旁是有逆旅的,可以方便行旅來往。霍邱令周潔甲辰歲(938年)罷任離職,“客游淮上”。這年鬧饑荒,“時民大饑,逆旅殆絶,投宿無所。升高而望,遥見村落烟火,趨而詣之”[5]。就在這年,由於饑荒,逆旅無法經營下去,所以周潔投宿無所,直接到村落裏借宿。這種開設在鄉間的逆旅,又叫村店,估計規模較小,房間數量較少。即使是群山包圍的農村,亦有逆旅的開設。如聶師道在歙州南部的山中,“嘗與友人同行,至一逆旅,友病熱疾,村中無復醫藥”[6],旅舍開設在山中的小村中。光州檢日官蔣舜卿“行山中”,“宿一所村店”[7]。再如馬舉在蜀地一個“兵後僻路,絶無人烟”的地方,“夜至一館”,住進了簡陋的旅館[8]。

城市中的逆旅爲工商業者提供了較爲低廉的住宿價格,使他們能長時間地在商品市場中從事經營活動。孫光憲在成都“止於逆旅,與賣草藥李山人相熟,見蜀城少年往往欣然而訪李生,仍以善價酬。因詰之,曰媚藥。徵其所用,乃砂

1 徐鉉:《稽神録》拾遺《華陰店嫗》,第113頁。

2 徐鉉:《稽神録》卷三《劉騭》,第50頁。

3 徐鉉:《稽神録》卷三《王攀》,第49頁。

4 吴淑:《江淮异人録·潤州處士》,第八編第七册,第149頁。

5 徐鉉:《稽神録》卷三《周潔》,第40頁。

6 吴淑:《江淮异人録·聶師道》,第八編第七册,第144頁。

7 徐鉉:《稽神録》拾遺《蔣舜卿》,第118頁。

8 徐鉉:《稽神録》拾遺《馬舉》,第128頁。

俘。與陳氏所説,信不虚語。李生亦秘其所傳之法,人不可得也”[1]。賣草藥的李山人與孫光憲在逆旅中認識,而他的生意在成都已很有名氣,因爲他經營着一種提高性功能的草藥,名叫砂俘。再如有一商人借住在大梁逆旅中,“恒賣皂莢百莖於市。其莢豐大,有异於常者。日獲百錢,輒飲而去”。看上去生意做得很熱鬧,所以有一些好事者“乃與同店而宿”[2],想瞭解這個商人是個怎樣的人。商人外出販運,一般住宿在逆旅中。在一些商業發達地區,旅店還十分緊張。曾有“荆楚賈者,與閩商争宿邸”[3],因爲房間不够,兩幫商人又各不相讓,言語刻薄,相互争吵起來。

低級官員辦理公私事情時,亦會住宿在民間逆旅中。李紳在淮南時,與他有同年之舊的宣州崔巡官特地前來拜謁,“纔到客舍,不意家僕與市人有競”。崔巡官自己説:“適憩旅舍,日已遲晚,相公尊重,非時不敢具陳卑禮。伏希哀憐,獲歸鄉里。”[4]他到揚州,本想找李紳叙舊,因爲天色已晚,不便找上門去,衹能自己找個店先住下來。

士子參加科考選舉,出門在外,住在逆旅中。如楊彦伯,“童子科及第。天復辛酉歲,赴選至華陰,舍於逆旅。時京國多難,朝無親識,選事不能如意,亦甚憂悶。會豫章郎吏姓楊,鄉里舊知,同宿於是”[5]。一些進士想獲得仕途上的發展,會長期借住在京城中的逆旅内。比如進士杜荀鶴到大梁,一住數月,想見梁太祖朱温,一直没見到,“雖逾年困躓於逆旅中,寒餓殊甚,主者留之,不令私去”[6]。

農村中的逆旅爲人們的交通來往提供住、食,方便了更多人的出行。如罷任離職的低級官員回家鄉,一路上就得投宿於在道路兩旁的逆旅。如前云霍邱縣令周潔離職回家時,碰巧發生灾荒,“逆旅殆絶,投宿無所”,原來的逆旅全關

1　孫光憲:《北夢瑣言》佚文四《砂俘》,第一編第一册,第 256 頁。
2　徐鉉:《稽神録》拾遺《逆旅客》,第 116~117 頁。
3　陶穀:《清异録》卷上《么麽門》“腹兵”,第一編第二册,第 28 頁。
4　王讜:《唐語林》卷四《豪爽》,第三編第二册,第 134 頁。
5　徐鉉:《稽神録》拾遺《華陰店嫗》,第 113 頁。
6　張齊賢:《洛陽搢紳舊聞記》卷一《梁太祖優待文士》,第一編第二册,第 148 頁。

門了[1]。李漢雄曾爲欽州刺史,罷任後居住在池州。後來他到浙西,見到了府公,"厚待之,留旬日,未得遽去"[2],却没有讓他住進公家的客館,而是居住在逆旅中。這説明前官員、官員的客人,一般都是安排在民間開設的逆旅中居住。農村的村店,條件比較簡陋,有的衹提供住宿,不提供飯食。魯人東野賓王適吴,至盱眙村店,"使僕夫糴米拾薪,俱未來,而馬已脱鞍解絡,飽於芳秀也"[3]。這種村店,生火吃飯要靠客人自己想辦法,馬匹還得靠自己喂養。

僧道雲游四方,一般是投宿寺廟道觀,但當周圍没有寺廟道觀時,就會借住到逆旅中。如豫章逆旅經營者梅氏,每當遇到一些僧道前來住宿,"皆不求直"[4]。一老僧行走在廬江道中,碰到鎮副將張武,張説:"師年老,前店尚遠,今夕止吾廬中可乎?"[5]説明當時的僧人常常借宿於店中。道士與僧人一樣,同樣是借宿於逆旅之中。茅山道士陳某,某年游海陵,"宿於逆旅"[6]。唐末聶師道,"少好道",歙州刺史于濤的兄長"方外爲道士,居於郡南山中,師道往事之"。這位道士"與友人同行,至一逆旅",後來友人在客舍中"病熱疾"[7]。

探親訪友,最方便住宿的地方是逆旅。洪州高安人劉騭因事至都城廣陵,又過江到毗陵去看望姐姐,"晚止逆旅"[8]。人生地不熟,出門辦事就衹能住在逆旅中。由於長期住在逆旅中,所以一些人免不了會在房間内生病,甚至死亡。東蜀涪城人章全啓"出游,殂於逆旅"[9]。住在逆旅中,突然因病離世。

宋代筆記中,對唐五代逆旅的經營者亦有所描述。如提到"漳州逆旅蘇猛,其子病狂,人莫能療,乃往請陳(寨)"[10]。陳寨是泉州晋江的巫師。經營逆旅的蘇猛,兒子生病,請醫生爲兒子多方治療不愈,最後請到這個以禁咒出名的陳

1 徐鉉:《稽神録》卷三《周潔》,第40頁。
2 徐鉉:《稽神録》拾遺《李漢雄》,第122頁。
3 陶穀:《清异録》卷上《獸名門》"四足仙人",第一編第二册,第60頁。
4 徐鉉:《稽神録》卷五《陳師》,第82頁。
5 徐鉉:《稽神録》拾遺《張武》,第115頁。
6 徐鉉:《稽神録》拾遺《茅山道士》,第116頁。
7 吴淑:《江淮异人録·聶師道》,第八編第七册,第144頁。
8 徐鉉:《稽神録》卷三《劉騭》,第50頁。
9 孫光憲:《北夢瑣言》佚文一《章孝子割股煉指》,第一編第一册,第221頁。
10 徐鉉:《稽神録》卷三《陳寨》,第57頁。

寨。治病求醫前後花費肯定不少，説明經營逆旅者家庭經濟狀况是不錯的。再如豫章逆旅經營者梅氏，“頗濟惠行旅，僧道投止，皆不求直”[1]。梅氏優秀的品德自不用多言，但能濟惠行旅，僧道住宿不收錢，説明本身經濟狀况不錯，逆旅經營良好。經營逆旅者一般叫主人，須與住客搞好關係，如陪住客喝酒、爲住客提供各種服務。司馬郊在歙州的逆旅中，“召主人與飲，因而凌辱之”，主人還需陪着笑臉。之後，逆旅主人根據客人司馬郊提出的要求，焚毁他的竹器[2]。

旅館經營者常以老嫗的面目出現。高季興從梁太祖出征，早晨出發，到一個逆旅，還未天亮，老嫗“秉燭開門而迎”[3]。説明逆旅是比較簡陋的，由一個老嫗管理。經營逆旅的老嫗眼觀四方，耳聽八路，知道的事情比較多。華陰逆旅的店嫗“能知方來事”[4]，迎來送往，十分活絡。

逆旅經營的方式是怎樣的？

逆旅是以住宿爲主的一種客館。房間有單人的，亦有雙人合住的。比如茅山道士陳某在海陵宿於一逆旅，“雨雪方甚，有同宿者，身衣單葛，欲與同寢而嫌其垢弊”[5]。這位衣單葛的人和陳某睡在一張鋪上，因而陳某覺得道士的衣服很髒，十分擔憂。像這種合住的房間，兩位并不相識的人是睡同一張鋪上。一位“貌甚端雅”的少年，與鍾姓將校同車來到廣陵，兩人“同舍於逆旅”[6]，應該也是同住一個房間中。

逆旅提供住宿的同時，還提供飲食。如司馬郊一入店，就召主人與飲。[7] 唐初馬周“舍新豐逆旅，主人不之顧。周命酒一斗八升，悠然獨酌”。宋朝王觀國認爲：“馬周窮未遇時，逆旅獨酌，不知何人記此一事。”[8] 他是懷疑誰會記録這則故事，但其實在逆旅中飲酒應是當時普遍的情況，細節如何另當别論，逆旅提供酒食應是基本服務内容。五代末年，張齊賢爲布衣，“偶見群盜十餘人飲食於

1 徐鉉：《稽神録》卷五《陳師》，第 82 頁。

2 吴淑：《江淮异人録・司馬郊》，第八編第七册，第 141 頁。

3 周羽翀：《三楚新録》卷三，第一編第二册，第 130 頁。

4 徐鉉：《稽神録》拾遺《華陰店嫗》，第 113 頁。

5 徐鉉：《稽神録》拾遺《茅山道士》，第 116 頁。

6 吴淑：《江淮异人録・虔州少年》，第八編第七册，第 156 頁。

7 吴淑：《江淮异人録・司馬郊》，第八編第七册，第 141 頁。

8 王觀國：《學林》卷七《馬周杜甫傳》，第四編第二册，第 26 頁。

逆旅之間"。齊賢上前求一醉飽,"乃取大碗,滿酌飲之。一舉而盡,如是者三。又取豚肩,以指分爲數段而啖之,勢若狼虎"[1]。張從恩年輕時生活困苦,曾"行至店,日求匄餘食,夜即宿於逆旅檐下"[2]。

逆旅設施簡陋,客人平常是坐在地上食用。如洛陽通利坊逆旅是大城市中有名的逆旅,白廷讓與人"同詣逆旅中,見五六人席地環坐,中有一人,深目豐眉,紫黑色,黄鬚。廷讓至,黄鬚獨不起"[3]。客人們席地環坐,見到有人來了要起身施禮,説明席地而坐不是臨時性的,應該是大家的習慣。

一些城市中的逆旅還可以寄存貨物。楊凝式的一故舊回家,"行李甚偉"。楊凝式對他説自己很貧窮,這位故舊"仍於通利店内先寄物中,留紬五十匹、絹百匹,書送於楊,請貨易,以略備冬服"[4]。這個洛陽通利坊的旅店可以寄存大量絲織物,同時應該可以提供住宿、吃飯。

鄉村的逆旅屋舍和設施比較簡單。山南步奏官馬舉"間道入蜀",晚上住進了一個旅館。他"聞東廊下有人語聲",説明逆旅可能是呈四合院式,既然有東廊,就有可能還有西廊。聽到有人説:"中堂有床,自往宿去。"顯然四合院往南正中間的房屋全部是客房。馬舉來到中堂,"唯有土榻",原來這類逆旅在房間裏設土榻,人睡在上面。馬舉求火照明,對方説没有火。土榻上鋪席子,重十餘斤。[5] 這個農村的逆旅,連照明設施亦不具備,應該是個條件十分簡陋的旅館。司馬郊"每往來上江諸州,至一旅舍,安泊久之"。他對逆旅主人説:"我所有竹器,不能將行,取火焚之。"主人回答説:"方風高,且竹屋低隘,不可舉火。"司馬郊於是"發火於室中","俄而火甚,焰出於竹瓦之隙,人皆惶駭"[6]。這個逆旅是茅草屋頂,所以極易發生火灾。

天有不測風雲,出門在外,每個人都可能有身體不好的時候,逆旅應該會提供簡單的藥物。唐末聶師道與友人行走在歙南山區中,"至一逆旅,友病熱疾,

1　劉斧:《青瑣高議》後集卷二《張齊賢從群盜飲酒食肉》,第二編第二册,第 124 頁。
2　張齊賢:《洛陽搢紳舊聞記》卷三《張相夫人始否終泰》,第一編第二册,第 175 頁。
3　張齊賢:《洛陽搢紳舊聞記》卷三《白萬州遇劍客》,第一編第二册,第 178 頁。
4　張齊賢:《洛陽搢紳舊聞記》卷一《少師佯狂》,第一編第二册,第 151 頁。
5　徐鉉:《稽神録》拾遺《馬舉》,第 128 頁。
6　吴淑:《江淮异人録・司馬郊》,第八編第七册,第 141~142 頁。

村中無復醫藥。或教病者曰:‘能食少不潔,可以解。’及病危,因復勸之”[1]。一般逆旅應該有醫藥的,但這個逆旅因爲在小村中,所以没有藥物,衹能用土辦法治療。

逆旅中住的是四面八方的來客,相互不認識,所以亦是小偷經常光顧的地方。鍾姓將校與一少年同住在廣陵一逆旅中,“一日,有輕俠數人,行戲至店中。少年指一青衣曰:‘此必今夕爲盜耳,宜備之。’鍾不甚信。中夜覺穴壁聲,伺其已穿,引首過竇,乃舉燭急持之,果少年所指者”[2]。這幾個小偷想通過挖壁洞的方式來偷竊客人的財物。

1 吴淑:《江淮异人録·聶師道》,第八編第七册,第144頁。

2 吴淑:《江淮异人録·虔州少年》,第八編第七册,第156頁。

第三章

商業與消費

隋唐五代是中古商業發展變化較大的一個時期。一方面,商業發展比較迅速,手工業和農副產品大量地進入市場,導致整個社會的商品流通量增加,社會需要的貨幣總量越來越大。另一方面,從事商業的人數超過前代,除了坐商,長、短途商販大量涌現,很多人都從農業生產中游離出來,進入各級城市的商品流通領域。加上海外貿易的發展,外來商人不衹是在都城及一些大城市活動,還將他們的觸角伸入到廣大的農村地區,而中國人赴海外貿易的人數亦在不斷增多。城市商品經濟的興旺,帶動了農村商品經濟的發展,不但在一些交通要道旁越來越多地出現了各式各樣的商品交換市場,而且這些市場又刺激了農作物的商品化,甚至還出現了一些商品性農業和商品性養殖業。在這樣的情況下,整個社會對商品經濟的依賴度不斷增加,市場和人們的生活日益密切,人們的消費水準不斷提高,社會各個階層商品的消費量大幅增加[1]。所有這一切,都説明人們的日常生產和生活與商品經濟的交融程度越來越緊密。

一、商業

商品經濟發展到隋唐五代,出現了很多新的氣象,普通百姓與商業的關係越來越緊密。很多人走進市場,將從各地販運來的商品進行銷售,促進了商品交換的繁榮。生活在城市中的人們,日常生活用品大多來自市場,生活越來越離不開市場。從這一意義上説,商業對社會生活的影響十分巨大。因此,唐五

1　相關論述可參考劉玉峰《唐代商品性農業的發展和農産品的商品化》(《思想戰綫》2004 年第 2 期,第 109~118 頁),張劍光、鄒國慰《唐五代時期江南農業生産商品化及其影響》(《學術月刊》2010 年第 2 期,第 119~129 頁),張劍光、張潔《唐五代城市消費的方式、水準和結構研究》(《吉林大學學報》2006 年第 2 期,第 143~152 頁)。

代城市商業發生了哪些變化是應該引起我們足够重視的。目前存世的宋人筆記中,有部分記録唐五代商品經濟發展的資料,其中有相當一部分是記載了城市商業發展的信息。這些記載是觀察社會發展的重要材料,有其獨特的價值。

(一)城市商業市場

宋代筆記中有不少材料記載了唐五代商業活動的中心——市,而對於地方市場的記載尤爲豐富。

市是商業活動的中心,唐朝東、西兩都城内都有數市,經商人員集中,顧客來來往往。因此大曆八年(773 年)七月,"晋州男子郇謨以麻辮髮,持葦席,哭於東市"。郇謨知道市中人來人往,他爲了吸引人們的注意力,特地來到東市大哭,其目的是"有三十字,請獻於上。若無堪,即以席貯尸,弃之於野"。獻三十字是爲了什麼? 原來"時元載執政也,尤切於罷宮市"[1]。宮中需要的部分生活用品一般由宦官出面在市場中購買,這種采購就叫宮市[2]。由於東市比較靠近宮城,因而有可能宮市的交换行爲主要發生在東市。宮市産生了很多弊病,如宦官付錢不足額,甚至强搶入宮,所以郇謨提出要取消宮市。

州一級的城市都是有州市的。五代後唐長興元年(930 年),遂州"城中有一貧士曰宋自然,常於街市乞丐,里人不能辨之。至重圍中,人皆饑殍,宋亦餓殍於州市"[3]。這裏稱爲"州市",應是遂州城内的一個專門經營商業的市場,市中的商肆十分集中。不過又以"街市"相稱,估計除了州市,城市中的商業發生了一些變化,某些街道亦會有密集的商業攤肆,與純粹的商業街市已十分接近,比較熱鬧。縣城亦有市。如五代末至宋初,劉蟾"每一月兩三度入青城縣貨藥,市米麵鹽酪歸山"[4]。他進入青城縣市,出售藥材,購買食物。再如利州的葭萌

1 錢易:《南部新書》卷戊,第一編第四册,第 49 頁。

2 關於唐代的宮市,學術界已有深入研究,可以參看張艷雲《唐代"宮市"考》(《陝西師範大學學報》1989 年第 3 期,第 59~62 頁)、岳純之《唐代宮市略説》(《文獻》1992 年第 1 期,第 259~262 頁)、寧欣《内廷與市場:對唐朝"宮市"的重新審視》(《歷史研究》2004 年第 6 期,第 41~53 頁)等。

3 黄休復:《茅亭客話》卷四《丁元和》,第二編第一册,第 31 頁。

4 黄休復:《茅亭客話》卷四《劉長官》,第二編第一册,第 33 頁。

市,常有商人“負販雜貨”到市内銷售。這個市内商人衆多,貨物銷售量很大。[1]

州縣市内有管理機構,一個最主要的職責是收取商税。吴越國壽禪師原本是杭州“北郭税務專知官”,“盗官錢爲放生之用,事發坐死”,所盗官錢應是他徵收來的商税。宋人説他“以市曹得度,故菩薩乃現市曹以度之”[2],意謂他原本是官方的市場管理人員。如五代有兩商人在利州境内半夜遇虎,躲到樹上,“至曙,行人稍集,遂下樹,赴葭萌市徵之所”。有一婦人向大家説一位管理人員“夜來醉歸,刺損雙眼,不來檢税”[3]。説明縣市徵收商税的作用是很重要的。商人來往多了,貨物貿易興盛,徵税機構就會出現。

州縣市管理人員的第二個職責是維護市場秩序,保證商品交换者能誠信貿易。張宣爲鄂州節度使時,“鄂市寒雪,有民鬥於炭肆者,捕而詰之,乃市炭一秤,權衡頗輕。使秤之果然,宣斬鬻炭者,取其首與炭懸於市”。商人用的權衡不合法,於是張宣將炭肆者斬首,實質上他是想維護市場的交易秩序。不過商人“衡斛爲欺,古今皆然”[4],要達到完全的誠信,其實是很難做得到的。

市場官員的另一個職責是管理治安。唐末温韜“少無賴,拳人幾死,市魁將送官,謝過魁前,拜逾數百,魁釋之”[5]。這裏的市魁應該就是市場的管理人員,他們必須將市場的治安秩序維持好,對無賴破壞商品交易的行爲進行强有力的管制。

唐代的市大多是封閉的,每天定時開啓市門。中宗神龍年間,一碰上霖雨“必開閉坊門禳灾”,認爲坊門和市門的暫閉暫開在天象上有避灾作用,能節宣風雨。民間稱坊門爲宰相。景龍中,東都洛陽“霖雨百餘日,閉坊市北門,駕車者甚苦迂遠街市”。進出市場的商人和顧客説:“宰相不能調陰陽,致兹恒雨,令我迂行。”[6]亦就是説,市場北門關掉後,大家衹能繞行到其他門進出市場,車來人往要走很多冤枉路。因此,對市場來説,市門一般不會衹有一個,要滿足車進

1 黄休復:《茅亭客話》卷八《葭萌二客》,第二編第一册,第63頁。

2 蘇軾:《東坡志林》卷二《壽禪師放生》,第一編第九册,第47頁。

3 黄休復:《茅亭客話》卷八《葭萌二客》,第二編第一册,第63頁。

4 文瑩:《玉壺清話》卷九,第一編第六册,第168頁。

5 陶穀:《清异録》卷上《人事門》“金搭膝”,第一編第二册,第23頁。

6 孔平仲:《續世説》卷六《排調》,第二編第五册,第119頁。

車出運送貨物的要求。商人和顧客在規定的時間内纔能進入市場經營,到了晚上一般要清市。所以對大多數商人來説,家要安在市場周圍地區,不是本地的商人就衹能居住在客舍旅店中。李紳爲淮南節度使時,有位和他同年之舊的崔巡官來看他,"纔到客舍,不意家僕與市人有競"。崔巡官的家僕與市人之所以會吵起來,就因爲都是居住在客舍之中[1]。

大城市的市場,商品銷售量較大,能够對周圍農村地區産生較大的輻射作用。四周農村的一些特色商品會源源不斷地集中到市場進行銷售,由於量特别大,因而這個市場會以買賣某種商品而著稱,人們就據商品名來稱呼市場。如成都有米市,市邊有河道和橋梁[2],這個市場應該是大米主要的銷售地,大米集散較爲方便,但并不意味着這個市場僅銷售米而不經營其他的商品。唐五代的四川地區有蠶市:"蜀中每春三月爲蠶市,至時貨易畢集,闤闠填委,蜀人稱其繁盛。"王建登樓看蠶市,"見其貨桑栽者不一",人來人往,於是説:"桑栽甚多,儻税之,必獲厚利。"[3]這種蠶市,宋人屢有記載:"蜀有蠶市,每年正月至三月,州城及屬縣循環一十五處。耆舊相傳,古蠶藂氏爲蜀主,民無定居,隨蠶藂所在致市居,此之遺風也。又蠶將興以爲名也,因是貨蠶農之具,及花木果草藥什物。"[4]所謂蠶市,是指這個市場和養蠶的産業有關。按這裏所説,蠶市是有時間性的,主要在正月至三月,各州縣城都有專門的蠶市,凡是與養蠶有關的産品大概都在這裏交易。比如桑葉是家蠶的主要食物,由於養蠶的農家比較多,常會使桑葉價格昂貴。新繁縣李氏,原本"家養蠶甚多。將成,值桑大貴,遂不終飼而埋之,鬻其桑葉,大獲其利"[5]。賣掉桑葉賺的錢比養蠶得到的錢還要多。成都延秋門内嚴真觀前有蠶市,雖然市場和養蠶之類的産業有關,但市場上還有其他産品,因爲"有村夫鬻一白蝦蟆。其質甚大,兩目如丹"。有王姓醫工"以一緡市之歸所止"。市場裏的商品除蠶桑之外,還有人在出售白蝦蟆,

1 王讜:《唐語林》卷四《豪爽》,第三編第二册,第134頁。

2 黄休復:《茅亭客話》卷四《王太廟》,第二編第一册,第32頁。

3 佚名:《五國故事》卷上,第一編第三册,第242頁。

4 黄休復:《茅亭客話》卷九《鬻龍骨》,第二編第一册,第67頁。

5 黄休復:《茅亭客話》卷九《蠶饅頭》,第二編第一册,第73頁。

市内有醫工[1]。

市内按商品種類相對集中的原則，排列着各色肆、店、鋪。楊伯醜隋開皇初開肆賣卜，有人丢失了一匹馬，來占卜，卦成，楊伯醜對那人説：“我不遑爲卿説，且向西市東壁門南第三店，爲我買魚作鱠。”[2]説明長安西市的店鋪排列是固定的，賣魚的商店是在東壁門口，比較方便日常生活用品的銷售。唐興元地區的市場内有馬肆，“有致悍馬於肆者”，將一匹很難馴服的馬匹牽進了市場。李幼清對這匹馬感興趣，“訊於主者。且曰：‘馬惡無不具也，將貨焉，唯其所酬耳。’幼清以三萬易之，馬主慚其多。既而聚觀者數百輩”[3]。這種所謂的馬肆估計不是一個商店，而是一個固定的場所，否則容納不下數百位圍觀者。

至於一些商店裏的貨物，通常是放在筐、筥等竹器裏出售，這樣的商店人稱星貨鋪：“肆有以筐以筥，或倚或垂，以鬻鮮物者，曰‘星貨鋪’，言其列貨叢雜如星之繁。”[4]這種用竹筐排列的方式，有利於顧客挑選。

宋人記載中提到唐代城市的商業經營形式已有所突破，出現了寄附鋪這樣的店鋪。唐蔣防《霍小玉傳》談到霍小玉“資用屢空，往往私令侍婢潛賣篋中服玩之物，多托於西市寄附鋪侯景先家貨”[5]。如此，這種寄附鋪就是代人出售物品并放高利貸的商行，與後世的當鋪或者寄賣商店相接近。宋人説：“今世所在市井，有寄附鋪，唐世已然矣。”[6]唯一不同的是，唐代開在市中，而宋代在城市各個地方都可以開設，比唐代更加多見。

市場中除商品銷售外，還有很多服務性行業。京城兩市中，有人專門提供幫人燒宴席的服務，隨叫隨到，快速方便。某天德宗突然召拜吴湊爲京兆尹，吴湊驚喜萬分，快馬加鞭趕回家，馬上“請客至府”，在自己家裏開席宴請賓客。賓客到時，宴席全擺了出來。有人問速度爲什麽這樣快啊，手下人回答説：“兩市

1 黄休復：《茅亭客話》卷五《白蝦蟆》，第二編第一册，第39頁。

2 孔平仲：《續世説》卷六《術解》，第二編第五册，第98頁。

3 趙令畤：《侯鯖録》卷四，第二編第六册，第227頁。

4 王讜：《唐語林》卷八《補遺》，第三編第二册，第293頁。

5 李昉：《太平廣記》卷四八七《霍小玉傳》，第4009頁。

6 吴曾：《能改齋漫録》佚文二，第五編第四册，第249頁。

日有禮席,舉鐺釜而取之,故三五百人之饌,常可立辦。”[1]像這種爲人燒宴席的服務,幾乎每天都有。

市場服務性行業中,酒店最爲常見。廣陵法雲寺僧珉楚與中山賈人章某親熟,後來兩人相遇於廣陵市中,“楚未食,章即延入食店,爲置胡餅”[2]。廣陵市中有食店,店中出售胡餅。成都南米市橋有柳條家酒肆,“其時皆以當壚者名其酒肆”。有一道士“常來貰酒,柳條每加勤奉,因愍其恭恪,乃留丹數粒,且云:‘以酬酒債。’令三日但水吞一粒,服盡此丹,患當痊矣”[3]。酒樓經營方式靈活,可以貰酒,讓客人先喝後付錢。成都東市的市南有勾氏家酒肆[4],可能亦是一個比較著名的酒樓。此外,如唐末蜀州青城縣味江山人唐求,“每入市,騎一青牛,至暮,醺酣而歸”[5]。

市内商人集中,開酒店十分有利可圖。長安東市有一片空地,地勢較低窪。一位姓竇的士大夫“乃以廉值市之,俾妳嫗將煎餅盤就彼誘兒童,若拋磚瓦中一紙標,得一個餅。兒童奔走拋磚瓦博煎餅,不久,十分填其六七,乃以好土填之,起一店,停波斯,日獲一緡。他皆效此,由是致富,延客朝士。時皆謂之輕薄,號爲酒炙地。亦能爲人求名第,酒食聚人,亦希利之一端也”[6]。低價買空地,然而填土建店。因爲市内多外國商人,所以此店主要爲波斯商人提供食宿。對竇姓士大夫來説,因爲賺的是外國人的錢,所以利潤較爲豐厚,顯然開旅店是發財較快的一個途徑。

服務性行業主要是爲城市居民的日常生活,包括衣食住行提供服務。如當時有成衣店和製鞋店。薛昭緯未登第前,到鞋肆買鞋,鞋店主人説:“秀士脚第幾?”對曰:“與昭緯作脚來,未曾與立行第也。”[7]這個鞋店主人服務周到,可以

1 王讜:《唐語林》卷六《補遺》,第三編第二册,第 209 頁。
2 徐鉉:《稽神録》卷三《僧珉楚》,第 41 頁。
3 黄休復:《茅亭客話》卷四《王太廟》,第二編第一册,第 32 頁。
4 黄休復:《茅亭客話》卷四《史見魂》,第二編第一册,第 34 頁。
5 黄休復:《茅亭客話》卷三《味江山人》,第二編第一册,第 26 頁。
6 孫光憲:《北夢瑣言》卷一〇《竇家酒炙地》,第一編第一册,第 129 頁。
7 孫光憲:《北夢瑣言》卷一〇《前賢戲調》,第一編第一册,第 121 頁。

根據客人脚的大小定做鞋子。南唐建康市中染肆打的招牌,多題曰“天水碧”[1],是以當時宫裹染碧的顔色作爲標榜。金銀器具是人們喜愛使用的高檔商品,市場中有專門製造的店肆,爲城市人提供方便。温韜少年時打人,爲市魁抓獲。温韜跪着求饒,“拜逾數百,魁釋之”。從此温韜以此爲耻,後來有錢了,“拍金薄爲搭膝帶之”,并且説:“聊酬此膝。”[2]温韜生活奢侈,用金箔來擺闊,説明城市中有打製金箔的商家,專門爲有需要的人服務。青陽縣丞時戢“日市豆腐數個”[3],説明縣市中有豆腐攤肆,有人專門做豆腐出售,爲城市飲食業和人們的日常生活服務。

占卜是一種特殊的服務行業,市中常有人設攤占卜。如五代南唐金陵市中有賣卜者[4]。楊伯醜年輕時學習《易》經,後來“開肆賣卜”。有人失馬,他“立爲作卦”[5]。靈池縣洛帶村民“以醫卜爲業,其四遠村邑,請召曾無少暇。畫一孫真人,從以赤虎,懸於縣市卜肆中”[6]。這位村民醫卜技術較高,四遠鄉村百姓都請他,而他自己在縣市擺個卜肆招徠生意。

市場裹聚集着各種臨時性的服務人員,一些人專門以打短工爲生,用出賣自己的勞動力來賺生活費。宋人談道:“先有一男子、一女子,不知所從來,轉客於市,傭力以食。父老憐其愿也,醵酒食、衣服,使相配爲夫婦。”[7]傭力以食的這一男一女,生活比較艱難,他們平時應該是靠爲各類攤主做臨時性的體力工作來維持生計。廣陵市中有木工,主要是建造房子,同時還打製家具[8]。還有爲人演奏音樂的,如“建康有樂人,日晚如市”[9],往往是傍晚時刻來到市場。

市場裹都是做生意的,相對而言賺錢容易,所以市里多乞丐,瞄準了生意人乞討往往有收獲。淮南程幹,本是富裕家庭出身,後來因爲“三年間,爲水火焚

1 佚名:《五國故事》卷上,第一編第三册,第 241 頁。

2 陶穀:《清异録》卷上《人事門》“金搭膝”,第一編第二册,第 23 頁。

3 陶穀:《清异録》卷上《官志門》“小宰羊”,第一編第二册,第 21 頁。

4 徐鉉:《稽神録》補遺《紫薇宫題壁》,第 143 頁。

5 孔平仲:《續世説》卷六《術解》,第二編第五册,第 97~98 頁。

6 黄休復:《茅亭客話》卷八《好畫虎》,第二編第一册,第 62 頁。

7 蘇轍:《龍川别志》卷上,第一編第九册,第 314 頁。

8 徐鉉:《稽神録》補遺《廣陵木工》,第 126~127 頁。

9 徐鉉:《稽神録》卷二《建康樂人》,第 33 頁。

蕩,家業俱盡”,而其妻竟然八年裏爲程幹生了十六個男孩,這樣一來生活没有着落,衹能“父子相携,行乞於市”[1]。有位姓毛的安陸人來到豫章,“恒弄蛇於市,以乞丐爲生,積年十餘”[2]。這位姓毛的是市中乞丐,以弄蛇耍雜戲混飯吃。廣陵有位木工,“因病手足皆拳縮,不能復執斤斧”,所以衹能“扶踴行乞”[3];廣陵還有位男子“行乞於市,每見馬矢,即取食”[4]。五代時金陵城内有位婦人,原是家中養蠶的村婦,後來到了城裏,“恒乞於市”[5]。

出於治安上的考慮,政府會將死刑犯的處决地安排在市場中。唐太宗時,張亮有義兒五百人,唐太宗認爲他要謀反,“盛怒,竟斬於市”[6]。武則天時,宰相魏元忠“陷周興獄,詣市將刑,則天以元忠嘗有功,特免死,配流貴州。承敕者將至市,先令傳呼監刑者,遽釋元忠,令起”[7]。在市場裏處决可以讓更多的人觀看,起到震懾作用。爲了使這種效果最大化,常將要處决的犯人在市中巡游,讓所有的人都能看到。唐末秦宗權被其愛將申叢抓住後,被朱温檻送京師,唐昭宗親御延喜樓受俘。“京兆尹孫揆以組練縶之,徇於兩市”,在兩市中巡展一番,秦宗權衹能在“檻中引頸”[8],希望能免於一死,但最後仍被正法。地方上的市同樣有這種作用。如吴越國壽禪師本是杭州北郭税務專知官,因爲盗用官錢買了魚蝦放生,“事發坐死,領赴市矣”[9]。當然壽禪師比較特殊的一點是他原本是市場管理機構的官員,因而到市處决比一般人更順理成章。

市場同時還是政府傳播信息的地方,因爲人比較集中,宣傳政府主張時受衆較多,傳播的效果就比較好。唐敬宗寶曆中,“亳州云出聖水,服之愈宿疾,亦無一差者”。這件事傳得很快,很多老百姓信以爲真,“自洛已來及江西數十郡,人争施金貨之衣服以飲焉”。結果搞這事的人“獲利千萬”,而事情越傳越遠,被

1 錢易:《南部新書》卷丙,第一編第四册,第 30 頁。
2 徐鉉:《稽神録》卷二《安陸人》,第 22~23 頁。
3 徐鉉:《稽神録》補遺《廣陵木工》,第 126 頁。
4 徐鉉:《稽神録》卷四《廣陵男子》,第 61 頁。
5 徐鉉:《稽神録》卷四《建業婦人》,第 61 頁。
6 孔平仲:《續世説》卷七《尤悔》,第二編第五册,第 130 頁。
7 孔平仲:《續世説》卷三《雅量》,第二編第五册,第 53 頁。
8 孔平仲:《續世説》卷六《排調》,第二編第五册,第 119 頁。
9 蘇軾:《東坡志林》卷二《壽禪師放生》,第一編第九册,第 47 頁。

迷惑的人更多。於是李德裕在浙西,“命於大市集人,置釜取其水,設司取猪肉五斤煮,云:‘若聖水也,肉當如故。’”[1]在大市聚集人宣傳政府的主張,是市的一個重要作用。

市中人多,影響較大,所以祈雨等宗教活動有時會在市中進行。《碧鷄漫志》卷三引《琵琶録》説:“貞元中,康昆侖琵琶第一手,兩市祈雨鬥聲樂,昆侖登東彩樓,彈新翻羽調《緑腰》,必謂無敵。曲罷,西市樓上出一女郎,抱樂器云:‘我亦彈此曲。兼移在楓香調中。’下撥聲如雷,絶妙入神。昆侖拜請爲師。女郎更衣出,乃僧善本,俗姓段。”[2]亦就是説,祈雨時特地用了琵琶,估計是因爲其彈撥聲與天雷滚滚的聲音接近,一登東彩樓,一登西市樓,遥相呼應。這種民間活動主要是發揮了市中人多的功能,能起到較大的傳播作用。

唐末五代,市又發生了變化,這是商業發展的一種新氣象。《茅亭客話》卷三談道:“僞蜀大東市有養病院,凡乞丐貧病者,皆得居之。中有携畚鍤日循街坊溝渠内淘泥沙,時獲碎銅鐵及諸物以給口食,人呼爲淘沙子焉。辛酉歲,有隱迹於淘沙者,不知所從來及名氏,常戴故帽,携鐵把竹畚,多於寺觀閴静處坐卧。進士文谷因下第往聖興寺訪相識僧,見淘沙子披褐於佛殿上坐。”成都東市内有養病院,專門收留乞丐和貧窮、生病的人。市内街坊有排水溝渠,有人專職打掃清潔和疏通。市内還有聖興寺,居住着不少僧人。此書又云:“(文谷)遂聞於蜀主,因令内園子於諸街坊尋訪之。時東市國清寺街有民宇文氏宅,門有大桐樹,淘沙子休息樹陰下。……蜀主聞之,訪於宇文。宇文尋於養病院,云:‘今早出去不歸。’自兹無復影響。”[3]除聖興寺外,東市還有國清寺,百姓宇文氏的家在東市中,宇文家還有大宅子。再如史見魂亦是“孑然居數間屋於東市”[4]。從這些描述來看,蜀國成都的東市與唐代傳統的市場相比已經發生了較大的變化,市場中有養病院和兩座寺廟,有老百姓居住其中。因此,成都的東市顯然是一個開放式的市場,店鋪沿街設立,商業攤肆和居民住宅混雜在一起。因爲如此,

1 王讜:《唐語林》卷一《政事上》,第三編第二册,第35頁。

2 王灼:《碧鷄漫志》卷三,第四編第二册,第198頁。

3 黄休復:《茅亭客話》卷三《淘沙子》,第二編第一册,第22~23頁。

4 黄休復:《茅亭客話》卷四《史見魂》,第二編第一册,第34頁。

東市晚上是没辦法清場封閉的,開市和收市的時間肯定不會受政府的限制,更爲隨意。顯然,這時的東市衹是商業店鋪較爲集中經營的一個區域,商業區與居住區交織在一起,比較接近宋朝商業的形態。[1]

起變化的市還有不少。五代時期的豫章,"居人近市者,夜恒聞街中若數十人語聲,向市而去,就則無人"[2]。這裏談到夜間有人聽見市内街上有人説話,而聽見的人是"近市者",實際上就是居住在市場的邊上。五代時李宗爲楚州刺史,"郡中有尼,方行於市,忽踞地而坐,不可推動"[3]。尼姑到市裏幹什麽,資料上没有明言,但或多或少提示我們市與宗教寺院有着某些聯繫,很有可能是市中有寺院,人們平時的拜佛和經商混雜在一起。

《五國故事》卷上談道:"壬子、癸丑間,有狂人遍揚州市,詬駡市人曰:'待顯德三年,總殺之。'又曰:'不得韓、白二人,殺之無噍類。'時朝廷廣順年也,人皆莫測顯德之號。……淮南市井小兒普唱曰:'檀來也。'衆頗怪之。及揚州建春門有鼉,出於水次,衆以爲應矣。未幾,王師入,先鋒騎兵皆唱蕃歌,其首句曰'檀來也',方明其兆。"[4]從文意上猜測,這裏的揚州市、市人、市井,可能不是專指市場,而是泛指有商業的地方,衹要是有商業且有一定的居民,都可稱爲市井,在城市中從事商業的人都稱爲市人。因此市、市井在五代末期應該不再是特指專門的商業市場,而是泛指城内經營商業的區域,這意味着城市中商業從市場向外擴散至街巷的景象已經出現。

(二)豐富的商品

市場上有哪些商品,主要是與市場周圍地區的出産有關。不過亦有相當一部分産品是從外地販運來的。後蜀時,"利州路有二客,負販雜貨,往葭萌市鬻

---

1 筆者比較同意包偉民在《唐代市制再議》(《中國社會科學》2011 年第 4 期,第 179~189 頁)中所説的:"如果進一步從歷史因襲演變的視角,觀察從唐代到宋代城市市場的演變,我們還可以發現,其間制度的裂變也許不如前人想象的那麽劇烈,而前後因襲的痕迹則無疑要明晰得多。"自唐入宋,市的變化應該是一個漸進的過程。

2 徐鉉:《稽神録》卷二《豫章中官》,第 29 頁。

3 徐鉉:《稽神録》卷三《李宗》,第 57 頁。

4 佚名:《五國故事》卷上,第一編第三册,第 240~241 頁。

之”。兩人販運的路程比較難走,“山程巇嶮,竹樹荒凉”,去市十五里處,“蘩林高樹”間碰到了老虎[1],説明販運是極其不易的。

市場上的商品,主要是人們的生産資料、日常生活用品。

木材是人們日常生活中重要的商品,好的木材可以做傢具,能够滿足人們平時生活中的需要。五代時軍吏徐彦成,“恒業市木。丁亥歲,往信州汭口場。無木可市,泊舟久之”。之後“居一二日,果有杉木大至,良而價廉。市易既畢,往辭少年”[2]。説明商人們平時將信州的木材運到金陵城出售,信州的木材品質較好,而且售價低。信州“有板山,川谷深遠,采板之所,因以名之”,不過當時好的木材都要到深山裏砍伐,“州人熊迺嘗與其徒入山伐木”[3]。江西和宣歙地區的山區都有木材出産。再如江西軍吏宋氏“嘗市木至星子”,池陽建德縣吏“桂從義家人入山伐木”[4],這些木材最後都會運進市場進行銷售。

藥材是各個市場上都要經銷的重要商品。李肇《國史補》談到宋清賣藥長安西市,“朝官出入移貶,輒賣藥迎送之”[5]。張易在洛陽,常與劉處士一起游玩,“常賣藥於市。市中人負其直,劉從易往訴之。市人既不酬直,又大罵劉”[6]。東西兩都的市場上,藥材是重要的商品。其時人們喜食丹藥補身體,因而佛道的丹藥十分吸引人,成爲市場上的熱門商品之一。章全益“於成都府樓巷,舍於其間,傍有丹竈,不蓄童僕,塊然一室。鬻丹得錢數及兩金,即刻一像”。這樣的仙人如果有黄白之術,就會想到賺大錢:“點水銀一兩,止一兩銀價。若丸作三百粒,每粒百錢,乃三十千矣。”因此宋人認爲章全益出售丹藥“其利博哉”,“但所鬻之丹亦神矣”[7]。

牲畜以及配套的相關器具是市場上重要的商品。馬、牛等動物既可以作爲交通工具,亦可以成爲農用動力,使用範圍較廣。如唐興元李幼清對馬的習性

1　黄休復:《茅亭客話》卷八《莨菪二客》,第二編第一册,第 63 頁。

2　徐鉉:《稽神録》卷三《徐彦成》,第 39 頁。

3　徐鉉:《稽神録》卷四《熊迺》,第 73 頁。

4　徐鉉:《稽神録》卷三《宋氏》,第 54 頁;卷五《桂從義》,第 75 頁。

5　趙令畤:《侯鯖録》卷一,第二編第六册,第 192 頁。

6　徐鉉:《稽神録》拾遺《劉處士》,第 114 頁。

7　孫光憲:《北夢瑣言》佚文一《章孝子割股煉指》,第一編第一册,第 221 頁。

十分瞭解,"暇日常取適於馬肆。有致悍馬於肆者,結縲交絡其頭,二力士以木夾支其頤,三四輩執檛而從之",遂"以三萬易之"。幼清認爲馬没有養好,於是"别市一新絡頭"替馬戴上,"馬弭耳引首"[1]。不但馬匹可以買賣,而且相關的馬具等市場上都有供應。

市場上出售的生活用品種類繁多。城市人生活的燃料,主要是木柴,全靠從農村地區販運而來。如鄱陽地區常見運柴到洪州的"賣薪者",一般是用船裝運,"至洪州,運薪將盡,有蛇蟠船中"[2]。將木頭加工成炭,再運進城市當燃料,亦是常見的一種方法。南唐時鄂州下大雪,有一位城市居民和炭肆主人吵了起來,進而動手,鄂州節度使張宣把兩人抓起來審問,争吵主要爲了一杆稱炭用的秤,原因是"權衡頗輕"。讓炭主人一稱,果然秤上數字是對的,但實際分量不足。於是張宣"斬鬻炭者,取其首與炭懸於市"[3]。

紡織品是市場上經營的重要商品,因爲與人們的穿着有關,消費量較大。楊凝式曾向一位故舊訴窮,故舊來後,"留綢五十匹、絹百匹,書送於楊,請貨易,以略備冬服"[4]。并不是拿了這些綢、絹讓他做衣服,而是要他"貨易"後再買冬服。

成衣亦是重要的商品。五代末劉茂忠有一女,居金陵,後因爲戰争被士兵掠走,"茂忠使女僕入諸營部,托鬻衣而竊求之"[5]。以向士兵銷售衣服爲幌子接近兵營,達到自己的目的,説明當時常見女性拿成衣向人兜售。

城市人雨天出門要穿油衣撑雨傘,這種雨具市場上亦有出售。陶穀因爲"油衣漸故,遣吏市新者",吏回答説:"馬行油作鋪目録,入朝避雨衫、芭蕉褲,一副二貫。"[6]油衣由油作鋪製造,城裏人可以上身穿避雨衫,下身穿芭蕉褲。

食用的大米、水果、菜蔬等生活必需品,更是市場常見的商品。

糧食是市場上最大宗的商品,糧價是各級政府最爲關心的市場信息。江淮

1 趙令畤:《侯鯖録》卷四,第二編第六册,第227頁。

2 佚名:《江南餘載》卷下,第一編第二册,第250頁。

3 文瑩:《玉壺清話》卷九,第一編第六册,第168頁。

4 張齊賢:《洛陽搢紳舊聞記》卷一《少師佯狂》,第一編第二册,第151頁。

5 龍衮:《江南野史》卷一〇《申屠令堅》,第一編第三册,第224頁。

6 陶穀:《清异録》卷下《衣服門》"芭蕉褲",第一編第二册,第75頁。

地區有個商人,囤積居奇,不出售糧食,還畫圖爲人,表明自己要到米斗一千錢時纔出售,“以懸於市”。政府當然不能容忍這種哄抬糧價的現象,所以“揚州留後徐榮杖殺之”[1],商人白送掉一條性命。

唐前期尚方監裴匪躬有經營頭腦,他發現皇室宫苑中生産的水果和蔬菜皇室消費不完,“欲鬻苑中果菜,收其利”[2],説明水果和蔬菜是市場中的大宗産品。中唐裴度曾説:“鷄猪魚蒜,逢着則吃。”[3]這種食用品都是從市場中購得的。五代吴國廣陵瓜洲市中,“有人市果實甚亟”[4]。五代時道士張謹“嘗客游至華陰市,見賣瓜者,買而食之。旁有老父,謹覺其飢色,取以遺之,累食百餘”[5]。一個瓜攤,瓜超過百枚。成都附近的華陽縣有村民段九,“常入山野中,采枸杞根莖貨之有年矣”。他是專門采集枸杞後到市場上出售。時人認爲:“枸杞、茯苓、人參、薯藥朮等,形有异者,餌之皆獲上壽。”[6]因而枸杞、人參等藥材在市場上十分有銷路。市場上還有豆製品銷售,青陽丞時戢,不吃肉,“日市豆腐數個。邑人呼豆腐爲‘小宰羊’”[7]。豆腐一般是窮人吃的,縣丞天天吃豆腐是顯示他的節儉。

飲食中的魚肉類食品是市場上的重要商品。前已談及長安西市有鮮魚供應[8],能滿足京城人吃魚的欲望。市場上除家養的肉類産品外,還有一些野生的禽獸肉類。有富商船居,“中夜暴亡。迨曉,氣猶未絶”。醫生診視後認爲是“食毒”,問這兩三天在外面吃了什麼,富商的僕人説:“主公少出船,亦不食於他人。”再一瞭解,這富商“好食竹鷄,每年不下數百隻。近買竹鷄,并將充饌”。醫生認爲“竹鷄吃半夏,必是半夏毒”,於是將他救醒過來[9]。魚産品的銷售更爲

1　王讜:《唐語林》卷二《政事下》,第三編第二册,第 52 頁。
2　孔平仲:《續世説》卷一《言語》,第二編第五册,第 18 頁。
3　孔平仲:《續世説》卷三《雅量》,第二編第五册,第 56 頁。
4　徐鉉:《稽神録》卷三《楊副使》,第 41 頁。
5　徐鉉:《稽神録》補遺《張謹》,第 134 頁。
6　黄休復:《茅亭客話》卷九《采枸杞》,第二編第一册,第 69 頁。
7　陶穀:《清异録》卷上《官志門》“小宰羊”,第一編第二册,第 21 頁。
8　孔平仲:《續世説》卷六《術解》,第二編第五册,第 97 頁。
9　孫光憲:《北夢瑣言》卷一〇《梁趙意醫》,第一編第一册,第 123 頁。

普遍。南唐陳陶"惟嗜鮓,一啗或至千臠"。李璟"遂使衣商賈之服賫鮓往"[1]。製作飲食的配料是商人們銷售的商品。如南唐保大年間,建康有鬻醯者[2]。醯,就是食用醋。

馬糞肥力很大,可以當作肥料,對種植蔬菜十分有利,曬乾後還可以當作燃料,在市場裏亦有銷售。唐前期少府裴匪舒"善營利,奏賣苑中馬糞,歲得錢二十萬緡"。劉仁軌對他說:"利則厚矣,恐後代稱唐家賣馬糞,非佳名也。"[3]考慮到皇室賣馬糞的名聲,最後宫内的馬糞没有進入市場銷售,但很明顯馬糞作爲商品是很有銷路的。

除日常生活用品外,市場上還有各種金銀寶物和文化類消費産品。

女性的金屬裝飾品,是有專門的商店經營。前蜀王建時,有位何奎言事很準。"鬻銀之肆有患白癩者,傳於兩世矣",何奎去看了下,説:"爾所苦,我知之矣。我爲嫁聘,少環釧釵篦之屬,爾能致之乎? 即所苦立愈矣。"[4]從這句對話中可以看出,這個鬻銀的商店裏主要是出售環釧釵篦之類的女性用品。盧昂任福建鹽鐵使時,得到了一個瑟瑟枕,大如斗。唐憲宗叫市人來估一下價,或云"至寶無價",或云"美石,非真瑟瑟"[5]。這個瑟瑟枕很少見,連皇帝亦搞不清是個什麽樣的寶貝,就叫市人來估價,結果估價的人也同樣是没有搞清。不過,憲宗叫來的這幾位估價的市人,必定是經營寶物的行家裏手。

很多文化類消費産品進入市場,使市場商品越來越多。《清夜游西園圖》,相傳爲晋顧愷之的作品,上有梁朝諸王的跋,唐貞觀時褚遂良的裝褙。元和時,"中貴人崔潭峻自禁中將出,復流傳人間"。涇州從事張周封秩滿在京,一天,"有人將此圖求售",張周封看到後"遽以絹數匹贖得"。後有人説中尉仇士良想要這幅畫,考慮到周封"閑居家貧,請以絹三百匹易之"。張周封怕宦官逼脅,"遽以圖授使人"。得到畫的人第二天真的拿了三百匹絹到張家。其實此事與仇士良無關,是宰相王涯酷好書畫,他對一位跑官的人説,如能搞到這幅畫,就

---

1 龍衮:《江南野史》卷八《陳陶》,第一編第三册,第207~208頁。
2 徐鉉:《稽神録》卷二《鬻醯者》,第26頁。
3 孔平仲:《續世説》卷一《言語》,第二編第五册,第18頁。
4 孫光憲:《北夢瑣言》卷二〇《名器逾分》,第一編第一册,第208頁。
5 王讜:《唐語林》佚文,第三編第二册,第300頁。

安排他坐個好位子。之後,這幅畫“落在一粉鋪家”。没多久,“爲郭侍郎家閽者以錢三百市之,以獻郭公。郭公卒,又流傳至令狐相家”[1]。一幅名畫,在短短的時間内被賣了三次。再如徐温少子徐知謂“該明經術”,“遍購古書名畫”[2]。古書名畫作爲商品,進入市場銷售。夏天,各種蟬類昆蟲出現,由於會發出尖尖的叫聲,一些人對此有着特殊的愛好。“唐世,京城游手夏月采蟬貨之,唱曰:‘祇賣青林樂。’婦妾小兒争買,以籠懸窗户間。”女人和小孩特别喜歡,所以這種蟬被作爲商品在市場上銷售,亦有些人“驗其聲長短爲勝負者”,以聲音長短來比賽,大家稱這些人爲“仙蟲社”[3]。特殊的需求産生了不一般的商品。

外商在唐朝四處活動,外國商品隨之大量涌進。如外國藥品就深受人們的喜愛。總章中,唐高宗“服婆羅門藥”,想追求長生,所以郝處俊諫曰:“修短有天命。未聞萬乘之主,輕服蕃夷之藥。”[4]珠寶是外商在中國經營的一種重要的商品。《南部新書》談到長安西市胡人“貴蚌珠,而賤蛇珠。蛇珠者,蛇所吐爾,唯胡人辨之”[5]。香料是外商販運至中國的另一重要商品。高麗商船主王大世,“選沉水近千斤,叠爲旖旎山,象衡岳七十二峰”[6],引得吴越王錢俶十分眼饞,出高價想收購,但王大世也許覺得他出價不够,竟然没有出售。番禺牙人徐審平時常爲外商服務,因而“與舶主何吉羅洽密”,關係非同一般。何吉羅回國前,送給他鷹觜香三枚,“價不可言”[7]。

政府甚至亦會爲市場提供商品。唐高宗時,司農寺“欲以冬藏餘菜賣之。以墨敕示僕射蘇良嗣”。就是説,宫中冬天收藏的蔬菜没吃完,還有很多剩餘的,想通過蘇良嗣批准後上市出售。當然此事最後没成,因爲蘇批字説萬乘天子是不能販蔬鬻菜的[8]。這一次雖然没有將這些多餘的物品變成商品,但不能保證宫中一次亦不會把多餘的東西搬到市場出售。顯然,宫内使用的物品不够

1 王讜:《唐語林》卷七《補遺》,第三編第二册,第 249~250 頁。
2 文瑩:《玉壺清話》卷九,第一編第六册,第 169 頁。
3 陶穀:《清异録》卷上《百蟲門》“青林樂”,第一編第二册,第 61 頁。
4 錢易:《南部新書》卷甲,第一編第四册,第 16 頁。
5 錢易:《南部新書》卷己,第一編第四册,第 62 頁。
6 陶穀:《清异録》卷下《薰燎門》“旖旎山”,第一編第二册,第 109 頁。
7 陶穀:《清异録》卷下《薰燎門》“鷹觜香”,第一編第二册,第 109 頁。
8 王讜:《唐語林》卷二《政事下》,第三編第二册,第 50 頁。

會從市場上采購,反過來宫中多餘的物品亦會通過市場銷售出去。

商品如此豐富,品種繁雜,説明唐五代時期的人們有着强勁的消費能力,社會大衆和市場消費關係密切。地方政府的一部分日常消費亦和市場有緊密的聯繫。如蔡京爲天德軍使時,"衙前小將顧彦朗、彦暉知使宅市買"[1],兩位小將具體主管蔡京使宅内物品的采購,這種采購當然是通過市場行爲來解決的。再如蒙州立山縣處於南方邊遠地區,但其丞晁覺民"自中原避兵南來,因仕霸朝,食料衣服皆市於鄰邑,一吏專主之"[2]。可以看到,就是邊遠地區的一位縣丞,其生活與市場的關係也是如此緊密,其吃穿用的物品,都是來之於市場。五代吴國順義年間,廣陵瓜洲市中有一個人"市果實甚亟"。别人問他爲什麽,他説:"吾長官明日上事。"[3]他的長官是浙西楊副使。可知一些地方軍事長官與農村市場關係緊密,日常生活的必需品都是從市場上采購。

佛道兩教的宗教人士與市場亦有一定關係。成都覺性院,有僧合藥出售,"人多服也"[4],説明僧人們製造的藥物在社會上比較受歡迎。而長沙獄掾任福祖出行時,碰到了賣藥道人[5],這些藥大概都是自己製造的。

城市生活安逸,追求時髦風氣盛行,社會對商品不斷産生出新的需求。路巖長得較爲秀美,"風貌之美,爲世所聞"。他在成都時,"善巾裹,蜀人見必效之"。如果"閭巷有袪服修容者",大家一定譏笑此人是在學路巖[6]。换句話説,城市人追求衣飾容貌的美好是没有止境的,對商品的需要量自然而然地不斷增大,這是唐五代市場商品品種繁多的真正原因。

(三)城市生活中的商業經營

宋人在筆記中記載了唐五代各地商業經濟的活躍,尤其關於唐末五代的一些資料特别顯得珍貴。如談到五代時的廣陵,爲"東南一都會,凡百頗類京師,

1 孫光憲:《北夢瑣言》卷四《蔡京尚書拔顧氏昆弟》,第一編第一册,第 48 頁。

2 陶穀:《清异録》卷上《官志門》"抱冰公事",第一編第二册,第 21 頁。

3 徐鉉:《稽神録》卷三《楊副使》,第 41 頁。

4 孫光憲:《北夢瑣言》卷一〇《鍾大夫知命丹》,第一編第一册,第 130 頁。

5 陶穀:《清异録》卷下《作用門》"無字歌",第一編第二册,第 68 頁。

6 王讜:《唐語林》卷四《容止》,第三編第二册,第 139 頁。

號‘節木汴州’”[1]，繁盛程度并不亞於五代末年的汴州。吴越國的杭州，“輕清秀麗，東南爲甲；富兼華夷，餘杭又爲甲。百事繁庶，地上天宫也”[2]，是東南最爲富庶的城市。潤州金山附近的江面有大量商船駐泊，王慎辟有詩云：“淮船分蝗點，江市聚蠅聲。”[3]描繪的就是潤州的商業繁榮面貌。皖口的江面上，賈人之子何致雍和其叔父“泊舟皖口”，後見一官吏“來往岸側，遍閲舟船人物之數”。“翌日，大風濤，所泊之舟皆没”[4]，説明停泊的商船很多。

各地來往的商人，由於販運的商品一般都有特色，因而形成了具有地方特色的商幫。《清异録》卷上談道：“荆楚賈者，與閩商争宿邸，荆賈曰：‘爾一等人，横面蛙言，通身劍戟，天生玉網，腹内包蟲。’閩商應之曰：‘汝輩腹兵亦自不淺。’蓋謂‘荆’字從刀也。”[5]將商人分成荆商和閩商兩大類，説明這兩種商人具有較强的經濟實力，在全國産生重大的影響，其販運至全國的商品有一定的地域特點。

社會對商業的認識越來越深刻，大家都清楚商業在社會經濟中的地位[6]。曹確、楊收、徐商、路巖同爲執政時，人們對政府的經濟政策有看法，認爲這幾位宰相衹知收税而不管商業盛衰：“確確無餘事，錢財總被收，商人都不管，貨路幾時休？”[7]宰相們如果不管商業是否興盛，不管各地商貨是否能及時轉輸，就會受到社會輿論的抨擊，反過來説，社會對商業在整個經濟中所占的地位有了充分的認識，知道人們的生活已離不開商業，與市場休戚相關。

衡量一個官員的工作是否做好，唐以前大多是以招徠户口、穩定社會秩序、徵收租賦等方面作爲主要的標準。但到了唐代中期以後，衡量的標準在不知不

1 陶穀：《清异録》卷上《地理門》“節木汴州”，第一編第二册，第17頁。

2 陶穀：《清异録》卷上《地理門》“地上天宫”，第一編第二册，第17頁。

3 鄭文寶：《江表志》卷上，第一編第二册，第261頁。

4 徐鉉：《稽神録》卷一《何致雍》，第13~14頁。

5 陶穀：《清异録》卷上《么麼門》“腹兵”，第一編第二册，第28頁。

6 關於唐代商人社會地位的變化，筆者曾有過討論，參張劍光、鄒國慰《唐代商人社會地位的變化及其意義》（《上海師範大學學報》1989年第2期，第102~109頁）。另可參林立平《唐宋時期商人社會地位的演變》（《歷史研究》1989年第1期，第129~142頁）、王靈善《論唐代商人的政治地位》（《山西大學學報》1992年第4期，第27~32頁）等文。

7 錢易：《南部新書》卷甲，第一編第四册，第9頁。

覺中發生了變化。比如成汭在荆州,工作開展得有聲有色,宋人評價説:“爾後招輯户口,訓練士卒,沿流而鎮渚宫。尋授節旄,撫綏凋殘,勵精爲理。初年居民唯一十七家,末年至萬户,勤王奉國,通商務農,有足稱焉。”[1]除了招徠户口,還有“通商務農”,把通商亦作爲衡量工作是否做好的標準之一。這充分説明隨着社會經濟形勢的變化,在農和商之間人們已不想再多談論哪個是本哪個是末,而是認爲兩者都很重要,都對社會經濟有着較大的促進作用。

宋人記載中談到了唐代末年的社會動蕩對商品經濟的影響。唐末兵革遍海内,“秦宗權破巢魁於汝城,遂爲節度使,滿目荆榛,强名曰藩府。粒食價逾金璧,通衢有飯肆偶開,榜諸門曰:‘貨剥皮丹,每服衹賣三千。’”這裏的“服”,“以碗言也”,即一碗飯要高達三千文。所以宋人説:“彼時之民,與犬豕何以异。”[2]戰争對商業的破壞十分厲害,嚴重影響到人民的生活。有位鍾大夫曾對孫光憲説:“曾在湘潭,遇干戈不進,與同行商人數輩,就岳麓寺設齋。”[3]遭遇戰争,商人的販運就得停止。宋人談道:“五代離亂,兵革紛擾。豪商大賈,往往以珍寶委弃深山大澤中,免罹喪亂,不可勝數。”一些逃難到東南山區的商人將自己畢生賺到的金錢財寶藏了起來。如“今建州浦城縣之船山一藏是也。山有赤人、赤馬、白人、白馬、牛羊之類,左右羅列,動以千百數;雜陳金寶,長曳數百步,而人未有得之者”[4]。商人爲了活命而逃難,原來的商業資本在動蕩時衹能儲藏起來,不能再進入商品交换領域。毫無疑問,社會動亂對商業資本的正常運轉影響較大,對社會經濟的破壞十分巨大。宋人筆記對重視商業的官員都是贊嘆有加,對戰争造成商業的破壞表達出惋惜之情,同時又把唐五代人對商業的真實態度表露了出來。

唐五代時期,商業販運業繁盛。“有賈客沈申者,常來往番禺間,廣主優待之,令如北中求寶帶。申於洛、汴間市得玉帶一,乃奇貨也”。沈申回來時取道湘潭,結果寶帶爲馬希聲設計偷盗[5]。即使身處五代分裂時期的各個小國家,商

1 孫光憲:《北夢瑣言》卷四《成令公爲蛇繞身》,第一編第一册,第 51 頁。

2 陶穀:《清异録》卷下《饌羞門》“剥皮丹”,第一編第二册,第 106 頁。

3 孫光憲:《北夢瑣言》卷一〇《鍾大夫知命丹》,第一編第一册,第 130 頁。

4 章炳文:《搜神秘覽》卷中《船山藏》,第三編第三册,第 134 頁。

5 孫光憲:《北夢瑣言》佚文一《馬希聲謀殺沈申》,第一編第一册,第 216 頁。

人仍然能够從廣州經湖南來到中原,采辦了貨物後再回南方。還有一些商人到周邊各國去收購寶物再運回國内。《清异録》卷下就談到“有賈至林邑,舍一翁姥家”,主要是爲了去采購必要的産品[1]。販運的商品除了奢侈品,更多的是日常生産資料和生活必需品。

在一些重要交通道路上,我們可以看到販運商人來往不斷。鄂州一女子和侍婢被人“殺之於路,弃尸江側”,但“幸而不死。既蘇,得賈人船,寓載東下”[2]。説明長江上東來西往的商人衆多。商人長途販運,到了晚上大多是居住在客舍之中。有位崔巡官到淮南來看望李紳,“纔到客舍,不意家僕與市人有競”[3],是他的僕人與商人争搶住宿。因爲崔巡官很晚纔到旅舍,却讓市人騰地方,結果雙方各不相讓,事情越鬧越僵。

商人販運的貨物中,以茶、鹽最爲大宗。《猗覺寮雜記》卷上談到白居易有“前月浮梁買茶去”句,而《舊唐書》中談及“風俗貴茶之名,劍南之蒙頂”云云,浮梁茶還不在其中,所以推測“是唐之茶商多在浮梁也”[4]。鹽亦是商人販運的重要商品。杜甫《鹽井》詩談道:“自公斗三百,轉致斛六千。”四川的井鹽中唐時一斗三百文,但經商人轉運,一斛爲六千文,商人賺了一半的價錢,所以宋人説讀杜甫的詩“便見當時川中鹽價與商賈所販之息,使後世有考焉”[5],商人賺多少錢就十分清晰了。

商人的經營手段和方式呈現出多樣性的風格。宋清原來是在長安西市賣藥,不過他不純粹是個開店鋪的小商人。每當有“朝官出入移貶,輒賣藥迎送之”,注重與官員搞好關係。如果是貧窮者,他亦有一套辦法:“貧士請藥,常多折券,人有急難,傾財救之。”結果他不但不虧本,反而“歲計所入,利亦百倍”。宋人認爲:“清居市不爲市之道,然而居朝廷、居官府、居庠塾鄉黨以士大夫自名者,反争爲之不已。”[6]不要純爲了點生意而渾身都是市儈氣,商人要有更長遠

1 陶穀:《清异録》卷下《薰燎門》“沉香甑”,第一編第二册,第 109 頁。

2 徐鉉:《稽神録》再補《鄂州小將》,第 146 頁。

3 王讜:《唐語林》卷四《豪爽》,第三編第二册,第 134 頁。

4 朱翌:《猗覺寮雜記》卷上,第三編第十册,第 22~23 頁。

5 朱翌:《猗覺寮雜記》卷上,第三編第十册,第 38 頁。

6 趙令畤:《侯鯖録》卷一,第二編第六册,第 192 頁。

的眼光,反而會賺取更多的利潤。建康人杜魯賓賣藥,有豫章人常常來市藥,“未嘗還直”。“一日復至,市藥甚多,曰:‘吾欠君藥錢多矣。今更從君求此,吾將還西天市版木,比及再求,足以并酬君矣。’杜許之”[1]。杜魯賓經營的藥材店可以賒賬,用事後支付款項的形式來擴大經營。一些酒店已注重視覺上的衝擊,用竪起酒旗的辦法來爲經營作廣告。如陳會郎中家是開酒店的,大和元年及第後,宰相李固言讓地方上勸陳家“收下酒旆,闔其户”,不要再開酒店[2],説明陳會家的酒旆是酒店的重要標志。而江淮有位商人“積米以待踴貴”,他“畫圖爲人,持米一斗,貨錢一千,以懸於市”[3]。雖然這位商人是在哄抬物價,但他經營的方式實際是運用了廣告的形式,明確告訴大家米的價錢。

市場商品交换中,中間人牙儈的作用比較突出。[4] 成都的鬻豚之肆,有“儈豕者”對屠主談論當天要宰殺的那頭猪的長相,説是“此豚端正”[5],應是屠主依靠了牙儈纔有貨源。在對外貿易中,牙儈的作用應該更大,商人到達港口後,精通語言的牙人會幫他們聯繫商品交易。如番禺有牙儈徐審,“與舶主何吉羅洽密,不忍分判,臨岐出如鳥嘴尖者三枚”,送給徐審,并説:“此鷹觜香,價不可言。”[6]柳仲郢家對一奴婢不滿意,“將婢於成都鬻之”,找到了下家西川大校蓋巨源,通過一個女牙人帶了奴婢來到蓋家,“女儈具以柳婢言導,蓋公欲之,乃取歸其家”。後來女婢生病,“似中風恙,命扶之而去,一無言語,但令輿還女儈家”[7]。亦就是説,做中間人的女儈實際上是個擔保人,如果女婢品質不行,牙人要負責,所以蓋家就將人退給了女儈。縣級市場裏亦有牙儈。南唐時以海陵縣爲郡,“有市儈夏氏,其先嘗爲鹽商”[8],之後專以商品交换中間人作爲自己的

1 徐鉉:《稽神録》拾遺《杜魯賓》,第 119 頁。

2 王讜:《唐語林》卷四《賢媛》,第三編第二册,第 163 頁。

3 王讜:《唐語林》卷二《政事下》,第三編第二册,第 52 頁。

4 關於牙人在商品經濟中的作用,可參張弓《唐五代時期的牙人》(《魏晋隋唐史論集》第一輯,中國社會科學出版社,1981 年,第 252~266 頁)以及張劍光《唐五代牙人活動之蠡測》(《唐代經濟與社會研究》,上海交通大學出版社,2013 年,第 13~20 頁)。

5 王讜:《唐語林》卷四《容止》,第三編第二册,第 139 頁。

6 陶穀:《清异録》卷下《薰燎門》“鷹觜香”,第一編第二册,第 109 頁。

7 孫光憲:《北夢瑣言》卷四《柳婢譏蓋巨源》,第一編第一册,第 53 頁。

8 徐鉉:《稽神録》補遺《海陵夏氏》,第 130 頁。

職業。

城市商業發展的一個基本面貌是商業交換遍布各個熱鬧地區，小商小販們越出市場，"凡市人賣販，利息皆有常數"[1]，商業經濟對城市的生活影響越來越大，很多城市百姓依靠商業生活。侍郎李紓某天上朝回家，"與同列入坊門，有負販者訶不避"[2]，説明小商販在坊内亦有活動。鄂州小將來到廣陵，"舍於逆旅。見一婦人賣花"，與他妻子的侍婢長得一模一樣，走近一看，真是她本人。侍婢對小將説："今在此，與娘子賣花給食而已。"於是小將和侍婢來到"一小曲中"，看到自己的妻子居住在一"貧舍"中[3]。揚州城中的小商販在逆旅附近人流量較大的地方出售花卉，可以簡單維持生計。再如廣陵有一賣餅老王，以出售自己做的餅爲生。他"無妻，獨與一女居"，靠賣餅解決父女兩人的生計。老王家和賣餅處所并不是同一個地方，估計他是有專門的經營店鋪，是在城市的某個熱鬧之地[4]。在成都，大校蓋巨源某天"臨街窺窗，柳婢在侍。通衢有鬻綾羅者從窗下過，召俾就宅。蓋公於束縑内選擇邊幅，舒卷揲之，第其厚薄，酬酢可否"[5]。蓋巨源家在苦竹溪，臨街而居，販賣絲織品的商販在他家的窗下路過，然後被召進宅内，雙方面對面地看商品的品質，討價還價。

服務性産業遍布城市的各個角落。唐河間王李孝恭的兒子李晦，家裏有樓，向下能俯瞰一酒肆。有一天，酒肆經營者等候到李晦，對他説："微賤之人，雖禮所不及，然家有長幼，不欲外人窺之。家迫明公之樓，出入非便，請從此辭。"[6]意謂開酒店的小商人與你們這種貴族相比，雖然身份低微，但亦不想每天讓你看到自己家裏的一舉一動。這説明酒店的開設往往與居民區連在一起。從李晦的身份來看，他家應該是處於高檔的地段，而這樣的居民區開設了酒肆，李晦亦没有認爲影響到自己的生活，説明長安城裏的很多居民區其實都有服務行業。一些酒樓爲城市生活富裕者提供飯食，同時亦是妓女經常出没的地方。

1 徐鉉：《稽神録》卷三《僧瑨楚》，第41~42頁。

2 王讜：《唐語林》卷五《補遺》，第三編第二册，第195頁。

3 徐鉉：《稽神録》再補《鄂州小將》，第146頁。

4 徐鉉：《稽神録》卷五《賣餅王老》，第76頁。

5 孫光憲：《北夢瑣言》卷四《柳婢譏蓋巨源》，第一編第一册，第53頁。

6 孔平仲：《續世説》卷一《德行》，第二編第五册，第7頁。

前蜀王衍“好私行,往往宿於倡家,飲於酒樓,索筆題曰‘王一來’云”[1]。他生怕別人認出來,還故意戴了大帽子遮掩。一些提供手工業服務的作坊,遍及城市各個區域。如潤州朝京門内有染師,廣陵九曲池南有染人[2],都是開設染坊爲城市居民染布的。

商業經營在城市人的頭腦中已經扎下了根。小商小販在城市的各個角落中冒出來,許多人沿街串户販賣小商品。如建康城内就有人專門鬻醯[3],因爲醋是人們喜歡食用的飲食配料。建康人杜魯賓“以賣藥爲事”,是靠出售藥物爲生。而杜魯賓建房子的時候,“有賣土者,自言金壇縣人,來往甚數,杜亦厚資給之”[4]。城市的馬路街邊,常會看到各種攤肆。段文昌在廣陵,“夏月訪親知於城中,不遇,飢甚,於路中拾得一錢,道旁買瓜,置於袖中”[5]。可知瓜攤應該擺在路旁。

小商小販的生活其實并不富裕,僅略够衣食而已。成幼文爲洪州録事參軍時,其所居住的房子“臨通衢而有窗”。一天他坐窗下,外面剛好下雨,路上泥濘,他“見一小兒賣鞋,狀甚貧窶。有一惡少年與兒相遇,絓鞋墜泥中,小兒哭求其價。少年叱之,不與。兒曰:‘吾家旦未有食,待賣鞋營食,而悉爲所污’。”[6]小兒要賣掉鞋纔會有錢買其他的東西,日子十分艱難。海陵縣市儈夏氏,其先人爲鹽商,但“夏方貧”,改葬其祖時,把墓裏值錢的衣服器物全部賣了變成現錢[7]。

城市中有些人有多餘的房子,就靠出租房子爲生。《清异録》卷上説:“僦屋出錢,號曰痴錢,故僦賃取直者,京師人指爲‘錢井經商’。”[8]所謂的錢井經商,就是指有些人以出租房屋賺錢,有些人以出租錢幣賺錢,實際上是放高利貸。

---

1 張唐英:《蜀檮杌》卷上,第一編第八册,第 44 頁。
2 徐鉉:《稽神録》補遺《武夷山》,第 131 頁;《染人》,第 137 頁。
3 徐鉉:《稽神録》卷二《鬻醯者》,第 26 頁。
4 徐鉉:《稽神録》拾遺《杜魯賓》,第 120 頁。
5 王讜:《唐語林》卷六《補遺》,第三編第二册,第 226 頁。
6 吴淑:《江淮异人録·洪州書生》,第八編第七册,第 157 頁。
7 徐鉉:《稽神録》補遺《海陵夏氏》,第 130 頁。
8 陶穀:《清异録》卷上《人事門》“錢井經商”,第一編第二册,第 23 頁。

這種經濟現象的出現，其前提是城市裏有較濃厚的商品交换的環境。官員退休離職和外地前來的人們都需要在城市裏租房居住。如虔化縣令王瞻罷任歸建業，就想"登岸卜居"；蘇長史，"將卜居京口"；望江李令者，罷秩居舒州[1]。劉同圭在洪州時，"詣艾氏家，賃其屋而居，家唯翁媪而已"[2]。吴國定都揚州，"遠坊居人稀少，烟火不接"。這些地方有很多空房子，租房的價格便宜，"有康氏者，以傭貸爲業，僦一室於太平坊空宅中"[3]。這些在城市中出租房屋的人主要想通過房租來改善自己的生活。

城市中的商人在經營的時候常常同時加工産品，而城市中的手工業者，一般是自己直接將手工業産品推向市場，因而這些人身份的確定就看他們平時經營的側重點在哪個方面，而實際上他們中的部分人是屬於亦工亦商。廣陵有位商人，"以柏木造床，凡什物百餘事，製作甚精。其費已二十萬。載之建康，賣以求利"[4]。花了大價錢加工製作，再用船運輸到建康出售，這是自産自銷。最後，他把這些傢具賣至三十萬。成本二十萬，銷售價爲三十萬，中間的十萬就是利潤。

（四）商人的生活及其地位

傳統观念中，人們認爲商人是"工商雜類，不得預於士伍"[5]，是怠惰游手。清高的士大夫更是不屑於賺取蠅頭小利，不願與商人有多少瓜葛，從内心對商業是排斥和貶低的。

對商業持貶斥態度的保守思想在唐代士大夫階層中占主流地位，而宋代人對這種保守思想更是贊嘆有加。如王起"三任節鎮，揚歷省寺，贈守太尉"，文宗十分看重他。王起"雖歷外鎮，家無餘財"，文宗"知其甚貧，詔以仙韶院樂官逐月俸錢三百貫給之。起昧於理家，俸入其家，盡爲僕妾所有，耄年寒餒，故加給焉"。這樣一個不善經營打理自己家産的高官却得到皇帝和社會的肯定，宋人

---

1 徐鉉：《稽神録》卷一《王瞻》，第 18~19 頁；卷二《蘇長史》，第 28 頁；卷二《望江李令》，第 33 頁。

2 吴淑：《江淮异人録·劉同圭》，第八編第七册，第 146 頁。

3 徐鉉：《稽神録》卷五《康氏》，第 85 頁。

4 徐鉉：《稽神録》卷三《廣陵賈人》，第 43 頁。

5 劉昫：《舊唐書》卷四八《食貨志上》，第 2089 頁。

說:“士人之家,唯耻貨殖。”[1] 意味着正統的士大夫家庭是不應該搞商業經營的。對小商小販,一些以大族清門自居的人更是瞧不起,甚至不願和他們多接觸。柳仲郢僕射家將一奴婢賣給了大校蓋巨源家,有一次蓋巨源和奴婢一起與一販賣綾羅的小商人談買賣,“第其厚薄,酬酢可否”,就是看看品質,談談價錢。奴婢就受不了,説:“某雖賤人,曾爲柳家細婢,死則死矣,安能事賣絹牙郎乎。”這種觀點竟然得到一些宋人的稱贊,説:“蜀都聞之,皆嗟嘆也。清族之家,率由禮則,蓋公暴貴,未知士風,爲婢僕所譏,宜矣哉。”[2] 實際上這是一種抱殘守缺的情緒在作怪,社會經濟變化這麽大,與商販不接觸已經很難做得到了。

爲什麽有些人總會帶着异様的眼光看富裕商人呢?大概主要是因爲商人將錢看得很重的這一本性,人們很難接受。唐小説中曾記載“李紓侍郎罵負販者,云:‘頭錢價奴兵。’”這“頭錢猶言一錢也”[3],用今天的話説就是將每一分錢都看得很重,這種貪婪特性使得商人很難爲有一定知識的官宦、文化人接受。很多經商者本來生活比較艱難,屬於社會底層,後來通過經商改善了生活,但他們的舉止表現并不符合士大夫們的眼光。商人在經商活動時比較喜歡高聲喊叫,其主要目的是吸引路人圍觀,提高人氣,從而促進銷售,但有修養的人很難接受。文宗大和年間,“樂工尉遲璋左能囀喉爲新聲”,相當於尖叫中的變聲。這一招爲京師屠沽效仿,呼爲“拍彈”。[4] 就是説,商販們亦開始囀喉尖叫吆喝,但這種舉動很難爲社會精英們瞧得上眼。還有一些商人不務正業,動刀動槍練雜耍,如梁崇義,“長安市井人,有力,能卷金舒勾”[5],後以謀叛伏誅。宋人記述這些時,其實都帶有不認同甚至是嘲笑的色彩。

不過隨着社會經濟發生的一些變化,人們對商業和商人的看法出現了較大的變化,對商業的認同感日益加深。

很多政治人物開始經營商業,大大提高了商業經營者在社會上的地位。如文宗開成中,李紳爲汴州節度使,“上言於本州置利潤樓店,從之”。地方政府出

1 孫光憲:《北夢瑣言》卷二《文宗重王起》,第一編第一册,第 27 頁。

2 孫光憲:《北夢瑣言》卷四《柳婢譏蓋巨源》,第一編第一册,第 53 頁。

3 陸游:《老學庵筆記》卷一〇,第五編第八册,第 123 頁。

4 錢易:《南部新書》卷乙,第一編第四册,第 26 頁。

5 錢易:《南部新書》卷丙,第一編第四册,第 28 頁。

面經商，且得到皇帝同意，實際上增强了商業的重要性，有利於商人地位在人們心目中的提高。宋人評論説："與下争利，非長人者所宜。"[1]倒不是説官方不能經商，而是認爲不能與百姓争搶利益。南唐孫晟爲官二十餘年，同時他經商賺錢，"貨財邸第，頗適其意"，"家妓甚衆"[2]。政治人物是社會的風向標，指引了社會的價值取向。南唐侍中周宗的經商更是肆無忌憚。他"既阜於家財而販易，每自淮上通商，以市中國羊馬"。陸路不通，就從海路來往。後周世宗抓住這點，"使軍中人蒙一羊皮，人執一馬，僞爲商旅，以渡浮橋而守，繼以兵甲，遂入臨淮"[3]。周宗以爲是商人來交易，没有嚴加防守，想不到人家來的是士兵。五代後蜀時的蜀州，"郡有盧敬芝司馬者，以殖貨爲業"，説明他當官是主業，回家後就在操持商業活動。後來有位將校韋承皋忽悠他，認爲可以和僧人行真"同修舊藥，藥成，當得分惠。謂吾子罷商賈之業可乎？"[4]意謂不再經商，專門去吃這僧人煉出來的藥物就可以了。

商人的政治地位也在發生一些變化。唐初顔師古爲秘書少監，"多引後進之士爲郎校，抑素流，先貴勢，雖富商大賈，亦引進之，人言其納賄。由是出爲郴州刺史"[5]。顔師古不一定真能引商人子弟進入官員隊伍中，但他和富商大賈有交集，平時肯定有來往，亦許在經濟上是收受了一定的好處。可以看到商人們爲了自己及其子弟社會地位的提高，在唐初就和官員們開始建立一些關係。

隨着教育的普及化，社會下等人的子弟亦能有受教育的機會，科舉考試雖然是社會上層人士的天下，但亦常有下層子弟跳躍龍門中第。唐末宰相畢諴，"吴鄉人，詞學器度，冠於儕流。擢進士，未遂其志"。有人對他説，因爲他是"鹺賈之子，請改爲'諴'字"。畢諴本來就"希爲改名，以期亨達"，聽後馬上改了名字，"竟以此名登第，致位台輔"[6]。作爲鹽商兒子，畢諴能數次參加科舉，最後中第，并官至宰相，説明社會對鹽商的態度發生了較大的變化，商人的地位在不

1　錢易：《南部新書》卷壬，第一編第四册，第105頁。

2　孔平仲：《續世説》卷九《汰侈》，第二編第五册，第166頁。

3　佚名：《五國故事》卷上，第一編第三册，第241頁。

4　孫光憲：《北夢瑣言》佚文一《韋承皋修黄白術》，第一編第一册，第217頁。

5　孔平仲：《續世説》卷九《黜免》，第二編第五册，第156頁。

6　孫光憲：《北夢瑣言》卷三《戲改畢諴相名》，第一編第一册，第29頁。

斷提高。再如"家以當爐爲業"的陳會,曾經被官吏毆打,生活并不如意。後來勤讀苦練,大和元年及第。得知中了進士,宰相李固言讓地方官對陳會家裏人説要"收下酒旆,闔其户"[1],但陳家人還不願意。一方面説明下等社會地位的人可以參加科舉考試,另一方面亦可以説明很多人并不認爲經商對自己的社會地位和政治地位有多大的影響,反映出商人的地位有了很大提高。

在一些小説中,常會有商人子弟擔任高官的情節描寫,這實際上是現實世界的一種真實反映。唐末何致雍,是"賈人之子也",少年時就接受了良好的教育,"幼而英爽好學"。後來"受知於湖南,爲節度判官"。五代時"楚王希範嗣立,復去帝號,以致雍爲節度判官,檢校僕射。竟卒於官"[2]。這篇小説中的人物有可能是虚實相間的,談到的這位何致雍儘管是商人子弟,却可以通過接受教育最後出任高官,反映出對商人進入仕途的限制越來越少。

在現實生活中,商人憑藉經濟實力,可以和社會上各個層次的人結交。杜德祥侍郎"昆弟力困,要舉息利錢濟急用,召同坊富民到宅"。富民來了後,杜家人問他:"子本對是幾錢?"[3]用今天的話來説就是高利貸的利息爲多少。

當然我們還必須看到,儘管商人的社會地位發生了一些變化,但這些都不會改變他們在經商過程中的艱辛。

在唐五代政府專制統治時期,商人的社會生活畢竟要受到政治權力的制約。《新唐書》卷九八《王珪傳》談道:"它日進見,有美人侍帝側,本廬江王瑗姬也。帝指之曰:'廬江不道,賊其夫而納其室,何有不亡乎?'珪避席曰:'陛下以廬江爲是邪? 非邪?'帝曰:'殺人而取妻,乃問朕是非,何也?'"[4]唐太宗指責廬江王李瑗殺了人還奪了人家的美妻,而王珪的意思是説你不亦是一樣啊。廬江王李瑗殺的是誰? 宋人的記載補充了這一段史實。原來這個寵姬名叫亭亭,"本賈人妻,有殊色,瑗殺其夫而納之。瑗敗,入宫,復侍太宗"[5]。從唐代初年的這件事情來看,當商人和統治者發生矛盾時,在當時的社會環境中,商人的結

1 孫光憲:《北夢瑣言》卷三《陳會螳蜋賦》,第一編第一册,第40~41頁。

2 徐鉉:《稽神録》卷一《何致雍》,第13~14頁。

3 孫光憲:《北夢瑣言》卷一〇《前賢戲調》,第一編第一册,第121頁。

4 歐陽修、宋祁:《新唐書》卷九八《王珪傳》,第3888頁。

5 吴曾:《能改齋漫録》卷七《廬江王姬》,第五編第三册,第200頁。

局是比較悲慘的。

商人的經營活動常會有很多風險。宣州安仁場官盧延貴,赴職途中遇到大風,於是泊舟江次數日,碰到一個身無分文的人,説:"我商賈也,頃歲漂舟,至此遇風,舉家没溺,而身獨得就岸。"[1]本是用船運輸貨物,但江中多風險,家人都在翻船事故中喪命,所以并不是每個經商的人都能發財獲得成功。

不過唐五代有很多商人的經營是十分成功的,即使是普通的中小商人,經商獲得成功的事例亦有很多。一些商人經營有方,賺了很多錢,可以滿足家裏妻子和小孩的消費,使他們生活有保障,但對自己的命運却無法把握。裴度應舉時,見到一個女人,"類賈客之妻,從女奴皆衣服鮮潔,挈一合,以紫帕封"。儘管衣服穿得很好,但商人妻子非常悲傷,她説:"夫犯刑憲,其案已圓在朝夕。某家素豐,蓄一寶帶,會有能救護者,與數萬緡,至羅錦,悉不取,唯須此帶。今早晨親遣女使更持送,忽失所在,吾夫不免矣!"[2]商人犯法,馬上就要宣判,而商人家很有錢,收藏有一寶帶,其妻就帶了數萬緡和羅錦想去疏通關係。從這則故事來看,這位商人是比較富裕的。

商人經營賺了錢,在生活上會不斷追求新境界。廬陵有位商人田達誠,"富於財業,頗以周給爲務"。經營賺錢了,他不但常常施捨給周圍人錢財,而且家裏蓋了新房子。後來他有事到了廣陵,有一段時間没有回家,音訊不通,家裏人很擔心。有一個人與商人很熟,就和他開個玩笑,對他家裏人説:"主政在揚州,甚無恙,行當歸矣。新納一妾,與之同寢,吾燒其帳後幅以戲之耳。"[3]雖然田達誠在揚州并不是如此,但顯然當時一些商人在另一個地方避開家人納妾是比較多見的,否則人家亦不會開這樣的玩笑。

(五)生活中的外貿元素

宋人的筆記中還記録了唐五代海外貿易的興盛情景。《唐語林》卷八云:"海舶,外國船也,每歲至廣州、安邑。師子國船最大,梯上下數丈,皆積百貨。

1 徐鉉:《稽神録》拾遺《盧延貴》,第118~119頁。

2 王讜:《唐語林》卷六《補遺》,第三編第二册,第223頁。

3 徐鉉:《稽神録》卷二《田達誠》,第37~38頁。

至則本道輻輳,都邑爲喧闐。有番長爲主人,市舶使籍其名物,納船脚,禁珍异,商有以欺詐入牢獄者。船發海路,必養白鴿爲信,船没則鴿歸。”[1]唐代有大量的外國船來到廣州和安邑,特别是獅子國的船最大。外商的船隻一到廣州,市面爲之沸騰,唐朝派出市舶使和船主人會面,要當面登記抽税。政府要對外貿經營進行有效管理。

《唐語林》的説法是可信的,國外的確有不少商人在中國沿海各地經商。如高麗舶主王大世,“選沉水近千斤,叠爲旖旎山”。吴越國王錢俶出價黄金五百兩,“竟不售”[2]。亦有南洋商人到中國北方貿易:“南夷香槎到文登,盡以易疋物。同光中,有舶上檀香,色正白,號‘雪檀’,長六尺,地人買爲僧坊刹竿。”[3]外國商人來到中國後,出售各種香料,再購買絲綢之類的“匹物”回家。其時的外國商人來到中國,帶來了很多商品,香料衹是其中的一種。保大七年(949年),南唐中主“召大臣宗室赴内香燕。凡中國外夷所出,以至和合煎飲、佩帶粉囊,共九十二種,江南素所無也”[4]。這九十二種香料,不是南唐區域内生産的,要麽來自國外,要麽來自中國其他地區,就算只有一半是來自海外,這麽大的數量,亦十分驚人。吴越國地盤裹的海外商人,亦運來大量香料:“海舶來有一沉香翁,剜鏤若鬼工,高尺餘。舶酋以上吴越王,王目爲‘清門處士’,發源於心清聞妙香也。”[5]香料在國内有較大的需求,因此很多外商都瞄準了這一點來進行貿易。

外商往往會帶來許多珍奇的奢侈品,引得中國的官員、貴族們一擲千金。徐温少子徐知諤,喜歡收藏各種奇奇怪怪的東西。有一外商“得一鳳頭,乃飛禽之枯骨也。彩翠奪目,朱冠紺毛,金嘴如生,正類大雄鷄,廣五寸,其腦平正,可爲枕,諤償錢五十萬”[6]。大食商人給南唐政府帶來的龍腦油,“其味辛烈,解酲

---

1 王讜:《唐語林》卷八《補遺》,第三編第二册,第290頁。

2 陶穀:《清异録》卷下《薰燎門》“旖旎山”,第一編第二册,第109頁。

3 陶穀:《清异録》卷下《薰燎門》“六尺雪檀”,第一編第二册,第111頁。

4 陶穀:《清异録》卷下《薰燎門》“香燕”,第一編第二册,第109頁。

5 陶穀:《清异録》卷下《薰燎門》“清門處士”,第一編第二册,第111頁。

6 文瑩:《湘山野録》卷下,第一編第六册,第57頁。

躅疾,上所秘惜”,當作寶貝用高價買下來[1]。

外商亦收購中國的稀有寶物,用船運回國内。吴越王孫妃曾經施捨一物給龍興寺,“形如朽木箸。僧不以爲珍”,於是給錢塘江商船上的胡人察看。胡人一看就知道是寶貝,説:“此日本國龍蕊簪也。”於是出高價至一萬二千緡收購去了[2]。臨川人岑氏游山時看到溪水中有二白石,“大如蓮實”,就拾起放在箱子中。後來他到豫章,“有波斯國人邀而問之:‘君有寶耶?’曰:‘然。’即出二石示之。胡人欲以三萬爲價得之。岑雖寶藏,而實無用,得錢甚喜,因以與之。胡謝而去”[3]。波斯商人高價收購了岑氏的寶物。

海外商人到達沿海港口後,有的是通過牙人聯繫後進行商品交易。如番禺有牙儈徐審,“與舶主何吉羅洽密”,後來何將“如鳥嘴尖者三枚”送給徐審,并説:“此鷹觜香,價不可言。”[4]從這裏所指的“舶主”姓名來看,應該是個外國商人。雖然牙儈徐審如何替他聯繫買家出售商品未見明確記載,但從送給徐審香三枚來看,這個商人應是從國外購買了商品之後運到中國銷售,香是其中之一。

外商在中國經商是比較艱辛的。一些外商到中國來做生意,時間一長,身體出了狀況,最後把自己的命亦搭上,死在中國。崔樞去長安考進士,客居在汴州半年,碰到一個外國海商,兩人住在一起。後來這個外商病得很重,對崔説:“荷君見顧,不以外夷見忽。今疾勢不起。番人重土殯,脱歿,君能終始之否?”崔允答。外商又説:“某有一珠,價萬緡,得之能蹈火赴水,實至寶也。敢以奉君。”崔覺得自己不應該私蓄异寶,所以下葬時將其偷偷地放在棺材中。一年後,崔樞聽説“番人有自南來尋故夫,并勘珠所在,陳於公府,且言珠必崔秀才所有也”,於是對官府説如果墓没有爲人所盗,珠寶肯定還在,“遂剖棺得其珠”[5]。這個番人是個海商,其老婆“自南來尋”,應是從南方海上來到中國,走的是海路,或許是個波斯或阿拉伯商人,其價萬緡的珠寶有可能是專門帶到中國來出售的。可知,外商的經營并不都是很順利,亦不太可能全是賺足了錢回家過富

1 鄭文寶:《南唐近事》佚文,第一編第二册,第230頁。

2 陶穀:《清异録》卷下《衣服門》“龍蕊簪”,第一編第二册,第73頁。

3 徐鉉:《稽神録》卷五《岑氏》,第88頁。

4 陶穀:《清异録》卷下《薰燎門》“鷹觜香”,第一編第二册,第109頁。

5 王讜:《唐語林》卷一《德行》,第三編第二册,第16頁。

裕的生活,他們的經商會冒很大的風險。

中國有很多商人赴海外貿易。如《唐語林》記載:“海上居人,時見飛樓如結構之狀,甚壯麗者。”[1]所謂的“海上居人”,其實就是海面上的運輸販賣者。他們是看到了海市蜃樓。有商人在林邑,“舍一翁姥家,日食其飯,濃香滿室。賈亦不喻”[2]。再如朱梁時有個青州商人,“泛海遇風,漂至一處,遠望有山川城郭”。爲商人駕船者叫海師,這位海師説:“自頃遭風者,未嘗至此;吾聞鬼國在是,得非此耶!”[3]證明海師常常出海,對周圍海上區域比較熟悉。到海外經營的商人常會帶回很多奇珍异寶。如李勉在汴州時,“有异骨一節,可爲硯”。李勉這寶物是從哪來的?他説是“南海時得於海商,云是蜈蚣脊骨”[4],是從到海外走了一遭的商人那裏買來的。

(六)農村生活中的商品經濟

州級以上大城市的經濟對周圍農村有較大的輻射力,商業經營會深刻地影響農村人的生活。五代時焦生常到洛陽,“入城市,昏晚醉歸,妻率兒女輩於莊門,及令丁壯一二里候之”,他每天入城到市裏喝酒。之後妻子死了,“焦生復早詣城市,昏晚方歸,半醉策驢,去其居十許里,大慟而歸”[5]。家離城有十餘里,他每天早晨去,到晚上回家。

縣市經濟對農村的影響更直接,縣市周圍地區的農業和種植業、養殖業等都受其衝擊。原後蜀攝成州長道縣主簿劉蟾,“匿於川界貨藥”,“開寶中,於青城鬼城山上結三間茅屋,植果種蔬”。他平時到青城縣市出售藥材,再購買“米麵鹽酪歸山”[6],説明商品經濟對農村影響極大,農村裏的人與市場關係十分密切。

唐五代農民日常生活中,對商品經濟的需要已經十分迫切,最顯著的一個

1 王讜:《唐語林》卷八《補遺》,第三編第二册,第290頁。
2 陶穀:《清异録》卷下《薰燎門》“沉香甑”,第一編第二册,第109頁。
3 徐鉉:《稽神録》卷二《青州客》,第30頁。
4 李石:《續博物志》卷一〇,第四編第四册,第221頁。
5 張齊賢:《洛陽搢紳舊聞記》卷五《焦生見亡妻》,第一編第二册,第197頁。
6 黄休復:《茅亭客話》卷四《劉長官》,第二編第一册,第32~33頁。

標志是草市大量出現。東、西川人相互看不起,西川人常説:"梓州者,乃我東門之草市也,豈得與我爲耦哉!"意謂梓州的城市規模比起西川的成都,實在太小,就像西川的一個草市。西川人故意貶低梓州城,所以東川節度柳仲郢無奈地笑笑,對手下幕客説:"吾立朝三十年,清華備歷,今日始得與西川作市令。"[1]這則記載雖然是一段詼諧的對話,但足以説明草市在東、西川是比較多見的。而且既然説有市令,政府或許在草市中亦設有一定的管理機構。

草市是農村最基層的市場,對周圍農村經濟造成的影響比較直接。草市中的很大一部分商品就是周邊農村提供的。閬州人唐峰,有祖墳在茂賢草市,"峰因負販,與一術人偕行,經其先塋",術士曰:"此墳塋子孫合至公相。"峰謂曰:"此即家墳隴也。"[2]從這則記録來看,唐峰家應該也在草市的附近,除了種地,他平時還販運商品。草市使一些農民漸漸從農業向商業發生轉移。

從已有的研究來看,草市要麽較多地分布在經濟相對發達、較接近城市的農村地區,要麽分布在縣市很難覆蓋而且離縣城較遠的農村地區。前者的商品經濟較爲發達,大量的農民捲入商品交换中,即使農村地區商業貿易亦比較興盛;後者離官方市場太過遥遠,但又十分需要商業貿易,這樣草市就會出現。宋人説:"嶺南謂村市爲虚。"柳宗元《童區寄傳》中談到"之虚所賣之",又有詩談到"青箬裹鹽歸峒客,緑荷包飯趁虚人",宋人認爲:"蓋市之所在,有人則滿,無人則虚,而嶺南村市滿時少,虚時多,謂之爲虚,不亦宜乎?"這種解釋是否妥當尚待探索,但可以看到嶺南一帶的鄉村由於對商業的需要,已自發地出現了虚市,這是農村商品經濟發展的一個重要標志。這種草市在巴蜀地區亦有出現:"蜀有痎市,而間日一集,如痎瘧之一發,則其俗又以冷熱發歇爲市喻。"[3]又端州等地亦有類似的草市:"端州已南,三日一市,謂之'趁虚'。"[4]三日一市的草市,就是虚市。這種不同名稱的草市,其本質是一樣的,都是由於縣市不能覆蓋到較遠的鄉村,但人們的日常生活又必須通過商品交换得到生活和生産必需

1 孫光憲:《北夢瑣言》佚文三《東西川人輕薄》,第一編第一册,第232頁。

2 孫光憲:《北夢瑣言》卷一二《塹杜氏山岡》,第一編第一册,第149頁。

3 吴處厚:《青箱雜記》卷三,第一編第十册,第211頁。

4 錢易:《南部新書》卷辛,第一編第四册,第90頁。

品，從而出現了這樣的鄉村市場。

有學者認爲痎市就是亥市。如傅築夫先生説："江南人改痎曰亥市，因荆吴俗以寅、申、巳、亥日集於市，唐詩中屢有亥市。"他引白居易的《東南行》"亥日饒蝦蟹，寅年足虎貙"，認爲"就是指農村集市而言"[1]。不過宋人的觀點并不是這樣的。《能改齋漫録》説："豫章《古漁父》詩云：'魚收亥日妻到市，醉卧水痕船信風。'嘗以未知亥日事。讀張籍《江南曲》云：'江村亥日長爲市，落帆度橋來浦裏。'乃知籍亦用此，然尚未知出處。後得館中本李淳風《易鏡・占魚獵勝負篇》云：'取魚卦宜二水。'又云：'取魚宜見水忌土。'蓋亥子屬水，乃知魚收亥日所自。"[2]照這種説法，古人認爲亥日能捕到更多魚拿到草市上出售，并不是指亥日開市。因此，亥日爲市，衹是説明農村市場上水産品十分豐富，同時從一個側面説明這種市的性質。

在一些重要的軍事要地，亦會出現草市。如五代時廣陵南有瓜州市，市場上有水果銷售[3]。據《元豐九域志》卷五，揚州江都縣有瓜州鎮，可知瓜州市根本不是縣級市，在唐代是一個草市。還有江都縣的白沙市，離揚州八十里，靠近長江，是個軍事要地，市中有酒肆[4]。再如舒州桐城縣雙港戍，本是個駐軍的地方，到了唐末五代有市的出現："有因風捲錢，經市而過。市人隨攫其錢，以衣襟貯之。"[5]市中有人在交易，大風把錢捲起，引得市人拾錢放在衣襟中。

鄉村市場不斷出現，在唐末五代已是習以爲常。前蜀光天六年（923年），王衍"於大内造村坊，立市肆，令宫嬪着青布衫裙，開酒肆食店，雜男女之飾，貨柴麵，一如民間。叫噪争打，男女混雜，交易而退"[6]。就宫内男女而言，衹是爲了尋找點快樂，但模仿農村的市場進行買賣，開酒店和飯店，先是混雜，接着交易而退，完全是仿照商品市場的模樣。

草市中的商品主要與周圍農村地區的日常生活用品和生産必需品有關，較

1 傅築夫：《中國封建社會經濟史》（四），人民出版社，1986年，第426頁。

2 吴曾：《能改齋漫録》卷七《魚收亥日》，第五編第三册，第169頁。

3 徐鉉：《稽神録》卷三《楊副使》，第41頁。

4 徐鉉：《稽神録》卷四《陶俊》，第59頁。

5 徐鉉：《稽神録》卷五《曹真》，第91頁。

6 勾延慶：《錦里耆舊傳》卷六，第一編第五册，第18頁。

少奢侈品經營。虔州將校鍾某,“泛舟之廣陵,經太和戍”,碰到一少年,請求搭船到揚州,鍾許之。船行至江邊某地上岸,“共行市中,見屠肆有豕首,欲市之而無錢”。少年後來拿了人家的猪頭回到船上,又取錢要返回市裏,說:“適以無錢而取之,今當還其值。”找到屠肆,對屠者說:“吾先付爾錢,少頃還取肉。”[1]從這則故事來看,一般的草市都有相對固定的攤肆,經營着肉食、菜蔬類農村人生活需要的日常用品。草市中大多是錢貨交易,以貨幣作爲交换的媒介,是較常見的商業交易方式。

草市中亦有一些服務性行業。五代時吉州刺史張曜卿的傔力陶俊,曾“守舟於廣陵之江口,因至白沙市中,避雨於酒肆,同立者甚衆”[2]。草市内開設酒店,而且人數不少,已與傳統市場有所不同,説明草市的發展已經進入了一種新模式。

農村人的生活與市場貿易發生越來越多的聯繫。商品經濟的发展,使很多農村人明白從事商業服務遠比從事農業賺錢。所以,在潤州城外數十里的農村的交通要道旁,有人開設了村店,爲南來北往的人們提供住宿和飲食[3]。唐末乾寧間,義興人貝禧爲邑之鄉胥,夜宿一村店,“店中具酒食而無居人,雖設燈燭,如隔帷幔”[4]。這種農村的店主要提供食宿。司馬正彝爲小吏,在去溧水的路上,“去前店尚遠,而飢渴甚,意頗憂之。俄而遇一新草店數間,獨一婦人迎客,爲設飲食,甚豐潔”[5]。這種一個人開的草店,供應住宿和飯食,爲南來北往者提供方便。從這段話來看,在農村交通綫上開設小規模的飲食和住宿店,是經常見到的現象。高郵縣醫士王攀,“鄉里推其長者”,經常來往廣陵城東,每數月,就要到縣城當差一次。一天晚上,他乘船出東水門,“與親友飯於酒家,不覺大醉,誤出參佐門,投一村舍宿”。醒來後發現自己走錯了路,再改道到城東,“既曙,至城東常宿之店”[6]。廣陵城的參佐門外,有村舍可以投宿和喝酒,廣陵

1 吴淑:《江淮异人録·虔州少年》,第八編第七册,第 156 頁。

2 徐鉉:《稽神録》卷四《陶俊》,第 59 頁。

3 吴淑:《江淮异人録·潤州處士》,第八編第七册,第 149 頁。

4 徐鉉:《稽神録》卷六《貝禧》,第 106~107 頁。

5 徐鉉:《稽神録》卷六《司馬正彝》,第 98 頁。

6 徐鉉:《稽神録》卷三《王攀》,第 49 頁。

城東亦有常宿之店,説明大城市周圍的水陸交通道路旁,農村小店十分多見,經營食宿是最基本的服務。

商販的觸角伸入到農村的各個領域,滿足着農村人對生活日常用品的需要。南唐陳陶居住在落星灣附近,"然陶所居不與俗接,唯嗜鮓,一啖或至千臠",於是南唐李璟"使衣商賈之服賚鮓往。既至,陶即時出"[1]。看到商販前來賣魚,陳陶馬上走了出來,因爲他日常吃的魚要靠這些走鄉串户的商人來提供。在臨沂縣,"臨沂路村人依大樹賣瓜,有行者四五人,邂逅一處,因互問鄉里"[2]。夏天在交通方便的路口,尋個樹蔭處擺個瓜攤,幾個人聚在一起談天説地。這種瓜攤有可能是農民自己設立的,種的瓜家裏吃不完,就臨時設攤銷售。

農村人常將農産品運到城市出售,通過交换得到自己想要的用品。陳陶自己居住的山上,"産藥物僅數十種。開寶中,常見一叟角髮被褐,與一煉師舁藥入城鬻之,獲貲則市鮓就爐,二人對飲且啖,旁若無人"[3]。將山上的藥材運進市場出售,再用賣到的錢來購買鮓食用。

在農村,小商小販衆多,農村人需要的生活日用品,通過這些小商販直接送到了農村。廬山脚下有位賣油者,對自己的母親十分孝謹,但爲了"圖厚利","恒以魚膏雜油中",結果寺廟購買了他的油搞齋醮活動,"腥氣薰蒸,靈仙不降"[4]。即使是山區的道觀寺廟,亦會有一部分宗教用品要通過商業纔能解决。

(七)日常生活中的物價

與日常生活休戚相關的商品價格,一直爲後代人所關注。物價的高低,决定了商品的供應量,亦反映了整個唐五代時期人們的生活水準,因此宋代人對唐五代時期的物價記録很多。

宋人特别注意記録唐代的米價。不過有關米價的記載往往是處於兩個極端的資料,要麽社會安定時期米價特别低,要麽社會動亂時期米價特别高。

---

1 龍衮:《江南野史》卷八《陳陶》,第一編第三册,第 207~208 頁。

2 陶穀:《清异録》卷下《肢體門》"黑京",第一編第二册,第 68 頁。

3 龍衮:《江南野史》卷八《陳陶》,第一編第三册,第 208 頁。

4 徐鉉:《稽神録》卷一《廬山賣油者》,第 5 頁。

低迷的糧價常是一些帝王統治時期社會安定的標志，但宋人發現并不是每次低糧價都受到後人的稱贊。《賓退録》卷三談道："唐太宗時，米斗三錢，後世以爲美談。梁天監四年，米斛亦三十錢。唐元和六年，天下米斗有直二錢者，人罕稱道。然皆不若漢宣帝元康間，當穀石五錢矣，此古今所無也。東魏元象、興和中，穀斛九錢，可以爲次矣。"[1] 糧食豐收，社會穩定，就會出現低糧價。如元和六年（811 年），低糧價的主因是"天下大稔"，但這種低到極致的糧價亦衹是短時期内出現。

宋人對高糧價更爲重視，如戰争、灾荒引起社會動蕩，導致糧食緊缺，這時米價往往十分特殊，價格高昂。玄宗天寶十三載（753 年），"連雨六十日。宰臣楊國忠，惡京兆尹李峴不附己，出爲長沙太守。時京師米麥涌貴，百姓謡曰：'欲得米粟賤，無過追李峴。'其爲政得人心如此"[2]。爲政和糧價雖有聯繫，但畢竟不是直接的因果關係。這次糧價上漲的原因，主要是連雨兩月，引起運輸不暢，京師糧食供應緊張。再如唐末昭宗乾宁元年（894 年），彭城内窘蹙，景福"初年米每斗五千，第二年十千，三年糧盡，百姓遞相啖食"[3]。後唐明宗天成四年（929 年）"春，饑荒，米斗四百文"[4]。

戰争時期的糧價，更是高得驚人。唐末昭宗時，任命韋昭度爲西川節度，討伐陳敬瑄。其時成都城内"飢乏死者不可勝數"，"居人多以藜藿充濟，皆有菜色，殍仆者甚衆"。軍人都跑到城外偷割新麥，"每一斗直二千餘金"。後來城内外有了交易活動，"販米入城，以竹筒量賣，截筒深一寸，闊一寸，二百文，須三五人共賣，一人接錢，兩人把手定，則以米寫衣袖中，將歸研之，煮湯共吃"[5]。戰火包圍城市造成一種特殊形勢，導致糧價十分高昂。即使後來稍有商人運糧販賣，亦是杯水車薪，糧價仍然高居不下。

糧價事關社會安定，所以政府十分注意，江淮地區有位商人，"有積米以待踊貴"，不輕易出售，一直想等待高價。他畫了一幅圖，上面是一個人，"持米一

1 趙與時：《賓退録》卷三，第六編第十册，第 42 頁。

2 孔平仲：《續世説》卷二《政事》，第二編第五册，第 28 頁。

3 勾延慶：《錦里耆舊傳》卷五，第一編第五册，第 6 頁。

4 勾延慶：《錦里耆舊傳》卷七，第一編第五册，第 23 頁。

5 勾延慶：《錦里耆舊傳》卷五，第一編第五册，第 5~6 頁。

斗，貨錢一千，以懸於市”，意謂要到斗米一千文纔出售，結果爲揚州留後徐粲杖殺[1]。這是典型的發饑荒財。

宋人對唐朝的酒價亦十分關心。史繩祖《學齋占畢》卷二《酒價緋魚》云：“丁謂參知政事，真宗嘗問唐酒價幾何，謂對以每升三十。上曰：‘何以知？’謂引杜詩云：‘速來相就飲一斗，恰有三百青銅錢。’上喜其對。”[2]宋真宗和丁謂的一段小對話，使宋人對唐代的酒價特別注意起來。《猗覺寮雜記》卷上説：“有問唐酒價者，對以三百，引杜詩‘速來相就飲一斗，恰有三百青銅錢’。唐酒價見於《唐會要》。貞元二年，京城榷酒斗百五十，比子美時已減其半。漢昭時，賣酒升四錢，又何賤也，豈古之升斗小耶？”[3]杜甫談到的酒價是斗三百，但《唐會要》談到貞元二年(786年)的酒價是一百五十，這種下降的趨勢難道是容器大小的關係？恐怕并不完全是這樣的。

有人認爲這根本不是容器的問題，而是唐詩中的習慣用法造成的。《芥隱筆記》談道：“丁晉公對真廟唐酒價以三百，亦出於一時耳。若李白‘金樽清酒斗十千’。白樂天‘共把十千酤一斗’。又‘軟美仇家酒，十千方得斗’。又‘十千一斗猶賒飲，何况官供不著錢’。又崔輔國‘與酤一斗酒，恰用十千錢’。”唐代詩人喜歡用酒價斗十千，所以這可能就不是真實的價格。曹植説：“歸來宴平樂，美酒斗十千。”這種“斗十千”的説法由來已久，“十千恐未必酒價，言酒美而價貴耳”[4]。

唐代的酒價到底是多少，宋人不斷對此進行發揮。《野客叢書》卷三談道：“歷陽郭次象多聞，嘗與僕論唐酒價，郭謂前輩引老杜詩‘速令相就飲一斗，恰有三百青銅錢’。以此知當時酒價。然白樂天《與劉夢得沽酒閑飲》詩曰：‘共把十千沽一斗，相看七十欠三年。’當劉、白之時，酒價何太不廉哉？僕謂不然。‘十千一斗’，乃詩人寓言，此曹子建樂府中語耳。唐人引此甚多。”於是王楙引了李白、王維、崔輔國、許渾、權德輿、陸龜蒙的詩，指出“十千一斗”都是唐代轉

1　王讜：《唐語林》卷二《政事下》，第三編第二册，第52頁。

2　史繩祖：《學齋占畢》卷二《酒價緋魚》，第八編第三册，第83頁。

3　朱翌：《猗覺寮雜記》卷上，第三編第十册，第10頁。

4　龔頤正：《芥隱筆記・唐朝酒價》，第五編第二册，第96~97頁。

引到詩中的。那麽杜甫詩中的三百錢是否有其他詩人使用呢？他説："'一斗三百錢'，獨見子美所云，故引以定當時之價。然詩人所言出於一時，又未知果否'一斗三百'，别無可據。《唐・食貨志》云：'德宗建中三年，禁民酤以佐軍費，置肆釀酒，斛收直三千。'此可驗乎？又觀楊松玠《談藪》：'北齊盧思道嘗云："長安酒賤，斗價三百。"'杜詩引此，亦未可知。"[1]一斗十千錢是被否定了，但一斗三百還是没有被肯定下來。趙與時在《賓退録》卷三中亦就酒價進行探索，"予嘗因是戲考前代酒價，多無傳焉"。唐詩中這麽多人談到一斗十千，總得有個説法吧，他認爲："或謂詩人之言，不皆如詩史之可信。然樂天詩最號紀實者，豈酒有美惡，價不同歟？抑何其遼絶耶？穆宗朝，王仲舒爲江西觀察使，時穀數斛易斗酒，尤可怪。"他又引楊凝詩説："湘陰直與地陰連，此日相逢憶醉年。美酒非如平樂貴，十升不用一千錢。"一斗酒的價格不到一千錢，與通常説的酒價完全不同[2]。

宋真宗的偶然一問引起宋人對唐代酒價的關切，其實反映出唐人喜愛喝酒的社會風貌，這給宋代人留下深刻的印象。其實，不同的時間段，加上唐代政府不同的榷酒政策、酒的品質好壞，都可能引起酒價的波動。後唐天成三年（928年）七月十三日敕："應三京、鄴都、諸道州府鄉村人户，自今年七月後，於夏、秋田苗上，每畝納麯錢伍文足陌，一任造麯酒貨賣。"[3]亦就是説，老百姓的酒麯錢在不斷增加，製酒的成本在不斷提高，酒價怎麽會不變動呢？

宋人筆記中對唐五代商業的記載，不可能面面俱到地反映出商業發展的每個側面和細節，更不會是唐五代商業發展的全部内容，但從上述這些比較具體和深入的記載中，我們看到了唐五代商業及其發展變化的真實面貌。通過這些細微的記載，我們發現唐五代商業的發展出現了很多新變化，社會對商業的認識，商品從販運銷售、進入市場，到城鄉民衆與市場的緊密結合、城鄉民衆從事工商業的普遍，都預示着商業的繁盛有了堅實的基礎。無論是商業市場發生的變化，還是人們對商業和商人的態度、對工商職業的選擇，都是一種自然而然的

1 王楙：《野客叢書》卷三《漢唐酒價》，第六編第六册，第44~45頁。

2 趙與時：《賓退録》卷三，第六編第十册，第41~42頁。

3 趙彦衛：《雲麓漫鈔》卷一〇，第六編第四册，第216頁。

演進。回顧這種演進過程,我們不得不説,唐五代商業的發展已經跨入一個較高的層次。

二、醫療消費

人們的生活品質與醫療衛生技術的水準有很大的關係,與一個時代人們對醫藥和養生的需求和渴望有直接的聯繫。宋代筆記對唐五代的醫療和藥物有很多記載,在一定程度上反映出社會生活的種種信息。

(一)疾病的醫治

當人生病後,是否能及時醫治,得到很好的醫療護理,這是衡量一個社會醫藥衛生水平高低的基本條件。

唐代朝廷内有系統的醫療救治制度,遇病求醫治療,是十分常見的做法。如唐初李勣突遇暴疾,醫生開出的方子説一定要用鬚灰纔可治好。唐太宗知道後,“自剪鬚爲之和藥”,弄得李勣感恩不盡,“頓首見血”[1]。早在武德年間傅奕的《請廢佛法表》中,就説佛教“平生遇患,未嘗服藥”,不積極醫治,“并不之信”[2]。他認爲有病就得醫治,不服藥而光祈禱,弄不好會丢掉性命。

上層社會,特别是高官達貴們,一般生病後會請醫生到家來診治。如蕭倣爲廣州刺史,“曾有疾,召醫者視”。一生病,首先想到醫生。這裏的醫生是否就是地方政府機構中的醫生,尚無法斷定,但官員生病找醫生來醫治,在當時可能是通常的做法。醫生云:“藥用烏梅子,欲用公署中者。”於是蕭倣“乃召有司,以市價計而後取”。烏梅子衙門裏就有,但蕭倣要按市場價出錢,説明他“廉也如此”[3]。可知醫生診斷後,一般是到市場上采購藥材,再按醫囑服用。再如有一婦人,“從夫南中效官”,是個官員的家屬。她“曾誤食一蟲,常疑之,由是成疾,頻療不愈”。説明有多位醫生診治過,但都没治好。後來她到京城一醫者處治

1　孔平仲:《續世説》卷五《賞譽》,第二編第五册,第 83 頁。

2　孔平仲:《續世説》卷五《任誕》,第二編第五册,第 89 頁。

3　錢易:《南部新書》卷丙,第一編第四册,第 33 頁。

療,醫者"知其所患",於是請來女病人的一位姨妳,私底下先對姨妳説:"今以藥吐瀉,但以盤盂盛之。當吐之時,但言有一小個蝦蟆走去,然切勿令娘子知之是誑語也。" 姨妳按照醫生的話去做了,"此疾永除"[1]。

唐代各級地方政府中,有專門的醫生值守,醫治政府機關的官員和附近部隊的官兵。如蜀將陶福立功後,"至郡守,屯戍興元府之西縣。暴得疾,急命從人朱軍將詣府迎醫李令藹。令藹與朱軍將連騎馳往"[2]。興元府中有醫生,一旦府中官員有病情,立即前往診療。高郵縣醫士王攀,"鄉里推其長者"[3],經常來往廣陵城東,每數月,就要到縣城當差一次。可知部分縣一級的官府都有醫生值班。

稍有點財富或社會地位的人,生病後亦是會迅速請醫診療的。有一富商居住在船上,"中夜暴亡。迨曉,氣猶未絶。鄰房有武陵醫士梁新聞之,乃與診視"。梁新認爲是他吃了東西導致中毒,富商的僕人説富商喜歡吃竹鷄。梁新説:"竹鷄吃半夏,必是半夏毒也。"於是梁新叫僕人"擣薑捩汁,折齒而灌之,由是方蘇"[4]。馬逢生活比較窘困,時王仲舒爲郎中,與馬逢友善。王仲舒常常説馬逢:"貧不可堪,何不求碑志相救?"馬逢笑着説:"適見人家走馬呼醫,立可得也。"[5]意謂看到人家去叫醫生了,這個人應該是活不長的。人死後能有經濟實力請人寫墓志銘,其生前應該是個有一定地位的人,不是個官員,亦是個士大夫。一般有錢人生病後都會找醫生。

一般人生病後,大多是延請醫生到自己家診治。如前已述廣州刺史蕭倣"曾有疾,召醫者視",醫生被召到刺史公署看病,站在醫生的角度就是出診。陶福得病,從人朱軍將亦是迎請醫生李令藹前來診治。但亦有病人或病人家屬到醫生家去看病。鄭雲逵與王彦伯相鄰而居,兩位都是有一定專長的醫生,其中王彦伯是尚藥供奉,結果碰到了巧事:"嘗有客求醫,誤造雲逵,診曰:'熱風。'客

1 孫光憲:《北夢瑣言》卷一〇《療疑病》,第一編第一册,第124頁。

2 孫光憲:《北夢瑣言》佚文三《陶福暴疾》,第一編第一册,第241頁。

3 徐鉉:《稽神録》卷三《王攀》,第49頁。

4 孫光憲:《北夢瑣言》卷一〇《梁趙意醫》,第一編第一册,第123頁。

5 王讜:《唐語林》卷六《補遺》,第三編第二册,第217頁。

又請藥方,雲逵曰:'藥方即不如東家王供奉。'客驚而去。"[1]病人跑錯了地方,來到了王彦伯的隔壁。醫生出診或到醫生家裏看病,是當時兩種基本的診療方式。

還有醫生專門在城市熱鬧地段設攤替人看病。有一朝士身體不舒服,去找尚藥局奉御梁新,梁新一看就説:"何不早見示?風疾已深矣,請速歸處置家事,委順而已。"梁新的意思是,現在風疾已深,没辦法治了。朝士一聽嚇得没命,策馬回家。其時鄜州馬醫趙鄂新到京都,於通衢自榜姓名,云"攻醫術",想替人看看小毛病,混口飯吃。朝士看到趙鄂,亦不抱什麽希望,隨便一問,"趙鄂亦言疾已危,與梁生所説同"。趙鄂轉而一想,説:"衹有一法,請官人剩吃消梨,不限多少時,咀齕不及,捩汁而飲,或希萬一。"朝士一聽,馬上策馬回家,"以書筒質消梨,馬上旋齕"。此後十多天,他衹吃消梨,"頓覺爽朗,其恙不作",病竟然好了[2]。趙鄂挂榜治病,可能是當時民間醫生普遍采用的方法。

唐代一些醫生的技術,已經達到較高的水準。比如有一少年常常看到一面小鏡子在眼前晃動,醫士趙卿診斷,"與少年期,來晨以魚膾奉候。少年及期赴之,延於閣子内,且令從容,俟客退後,方得攀接。俄而設臺於上,施一甌芥醋,更無他味,卿亦未出。迨日中久候不至,少年飢甚,且聞醋香,不免輕啜之,逡巡又啜之,覺胸中豁然,眼花不見,因竭甌啜之"。這時趙卿出來對他説:"郎君吃膾太多,非醬醋不快。又有魚鱗在胸中,所以眼花。適來所備醬醋,衹欲郎君因飢以啜之,果愈此疾。烹鮮之會,乃權詐也,請退謀餐。"[3]在不知不覺中,他讓少年服下食用醋,醫治好了他的病。在這個病例中,趙卿掌控了病者的心理,頗有技巧地使病人飲用醋,達到了治療的效果。針灸界亦有不少高手。甄權特別擅長針灸,狄嶔苦風患,"手不能引弓",甄權對他説:"但將弓矢向垜,一針可愈矣。"於是在他的肩隅一穴位扎一針,"即時能射"[4]。雖説宋人的記載説得有點神,不過也的確説明扎針的效果特别明顯。

佛道兩教中有很多人潛心研究醫學,常會看到某人對某一方面的疾病有特

1 王讜:《唐語林》卷六《補遺》,第三編第二册,第217頁。

2 孫光憲:《北夢瑣言》卷一〇《梁趙意醫》,第一編第一册,第123頁。

3 孫光憲:《北夢瑣言》卷一〇《療疑病》,第一編第一册,第124頁。

4 孔平仲:《續世説》卷六《術解》,第二編第五册,第100頁。

别的治療方法。廣州監軍吴德鄘離開京師時,兩脚蹣跚,三年後回來,“足病復平”。唐宣宗問他怎麽會好的,他説是羅浮山人軒轅集醫治的。宣宗此時比較相信道教,於是把山人請到京師,還想授官[1]。這個羅浮山人治病應該是有一套方法,監軍能够請他治療,説明他在廣州地區已有不小的名聲。

因爲人們對醫藥有着巨大的需要,使得當醫生能獲得很大的經濟利益,所以醫生的隊伍裏混進了不少貪圖錢財的人,醫技水平不高,錢却照收不誤。宋人就談道:“醫之於人,功次天地。其間濫謬盗名取貲,無功有害,藥乎藥乎,謬劑而已。”[2]光想着病人家的錢財,而不會醫治,開出的藥方根本和病情不相符合。

唐五代還出現了過度治療的現象。其時治療診斷,不少人比較相信針灸:“凡病膏肓之際,藥效難比,針灸之所以用也。針長於宣壅滯,灸長於氣血,古人謂之‘延年火’,又曰‘火輪三昧’。”針灸可以起到藥物難以達到的效果,對於宣泄壅滯作用極大。正因爲如此,“今人有病必灸,亦大癖也”[3]。一旦有什麽問題,醫生就給人針灸,這實際上是一種過度治療。所以社會上流行“不服藥勝中醫”,此話雖然不一定全對,但“疾無甚苦,與其爲庸醫妄投藥反敗之,不但爲無益也”[4]。如果過度治療,或者碰上庸醫,反而會使病人受害慘重。

正因爲醫生身上具有這些特性,加之醫屬方伎之類,所以醫生的地位儘管有所改變,但并不是太高,得不到社會上普遍的尊重。柳仲郢任鹽鐵使時,奉敕要給醫人劉集一場官。這劉集“醫行閭閻間,頗通中禁,遂有此命”,在民間和禁中都行醫,可能醫技不錯,宣宗皇帝纔有這個任命。柳仲郢手疏執奏曰:“劉集之藝若精,可用爲翰林醫官,其次授州府醫博士。委務銅鹽,恐不可責其課最。又場官賤品,非特敕所宜。臣未敢奉詔。”如果醫技好,就給個翰林醫官或醫博士,但鹽鐵是國家的經濟命脉,劉集没搞過經濟,這個官職不適合他。况且鹽鐵場官這種低級官位,對他來説也没有什麽意思。於是宣宗御筆批給劉集絹百

1 王讜:《唐語林》卷七《補遺》,第三編第二册,第258頁。

2 陶穀:《清异録》卷上《藥品門》“謬劑而已”,第一編第二册,第49頁。

3 陶穀:《清异録》卷上《藥品門》“火輪三昧”,第一編第二册,第52頁。

4 葉夢得:《避暑録話》卷下,第二編第十册,第303頁。

匹,"放東回"[1]。後唐莊宗劉后生皇子繼岌,"后父劉叟以醫爲業,詣鄴宫自陳,后方與諸夫人争寵,耻爲寒族,笞劉叟於宫門"。醫生靠了自己的技能而生活,當然不能與士族高門相比,劉皇后就一直覺得低人一等。後唐莊宗"好俳優,宫中暇日,自負藥笈,令繼岌携敝蓋相隨,自稱劉山人來訪女。后大怒,笞繼岌"[2]。莊宗戲裏扮演一個醫生,背了藥箱,還跟着一個徒弟,實質是嘲笑醫生的日常生活近乎潦倒,而李繼岌在俳優戲裏充當莊宗的徒弟角色,更是引得劉皇后怒從心中起。這説明在當時上層社會中,醫生的地位比較低。《北夢瑣言》記述這件事時,説莊宗"自負蓍囊藥篋,令繼岌破帽相隨,似后父劉叟以醫卜爲業也"[3]。醫生不但爲人醫治疾病,還兼做占卜,徒弟一副落拓寒酸打扮,這大體上能反映出民間醫生真實的社會地位。

當然,我們亦不能過分地相信所有唐代人都是有病衹找醫生醫治的,實際上有很多人在内心深處仍然很相信巫術。如武則天身體不豫,"令閻朝隱往少室山祈禱,朝隱乃曲申悦媚,以身爲犧牲,請代上所苦"[4]。女皇身體不好,想必會有太醫爲她醫治。不過有的疾病限於醫學技術的發展,當時的太醫認識有局限性,并不能治好,於是就想出祈禱之法,懇請上天能治好疾病。再如唐肅宗"嘗不豫",太卜卿認爲:"祟在山川。"於是宰相"遣女巫分行天下,令中使監之,所至因緣爲奸"。其時有一個女巫"盛年美色,以惡少數十自隨,宿黄州傳舍",結果刺史左震"曳女巫階下斬之,所從惡少皆斃。閲其贜賂數十萬,震籍以上聞"[5],中使被遣回京師,肅宗自己六神無志,没什麽好辦法。不過亦有人認爲巫術對治病還是有些用處的。如泉州晋江巫陳寨,"爲人治疾多效者"[6],實際上醫巫原本就是一家,巫亦是掌握了一定的治病技術,或多或少懂一些醫療方法。

我們看到,當時有很多人是醫藥和巫術、宗教祈禱兼信,幾者聯合運用,衹

---

1 王讜:《唐語林》卷二《政事下》,第三編第二册,第 44~45 頁。

2 孔平仲:《續世説》卷六《排調》,第二編第五册,第 120 頁。

3 孫光憲:《北夢瑣言》卷一八《劉皇后笞父》,第一編第一册,第 189~190 頁。

4 孔平仲:《續世説》卷一二《邪諂》,第二編第五册,第 216 頁。

5 孔平仲:《續世説》卷三《方正》,第二編第五册,第 42 頁。

6 徐鉉:《稽神録》卷三《陳寨》,第 57 頁。

要能治好病，什麽手段都可以用上。五代蜀國眉州下方壩百姓家居泰，“夫妻皆中年，唯一男，既冠，忽患經年羸瘠，日加醫藥，無復瘳減。父母遂虔誠置《千金方》一部於所居閣上，日夜焚香，望峨眉山告孫真人禱乞救護”[1]。先是用藥，但藥治無效，於是焚香求孫真人救護。

唐代大體上已養成生病後要就醫的社會風氣，這主要與當時士大夫們的大力推廣和提倡有關。宋人曾説：“陸宣公在忠州，裒方書以度日，非特假此以避禍，蓋君子之存心，無所不用其至也。前輩名士往往能醫，非惟衛生，亦可及物，而今人反耻言之。近時士大夫家藏方或集驗方，流布甚廣，皆仁人之用心。”[2]自唐入宋，士大夫傳播醫學知識不遺餘力，他們仁厚用心，想盡各種辦法讓老百姓積極就醫治療，通過撰寫和傳播醫方使人們能抓藥救治病人。但如果官員和士大夫推廣不力，很多人生病了還是要去找巫師的。羅珦嘗刺廬、壽二州，“自壽以治行第一，就加御史中丞，入爲司農卿、京兆尹”，亦就是説，在壽州他的工作開展得有聲有色。在廬州時，“病者舍醫事淫祀，公皆去其弊”。其時“民間病者舍醫禱淫祀”，不看醫生看巫婆，所以羅珦“下令止之”[3]。他在廬江任職前後有七年，推動民間有病找醫生是他的重要政績之一。可知，一些人得病之後，的確不是先找醫生而是相信巫術和祈禱，但唐代的地方官在努力地推動人們養成就醫習慣，改變一些傳統的觀念和做法。

如果有人得病，親朋好友要去探望，表示慰問。唐中期郭子儀病，“百官造問，皆不屏姬侍”[4]。亦就是説，百官一個接一個去探病安慰，家人不避，就坐在病人的身旁。閩王王延鈞喜好鬼神，巫盛韜得寵。奸臣薛文杰惡樞密使吴昂，吴昂生病了，薛文杰去看他，説：“主上以公久疾，欲罷公近密，僕言公但小苦頭痛耳，將愈矣，主上或遣使來問，慎勿以它疾對也。”吴昂答應了。文杰讓盛韜去對閩王説這事，閩王派使者前去探視，吴昂於是對以頭痛，氣得閩王把吴昂收入獄中[5]。這裏不用去管閩國君臣之間的關係，但要看到當時的風氣是官員生病，

1　黄休復：《茅亭客話》卷四《家居泰》，第二編第一册，第 30 頁。

2　費衮：《梁谿漫志》卷八《陸宣公裒方書》，第五編第二册，第 221 頁。

3　王楙：《野客叢書》卷一七《羅珦事》，第六編第六册，第 228 頁。

4　劉昫：《舊唐書》卷一三五《盧杞傳》，第 3713 頁。

5　孔平仲：《續世説》卷一二《讒險》，第二編第五册，第 223 頁。

同僚會去探視、慰問。就連帝王亦没有例外,大臣病了,要派使者前去安慰。這是人們的一種習慣做法。

(二)藥物的生産與流通

隨着醫學的發展,越來越多的人通過醫生治療疾病,就必然會出現對藥材的大量需求。這種條件下,藥材的種植和買賣漸漸興旺起來,藥材成了人們生活中的重要物品。

劉蟾五代蜀國後期攝成州長道縣主簿。宋朝克復蜀國後,他“匿於川界貨藥,改名抱一。開寶中,於青城鬼城山上結三間茅屋,植果種蔬,作終焉之計。每一月兩三度入青城縣貨藥,市米麵鹽酪歸山”[1]。川蜀之地,藥材的吞吐量很大,貿易十分興盛,青城縣市中,自然有藥材的交易,而且藥材還是市場上的大宗商品。這裏説的雖然是宋初的事情,但五代末至宋初短時期内應該不會有太大的變化。如成都府城有“鬻龍骨叟,與孫兒輩將龍骨齒角頭脊之類,凡數擔,至暮,貨之亦盡”。其龍骨來自去府城七十餘里的一個山洞裏,“齒角頭足皆有五色者,有白如綿者,有年深朽腐者,大十數丈,小三五丈,掘而得之甚多。龍之蜕骨,與蟬蜕無异”[2]。估計是一大堆恐龍化石,被這户人家運了出來銷售到市場上。五代時張易在洛陽,“遇處士劉某,頗有奇術。易恒與之游,常賣藥於市。市中人既不酬直,又大駡劉”[3]。一些處士既懂道術又懂藥材,平素山居,會采藥後到市中出售。南唐陳陶退隱在西山,“先産藥物僅數十種”。北宋開寶中,陳陶“角髮被褐,與一煉師舁藥入城鬻之,獲貲則市鮓就爐,二人對飲且啖,旁若無人”[4]。在山裏采集藥材後到城市出售,這是他生活的主要來源。城市裏有專門的藥肆出售藥材,病人可以直接到藥肆中付錢取藥。建康人杜魯賓在都城開藥肆“以賣藥爲事”,有個豫章人“恒來市藥,未嘗還直”,還欠着不少錢。一天,此人又來,“市藥甚多”[5]。藥肆裏的藥材應是收購後,再加工出售。

1 黄休復:《茅亭客話》卷四《劉長官》,第二編第一册,第 32~33 頁。

2 黄休復:《茅亭客話》卷九《鬻龍骨》,第二編第一册,第 67 頁。

3 徐鉉:《稽神録》拾遺《劉處士》,第 114 頁。

4 龍衮:《江南野史》卷八《陳陶》,第一編第三册,第 207 頁。

5 徐鉉:《稽神録》拾遺《杜魯賓》,第 119 頁。

一些藥材出産較爲豐富的地區,有專業的藥材交易市場。高承《事物紀原》卷八云:"唐王昌遇,梓州人,得道,號易玄子,大中十三年九月九日上升。自是以來,天下貨藥輩,皆於九月初集梓州城,八日夜於州院街易玄龍冲地,貨其所賫藥,川俗因謂之藥市,遲明而散。"[1] 宣宗時期,在梓州城出現了藥市。這個藥市是短期内出現的還是以後一直有的,今天已很難搞清,但可以看到在巴蜀山區,因爲藥材出産豐富,就形成了這種以藥材交易爲主的集市,地方特色十分明顯。從中亦可以知道,大部分的藥材是在九月完成收購。

除藥材外,還有將藥煎熬後合成爲藥丸。藥丸的製成有一定的技術要求,各丸要有藥效纔能使用。唐末,有位鍾大夫説在湘潭時,他和幾個商人在岳麓寺設齋,"寺僧有新合知命丹者,且云服此藥後,要退即飲海藻湯。或大期將至,即肋下微痛,此丹自下,便須指揮家事,以俟終焉。遂各奉一緡,吞一丸。他日入蜀,至樂温縣,遇同服丹者商人寄寓樂温,得與話舊,且説所服之藥大效。無何,此公來報肋下痛,不日其藥果下,急區分家事,後凡二十日卒。某方神其藥,用海藻湯下之,香水沐浴却吞之。昨來所苦,藥且未下,所以知未死"。吃了這藥之後,這位鍾公"面色紅潤,强飲啖,似得藥力",説明寺僧合成的藥確有效果。成都覺性院,"有僧合此藥賣之,人多服也"[2],説明人們對吃藥丸治病已習以爲常。

一些賣藥者同時行醫,藥和醫是有機地結合在一起。唐代末年,成汭鎮江陵,温克脩替成汭管藥庫。後來形勢發生變化,克脩流落渚宫,"收得名方,仍善修合,賣藥自給,亦便行醫"[3]。他收集到一些藥方,就合成各種藥物,再出售,同時替人行醫治療。王彦伯的醫術十分高超,他常常"列三四竈,煮藥於庭。老幼塞門來請",想吃他煎藥的病人很多。彦伯指着幾個竈頭上的藥分别對人説:"熱者飲此,寒者飲此,風者、氣者飲此。"病人們根據他的話,"皆飲而去"[4]。

附帶提一下,藥還分毒藥和解藥。校書郎李播"以心疾廢",平日裏他"常疑

---

1 高承:《事物紀原》卷八《藥市》,中華書局,1989 年,第 438 頁。

2 孫光憲:《北夢瑣言》卷一〇《鍾大夫知命丹》,第一編第一册,第 130 頁。

3 孫光憲:《北夢瑣言》佚文一《向隱射覆》,第一編第一册,第 211~212 頁。

4 王讜:《唐語林》佚文,第三編第二册,第 300 頁。

遇毒,鏁井而飲"。李播得的這種心疾實際上是多疑病,"多思慮,多疑惑,乃疾之本也"[1],是一種精神疾病。這種精神疾病患者常懷疑别人要害他,要投毒藥於井中。從這裏我們可以瞭解當時毒藥是很常見的。南唐烈祖徐知誥在便殿設宴,"引鴆觥賜周本"。周本"疑而不飲,佯醉,别引一卮,均酒之半,跪捧而進",場面一下子僵住了。伶人申漸高十分聰明,馬上猜出是怎麽回事,"乃乘談諧盡并兩盞以飲之,内杯於懷中,亟趨而出"。徐知誥一看壞事了,馬上秘密派"親信持藥詣私第解之,已不及矣,漸高腦潰而卒"[2]。想用解藥把酒中的毒化解掉,但時間已久,來不及了。能够生産毒藥,説明人們對藥材的煉製和利用達到一定的高度,而解藥的出現,更是説明人們對藥材的化學機理已經有了相當充分的認識。

唐代民間傳説婦女的頭髮可以製成解毒藥,市場上亦有出售:"南中解毒藥,謂之'吉財'。"吉財是種解毒藥,唐代民間説"秋收稻,夏收頭",意謂夏天的頭髮品質很高,所以"婦人歲以截髮而貨,以爲常也"[3]。至於療效,則未見宋人記載。

唐代人對藥材的認識在不斷深化。京城郭下的法性寺佛殿前有四五十株訶梨勒樹,"子小而味不澀"。這種樹在嶺南的山村廣泛種植,京城的"皆是陸路廣州每歲進貢"。每年到訶子成熟的時候,和尚們采摘下來後,再用西廊僧院内的古井水,"普煎此湯,以延賓客"。具體的方法是:"用新訶子五顆,甘草一寸,并拍破,即汲樹下水煎之。色若新茶,味如酪乳,服之消食疏氣,諸湯難以比也。"這種藥的主要功效,是可以開胃消氣。李夷庚自廣州來,亦"能煎此味,士大夫争投飲之"[4]。很多人感到腸胃不舒服,就喝這湯藥,十分有效。除了植物類的藥材,人們對動物類或礦物類藥材的認識同樣不斷深入。嶺南地區的雷羅州,有一些養蛇專業户,"每年五月五日,即檐舁蚺蛇入府,衹應取膽",這就是人

---

1 王讜:《唐語林》卷八《補遺》,第三編第二册,第 296 頁。

2 鄭文寶:《南唐近事》佚文,第一編第二册,第 229~230 頁。同爲鄭文寶的《江表志》卷上(第一編第二册,第 261 頁)也記載了這件事情,不過周本成了魏王知訓。從當時的實際來看,魏王知訓的可能性更大。

3 錢易:《南部新書》卷辛,第一編第四册,第 90 頁。

4 錢易:《南部新書》卷庚,第一編第四册,第 82 頁。

藥的蚺蛇膽。瀧州的山中出産的紫石英,“真質瑩徹”,“煮水飲之,暖而無毒。比北中白石英其力倍矣。瀧州又出石斛,莖如金釵股,亦藥中之上品”。[1]

唐代還有一種另類的藥物,即人肉。在一些資料中,割股療疾常見記録,對此學術界早已有所注意,金寶祥、邱仲麟、于賡哲等都有各自的認識和闡發。[2]總體上,比較趨於一致的觀點是,人肉在唐代被當成了一種藥物,用於一些疾病的治療。宋人的筆記中,對人肉療疾有一些記載,這對於瞭解唐代的藥物和醫療觀念有一定的幫助。

《南部新書》卷辛談道:“開元二十七年,明州人陳藏器撰《本草拾遺》,云人肉治羸疾。自是閭閻相效割股,於今尚之。”[3]開元二十六年(739年)設立明州,《本草拾遺》編成於開元二十七年(740年),而書中談到用人肉可以治羸疾,即肺結核。在這本藥物學書的影響下,社會上開始流行割股療疾,直到宋代初年仍然如此。通常認爲錢易的話不一定十分準確,因爲之前已有割股治病的風俗,但可以肯定的是,正式記入藥典,把人肉當成一種藥材,應是陳藏器。從開元之後,割股療疾的風氣漸漸流行,而且作爲子女對父母的一種孝舉,被上升到倫理的高度,因此這種做法爲很多人接受。

唐代中期,烏重胤僕射十分得人心,“自行間至長帥,赤心奉上,能與下同甘苦,不居功勛,善待寮佐,當時名士咸願依焉”。烏重胤生病時,“將士割股以療,後有軍士二十餘人,皆割股以祭焉”。[4] 割股以療是爲了治他的病,結果没有效果,烏重胤還是死了。後來的割股以祭,衹是爲了表達對烏重胤的忠心。大中某年的九月十七日,唐宣宗頒敕談到徐泗節度使奏:“定遠縣百姓周裕,女小兒年九歲。今年七月六日,爲父患,割左股上肉一寸三分,不落瘡,長一寸四分,收得血半斤,父和羹吃後,二十九日,截割股上已落肉與父吃。其周裕至閏七月十

1 錢易:《南部新書》卷戊,第一編第四册,第50頁。

2 金寶祥:《和印度佛教寓言有關的兩件唐代風俗》,《唐史論文集》,甘肅人民出版社,1982年,第31~52頁。邱仲麟:《不孝之孝——唐以來割股療親現象的社會史初探》,《新史學》1995年第六卷第一期,第49~94頁;《人藥與血氣——“割股”療親現象中的醫療觀念》,《新史學》1999年第十卷第四期,第67~116頁。于賡哲:《唐代疾病、醫療史初探》,中國社會科學出版社,2011年,第233~250頁。

3 錢易:《南部新書》卷辛,第一編第四册,第91頁。

4 樂史:《廣卓异記》卷一八《將士割股祭長帥》,第一編第三册,第127頁。

二日身死,至二十五日埋葬訖。”九歲的女兒兩次割股上肉給父親吃,結果父親的身體没見好轉,最後還是死了。割股給父親吃,既是將人肉當作一味藥物,同時亦是表達孝心,唐宣宗説:“周小兒方至髫年,允兹志行,俾之旌表,用激時風。”[1]主要還是從倫理上評價小孩的行爲。類似割股的還有章全啓一例。章爲東蜀涪城人,“母疾,全啓割股肉以饋,其疾果瘳也”[2]。割肉啖母,竟然治好了母親的病,這主要是從藥效角度談論的,認爲人肉對治病切實有效。

(三)服藥養生觀念

服藥養生是中國一種傳統的文化和風俗,早在戰國時人們就信仰神仙,希望自己能長生不老,很多人以服用特定藥物爲手段,通過各種修煉方法,期冀長生不死。最初服食者一般需有隱居僻静的地方,食用柏實松脂等天然草木藥,後來隨着人工金丹黄白之藥的冶煉,社會中上層人士改成食用丹藥。魏晋間,社會上流行“服寒食散,通謂之服散。此有數方,孫真人并載之《千金方》中,而皇甫謐服之,遂爲廢人。自言性與之忤,違錯節度。隆冬裸袒,食冰當暑,甚至悲恚欲自殺,此豈可不慎哉”!服食者“不量己所宜,但見他人得效,從而試之,亦或無益而反有害”[3]。實際上,魏晋時服食丹藥已經出現了不少問題,服食過量不僅無益,反而對身體有害。

隨着社會經濟、醫學和宗教文化發生的巨大變化,唐代服藥養生十分流行,已經超過之前任何一個朝代。對這種現象,一些學者已做過詳細全面的研究[4]。

宋人筆記中,對唐代的服藥養生亦有不少記載,豐富了唐代史料的記述,可以從另一側面對服藥習俗進行考察。

唐初,帝王十分重視服藥。唐太宗時俘獲了一批天竺國人,其中有一位是方士,叫那羅邇娑婆寐,“自言二百歲,云有長生之術”。太宗很驚喜,“深加禮敬,館之於金飆門内,造延年之藥,令兵部尚書崔敦禮監主之,發使天下采諸奇

---

1 錢易:《南部新書》卷癸,第一編第四册,第119頁。

2 孫光憲:《北夢瑣言》佚文一《章孝子割股煉指》,第一編第一册,第221頁。

3 葉夢得:《避暑録話》卷下,第二編第十册,第303頁。

4 如臺北廖芮茵(美雲)教授在這一領域有衆多論文和著作,可參看其《唐代服食養生研究》一書(臺灣學生書局,2004年)。

藥异石,不可勝數。延歷歲月,藥成,服竟不效,放還本國”[1]。説明唐太宗是有心於煉藥的,給專門場所,派專人監製,結果煉出來的藥效果不好,衹能作罷。唐高宗看重服藥,可能與他虛弱的身體狀況有關。與唐太宗叫天竺人製藥一樣,唐高宗亦想服外國藥。總章中,高宗服婆羅門藥,郝處俊諫曰:“修短有天命。未聞萬乘之主,輕服蕃夷之藥。”[2]言下之意是,皇帝的命由上天來決定,不能輕易服外蕃的藥物。

唐代後期,帝王服藥的情況愈益加劇。如唐武宗崇奉道教,“寵道士趙歸真等,築望仙臺於南郊,尊號中令增‘明道’字”,同時武宗“餌金丹,性加急躁,喜怒不常”[3],連命亦送掉了。武宗相信道教,在唐代的帝王中是比較特别的。他“召天下方士殆盡”,希望他們能爲他製造長生不老藥。王才人得寵於武宗,她是看着武宗怎樣“服不死藥”以求“聖壽必無疆”,又怎樣發病躺下不起的。才人曾對宣徽使説:“聖人日日對藥爐,服神丹,言我取不死。今身上變差事,道士稱换骨皆如此,某獨爲憂也。”吃了神丹,身體越變越差,但道士却説是在脱胎换骨,向成仙的道路上邁進。“宣徽使固求變見狀,才人忍泪不敢語”,太監和才人想讓武宗停藥,但又不敢言,眼睁睁看着武宗一天不如一天。後期的武宗“卧起益酸痛,飲食益辛苦”[4],情景比較悲慘。繼之即位的是宣宗,雖然一開始誅趙歸真,一反武宗的做法,但後來却是“受籙於劉元静,迎軒轅集於禁中,餌方士藥,日覺躁渴,疽發於背,遂弃天下”[5]。本想長命成仙,但道士的丹藥品質實在不過關,吃了不但對身體没好處,反而把命弄掉了。

官員服藥成爲風氣。中唐時,顔真卿“嘗得方土名藥服之,雖老,氣力壯健如年三四十人”。是否真是服藥後的效果還很難説,但顔真卿身體却是很强壯。奉使李希烈時,已經七十五歲,他知道自己肯定不會活着回來,對家裏人説:“元載所得藥方,亦與吾同,但載貪甚,等是死,而載不如吾。吾得死於忠耶?”[6]意

1 孔平仲:《續世説》卷九《惑溺》,第二編第五册,第 154 頁。

2 錢易:《南部新書》卷甲,第一編第四册,第 16 頁。

3 孔平仲:《續世説》卷九《惑溺》,第二編第五册,第 155 頁。

4 王讜:《唐語林》佚文,第三編第二册,第 301~302 頁。

5 孔平仲:《續世説》卷九《惑溺》,第二編第五册,第 155 頁。

6 王讜:《唐語林》卷六《補遺》,第三編第二册,第 205 頁。

謂宰相元載有相同的藥方,亦在服藥,但他會死得很慘。是否掐算得這樣準確,很難説,但高官中有很多人在服藥是可以明確看到的。元載等一些宰相服藥,大概是受了皇帝的影響,地位尊貴,對自己的身體看得更重。司徒李程曾經與自己的堂弟宰相李石談服食,説:"汝服鍾乳否?"李石説:"近服,甚覺得力。"李程説:"吾一不得乳力。"[1]譏諷李石作爲宰相不好好思考政事,盡想個人身體是否健康長壽的事情。

再如歸登晚年頗好服食,"有饋金石之藥者,且云先嘗之矣,登服之不疑,藥發毒幾死,方云未之嘗,它人爲之怒,登無愠色"[2]。燒煉的金石之藥,藥效上無法保證,有的藥吃下去後對身體不利,甚至會丢性命,但士大夫們還是趨之若鶩,不斷服藥。韓愈晚年熱衷於服食,他吃的是脂粉。這種東西是用"硫黄末攪粥飯啖鷄男,不使交,千日烹庖,名'火靈庫'。公間日進一隻焉,始亦見功,終致絶命"[3]。之所以叫火靈庫,大概主要與硫黄起的作用有關。再如韓藩自宣州罷職,退居鐘山愛敬寺,從此一門心思想着服藥,他"因服附子、硫黄過數,九竅百毛穴皆出血,唯存皮骨"[4]。好端端的一個人,就因爲過度服藥而丢掉了性命。

唐末五代,地方官員仍熱衷於服藥,很多人都想使自己有個長生不老的身體。高駢鎮守成都時,特别喜好方術。有位處士蔡畋,"以黄白干之,取瓦一片,研丹一粒,半塗入火,燒成半截紫磨金"。蔡畋能製丹藥的本事傳開後,"人皆敬之,以爲地仙"[5],説明有這種製丹煉丹的本事者在社會上很吃香。潛山有個老道士,説是一百零一歲。時有位扈長官"好修攝,賂黄冠僕竊藥而來,乃吴茱萸、艾葉、川椒、杜仲、乾木瓜、木鱉肉、瓦上松花"[6]。扈長官十分相信這種藥,起名曰"煉骨湯"。諫議大夫張義方命道士陳友"合還丹於牛頭山",没想到這道士功力不够,"頻年未就"。義方病重將死,還是念念不忘煉丹的事情,"恨不成九

1 王讜:《唐語林》卷六《補遺》,第三編第二册,第237頁。
2 孔平仲:《續世説》卷三《雅量》,第二編第五册,第54頁。
3 陶穀:《清异録》卷上《藥品門》"火靈庫",第一編第二册,第53頁。
4 錢易:《南部新書》卷己,第一編第四册,第66頁。
5 孫光憲:《北夢瑣言》卷一一《蔡畋虚誕》,第一編第一册,第134頁。
6 陶穀:《清异録》卷上《藥品門》"煉骨湯",第一編第二册,第49頁。

轉之功”。一氣之下，讓自己的子弟把煉丹竈翻了個底朝天，結果發現竈底下有丹煉成，“乃取丹自餌一粒，瘖瘂而終”。[1] 丹是吃了，人還是没有救回來。

軍事將領對服藥亦很有興趣。唐金吾大將軍張直方，有一天請客吃飯，“命朝士看乾水銀，點制不謬，衆皆嘆羡”，認爲張直方是碰到了名人。張大笑，告訴大家這藥是哪裏來的。原來他任桂府團練使時，碰到一道士，向道士要藥和製造藥物的方法。一再請求，道士就是不肯，於是命令士兵將道士綁起來，“以死脅之”。道士十分害怕，“但言藥即多獻，術則不傳，唯死而已”。張直方得到藥後，將道士放了。他説藥拿出來一看，已變成丹。[2]

民間更是有很多人相信服食能長生不老。進士黄可嘗謁見舍人潘佑，“潘教服槐子，云豐肌却老”。第二天早晨潘佑上朝，天還没全亮，衹見“槐樹烟霧中有人若猨狙之狀，追而視之，即可也”。潘佑問他在幹什麽，黄可説：“昨蒙明公教服槐子法，故今日齋戒而掇之。”弄得潘佑笑不停。[3] 黄可是有文化的人士，却對服食十分熱衷。大體而言，民間服食的大多爲動植物類的藥物，與帝王官員服食的丹藥有所不同。南唐時，有人編《靈芝圖》説：“千歲蝙蝠，色如雪，目如硃，集則倒懸，以其腦重故也。服此，可以長生。”説明一些人在挖空心思探索長生不老的藥物來源。有人把這書獻給李煜，但李後主一心事佛，不想殺生，亦就没有去吃這千歲蝙蝠。[4]

有人煉丹後主要用來出售。之所以丹藥有市場，毫無疑問與人們追求長生的喜好有關。章全益是個孝子，後來居住在成都府樓巷，“傍有丹竈，不蓄童僕，塊然一室”。丹煉出後就出售，“鬻丹得錢數及兩金，即刻一像”。當時人都認爲他有黄白之術。他曾經對道友説：“點水銀一兩，止一兩銀價。若丸作三百粒，每粒百錢，乃三十千矣。”根據煉出丹的數量，他詳細計算出成本，精確瞭解自己的獲利數目，“其利博哉”，“但所鬻之丹亦神矣”。[5] 丹是否有神效，這另當别論，但丹藥的確很有市場。

1 鄭文寶：《南唐近事》卷二，第一編第二册，第217頁。

2 孫光憲：《北夢瑣言》卷一一《張金吾用勢得藥》，第一編第一册，第134頁。

3 鄭文寶：《南唐近事》卷二，第一編第二册，第216頁。

4 佚名：《江南餘載》卷下，第一編第二册，第252頁。

5 孫光憲：《北夢瑣言》佚文一《章孝子割股煉指》，第一編第一册，第221頁。

唐代人的丹藥有很多名稱。宋人談到唐《朝野僉載》云："立夏日服六壬六癸符，或玄冰丸、飛霜散，暑不能侵。"立夏日服食了這幾種符、丸或散，人可能覺得很凉快，暑氣不能入侵身體。《抱樸子·内篇·雜應》談到"不熱之道"時説："或服玄冰之丸，或服飛霜之散，然此用蕭丘上木皮，及五月五日中時北行黑蛇血，故少有得合之者也。"玄冰丸和飛霜散之類的丹藥，主要是可使人凉快。《緯略》卷七收録梁武帝和陸龜蒙的詩，兩詩主要描繪這兩種藥。梁武帝云："紫霜耀絳雪，追還轉復飛。"陸龜蒙亦説："桂父舊歌依絳雪，桐孫遺咏倚玄雲。"[1]再如大丹藥中有一種叫震靈丹，"按《唐韵》，返魂樹在西海中聚窟洲，上有花葉，香聞數百里，狀如楓香，煎其汁可以爲丸。死尸在地，聞氣乃活。亦名反生香，又名却死香，其丸爲震靈丸"[2]。這種藥十分珍貴，所以很多丹藥是依靠其名稱來銷售的。

除丹藥外，亦有人服藥材製成的丸。《清异録》卷上云："食草木方：黑豆一升，去皮，貫衆一兩，甘草如之，茯苓、吴术、縮砂仁減半，挫了，用水五升，同豆熬煮，火須文武緊慢得中，直至水盡，揀去藥，取豆搗如泥，作鷄頭實大，有蓋瓷瓶密封。"這樣煎出來的藥丸，由於裏面有很多藥材，能補充人的身體需要的很多成分。黄巢之亂，江淮人逃入山林，没吃没喝。八公山的寺廟中禪師們煎製一種藥丸，名大道丸，如果人"嚼一丸，則恣食苗葉，可爲終日飽。雖异草殊木，素所不識，亦無毒，甘甜與進飯糧同"[3]。很多人通過食用這種藥丸，渡過了難關。

當然，唐代亦有一些官員能理性看待長生不老，堅決反對服丹藥。如裴度，不信術數，"不好服食"。他常對人説："鷄猪魚蒜，逢着則吃。生老病死，時至則行。"[4]認爲人的性命不能通過吃藥來延長，每個人都要淡然地去應對生死。

1　高似孫：《緯略》卷七《冰丸霜散》，第六編第五册，第265頁。

2　趙叔問：《肯綮録·震靈丹》，第三編第六册，第140頁。

3　陶穀：《清异録》卷上《藥品門》"大道丸"，第一編第二册，第53頁。

4　王讜：《唐語林》卷三《雅量》，第三編第二册，第98頁。

三、香的消費

香歷來是社會生活中的一個重要元素,與人們的日常生活有密切關聯。中國用香的歷史十分悠久,據一些專家研究,六千年前的祭祀活動中已經出現燃燒柴木及燒燎祭品的行爲,五千年前的遼西牛河梁紅山文化晚期出土有熏爐爐蓋,其上刻畫的甲骨文裏有"香"字,西周春秋的祭祀中用香,且人們有隨身佩帶香物的風氣。兩漢時期,上層社會中流行熏香風氣,熏爐、熏籠等主要香具普遍使用。六朝香藥的種類和數量顯著增長,以多種香藥配製的合香大量使用。至唐代,香已進入精細化、系統化的發展,香品的種類十分豐富,製作與使用十分考究[1]。那麼,唐朝人的用香到底呈現出一種怎樣的面貌?宋代的筆記中有哪些記載呢?

(一)香的主要品種

唐代人使用的香料十分豐富。段成式《酉陽雜俎》前集卷一八談道:"一木五香:根,旃檀。節,沉香。花,鷄舌。葉,藿。膠,薰陸。"他認爲旃檀、沉香、鷄舌、藿香、薰陸(乳香)五種香全出於同一樹上。不過到了宋代,沈括認爲段氏的這種看法很荒誕。之所以會如此謬妄,"率記异國所出,欲無根柢",主要因爲這些香料來自外國,所以認識不清。他說:"旃檀與沉香兩木元异。鷄舌即今丁香耳,今藥品中所用者,亦非。藿香自是草葉,南方至多。薰陸小木而大葉,海南亦有,薰陸乃其膠也,今謂之'乳頭香'。"[2]這是五種香料,産自不同的樹種和草葉。這幾種香大都産自國外,衹有薰陸香在海南有生産。

鷄舌香就是丁香,宋朝王觀國的觀點與沈括大體一致,說:"鷄舌香即母丁香也,亦名鷄舌香耳。今以母丁香湯瀹去皮,其肉若卷荷狀,大如棗核。"他亦認

1 傅京亮:《中國香文化》第一章《香文化史》,齊魯書社,2008年,第3~57頁。關於唐代社會生活中的用香習俗,學界已有文章進行討論,見温翠芳《唐代外來香藥研究》(重慶出版社,2007年)、《中古中國外來香藥研究》(科學出版社,2016年)和吴娟娟《香料與唐代社會生活》(安徽大學2010年碩士論文)等。上述諸文對唐代香的産地、品種、貿易、用途、消費等進行了基本的研究。

2 沈括:《夢溪筆談》卷二二,第二編第三册,第168~169頁。

爲“藿香乃草類”,沉香是木類,“亦各是一種,非同條之物也”。[1] 一是草本,一是木本,兩者是不相同的。

沉香亦稱沉水香,“林邑國産沉水木,歲久樹身朽腐,剥落殆盡,其堅實不變者,勁如金石,是爲沉水香”。唐人認爲沉香産於林邑、天竺、單于,但至宋朝,情况有所變化,沉香國内産自“南海瓊、管、黎母之地”,國外是“占城、真臘、三佛齊、大食等國”。那麽爲什麽沉香産地發生了變化?宋朝人就有疑惑,提出:“豈歲久土氣變遷,或者所産不富,抑又蕃舶之征,過於侵刻,遂不復至中華耶?”不過筆者估計這可能是認識上的差錯。因爲沉香産自南海的國家,唐代認識可能没有宋人清晰,對不上相應的國家名稱。而宋代人的地域概念比較準確,對南海各個國家瞭解得多,所以知道這些香是産自具體的哪個國家。宋代人認爲:“凡香之至美至善者,惟真臘,真臘之又善者曰緑洋,香中之尤物也。”[2] 認爲真臘的沉香品質最高。

除上述五種香外,唐人常用的還有很多其他種類的香。

如蘇合香。沈括談到這種香“如堅木,赤色。又有蘇合油如糖膠,今多用此爲蘇合香”。他同時引劉禹錫的《傳信方》,説蘇合香“皮薄,子如金色,按之即少,放之即起,良久不定如蟲動烈者佳也”。[3] 蘇合香是一種堅硬的紅色木頭,樹上産蘇合油。樹結子,金色,亦有强烈的香味。

還有一種叫鈴鈴香。沈括認爲鈴鈴香就是宋代的零陵香:“零陵香,本名‘蕙’,古之蘭蕙是也,又名‘薰’。……唐人謂之鈴鈴香,亦謂之鈴子香,謂花倒懸枝間如小鈴也。至今京師人買零陵香須擇有零子者。鈴子,乃其花也。此本鄙語,文士以湖南零陵郡,遂附會名之。”他認爲這種香就是蕙草,亦叫薰草,“南方處處有”。[4]

龍腦油亦是一種重要的香。這種香來自南方,“天寶中,交趾貢龍腦如蟬

---

1 王觀國:《學林》卷八《五木香》,第四編第二册,第65~66頁。

2 沈作喆:《寓簡》卷一〇,第四編第五册,第88頁。

3 沈括:《夢溪筆談》卷二六,第二編第三册,第204頁。

4 沈括:《補筆談》卷三,第二編第三册,第251頁。

蠶,老龍腦樹節方有,禁中呼爲瑞龍腦"[1]。南唐時,"大食國進龍腦油,上所秘惜"[2]。龍腦油出於交趾是肯定的,而大食人進貢的龍腦油是大食的還是從交趾購進的,并不是太明確。

玉角香來自新羅。其時新羅使者每次來中國都要鬻玉角香、松子、重堂棗、御家長、龍牙子等物品,其中"惟玉角香最奇,使者亦自珍之"[3]。估計這種香并不是新羅本土生産的,或者説産量很小,否則使者不會如此珍惜。

麝香來自雄麝的香腺分泌物。麝香是中國傳統使用的一種香藥,唐朝屢見這種香的使用。陶穀《清异録》談道:"寶曆中,帝造紙箭竹皮弓,紙間密貯龍麝末香。每宫嬪群聚,帝躬射之,中者濃香觸體,了無痛楚。"[4]儘管陶穀稱爲"龍麝末香",但應該就是麝香而非龍涎香,因爲這種香有止痛的功效,與麝香比較接近。高似孫《緯略》引《芻香後譜》説:"天寶中,虞人獲水麝臍香,皆水也。每取,以針刺之,香氣倍於肉麝。"[5]不同麝的品種,其香應該有所差别。

薔薇水是一種香水。後唐皇宫龍輝殿中,"安假山水一鋪,沉香爲山阜,薔薇水、蘇合油爲江池,零藿、丁香爲林樹,薰陸爲城郭,黄紫檀爲屋宇,白檀爲人物,方圍一丈三尺,城門小牌曰'靈芳國'。或云平蜀得之者"[6]。關於這種香水,宋人説:"舊説薔薇水,乃外國采薔薇花上露水,殆不然。實用白金爲甑,采薔薇花蒸氣成水,則屢采屢蒸,積而爲香,此所以不敗。但异域薔薇花氣,馨烈非常,故大食國薔薇水雖貯琉璃缶中,蠟密封其外,然香猶透徹,聞數十步,灑着人衣袂,經十數日不歇也。"[7]這種香水應是從大食國傳進來的,是通過將植物加熱蒸餾的方法提取,提取出來的香是放在玻璃瓶中。此外,檀香分紫檀和白檀兩種,香味亦有所差别。

從上述這些香的品種來看,唐代人們所使用的香,大多來自東南亞地區,部

1　李石:《續博物志》卷九,第四編第四册,第211頁。
2　李石:《續博物志》卷三,第四編第四册,第181頁。
3　陶穀:《清异録》卷上《百果門》"玉角香",第一編第二册,第43頁。
4　陶穀:《清异録》卷下《武器門》"風流箭",第一編第二册,第92頁。
5　高似孫:《緯略》卷一〇《水麝》,第六編第五册,第327頁。
6　陶穀:《清异録》卷下《薰燎門》"靈芳國",第一編第二册,第108~109頁。
7　蔡絛:《鐵圍山叢談》卷五,第三編第九册,第239頁。

分來自唐朝的南部地區,還有部分是來自阿拉伯地區。李德裕在潤州甘露寺致祭僧守亮,"適有南海使送西國异香,公於龕前焚之"[1]。所焚之香來自西國阿拉伯地區,是南海國家的使者送來的。《清异録》説:"林邑、占城、闍婆、交趾,以雜出异香劑和而範之,氣韵不凡,謂中國三勻四絶爲'乞兒香'。"[2]這些地區出産的香,經過加工,被運到中原地區,是五代各王朝最受歡迎的。該書又云:"南夷香槎到文登,盡以易疋物。"[3]五代時,南方國家的夷人將香往北運到今山東半島。他們運到中國的是香,裝回國的是紡織品。

唐五代香的形態,是多種多樣的。如薔薇水、蘇合油等是液態的,所以後唐皇宫裏將其布置成"江池",而沉香、丁香等是固態的,所以布置成山阜和林樹。[4] 沉香、黄紫檀、白檀等都是天然的香料,不經過加工,直接使用。但亦有的香是加工過的,有的香是合成品,用幾種香料混合在一起。如長安富商宋清,以銷售藥而發家,"嘗以香劑遺中朝簪紳,題識器曰:'三勻煎,焚之富貴清妙。'其法止龍腦、麝末、精沉等耳"[5]。既稱香劑,合成的香應是加工成濃稠的液態狀。

固態香中,有的是原物香材,有的雕刻成人或動物的形狀,有的經過加工成柱狀、粉狀。如南方海舶商人運給吴越王一個沉香翁,"剜鏤若鬼工,高尺餘"[6]。南唐徐鉉月夜時,"露坐中庭,但爇佳香一炷"[7],應是將香加工成柱狀。不過這柱狀的香到底粗細如何,并不是十分清楚。後唐同光中,有南洋國家的夷人將香運到文登,"有舶上檀香,色正白,號'雪檀',長六尺,地人買爲僧坊刹竿"[8]。夷人的香顔色純白,長六尺,放在寺廟裏可以做刹竿,説明這香最起碼有竹竿一般粗,而且是長長的形狀。

1 王讜:《唐語林》卷二《文學》,第三編第二册,第66頁。

2 陶穀:《清异録》卷下《薰燎門》"乞兒香",第一編第二册,第110頁。

3 陶穀:《清异録》卷下《薰燎門》"六尺雪檀",第一編第二册,第111頁。

4 陶穀:《清异録》卷下《薰燎門》"靈芳國",第一編第二册,第108頁。

5 陶穀:《清异録》卷下《薰燎門》"三勻煎",第一編第二册,第110頁。

6 陶穀:《清异録》卷下《薰燎門》"清門處士",第一編第二册,第111頁。

7 陶穀:《清异録》卷下《薰燎門》"伴月香",第一編第二册,第110頁。

8 陶穀:《清异録》卷下《薰燎門》"六尺雪檀",第一編第二册,第111頁。

（二）公務用香

政府公共事務中，香被大量使用。作爲政府舉辦一些儀式時必不可少的特殊物品，香的使用越來越受到大家的重視。隋代宫内除夕夜，在大殿前"設火山數十，盡沉水香根。每一山焚沉香數車，以甲煎簇之，焰起數丈，香聞數十里"。用沉香木根與木柴一起燃燒，香味四溢，數里範圍内全是香味。沉香木燒得差不多，就澆上甲煎，火重又旺盛。甲煎以甲香和沉香等製成，是當時流行的一種香料。李商隱《隋宫守歲》詩説："沉香甲煎爲庭燎，玉液瓊酥作壽杯。"[1] 指的就是隋朝宫庭裏用沉香焚燒，誇張式地奢侈用香。據説隋煬帝"一夜之中，用沉香二百餘乘，甲煎二百餘石。房中不然膏火，懸寶珠一百二十以照之，光比白日"。到了唐太宗時，更是"盛飾宫掖，明然燈燭"，"殿前所焚是柴木，殿内所爇是膏油，但覺烟氣熏人"，實際亦是燒木燃香，十分奢侈。[2] 可知隋唐之際宫庭用香的量很大。

全社會都熱衷於用香，所以帝王就把品質很高的香賜給大臣，作爲政治上的一種特殊恩寵。唐昭宗嘗賜崔胤香，"一黄綾角，約二兩，御題曰'刀圭第一香'，酷烈清妙，雖焚豆大，亦終日旖旎。蓋咸通所制，賜同昌公主者"[3]。崔胤景福二年（893 年）任宰相，後與昭宗聯手鏟除宦官，兩人的關係特别親密，所以昭宗將懿宗賜與同昌公主的香亦賜給崔胤，當然是因爲這香十分特殊，是宫廷裏特别看重的一種高檔用品。南唐皇帝不但自己將香水調進酒裏喝，而且還將這種香水酒恩賜給大臣。《江淮异人録・耿先生》云："南海嘗貢奇物，有薔薇水、龍腦漿。薔薇水清泚郁烈，龍腦漿補益男子，上寶惜之。每以龍腦漿調酒服之，香氣連日不絶於口，亦以賜近臣。……乃取龍腦，以細絹袋之，懸於琉璃瓶中。上親封題之，置酒於其側而觀之。食頃，先生曰：'龍腦已漿矣。'上自起附耳聽之，果聞滴瀝聲。且復飲。少選，又視之，見琉璃瓶中湛然如勺水矣。明日

1　孔平仲：《續世説》卷九《汰侈》，第二編第五册，第 162 頁；高似孫：《緯略》卷七《沈香山火》，第六編第五册，第 266 頁。李商隱詩見《全唐詩》卷五四〇，第 6192 頁。

2　孔平仲：《續世説》卷九《汰侈》，第二編第五册，第 162 頁。

3　陶穀：《清异録》卷下《薰燎門》"刀圭第一香"，第一編第二册，第 108 頁。

發之,已半瓶,香氣酷烈,逾於舊者遠矣。"[1] 將這兩種香水調進酒,可以使酒帶有濃郁的香味,喝的人嘴裏亦是香味。

對皇帝恩賜的貴重物品,焚香表示崇敬。吴越錢俶到宋都開封朝拜皇帝,打算回杭州前,有數十位朝臣上疏宋太祖希望不要放他回南方。錢俶臨走前向宋太祖告辭,趙匡胤拿出一個盒子給他,説:"到國開視,道中勿發也。"錢俶"載之而歸,日焚香拜之。既至錢塘,發視,乃群臣請留章疏"[2]。對錢俶來説,因爲是宋太祖給的東西,就認爲特别珍貴,所以每天要焚香跪拜。推測當時對重要珍貴的物品,人們都會焚香跪拜,表達敬崇之心。

官方决定重大事件,也會鄭重其事地焚香。比如軍隊在行動前會合衆將士焚香爲誓,統一步調,决定一齊行動。曹彬率軍向南唐都城金陵進攻,眼看就要成功,"忽稱疾不視事"。衆將軍都來問得了什麼病,曹彬説:"余之病非藥石所能愈,惟須諸公共發誠心,自誓以克城之日不妄殺一人,則自愈矣。"諸將都答應不亂殺人,"共焚香爲誓"。"及克金陵,城中皆安堵如故"。[3] 鄭重其事,通過焚香來表達决心。雖然帶有私人色彩,但被用到公事之中。

官員審理案件,因爲關係到人的死生,所謂人命關天,於是向天禱告焚香。南唐員外郎蕭儼持法明辨,受烈祖命審理一案子,"乃絶葷茹,齋戒理棹,冥禱神祇,晝夜兼行,佇雪冤枉,……儼是夕復焚香於庭,稽首冥禱,願降儆戒,將行大辟"[4]。這種焚香禱告,主要原因是事情重大,决定到人的生死,所以官員比較謹慎。這種斷獄焚香,在南唐特别流行。後主李煜時,"諸郡有斷死獄者,當先奏牘,既詳覆無疑",李煜"乃於佛前炷香爇燈,以達旦爲驗。若火滅則從之,如燃則貸死"。案件本來審理和復核得差不多,到了李煜手裏還要點香,如果火滅就根據復核的意見處死,如果火燃燒起來就免死。因此宋代龍袞就批評這種現象説:"其爲人茫昧如此,不亡何俟。"[5] 表示敬重是可取的,但成了迷信就另當别論。

---

1 吴淑:《江淮异人録·耿先生》,第八編第七册,第 147 頁。

2 葉夢得:《石林燕語》卷四,第二編第十册,第 65 頁。

3 司馬光:《涑水記聞》卷三,第一編第七册,第 33 頁。

4 鄭文寶:《南唐近事》卷二,第一編第二册,第 216~217 頁。

5 龍袞:《江南野史》卷三《後主》,第一編第三册,第 176 頁。

其實,唐五代政府碰到重大政治事宜,都有焚香習俗。如皇帝誕日,要行香設齋。如唐文宗開成五年(840年),以六月十一日爲慶陽節,"天下州府常設降誕齋行香。京城内,宰臣與百官就大寺設僧一千人齋,仍許量借教坊樂官充行香"[1]。行道燒香是誕日重要的内容之一。誕日行香後,"便令以素食宴樂,唯許飲酒及用脯醢等"[2]。

再比如國家碰到忌日,都要舉行焚香儀式。或云:"國忌行香,起於後魏,及江左齊、梁間,每然香熏手,或以香末散行,謂之行香。《遺教經》云:'比丘欲食,先燒香唄贊。'之安法師行香定坐而講,所以解穢流芬也,斯乃中夏行香之始。唐高宗時,薛元超、李義府爲太子設齋行香;中宗設無遮齋,詔五品以上行香;不空三藏奏,爲神堯而下七聖忌辰設齋行香。至文宗朝,宰臣崔蠡奏:'國忌設齋行香,事無經據。'遂罷之。宣宗再興釋教,詔京城及外道州府國忌行香,并須精潔以伸追薦之道。朱梁開平三年大明節,百官始行香祝壽。石晋天福中,竇正固奏:'國忌行香,宰臣跪爐,百官列坐,有失嚴敬。今後宰臣跪爐,百官立班,仍飯僧百人。'永爲定式。"[3]南北朝時,各個政權就已有行香習俗,其來源可能是佛教。因爲佛教規定吃飯前,僧人要燒香唱唄贊。唐中期各朝,設佛教齋會時都會行香,到了忌日亦得設齋行香。這種風氣一直流行至五代。如五代時,國忌日有行香跪爐的禮儀。晋高祖天福五年(940年)二月,國忌日宰臣跪爐行香,百官依班序立,并且齋僧。此後,後晋每逢忌日就"飯僧百人。永爲定式"[4]。

關於皇帝誕日和國忌日的行香,在唐代的史書中有不少記載。如《唐會要》卷五〇載:"(開元)二十七年五月二十八日敕:祠部奏:諸州縣行道散齋觀寺,准

1　程大昌:《演繁露續集》卷二《誕日設齋用樂》,第四編第九册,第191頁。

2　吴曾:《能改齋漫録》卷二《忌日行香》,第五編第三册,第44頁。

3　趙彦衛:《雲麓漫鈔》卷三,第六編第四册,第120頁。趙彦衛這段話,應采自《幙府燕閑録》等書。該書説:"國忌行香,起於後魏,江左齊梁間,每然香熏手,或以香末散行,謂之行香。"(程大昌《演繁露》卷七《行香》引,第四編第九册,第11頁)再如《西溪叢語》卷下云:"行香。起於後魏及江左齊、梁間,每燃香熏手,或以香末散行,謂之行香。唐初因之。文宗朝,崔蠡奏設齋行香,事無經據,乃罷。宣宗復釋教,行其儀。朱梁開國,大明節,百官行香祝壽。石晋天禧(福)中,竇正固奉,國忌行香,宰臣跪爐,百官立班,仍飯僧百人,即爲規式。國朝至今因之。"(第四編第三册,第65頁)文字略有不同。

4　李上交:《近事會元》卷五《國忌行香齋僧》,第一編第四册,第186頁。

式，以同、華等八十一州郭下僧、尼、道士、女冠等，國忌日各就龍興寺觀行道散齋，復請改就開元觀寺。敕旨：京兆、河南府，宜依舊觀寺爲定，唯千秋節及三元行道設齋，宜就開元觀寺，餘依。至貞元五年八月十三日，處州刺史齊黄奏：當州不在行香之數，乞伏同、衢、婺等州行香。敕旨：依。其天下諸上州，未有行香處，并宜准此，仍爲恒式。"[1] 所謂行香，就是行道散齋，是佛教齋會的必備儀式。《唐六典》上的相關内容可以對這條内容作詳細闡釋，該書談道："凡國忌日，兩京定大觀、寺各二散齋，諸道士、女道士及僧、尼，皆集於齋所，京文武五品以上與清官七品以上皆集，行香以退。若外州，亦各定一觀、一寺以散齋，州、縣官行香。應設齋者，蓋八十有一州焉。"[2] 另外，《唐會要》卷二九云："（開成）五年四月，中書門下奏請，以六月一日爲慶陽節，休假二日，著於令式。其天下州府，每年常設降誕齋，行香後，便令以素食宴樂，惟許飲酒及用脯醢等。京城内，宰臣與百官就詣大寺，共設僧一千人齋。仍望田里借教坊樂官，充行香慶贊。"[3] 國忌日和皇帝誕日，國家禮儀和佛教齋會結合了起來，寺廟要爲國家舉行齋會。雖然這兩種齋會的氣氛有所不同，但行香是相同的，都是重要的禮儀，應該是顯示莊重肅穆的重要一環。

不過對於什麼叫行香，宋代筆記裏有不同的看法。程大昌説沈括認爲行香是"以香末散撒"，但實際上唐代無撒香末的習俗。唐《盧氏雜説》中談到的旌節禮儀是："旌用銅龍，置之竿首，用紫絹袋盛油囊，垂之寺觀，行香袋與旌略同。"程大昌認爲："凡主齋行道之人，必執此袋導道衆以行，而燒香自是一事，非取香於袋，而旋加燒然也。"[4] 他提出所謂行香，是將香袋放在竿首引導人們行走，不是從這個香袋中拿出香來焚燒。而所謂的燒香，是另一回事，是指人們行道燒香，但唐代没有撒香末這種習俗。

什麼時候開始忌日行香，宋代筆記認爲是唐德宗時期。如吴曾《能改齋漫録》認爲："忌日行香始於唐貞元五年八月，敕天下諸州：并宜國忌日，准式行

1　王溥：《唐會要》卷五〇《雜記》，中華書局，1955 年，第 879~880 頁。

2　李林甫等：《唐六典》卷四"尚書祠部郎中"條，第 127 頁。

3　王溥：《唐會要》卷二九《節日》，第 547 頁。

4　程大昌：《演繁露》卷七《行香》，第四編第九册，第 11 頁。

香。”[1]這與前引《唐會要》的記載是大體相同的。

(三)宗教和祭禮用香

在宗教儀式中,隋唐五代時期的人們已普遍運用焚香來進行自己和佛之間的溝通。進入宗廟拜佛,人人必須焚香。宋太祖剛當上皇帝,“初幸相國寺,至佛像前燒香,問當拜與不拜。僧録贊寧奏曰:‘不拜。’問其何故? 對曰:‘見在佛不拜過去佛。’”[2]宋太祖至佛像前欲行燒香的儀式,應是從前代以來一直流傳的做法。

即使在家禮佛,每當誦佛經、對佛發誓時就要焚香,希望自己的話語能傳給佛祖。吴國楊溥被逼禪位,“稱楊氏欲入道”,住在茅山。後來南唐派使者去殺楊溥,“方誦佛書於樓上,使者前趨,溥以香爐擲之”[3],説明他一面在誦讀佛書,一面在焚香静慮。南唐先主李昪的第四女,嫁給了吴國讓皇帝長子楊璉爲妃。南唐取得政權後,公主終日“嗚咽流涕”。後來楊璉死,公主“終身縞素,斥去容飾,不茹葷血,惟誦佛書,但自稱‘未亡人’,朝夕焚香”,對佛發誓説:“願兒生生世世,莫爲有情之物!”[4]誦讀佛經,對佛發誓,這都是十分嚴肅而莊重的事情,因而必須焚香。

僧人十分重視香在佛教中的作用。長安大興善寺僧人徐楚琳,“平生留神香事。莊嚴餅子,供佛之品也。峭兒,延賓之用也。旖旎丸,自奉之等也。檀那概之曰‘琳和尚品字香’”[5]。三種香,做成不同形狀,分别在不同的佛事中使用。五臺山繼顒,做法事時“手執香如意,紫檀鏤成,芬馨滿室”[6]。繼顒的如意是紫檀木雕琢的,木頭的清香彌漫四散,能使僧人静心屏息,認真修煉。

僧人死的時候,整個喪葬過程中一直用香。上元瓦官寺僧守亮在甘露寺離世,李德裕聽説後,第二天“率賓客至寺致祭。適有南海使送西國异香,公於龕

1 吴曾:《能改齋漫録》卷二《忌日行香》,第五編第三册,第 44 頁。
2 歐陽修:《歸田録》卷一,第一編第五册,第 237 頁。
3 佚名:《五國故事》卷上,第一編第三册,第 239 頁。
4 文瑩:《玉壺清話》卷九,第一編第六册,第 167 頁。
5 陶穀:《清异録》卷下《薰燎門》“莊嚴餅子”,第一編第二册,第 110 頁。
6 陶穀:《清异録》卷下《薰燎門》“握君”,第一編第二册,第 111 頁。

前焚之,其烟如弦,穿屋而上,觀者悲敬”[1]。在僧人死的時候焚燒西國异香,是對僧人最大的禮敬。

老百姓在家禮佛誦經,同樣要焚香表達自己對佛祖的敬意。衡陽縣周令的後妻曾經殺死兩個婢女,後來自己的三個女兒都在生産時死了。“每一女死,其妻必飯僧懺悔,爲先鞭撻墮胎死者二婢看經,自禮《梁武懺》。三女俱以産死,未死間必旬日號呼痛楚,宛轉而後終。周令妻泣涕誦佛經,自對佛稱罪焚香。”[2]爲了減輕自己的罪孽,周令妻誦經、焚香,向佛稱罪。衹有焚香,通過一縷縷青烟纔能把自己的懺悔上達給佛祖。

在道教儀式中,焚香亦是一項重要的内容。成德節度王鎔,爲了追求長生不死,每日延攬异人方士,坐在深邃的大廳裏,“映水精金脉屏風,焚香,謂飛升可致”[3]。老百姓看到後,莫不偷笑。道士譚紫霄有异術,閩國王昶奉他爲師。爲了表示對道教恩師的禮重,王昶每月給譚紫霄山水香,讓他在自己的道觀裏焚燒。“香用精沉,上火半熾,則沃以蘇合油”[4],這種山水香主要成分是上面澆灌的蘇合油,一旦點燃,其香無比。

齋沐静室,焚香燃燭,是道教舉辦宗教儀式時的普遍形象。田重進晚年好道,酷信黄白之術。有位軍人張花項,衣道士服,至晚年出家爲道士。一次他對田重進説:“此月十五日,(神仙吕洞賓)夜三更必至。吕言不欲多見人,望太尉於東位射弓處排當帳設,用新好細席,於静室燃香燭,須鮮果好酒。太尉自齋沐,换新衣,具靴笏,深夜候之,必來降矣。”張花項對田重進提出了很多要求,其中静室燃香燭是表示静心的一個重要標志。到了約定的時候,“命陳設東位,帷帳茵榻,一一新潔,焚香燃燭。齋潔,披秉瞻望星斗拜告,以俟其至。須臾,報三更矣。不至,又取香燃之,望空再拜”。[5] 儀式中,焚香燃燭貫穿全過程。心静室潔,是道教的基本要求。

道教常將焚香渲染得神乎其神。後周顯德末年,進士賈顒於九仙山遇到一

1 王讜:《唐語林》卷二《文學》,第三編第二册,第 66 頁。
2 張齊賢:《洛陽搢紳舊聞記》卷二《衡陽縣令周妻報應》,第一編第二册,第 168~169 頁。
3 陶穀:《清异録》卷下《陳設門》“水精金脉屏風”,第一編第二册,第 77 頁。
4 陶穀:《清异録》卷下《薰燎門》“山水香”,第一編第二册,第 110 頁。
5 張齊賢:《洛陽搢紳舊聞記》卷三《田太尉候神仙夜降》,第一編第二册,第 176~177 頁。

位靖長官。這位靖長官“行若奔馬”，賈顒明白碰上了异人，於是“拜而求道，取篋中所遺沉水香焚之”。靖長官説：“此香全類斜光下等六天所種芬陀利華，汝有道骨而俗緣未盡。”因爲賈顒有俗緣，所以這種沉香的奥妙靖長官没有授給他，衹是給他仙丹一粒。從此賈道士“以柏子爲糧”，身體“尚健”。[1] 實際上這個故事告訴我們，道教是利用焚香來顯示出功力的大小，亦難怪道教要將焚香弄得神秘莫測。

在靈位之前焚香敬禮，是爲了表達思念。五代節度使諸葛爽曾經有恩於張全義，“爽有人倫之鑒，睹王之狀貌，待之殊厚，贈且多”。張全義在後唐末年任澤州刺史。諸葛爽死，“王漸貴，追思疇昔見知之恩未嘗報，乃圖其形像於其私第，日焚香供養之，每晨朝於影前撚香訖，方出視事，未嘗小怠，至於終身”[2]。每天在諸葛爽像前焚香供奉，表達自己的思念。

唐五代民間舉行宗教禮儀活動，都要使用香。如敦煌文書 S.1725V 的祭社文中説：“祭社要香爐四并香、神席四。”P.3896V 亦談到祭社時要“香四、席四”等物品。這種用香，應該是受到了佛、道教中的焚香敬禮的影響，把佛、道教中的儀式融入民間的祭祀活動。S.6417《願文》説：“厥今具跪雙足，捧金爐，焚寶香，轉經舍施啓加嘉願者，有誰施焉？”[3] 説明民間禮儀中焚香是十分流行的。

宋代筆記對民間的焚香情况，有不少記載。如一些人在對天發誓，或者向老天祈求時，都會鄭重其事地點香行禮。陳絢嘗爲前蜀王氏邛州臨溪令，某天晚上，一侍婢看到一小蛇蟠於縣署的籬笆，不久遠處傳來陣陣雷聲。陳絢“疑其乖龍，懼罹震厄。乃易衣炷香，抗聲祈於雷曰：‘苟取龍，幸無急遽。’”[4] 像這樣正式地祈求上蒼，用炷香一支的形式，更顯自己的誠心。

1　陶穀：《清异録》卷下《薰燎門》“沉香似芬陀利華”，第一編第二册，第 110 頁。

2　張齊賢：《洛陽搢紳舊聞記》卷二《齊王張令公外傳》，第一編第二册，第 159 頁。

3　轉引自趙玉平《唐五代宋初敦煌佛齋禮儀研究》，上海師範大學 2015 年博士學位論文，第 60 頁。

4　孫光憲：《北夢瑣言》佚文四《雹取乖龍》，第一編第一册，第 244 頁。

(四)私人生活用香

隋唐五代時期的人們,由於受到政治和宗教的影響,將香料使用於生活的各個方面。用香既是人們的實際生活需要,同時亦是追求時尚的一種社會風氣。

香用於居宅,在室内熏香,本意大概是祛穢致潔。由於不同的香具有高低不一的價格,所以居宅中用香成了一些人身份地位的標志。隋文帝子秦王俊,盛修宫室,窮極侈麗,"又爲水殿,香塗粉壁,玉砌金階,梁柱榱棟之間,周以明鏡,間以寶珠,極瑩飾之美"[1]。塗香於水殿的墻壁上,主要是爲了表明自己財大氣粗。五代前蜀國主王衍,奢縱無度,"爇諸香,晝夜不絶,久而厭之,更爇皂莢,以亂其氣"[2]。不停地焚香是爲了聞香的味道,但聞同一種味道時間長了覺得無趣,就焚皂莢想改變一下香味。夏天乘凉,要用扇子。扇子上塗香,可以使扇出的風帶着香味四散開來。如蜀國主孟昶"夏月水調龍腦末塗白扇上,用以揮風。一夜,與花蕊夫人登樓望月,誤墮其扇,爲人所得。外有效者,名'雪香扇'"[3]。

香用於日常生活,主要是爲了驅除异味,喜歡環境乾净的人特别熱衷於用香。士大夫爲了静心讀書,有個寧静的學習環境,在生活起居場所習慣焚香清潔。如韋應物"立性高潔,鮮食寡欲,所居焚香掃地而坐"[4]。五代時南唐徐鉉"或遇月夜,露坐中庭,但爇佳香一炷,其所親私别號'伴月香'"[5]。庭院裏點香一支,能清潔環境,凝聚思緒。再如東川節度使顧彦郎以蔡叔向爲副使,主要是顧以前當士兵時,蔡對他很好,十分尊重他。到了其弟顧彦暉嗣位,"酷好潔净",覺得蔡叔向等軍人身上有味道,於是"左右薰香而備給使"[6],時人認爲他事涉輕薄,對人不尊重。不過用香來驅异味,應該是當時人經常做的事情。

---

1 孔平仲:《續世説》卷九《汰侈》,第二編第五册,第 161 頁。

2 孔平仲:《續世説》卷九《汰侈》,第二編第五册,第 166 頁。

3 陶穀:《清异録》卷下《薰燎門》"雪香扇",第一編第二册,第 110 頁。

4 王讜:《唐語林》卷二《文學》,第三編第二册,第 77 頁。

5 陶穀:《清异録》卷下《薰燎門》"伴月香",第一編第二册,第 110 頁。

6 孫光憲:《北夢瑣言》佚文一《二顧死無墳墓》,第一編第一册,第 218 頁。

很多人還將香放到蚊帳裏。李商隱有詩云:“鏁香金屈戌,帶酒玉昆侖。”另一詩説:“金蟾嚙鏁燒香入,玉虎牽絲汲井回。”高似孫《緯略》認爲“此皆香器。其名鏁者,蓋有鼻鈕,施之於幃幬之中者也。”所謂鏁香,應是將香味鏁在瓶内,放在幃帳中,讓香味慢慢四散開來。李賀有詩説:“曉奩妝秀靨,衣帳減香筒。”香筒可能和鏁香不同,但亦是“帳中香也”[1],應該是女性將香筒放在蚊帳中,平時就能聞聞香味的意思。

碰到特别重大的事情,人們也會焚香表明嚴肅誠信的態度。魏元忠與二張鬧翻,武則天把他投入監獄,張易之讓張説作證。武則天召集大臣,令幾個人對質。張説云:“易之以臣宗室,故托爲黨。然附易之,有臺輔之望;附元忠,有族滅之勢。臣不敢面欺,亦懼元忠冤魂耳。”將自己生死置之度外,説完後馬上“焚香爲誓”[2],表明自己所説完全真實,没有一絲一毫作假。焚香和發誓連在一起,表示這是十分嚴肅的。再如常侍李景讓母鄭氏,“早寡,家貧,居於東都”。宅後石墻,因雨隤陷,得錢盈缸,家裏的奴婢十分高興,奔走前去告訴鄭氏。鄭氏看後,“焚香祝之”,對衆兒子説:“吾聞無勞而獲,身之灾也。天必以先君餘慶,矜其貧而賜之,則願諸孤它日學問有成,乃其志也。此不敢取。”[3]馬上令人將錢深埋於地下。可知當家裏發生重大事情時,人們常用焚香來表明心迹。

唐代人熱衷於焚香,有的人甚至到了痴迷的程度。如袁象先判衢州時,幕客謝平子“癖於焚香,至忘形廢事”。同事實在看不下去,有人寫了諷刺文一札,乘他不在的時候投了過去,文中稱呼他:“鼎炷郎守馥州百和參軍謝平子。”[4]在鼎中竪一根香焚燒,是當時一些官員特别喜愛的做法。

唐末五代,市場上有香出售,爲社會各個階層用香提供了可能。如後唐清泰中,“荆南有僧貨平等香,貧富不二價。不見市香和合,疑其仙者”[5]。荆南僧人出售的香,原料是買來的,經過再加工後銷售。

1 高似孫:《緯略》卷九《鏁香》,第六編第五册,第321頁。

2 王讜:《唐語林》卷三《方正》,第三編第二册,第94頁。

3 孔平仲:《續世説》卷八《賢媛》,第二編第五册,第151頁。

4 陶穀:《清异録》卷上《官志門》“百和參軍”,第一編第二册,第20頁。

5 陶穀:《清异録》卷下《薰燎門》“平等香”,第一編第二册,第109頁。

(五)特殊用香

除將香用於平時生活、公務活動及宗教場所的祭祀外,香還有一些特殊的用途。

帝王、高官們喜歡香,想方設法搜羅,結果擁有各式各樣的香材,甚至會相互比試誰的香品質更高、氣味更好。唐中宗朝,“宗、紀、韋、武間爲雅會,各攜名香,比試優劣,名曰‘鬥香’。惟韋温挾椒塗所賜,常獲魁”[1]。相互比試,相互誇耀,應該一是比種類,二是比香味。

香的醫療價值不斷爲人們認識。如香有祛穢致潔的功能,甚至還能治療疫病,殺滅病菌。番禺牙儈徐審,與舶主何吉羅因爲生意的往來,關係十分密切。分手時何吉羅拿出如鳥嘴尖狀的三枚香,送給徐審,説:“此鷹觜香也,價不可言。”當時大疫流行,徐審“於中夜焚一顆,則舉家無恙”。後八年,“番禺大疫,審焚香,闔門獨免”。還有一顆就在家供奉着,呼爲“吉羅香”。[2] 這三顆鳥嘴香到底是什麽物質組成的,今天我們無法明瞭,但可以明確此香防疫,殺滅病菌,功效獨特。香還有止痛的醫療功效。陶穀《清异録》談道:“寶曆中,帝造紙箭竹皮弓,紙間密貯龍麝末香。每宫嬪群聚,帝躬射之,中者濃香觸體,了無痛楚。宫中名‘風流箭’,爲之語曰:‘風流箭,中的人人願。’”[3]唐敬宗與宫嬪一起打鬧,用珍貴的麝香玩耍,箭射中者充溢着香味,一點都不疼。由於香在社會中使用範圍較廣,使用場所較多,因而人們熱衷於對香的追逐,香成了一種奢侈消費。

這種奢侈用香,主要出現在皇宫内。如後唐皇宫内的龍輝殿,“安假山水一鋪,沉香爲山阜,薔薇水、蘇合油爲江池,零藿、丁香爲林樹,薰陸爲城郭,黄紫檀爲屋宇,白檀爲人物,方圍一丈三尺,城門小牌曰‘靈芳國’。或云平蜀得之者”[4]。一個大殿中,沉香、薔薇水、蘇合油、藿香、丁香、薰陸、檀香等多種香混

1 陶穀:《清异録》卷下《薰燎門》“鬥香”,第一編第二册,第 109 頁。

2 陶穀:《清异録》卷下《薰燎門》“鷹觜香”,第一編第二册,第 109 頁。

3 陶穀:《清异録》卷下《武器門》“風流箭”,第一編第二册,第 92 頁。

4 陶穀:《清异録》卷下《薰燎門》“靈芳國”,第一編第二册,第 108~109 頁。

合使用。前蜀王衍“好燒香,沉檀蘭麝之類,芬馥氤氳,晝夜不息。既而厭之,乃取皂角燒之”[1]。將幾種香一起焚燒,宋人稱他這樣做是“奢縱”。這樣的情景,當然衹有帝王的宫殿中纔做得到,宋人是作爲特例纔加以記載的。

皇宫中的香,品種繁多,可以製成液體、固體或粉狀等形態。李璟保大七年(949年),“召大臣宗室赴内香燕。凡中國外夷所出,以至和合煎飲、佩帶粉囊,共九十二種,江南素所無也”[2]。皇宫内香的種類衆多,外界并不知悉。因爲知道中國的皇帝喜歡各種香藥,所以南海中一些國家的商人投其所好,製造出各種奇异的香料供他們享受:“海舶來有一沉香翁,剜鏤若鬼工,高尺餘。舶酋以上吴越王,王目爲‘清門處士’,發源於心清聞妙香也。”[3]

吴越外戚孫承祐,生活奢侈异常,他“用龍腦煎酥,製小樣驪山,山水、屋室、人畜、林木、橋道,纖悉備具。近者畢工,承祐大喜,贈蠟裝龍腦山子一座。其小驪山,中朝士君子見之,云圍方丈許”[4]。龍腦香一般産於熱帶地區,其時的龍腦香大多來自交趾和東南亞地區。吴越國偏隅東南,并不出産龍腦,大多是大食商人轉運來的,因而孫承祐是用龍腦香向人誇耀自己的富有。

(六)各種香具

唐五代時期的人們如此喜愛使用香,作爲生活中一種不可或缺的物品,必然亦有大量與香有關的香具。香爐是其中最爲重要的一種器具。

一些香是需要熏灸而散發香味的,因而用來存貯熏燒香品的器具就會出現,其中香爐最爲多見。香爐有不同的材質和不同的形狀,裝飾工藝也各不相同。吴越孫承祐“富傾霸朝”,他用千金市得石緑一塊,“天質嵯峨如山”,於是命工匠製成爲博山香爐,“峰尖上作一暗竅,出烟一則聚,而且直穗淩空,實美觀視。親朋效之,呼‘不二山’”。[5] 這是一座石質的香爐,外形雕鑿成一座小山,既有藝術造型,又有實用性,香烟從頂中冒出,在峰頂聚集後向四周擴散開來。

---

1 佚名:《五國故事》卷上,第一編第三册,第243頁。

2 陶穀:《清异録》卷下《薰燎門》“香燕”,第一編第二册,第109頁。

3 陶穀:《清异録》卷下《薰燎門》“清門處士”,第一編第二册,第111頁。

4 陶穀:《清异録》卷下《器具門》“龍酥方丈小驪山”,第一編第二册,第83~84頁。

5 陶穀:《清异録》卷下《器具門》“不二山”,第一編第二册,第81頁。

亦有的香爐主要用來插香焚燒。吴國楊溥被殺時,在樓上誦佛書,"使者前趨,溥以香爐擲之,俄而見害"[1]。説明誦佛焚香時,香插在香爐中。香爐能被楊溥當作武器擲出去,應該不是太重。

香匙主要的使用功能是將香爐中的香灰舀走。時人説:"焚香賴匙匕,室既密,爐既深,非運匕治灰,則淺深峻緩將焉托哉。"[2]没有香匙,日漸積累的香灰無法取出。

帝王後宫裏,還有專門的宫女主管焚香,焚香的器具多種多様。李煜皇后周氏,居柔儀殿。後宫裏有主香宫女,她掌管的焚香之器有"把子蓮、三雲鳳、折腰獅子、小三神、□字金鳳口嬰、玉太古、容華鼎,凡數十種,金玉爲之"[3]。這些焚香的器具,非常特别,全是玉做的,價格昂貴。

放置香具的桌子叫香案。江夢孫在江都縣大廳,"下車之日,升正廳受賀訖,向夜具香案端笏,當中而坐,誦《周易》一遍,明日如常理事"[4]。香案上放着香具,香應該是插在香爐之類的香具中。

香油和香粉,常見貯在瓶和筒内。李商隱詩談到"鏁香金屈戌",高似孫認爲是"香器。其名鏁者,蓋有鼻鈕,施之於幃幬之中者也"。猜測是瓶子一類的盛放器具,香粉或香油等被密封在内。李賀有詩説"衣帳減香筒",香筒可能是瓷或竹製的,亦應是貯放香粉和香油的。南唐時,大食國進龍腦油,女冠耿先生"乃縫夾絹囊,貯白龍腦一斤,垂於楝上,以胡瓶盛之,有頃如注"[5]。用胡瓶盛放龍腦油,是當時通行的做法。

四、花卉消費

唐五代時期,人們對花卉的認識不斷深化,很多花卉已能够人工培植,市場出現花卉貿易。特别是唐代中後期,花卉産業有了一定的發展,而且這種發展

---

1 佚名:《五國故事》卷上,第一編第三册,第 239 頁。

2 陶穀:《清异録》卷下《器具門》"盧州大中正",第一編第二册,第 86 頁。

3 陶穀:《清异録》卷下《器具門》"玉太古",第一編第二册,第 82 頁。

4 鄭文寳:《南唐近事》卷一,第一編第二册,第 209 頁。

5 李石:《續博物志》卷三,第四編第四册,第 181 頁。

經過人們的努力漸趨興盛，一些花農已能熟練地進行花卉的培植和育苗，進入市場的花卉越來越多。花卉能够裝點人們的生活，美化環境，成爲社會生活中必不可少的一部分。

（一）花卉消費習俗

唐代賞花習俗的興盛和發展與皇帝的提倡不無關係。唐高宗時，與群臣一起"賦《宴賞雙頭牡丹》詩，惟上官昭容一聯爲絶麗，所謂'勢如連璧友，心若臭蘭人'者"[1]。開元時，玄宗在興慶池沉香亭前種植牡丹。花開之時，便和貴妃及梨園弟子等在此歌舞欣賞，并命翰林學士李白作贊牡丹的《清平樂詞》三篇。[2] 文宗曾和寵臣程修己一起，賞花弄詩："大和、開成中，有程修己者，以善畫得進謁。"由於程修己是以孝廉出身，所以文宗特别看重他，"會春暮内殿賞牡丹花，上頗好詩，因問修己曰：'今京邑傳唱牡丹花詩，誰爲首出？'修己對曰：'臣嘗聞公卿間多吟賞中書舍人李正封詩曰："天香夜染衣，國色朝酣酒。"'上聞之，嗟賞移時"[3]。帝王在宫中還比試花卉的漂亮度。陶穀《清异録》卷上云："劉鋹在國，春深令宫人鬥花。凌晨開後苑，各任采擇。少頃，敕還宫，鎖苑門，膳訖，普集，角勝負於殿中。宦士抱關，宫人出入皆搜懷袖，置樓羅曆以驗姓名，法制甚嚴，時號'花禁'。負者獻耍金耍銀買燕。"[4] 在後苑中采摘花卉後，不能再有其他人進入，亦不能再另外摻入花卉，就比賽誰的眼光更好。南唐時，廬山某寺廟内有麝囊花一叢，"色正紫，類丁香"，號"紫風流"。李後主下詔"取數十根，植於移風殿"[5]，因爲喜愛這種花，所以命名爲"蓬萊紫"。南唐李後主弟弟宜春王李從謙，"常春日與妃侍游宫中後圃，妃侍覩桃花爛開，意欲折而條高，小黄門取彩梯獻。時從謙正乘駿馬擊球，乃引鞚至花底，痛采芳菲"[6]。宫中妃嬪對花卉十分熱愛。後蜀孟昶喜歡花草，廣政十二年（949 年）十月，"召百官宴芳林

1 柳宗元：《龍城録》卷下《高皇帝宴賞牡丹》，《唐五代筆記小説大觀》，第 148 頁。
2 樂史：《楊太真外傳》卷上《開元天寶遺事十種》，第 136 頁。
3 李濬：《松窗雜録》，《唐五代筆記小説大觀》，第 1215～1216 頁。
4 陶穀：《清异録》卷上《百花門》"樓羅曆"，第一編第二册，第 38 頁。
5 陶穀：《清异録》卷上《百花門》"紫風流"，第一編第二册，第 39 頁。
6 陶穀：《清异録》卷上《獸名門》"緑耳梯"，第一編第二册，第 59 頁。

園,賞紅梔花。此花青城山中進三粒子,種之而成。其花六出而紅,清香如梅,當時最重之”。次年,他令人在成都全城種植芙蓉,“盡以幄幙遮護”。其時“城上盡種芙蓉,九月間盛開,望之皆如錦綉”。孟昶對手下人説:“自古以蜀爲錦城,今日觀之真錦城也。”[1]成都城變成花的海洋。

各級貴族和大臣、士生舉子都競相跟風仿效,養花、賞花成爲一種時髦風雅。玄宗時,“(楊)國忠又用沉香爲閣,檀香爲欄,以麝香、乳香篩土和爲泥飾壁。每於春時木芍藥盛開之際,聚賓友於此閣上賞花焉。禁中沉香之亭遠不侔此壯麗也”[2]。開元中,落第進士韋弇“游蜀,時將春暮,勝景尚多,與其友尋花訪异,日爲游宴”[3]。唐末孫光憲在江陵任官時,蕃客穆思密“嘗遺水仙花數本,植之水器中,經年不萎”[4]。將水仙花養在容器中,裏面灌上水。都城長安人對花卉有着一股狂熱:“長安士女游春野步,遇名花則設席藉草,以紅裙遞相插挂以爲宴幄,其奢逸如此也。”[5]欣賞花卉成了城市中一些富裕人在生活上追求品質提升的一種方式。唐代中後期,賞花風氣彌漫社會各階層。如某位十載爲大官者,“高堂虛且迥,坐卧見南山。繞廊紫藤架,夾砌紅藥欄;攀枝摘櫻桃,帶花移牡丹”[6]。貞元十四年(798年),京都大旱,而權門貴族却在移栽芍藥,《全唐詩》卷三七一有吕溫《貞元十四年旱甚見權門移芍藥花》詩,他發出了“四月帶花移芍藥,不知憂國是何人”[7]的驚嘆。

城市貴族、官僚中的富裕者購買花卉後,還互相争妍鬥奇。如“楊國忠子弟,春至之時,求名花异木,植於檻中,以板爲底,以木爲輪,使人牽之自轉,所至之處,檻在目前,而便即歡賞,目之爲‘移春檻’”[8]。再如“長安王士安於春時鬥花,戴插以奇花多者爲勝,皆用千金市名花植於庭院中,以備春時之鬥也”[9],貴

---

1 張唐英:《蜀檮杌》卷下,第一編第八册,第56~57頁。

2 王仁裕:《開元天寶遺事》卷下《四香閣》,中華書局,2006年,第58頁。

3 李昉:《太平廣記》卷三三引《神仙感遇傳》“韋弇”,第209頁。

4 錢易:《南部新書》卷癸,第一編第四册,第130頁。

5 王仁裕:《開元天寶遺事》卷下《裙幄》,第49頁。

6 白居易:《白居易集》卷二《傷宅》,第31~32頁。

7 彭定求:《全唐詩》卷三七一,第4175頁。

8 王仁裕:《開元天寶遺事》卷上《移春檻》,第29頁。

9 王仁裕:《開元天寶遺事》卷下《鬥花》,第49頁。“長安王士安”應是“長安士女”之誤,標點本失校。

族、士子、儒生在花開季節還到處尋花欣賞，奔走相告，好不熱鬧。長沙有一位許智老，宅院中種植兩株木芙蓉，樹蔭有一畝有餘，"一日盛開，賓客盈溢"。賞花的人中有一位叫王子懷的，説花朵不會超過一萬，如果超過萬朵，就將和他一起去赴宴的名妓賈三英所披的胡錦鼎文帔作爲賭注。"智老命僕厠群采，凡一萬三千餘朵。子懷褫帔納主人，靦而默遁"。[1] 賈三英的鼎文帔是"胡錦"，估計是從西域販來的著名織錦，質地和圖案都很有特色，是當時的一款名品，所以王子懷纔用它來打賭。

官員、士大夫們在平時的文化生活中，常以賞花爲風雅，賦詩作對，尋求心靈的契合。有位書空匠者，乾祐中"冷金亭賞菊，分賦秋雁，族子秘書丞敞先就，詩曰：'天掃閑雲秋净時，書空匠者最相宜'云云"[2]。爲了欣賞花卉的美，一些人在花叢中設宴，左擁右抱着花朵。閩國王昶春天時"宴後苑，飛紅滿空"[3]，在鮮花叢中設宴，享受着滿園的春色和鮮花的芬芳。如南唐陶子召在其西宅招待客人，"爲酴醿開尊，無以侑勸，請坐人各撰小名，得有思致者七"。因爲酴醿花開，所以召人一起來欣賞，并在花叢中設宴。他們給花起的小名是賽白蔓君、四字天花、花聖人、慈恩傅粉緑衣郎、獨步春、沉香密友[4]，所起的名稱都是圍繞這種白色緑葉花的最主要特點。五代人認爲對花焚香，賞花時更有情調："對花焚香，有風味相和，其妙不可言者。"不同的花卉前要焚燒不同的香，韓熙載總結出這樣五種比較合適的情况："木犀宜龍腦，酴醿宜沉水，蘭宜四絶，含笑宜麝，薝蔔宜檀。"[5]這就是所謂的"五宜説"。時人將酴醿稱爲"沉香密友"，就是花和香相配中的一宜。

除官員外，平民百姓亦是以賞花作爲一種風尚。如白居易的母親"因看花墜井"，後來有人擠兑白居易，"以賞花、新井之作左遷"[6]，實際上反映出在城市中，無論男女，都以看花作爲一種風雅和享受。亦有人把鮮花折下後插在瓶

1　陶穀：《清异録》卷上《百花門》"鼎文帔"，第一編第二册，第 38~39 頁。

2　陶穀：《清异録》卷上《禽名門》"書空匠"，第一編第二册，第 54 頁。

3　陶穀：《清异録》卷上《百花門》"雨天三昧"，第一編第二册，第 39 頁。

4　陶穀：《清异録》卷上《百花門》"慈恩傅粉緑衣郎"，第一編第二册，第 41 頁。

5　陶穀：《清异録》卷上《百花門》"五宜"，第一編第二册，第 40 頁。

6　錢易：《南部新書》卷甲，第一編第四册，第 15 頁。

裏，放在室内欣賞。如五代胡嶠詩有“瓶裏數枝婪尾春”句，桑維翰認爲婪尾春指的是芍藥花，“婪尾酒，乃最後之杯，芍藥殿春，亦得是名”[1]。很多女性將鮮花插在兩鬢，或者夾在書籍中聞香氣：“脂粉流愛重酴醿，盛開時置書册中，冬間取以插鬢，蓋‘花腊’耳。”[2]後蜀趙廷隱家的園林内，湖中種植大量的蓮藕，“每至秋夏，花開魚躍”。某天，“岸之隈有蓮一莖，上分兩岐開二朵，其時謂之太平無事之秋，士女拖香肆艷，看者甚衆。趙廷隱畫圖以進，蜀主嘆賞。其時歌者、咏者不少”[3]。這裏一起看蓮花的，想必不少是官員和士大夫，但亦有不少是平民。

上層社會對花卉的熱衷、崇尚，直接影響到社會各個階層的喜好，賞花成爲一種社會習俗，以至“家家有芍藥”“四鄰花競發”，出現了“家家樓上如花人，千枝萬枝紅艷新”的局面[4]。人們對花卉的消費量急劇增加，姹紫嫣紅的花卉成了美化生活環境的一個重要組成部分。南唐李煜時，“每春盛時，梁棟、窗壁、柱栱、階砌并作隔筒，密插雜花，榜曰‘錦洞天’”[5]。雖説這是皇宫内的過度奢侈，一般老百姓的家是做不到這樣的，但反映出人們用花卉美化家居生活的念想。《清异録》卷上談道：“蘭雖吐一花，室中亦馥郁襲人，彌旬不歇，故江南人以蘭爲‘香祖’。”[6]意謂蘭花僅一枝，房間裏就有經久不息的香味，説明不少南方人將蘭花種在室内。除花卉外，室内還擺放其他的緑葉植物，如南漢宦官趙純節，“性惟喜芭蕉，凡軒窗館宇咸種之”[7]。當時很多人稱趙純節爲“蕉迷”。

建築房屋時人們已充分考慮到花卉因素，上至政府機構下到私人住宅，有很多人意識到應該用花卉來裝飾庭院。《緗素雜記》談道：“唐故事，中書省植紫

1 陶穀：《清异録》卷上《百花門》“婪尾春”，第一編第二册，第39頁。

2 陶穀：《清异録》卷上《百花門》“花腊”，第一編第二册，第41頁。

3 孫光憲：《北夢瑣言》佚文四《趙廷隱家蓮花》，第一編第一册，第245頁。

4 彭定求：《全唐詩》卷三七六孟郊《看花》，第4217頁；卷六三三司空圖《蓮峰前軒》，第7268頁；卷七〇〇韋莊《長安春》，第8052頁。

5 陶穀：《清异録》卷上《百花門》“錦洞天”，第一編第二册，第38頁。

6 陶穀：《清异録》卷上《草木門》“香祖”，第一編第二册，第33頁。

7 陶穀：《清异録》卷上《草木門》“蕉迷”，第一編第二册，第34頁。

薇花，歷世循用之，不以爲非。至今舍人院紫薇閣前植紫薇花，用唐故事也。”[1] 宋人繼承唐人的做法，用紫薇花來點綴中書省機構。地方政府辦事處所亦喜歡種植花卉，如蘇州州治的木蘭堂，以種植木蘭出名，“堂之前後，皆植木蘭，幹極高大”，“白樂天在蘇，嘗教倡人爲此舞也”。[2] 宜春太守虞杲，“郡齋植昌蒲五檻”[3]，以喜歡昌蒲而出名。祠堂廟宇注重種植花樹來裝點環境。宋敏求《春明退朝録》卷下談道：“揚州后土廟有瓊花一株，或云自唐所植，即李衛公所謂玉蘂花也。舊不可移徙，今京師亦有之。”[4] 花開時節，有的寺廟因爲種植的花卉集中盛開，成爲人們追賞游覽之地。如杭州靈隱山多桂樹，“中秋望夜，往往子墜，寺僧亦嘗拾得。而岩頂崖根，後産奇花，氣香而色紫，芳麗可愛，而人無知其名者。招賢寺僧取而植之，郡守白公尤愛賞，因名曰‘紫陽花’”[5]。懷素在“零陵庵東郊，治芭蕉，亘帶幾數萬”[6]。因爲喜歡芭蕉，所以在庵中大量種植，成爲寺中較有特色的一種緑色植物。

花卉欣賞熱出現的一個重要標志是花卉在品種和數量上增多，供應市場的數量急劇增加。城市周圍的農村中有一些人專門從事花卉的種植和采摘，并適時地入城出售。宣宗大中時，司馬扎有一詩談道：“少壯彼何人，種花荒苑外。不知力田苦，却笑耕耘輩。當春賣春色，來往經幾代。長安甲第多，處處花堪愛。……終日擁軒蓋。農夫官役時，獨與花相對。那令賣花者，久爲生人害。貴粟不貴花，生人自應泰。”[7] 詩中談到，這個人用較少的勞動獲取了比普通農民更多的收益，以至作者貶視他是“久爲生人害”。從長安貴族賞花者親自到花農的種植園中選購花卉來看，上述這個花園當位於長安的近郊。再如白茉莉花，南朝蕭梁時從波斯國移植至嶺南一些地區，至唐代種植較爲廣泛，“今番禺

1　黄朝英：《緗素雜記》佚文《紫薇花》，第三編第四册，第 251 頁。
2　龔明之：《中吴紀聞》卷一《木蘭堂詩》，第三編第七册，第 189 頁。
3　陶穀：《清异録》卷上《草木門》“昌九”，第一編第二册，第 33 頁。
4　宋敏求：《春明退朝録》卷下，第一編第六册，第 285 頁。
5　錢易：《南部新書》卷庚，第一編第四册，第 75 頁。
6　陶穀：《清异録》卷上《草木門》“緑天”，第一編第二册，第 34 頁。
7　彭定求：《全唐詩》卷五九六《賣花者》，第 6900 頁。

士女,多以彩縷貫花賣之"[1]。祇要有利潤,農民就會自覺地種植。《吴郡志》卷三〇記云:"菊,所在固有之,吴下尤盛。城東西賣花者,所植彌望,人家亦各自種圃者。"[2]這裏説在蘇州城外大量種植菊花,雖然是宋代的資料,但估計唐後期就已經是這種情况了。陸龜蒙《唐甫里先生文集》卷八《闔閭城北有賣花翁討春之士往往造焉因招襲美》説:"故城邊有賣花翁,水曲舟輕去盡通。十畝芳菲爲舊業,一家烟雨是元功。閑添藥品年年别,笑指生涯樹樹紅。"[3]這個蘇州城外的賣花老翁,種植十畝花卉,并兼種藥材。司空圖《與臺丞書》談道:"某昔者常從其友於郡邑之鄙,其鄰叟有善藝卉木者,或從之鬻於都下,未嘗不亟售而返。""鄰叟"住在"郡邑之鄙",種植花木的技術較高,"鬻於都下"。這個賣花人銷售花卉的速度極快,有人問他到底是什麽原因,他説出了自己的一套理論:"鬻植之道,雖本於天時,亦且診於人情耳。蓋視其人,誇其居侈,則所玩者必欲朝炫其葩,夕味其實矣。彼或以勁正自處,所植必慕賢良,吾皆揣之。各炫其所欲,焉有曝滯之患哉。"[4]他能揣摩顧客的心態,其賣花技巧之高,令人贊嘆不絶。

城市的市場裏既有專門銷售花卉的地方,亦有走街串巷的賣花者。揚州法雲寺和尚珝楚,"嘗與中山賈人章某者親熟,……頃之,相與南行,遇一婦人賣花……章即出數錢買之以贈楚"[5]。這位賣花的婦人應該是在不斷走動尋找顧客。有位鄂州小將奉使至揚州,"舍於逆旅。見一婦人賣花……答云:'……今在此,與娘子賣花給食而已。'"[6]在逆旅前賣花,看中的是人員往來衆多。

城市中出售的花木品種繁多,有牡丹、李花、杏花、芍藥、茶花、櫻花等。同一種花卉又常見到不同的顔色,如瑞香花各地都不相同:"瑞香有洛白、揚紅、汴黄、江紫,花之變極矣。"[7]意謂這種花有各種各樣的變種。市場中出售的花草

1 段公路:《北户録》卷下《指甲花》,《全唐五代筆記》第三册,三秦出版社,2012年,第2161頁。

2 范成大:《吴郡志》卷三〇《土物下》,第446頁。

3 陸龜蒙:《唐甫里先生文集》卷八,何錫光校注《陸龜蒙全集校注》,第503頁。

4 董誥:《全唐文》卷八〇七司空圖《與臺丞書》,第3761頁。

5 徐鉉:《稽神録》卷三《僧珝楚》,第41~42頁。

6 徐鉉:《稽神録》再補《鄂州小將》,第146頁。

7 陶穀:《清异録》卷上《百花門》"洛白揚紅汴黄江紫",第一編第二册,第41頁。

類别，有鮮切花、花樹的種子及花樹苗。如有的鮮花按插技買賣。在洛陽市場上，"酴醾木香，事事稱宜，故賣插枝者云'百宜枝杖'"[1]。亦有的買賣樹苗。例如《耕桑偶記》談道："終南及廬岳出好李花，兩市貴侯、富民以千金買種，終、廬有致富者。"[2]終南及廬岳的李花樹苗在長安市場出售，由於品質較好，因而貴侯、富民争相購買。五代時長安人張翊，因亂南來，在南唐先主朝任官。他曾經"戲造《花經》，以九品九命升降次第之"，即將當時能見到的花卉按九品進行分等第，很多人認爲他劃分得還是挺有道理的。他的九品分别是：一品九命：蘭、牡丹、蠟梅、酴醾、紫風流睡香异名。二品八命：瓊花、蕙、岩桂、茉莉、含笑。三品七命：芍藥、蓮、薝蔔、丁香、碧桃、垂絲海棠、千葉梅。四品六命：菊、杏、辛夷、豆蔻、後庭、忘憂、櫻桃、林禽、梅。五品五命：楊花、月紅、梨花、千葉李、桃花、石榴。六品四命：聚八仙、金沙、寶相、紫薇、凌霄、海棠。七品三命：散水、真珠、粉團、郁李、薔薇、米囊、木瓜、山茶、迎春、玫瑰、金燈、木筆、金鳳、夜合、躑躅、金錢、錦帶、石蟬。八品二命：杜鵑、大清、滴露、刺桐、木蘭、鷄冠、錦被堆。九品一命：芙蓉、牽牛、木槿、葵、胡葵、鼓子、石竹、金蓮。[3] 這種分類，實際上反映了五代時期人們對花卉珍貴程度的一種看法，雖不一定確切，但可以看出人們對花卉的認知。

很多地區以出産特色花卉而聞名全國。如南漢的茉莉和洛陽的牡丹，在唐末至五代時期十分出名。《清异録》談到南漢"每見北人，盛誇嶺海之强"。周世宗遣使到南漢，"館接者遺茉莉，文其名曰'小南强'"[4]，以茉莉花而自豪。後來劉鋹被抓到北方，見洛陽牡丹，大駭嘆，他没想到洛陽有這麽好的花卉。蘇州以梅花出名，當地人于永錫特别喜愛梅花，他將梅花分爲十二香，分别是萬選香、水玉香、二色香、自得香、撲凸香、算香、富貴香、混沌香、盗跖香、君子香、一

1　陶穀：《清异録》卷上《百花門》"百宜枝杖"，第一編第二册，第 41 頁。
2　馮贄：《雲仙雜記》卷八，《全唐五代筆記》第四册，第 3464 頁。
3　陶穀：《清异録》卷上《百花門》"花經九品九命"，第一編第二册，第 39~40 頁。
4　陶穀：《清异録》卷上《百花門》"小南强"，第一編第二册，第 37 頁。

寸香、使者香。[1]《雲麓漫鈔》卷四談到李德裕《草木記》載有永嘉有簇蝶花,"今此花來於浙東,四布如蝶,中有攢蕊",宋人稱之爲玉蝴蝶。江南有玉蕊花,唐人有題唐昌觀《玉蕊花》詩云:"一樹瓏璁玉刻成,飄廊點地色輕輕。"宋人稱爲瑒花的實際上就是玉蕊花。楊汝士《與白二十二》帖云:"唐昌玉蕊以少,故見珍耳。自來江南山山有之,土人取以供染事,不甚惜也。"[2]唐代玉蕊花還比較少見,所以特别珍貴,到了北宋,情况完全改變。

唐代時人們已掌握了一定的技術,控制植物的花期。如唐武宗時人王瓊,"妙於化物。方冬,以藥封桃李數株,一夕盡開。玄宗二月初臨軒,取羯鼓打《春光好》一曲,桃杏皆拆"[3]。能够使桃花、李花提前和延遲開放。五代時有人"以鷄糞和土培芍藥花叢,其淡紅者悉成深紅,染者所言,益信矣哉"[4],實際上是通過肥料和土壤來控制花卉的顔色。由於對花卉的喜愛,有些人在自己家裏大量種植,并且不斷鑽研種植的技術。如南唐蘇直"善治花,瘠者腴之,病者安之,時人競稱爲'花太醫'"[5],是一個公認的種花高手。

(二)牡丹的欣賞習俗

中唐詩人徐凝在《寄白司馬》一詩中,描述了牡丹花開時節長安人争相觀賞牡丹的情景:"三條九陌花時節,萬户千車看牡丹。"[6]他在《牡丹》詩中,深情地表露了對牡丹的喜愛:"何人不愛牡丹花,占斷城中好物華。疑是洛川神女作,千嬌萬態破朝霞。"[7]徐凝的詩,展現出唐代社會特殊的賞花習俗與精神風貌,

---

1 陶穀:《清异録》卷上《百花門》"十二香",第一編第二册,第39頁。此段文云:"吴門于永錫,專好梅花,吟十二香詩,今録其名意:萬選香拔枝剪折,遴揀繁種、水玉香清水玉缸,參差如雪、二色香帷幔深置,脂粉同妍、自得香簾幕窺蔽,獨享馥然、撲凸香巧插鴉鬟,妙麗無比、算香采折凑然,計多受賞、富貴香簪組共賞,金玉輝映、混沌香夜室映燈,暗中拂鼻、盜跖香就樹臨瓶,至誠竊取、君子香不假風力,芳譽遠聞、一寸香醉藏懷袖,馨聞斷續、使者香專使貢持,臨門遠送。"

2 趙彦衛:《雲麓漫鈔》卷四,第六編第四册,第141~142頁。

3 楊彦齡:《楊公筆録》,第一編第十册,第135頁。

4 孫光憲:《北夢瑣言》卷一〇《杜孺休種青蓮花》,第一編第一册,第127頁。

5 陶穀:《清异録》卷上《百花門》"花太醫",第一編第二册,第41頁。

6 彭定求:《全唐詩》卷四七四,第5378頁。

7 彭定求:《全唐詩》卷四七四,第5382頁。

反映了唐人瘋狂地爭相追逐、玩賞牡丹的情景。在宋人筆記中，對唐代的這種社會風俗，有大量詳細的記載。

1.宫廷中的牡丹

宋代一些人認爲，牡丹出現在隋朝。高承《事物紀原》卷一〇《牡丹》云："隋煬帝世，始傳牡丹。"該書認爲隋朝有牡丹的主要依據有二。一是"《劉公嘉話》云：世謂牡丹花近有，蓋以前朝文士集中，無牡丹歌詩。禹錫嘗言楊子華有書牡丹處極分明。子華，北齊人，則知牡丹花亦久矣"。二是"《青瑣集》有《隋朝海山記》，中載牡丹品甚多"[1]。但在唐宋大多數人的眼裏，隋代以前是没有牡丹的。宋人云："牡丹初不載文字，惟以藥見《本草》。唐則天以後，洛花始盛，沈、宋、元、白亦不及也，劉夢得有《咏魚朝恩宅牡丹》，但云'一叢千朵'。謝靈運言'永嘉竹間多牡丹'。今越花不及洛花遠甚。或曰靈運之所謂牡丹，今之芍藥，特盛於吴、越。"[2]他們認爲牡丹出現在唐代，唐以前所謂的牡丹可能是芍藥。即使到了宋代，南方的牡丹品質還是不如洛陽的牡丹，所以隋代以前南方是不可能有牡丹的。宋人又云："考諸舊説，謂之木芍藥，牡丹之號，蓋出於天寶初。按《酉陽雜俎》云：隋朝文士集中無牡丹歌詩。又《隋朝種植法》之十卷，亦無牡丹者。"[3]今本段成式《酉陽雜俎》的確記有這段話，在前集卷一九有云："牡丹，前史中無説處，惟《謝康樂集》中言竹間水際多牡丹。成式檢隋朝《種植法》七十卷中，初不記説牡丹，則知隋朝花藥中所無也。"[4]宋代鄭樵《通志》卷七五談道："牡丹晚出，唐始有聞。"説明牡丹爲人們認識，的確是從唐代開始的。而且由於牡丹"其花可愛如芍藥，宿枝如木，故得木芍藥之名"。唐代人最初把牡丹看成是芍藥的一個變種，和芍藥一樣漂亮。舒元輿在《牡丹賦》序中的看法更爲客觀："古人言花者，牡丹未嘗與焉，蓋遁於深山，自幽而芳，不爲貴者所知，花則何遇焉。"[5]牡丹不見於前代著作的原因，是它生長在深山之中，没有經過人工培植，因而牡丹的美麗豐腴没有受到人們的注意，更不會得到文人的青睞。

---

1 高承：《事物紀原》卷一〇《牡丹》，第551頁。

2 李石：《續博物志》卷六，第四編第四册，第195頁。

3 黄休復：《茅亭客話》卷八《瑞牡丹》，第二編第一册，第58頁。

4 段成式：《酉陽雜俎》卷一九，《唐五代筆記小説大觀》，第701頁。

5 董誥：《全唐文》卷七二七，第3317頁。

牡丹最初出現并因其富貴美麗而得到人們的賞識、贊嘆，大概始於唐高宗、武則天時期。唐人記録了高宗在皇宫裏欣賞牡丹的情景："高皇帝御群臣，賦《宴賞雙頭牡丹》詩，惟上官昭容一聯爲絶麗，所謂'勢如連璧友，心若臭蘭人'者。"[1]雙頭牡丹，當是一枝兩花。舒元輿《牡丹賦》序又云："天后之鄉西河也，有衆香精舍，下有牡丹，其花特异。天后嘆上苑之有闕，因命移植焉，由此京國牡丹日月寖盛。今則自禁闥洎官署，外延士庶之家，彌漫如四瀆之流，不知其止息之地。每暮春之月，遨游之士如狂焉，亦上國繁華之一事也。"[2]按照這段話，長安牡丹是從汾州西河的衆香精舍移植來的，并逐漸得到推廣，自官府到民間都大量種植，普及速度很快。

大體而言，唐高宗、武則天及唐玄宗時期，牡丹主要種植在宫中。高承《事物紀原》云："唐人亦曰木芍藥，開元時，宫中及民間競尚之，今品極多也。一説武后冬月游後苑，花俱開，而牡丹獨遲，遂貶於洛陽，故今言牡丹者，以西洛爲冠首。"[3]洛陽牡丹是否因武后一語而冠天下，很難下斷語，但這時的皇宫後苑已種牡丹而且有一定的規模恐怕是事實。玄宗時，牡丹在宫中主要種植在興慶池、沉香亭、光春館及華清宫附近："初，有木芍藥植於沉香亭前，其花一日忽開，一枝兩頭，朝則深碧，午則深紅，暮則深黄，夜則粉白，晝夜之内，香色各异。"[4]這時的牡丹已經過人工培植和挑選，艷姿撼人，賞心悦目，引得玄宗和楊貴妃興高采烈。《近事會元》卷五引唐《松窗雜録》云："開元禁中初重木芍藥，即牡丹也，蓋禁中呼之耳。"[5]樂史《楊太真外傳》談道："開元中，禁中重木芍藥，即今牡丹也。（《開元天寶花木記》云："禁中呼木芍藥爲牡丹也。"）得數本紅、紫、淺紅、通白者，上因移植於興慶池東沉香亭前。會花方繁開，上乘照夜白，妃以步輦從。詔選梨園弟子中尤者，得樂十六色。李龜年以歌擅一時之名，手捧檀板，押衆樂前，將欲歌之。上曰：'賞名花，對妃子，焉用舊樂詞爲。'遽命龜年持金花牋，宣

1 柳宗元：《龍城録》卷下《高皇帝宴賞牡丹》，《唐五代筆記小説大觀》，第148頁。

2 董誥：《全唐文》卷七二七，第3317頁。

3 高承：《事物紀原》卷一〇《牡丹》，第551頁。

4 王仁裕：《開元天寶遺事》卷上《花妖》，第19頁。

5 李上交：《近事會元》卷五《木芍藥》，第一編第四册，第188頁。李濬《松窗雜録》此句原文爲："開元中，禁中初重木芍藥，即今牡丹也。"（見《唐五代筆記小説大觀》，第1213頁）

賜翰林學士李白立進《清平樂詞》三篇。”[1]李白接旨後,拿筆寫就,著名的“名花傾國兩相歡,長得君王帶笑看。解釋春風無限恨,沉香亭北倚欄杆”就是其中之一。驪山華清宫周圍種植了大量的牡丹,“明皇與貴妃幸華清宫,因宿酒初醒,憑妃子肩同看木芍藥,上新折一枝與妃子,遞嗅其艷。帝曰:‘不惟萱草忘憂,此花香艷尤能醒酒。’”[2]楊貴妃喜愛牡丹,所以宫中凡貴妃常去的地方均有種植。不僅數量多,還不斷追求牡丹新品種。宋人談道:“今牡丹中有一捻紅,其花葉紅,每一花葉端有深紅一點,如半指。明皇時,民有以此花上進者,值妃子正作妝,偶以妝指捻之,燕脂之痕染焉。植之,明年花開,俱有其迹。”[3]花中的一點深紅,説得有點神,但實際上這是培育出的一款新品種。

中唐以後,皇宫中對牡丹花仍然十分推崇。大和中,程修己進見文宗,“會春暮,内殿賞牡丹花”,文宗因問修己曰:“今京邑人傳牡丹詩,誰爲首?”程修己對曰:“中書舍人李正封詩:‘天香夜染衣,國色朝酣酒。’”[4]可知皇帝會召集大臣一起欣賞牡丹,并且要作詩歌頌。這種傳統,到了五代被繼承下來。南唐宫庭内苑已大量種植牡丹。《冷齋夜話》談道:“宋太祖將問罪江南,李後主用謀臣計,欲拒王師。法眼禪師觀牡丹於大内,因作偈諷之曰:‘擁毳對芳叢,由來趣不同。髮從今日白,花似去年紅。艷曳隨朝露,馨香逐晚風。何須待零落,然後始知空!’後主不省,王師旋渡江。”[5]雖然這裏法眼禪師用牡丹花開花落作偈,但説明金陵皇宫内紅色的牡丹已大量種植。後唐洛陽大内臨芳殿,是莊宗所建。大殿建成後,種植牡丹千餘棵,有各種各樣的名稱,如百葉仙人、月宫花、小黄嬌、雪夫人、粉奴香、蓬萊相公、卵心黄、御衣紅、紫龍杯、三雲紫、盤紫酥、天王子、出樣黄、火焰奴、太平樓閣,有黄、紫、紅、白、淺紅、深黄、紫花黄緑、千葉黄等多種顔色。[6] 這些牡丹的顔色有很大的不同,而且花朵形狀差异亦較大。

---

1 樂史:《楊太真外傳》卷上,第136頁。

2 王仁裕:《開元天寶遺事》卷下《醒酒花》,第38頁。

3 高承:《事物紀原》卷一〇《一捻紅》,第551頁。

4 錢易:《南部新書》卷甲,第一編第四册,第15頁。

5 惠洪:《冷齋夜話》卷一,第二編第九册,第35頁。

6 陶穀:《清异録》卷上《百花門》“百葉仙人”,第一編第二册,第38頁。

五代時,皇宫内還舉辦牡丹會。一些赴會之人邊賞花邊作詩,偶爾還會譏諷時政。《續世説》卷三云:“後唐豆盧革,爲中山王處直辟客,因牡丹會,賦詩諷處直,以桑柘爲意,言甚古雅。”[1]後蜀廣政五年(942年)三月,孟昶“宴後苑,賞瑞牡丹,其花雙開者十,黄者三,白者三,紅白相間者四。從官皆賦詩”[2]。君臣參加宴會,主要目的是欣賞三種不同顔色的牡丹。

2.牡丹的欣賞習俗

長安城内大量栽培、種植牡丹,是在安史之亂後,特别是貞元、元和時期。李肇《唐國史補》云:“京城貴游,尚牡丹三十餘年矣。每春暮車馬若狂,以不耽玩爲耻。執金吾鋪官圍外寺觀種以求利,一本有直數萬者。元和末,韓令始至長安,居第有之,遽命斫去曰:‘吾豈效兒女子耶!’”[3]這時,牡丹種植已相當普遍,主要是有人看上了它的高額收益,想盡一切辦法擴大栽培,而貴族、富人願意出錢購買,促進了牡丹交易的擴大。

追逐、欣賞牡丹成爲唐代中晚期城市奢侈消費的一大景觀。錢易《南部新書》卷丁云:“長安三月十五日,兩街看牡丹,奔走車馬。”[4]且看唐代一些詩人筆下的描繪。徐夤《牡丹花》詩云:“萬萬花中第一流,淺霞輕染嫩銀甌。能狂綺陌千金子,也惑朱門萬户侯。”[5]富貴子弟爲得到牡丹,追求時髦風尚,不惜一擲千金,“但是豪家重牡丹”[6]。這時候的文人對牡丹情有獨鍾。歐陽修《牡丹釋名》云:“牡丹初不載文字,唐人如沈、宋、元、白之流,皆善咏花,當時有一花之异者,彼必形於篇什,而寂無傳焉,唯劉夢得有《咏魚朝恩宅牡丹》詩,但云一叢千朵而已,亦不云其美且异也。”按他的意思,唐代詩人談到牡丹的不是很多,并没有認清這種花有什麽特别之處。不過洪邁不同意歐陽修的看法,他説其實唐代很多詩人都有牡丹詩。如白居易集中有《白牡丹》一篇十四韵,《秦中吟》十篇中有“《買花》一章,凡百言”,云:“共道牡丹時,相隨買花去。一叢深色花,十户中人

1 孔平仲:《續世説》卷三《箴規》,第二編第五册,第61頁。

2 張唐英:《蜀檮杌》卷下,第一編第八册,第55頁。

3 李肇:《唐國史補》卷中,《唐五代筆記小説大觀》,第185頁。

4 錢易:《南部新書》卷丁,第一編第四册,第42頁。

5 彭定求:《全唐詩》卷七〇八,第8150頁。

6 彭定求:《全唐詩》卷七五五徐鉉《嚴相公宅牡丹》,第8593頁。

賦。”《諷諭樂府》有《牡丹芳》一篇,“三百四十七字,絶道花之妖艷”,至有“遂使王公與卿士,游花冠蓋日相望”“花開花落二十日,一城之人皆若狂”之語。又《寄微之百韵》詩云:“唐昌玉蕊會,崇敬牡丹期。”其注談道:“崇敬寺牡丹花,多與微之有期。”又《惜牡丹》詩云:“明朝風起應吹盡,夜惜衰紅把火看。”《醉歸盩厔》詩云:“數日非關王事繫,牡丹花盡始歸來。”元稹亦有多首牡丹詩,如他有《入永壽寺看牡丹》詩八韵、《和樂天秋題牡丹叢》三韵、《酬胡三咏牡丹》一絶,又有五言二絶句。許渾亦有詩云:“近來無奈牡丹何,數十千錢買一窠。”徐凝云:“三條九陌花時節,萬馬千車看牡丹。”又云:“何人不愛牡丹花,占斷城中好物華。”所以洪邁認爲:“然則元、白未嘗無詩,唐人未嘗不重此花也。”[1]談到牡丹的詩歌十分衆多,反映了當時人們熱衷於欣賞牡丹的習俗。王楙查了《唐六十家詩集》,發現“其爲牡丹作者幾半”。他説單看《劉禹錫集》,就有《渾侍中宅看牡丹》《唐郎中宅看牡丹》《自賞牡丹》等,哪是衹有一首詩談牡丹啊!歐陽修説牡丹“自則天以後始盛”,王楙并不認可。他引柳宗元《龍城録》記載高宗宴群臣賞雙頭牡丹,舒元輿序謂“西河精舍有牡丹,天后命移植焉,由是京國日盛”,認爲“牡丹在唐已見於高宗之時,又不可引開元事爲證也”。[2]

長安城中的牡丹種植以佛宇道觀爲最。康駢《劇談録》卷下云:“京國花卉之晨,尤以牡丹爲上。至於佛宇道觀,游覽者罕不經歷。慈恩浴堂院有花兩叢,每開及五六百朵,繁艷芬馥,近少倫比。有僧思振,常話會昌中朝士數人,尋芳遍詣僧室,時東廊院有白花可愛,相與傾酒而坐,因云牡丹之盛,蓋亦奇矣。然世之所玩者,但淺紅深紫而已,竟未識紅之深者。……至一院,有小堂兩間,頗甚華潔,軒廡欄檻皆是柏材。有殷紅牡丹一窠,婆娑幾及千朵,初旭纔照,露華半晞,濃姿半開,炫耀心目。”[3]寺院道觀清净之地,僧尼道長們從來就喜歡種植草木。自從牡丹流行,長安的寺院就熱衷於種植牡丹,引得文人士子紛至沓來。康駢書中談到的這棵殷紅牡丹,據僧人説“栽培二十年”,是他長期以來精心養護的結果。後來,“有數少年詣僧,邀至曲江看花,藉草而坐。弟子奔走報:有數

1　洪邁:《容齋隨筆》卷二《唐重牡丹》,第五編第五册,第 26~27 頁。

2　王楙:《野客叢書》卷五《唐人言牡丹》,第六編第六册,第 67 頁。

3　康駢:《劇談録》卷下《慈恩寺牡丹》,《唐五代筆記小説大觀》,第 1481 頁。

十人入院掘花，不可禁。坐中相視而笑。及歸至寺，見以大畚盛之而去。少年徐謂僧曰：'知有名花，宅中咸欲一看，不敢豫請，蓋恐難捨。已留金三十兩、蜀茶二斤，以爲報矣！'"[1]乘和尚離開寺廟的工夫，這些少年把這棵牡丹挖走了。《南部新書》卷丁記載："慈恩寺元果院牡丹，先於諸牡丹半月開。太真院牡丹，後諸牡丹半月開。故裴兵部潾《白牡丹》詩，自題於佛殿東頰唇壁之上。大和中，車駕自夾城出芙蓉園，路幸此寺，見所題詩，吟玩久之，因令宫嬪諷念。及暮歸大内，即此詩滿六宫矣。其詩曰：'長安豪貴惜春殘，争賞先開紫牡丹。别有玉杯承露冷，無人起就月中看。'兵部時任給事。"[2]慈恩寺中的紫牡丹比一般的牡丹早開半月，白牡丹比一般的牡丹晚開半月，因而觀賞期較長，引得官員和皇帝紛紛前去觀看。

除寺院道觀外，貴族、官僚家的庭院、别墅中也都紛紛種上了牡丹。如白居易《傷宅》詩云："誰家起甲第，朱門大道邊。……攀枝摘櫻桃，帶花移牡丹。主人此中坐，十載爲大官。"[3]有權勢、有錢的富貴人家選擇花卉時特别講究品種。如渾瑊家中的牡丹："徑尺千餘朵，人間有此花。今朝見顔色，更不向諸家。"[4]渾瑊挑選的是朵大色艷的優質花，所以劉禹錫説看了他家的花，别人家的就不用再看了。文人舉子附庸風雅，居住之處喜種植牡丹，如進士謝翺寓居長安昇道里，"所居庭中多牡丹"[5]。顯見，整個社會對牡丹有着瘋狂的嗜好，勢頭冲天，就如詩人崔道融《長安春》中述説的那樣："長安牡丹開，綉轂輾晴雷。若使花長在，人應看不回。"[6]

唐代的牡丹熱起初僅僅局限於以京師長安、洛陽爲中心的北方地區，但不久便悄悄地傳到以杭州爲中心的南方。唐代人最初都認爲南方無牡丹。如李咸用在《同友生題僧院杜鵑花》詩中説："牡丹爲性疏南國。"[7]南方人因此很少

---

1 王讜：《唐語林》卷七《補遺》，第三編第二册，第247~248頁。

2 錢易：《南部新書》卷丁，第一編第四册，第42頁。

3 白居易：《白居易集》卷二，第31~32頁。

4 劉禹錫：《劉禹錫集》卷二五《渾侍中宅牡丹》，第334頁。

5 張讀：《宣室志》補遺，《唐五代筆記小説大觀》，第1076~1077頁。

6 彭定求：《全唐詩》卷七一四，第8205頁。

7 彭定求：《全唐詩》卷六四六，第7415頁。

有人知道牡丹。他在《牡丹》詩中又云:“少見南人識,識來嗟復驚。始知春有色,不信爾無情。”[1]江南牡丹的種植當是從杭州開元寺僧惠澄開始:“致仕尚書白舍人,初到錢塘,令訪牡丹花。獨開元寺僧惠澄,近於京師得此花栽,始植於庭,欄圈甚密,他處未之有也。時春景方深,惠澄設油幕以覆其上。牡丹自此東越分而種之也。”[2]白居易擔任杭州刺史的時間約在長慶初年,牡丹在江南種植并得以流傳大約在憲宗元和後期。

同時期,牡丹在川蜀地區開始種植。唐末入蜀的張蠙有《觀江南牡丹》詩云:“北地花開南地風,寄根還與客心同。群芳盡怯千般態,幾醉能消一番紅?”[3]他看到江南有牡丹而蜀地没有,衹能寫詩寄托自己的想念之情。前蜀時,王氏廣開池沼,奇花异木衆多,但就是没牡丹。不過到了王衍舅徐延瓊時,“新創一宅,雕峻奢壯,花木畢有,唯無牡丹。或聞秦州董城村僧院有紅牡丹一樹,遂賂金帛令取之,掘土方丈,盛以木匣,歷三千里至蜀,植於新宅。花開日,少主臨幸,嘆其屋宇華麗,壯侔宫苑”。在權貴的園宅中已經有牡丹的種植,但數量較少。再之後通政王宗裕“亦於北門清遠江東創一亭,臺榭池塘,駢植花竹,泉石縈繞,流杯九曲,爲當時之甲也。唯牡丹花初開一朵,王與諸親屬携妓樂,張宴賞其初開者。花已爲一女妓所折,王怒,欲誅之。其妻諫曰:‘此妓善琵琶,可令於階前執樂就賞。’王怒稍解。其難得也如此。至孟氏於宣華苑廣加栽植,名之曰牡丹花。外有麗春,與黎州所有者小不同爾”。可知前蜀時牡丹衹在少數權貴家裹出現,至後蜀時大量種植,纔開始漸漸多見。到了數十年後的宋真宗大中祥符年間,知益州樞密直學士任公中正“張筵賞花於大慈精舍”,“時士庶觀者,闐咽竟日”,説明社會各個階層都開始熱衷於觀賞牡丹。[4]

牡丹由北方來到南方,對日後南方的社會風俗産生了一定的影響,同時亦翻開了唐代南方花卉栽培史新的一頁。

---

1 彭定求:《全唐詩》卷六四五,第 7397 頁。

2 范攄:《雲溪友議》卷中《錢塘論》,《唐五代筆記小説大觀》,第 1282~1283 頁。

3 彭定求:《全唐詩》卷七〇二,第 8082 頁。

4 黄休復:《茅亭客話》卷八《瑞牡丹》,第二編第一册,第 58~59 頁。

3.牡丹的品種與栽培

中唐以後,人們對牡丹的情感出現了理性的一面,即在對牡丹的愛好中已有所選擇,并非見到牡丹就瘋狂。《劇談録》卷下云:“世之所玩者,但淺紅深紫而已,竟未識紅之深者。”[1]唐人大多喜愛的是紫色和淺紅色的牡丹,中唐以後隨着深紅色牡丹的出現,人們的欣賞熱情又爲之一振。牡丹花中其實最爲多見的是白牡丹,不過因爲多見,很多人對白牡丹不以爲奇。盧綸的《裴給事宅白牡丹》詩對紫牡丹遭人愛、白牡丹受人冷淡的情景作了有趣的描述:“長安豪貴惜春殘,争玩街西紫牡丹。别有玉盤承露冷,無人起就月中看。”[2]張又新的《牡丹》詩,對白牡丹流露出惋惜之情:“牡丹一朵值千金,將謂從來色最深。今日滿欄開似雪,一生辜負看花心。”[3]從審美的角度説,冰潔雪白的牡丹亦十分美麗,但受到人們如此冷落,實在難以使人接受。

牡丹初出名時,白牡丹亦爲人所重,衹是到了中唐以後,白牡丹纔漸漸受到冷落,身價大跌。究其原因,乃是當時最爲多見的爲白牡丹,而人們争相追賞的紫、紅牡丹在數量、品種上不多,於是物以稀爲貴。白居易《白牡丹》詩談到白牡丹受人冷落的情況:“城中看花客,旦暮走營營。素華人不顧,亦占牡丹名。閉在深寺中,車馬無來聲。”那麽冷落的原因是什麽呢?白居易説:“彼因稀見貴,此以多爲輕。始知無正色,愛惡隨人情”;“君看入時者,紫艷與紅英”。[4] 物以稀爲貴,白牡丹數量多,比較常見,就很少有人去贊美它。

唐五代時期,出現了一些牡丹栽培能人,他們對牡丹品種的改良積累起一定的技術和經驗。如宋單父,“凡牡丹變易千種,紅白斗色,人亦不能知其術。上皇召至驪山,植花萬本,色樣各不同。賜金千餘兩,内人皆呼爲花師。亦幻世之絶藝也”[5]。韓愈有個從侄子,年紀雖小,但在改良牡丹品種上有一套特技:“(侄)因指階前牡丹曰:‘叔要此花,青紫黄赤,唯命也。’韓大奇之,遂給所須,試之。乃豎箔曲,盡遮牡丹叢,不令人窺。掘棵四面,深及其根,寬容人座。唯

1 康駢:《劇談録》卷下《慈恩寺牡丹》,《唐五代筆記小説大觀》,第 1481 頁。

2 彭定求:《全唐詩》卷二八〇,第 3188 頁。

3 彭定求:《全唐詩》卷四七九,第 5452 頁。

4 白居易:《白居易集》卷一,第 14 頁。

5 柳宗元:《龍城録》卷下《宋單父種牡丹》,《唐五代筆記小説大觀》,第 151 頁。

賨紫礦、輕粉、朱紅,旦暮治其根。凡七日,乃填坑,白其叔曰:‘恨較遲一月。’時冬初也。牡丹本紫,及花發,色白紅歷緑,每朵有一聯詩,字色紫分明,乃是韓出官時詩。”[1]這件事在其他書上亦有記載,但稍有不同。如《仙傳拾遺》記道:“(侄)因説小伎,云能染花,紅者可使碧,或一朵具五色,皆可致之。是年秋,與吏部後堂前染白牡丹一叢,云:‘來春必作含棱碧色,内合有金含棱紅間暈者,四面各合有一朵五色者。’自斸其根下置藥,而後栽培之,俟春爲驗。……明年春,牡丹花開,數朵花色,一如其説。”[2]韓愈侄子具體如何改變牡丹花的顔色,史書記録有點玄乎,來春花中有詩文肯定是文人好事者故意添油加醋的,但有一點可以確認,通過一定的技術措施,他能够改變牡丹花的顔色和花朵數量,祇不過他的技術比較注意保密,因而流傳不廣。白牡丹多而紫、紅牡丹少的情况,是植物的自然因素造成的,但當時還没有技術措施來改變這種面貌。另外,韓愈侄子在牡丹根部使用礦物質的方法一直流傳了下來,五代宋初亦有類似的技術在運用,但已不是用在改變花的顔色上,而是用在改進花朵的大小上,等於是在施肥催壯。陶穀《清异録》卷上“抬舉牡丹法”云:“常以九月取角屑硫黄,碾如麵拌細土,挑動花根壅罨,入土一寸,出土三寸。地脉既暖,立春漸有花蕾生,如粟粒,即掐去,惟留中心一蕊。氣聚故花肥,至開時大如碗面。”[3]這裏一是説牡丹花要施肥,角屑硫黄幾乎類同於今天的化肥;二是説花蕾太多要摘掉,這樣纔能保證其他花朵的肥力,使花開得很大。

氣候正常的話,三月半是牡丹花開的日子,但唐代已培育出比正常牡丹早開或晚開的新品種。有記載談到長安三月十五日是看牡丹的時間,“奔走車馬”。但像慈恩寺元果院牡丹,能比一般的牡丹早半月開;而太真院的牡丹,能够在一般牡丹盛開半月後開。[4] 其時對牡丹的培植還追求一窠多花、一窠多色、個朵大的效果,“興唐寺有牡丹一窠,元和中,著花一千二百朵。其色有正暈、倒暈、淺紅、淺紫、深紫、黄白檀等,獨無深紅。又有花葉中無抹心者,重臺花者,其

1 段成式:《酉陽雜俎》前集卷一九,《唐五代筆記小説大觀》,第701頁。

2 杜光庭:《仙傳拾遺·韓愈外甥》,《全唐五代小説》卷七四,陝西人民出版社,1998年,第2046~2047頁。

3 陶穀:《清异録》卷上《百花門》“抬舉牡丹法”,第一編第二册,第41頁。

4 錢易:《南部新書》卷丁,第一編第四册,第42頁。

花面徑七八寸"[1]。至五代後唐莊宗時,史書記下的牡丹品種就更多了。洛陽大内臨芳殿,就有牡丹千本,分别起上了動聽的名稱。[2] 這説明隨着社會對牡丹花追逐玩賞的持續,培育新品種、改良花色結構的技術,在逐漸提高和發展,并一直影響至宋代。

1 段成式:《酉陽雜俎》前集卷一九,《唐五代筆記小説大觀》,第 701 頁。

2 陶穀:《清异録》卷上《百花門》"百葉仙人",第一編第二册,第 38 頁。

第四章

婚姻、兩性與喪葬

婚姻是"人道之始",是社會進步和文明的重要標志。《禮記》說:"昏禮者,將合二姓之好,上以事宗廟,而下以繼後世也,故君子重之。"[1]後人談道:"婚姻之道,男女之別,實有國有家者之所慎也。"[2]强調婚姻作爲社會組織之基礎,既是家族繁榮興旺的前提,又是社會秩序穩固和强盛的保證。有了婚姻,人類社會纔能維繫,纔會發展。人們在各個時期形成的婚姻觀念,實際上是日常生活的最全面、最直接的反映。而死亡是人類的最終歸宿,在生者悼念死者之時,喪葬儀式作爲一種社會文化和思想感情的流露,可以深刻地反映一個時代的生活變化和思想發展。因此,挖掘并分析有關婚姻生活與喪葬活動的資料,有助於我們進一步認識唐五代社會生活的各個斷面。

一、婚姻

宋代筆記中,有大量記録唐五代婚姻、家庭的資料。唐五代婦女和男子在婚姻、情愛、家庭中各自的具體位置,在筆記中有很豐富、鮮活的記載,這些記載實際上是宋代人對唐五代時期社會生活的一種懷念和追憶。

1　王文錦:《禮記譯解·昏義第四十四》,中華書局,2001年,第913頁。

2　令狐德棻:《周書》卷九《皇后傳序》,中華書局,1971年,第141頁。

(一)初次婚嫁

1.初婚的年齡

唐五代時期婚嫁年齡,一般都是要求在十五歲以上。[1] 唐太宗時曾下令全國人民:“男年二十,女年十五以上,……并須申以婚媾,命其好合。”[2]男二十、女十五是可以成婚的年齡。不過有時成婚的年齡會發生些變動,如開元二十二年(734年),唐玄宗曾下敕説:“男年十五,女年十三以上,聽婚嫁。”[3]這個婚姻年齡對男性來説變化較大,對女性而言變化較小,衹相差兩歲。唐玄宗的這個婚齡規定,在古代歷史上亦是比較低的,説明政府對人口增長有着較爲迫切的願望。

筆記裏亦有談到婚齡的。孫光憲《北夢瑣言》卷七談道:“光化中,有文士劉道濟,止於天台山國清寺。夢見一女子,引生入窗下,有側柏樹葵花,遂爲伉儷。後頻於夢中相遇,自不曉其故。無何,於明州奉化縣古寺内,見有一窗側柏葵花,宛是夢中所游。有一客官人,寄寓於此室,女有美才,貧而未聘,近中心疾,而生所遇,乃女之魂也。蓋女子及笄,不有所歸,豈非父兄之過哉。”[4]及笄是女子的結婚年齡,如果不結婚,那就是父親和兄長有過錯,因爲他們没有抓緊爲自

1 關於唐五代人的結婚年齡,學術界已有一系列成果,如李志生《唐人婚齡探析》(《北大史學》第8期,北京大學出版社,2001年,第15~28頁),張國剛、蔣愛花《唐代男女婚嫁年齡考略》(《中國史研究》2004年第2期,第65~75頁),岳純之《唐代法定適婚年齡考》(《歷史教學》2006年第5期,第18~21頁),高世瑜《中國婦女通史・隋唐五代卷》第二章(杭州出版社,2010年),萬軍杰《唐代女性的生前與卒後》第一章(天津古籍出版社,2010年),張國剛《唐代家庭與社會》第七章(中華書局,2014年)。

2 宋敏求:《唐大詔令集》卷一一〇《令有司勸勉庶人婚聘及時詔》,商務印書館,1959年,第569頁。

3 王溥:《唐會要》卷八三《嫁娶》,第1529頁。

4 孫光憲:《北夢瑣言》卷七《劉道濟幽窗夢》,第一編第一册,第99頁。

己的女兒或妹妹找個好婆家。及笄指女子年滿十五歲，要結髮，再用笄貫之。[1] 這種髮型上的改變，表明女子已成年，到了結婚的年齡。這告訴我們，唐代女子初次結婚一般都在十五歲以後的幾年中。當然，也有不少女性的婚齡偏晚或偏早。唐大中年間，兖州奏：先差赴慶州行營押官鄭神佐的女兒年已二十四，剛許嫁右驍雄軍健李玄慶，但"未受財禮"，因鄭神佐戰死，"遂與李玄慶休親"，婚没結成。[2] 如果能正常結婚，應是屬於比較晚的。再如唐末于祐科考不順利，一直未娶，"年又逾壯，困苦一身，無所成就，孤生獨處"，而韓夫人原本是個宫人，後來被放出宫，"本良家女，年纔三十"，兩人都是離規定的初婚年齡比較遠了。[3] 亦有一些女性社會地位較低，一旦被社會地位較高者看上，成婚時間較早，年齡就比較小。如張從恩的繼室，"有容色，慧黠多伎藝"，其在十四五時，"失身於軍校，爲側室"。[4] 這類女性家庭地位較低或經濟上比較窮困，但因爲長得漂亮，就與有財有勢的人成婚，因而年齡較小。

男子成婚一般認爲是在"既冠"之後。《禮記・曲禮上》云："男子二十，冠而字。"[5] 到了二十，可以結婚成家。如吴國廣陵有倉官吴延瑫者，"其弟既冠，將爲求婦"[6]。到了既冠，還没結婚成家，其哥焦急了，要替弟弟張羅尋找老婆。而事實上往往有一些男性因爲種種原因没有及時成家，不過性别上的優勢，使他們在選擇女性的時候可以有較大的年齡幅度。唐代有位盧姓子弟，是個讀書人，可能是科考不順利，"年已暮"，纔成爲校書郎，這時想到要成家，"晚娶崔氏子"。盧校書郎年紀不小，而崔女是剛到結婚的年齡，所以"崔有詞翰，結縭之

1 關於及笄，學界的看法有所不同。張國剛、蔣愛花《唐代男女婚嫁年齡考略》認爲笄年衹是泛指女孩成年待嫁的狀態，從十二至十九歲都有，未必一定是十四五歲。作爲個案考察，我們不能把笄年一概説成十五歲，但是作爲統計分析，可以假設絶大多數情況下笄年爲十五歲。李斌城等《隋唐五代社會生活史》第三章根據《唐代墓志彙編》進行統計，凡是稱"及笄""初笄""笄年""既笄"等與笄年有關的女性共 146 例，其中十四歲的爲 28 例，十五歲的爲 118 例。這大體可以説明及笄通常是指十四五歲，但大多數是指十五歲。

2 孫光憲：《北夢瑣言》卷一《鄭氏女廬墓》，第一編第一册，第 17 頁。

3 劉斧：《青瑣高議》前集卷五《流紅記》，第二編第二册，第 56~57 頁。

4 張齊賢：《洛陽搢紳舊聞記》卷三《張相夫人始否終泰》，第一編第二册，第 174 頁。

5 王文錦：《禮記譯解・曲禮上第一》，第 17 頁。

6 徐鉉：《稽神録》卷六《吴延瑫》，第 103 頁。

後,微有慊色”。於是盧校書郎作詩一首説:“不怨盧郎年紀大,不怨盧郎官職卑。自恨妾身生較晚,不見盧郎年少時。”[1] 顯然這是一對老少配。説明在婚齡上,男性因官職、家庭地位等有較大的選擇度,相對女性而言有不少優勢。南唐陳貺至五十方娶,被人戲説是“處士新郎,燕爾安乎”;鄧洵美“晚娶無子,有三女,貧瘁流落風塵”。[2]

當然,唐代亦有不少人没有結婚。元德秀因爲父母死得早,自己還來不及娶妻,於是决定終身不婚。[3] 他是想表現出自己對父母的孝思,認爲婚姻大事,本來應該由父母主持,而現在父母不在,自己就不宜結婚。

2.婚戀的形式

男女婚姻嚮來是由父母或家裏其他長輩撮合、决定的,唐五代時期亦大體是這樣。唐律中説:“諸嫁娶違律,祖父母、父母主婚者,獨坐主婚。”意謂有的婚姻是違反律法的,但祖父母和父母却要求子女去結婚,“爲奉尊者教命”,子女衹能結婚。婚姻是否合法,并不是我們這裏要研究的内容,我們需要看到的是,法律中談到社會上很多人因爲聽從祖父母和父母的話,在他們的安排下纔結了婚。《唐律疏議》記載:“若期親尊長主婚者,主婚爲首,男女爲從。餘親主婚者,事由主婚,主婚爲首,男女爲從。”[4] 即如果祖父母和父母不在,期親和餘親都能决定男女孩子的婚姻,就是説,家裏各種沾親帶故的長輩和兄長都有權爲自己的小輩和弟妹决定嫁娶。長輩决定的這種婚姻,有可能是由家裏的父母長輩直接看中,亦有可能是通過媒聘來撮合聯繫的,但媒人不能采取欺騙的手段,更不能用强:“諸違律爲婚,雖有媒娉,而恐喝娶者,加本罪一等;强娶者,又加一等。”[5] 如河東裴章,其父冑嘗鎮荆州門。“章弱冠,父爲娶妻李氏女。”[6] 裴章的婚姻就是其父裴冑一手操辦的。

隨着社會認識的變化,唐五代時期青年男女開始有自己選擇婚姻的自由。

1　錢易:《南部新書》卷丁,第一編第四册,第 42 頁。

2　龍衮:《江南野史》卷六《陳貺》、卷七《鄧洵美》,第一編第三册,第 196 頁、202 頁。

3　孫平仲:《續世説》卷一《德行》,第二編第五册,第 12 頁。

4　長孫無忌等:《唐律疏議》卷一四《户婚》,中華書局,1983 年,第 272~273 頁。

5　長孫無忌等:《唐律疏議》卷一四《户婚》,第 271 頁。

6　錢易:《南部新書》卷癸,第一編第四册,第 124 頁。

這種青年自由結合的形式,人數也不少。自由選擇婚姻在唐律中有所反映:“諸嫁娶違律……事由男女,男女爲首,主婚爲從。”[1]説明這個婚姻主要是由當事人决定的。又云:“諸卑幼在外,尊長後爲定婚,而卑幼自娶妻,已成者,婚如法;未成者,從尊長。違者,杖一百。”[2]如果兒女在外自定終身,已經結婚了,那就是合法的,家裏人不能再加以干涉。如果戀愛了而没有結婚,那就要聽從家裏的安排。這裏的所謂尊長,指祖父母、父母及伯叔父母、姑、兄姐,比上面説的期親範圍略小一些。所以,這段律文已經清楚地説明法律是允許男女自由戀愛并進而結婚的。事實上,受唐朝開放風氣的影響,社會上男女自由結合的情况比唐律中的規定更爲寬鬆。

宋代筆記中,尊長爲自己的小輩尋找婚姻另一半的情况有很多記録。如韋宙出鎮南海時爲自己的堂侄女看中了小將劉謙[3];福建韋尚書岫曾想將自己的女兒嫁給進士來鵬[4]。就連妓女到了正式出嫁時,亦得聽從父母的意見。如唐末李正郎的弟弟愛上一個妓女,而妓女“父母奪與諸葛殷,李悵恨不已”。因爲諸葛殷與高駢關係較好,“恣行威福”,政治上有靠山,所以妓女的父母就横梗在這樁戀愛中。[5]

尊長常會通過媒人前去説婚事。唐僖宗時儒士于祐“累舉不捷,迹頗羈倦”。宦官韓泳對他説有個韓夫人,原是個宫人,最近剛放出宫禁,“年纔三十,姿色甚麗”,如果有意的話,“吾言之,使聘子,何如?”于祐同意後,韓泳“令人通媒妁,助祐進羔雁,盡六禮之數,交二姓之歡”。[6] 故事真假不論,但男方看中女方後,往往邀請一個女性前去説媒,這在當時是十分多見的。吴國廣陵有倉官吴延瑫者,“其弟既冠,將爲求婦”。鄰居有一個姓吴的婦人,平素得了吴倉官不少好處,就爲吴家四處奔跑。後來找到了一户人家,有個姑娘比較合適,姑娘母親對吴婦人説:“聞君爲吴家求婚,吾欲以此女事之。”吴婦人覺得姑娘家是大户

1 長孫無忌等:《唐律疏議》卷一四《户婚》,第 273 頁。

2 長孫無忌等:《唐律疏議》卷一四《户婚》,第 267 頁。

3 孫光憲:《北夢瑣言》卷六《韋氏女配劉謙事》,第一編第一册,第 73 頁。

4 孫光憲:《北夢瑣言》卷七《來鵬詩》,第一編第一册,第 88 頁。

5 孫光憲:《北夢瑣言》卷八《荆十三娘義俠事》,第一編第一册,第 105 頁。

6 劉斧:《青瑣高議》前集卷五《流紅記》,第二編第二册,第 57 頁。

人家，與倉官這種小官員不相配，就想推辭掉。姑娘母親一再解釋後，吴婦人就把姑娘家的情况説給倉官聽。[1] 可以看出，吴婦人作爲媒人，到處替倉官的弟弟尋找合適的姑娘，又根據雙方家庭地位的具體情况判斷婚姻是否可能成功。她在男女兩方家庭中傳遞信息、介紹情况，對婚姻能否成功起到重要的作用。

與尊長直接爲小輩指定婚姻有所不同，一些尊長往往在一定的範圍内，允許兒女有自由選擇的餘地。鄭畋的小女兒喜好羅隱的詩，一心想要嫁給他爲妻。一天羅隱來見鄭畋，鄭畋就讓女兒隔簾先看一下羅隱的長相。因爲羅隱長得普通，所以鄭畋的小女兒就不再有嫁給他的想法，"終身不讀江東篇什"[2]。

爲了尋找自己的幸福，唐五代不少青年男女自主尋找另一半。唐末僖宗中和年間，士人蘇昌遠在蘇州屬縣的一個小村莊中，"忽見一女郎，素衣紅臉，容質絶麗，閱其明悟，若神仙中人，自是與之相狎，以莊爲幽會之所"。兩人相戀後，"蘇生惑之既甚，嘗以玉環贈之，結繫殷勤"。[3] 男女剛見面，就産生情愫，約會談戀愛，這種情景在唐朝十分常見。台州有一姑娘，很有文才，一直没有中意的男人，所以没有出嫁。後來看到進士王玄宴，雙方産生好感，私奔瑯琊。[4] 後周太祖柴后，本是後唐莊宗的嬪御。唐莊宗死後，明宗將其遣歸回家。在黄河邊上，與前來迎接的父母碰到了。因爲大風雨，就在一逆旅中住了幾天。後來看到"一丈夫冒雨走過其門，衣弊破裂，不能自庇"，於是向逆旅主人打聽他是誰，得知此人爲馬鋪卒吏郭雀兒。柴氏召他進來聊了一會，發現他言語不俗，便對父母説："此貴人，我當嫁之。"父母説你是皇帝的人，現在回家亦得找個節度使出嫁吧，爲何嫁給此人。柴后説："我久在宫中，頗識貴人，此人貴不可言，不可失也。橐中裝分半與父母，我取其半。"於是就在逆旅中成婚。這個郭雀兒，就是後周太祖郭威。[5] 這個故事，不但介紹了兩人是自由戀愛，而且是柴后主動追求郭威，説明在自由戀愛中，男女都有可能成爲敢愛敢恨的一方。

1 徐鉉：《稽神録》卷六《吴延瑫》，第 103~104 頁。
2 錢易：《南部新書》卷丁，第一編第四册，第 37~38 頁。
3 孫光憲：《北夢瑣言》卷九《白蓮女惑蘇昌遠》，第一編第一册，第 110 頁。
4 孫光憲：《北夢瑣言》卷六《孫内子》，第一編第一册，第 86 頁。
5 蘇轍：《龍川别志》卷上，第一編第九册，第 314 頁。

自由戀愛較多地出現在不同身份和不同地位者之間。兩人的家庭社會地位或經濟狀况懸殊,在生活上反差很大,就很容易出現自由愛戀。這種自由戀愛,常被筆記作者們記録下來。崔郊秀才,寓居於漢上,家裏很窮,但"蘊有文藝",是個文人,他愛上了姑姑家的婢女。這位婢女長得很端麗,"解音律,漢南之最也"。姑姑家裏亦不富裕,於是"鬻婢于連帥,愛之",于頔買婢女的錢是四十萬。見不到婢女,崔郊相思不已,於是大着膽子到帥府,想和婢女見一面。路上兩人碰見,"馬上連泣,誓若山河"。崔郊寫詩一首曰:"公子王孫逐後塵,緑珠垂泪滴羅巾;侯門一入深如海,從此蕭郎是路人。"有好事者將崔郊的這首詩寫在于頔座位邊上,于頔看了詩,令人馬上召崔郊,説:"四百千小哉! 何惜一書,不早相示。"便命婢女跟崔郊回家。[1]

(二)擇偶標準

青年男女在決定婚姻對象時,必定會考慮對象本身或者家庭。根據某種條件而决定成家,是婚姻成立的主要因素。唐五代時期,青年男女挑選另一半,有哪些基本依據呢? 他們的家長到底希望自己的兒女和什麽樣的人結婚呢?

依據什麽樣的條件確立婚姻,肯定與一個時期的社會政治、經濟和文化思想的發展有關。人們擇偶觀念的發展與變化,與社會有着十分密切的聯繫,社會上流行的價值取向會影響年輕人對婚姻的選擇。[2]

1.錢財和家産

在決定婚姻對象時,錢財和家産往往是人們考慮的重要因素。

以錢財作爲婚嫁的依據,大多是女方選擇男方時的想法,但亦有男方看中女方財産而成就一段婚姻的。讀書人于祐累舉不捷,窮困潦倒,宦官韓泳給他介紹放出宫的宫女韓夫人,説:"今韓夫人篋中不下千緡,本良家女,年纔三十,姿色甚麗。吾言之,使聘子,何如?"年齡、長相固然重要,但更重要的是她篋中

1 王讜:《唐語林》卷四《豪爽》,第三編第二册,第132頁。

2 房鋭《從〈北夢瑣言〉看唐五代人的婚配觀》(《廣西社會科學》2004年第2期,第129~131頁)一文通過孫光憲的記載,大體勾勒出唐後期至五代士大夫和一般民衆的婚配觀念,文章雖然比較簡單,但已真實地反映出唐五代社會生活的一個側面。

的錢財,因爲于祐"困苦一身,無所成就,孤生獨處"。結婚後的第二天,"見韓氏裝槖甚厚,姿色絶艷",説明是否有錢財是這段婚姻能否成功的關鍵。[1] 李郢年輕時赴舉,聽説鄰女長得很好看,上門要"求娶之"。想不到還有一個競争對手,女方没辦法,衹能提出:"備錢百萬,先至者許之。"不料兩家同一天拿了錢來求婚。後來通過寫詩的方式决勝負,李郢贏得女子的芳心。[2] 雖然女方用"備錢百萬"來爲難兩位求婚者,并不是真的看中錢財,但説明社會上確有一部分人在婚姻中看重對方錢財。洛陽城西宫南里,一位姓劉的富人突然死了,留下年幼的二女一男。劉妻對家裏的産業無法進行管理,更無法交納政府的賦税,於是在人們的凑合下與同里的焦生結合,焦生入贅劉家。焦生之所以娶有過一次婚姻的女人,完全是因爲劉家的財富十分豐實。原來"久貧悴"的焦生,結婚後得到劉家財産,"幾爲富家翁","凡十餘年,家道益盛,牛羊之蹄角倍多"。[3]

2. 長相

女方對男性在長相上有一定要求,并不是男性有錢財或才氣就能使女性傾心。鄭畋的小女兒特别喜歡羅隱的詩,一直想做他的妻子。有一天羅隱來謁見鄭畋,鄭畋讓小女兒隔着簾子看羅隱的長相。看到了羅隱真人,鄭畋小女兒從此"終身不讀江東篇什"。這件事傳出去後,舉子都當作笑話,而羅隱衹能用孔子的"以貌取人,失之子羽"自嘲。[4] 南唐國主李煜特别鍾愛自己的女兒,他説自己的女兒"姿儀性識特异於人",長相很好,所以讓大臣爲公主擇女婿時,須年少美風儀,有才學,門第高者。長得年輕,儀表風度要好,這是重要的外在條件。後來根據這個標準找到的駙馬,"年方弱冠,風骨秀美,大門嘗任貳卿,博學有文"[5]。長得好,出身也不错,就達到了李煜的要求。唐代末年,西京留守齊王貴盛,兼鎮河陽,其時李肅"自雍之梁,齊王見之,愛其俊异,以女妻之"。一看男青年長相較好,就將自己和賢懿夫人所生的女兒嫁給他。幾年後女兒死,"又以他姬所生之女妻之",而

1 劉斧:《青瑣高議》前集卷五《流紅記》,第二編第二册,第 57 頁。

2 王讜:《唐語林》卷二《文學》,第三編第二册,第 69 頁。

3 張齊賢:《洛陽搢紳舊聞記》卷五《焦生見亡妻》,第一編第二册,第 196~197 頁。

4 錢易:《南部新書》卷丁,第一編第四册,第 37~38 頁。

5 王闢之:《澠水燕談録》卷六《先兆》,第二編第四册,第 65 頁。

這個女兒,“聰敏,多技藝,齊王與賢懿憐惜之,過於其姊”。[1] 所以,唐五代很多女性對男人的長相是有要求的。當然,女性的外表更是男人考慮的重要因素。

3.文才與功名

唐代女性要想嫁個好男人,會特别注重男性的才學,關注男性的發展潛力。尤其是上層社會中,女性對男性有較高的要求,相當看重他們的文化素養和辦事能力。唐末韓定辭爲鎮州王鎔書記,後來受聘於劉仁恭。當時有個妓女叫轉轉,韓定辭對她特别感興趣。每當出席酒宴,他常常盯着她看。一天,他直接大膽地對轉轉説:“願垂一咏,俾得奉之。”於是拿起筆來就寫,“文不停綴,作轉轉之賦,其文甚美,咸欽其敏妙,遂傳於遠近”。轉轉十分高興,亦愛上了這個有文采的韓書記,“由是兩相悦服,結交而去”。[2] 進士來鵬“詩思清麗”,寫得一手好詩,韋岫尚書特别看中這一點,就想把自己的女兒嫁給他。[3] 洪州郡參謀劉生,人長得“美風儀”,而且“博學有文”,被南唐國主選爲駙馬都尉。[4] 文采才氣,是上述幾位男性具有的共同點,亦是女性或女性的家長看上他們的主要因素。

功名的取得往往要有文才,但有文才者不一定全參加科舉考試。唐代有的女性在選擇對象上比較偏愛參加科舉考試者的文才,看中的是對方將來一定能取得功名。李翱在江淮爲官時,有一文人盧儲投卷來謁,李翱對他很客氣。他將盧儲的文卷放在桌子上後,出外辦事去了。李翱的長女已到及笄之年,看見父親放在桌上的文卷,讀後贊嘆不已,説:“此人必爲狀頭。”李翱聽到女兒的話,就明白女兒的意思,將女兒嫁給了盧儲。第二年,盧儲果然中了狀元。[5] 李郢向

1 張齊賢:《洛陽搢紳舊聞記》卷二《李少師賢妻》,第一編第二册,第163頁。

2 孫光憲:《北夢瑣言》佚文二《韓定辭詩中僻典》,第一編第一册,第226~227頁。

3 孫光憲:《北夢瑣言》卷七《來鵬詩》,第一編第一册,第88頁。

4 王闢之:《澠水燕談録》卷六《先兆》,第二編第四册,第65頁。

5 李昉:《太平廣記》卷一八一引《抒情詩》“李翱女”,第1346~1347頁。該文談道:“李翱江淮典郡,有進士盧儲投卷,翱禮待之,置文卷几案間,因出視事。長女及笄,閑步鈴閣前,見文卷,尋繹數四。謂小青衣曰:‘此人必爲狀頭。’迨公退,李聞之,深异其語。乃令賓佐至郵舍,具白於盧,選以爲婿。盧謙讓久之,終不却其意,越月隨計。來年果狀頭及第。纔過關試,徑赴嘉禮。《催妝》詩曰:‘昔年將去玉京游,第一仙人許狀頭。今日幸爲秦晋會,早教鸞鳳下妝樓。’後盧止官舍,迎内子,有庭花開,乃題曰:‘芍藥斬新栽,當庭數朵開。東風與拘束,留待細君來。’人生前定,固非偶然耳。”計有功《唐詩紀事》卷五二(中華書局,2013年,第797頁)“盧儲”條文字基本相同。

女方提婚時碰到了一位競争對手,女方提出要錢財百萬,李郢和另一方按時間送上了錢財。女家無以爲辭,又說:“請各賦一詩,以爲優劣。”[1]最後李郢詩寫得好,得償所願。南唐鍾輻,“金陵之才生,恃少年有文,氣豪體傲”,“時樊若水女才質雙盛,愛輻之才而妻之。始燕爾,科詔遂下,時後周都洛,輻入洛應書,果中選於甲科第二”。[2] 樊若水的女兒有較高的文化素養,自然是要嫁給有才氣的年輕人,而鍾輻能寫文章,意氣風發,符合樊女的標準。後來鍾輻中後周甲科,説明樊女的眼光很準。再如燕人高越,“將舉進士,文價藹然,器宇森挺,時人無出其右者”。因爲文才出衆,看樣子考取進士是不成問題的,於是有官員就看上了他:“鄂帥李公賢之,待以殊禮,將妻以愛女。”但高越覺得李公的家庭是“平原淺草”,於是不告而别。[3]

有文采的人往往會博得很多名聲,成爲有女兒的家長追逐的對象。唐德宗時,李長榮“求時名以嫁子”[4],嫁女兒就挑有名聲的,因爲這種人很有可能中舉登第,以後在仕途上大有作爲。而對女性來説,亦是想要找一個特别有才能的人作爲終身依靠。而這種擇偶的標準,在唐五代上層社會中是比較流行的。

4.能力與品行

社會日常生活中,一個人在生活中的實際能力是十分重要的。唐五代的女性選擇男性,其中重要的一點是看中對方的辦事能力。洛城西宫南里富翁劉氏死了,其妻想要再婚,不久有人給她推薦了本里的焦生。焦生“通《詩》、《易》、何《論》,嘗以講説爲事於洛城”,應該是知識面很廣而且能説會道的一個人。劉妻“知焦生於州縣熟”,於是决定讓焦生入贅,“未半歲,納之爲夫”。[5] 與州縣官府打交道的能力,成爲選擇對象的一個標準。

能力有很多方面,軍事才能算其中之一。唐高祖竇后,是隋總管竇毅之女。

1 王讜:《唐語林》卷二《文學》,第三編第二册,第 69 頁。

2 文瑩:《湘山野録》卷中,第一編第六册,第 39~40 頁。

3 鄭文寶:《南唐近事》卷二,第一編第二册,第 217 頁。《江南餘載》卷上同樣亦記録了這件事,但文字略有不同:“高越爲書生,游河朔,有牧伯欲妻之,爲《鷂子詩》而去。詩曰:‘毛骨英靈志性奇,摩雲專待整毛衣。虞人莫便張羅網,未肯平原淺草飛。’越後爲查氏婿。”(第一編第二册,第 242 頁)都是談到父親看中了男青年有文采,親自出面欲爲女兒找個丈夫。

4 王讜:《唐語林》卷一《言語》,第三編第二册,第 26 頁。

5 張齊賢:《洛陽搢紳舊聞記》卷五《焦生見亡妻》,第一編第二册,第 196 頁。

因爲竇后才貌俱佳,竇毅不肯輕易許人。他"於門屏畫二孔雀,有求婚者,與兩箭射之,潛約中目者許之。前後數十輩,皆莫能中。高祖後至,兩發各中一目,毅大悦,遂歸高祖"[1]。這是以比射箭招女婿,要求男人有上佳的操持兵器的能力。韋宙出鎮南海時,將自己的堂侄女嫁給了小將劉謙。其時劉謙職級低下,但"氣宇殊异"。韋宙的老婆看不上劉謙,覺得高官的侄女嫁給這樣一個低級軍官很没面子,要被人家非議。但韋宙説:"此人非常流也,他日吾子孫或可依之。"他看到了劉謙潛在的軍事能力。不久劉謙"以軍功拜封州刺史。韋夫人生子曰隱、曰巖。隱爲廣帥,巖嗣之,奄有嶺表四府之地,自建號曰漢"[2]。這説明韋宙很有前瞻眼光。

男性的軍事能力得到不少女性看重,尤其是社會崇尚武功的時期。唐太宗的妹妹丹陽公主下嫁武將薛萬徹,但公主認爲他"無才氣","公主羞之,不同席者數月"。唐太宗於是設宴召高祖的各位女婿一起赴宴,席間衹與薛萬徹説話,"屢稱其美"。他還與薛"因對握槊,賭所佩刀,帝佯爲不勝,解刀以佩之。酒罷,悦甚"。[3] 丹陽公主希望自己未來的丈夫具有"才氣",顯然是指他在軍事上的能力,而唐太宗是有針對性地展示出薛萬徹作爲一名武將,在使用兵器上的特長。

有良好的個人品行,亦是時人擇偶的一個重要標準。廣陵有一老婦人談到自己女兒爲什麽要嫁給倉官吴延瑫的弟弟時説:"兒以母老無兄弟,家業既大,事托善人。聞吴氏子孝謹可事,豈求高門耶!"[4]意指家業很大,所以要將女兒嫁給一位善人。所謂的善人,就是指男青年要有孝謹的品行,所以自己的姑娘寧願不要高門大户,亦要嫁給小吏家庭出身的吴某,看中的就是他有"善人"的特質。

5.門第

唐前期,上層社會的婚姻特别注重門閥名族,門第觀念深入人心,崔、盧、李、鄭等高門得到全社會的認同,普通官員和士族倘能和他們結爲姻親,就會感

1 孔平仲:《續世説》卷八《賢媛》,第二編第五册,第 147 頁。

2 孫光憲:《北夢瑣言》卷六《韋氏女配劉謙事》,第一編第一册,第 73 頁。

3 王讜:《唐語林》卷五《補遺》,第三編第二册,第 169~170 頁。

4 徐鉉:《稽神録》卷六《吴延瑫》,第 104 頁。

到萬分的榮幸，而一些新提拔起來的官員，更是“慕其祖宗，競結婚媾”[1]。即使到了唐代後期，士族高門衰落，高官名臣仍以與士族結婚爲榮。開成初年，唐文宗想把真源、臨真二公主嫁到士族家裏，對宰相説：“民間修婚姻，不計官品而上閥閱。我家二百年天子，顧不及崔、盧耶？”[2]連皇帝都要感嘆門閥因素對婚姻的强大影響，一般人對士族子弟的追求更可以想見了。同樣是文宗時期，爲莊恪太子選妃，“朝臣家子女悉令進名”，没想到“中外爲之不安”。文宗知道後，對宰臣説：“朕欲爲太子求汝、鄭間衣冠子女爲新婦，……如聞朝臣皆不願與朕作親情，何也？朕是數百年衣冠，無何神堯打朕家事羅訶去。”[3]中原士族大家不願將女兒嫁給皇家，主要還是從自己世代是門閥大族這一角度考慮的。文宗深知大臣們的想法，所以説自己皇家亦是數百年衣冠了，早就是高貴門第。

唐德宗時期，伊慎“每求族望以嫁子”，年輕人有門第族望的，就將女兒嫁給他。[4] 太師李光顔有愛女還没找到心儀者，手底下的幕僚認爲李光顔肯定要選一個佳婿，因此向他推薦了一位鄭秀才。此秀才“詞學門閥，人韵風流异常”，就是説文章寫得好，出身名門大族。李光顔既没肯定亦没否定。隔了一天，幕僚再次推薦此人，李光顔説自己衹是一個健兒，“遭遇多難，偶立微功，豈可妄求名族乎？”并説自己已經找好佳婿，原來衹是一個小將，“超三五階軍職，厚與金帛而已”。[5] 李光顔出身行伍，不唯門閥，與社會上的流行觀念不一致，所以人們將此事記載了下來。清河崔氏是有名的望族，崔程出自清河小房。宰相杜審權聽説崔程的女兒有容德，寫了信想讓崔程將女兒嫁給自己的兒子杜讓能。崔程曾爲揚州院官，“累郡無政績”，擔任的官衹能算是一般的高官，没有進入朝廷的核心層。士族家的女兒有容德有修養，這是士族家庭文化熏陶的結果，一般子弟自然是日思夜想欲與她們結爲連理的。即使貴爲宰相，要與門閥世家結婚，亦得放下身段。不料崔程不願意，對人説：“崔氏之門，若有一杜郎，其何堪矣。”

---

1 王溥：《唐會要》卷八三《嫁娶》，第 1528 頁。

2 歐陽修、宋祁：《新唐書》卷一七二《杜中立傳》，第 5206 頁。

3 王讜：《唐語林》卷四《企羡》，第三編第二册，第 145 頁。

4 王讜：《唐語林》卷一《言語》，第三編第二册，第 26 頁。

5 孫光憲：《北夢瑣言》卷三《李光顔太師選佳婿》，第一編第一册，第 31~32 頁。

士族家裏是不能容下一個出身非士族的子弟作爲女婿的,儘管這個杜讓能是宰相的公子。不過杜審權"堅請不已",崔程實在没辦法,"乃於實應諸院取一娣侄嫁之",其實是用個同姓的侄女糊弄一下宰相。[1] 當然,後來杜讓能亦做到了宰相,其妻爲國夫人,而崔程的女兒因爲衹嫁士族,最後并没有因夫而貴。這説明一般的官員子弟如果有良好的仕途,能進入社會的頂層,而大族子女衹與大族通婚,却不一定能進入上流社會。

唐末五代,世家大族勢力漸漸衰退,鄭樵《通志》卷二五《氏族序》说已是"取士不問家世,婚姻不問閥閱"。雖然婚姻不再是一味追求門第觀念,但門當户對還是要講究的。唐末盧肇員外可算是一社會名流,但其女却在亂離中嫁給了南唐鍾令。盧家有在朝廷做官的兄弟對自己姐妹下嫁"耻之",還説:"小娘子何不自殺,而偶非丈夫也。"[2] 盧女説自己不是個大男人,失身下嫁是十分正常的。雖然她的話説明很多人已不再拘泥於門第,但男女雙方的社會條件還是要大體相當,否則家裏人受不了。廣陵有一媒人吴嫗,替倉官吴延瑫的弟弟尋找合適的女孩,有老年婦人對吴嫗説自己女兒可以嫁給他。吴嫗説:"吴氏小吏貧家,豈當與貴人爲婚耶?"老年女人就説出了自己女兒的擇偶觀:"兒以母老無兄弟,家業既大,事托善人。聞吴氏子孝謹可事,豈求高門耶?"[3] 貧家不能與貴人家結爲姻親,社會上一般有錢人家是想尋求高門,但老年女人認爲其女兒是看上了吴氏子的孝謹。從這裏可以看到,唐五代時還是有不少人講求門當户對,要求雙方的經濟條件和政治條件相當。

6.政治地位

對普通女性來説,嫁個較高政治地位的人,必定是改變自己一輩子命運的最佳方式。唐末術士諸葛殷、吕用之和高駢太尉打得火熱,恣行威福。一妓女與一李姓子弟相愛,但妓女父母看不到年輕人的未來,却貪圖諸葛殷的權勢,遂將其女"奪與諸葛殷,李悵恨不已"[4]。所以,政治地位是一些人結爲姻親十分

1 王讜:《唐語林》卷四《企羡》,第三編第二册,第 147~148 頁。

2 孫光憲:《北夢瑣言》卷四《崔氏女失身爲周寶妻》,第一編第一册,第 56 頁。

3 徐鉉:《稽神録》卷六《吴延瑫》,第 104 頁。

4 孫光憲:《北夢瑣言》卷八《荆十三娘義俠事》,第一編第一册,第 105 頁。

看重的一點。姚端,十八歲時狀元及第,南唐宰相游簡言認定他是個人才,會有個好前程,於是"以女妻之"[1]。宇文翃出身於士族家庭,但没有文藻,却特别想中科舉。他有個女兒到了及笄之年,長得傾城傾國,京城名門子弟都看上了她,却娶不到她。時竇璠已經超過六十,原配老婆死了想再找一個,"方謀繼室"。竇璠之兄官爲諫議大夫,"頻有氣焰,能爲人致登第"。宇文翃一看這是個機會,馬上將女兒嫁給竇璠,竇璠亦將丈人想登第的事告訴自己的哥哥,并且請他幫忙,之後"果有所獲",宇文翃中了進士。[2] 這樁老少配的婚姻中,宇文翃是看中了竇璠哥哥的政治地位及他手中的權力,是爲了謀求自己在政治上的一席之地,不惜犧牲女兒的幸福,將她嫁給一個老頭。

7.軍人身份

中唐以後,社會動蕩,戰争多發,從中央政府到藩鎮及各類地方實權人物,都紛紛建立武裝,擴充軍隊。而看起來威武的兵士,有時會成爲女性想終身依靠的對象。如前述李光顔將自己的愛女嫁給小將,説到底是看上了小將未來的前途,想給女兒找到生活上的依靠。周彦章以軍功爲前蜀金吾衛使。蜀國後主要采選宫妓,彦章的女兒很漂亮,後主就讓宦官把她挑選入宫。彦章爲了規避入宫,馬上召"左右小軍將無婦者,以女衣襟結之,便爲夫妻"[3],後主亦無可奈何。

不過從總體上説,軍人并不是女性都想嫁的對象,他們衹是動蕩時期女性暫時的依靠。吴國軍隊攻打豫章,徐善的妹妹被一軍校抓走。後來戰事安定下來,軍校想辦法找到徐善,打算正式以禮聘娶徐善的妹妹。徐善"自以舊族,不當與戎士爲婚,固不許"。軍校硬是把聘禮送上門,徐善全扔在地上。軍校拔出刀,徐善亦不懼怕。軍校没有辦法,就抓走了姑娘。這件事後來鬧到楊渥那裏,徐善用錢纔把妹妹贖了回來。[4] 衹要家庭出身有一點地位的,都不願把自己的女兒或妹妹嫁給士兵。

上述這些擇偶標準,主要着眼於女性挑選男性時的想法,那麽男性如果有

---

1 佚名:《江南餘載》卷上,第一編第二册,第242頁。

2 孫光憲:《北夢瑣言》卷四《祖系圖進士榜》,第一編第一册,第54頁。

3 孫光憲:《北夢瑣言》卷二〇《忍欲復禮》,第一編第一册,第207頁。

4 徐鉉:《稽神録》卷一《徐善》,第13頁。

機會挑選女性,亦會有標準嗎?答案是肯定的。

五代時徐温收養了徐知誥,“既長,温爲娶其婦,亦能奉蘋藻,致柔順之美。温嘗卧疾,唯先主躬侍左右,至於糞溺皆親執器,動至連月逾時。扶掖出入,或通宵達曙,曾不解帶,或夜聞謦欬,乃率婦同往者數四”。徐知誥的這個婚姻是徐温爲他指定的,可能這個女人并不是個大家閨秀,但能“奉蘋藻,致柔順之美”,意謂一是能循社會慣例承先祖共祭祀,即能持家;二是人不一定漂亮,但能做到柔順。兩個方面都着重在女性品德操行上,主要是能與丈夫一起共患難同甘苦。後來這個夫人死了,徐温又爲徐知誥指定“侍右一姬”,并對他說:“此必有福。自歸吾家,而門户長益不啻數倍,汝可婦之,奉汝箕帚。”認爲這侍姬有福相,能光大門户,能够服侍丈夫。[1] 這裏對選擇女性的標準比較實際,着重在品行上,突出在持家的能力方面。

對大部分男人來説,選擇女性的標準是長相。唐末董司馬覺得李將軍女“性甚明敏,善於承奉”[2],就收留了她。相對來説,男性對女性的要求比較少,一般總是將長相姣好、通情達理放在重要的位置。再如朱起“家居陽翟,年逾弱冠,姿韵爽逸”,剛到二十就一表人才。有女妓名寵,“艷秀明慧”,所以朱起特别留意她,寵亦記在心裏。後來兩人往來十年,直到寵生病過世。[3] 不管什麽時候,長相都是打算結婚的青年人必須考慮的重要因素。唐末中和年間,士人蘇昌遠看到一女郎“素衣紅臉,容質絶麗,閲其明悟,若神仙中人”[4],兩人於是相狎幽會。宦官韓泳給于祐介紹韓夫人時,説她“年纔三十,姿色甚麗”[5]。而李郢聽説鄰女長得很好,“有容”,便下百萬聘禮求婚。有一河東人,“有容色,慧黠多伎藝”,先是做了一位軍校的側室。後來生重病,軍校抛弃了她。數月後病痊癒,“平復如故,顔狀艷麗,殆神仙中人也”。很多未結婚的男性“争欲娶之”。後來一士子贈給服侍女子的張姥彩絹五十匹,於是“偕往襄陽,僦宅居之”。[6]

1 龍衮:《江南野史》卷一《先主》,第一編第三册,第 154 頁。

2 孫光憲:《北夢瑣言》卷九《李氏女》,第一編第一册,第 113 頁。

3 陶穀:《清异録》卷上《仙宗門》“氤氲大使”,第一編第二册,第 32~33 頁。

4 孫光憲:《北夢瑣言》卷九《白蓮女惑蘇昌遠》,第一編第一册,第 110 頁。

5 劉斧:《青瑣高議》前集卷五《流紅記》,第二編第二册,第 57 頁。

6 張齊賢:《洛陽搢紳舊聞記》卷三《張相夫人始否終泰》,第一編第二册,第 174~175 頁。

像這樁婚姻裏,男性主要是看上了女性的外表。

從大的方面來説,即使到了唐末五代,社會上仍然流行門當户對的觀念。唐末黄巢攻占長安,"大駕幸蜀,衣冠蕩析,寇盜縱横"。西班李將軍的女兒跟着衆人一路奔波,"迤邐達興元,骨肉分散,無所依托"。後來碰到了將軍董司馬,就隱瞞自己的家庭出身,"以身托之",嫁給了董司馬。李女後來知道自己的家人還活着,跟隨皇帝到了成都,就對董司馬説:"喪亂之中,女弱不能自濟,幸蒙提挈,以至於此。失身之事,非不幸也。人各有偶,難爲偕老,請自此辭。"[1]李女原來没有結婚,找個軍官衹是爲了一段時期生活上的依靠,亦不管自己是否失身於董司馬。由於她是個有身份人家的女兒,所以門户不相當的董司馬不是她的最終歸宿。再如浙西觀察使周寶的夫人是博陵崔氏,其哥是乾符中朝廷的宰相。崔夫人年輕時曾爲女道士,亦有人説她是老公死後穿戴冠帔,"自幽獨焉"。周寶知道崔氏很漂亮,"逾垣而竊之,宗族亦莫知其存没",反正人不見了,到哪去了誰都不知道。後來周寶爲浙右節帥,其崔夫人亦封國號,"乃具車馬,偕歸崔門",説:"昔者官職卑下,未敢先言,此際叨塵,亦不相辱。"周寶認爲原來自己的地位太低,博陵崔氏是大族高門,哥哥是宰相,要是提婚,崔家肯定不同意。現在爲帥一方,有頭有臉,而且生米早就做成熟飯,所以"相國不得已而容之"。再如盧肇員外的女兒,"亂離失身",嫁給了江南鍾令。盧家覺得一個小縣令,檔次太低,所以"弟兄有在班行者耻之"。姐妹嫁給這樣的小官,弟兄都臉上無光,還對盧女説:"小娘子何不自殺,而偶非丈夫也。"[2]意謂嫁給這樣的人,還不如死了算了。從這幾個例子我們可以看到,婚姻重要的一條是雙方門第相當,政治地位和社會地位是必須要考慮的。

(三)婚禮的儀節和習俗

唐五代的婚禮儀節,與古代的規定大同小异,仍然保存有所謂的六禮,即納采、問名、納吉、納徵、請期、親迎。相對而言,這些規定在上流社會中保存得較爲完好,但對普通百姓來説,有條件的會加以遵守,没條件的就會進行變通,不

1 孫光憲:《北夢瑣言》卷九《李氏女》,第一編第一册,第113頁。

2 孫光憲:《北夢瑣言》卷四《崔氏女失身爲周寶妻》,第一編第一册,第55~56頁。

可能完全按古代的禮節去做。再加上社會環境的不同,婚禮的儀節發生一些變化是十分自然的。宋代筆記中對唐五代人婚禮的描寫,應該更爲直觀地再現了當時婚禮上的這些變化。

唐代的婚姻,一旦確定下來,有文化傳統的家庭都要有婚書和私約,實際上是確定婚姻關係的文書。《唐律》説:“諸許嫁女,已報婚書及有私約,而輒悔者,杖六十。”什麽是婚書? 唐人解釋説:“許嫁女已報婚書者,謂男家致書禮請,女氏答書許訖。”就是男方寫好婚書送到女方家,女方同意婚書并書面回復,這就標志着婚姻關係的正式確立,相當於今天的結婚證,雙方的關係至此再亦不能反悔,違者就要受到法律的制裁。婚書互换後,男方要送上聘禮。不過,“男家自悔者,不坐,不追娉財”[1]。本來是男方主動提出要結婚,但如果男方悔婚了,可以不受法律處罰,但聘禮就不向女方討回,實際上有點補償女方的意思。

《唐律》又規定,如果没有婚書,但女方受了聘禮,就等同於同意婚約:“雖無許婚之書,但受娉財,亦是。”又解釋説:“婚禮先以娉財爲信。故《禮》云:‘娉則爲妻。’雖無許婚之書,但受娉財亦是。”那麽哪些東西可以作爲唐代人的聘禮?《唐律》説:“娉財無多少之限,酒食非。以財物爲酒食者,亦同娉財。”議云:“即受一尺以上,并不得悔。酒食非者,爲供設親賓,便是衆人同費,所送雖多,不同娉財之限。”[2]既然是説“一尺以上”,想來聘禮中絲布織品是最爲重要的内容。楊吴時一軍校想娶徐善的妹妹,徐善認爲自己是舊士族,雖然現在很窮,但亦不能將妹妹嫁給軍校。軍校“請以禮聘之”,徐善不許。軍校“乃强納幣焉”,徐善“悉擲弃之”。[3] 顯然,軍校送到徐家的聘禮主要是錢幣,所以徐善能够扔到門外去。

如果訂立了婚約,或者接受了聘禮,女方却另外嫁人,法律是要嚴格處理的:“若更許他人者,杖一百;已成者,徒一年半。後娶者知情,減一等。女追歸前夫,前夫不娶,還娉財,後夫婚如法。”[4]一女是不能嫁兩夫的,否則就是犯法,

1 長孫無忌等:《唐律疏議》卷一三《户婚》,第 253~254 頁。

2 長孫無忌等:《唐律疏議》卷一三《户婚》,第 254 頁。

3 徐鉉:《稽神録》卷一《徐善》,第 13 頁。

4 長孫無忌等:《唐律疏議》卷一三《户婚》,第 254 頁。

女子還是要回到前面訂立婚約者的身旁。除非他不再要這個女子,女方將聘禮還給前夫,纔能重新和後夫結合。

但事實上,衹訂立婚約,没有接受聘禮,没有正式結婚,民間還是認爲女子是娘家人,不是男家的新婦。唐大中年間,兖州奏:"先差赴慶州行營押官鄭神佐陣没,其室女年二十四,先亡父未行營已前,許嫁右驍雄軍健李玄慶,未受財禮。阿鄭知父神佐陣没,遂與李玄慶休親,截髮往慶州北懷安鎮,收亡父遺骸,到兖州瑕丘縣進賢鄉,與亡母合葬訖,便於塋内築廬。"鄭女已許嫁李玄慶,儘管未受財禮,但在法律上已是正式訂婚。現在有突發情况,鄭女父親戰死疆場,鄭女要休親葬父。當時有很多人説:"女子適邊,取父遺骸合葬,烈而且孝,誠可嘉也。"[1]社會上認可鄭女的做法,但法律與社會上的認同并不完全一致。鄭致雍曾向崔遠求婚,崔同意將女兒嫁給鄭。不久,崔遠遭遇案件,"女則填宫。至開平中,女托疾出本家"。崔女没有正式嫁給鄭致雍,所以她的身份是崔遠的女兒而不是鄭致雍的妻子,因而被關進掖庭宫。崔女出宫後,"致雍復續舊好,親迎之禮,亦無所闕"[2],隆重舉辦了婚禮。

與男方聘禮相對應的是嫁妝。女方嫁女兒,有錢人家一般陪有豐裕的嫁妝,主要是女性自己使用的金銀細軟和錢財。唐宰相楊收將女兒嫁給裴坦長子,"嫁資豐厚,什器多用金銀"[3]。前蜀何奎爲家裏人置辦嫁妝,有"環釧釵篦之屬"[4]。池州刺史吕師造,爲官頗聚斂,盤剥了不少錢財。後來女兒出嫁揚州,他"資送甚厚,使家人送之"[5],嫁妝準備得十分充足。還有一些富裕家庭陪嫁田地給女兒。吴國李建勛,"少好學,風調閑粹",徐温覺得這個年輕人不錯,就將女兒嫁給他,"奩橐之外復賜田沐邑,歲入巨萬"。[6] 憑着這些嫁妝,女兒女婿足够過上富裕的生活。吴國被滅,至李璟時,楊氏諸女二十餘人,都挑選士族

1 孫光憲:《北夢瑣言》卷一《鄭氏女廬墓》,第一編第一册,第 17 頁。

2 錢易:《南部新書》卷庚,第一編第四册,第 80 頁。

3 孫光憲:《北夢瑣言》卷九《裴楊操尚》,第一編第一册,第 116 頁。

4 孫光憲:《北夢瑣言》卷二〇《名器逾分》,第一編第一册,第 208 頁。

5 徐鉉:《稽神録》卷四《吕師造》,第 66 頁。

6 文瑩:《玉壺清話》卷一〇《江南遺事》,第一編第六册,第 174 頁。

下嫁,南唐政府準備了陪嫁的物品,“奩匣閨橐不失常度”[1]。

訂立婚約後,男方家長要到女方家去談婚禮怎樣安排,要得到女方的認可。唐中書令蕭嵩子尚新昌公主,蕭嵩夫人賀氏入覲拜席,“玄宗呼爲親家母,禮儀甚盛”[2]。官員家裏如此,想來一般普通人家亦會有這種儀式的。

唐五代人的婚禮,有錢有地位者都辦得比較鋪張。唐中宗妹妹太平公主永隆二年(681年)七月“出降薛紹也,燎炬列焰,槐樹多死”[3]。應該是從皇宫到薛家的路上都點燃巨大的火把,把行道樹都熏死了。唐人婚禮過程中,要在夫家挑選吉地安設青布幔帳。《酉陽雜俎》云:“今士大夫家昏禮露施帳,謂之入帳。”[4]這種習俗來自前代:“北朝婚禮,青布幔爲屋,在門内外,謂之青廬,於此交拜。”[5]程大昌對這種習俗有詳細描述:“唐人昏禮多用百子帳,特貴其名與昏宜,而其制度則非有子孫衆多之義。蓋其制本出戎虜,特穹廬拂廬之具體而微者耳。棬柳爲圈,以相連瑣,可張可闔,爲其圈之多也,故以百子總之,亦非真有百圈也。其施張既成,大抵如今尖頂圓亭子,而用青氈通冒四隅上下,便於移置耳。白樂天有《青氈帳詩》,其規模可考也。……唐德宗時,皇女下降,顔真卿爲禮儀使,如俗傳障車、却扇、花燭之禮,顔皆遵用不廢,獨言氈帳本北虜穹廬遺制,請皆不設。其言氈帳,即樂天所賦,而宋之問所謂‘催鋪百子帳’者是也。”[6]意謂婚禮中張設的這種帳篷來自北方少數民族,有很好的口彩。懿宗的一位公主出嫁,在夫家安的帳篷“幕三丈,長一百尺,輕亮,向空張之,紋如碧絲之貫赤珠,雖暴雨不濡濕。云以鮫人瑞香膏傅之,故爾”[7]。如此高級的帳篷,一般人是支不起的,衹有少數特權階層才能做到。南唐李後主娶小周后,“將納彩,後主令校鵝,被以繒彩,使銜書,極於侈靡”。迎親時,大張旗鼓,“及親迎,民庶觀者或登於屋,有墜瓦而死”。到了晚上,大宴群臣。上行下效,“自是士庶婚姻浸

1 文瑩:《玉壺清話》卷一〇《江南遺事》,第一編第六册,第178頁。

2 樂史:《廣卓异記》卷二《天子呼親家母》,第一編第三册,第25頁。

3 錢易:《南部新書》卷辛,第一編第四册,第91頁。

4 段成式:《酉陽雜俎》續集卷四《貶誤》,《唐五代筆記小説大觀》,第750頁。

5 段成式:《酉陽雜俎》前集卷一《禮异》,《唐五代筆記小説大觀》,第562頁。

6 程大昌:《演繁露》卷一三《百子帳》,第四編第九册,第117頁。

7 錢易:《南部新書》卷辛,第一編第四册,第95頁。

成風俗”,大肆鋪張。[1]

窮人的婚禮根本不可能像上面這樣奢侈。元德秀的兄子要婚娶,“以家貧無以爲禮,求爲魯山令,以誠信化人”[2]。婚禮中的一些禮節,如果結婚者家裏没有錢,根本不可能辦到,衹能一切從簡。侄子無以爲禮的時間應該在爲魯山令之前,但不管怎麼説元德秀是進士登第,家庭并不是處於社會的最底層,説明没錢辦婚禮應是當時平民百姓大致的情况。

舉辦婚禮時,男方要準備花車到女方家迎新娘。吉頊之父吉哲,爲冀州長史,想讓吉頊娶南宫縣丞崔敬的女兒爲妻。崔敬不同意這門親事,但因爲有把柄被吉哲掐着,衹能無奈同意。吉頊娶親的花車快要到時,崔妻鄭氏抱着女兒大哭説:“我家門户底不曾有吉郎。”因爲不想嫁給吉頊,崔敬的大女兒就躺在床上不起來。想不到的是,崔敬的小女兒自告奮勇代替姐姐,“登車而去”。[3]

至女方家迎親的隊伍要吹拉樂器,講究熱鬧。接近女方家,迎親隊伍會碰到女方親友和路人攔車不讓通行,當時稱爲障車,男方要拿出錢物以後纔能放行。障車是民間形成的一種風俗,形式可能有所不同,但主要還是圖個熱鬧。太極元年(712 年),左司郎中唐紹上疏談道:“親迎之儀,備諸六親,當須昏以爲期,詰朝謁見。往者下俚庸鄙,時有障車,邀其酒食,以爲戲樂。近日此風轉盛,上及王公,乃廣奏百樂,多集徒侶,遮擁道路。障車禮貺,過於聘財;歌舞喧嘩,殊非助感。請禁之。”[4]官員認爲這是民間陋習,請求頒布命令禁止。

婚禮中的儀式,唐末五代時有不少變革。唐代婚禮,女性有坐鞍馬的習俗:“婚姻之禮,坐女於馬鞍之側,或謂此北人尚乘鞍馬之義。夫鞍者,安也,欲其安穩同載者也。《酉陽雜俎》云:‘今士大夫家婚禮,新婦乘馬鞍,悉北朝之餘風也。’今娶婦家新人入門跨馬鞍,此蓋其始也。”[5]説明中唐以前士大夫家新婦進門是乘馬鞍的,但到唐末蘇鶚時,新婦進門已簡化成跨馬鞍了。到了五代,劉岳

1 龍衮:《江南野史》卷三《宜春王》,第一編第三册,第 178 頁。

2 孔平仲:《續世説》卷一《德行》,第二編第五册,第 12~13 頁。

3 錢易:《南部新書》卷庚,第一編第四册,第 81 頁。

4 李上交:《近事會元》卷五《昏娶親迎舉樂》,第一編第四册,第 184 頁。

5 蘇鶚:《蘇氏演義》卷上,《全唐五代筆記》第三册,第 2223~2224 頁。段成式的話在《酉陽雜俎》續集卷四《貶誤》,第 750 頁。

《書儀》中談到婚禮有"女坐婿之馬鞍,父母爲之合髻"之禮,"以時之所尚者益之"。歐陽修説劉岳談到的禮節"不知用何經義",應該是當時社會上的通俗做法。他認爲劉岳生活於"五代干戈之際,禮樂廢壞之時,不暇講求三王之制度,苟取一時世俗所用吉凶儀式略整齊之,固不足爲後世法矣"。但到了北宋,連劉岳談到的婚儀也大多不能遵守,甚至産生了不少乖繆。婚禮時,新娘子坐在馬鞍上,這一禮俗可能來自北朝,但到了北宋,將二隻椅子相背,上面放一馬鞍,以女婿坐於其上,飲酒三爵,女家派人三請女婿纔走下來,乃成婚禮。[1] 顯然從新娘坐馬鞍到女婿坐馬鞍,其變化的過程應在唐末五代時期。

唐五代人的婚姻講究口彩。如前述搭的帳篷叫百子帳,希望能多生子女。再有婚禮上會邀請年歲高的老人參加宴會,名爲乞年壽,實際是希望結婚的青年男女能長命百歲。僞蜀王氏時,"有郎官陳損之,至孟氏朝,年已百歲,妻亦九十餘。當時,朝士家有婚聘筵會必請老夫婦,以乞年壽爲名。至蜀末年,其夫先死。後聖朝剋復,至太平興國中,老婦猶存,僅一百二十歲"[2]。邀請長壽的夫婦參加婚禮,企求能從他們的身上得到長壽的吉兆。

婚禮當天,賓客們會受到宴請招待。李後主娶小周后,就"大宴群臣"。一些文縐縐的人,還要賦詩表示祝賀。《江南野史》曾談到胡元龜逃到金陵,吏曹徐郎"以賓館之。未幾,郎爲子娶,親迎之夕,畢命僚屬設箋管。徐有同舍郎在坐,問曰:'今夕詩相爲誰?'答曰:'有螺江胡造士焉。'郎大哈,以題試之,元龜援毫裂箋,不刻而成,郎覽之,頷而已。元龜以迴文詩嘲之,郎辭以賦題。又連飛數章譏切,皆以迴文體,郎一辭不措,僞醉而去,由是衆慕之"[3]。以鬥詩的方式來慶賀婚姻,大概僅在上層社會中流行。

婚禮舉辦前後,親朋好友、同事及上下屬往往會送禮賀喜。韋皋在西川,"凡軍士將有婚嫁,則以熟錦衣給其夫,以銀泥衣給其妻,又各給錢一萬"[4]。雖

1 歐陽修:《歸田録》卷二,第一編第五册,第 267 頁。該書談道:"今岳《書儀》,十已廢其七八,其一二僅行於世者皆苟簡粗略,不如本書。就中轉失乖繆,可爲大笑者,坐鞍一事爾。今之士族當婚之夕,以兩椅相背,置一馬鞍,反令婿坐其上,飲以三爵,女家遣人三請而後下,乃成婚禮,謂之'上高坐'。"

2 黄休復:《茅亭客話》卷四《陳損之》,第二編第一册,第 33 頁。

3 龍袞:《江南野史》卷九《胡元龜》,第一編第三册,第 213 頁。

4 王讜:《唐語林》卷六《補遺》,第三編第二册,第 215 頁。

是優撫部下的一種手段，但在婚嫁時送衣送錢，實是賀喜的一種習俗。

（四）離婚與再婚

唐五代人的婚姻關係比較複雜，富貴的社會高層人士往往除妻子外，還會再娶妾、媵之類的女人，儘管妻和妾、媵之間在法律上的地位有所規定，但這直接造成家庭關係的複雜化，對婚姻的忠誠是個嚴峻的考驗。唐令云："五品以上有媵，庶人以上有妾。"[1] 庶民衹要有錢，都可以娶妾，而媵的檔次較高，五品以上的官員纔能迎娶。因此，在唐五代的現實社會中，妾、媵十分多見。後蜀國主孟昶的母親李氏，"雍順公主之媵，生昶於太原"。這位李氏嘗夢大星自天墜落其懷，所以公主説："此婢有福相，當生貴子。""乃令知祥幸之，遂生昶。"[2] 公主的侍婢，後來成了弟弟的媵。士大夫階層中，很多人都是妻妾成群。韓愈有二妾，"一曰絳桃，一曰柳枝，皆能歌舞"[3]。妻出身於名門大族，而妾能吸引住男性，有的長得漂亮，有的有一技之長，但大多出身低微，像韓愈的兩妾都是能歌善舞。妻、妾生活在一起，必然會引起矛盾。嚴武八歲時，問其母，自己的父親對妾玄英特别好，却"未嘗慰省我母，何至於斯"。他母親説："吾與汝子母也，以汝尚幼，未知之也。汝父薄行，嫌吾寢陋，枕席數宵，遂即懷汝。自後相弃，爲汝父離婦焉。"原來嚴武的父親覺得妻子不好看，而小妾漂亮，所以妻子生孩子後，他就一直和妾生活在一起。聽到這裏，嚴武"憤惋"不已，於是等到父親外出，"玄英方睡，武持小鐵鍾擊碎其首"。[4] 妻、妾按規定是可以并存於家，嚴武父親的所作所爲没有太大的出格，但其妻子認爲"薄行"。八歲男孩敲死妾當然是個特例，但從中可以看到，妾、媵制度的存在，增加了婚姻不穩固的因素。

婚姻中的雙方需要忠誠度。如果一方不够忠誠，往往會造成婚姻的破裂。

---

1 長孫無忌等：《唐律疏議》卷二二，第 410 頁。唐五代時亦有人娶兩個妻子，但這種情況應該比較特殊。如洪邁《容齋續筆》卷一二《婦人英烈》談到唐莊宗臨斬劉守光，"守光悲泣哀祈不已，其二妻李氏、祝氏譙之曰：'事已如此，生復何益！妾請先死。'即伸頸就戮"（第五編第五册，第 359 頁）。

2 張唐英：《蜀檮杌》卷下，第一編第八册，第 53 頁。

3 王讜：《唐語林》卷六《補遺》，第三編第二册，第 230 頁。

4 王讜：《唐語林》卷三《豪爽》，第三編第二册，第 130 頁。

裴章弱冠,父裴胄爲其娶妻李氏女。當他四十多歲時,"從職太原,弃妻於洛中,過門不入,别有所牽。李氏自感其薄,常褐衣髽髻,讀佛書蔬食"[1]。隨着官職地位的變化,他另有所愛,冷淡妻子。婚雖然没離,但對婚姻極其不忠誠,其妻子讀佛書衹是無奈逃避現實的一種方法。再如鍾輻,號稱"金陵之才生",新婚不久,響應政府號召參加科考。其時"後周都洛,輻入洛應書,果中選於甲科第二。方得意,狂放不還,携一女僕曰青箱,所在疏縱"。他春風得意,帶了女僕到處游蕩,長年不歸家。路過華州蒲城,因爲地方官是他的朋友,就留他做客。"一夕盛暑,追凉於縣樓,痛飲而寢,青箱侍之。是夕,夢其妻出一詩爲示,怨責頗深,詩曰:'楚水平如練,雙雙白鳥飛。金陵幾多地,一去不言歸。'夢中懷愧,亦戲答一詩,曰:'還吴東下過蒲城,樓上清風酒半醒。想得到家春已暮,海棠千樹欲凋零。'"醒來之後,鍾輻感到很對不起妻子,馬上趕着回家,"至則門巷空闃,榛荆封蔀,妻亦亡已數月"。[2] 鍾輻對家庭和妻子的疏忽,直接導致一個家庭的滅亡。

唐代是一個法律規定可以離婚的朝代,而且法律頗有鼓勵人離婚的意思。唐律規定:"諸犯義絶者離之,違者,徒一年。若夫妻不相安諧而和離者,不坐。"對該條文,唐人解釋説:"夫妻義合,義絶則離。違而不離,合得一年徒罪。離者,既無'各'字,得罪止在一人,皆坐不肯離者;若兩不願離,即以造意爲首,隨從者爲從。"[3] 據此,夫妻恩斷義絶,一定要離婚,如果一方不肯離,就要入罪;如果二人認爲没有感情,但不離,亦要入罪。不過,如果夫妻是商議好了要離婚的,這就不算違反法律。

不過,唐代的法律又規定男人在以下情况不能和妻子離婚,更不能把女方趕出家門:"諸妻無七出及義絶之狀,而出之者,徒一年半。"人們解釋説:"伉儷之道,義期同穴,一與之齊,終身不改。故妻無七出及義絶之狀,不合出之。"[4] 那麽什麽是七出?根據唐令規定,七出是無子、淫泆、不事舅姑、口舌、盗竊、妒

1 錢易:《南部新書》卷癸,第一編第四册,第 124 頁。

2 文瑩:《湘山野録》卷中,第一編第六册,第 39~40 頁。

3 長孫無忌等:《唐律疏議》卷一四《户婚》,第 268 頁。

4 長孫無忌等:《唐律疏議》卷一四《户婚》,第 267 頁。

忌、惡疾。義絶是指毆打和殺害女方家裏親人、丈夫家裏親人,欲殺害丈夫等。也就是説,除非女人犯了以上這些事情,丈夫纔能和她離婚,否則,男方就要入罪。

離婚有很多種情况,有各種各樣的原因。一般以男的主動要求離婚出妻的占多數。裴矩有女名裴淑英,嫁給了李德武。李德武被貶謫至嶺南,不得不和妻子裴淑英離婚。後來在嶺南他娶朱氏爲妻,重組了家庭。“及遇赦得還,至襄州,聞裴守節,乃出其後妻,重與裴合,生三男四女。”[1]其實朱氏并没有過錯,衹是李德武的前妻守節十餘年,而他以爲前妻早已重組家庭。當得知具體情况後,他不顧朱氏的感受,主動提出離婚。南唐潘佑有文才,但長得比較醜,他的妻子是右僕射嚴續的女兒,長得特别漂亮。一天早晨,妻子在化妝,潘佑偷偷地從身後探出來看鏡子裏的妻子,“其面落鑒中,妻怖遽倒,佑怒其惡己,因弃之”[2]。因爲妻子惡心他的長相,就與妻子離婚了。

亦有離婚是女方主動提出來的。有時離婚是女方家長爲了女兒未來生活的幸福,主動提出要離婚。在上述李德武與妻裴淑英的婚姻中,因爲李德武“坐事徙嶺表”,裴矩奏請離婚,隋煬帝同意後,“德武將與裴别,謂曰:‘燕婉始爾,便事分離,遠投瘴癘,恐無還理。尊君奏留,必欲改嫁爾,於此即事長訣矣。’裴泣下,欲操刀割耳,誓無它志。裴與夫别後,常誦佛經,不御膏澤”[3]。因爲男方犯罪,所以裴矩爲了女兒的未來,决定讓其離婚,但這并不是裴淑英的本意,所以無奈離了婚後就以誦佛經度日。

一部分離婚是“相安諧而和離”,按法律解釋是“彼此情不相得,兩願離者”[4]。感情不合,雙方就協商離婚,不撕破臉皮。張不疑娶崔氏,因爲“不協出之”[5]。雙方感情不合,於是就離婚讓崔氏回娘家。

離婚意味着一段舊婚姻結束,同時可以開始一段新婚姻。如張不疑與崔氏離婚後,又娶顔氏,重新建立了家庭。因婚姻中的一方死亡,另一方在守喪期過

1　孔平仲:《續世説》卷八《賢媛》,第二編第五册,第149~150頁。

2　釋文瑩:《湘山野録》卷中,第一編第六册,第31頁。

3　孔平仲:《續世説》卷八《賢媛》,第二編第五册,第149頁。

4　長孫無忌等:《唐律疏議》卷一四《户婚》,第268頁。

5　王讜:《唐語林》卷四《企羡》,第三編第二册,第147頁。

後,可以開始新的婚姻,重組家庭。唐五代時期,男性死了老婆而再婚的情況比較多見。如果男性手裏有權有錢,可以娶比他年輕很多的女孩。衡陽周令,“喪妻三數歲,再娶妻,亦蜀川人”[1]。妻子死亡之後喪服三載,周令就可以再婚。竇璠年逾六十死了老婆,却因爲自己家裏的政治地位娶了宇文翃二十歲的女兒,而且宇文翃這個女兒特別漂亮,很多年輕子弟她都没看上。[2]

相對而言,女性死了丈夫或者離婚後再嫁,總有一些輿論非議。司徒裴璩的女兒嫁給滎陽鄭進士,結婚没多長時間,鄭進士死在京城。裴璩於是讓自己的女兒再嫁,唐末人評論説:“大凡士族女郎,無改醮之禮,五教念女早寡,不能忘情耳,乃召門生故吏而告之,因别適人。亂倫再醮,自河東始也。”[3]認爲再婚亂了倫理綱常,説明在社會的上層,并不完全認同女性在丈夫死後再重組家庭。但事實上,再婚在上層社會中是存在的,官方都認可離婚、再婚的合法性。南唐胡元龜任撫州臨川令時,有人起訴自己老婆,元龜看到這女的十分端莊漂亮,“乃曲道兩離之,自娶而與去”[4]。本來不該離婚的糾紛,讓胡元龜亂判了叫他們離婚,説明如果夫妻不合的話法律是准許離婚後再婚。而更值得注意的是,胡元龜判人家離婚後,自己不嫌弃這女性,娶了做老婆,説明人們對離婚女性并没有异樣的心態,而衹是根據自己的具體情況决定是否和這個女性成婚。再如河東某女性,先是在十四五歲時嫁給一軍校爲側室,後來病重爲軍校抛弃。病好後,一士子娶她爲妻,兩人一起到襄陽生活,“僦宅居之”。碰到安重進叛亂,“左右利其財,殺其士子,納其妻。從進敗,爲亂兵所得”。之後被部下送到張從恩處。張從恩正室亡,“遂以士子之妻爲繼室,後封郡夫人”。像這位張夫人多次嫁人,人們還是能够接受的,社會上層的男性并不另眼相看,認爲“婦人女子何先困而後遇,險阻艱難備嘗之矣?前有失身求丐之厄,終享富貴大國之封”。[5]

再婚者往往已有小孩,女性一般是帶了兒女一起嫁到新家庭。周令再婚的

1 張齊賢:《洛陽搢紳舊聞記》卷二《衡陽縣令周妻報應》,第一編第二册,第 168 頁。

2 孫光憲:《北夢瑣言》卷四《祖系圖進士榜》,第一編第一册,第 54 頁。

3 孫光憲:《北夢瑣言》卷五《裴氏再行》,第一編第一册,第 67 頁。

4 龍衮:《江南野史》卷九《胡元龜》,第一編第三册,第 213 頁。

5 張齊賢:《洛陽搢紳舊聞記》卷三《張相夫人始否終泰》,第一編第二册,第 174~175 頁。

妻子有三個女兒,“俱長矣,來周令家,周撫之如己女”[1]。五代時孫忌家遭變故,家人都被唐明宗殺掉,於是過淮河來到南唐,娶了嫠婦高氏。這位寡婦是高駢的小女兒,兩人并没有生孩子,但有一位“隨婦子李紹慶”[2]。後蜀翰林學士范禹偁,其父范虔爲衙吏。後來禹偁隨母改適張氏,“因冒姓張”。直到他登第後,“始復姓”。[3]

再婚者中,有的是一方再婚,而另一方從未結過婚。一些女性死了丈夫,再尋一個男子結婚入贅其夫家,這種形式在中原地區叫接脚。洛陽城西宫南里,有一劉姓人家,“家亦豐實。姓劉者忽暴亡,有二女一男,長者纔十餘歲。劉之妻以租税且重,全無所依。夫既葬,村人不知禮教,欲納一人爲夫,俚語謂之‘接脚’”。里中有一能説會道的焦生,村裏人覺得比較合適,於是媒人前去對劉妻游説。劉妻“知焦生於州縣熟,許之。未半歲,納之爲夫。焦久貧悴,一旦得劉之活業,幾爲富家翁”。[4] 在這個婚姻中,劉妻是再婚,而且有三個子女,而焦生應該是從未結過婚,且是入贅劉家。這種情況的出現,與焦生家比較窮困有較大的關係。焦生可能家庭經濟條件不好,娶不起老婆,而劉家有現成的家産,所以焦生就登門成了劉家的上門女婿。

(五)生育

婚姻是生育的前提,生育是人口的基礎,而人口的再生産水準又直接影響着社會經濟的盈縮,關係着政治的興衰。結婚生育,是人生大事。無論男女,都希望有健康活潑的子女來到世上,能够傳宗接代,延續祖輩們的香火,光大自家的産業。

唐代人生了孩子,有三日洗兒的風俗。即小孩生下三天時,要舉行慶祝活動。主要儀式是爲小孩沐浴,親友前來送禮、祝賀,爲孩子祈福,主人設宴招待客人。[5] 這種習俗在唐前期已經出現,中原地區對此十分重視。如開元十四年

1 張齊賢:《洛陽搢紳舊聞記》卷二《衡陽縣令周妻報應》,第一編第二册,第 168 頁。

2 龍衮:《江南野史》卷五《孫忌》,第一編第三册,第 186 頁。

3 張唐英:《蜀檮杌》卷下,第一編第八册,第 58 頁。

4 張齊賢:《洛陽搢紳舊聞記》卷五《焦生見亡妻》,第一編第二册,第 196 頁。

5 李斌城等:《隋唐五代社會生活史》,第 395 頁。

（726 年）太子李亨生李豫時，三日洗兒，玄宗賜金盆，還親自前來察看。

宋代筆記中對三日洗兒和招待客人的習俗有不少記載，可以對唐朝史書的記載進行補充。武則天長壽年間，全國禁屠殺。右拾遺張德生了個男孩，剛三日，同僚們前來祝賀。張德想要招待大家，表達自己的感謝之意，於是私底下殺羊請同僚吃一頓。一起吃肉的有位補闕杜肅，爲人比較卑劣，吃了肉，却"上表告之"。第二天上朝後，武后對張德説："聞卿生男甚喜。"張德表示感謝。武后又説："何從得肉？"張德一聽，叩頭服罪。武后説："朕禁屠宰，吉凶不預，然卿自今召客，亦須擇人。"於是拿出杜肅的上表給他看。"肅大慚，舉朝欲唾其面。"[1]雖然這裏没説孩子出生三日要洗兒，但三日時設宴招待客人似乎是一種公認的習俗，是一種吉禮。

再如陸游《老學庵筆記》引《北户録》，談到嶺南風俗，家富者，女子産下小孩三日或者足月，就要洗兒。就是説，洗兒的習俗，有的是三日洗，有的是滿月洗。洗兒習俗在嶺南地區主要流行於富裕人家，相信中原地區可能亦是這樣的。洗兒時，生孩子的家庭要做"團油飯，以煎魚鰕、鷄鵝、猪羊、灌腸、蕉子、薑桂、鹽豉爲之"。這種飯可能主要是招待前來參加儀式的人們。陸游還談到這種習俗宋朝繼續存在："據此，即東坡先生所記盤游飯也。二字語相近，必傳者之誤。"[2]他認爲盤游飯可能就是團油飯，衹是口口相傳時産生了失誤。

唐人生了孩子，親朋好友、同僚都要表示祝賀。一般祝賀者可能要送禮，文人官員之間還創作詩文相贈。李林甫的一位表親生了孩子，他寫信祝賀。内有句云："知有弄獐之慶。"[3]《詩經·小雅·斯干》詩云："乃生男子，載寢之床，載衣之裳，載弄之璋。"弄璋指生了男孩子。没想到李林甫"寡學"，竟然寫成了"弄獐"，成爲一個笑話。

生孩子，最辛苦的是女性，十月懷胎，又要經歷最後孩子出生時身體上的疼痛和危險。不過南方一些民族的習俗與中原地區大不相同。房千里《异物志》

1　孔平仲：《續世説》卷一二《讒險》，第二編第五册，第 222 頁。

2　陸游：《老學庵筆記》卷二，第五編第八册，第 24 頁。

3　錢易：《南部新書》卷甲，第一編第四册，第 9 頁。

談道:“獠婦生子即出,夫憊卧如乳婦,不謹則病,其妻乃無苦。”[1]即西南有的少數民族婦女一生完孩子就往外面跑,而丈夫要躺在孩子身邊,像個奶媽一樣。如果一不小心生病了,他的老婆就不會受苦。這應該是一種比較奇特的習俗,與中原地區有較大的區别。

二、生日慶祝

小孩出生,無論是男孩還是女孩,一般家庭都比較高興,所以每年孩子的出生日,都會設宴請客。《雲麓漫鈔》指出:“南北朝江南風俗,兒生一期,隨男女以紙筆針縷置前,觀其所取,號爲‘試兒’。每至此日,飲酒宴樂,後人因爲生日。”這是因爲家庭添丁,預示着人口興旺,後繼有人,香火得以延續。所以每年的這一天,家人都要飲酒慶祝。不過,對出生日子的慶祝,魏晋以前是很少見到的:“魏、晋以前,不爲生日。”但從南北朝以後,帝王們漸漸地開始注重自己的生日慶祝,要舉辦點特殊的儀式,慶生日的風氣就從上至下傳開了。趙彦衛談到帝王的生日慶賀時説:“梁孝元帝於其誕辰常設齋講。唐太宗曰:‘今日吾生日,世俗皆爲樂,在朕翻成傷感,奈何以劬勞之日,更爲宴樂乎?’明皇始置千秋節。自是列帝或置或不置,自五季始立爲定制。臣下化之,多爲歌詞以頌贊之。厥後又有獻遺,故不得不置酒以復之。”[2]上行下效,衹要經濟條件允許,民間百姓亦漸漸開始舉辦生日慶賀。到了唐五代,生日慶祝已十分普遍,成爲人們生活中的一種習慣。以下我們分帝王的生日慶祝和百姓的生日慶祝兩個方面進行論述。

(一)帝王的生日慶祝

將帝王生日固定下來,每年到了這日全國就要慶祝,始於唐玄宗。不過對帝王生日的重視,應該遠早於此。宋人程大昌説:“漢世人主生日,未創燕賀之

---

1 周去非:《嶺外代答》卷一〇《獠俗》,第六編第三册,第 211~212 頁。

2 趙彦衛:《雲麓漫鈔》卷二,第六編第四册,第 104 頁。

禮,然已有其意矣。高帝與盧綰同里,生日兩家羊酒相賀,即其事也。”[1]生日時兩家以羊酒相互慶賀,當然這衹是私下的祝賀,没有上升爲國家的節日。梁孝元帝少時“每以載誕之辰,輒齋素講經。阮修容歿後,此事亦絶。唐太宗亦以降誕日,謂長孫無忌曰:‘今日是朕生日,世俗皆爲歡樂,在朕翻成感傷。’泣數行下,群臣皆零涕。故唐封演謂:‘孤露之後,不宜以此日爲歡。’可謂達理矣”[2]。再如唐中宗神龍三年(707 年)詔:“生日不得進獻。”程大昌認爲這説明“神龍之前已有進獻者矣”[3]。事實亦的確如此,因爲“中宗常以降誕日,宴侍臣内戚於内庭,與學士聯句柏梁體詩,以是知循習久矣”[4]。説明帝王慶賀生日,其實一直是有的。每當帝王生日,大臣要進獻,而皇帝要宴請大臣内戚。帝王或聽音樂看表演,或爲僧人準備素齋,聽僧人講經,各人根據自己的愛好并不固定地慶賀一番。

將皇帝的生日上升到國家節日的高度,這是從玄宗開元十七年(729 年)開始的:“玄宗開元十七年,始用源乾曜言,以八月五日爲千秋節,明許進物爲壽,即進鏡結、承露囊之類是也。自此以後,遂爲永制。雖云創禮,亦人情之所必不免者也。每朝人主生日,各立節名,而總名其節曰誕聖節,取‘誕彌厥月’之義也。”[5]千秋節承露囊是指以絲囊盛露,主要是爲了擦拭眼睛。梁文帝《眼明囊賦序》曰:“俗之婦人八月旦多以錦翠珠寶爲眼明囊,因凌晨拭目。”所以宋人認爲“亦襲其舊,正八月初故事”[6]。另《明皇實録》云:“開元十七年秋八月,上降誕之日,大置酒合樂,燕百僚於華萼樓下。尚書左丞相源乾曜、右丞相張説率百官上表,願以八月五日爲千秋節,著之甲令,布於天下,咸使燕樂,休假三日。詔從之。”[7]因爲生日,所以置酒合樂,休假三天。洪邁亦説:“誕節之制,起於明

1 程大昌:《程氏續考古編》卷五《誕聖節》,第四編第十册,第 167 頁。
2 吴曾:《能改齋漫録》卷二《生日祝壽始》,第五編第三册,第 45 頁。
3 程大昌:《程氏續考古編》卷五《誕聖節》,第四編第十册,第 167 頁。
4 吴曾:《能改齋漫録》卷二《生日祝壽始》,第五編第三册,第 45 頁。
5 程大昌:《程氏續考古編》卷五《誕聖節》,第四編第十册,第 167 頁。
6 王楙:《野客叢書》卷七《承露絲囊》,第六編第六册,第 95 頁。
7 王明清:《揮麈前録》卷一引,第六編第一册,第 9 頁。

皇,令天下宴集休假三日,肅宗亦然。”[1]從玄宗開始,皇帝的生日,不但有節名,而且全國放假宴集,成爲一個正式的節日。

玄宗以後大多數皇帝的生日,都有節名。天寶七載(748年)八月己亥,玄宗下詔將千秋節改爲天長節。其後肅宗以九月三日生,稱地平天成節。文宗以十月十日生,爲慶成節。武宗六月十二日生,爲慶陽節。懿宗十月二日生,爲延慶節。僖宗八月五日生,爲應天節。昭宗二月二十二日生,爲嘉會節。哀帝十月三日生,爲延和節。梁太祖十月二十一日生,爲大明節。末帝九月十二日生,爲明聖節。後唐明宗九月九日生,爲應聖節。晋高祖二月二十八日生,爲天和節。出帝六月二十七日生,爲啓聖節。後漢高祖二月四日生,爲聖壽節。隱帝三月七日生,爲嘉慶節。周太祖七月二十八日生,爲永壽節。世宗九月二十四日生,爲天清節。恭帝八月四日生,爲天壽節。[2] 洪邁曾説:“代、德、順三宗,皆不置節名。”[3]但這個説法并不一定準確。王明清認爲:“唐代宗十月十三日天興節,見令狐綯文集中。唐順宗聖壽節,見於齊抗《會稽捨宅爲寺碑》。”[4]此外如後唐清泰帝正月二十三日千春節,見於《五代史・晋家人傳》。《唐語林》説:“代宗雖不爲節,猶受四方進獻。德宗即位,詔公卿議,吏部尚書顔真卿奏:‘準《禮經》及歷代帝王無降誕日,唯開元中始爲之。復推本意:以爲節者,喜聖壽無疆之慶,天下咸賀,故號節;若千秋萬歲之後,尚存此日以爲節假,恐乖本意。’於是敕停之。”[5]唐德宗即位後可能考慮要設節,但最後還是没有設立。所以《石林燕語》説“唐世此禮亦不常,各係其時君耳”[6]。

---

1 洪邁:《容齋隨筆》卷六《誕節受賀》,第五編第五册,第84頁。

2 王明清:《揮麈前録》卷一,第六編第一册,第9頁。

3 洪邁:《容齋隨筆》卷六《誕節受賀》,第五編第五册,第84頁。

4 王明清:《揮麈前録》卷一,第六編第一册,第10頁。關於唐代宗天興節,張勃先生據《唐會要》卷二九,認爲獨孤及的《請降誕日置天興節表》上奏後“不報”,實際上是没有采納他的建議(見張勃《唐代節日研究》,中國社會科學出版社,2013年,第105頁)。關於唐五代帝王的誕節,宋人筆記的記載常會出現差錯。葉夢得《石林燕語》卷四認爲唐自代宗“群臣請建天興節,不報”,後歷德、順、憲、穆、敬五帝及懿宗,皆不置節名(第二編第十册,第56頁)。而李心傳《舊聞證誤》卷四不同意這種看法,舉出了一個反例,説:“懿宗延慶節,此云不置,非也。”(第六編第八册,第412頁)

5 王讜:《唐語林》卷八《補遺》,第三編第二册,第279頁。

6 葉夢得:《石林燕語》卷四,第二編第十册,第56頁。

皇帝誕節的儀式總體上是“儀度日增日多”。儀式主要有“百官賀太后於光順門,則元和十五年也。後以此禮不經,改爲進名奉賀,則長慶元年也。宰臣遇節,進衣一副,元和七年李吉甫别進馬二匹,詔賜通天犀答之,則是元和已前已有進衣者矣。至加進馬二匹,及答賜通天犀,則皆始此年也。……開成二年,始禁屠宰。五年,設齋誕拈香,齋日用教坊樂。因此百官亦各自設齋。又至會昌元年,慶陽節,宰臣與百官率料錢設齋”[1]。即主要有奉賀、進衣進馬、設宴、禁屠宰、設齋誕拈香、教坊奏樂等,從官員向皇帝進獻各種禮物,漸漸向出錢設齋變化。

百官在帝王誕日進賀,唐穆宗時成爲一種制度。唐穆宗即位初年,詔曰:“七月六日,是朕載誕之辰,其日,百僚命婦宜於光順門進名參賀,朕於門内與百僚相見。”不過第二天又頒敕“受賀儀宜停。先是左丞韋綬奏行之,宰臣以古無降誕受賀之禮,奏罷之”。然而到了次年,復行賀禮。從這一變化中可以看出,皇帝是樂意看到百官進賀的,收受禮品,聽着好話,十分受用。儘管宰臣表示出反對,但不斷有拍馬屁的官員會提出來,皇帝順水推舟地贊同,進賀就成爲一種制度。洪邁説:“則受賀一事,蓋自長慶年,至今用之也。”[2]亦就是指從穆宗開始,大臣行賀禮成爲一種慣例。

生日設宴,招待大臣,這是帝王們的常規做法。德宗貞元十四年(798年)二月一日中和節,因爲雨雪,具體的慶賀活動延期到二月七日,德宗“宴群臣,因奏上所製《中和樂曲》也”[3]。到了唐文宗大和七年(833年),慶賀活動上了規模,不再是帝王和大臣們的活動,而是“天下州府并宴一日”[4]。亦就是説,慶賀皇帝生日的不光是在京的大臣們,而是全國各地官府衙門都要設宴慶祝,成了全國性的活動。所以洪邁説:“及文宗以後,始置宴如初。”[5]開成三年(838年)十月慶成節,文宗“敕以酒脯并仙韶樂賜中書門下及文武百僚,宴於曲江亭

---

1 程大昌:《程氏續考古編》卷五《誕聖節》,第四編第十册,第167~168頁。

2 洪邁:《容齋隨筆》卷六《誕節受賀》,第五編第五册,第84~85頁。

3 李上交:《近事會元》卷四《中和樂》,第一編第四册,第175頁。

4 程大昌:《程氏續考古編》卷五《誕聖節》,第四編第十册,第167頁。

5 洪邁:《容齋隨筆》卷六《誕節受賀》,第五編第五册,第84頁。

子”[1]。賜物設宴,君臣關係十分融洽。次年八月,文宗下詔:“慶成節,朕之生辰,天下賜宴,庶同歡泰。不欲屠宰,非信尚空門,恐中外臣庶不諭朕意,廣置齋筵。自今宴會蔬食,任陳脯醢。”[2]不過“後旋仍舊”[3]。

斷屠是帝王生日的時候必須做的一項活動。仁壽三年(603年)五月,隋文帝曾經頒詔説:“哀哀父母,生我劬勞,欲報之德,昊天罔極。……六月十三日,是朕生日,宜令海内爲武元皇帝、元明皇后斷屠。”[4]皇帝生日,就要斷屠,這種舉動可能與佛教有一定關係。亦或許是生日這天是一個新生命的到來,而屠殺却是滅了一個生命,所以要禁止。然而不管怎麽説,斷屠成了帝王們信佛教和珍惜生命的標志。唐文宗開成二年(837年)、開成四年(839年),均宣布要斷屠。

官員在皇帝誕日進獻物品,成了對皇帝表達忠心的一種舉動。禮品有哪些?如進衣,程大昌説:“人主誕節,宰臣舊例進衣一副。”不過到元和七年(812年)發生改變,改爲進馬匹,程大昌認爲起因是李吉甫爲了“固恩澤”,“别進馬二匹”。[5] 此外,皇帝誕日還有獻其他物品的。如《續世説》談到齊映爲江西觀察使,“因德宗誕日端午,爲瓶高八尺者以獻”。齊映本以爲能成爲宰相,想不到“無大過而罷”至江西,“冀復進用。乃倍斂貢奉,及大爲金銀器以希旨”。以前一般銀瓶高約五尺,後李兼在江西進六尺,到齊映就成了八尺。[6] 瓶越大,對燒製的技術要求越高,就越顯珍貴。

帝王慶賀生日,常會延請僧人講誦,設齋行香,請優倡演滑稽戲。唐肅宗上元二年(761年)九月,地平天成節,肅宗先是將佛教引入内殿,設置道場,“以内人爲佛、菩薩象,實裝飾之。北門武士爲金剛、神王,結彩被堅執鋭,嚴侍於座

1 錢易:《南部新書》卷壬,第一編第四册,第111頁。

2 李上交:《近事會元》卷三《聖節賜宴素食》,第一編第四册,第164頁。

3 葉夢得:《石林燕語》卷四,第二編第十册,第56頁。

4 魏徵等:《隋書》卷二《高祖紀下》,中華書局,1973年,第49頁。

5 程大昌:《演繁露續集》卷二《聖節進馬》,第四編第九册,第191頁。

6 孔平仲:《續世説》卷一二《邪諂》,第二編第五册,第214頁。王楙《野客叢書》卷一四《端午》也有相關記載,第六編第六册,第193頁。

隅。焚香贊唄,大臣近侍作禮圍繞,設齋奏樂,極歡而罷,各贈帛有差"[1]。佛、菩薩是宦官裝扮,金剛、神王是武士裝扮。德宗貞元十二年(796年)降誕日,"詔儒官與緇黄講論。初若矛楯相向,後類江海同歸。三殿談經,自此始也"[2]。儒佛大師在宮殿裏講經遂成了慶祝生日的一種活動。穆宗雖不建節,但在紫宸殿受百官稱賀,命婦光順門賀皇太后,"及有麟德殿沙門、道士、儒官討論三教之制"[3]。文宗開成五年(840年),"以六月十一日爲慶陽節,天下州府常設降誕齋行香。京城内,宰臣與百官就大寺設僧一千人齋,仍許量借教坊樂官充行香"[4]。具體的做法與前面的皇帝有所不同,但亦與佛教關係密切。唐末咸通年間,懿宗生日延慶節,"緇黄講誦畢,次及優倡爲戲。可及褒衣博帶攝齊升座,稱三教論衡。偶坐者問曰:'既言博通三教,釋迦如來是何人?'對曰:'婦人。'"[5]這種引人開心的滑稽戲,與佛教多少亦能扯上一些關係,是慶祝帝王生日的一個内容。

到了五代,帝王生日的時候仍然要設道場,不過道場開設到寺觀中,而且要設齋捐錢。《肯綮録》説:"今聖節道場,三省、察院作兩日開啓、滿散,蓋始於五代也。廣順中,刺史、臣僚遇聖節,止於寺觀起道場,中書門下與百官、樞密院諸司使副各共設齋。前此道場皆是率醵。則今都下命官出香錢,其猶當時率醵乎?"[6]可知五代的道場要開兩天,各部門要設齋和捐香錢。孟昶稱自己十一月的誕日爲明慶節,"幸佛寺燒香而已"[7],雖不設道場,但一定要燒香表達自己對佛的禮敬。顯然這樣的做法,與唐代的皇帝大同小异。

帝王生日,宫女亦會表達自己的心意。王建《宫詞》曰:"聖人生日明朝是,私地先須屬内監。自寫金花紅榜子,前頭先進鳳凰衫。"《野客叢書》認爲:"知

1 錢易:《南部新書》卷壬,第一編第四册,第110頁。
2 錢易:《南部新書》卷乙,第一編第四册,第17頁。
3 葉夢得:《石林燕語》卷四,第二編第十册,第56頁。
4 程大昌:《演繁露續集》卷二《誕日設齋用樂》,第四編第九册,第191頁。
5 陸游:《避暑漫抄》,第五編第八册,第135頁。
6 趙叔問:《肯綮録·聖節香錢》,第三編第六册,第139頁。
7 佚名:《五國故事》卷上,第一編第三册,第245頁。

聖節内人通寫金花榜子,進鳳凰衫。”[1] 歐陽修曾説:“唐人奏事,非表非狀者謂之榜子,亦謂之録子,今謂之札子。”[2] 用今天的話説,宫女是用紅色的金花紙寫榜子,上面滿是文字,表示她們對皇帝的生日非常重視。她們在前一天私下裏囑托宦官,等到第二天皇帝生日,把自己寫的榜子作爲給皇帝的禮物送上去,其主要用意是得到皇帝的垂青恩寵。

(二)帝王以外人的生日慶祝

唐初,普通人已有慶祝自己生日的習慣。貞觀十七年(643 年),唐太宗曾對大臣們説:“今日是朕生日。俗間以生日可爲喜樂,在朕情,翻成感思。君臨天下,富有四海,而追求侍養,永不可得。……奈何以劬勞之辰,遂爲宴樂之事!甚是乖於禮度。”[3] 唐太宗的意思是,他在生日這一天想到父母的辛苦養育,所以一直充滿着感恩之心,而民間百姓在自己的生日裏却感到十分喜樂,還要舉辦宴樂之事,於禮於法説不過去。但這段話却説明民間百姓都有慶賀生日的習慣。

那麽宋人筆記中記載的唐代人生日,有哪些慶賀活動呢?

子女碰到父母生日,要辦宴席,以酒祝壽。太尉、西平王李晟生日,“中堂大宴。方食,有小婢附崔氏婦耳語久之,崔氏婦頷之而去”。原來是夫家的長輩病了。由於李的女兒没有及時回家,李晟大怒,説:“我不幸有此女。大奇事!汝爲人婦,豈有阿家病,不檢校湯藥,而與父作生日?”[4] 生日的那天要辦酒宴,女兒都要回家給父母做壽。《唐語林》説:“近代風俗,人子在膝下,每生日有酒食之事;孤露之後,不宜復以爲歡會。”[5] 父母活着的時候,每到生日,子女就要辦宴席祝壽,但如果父母死了,就不再辦這樣的宴席。再如朱温既貴,任節度使後,“迎致其母,封晋國太夫人。因置酒上壽,曰:‘朱五經平生讀書,不登一第。

1　王楙:《野客叢書》卷二五《王建宫詞》,第六編第六册,第 331 頁。

2　歐陽修:《歸田録》卷二,第一編第五册,第 262 頁。

3　吴兢:《貞觀政要》卷七《禮樂》,上海古籍出版社,1978 年,第 232~233 頁。

4　王讜:《唐語林》卷一《德行》,第三編第二册,第 11 頁。

5　王讜:《唐語林》卷八《補遺》,第三編第二册,第 279 頁。

有子爲節度使,無忝先人也。’”[1] 祝壽時小輩要舉酒杯説一些話,表達自己對長輩的尊重。

一些政治地位較高的官員過生日,如果皇帝知道後,説不定會恩賜一些物品,令官員覺得是無上的榮光。唐憲宗初年,杜黄裳任宰相,“深謀密議”,爲削藩提出了很多建議。唐憲宗“眷禮敦優,生日例外别賜九龍燭十挺”。[2] 這樣的生日對壽星來説,應該是最有意義、最興奮的,全天下都知道生日時有皇帝的祝賀和禮品。因爲憲宗所賜的九龍燭,平日裏應該衹能在宫殿中使用,與民間使用的一般蠟燭不一樣。

官員生日,同僚、下屬要送禮物祝賀。五代時周行逢在湖南,“留心民事,悉除馬氏横賦”,提拔了很多官員。到周行逢生日這天,“諸道各遣使致賀”。周行逢很高興,對徐仲雅曰:“四鄰亦畏我乎?”[3] 他以爲周圍各道是因爲怕他,所以到了他的生日就遣人前來祝賀。下級官員給上級送禮物,當然要精心挑選,而且必須别致。汾陽王郭子儀生日,“部曲競獻珍异”,大家都把寶貝財物獻上,乘機拍馬屁,其實都是爲了自己能得到提拔。一朔方裨將每年到了送禮時,就日思夜想到底該送什麽能讓汾陽王開心。後來其父夢到一朱衣黑幘人説:“吾開陽長史,天命以玉柄龍授君,若遇槖籥翁,宜付之。”[4] 裨將父親夢後六天買到一柄寶劍,於是將這把玉柄龍送給了汾陽王。五代後晋宰相桑維翰“壽辰,韋潛德獻太湖石一塊,上有鎸字金飾,曰‘寵仙’”[5]。太湖石在中唐以後受到文人士大夫的狂熱追捧,而且由於開發數量有限,必須出高價錢纔能購買到。唐文宗大和年間,牛僧孺任職淮南節度副大使知節度事,在揚州建造别墅,收集了不少瑰麗奇特的太湖石。《舊唐書》説:“任淮南時,嘉木怪石,置之階廷,館宇清華,竹木幽邃。”[6] 因此,在北方能收到這樣的禮物,桑維翰當然會開心好一陣子的。尤其令人髮指的是,下屬不送禮,上級官員不高興,還鬧出過人命來。僞蜀寧江

1 李季可:《松窗百説·朱五經》,第六編第三册,第 26 頁。

2 陶穀:《清异録》卷上《人事門》“九龍燭”,第一編第二册,第 22 頁。

3 孔平仲:《續世説》卷六《排調》,第二編第五册,第 122 頁。

4 陶穀:《清异録》卷下《武器門》“玉柄龍”,第一編第二册,第 92 頁。

5 陶穀:《清异録》卷上《地理門》“寵仙”,第一編第二册,第 17 頁。

6 劉昫:《舊唐書》卷一七二《牛僧孺傳》,第 4472 頁。

節度使王宗黯生日,“部下屬縣皆率醵財貨以爲賀禮”。不過亦有人不送,如巫山令裴垣“以編户羸貧,獨無慶獻”。王宗黯很不高興,竟然“召裴至,誣以他事”,把裴垣丢進河裏淹死了,演了一場收不到生日賀禮找個藉口弄死下屬的鬧劇。[1]

女性亦要慶賀生日。演奏音樂是地位較高的人生日纔有的活動。《甘澤謡》談到天寶四載(745年)六月一日,“明皇驪山駐蹕,會貴妃誕辰,上命小部音聲樂入長生殿奏新曲。未有名,會南海貢荔枝,因名其曲爲《荔枝香》”[2]。貴妃生日,以演奏新曲來慶賀。李郢科舉登第後回到江南,在蘇州的時候,“遇故人守湖州,邀同行,郢辭以決意春歸,爲妻作生日,故人不放,與之胡琴、焦桐、方物等,令且寄歸代意”。本來是想回家後爲妻子慶祝生日,無奈老朋友不肯放行,於是李郢作《寄内詩》一首,與東西一齊寄回家。詩云:“謝家生日好風烟,柳暖花春二月天。金鳳對翹雙翡翠,蜀琴新上七絲弦。鴛鴦交頸期千歲,琴瑟諧和願百年。應恨客程歸未得,緑窗紅泪冷涓涓。”[3] 夫妻感情好,生日的時候丈夫要爲妻子慶賀。從詩意來看,這種生日慶賀比較常見。

爲了體現恩愛,夫妻中的一方生日,另一方會送上珍貴禮物以示慶祝。五代梁朝冀王朱友謙鎮河中,夫人誕日,“作珠翠衣以獻”。没想到因爲朱友謙有個愛姬,“極專房”,不去和夫人同房,所以夫人很不高興,“拒而不納”。這下愛姬發飆,“乃發怒,悉焚之。友謙忽聞其臭,詢之得實。至暮,遂命其姬三杯後,責人喝起,而球杖破腦矣”。[4] 本是爲了妻子生日送點禮物,結果朱友謙不但没安撫好妻子,而且把愛姬亦打死了,慶賀變成了悲劇。太子少師李肅生日,其夫人“必先畜女童曉音律者,盛飾珠翠綺綉,因捧觴祝壽,并服玩物同獻之”[5]。既獻上曉音律的女童彈奏,又端酒杯祝老公生日快樂,還要送上好玩的禮品。

長輩生日,子女除前述要設宴席敬酒外,還要向他們敬獻衣服和禮物。五

---

1 孫光憲:《北夢瑣言》佚文一《王宗黯誣殺裴垣》,第一編第一册,第217頁。

2 李上交:《近事會元》卷四《荔枝香》,第一編第四册,第176頁。

3 王讜:《唐語林》卷二《文學》,第三編第二册,第69頁。

4 錢易:《南部新書》卷辛,第一編第四册,第92頁。

5 張齊賢:《洛陽搢紳舊聞記》卷二《李少師賢妻》,第一編第二册,第163頁。

代吴國後期，掌握政權的徐温喜歡穿白袍，養子徐知誥“每遇温生日，必獻”[1]。地位低的人會利用生日向地位高的人送東西。柳婕妤很受玄宗寵愛，其妹嫁給趙氏，“性巧慧，因使工鏤板爲雜花，象之而爲夾結。因婕妤生日，獻王皇后一匹，上見而賞之，因敕宫中依様製之”[2]。柳婕妤生日時，其妹藉機將夾結進獻給皇后以示好。這種夾結肯定在當時是最流行、最美的絲織品，所以皇宫裏纔會依様製造。

同輩之間的生日，一般亦要相互送禮物表示祝賀。李寰鎮晋州時，其“表兄武恭好道而誕妄”。到了李寰生日，武恭“送一故皂襖子”，還説：“此李西平收復京師時所服也。”到了武恭生日，李寰就以其人之道還治其人之身，“以一破幞頭遺之”，説：“此洪崖先生初得道時幞頭也。”[3]生日時一般要送珍貴的禮物，而這裏兩人都送對方一件舊東西，是“誕妄”的表現，是當時的另類。

生日時吃麵條，在唐代已是一種流行的習俗。《緗素雜記》云：“煮麵謂之湯餅，其來舊矣。”該書引《唐書·王皇后傳》云：“獨不念阿忠脱紫半臂易斗麵爲生日湯餅邪？”[4]就是説，人們習慣生日時吃湯餅。朱翌《猗覺寮雜記》云：“坡詩‘便欲去爲湯餅客’。多用德宗王后生日典‘半臂作湯餅’爲證。唐人生日，多具湯餅。夢得《送張盥》云：‘爾生始懸弧，我作坐上賓。引箸舉湯餅，祝詞天麒麟。’”[5]可知唐人生日，吃湯餅是普遍的一種習慣。唐代的湯餅，相當於今天的麵片。

有錢有勢者生日還設齋會。張崇任吴國廬州觀察使時，“遇生日設延生大齋，僧道獻功德疏”，祈願張崇與彭祖、李耳一樣壽極綿長。有一位草衣叟聞之，笑着説：“分身夢宅，會歸變滅，革囊污穢，煩惱所生。何足多戀？”這個老頭認爲人的生死自有規律，活這麽長幹嗎？有人將老頭的話向張崇告密，“崇以壽日免

1 佚名：《五國故事》卷上，第一編第三册，第238頁。

2 王讜：《唐語林》卷四《賢媛》，第三編第二册，第158頁。

3 孔平仲：《續世説》卷一二《假譎》，第二編第五册，第209頁。

4 黄朝英：《緗素雜記》卷二《湯餅》，第三編第四册，第185~186頁。此條錢易《南部新書》卷甲作：“王皇后開元中恩寵日衰，而不自安。一日訴之曰：‘三郎，獨不記阿忠脱新紫半臂，更得一斗麵，爲三郎生日爲煎餅耶？’上戚然憫之，而餘恩獲延三載。”（第一編第四册，第13頁）認爲生日吃的是煎餅。

5 朱翌：《猗覺寮雜記》卷上，第三編第十册，第24頁。

决,押領出"。[1] 可知,生日祝賀都是爲了討吉利,希望人身體健康,能長壽。

文人士大夫生日還寫詩祝壽。吴曾《能改齋漫録》談道:"人臣生日,以詩爲慶,《西清詩話》乃謂公卿誕日,以詩爲壽,見於唐末。此説恐非。蓋開元間,惠宣太子被疾,明皇自祝禬。既愈,幸其第,置酒賦詩,爲初生歡。其詩云:'昔見漳濱卧,言將人事違。今逢慶誕日,猶謂學仙歸。'人臣以詩爲壽,始見於此。"[2] 惠宣太子李業生病,其哥唐明皇李隆基爲他祈禱。後來病好了,生日的時候置酒賦詩,李隆基就作詩一首,慶賀李業生日快樂。以後大家依樣效仿,"以詩爲慶"的風氣就傳開了。隨着時間的推移,士大夫之間作詩慶賀的舉動成爲一種風尚,到唐末日益頻繁。

總體上説,唐人的確有慶生的習俗,不少人對生日很看重。社會的上層、官員和有錢人,一般都會在家裏設宴、設齋,文人之間還會賦詩慶賀;而一般人即使有過生日的習慣,亦不會像有錢人那麽風雅,大多是喝酒吃東西,再加上送點小禮物,表達對生日者的祝賀。不同的經濟實力,決定了慶賀的内容和規模有較大的不同。

三、兩性關係與娼妓

宋代筆記小説中,有不少記録唐五代兩性關係的資料,這是觀察唐五代社會的重要材料,有其獨特的一面,可以加深我們對唐五代社會生活的理解和認識,應該引起學術界的足够重視。相對於唐五代的資料而言,宋人的筆記中對唐五代兩性關係的記録更爲具體,有些可以起到增補作用,對推進和細化研究有比較重要的價值。同時,我們可以看到,在唐五代寬鬆的社會環境下,兩性關係常越出家庭倫理的規範,究其原因,一個重要的方面是男人對娼妓的熱衷追求,成爲男權社會的一個顯著特點。

1 陶穀:《清异録》卷下《肢體門》"夢宅",第一編第二册,第67頁。

2 吴曾:《能改齋漫録》卷二《生日祝壽始》,第五編第三册,第45頁。

（一）婚外兩性關係

兩性關係既指婚内男女正常的性關係，亦指婚外男女不正常的性關係。在正史和唐代筆記中，對婚外男女性關係有不少記載，[1]但宋代筆記的記載更爲細緻。從這些記載中可以得到一個總體的印象，隋唐五代時期，男女在公共場合交往十分平常，接觸較多，這使發生非婚性關係十分方便，而社會對這種關係相對比較寬容。

唐代成年男性可以很自由地和女性交往。對男女在一起聽音樂、吟詩唱歌，唐代人是不會當作洪水猛獸加以議論的。洪邁《容齋三筆》卷六《白公夜聞歌者》談道："白樂天《琵琶行》，蓋在潯陽江上爲商人婦所作。而商乃買茶於浮梁，婦對客奏曲，樂天移船，夜登其舟與飲，了無所忌，豈非以其長安故倡女不以爲嫌邪？集中又有一篇題云《夜聞歌者》，時自京城謫潯陽，宿於鄂州，又在《琵琶》之前。其詞曰：'夜泊鸚鵡洲，秋江月澄澈。鄰船有歌者，發調堪愁絶。歌罷繼以泣，泣聲通復咽。尋聲見其人，有婦顔如雪。獨倚帆檣立，娉婷十七八。夜泪似真珠，雙雙墮明月。借問誰家婦？歌泣何凄切。一回一沾襟，低眉終不説。'陳鴻《長恨傳序》云：'樂天深於詩多於情者也，故所遇必寄之吟咏，非有意於漁色。'然鄂州所見，亦一女子獨處，夫不在焉，瓜田李下之疑，唐人不議也。今詩人罕談此章，聊復表出。"[2]白居易見到女性一人獨處，便前去吟咏聽樂，并不怕别人議論，這反映出唐代成年异性間的交往比較自由，同時亦説明男女兩性關係必然是十分活躍，禁忌很少。一些人認爲白居易聽的是妓女的演奏，所以纔爲社會允許，而實際上并不是這樣。洪邁認爲白居易在潯陽江和鄂州都是單獨和一女子相處聽樂，而唐代人并不覺得很怪，主要是因爲社會認可這樣的交往。從中我們可以看到，唐代男女發生婚外性關係的環境是比較寬鬆的。

1　利用唐代筆記小説探討唐代的男女兩性關係，學術界已有不少成果，如翁育瑄《唐宋的奸罪與兩性關係》第五章《戀愛與通奸——唐代筆記小説中之兩性關係》（稻鄉出版社，2012 年，第 171～208 頁）、張金桐《唐人小説中的婦女性愛：小説家營造的心理態勢》（《河北學刊》2003 年第 1 期，第 96～101 頁）、岳純之《論唐代婚外性行爲及其社會控制》（《齊魯學刊》2006 年第 5 期，第 47～51 頁）。各人論述的側重點不同，可以同時參看。

2　洪邁：《容齋三筆》卷六《白公夜聞歌者》，第五編第六册，第 75～76 頁。

在非婚性關係中,男性往往是主動者。唐末龍紀年間,士人柳鵬舉游杭州,"避雨於伍相廟,見一女子抱五弦,云是錢大夫家女僕。鵬舉悦之,遂誘而奔,藏於舟中,爲厢吏所捕,其女僕自縊而死"[1]。該女僕與主人家有人身依附關係,而柳鵬舉把女僕拐走,在法律上是不允許的。而且估計柳有家室,因爲喜歡女僕的色相和才藝,纔會誘惑她私奔。而對女僕來説,這樣的私奔一旦鬧大,就無臉面對周圍人的眼光,所以走向絶路。顯然,非婚性關係中,受傷害的往往是女性。

非婚性關係主要發生在地位不對等的男女之間,特别是地位高的男性與地位低的女性之間。名娼嬌陳原在京師名聲很響,因爲姿藝俱美,後來嫁到士人柳齊物家。玄宗即位後,聽聞嬌陳的名聲,就把她召入宫内,一睹芳容。嬌陳入宫見到玄宗,"因涕泣,稱痼疾且老,上知其不欲背柳氏,乃許其歸"[2]。雖然玄宗最後没有用强,但反映出在唐代地位高的男性奪人妻妾時常發生。衡陽周令,後妻特别凶妒。家裏有婢女數人,周令和她們亂搞,致其中的二婢女懷孕。其妻知道後,就没事找事用鞭子打這兩個婢女。這兩個婢女爲了保護胎兒,常常以背或臀、腿來擋她的鞭子。無良的周令亦不想要這兩個孩子,就叫後妻打她們的腹部,"二婢竟以鞭捶墮胎而死"[3]。對這兩個婢女來説,與主人發生性關係并懷孕,幻想能得到主人的收留;而對周令來説,純粹是性的享受和快樂,根本没有想要對婢女們負責。唐末天復中,湖南節度使劉建封"淫其牽攏官陳之婦",限於上下級關係,陳某就睁一眼閉一眼。想不到某一天陳某被同事們嘲笑,"耻而發怒,伺便以蒺藜擊殺之"。[4] 因爲劉建封地位較高,陳某妻没辦法拒絶這種關係。在古代男權社會中,有地位的男人往往性生活十分隨意,而自己的妻妾亦奈何不了他。如宰相崔慎猷在浙西時,請了一位僧人來看他的"夫人洎妾媵間"是否有人懷孕,結果僧人發現一位"更衣官妓"有身孕,這個孩子就是晚唐宰相崔胤。[5] 有了妻子和妾媵,還要與官妓發生關係,説明有地位的高官的

1 孫光憲:《北夢瑣言》卷九《柳鵬舉誘五弦妓》,第一編第一册,第 110 頁。

2 王讜:《唐語林》卷四《賢媛》,第三編第二册,第 158~159 頁。

3 張齊賢:《洛陽搢紳舊聞記》卷二《衡陽縣令周妻報應》,第一編第二册,第 168 頁。

4 孫光憲:《北夢瑣言》卷一二《沈潞州非命》,第一編第一册,第 147 頁。

5 孫光憲:《北夢瑣言》卷四《崔胤相腋文》,第一編第一册,第 45~46 頁。

婚外性生活幾乎不受限制。

女性爲生活所迫，亦會同意發生婚外性關係。比如唐末廣明中，黄巢攻占長安，“大駕幸蜀，衣冠蕩析，寇盜縱横”，很多中上層人的正常生活受到衝擊。有位“西班李將軍女，奔波隨人，迤邐達興元，骨肉分散，無所依托”。顯然，這位李將軍的千金還没有結婚成家，但由於戰亂，逃難到達興元，無依無靠，生活無着落。碰到鳳翔董司馬，李女就隱瞞自己的家庭情況，“以身托之”，和董司馬組成臨時家庭。後來在他們來到蜀地後，李女暗中“尋訪親眷，知在行朝”，原來家人是跟隨皇帝一起到了成都。李女對董司馬説：“喪亂之中，女弱不能自濟，幸蒙提挈，以至於此。失身之事，非不幸也。人各有偶，難爲偕老，請自此辭。”這種爲生活所迫而獻上身體的行爲，在五代至宋初人來看，是完全可以接受的：“識者謂女子之智，亦足稱也。”[1]不僅不對女子有所譴責，反而認爲她這樣做很聰明。從這裏我們可以看到，唐五代人對兩性關係的看法，實在是比較寬容。

非婚性關係中，有時女性亦是極爲主動的。中書令向拱，“嘗與潞民之妻有私”。當他半年後再到這個女人家裏時，對她説：“多日來，不見爾夫，何也？”女人笑着説：“以我與爾私，常磨匕首欲殺我，懼爾未得其便。會爾久不及我家，與鄰人之子謀，許錢數十千，召人殺之。鄰家之子曰：‘若我殺之，汝肯嫁我乎？’念夫常欲殺己，恨無逃避之路，遂許之。會夫醉卧城外，鄰家子潛殺而埋之，懼爲人覺，且潛遁矣。”因爲女人和向拱有私情，所以女人的丈夫想把妻子殺掉，但又害怕向拱，所以一直没有動手。這女人一心出軌，盼望情人來了後把老公殺掉。由於向拱很長時間没來，所以女人找了相鄰的一個男青年商量，答許給他錢數十千，要他殺掉自己的丈夫。鄰居青年不但要錢，而且還要女人，希望殺了她丈夫後她能嫁給他。女人想想自己的丈夫早晚會殺掉她，做到了這個分上，已没有退路，於是答應了他。就是説，這個女人既和向拱發生性關係，後來因爲一段時間向拱没來，又答應男青年和他發生關係。這件事的結果是向拱問明這青年躲避的地方，把他殺了。回過頭來他責罵所私婦人説：“爾與人私，而害其夫，不義也。爾夫死，蓋因我，我不可忍。”於是把這女人亦殺掉了。[2] 在這件事情中，

1 孫光憲：《北夢瑣言》卷九《李氏女》，第一編第一册，第 113 頁。

2 張齊賢：《洛陽搢紳舊聞記》卷三《向中令徒義》，第一編第二册，第 170 頁。

這個女人和向拱發生私情時,她丈夫和向拱是碰過面的,并不避丈夫。之後這個女人又主動勾搭鄰居青年,殺了丈夫。前後與兩個男人有私情,顯示出女人在其中的主動。

一些高官妻妾成群,這些女人的性生活得不到滿足,極易與下人發生婚外性關係。前蜀吏部侍郎韓昭因與王衍關係密切,“恩傾一時,出入宫掖”。太妃喜歡韓昭的“美風姿,而專有辟陽之寵”,顯然是太妃主動勾搭韓昭。[1] 五代後晋時,“襄陽帥高懷德下親隨私通其愛姬”,還偷了上司的“錦襖子與其皂”,讓人到市場上出售,高馬上明白是什麽事情了。有人對高説:“大王錦襖子,有人將在市中賣。”高却説:“錦襖子是人家宣賜得,豈衹是我家有? 莫亂執他人。”之後找到機會,高悄悄將這位下屬趕走。襄陽節度使安審琦的愛妾與人私通,不久這位私通者還偷偷進入帥府把安審琦殺掉了。後來查明,與愛妾私通的人竟然是家裏的一個“僕厮”。[2]

非婚性關係在各個階層中都有。上層社會發生非婚性關係的比例很高,如南楚馬希範“使尼潛搜士庶家,女有容色者,皆强取之,前後約及數百。然猶有不足之色,乃曰:‘吾聞軒轅御五百女以升天,吾其庶幾乎?’”[3] 男人好色,特别是這種區域性的小皇帝,占領一塊地區後趾高氣昂,對女性的追求永無止境。唐代貴族士大夫特别喜歡追逐娼妓。有些人與娼妓吟詩作對,彈琴歌唱,享受美色;有些人還將娼妓迎進家門,與妻妾共居一室。關中柳氏是個大族,“奕葉貴盛,人物盡高”。曾擔任睦州刺史的柳齊物嘗因調集至京師,碰到名娼嬌陳。這位名娼“姿藝俱美,爲士子之所奔走”,柳齊物就與很多人一樣,加入追求名娼的隊伍。他想把名娼娶回家,於是嬌陳開出了條件:“第中設錦帳三十重,則奉事終身矣。”本來嬌陳想這是個乳臭未乾的少年,開開玩笑把他嚇退。没想到第二天,柳齊物真的“遂如言,載錦而張之以行”。嬌陳大吃一驚,感到這個年輕人很奇特,就真的來到柳家,“執僕媵之禮,節操爲中表所推”。[4]

1 張唐英:《蜀檮杌》卷上,第一編第八册,第 43 頁。

2 丁謂:《丁晋公談録》,第一編第四册,第 263~264 頁。

3 周羽翀:《三楚新録》卷一,第一編第二册,第 122 頁。

4 王讜:《唐語林》卷四《賢媛》,第三編第二册,第 158 頁。

佛道人員亦時有犯戒，與异性發生關係。《唐語林》云："玄宗所幸美人，忽中夜夢見人召去，縱酒密會，極歡盡意，醉厭而歸。覺來流汗倦怠，忽忽不樂，因言於上。上曰：'此術人所爲也。汝若復往，但隨時以物記之，必驗。'其夕熟寐，飄然又往。美人半醉，見石硯在前席，密以手文印於曲房屏風上。寤而具啓。上乃潛令人詣宫觀求之，果於東明觀中得其屏風，手文尚在，所居道流已潛遁矣。"[1]表面上看，玄宗的這個美人是做了性夢，夢中與男人約會，但透過這個故事可以看到，實際上這位美人與道士之間有着密切的兩性關係，美人不過是找個藉口而已。張國剛先生認爲唐朝的婦女活動範圍一般比較狹小，最容易發生婚外性關係大體是與鄰里，"其次，是在家做佛道法事的和尚、道士"[2]。應該説這是有一定道理的。

婚前性關係，社會上没有嚴格的限制規定，禮俗都很寬容。即使婚前發生了性關係，大家也不避諱，并不認爲這是離經叛道的事情。憲宗元和初，有一達官與"中外之親爲婚者"，之前兩人有性關係已是衆所周知，"已涉溱洧之譏"。結婚當晚，儐相有清河張仲素、宗室李程。女家索《催妝詩》，張仲素大聲吟詩曰："舜耕餘草木，禹鑿舊山川。"李程一開始没明白張仲素是什麽意思，過了很久纔醒悟曰："張九、張九，舜、禹之事，吾知之矣。"於是，所有參加婚禮的賓客就大笑起來。[3] 這樁婚姻中的男女是否爲表親，人們并不介意，但其婚前性行爲受到大家的嘲諷。不過，人們衹是笑一笑而已，弄幾句詩冷嘲熱諷，總體上是比較寬容地對待，持理解的態度。

但對婚外性關係不是人人都可以接受的，有時通奸會造成一些殘酷的案件，對原來平穩的家庭造成灾難性的傷害。唐人沈亞之的兒子沈詢鎮守潞州，寵愛一個女婢，他的妻子十分妒忌，於是設法將女婢"配與家人歸秦"。其妻子讓寵婢與一個下人結婚的原因，主要是想斷了丈夫的念想。没想到"其婢旦夕衹在左右"，這樣引起歸秦的不快，遂伺隙拿刀將沈詢殺死。湖南節度使劉建封

1 王讜：《唐語林》卷一《政事上》，第三編第二册，第28~29頁。

2 張國剛：《唐代家庭與社會》第五章，中華書局，2014年，第142頁。

3 陸游：《避暑漫抄》引《群居解頤》，第五編第八册，第134頁。

亦是與手下將領的老婆發生關係,被將領殺死的。[1]

唐五代價值觀多元,社會上必然有很多人對男女婚外性關係不認同,甚至極其反感。《北夢瑣言》卷四載,末山尼開堂説法,有一位禪師鄧隱峰,"有道者也,試其所守"。因爲末山尼提出女人要有兩性關係上的操守,所以禪師聽不下去了,"中夜挾刃入禪堂,欲行强暴,尼憚死失志。隱峰取去禪衣,集衆僧以曉之,其徒立散"。半夜裏去强奸末山尼,尼姑因爲怕死,大概是和他發生了關係。而隱峰不但强奸成功,還拿走她的衣服。按理,這種强暴,大家應該都加以譴責,但我們却看到聽講經者因爲女尼失身,對女尼産生不信任感,全部走了。而記載這則故事的孫光憲却説"末山尼以畏懦而苟全","是知女子修道,亦似一段障難,而况冶容誨淫者哉",亦是説女尼失身是没法修道的。[2] 令人驚奇的是,孫光憲又記載了另一件事:"孫棨舍人著《北里志》,叙朝賢子弟平康狎游之事,其旨似言盧相携之室女,失身於外甥鄭氏子,遂以妻之,殺家人而滅口。是知平康之游,亦何傷於年少之流哉?"[3] 今本《北里志》没有記載這件事,所以鄭氏子和盧氏女之間的關係我們并不是很清楚。猜測鄭氏子經常在平康里狎游,是個常在妓院裏混的富家子,結果與盧氏女勾搭上了。作爲盧携宰相的女兒,未婚,却與表哥的兒子發生性關係,傳出去名聲不好,於是就嫁給鄭氏子爲妻。估計盧女身邊的婢女知道兩人的事情,所以又把婢女給殺了。這件事説明,社會上對在妓院裏混的年輕人是有看法的,與這樣的年輕人發生性關係,對一位未婚姑娘來説,名節上肯定會有影響。從中我們可以看到人們對性關係的一些保守看法。在唐代,雖然社會對男女關係是比較寬容的,但同時,對女性的貞節也是

1 孫光憲:《北夢瑣言》卷一二《沈潞州非命》,第一編第一册,第146~147頁。

2 孫光憲:《北夢瑣言》卷四《崔氏女失身爲周寶妻》,第一編第一册,第56頁。翁育瑄認爲鄧隱峰和末山尼都是唐代禪宗史上的名人。鄧爲慧能再傳弟子馬祖之徒,末山尼法號了然,是慧能五代傳人高安大愚的弟子,兩人應屬不同時代。宋初人編這個故事,可能因爲了然禪師是禪宗史上少數留名之女衆,有人妒忌她的才華,便編造了這樣的故事,目的應該衹是破壞她的名聲而已。(《唐宋的奸罪與兩性關係》,第204頁)編這個故事的原因,是否如翁先生所言,不是十分肯定,不過筆者亦認爲這個和尚强暴尼姑的故事不太可能是真實的,人們衹是藉這個故事表達在兩性關係上的一種觀念和看法而已。

3 孫光憲:《北夢瑣言》卷四《崔氏女失身爲周寶妻》,第一編第一册,第56頁。

看重的。[1]

寬松的兩性關係中，亦有一些婚外性關係是社會上不認可的，如唐五代時期的亂倫關係，因爲這種性關係對家庭的影響會很大。李泌與梁肅友善，李泌子李繁“無行”。梁肅死後，“繁亂其配”。即是亂了父親朋友的老婆，是兩個行輩之間的亂倫，因而社會上的人很難認可，“士論嘆駭”。因爲這件事，李繁在仕途上就不順利，“坐此積年委弃”。後來起爲太常博士，又遭到太常卿權德輿的排斥。[2] 李繁不是因爲與婚外女性發生關係受到社會的譴責，而是因爲他與父親的朋友之妻發生亂倫關係，社會上纔不認可，大家認爲李繁有亂倫行爲，人品有問題。五代南楚馬希範“淫而無禮，至於先王妾媵，無不烝通”[3]，與自己父親的妾亂倫，當然是違反禮制的。同輩親屬之間的亂倫亦十分多見。如有兄長看到弟媳長得漂亮，與弟媳私通：“葆光子嘗見范陽熟人説，李匡儔妻張氏，國色也。其兄匡威爲帥，强淫之。匡儔按劍而俟，夜深妻回，出步輦，爲其夫殺之。”[4] 從妻自外面回來，走出步輦來看，估計不衹是李匡威强奸弟媳，而是兩人勾搭成奸。南唐耿玉真，丈夫死了，“與前婦之子通，當極法”[5]。這是繼母與兒子的亂倫。從記載的語氣和耿玉真處極法來看，有可能是繼母主動，所以纔會被殺。

兩性關係的開放，催生了爲男女性生活服務的産業，這在一定程度上説明唐五代人對兩性關係的一種認識和態度。《北夢瑣言》引陳藏器《本草》説：“砂俘，又云倒行拘子，蜀人號曰俘鬱。旋乾土爲孔，常睡不動。取致枕中，令夫妻相悦。”這種砂俘放在枕中，可以增加夫妻的性欲。孫光憲説：“愚有親表曾得此物，未嘗試驗。愚始游成都，止於逆旅，與賣草藥李山人相熟，見蜀城少年往往欣然而訪李生，仍以善價酬。因詰之，曰媚藥。徵其所用，乃砂俘。與陳氏所

1　岳純之認爲唐代并不存在性開放的社會風氣，從結婚、離婚到再嫁，唐人仍然是傳統的、保守的。對於婚外性行爲，唐人更是深惡痛絶，并予以嚴厲譴責和制裁。參《唐代性開放説質疑》，《南開學報》2007年第6期，第106~113頁。

2　孔平仲：《續世説》卷九《黜免》，第二編第五册，第156~157頁。

3　周羽翀：《三楚新録》卷一，第一編第二册，第122頁。

4　孫光憲：《北夢瑣言》卷一三《李全忠蘆生居室》，第一編第一册，第155頁。

5　龍衮：《江南野史》卷一〇《盧絳》，第一編第三册，第220頁。

説,信不虚語。李生亦秘其所傳之法,人不可得也。武陵山出媚草,無賴者以銀換之。有因其術而男女發狂,罹禍非細也。”[1]這種能大大增强男女性欲的砂俘,在唐宋之際四川一帶長期存在,有人造藥銷售而發財。南漢劉鋹,“延方士求健陽法,久乃得,多多益辦”[2]。由於性生活過度,劉鋹不得不尋找方士幫忙,通過健陽法來滿足自己的性欲。

社會的寬容造成非婚性生活比較常見,而其時人們又無有效的避孕措施,很容易使女性懷孕。不過,非婚懷孕後,由於種種情況,又不可能將孩子生下來,這給女性的生活帶來很大的麻煩。於是有人發明打胎藥,以滿足這部分女性的需要:“人之家道,切要防閑。嫠婦、少婢、僕、處子不正之偶,往往有焉。有嫗號‘白牡丹’,蓄下胎藥。”[3]寡婦、年輕的婢僕、少女,感情控制不住,與人發生性關係後,當然最需要這種打胎藥。

宋代筆記中還記録了不少唐五代時期的變態性行爲。南漢劉鋹“昏縱角出”,喜歡上一個十六歲的波斯姑娘。這位少女“黑腯而慧艷,善淫,曲盡其妙,鋹嬖之,賜號‘媚猪’”。劉鋹從這個姑娘身上得到了自己的性滿足,同時又不斷想方設法要滿足她。兩人“好觀人交,選惡少年配以雛宫人,皆妖俊美健者,就後園褫衣,使露而偶,鋹扶媚猪延行覽玩,號曰‘大體雙’”。兩人不但喜歡看他人性交,而且要求性交者的姿勢比較特别,實際上是爲了滿足自己的性心理。劉鋹自己不能完全滿足這個少女的性欲,所以“又擇新采异,與媚猪對”。[4] 而南楚國君主馬希萼的變態性行爲是另一番模樣。他“淫於酒色,多爲不道”,不但喜歡女性,而且喜歡男性,是個雙性戀:“小門使謝延澤有美貌,希萼逼幸之,每引延澤入内閣,與妻妾間坐而飲。”[5]亦許這種性取向衹存在於少數上層人身上,一般人并不敢表露自己真實的性取向,但已多少反映出五代部分南方人的兩性觀念。

在唐律中,談到了奸罪:“諸奸者,徒一年半;有夫者,徒二年。”什麽是奸呢?

---

1 孫光憲:《北夢瑣言》佚文四《砂俘》,第一編第一册,第256頁。

2 陶穀:《清异録》卷上《君道門》“大體雙”,第一編第二册,第19頁。

3 孫光憲:《北夢瑣言》佚文五《白牡丹老嫗》,第一編第一册,第260~261頁。

4 陶穀:《清异録》卷上《君道門》“大體雙”,第一編第二册,第19頁。

5 周羽翀:《三楚新録》卷一,第一編第二册,第122~123頁。

疏議説:“和奸者,男女各徒一年半;有夫者,徒二年。”[1]“和奸,謂彼此和同者。”[2]法律中的奸就是指婚外的男女關係,男人用强的就是强奸,没用强就是普通的奸,而男女共同促成的性關係就是和奸,相當於今天説的通奸。如果女性有老公,就罪加一等。如此説來,法律對男女婚外兩性關係是嚴格限制的,但如果法律真的是這樣嚴格限制,那我們在筆記中看到的這些男女兩性關係又作何解釋呢?

其實我們再接着看唐律,就會發現一些問題。法律裏限制的男女奸、和奸,其實都是有範圍的。比如:“諸奸緦麻以上親及緦麻以上親之妻,若妻前夫之女及同母异父姊妹者,徒三年”;“諸奸從祖祖母姑、從祖伯叔母姑、從父姊妹、從母及兄弟妻、兄弟子妻者,流二千里”;“諸奸父祖妾、伯叔母、姑、姊妹、子孫之婦、兄弟之女者,絞。即奸父祖所幸婢,减二等”;“諸奴奸良人者,徒二年半”;“其部曲及奴,奸主及主之期親,若期親之妻者絞,婦女减一等”。[3] 這些奸、和奸,主要集中在兩個方面:一是五服之内有血緣關係的家庭人員之間的男女性關係,二是各種賤人與良人之間的男女性關係。這兩者法律是嚴格限制的。前者可以説是亂倫關係,後者是下對上的性關係,這兩者會衝擊家庭和社會次序結構,所以唐律是限制的。至於一般意義上的男女奸、和奸,法律衹是一筆帶過,并不作爲重點來限制。

唐律提出:“一夫一婦,不刊之制。”表面看性關係衹能限制在夫妻兩人之間,而事實上,法律又規定一個男性,可以有妻有妾,還可以有媵,甚至還可以與婢發生關係,衹不過法律是限制以妾爲妻、以媵爲妾和以婢爲妾,認爲這樣“虧夫婦之正道,黷人倫之彝則,顛倒冠履,紊亂禮經”。法律不准“諸有妻更娶妻者”,認爲妻子衹能有一個,不能同時有兩個。[4] 除了要維護這樣的家庭關係,一個男子如果想要有個小妾、女婢,法律其實根本没有任何限制。既然如此,這種夫妻之外的兩性關係,就自然有可能了。

---

1 長孫無忌等:《唐律疏議》卷二六《雜律》,第 493 頁。

2 長孫無忌等:《唐律疏議》卷二六《雜律》,第 496 頁。

3 長孫無忌等:《唐律疏議》卷二六《雜律》,第 493~495 頁。

4 長孫無忌等:《唐律疏議》卷一三《户婚》,第 255~256 頁。

從法律層面上看,衹要兩性關係不對家庭、血緣和社會等級結構産生衝擊,法律對男女的性關係并没有太大的限制和規範。既然没有硬性的限制,衹要有合適的氛圍,相對奔放的兩性關係就自然而然地會出現,這成了筆記小説津津樂道的題材。所以,唐代人對兩性關係的認可程度,亦就與法律的規範大體相一致了。

(二)娼妓生活

娼妓是唐五代社會中存在的一個較爲特殊的女性群體,有官、私之分。娼妓的活躍反映了唐五代社會的真實面貌,爲我們展現出當時世界多彩的一面。透過這個群體,可以觀察到社會階層結構的變化和商品經濟的發展,可以看到兩性關係在人們思想認識上的一些變化。

1.妓女的種類和才能

唐代的妓女從其身份歸屬來説分爲兩類。一是公妓,其身份依附於政府機構。公妓中爲皇宫服務的叫宫妓,爲各級政府機構服務的叫官妓,亦稱營妓。宫妓一般是因家庭貧困,或家人犯罪而淪落爲妓,亦有人是世代爲樂户,其低賤的身份決定了她衹能成爲歌舞和演奏樂器的伎人。官妓主要爲各級官僚陪酒侍宴,她們有專門的户籍,衣糧官給,實際上受各級地方官府支配,長官可以將妓女據爲己有,亦可以轉贈他人。唐五代的妓女還有一類是私妓。私妓亦是法律規定的賤民,不過她們的身份依附於富貴權勢者。隋唐五代時期,私妓實際上分爲兩大類:一類是身份歸屬於富人而專爲富人服務的家妓,另一類是服務對象爲城市大衆的市妓。家妓在六朝最爲多見,唐五代略少,而市妓到了唐朝以後大量出現。市妓是城市商品經濟發展到一定程度的産物,是城市内出現的一種特殊的經濟服務現象。

官、私妓女其實有很多共通的地方,如都要有歌舞及演奏樂器的才能和專長。宫妓特别擅長歌舞及演奏自不必多説,一般州級政府的官妓和權貴家蓄養的家妓,亦必然會有這方面的技能。市妓在歌舞演奏方面的要求略低,但因爲是一種謀生的手段,很多人亦是或多或少有一定的專長。如南唐韓熙載家裹的妓女數量十分驚人,“畜妓樂數百人”。“妓樂”連稱,當然是指這些妓女主要是以演奏樂器見長,這與韓熙載的文化層次較高,從而對妓女在音樂上的要求較高有關。由於養的妓女太多,“倖入爲妓争奪以盡,至貧乏無以給”[1]。又宋初秦再思《記异録》主要記載五代至宋初的事情,其中有一則故事説:“温州朱史君有一妓,善胡琴,忽亡,念之。追悼詩云:‘魂飛寥□魄歸烟,秖住人間十八年。昨日施僧裙帶上,斷腸猶繫琵琶弦。’”[2]這個家妓以善胡琴(琵琶)爲特長,在音樂上有特殊的才能,而且還能作詩,説明文化素養極高。所以,唐五代的妓女很多都有音樂表演技能,部分還有較高的文化素質。這些人中,賣身只是一個方面,更重要的可能是以賣藝來吸引男性。這部分人數量不少,是唐五代妓女比較特殊的一個群體。

妓女要取悦男性,甚至發生肉體關係,所以長相一般都比較漂亮。如長安名娼嬌陳,“姿藝俱美”,後來唐玄宗還想召她入宫。[3] 白居易有數伎,樊素善歌,小蠻善舞。前者長着櫻桃素口,後者楊柳細腰,十分豐艷。[4] 池州“郡娼滿瑩娘,多姿而富情,真妓女中麟鳳”,長得“有情有色”[5]。自然,這其中總有些人不太漂亮,或者有些本身很漂亮却想追求更加漂亮,於是很多妓女會在容貌妝飾上想辦法,把自己打扮得更讓男性喜歡。

如唐代末年,長安妓女都特别看重塗口紅,塗抹方法多種多樣:“僖、昭時,都下娼家競事妝唇,婦女以此分妍否。其點注之工,名字差繁。其略有胭脂暈品:石榴嬌、大紅春、小紅春、嫩吴香、半邊嬌、萬金紅、聖檀心、露珠兒、内家圓、天宫巧、洛兒殷、淡紅心、腥腥暈、小朱龍、格雙、唐媚花、奴様子。”[6]從這些名稱來看,有的是顔色的深淺不同,有的是塗抹的式樣不同。當時妓女之所以都要塗口紅,主要與男人們衡量女性是否漂亮的標準有關。妓女的眉毛亦被畫成比較特别的様子。長安平康里有一叫瑩姐的妓女,長得玉净花明,十分漂亮。她特别擅長梳妝,眉毛每天畫一種様子。唐斯立嘲諷她説:“西蜀有十眉圖,汝眉癖若是,可作百眉圖,更假以歲年,當率同志爲修眉史矣。”亦有人不喜歡瑩姐的

1 邵博:《邵氏聞見後録》卷一八,第四編第六册,第126頁。
2 龔頤正:《芥隱筆記・蒲桃琵琶調笑司馬》,第五編第二册,第97頁。
3 王讜:《唐語林》卷四《賢媛》,第三編第二册,第158頁。
4 李上交:《近事會元》卷四《楊柳枝》,第一編第四册,第174頁。
5 陶穀:《清异録》卷上《釋族門》“無無老”,第一編第二册,第30頁。
6 陶穀:《清异録》卷下《裝飾門》“胭脂暈品”,第一編第二册,第75~76頁。

畫眉,説她的眉是"膠煤變相"。唐代昭帝和哀帝以後,妓女們畫眉不再用青黛,"皆以善墨火煨染指",這種用墨做成的材料顏色更深,時稱"薰墨變相"。[1] 塗抹口紅和畫眉毛,是唐代女性把自己打扮得漂漂亮亮的基本要求。

除音樂才能和漂亮長相外,還有一些妓女具有較高的文化知識水平。如江淮間有位叫徐月英的妓女,曾作詩送人説:"惆悵人間事久違,兩人同去一人歸。生憎平望亭中水,忍照鴛鴦相背飛。"又云:"枕前泪與階前雨,隔個閑窗滴到明。"其詩得到很多男人的賞識。徐月英較有文采,有詩集流傳。[2] 類似這樣的妓女,應該是從小接受過良好的文化教育。當然,這衹是妓女群體中的一小部分。

2.宫妓

宫妓是指在皇宫中爲帝王服務的那些妓女。宋人在引用唐人的資料時常常會提到唐代的宫妓。如《侯鯖録》卷一説:"唐梨園弟子,以置院近於禁苑之梨園也。"[3] 吴曾引崔令欽《教坊記》説:"左右兩教坊,右多善歌,左多工舞。坊外有水泊,俗號月陂,陂形如偃月也。"詩人王建《宫詞》談道:"忽看金輿向月陂,宫人接着便相隨。恰從中尉門前過,當處教看卧鴨池。"《教坊記》又説:"妓女入宜春院,謂之内人,亦曰前頭人,常在上前頭也。其家在教坊内,謂之内人家,四季給米。得幸者,謂之十家。"所以王建《宫詞》中談到的宫人都與《教坊記》中的制度有關,如:"内人對御叠花箋""内人唱好龜兹急""内人相續報花開""内人籠脱繫紅絛""内人恐要秋衣著""内人争乞洗兒錢"。[4] 關於宫妓的記載,宋代筆記中雖然没有更多的新資料,但對唐人詩文中談到的宫妓資料却是十分注重。唐武宗時,"數幸教坊作樂,優倡雜進",估計先是演奏歌舞,接着喝酒,宦官還帶進了幾個宫外的優倡來宫内助演和勸酒。"酒酣,作技諧謔,如民間宴席,上甚悦"。宫妓一般而言主要是以演奏樂器和歌舞爲主,宫内的宴席講究禮儀規矩,民間宴席上的一些喝酒風俗宫内是不會看到的,所以優倡一旦將民間

1 陶穀:《清异録》卷下《裝飾門》"膠煤變相",第一編第二册,第76頁。

2 孫光憲:《北夢瑣言》卷九《魚玄機》,第一編第一册,第112頁。

3 趙令畤:《侯鯖録》卷一,第二編第六册,第191頁。

4 吴曾:《能改齋漫録》卷六《教坊内人》,第五編第三册,第145~146頁。

習俗帶進宮内,而平素被禮儀束縛着的武宗就感到十分新奇,覺得特别興奮。大臣們看不下去了,“諫官奏疏,乃不復出”,像没這回事一樣。唐武宗還没盡興,“遂召優倡入,敕内人習之”[1],希望宫内的教坊宫妓們學學宫外妓女風騷的樣子。宦官看在眼裏,於是對武宗説揚州妓女最擅長酒令,武宗“聞揚州倡女善爲酒令,敕淮南監軍,選十七人獻之”[2]。這裏提到的揚州倡女,應該是那些在風月場上練就了一身本事的市妓,武宗聽説她們“善爲酒令”,所以想召進宫見識一下她們的本事。

宫妓主要是在帝王舉辦宴會時,爲參加宴會的人表演節目。不過唐朝制度有一些規定,部分官員是不能觀看宫妓表演的:“内宴優伶打渾,惟御史大夫不預,蓋始於唐李栖筠也,至今遂以爲法。不知用妓樂而教官不預,復起於何時,其亦有所據耶?”[3]御史大夫是國家主要的監察官員,掌管彈劾糾察百官,是法律和威嚴的象徵,相比較而言宫妓是賤民女色,是低層次的,所以御史大夫按規定不能觀看宫妓演出。

五代時的各個小國家皇宫中一般都有宫妓,不過人數可能没有唐朝皇宫内多。南唐代吴,徐知誥“其餘女伎、音樂、園苑、器玩之屬,一無增加”[4],説明吴國和南唐都是有宫妓的。後蜀廣政三年(940年)正月上元節,孟昶到露臺觀燈,“舞娼李艷孃有姿色,召入宫,賜其家錢十萬”[5]。李艷孃本來可能生活在民間,因爲舞跳得特别好,就被召入宫内,成爲宫妓。

3.官妓

唐五代的大中城市中活躍着很多官妓,供政府官員娱樂。官妓主要見於道和州級政府,縣級政府是否會有,還不能確定,主要是没有明顯的資料記載。官妓的稱呼多種多樣,如“府娼”“郡娼”“官使婦人”“官使女子”“營妓”“樂營妓人”“樂營子女”等,稱呼雖然不同,但實質是一樣的。

唐代道、州級政府有數量不等的官妓。白居易在蘇州時,“嘗携容滿、蟬態

1 王讜:《唐語林》卷三《方正》,第三編第二册,第87頁。

2 孔平仲:《續世説》卷三《方正》,第二編第五册,第49頁。

3 袁文:《甕牖閒評》卷八,第四編第七册,第211頁。

4 佚名:《五國故事》卷上,第一編第三册,第239~240頁。

5 張唐英:《蜀檮杌》卷下,第一編第八册,第54頁。

等十妓夜游西武丘寺”。宋代有些人搞不清當時的官妓制度,所以説:“可見當時郡政多暇,而吏議甚寬。使在今日,必以罪去矣。”[1] 其實,道、州級政府合法地蓄養一些官妓,官妓自然要陪道、州政府的官員游戲歌舞,這與郡政是忙還是閑没有太大的關連。這樣的制度,在各道、州都存在。韓滉鎮浙西,“戎昱爲部内刺史。郡有酒妓,善歌,色亦媚妙,昱情屬甚厚。浙西樂將聞其能,白晋公,召置籍中。昱不敢留,餞於湖上,爲歌詞以贈之”[2]。這位酒妓原本是屬於州政府,因爲太出名,所以被韓滉調到浙西道,成爲觀察使府中的官妓。杜牧有才名,但“頗縱聲色”,聲稱有鑒别女人的本事。他“聞吴興郡有佳色”,就想前去。湖州使君聞其言,“迎待頗厚。至郡旬日,繼以酣飲”。宴會一個接一個,把官妓一一請出來讓他看。杜牧“睨官妓曰:‘未稱所傳也。’將離郡去”。[3] 他認爲湖州的官妓不够漂亮,入不了他的法眼,於是失望地離開。路巖在成都時,常携帶官妓行雲等宴於江津,他離開成都前,於合江亭的歡送宴會上,贈行雲等《感恩多》詞云:“離魂何處斷?烟雨江南岸。”詞後來爲妓女演唱,在倡樓裏十分流行。[4] 唐末陳敬瑄在成都時,“營妓玉兒者,太師賜之卮酒,拒而不飲。乃誤傾潑於太師,污頭面,遽起更衣,左右驚憂,立候玉兒爲齏粉,更衣出,却坐,又以酒賜之。玉兒請罪,笑而恕之”[5]。營妓主要是陪長官喝酒玩樂。除道、州級政府外,地方政府亦是合法地占有着一些官妓。如河北各藩鎮,就有很多官妓。田弘正死,朝廷召其子田布任魏博節度使。田布知道自己一去不復回,魏博人不會爲自己所用,於是“盡出妓樂,捨鷹犬”[6],將平時蓄養的官妓全部遣散。

當時一個道或州級政府有多少位妓女,雖然没有詳細的記載,從制度上亦没見到有具體的規定,但我們還是可以從一些記録中看出大概。《野客叢書》卷六曾對白居易詩中記載的蘇、杭妓女名字進行過羅列,結果發現白居易筆下的妓女數量還真不少。如白居易詩曰:“移領錢塘第二橋,始有心情問絲竹。玲瓏

1 龔明之:《中吴紀聞》卷一《白樂天》,第三編第七册,第 176 頁。

2 孟棨:《本事詩・情感第一》,《唐五代筆記小説大觀》,第 1240 頁。

3 王讜:《唐語林》卷七《補遺》,第三編第二册,第 245~246 頁。

4 王讜:《唐語林》卷四《容止》,第三編第二册,第 139 頁。

5 孫光憲:《北夢瑣言》佚文一《陳敬瑄大度》,第一編第一册,第 222 頁。

6 王讜:《唐語林》卷六《補遺》,第三編第二册,第 233 頁。

箜篌謝好箏,陳寵觱栗沈平笙。”又曰:“黄菊繁時佳客到,碧雲合處美人來。”注謂:“遣英、倩二妓與舒員外同游。”裏面記載的全是蘇、杭兩州妓女的活動。“又有《九日代羅、英二妓招舒著作》詩,則所謂玲瓏、謝好、陳寵、沈平、李娟、張態、真娘、心奴、楊瓊、容、滿、英、倩、羅等,皆當時妓姓名。”[1]白居易曾爲杭、蘇兩州刺史,保存至今的詩歌有很多,所以記録了兩州不少妓女的活動。宋人衹是枚舉式地羅列,并不是詳細地統計,而所列的官妓一州已有六七個,因而實際的官妓數目肯定要超過這個數量。路巖鎮成都時,“委執政於孔目吏邊咸,日以技樂自隨,宴於江津”。就是説,他經常率領衆妓女携帶樂器,找好地方設宴飲酒。路巖“以官妓行雲等十人侍宴”[2],可知成都的官妓最少在十人以上。

五代時,官妓制度仍然存在。南唐金陵城内,“徐氏諸公子寵一營妓,卒乃焚之”,使用的是火葬法。娼妓徐月英送葬,謂徐公子説:“此娘平生風流,没亦帶焰。”當時人認爲徐月英的話是“美戲”。[3] 這位營妓和徐月英,應該都是南唐的官妓,可以説是同事。洛陽城裏的官妓數量可能超過一般的州城。後周廣順年間,周世宗柴榮即位,其父柴守禮居洛陽,與王溥、王彦超等人結友嬉游。當時每人輪流一日設酒宴,“設樂集妓,輪環無已”。由於五代時“洛下多妙妓”,守禮就每天點十位,“以片紙書姓字,押字大如掌,使人持呼之。被遣者詣府尹出紙呈示,尹從旁僉字,妓見紙畫時争到買唤子,號曰‘鼎社’”。[4] 顯然,這十位府尹指派的妓女是官妓,并不是一般的市妓。如此看來,不可能每天是同樣的十位妓女,肯定要不斷輪换,那麽洛陽府的官妓必然會有二三十名之多。不過我們亦應看到,今天的記録中五代很少州一級的地方政府擁有官妓,官妓主要聚集在都城裏。這一點與唐代有着很大的不同,或許與資料記録的不均匀有一定的關聯。

哪些人會成爲官妓?唐代賤民中有樂户,這種專門從事歌舞演奏者的女兒應該是官妓的一個重要來源。不過從現有資料來看,州一級政府都有官妓,而

1 王楙:《野客叢書》卷六《蘇杭妓名》,第六編第六册,第 90 頁。

2 王讜:《唐語林》卷四《容止》,第三編第二册,第 139 頁。

3 孫光憲:《北夢瑣言》卷九《魚玄機》,第一編第一册,第 112 頁。

4 陶穀:《清异録》卷上《人事門》“鼎社”,第一編第二册,第 22 頁。

且數量較大，所以單靠樂户可能無法提供這麽多人員。因此，官妓的另一個來源很有可能是犯罪的婦女，或者犯人的妻女。這些人没入官府後，充當官妓，進行歌舞表演，供官員們娱樂。當然亦會有一些人可能是爲生活所迫，流落進官妓的隊伍中。李翺在潭州時，酒席上有一位官妓跳柘枝舞，面容憂愁的樣子。一起喝酒的殷堯藩在酒筵上就寫詩一首送給官妓："姑蘇太守青娥女，流落長沙舞柘枝；滿坐綉衣皆不識，可憐粉臉泪雙垂。"李翺馬上問這到底是怎麽一回事，方纔知道官妓"乃姑蘇臺韋中丞愛姬之女也"。李翺説："吾與韋族，其姻舊矣。"既然有姻戚關係，潭州地方官肯定不會阻攔，所以速命官妓更衣，"即延入與韓夫人相見。顧其言語清楚，宛有冠蓋風儀，遂於賓榻中選士嫁之"。[1] 根據這個故事，官妓其實是蘇州韋刺史小姬的女兒，可能其母親在韋家没有正式名分，女兒後來不能再在韋家生活就自謀出路，最後淪落爲官妓。這個官妓原來有平民的身份，但實際上是生活在社會底層，其母親是靠了姿色成爲官員的"姬"，還不能正式有"妾"的身份。對這位官妓來説，因爲遺傳了母親的基因，長相肯定不錯，又會跳舞，所以就無奈地進入官妓的隊伍中。

官妓大多長得比較漂亮，能唱會跳，所以地方政府的長官就常常帶她們參加各種活動。唐末蕭中丞典杭州，"會宴於城樓飲"，方干與吴杰作陪。吴杰晚至，"目爲風掠"，蕭中丞"笑命近座女伶裂紅巾方寸帖臉，以障風"。[2] 這位近座女伶應是蕭中丞帶出來與方、吴一起喝酒的。有一個漂亮女人在邊上，可以調動喝酒時的氣氛。爲了漂亮女人，男性好鬥的本性就會顯現出來，喝酒争勝，互不相讓。白居易有詩送裴度到北都任職，云："羌管吹楊柳，燕姬酌蒲萄。銀含

1　王讜：《唐語林》卷四《豪爽》，第三編第二册，第133頁。《南部新書》卷丁云："李翺在湘潭，收韋江夏之女於樂籍中。"（第一編第四册，第41頁）另外，早在上述兩書之前，唐代筆記范攄《雲溪友議》卷上對此事已有記載。不過《劉禹錫集》卷二七《泰娘歌并引》云："泰娘本韋尚書家主謳者。初，尚書爲吴郡，得之，命樂工誨之琵琶，使之歌且舞。無幾何，盡得其術。居一二歲，携之以歸京師。京師多新聲善工，於是又損去故技，以新聲度曲，而泰娘名字往往見稱於貴游之間。元和初，尚書薨於東京，泰娘出居民間。久之，爲蘄州刺史張遜所得。其後遜坐事謫居武陵郡。遜卒，泰娘無所歸。地荒且遠，無有能知其容與藝者。故日抱樂器而哭，其音焦殺以悲。雒客聞之，爲歌其事，以足於樂府云。"（第350頁）從這段文字來看，泰娘是韋夏卿的一個家妓，從蘇州到京城再到蘄州，經歷較爲複雜。《雲溪友議》《唐語林》等書中記載的這個故事，很有可能是據這個傳説改編的。

2　王讜：《唐語林》卷七《補遺》，第三編第二册，第267頁。

鑿落盞,金屑琵琶槽。"[1]可知河東燕姬是爲大家酌葡萄酒,同時還會彈奏樂器。這裏的燕姬應當是官妓。

官方人員在平時的交往中,比較喜歡設宴喝酒,所以在酒桌上,官妓的作用常是作酒録事。崔涓爲杭州刺史,在西湖設宴招待中使。有人獻木瓜,因爲很少看到,崔涓遂"傳以示客",讓各位瞧瞧。中使認爲這種新鮮的東西應該送進宫内,遂拿了木瓜"解舟而去"。宦官走後,崔涓"欲撤飲"。同在酒桌的"官妓作酒監者"馬上對崔涓説:"請郎中盡飲,某度木瓜經宿必委中流也。"[2]顯然這位杭州官妓原是準備在宴會中作酒監的。宋代仍稱妓女爲"録事",大家認爲"猶存唐舊爲可喜",是唐代的舊語。還有人稱妓女爲"酒糾",其實指的就是録事。宋代開封有録事巷,"傳以爲朱梁時名妓崔小紅所居",因爲崔小紅住在這裏,所以人們用"録事"來指稱這條小巷。[3]

長得漂亮而且能歌善舞的官妓,特别招人喜愛。最漂亮的官妓有些會送到宫内,成爲宫妓。唐宣宗時,越州"進女樂,有絶色"。人長得特别漂亮,而且有音樂才能。唐宣宗喜歡極了,"初悦之。數日,錫予盈積"。後來有一天唐宣宗想到玄宗和楊貴妃的事情,認爲"天下至今未平,我豈敢忘?"大臣説那就放還吧,但宣宗没同意,覺得這麽好的人不能讓别人享用,説:"放還我必思之,可賜鴆一杯。"[4]這位官妓本來或許會有一個好的出路,但没想到最後連命亦丢掉了。

天天與道、州長官生活在一起,有些官妓就會和長官産生男女私人感情,甚至發生性關係。唐宣中大中年間,崔慎由廉察浙西。有術士對崔説:"相國面上氣色有貴子。"於是崔就讓術士看一遍自己所有的大小老婆,結果"夫人洎妾媵

1　白居易:《白居易集》卷三四《司徒令公分守東洛,移鎮北都,一心勤王,三月成政。形容盛德,實在歌詩。況辱知音,敢不先唱?輒奉五言四十韵寄獻,以抒下情》,第764~765頁。按中華書局標點本《全唐詩》卷四五七(第5182頁)云"今本無詩名,以序爲題",遂以他本增補詩題,《白居易集》亦無詩名而有序。

2　王讜:《唐語林》卷三《夙慧》,第三編第二册,第125頁。

3　陸游:《老學庵筆記》卷六,第五編第八册,第76頁。

4　王讜:《唐語林》卷七《補遺》,第三編第二册,第248頁。

間皆無所見"。崔慎由轉念一想,"乃召曾侍更衣官妓而示",術士曰:"果在此也。"[1]這位妓女雖然是官妓,但主要是爲長官"侍更衣",地位遠較崔慎由家裏的妻、妾要低。

官妓一般是難以進入長官家成爲妾、媵的,甚至其子要進入家庭亦比較困難。唐人張裼典晋州,"外貯所愛營妓,生一子"。營妓年輕漂亮,但法律不支持這樣的人登堂入室,就連張裼亦没有辦法。由於自己老婆蘇氏十分妒忌,性格强悍,張裼"不敢取歸"。營妓還是要過她本來的生活,但自己的兒子張裼要處理,所以就將其寄養在和他關係較好的張處士家裏,居江淮間,"常致書題問其存亡,資以錢帛"。兒子後來讀書成人,尋到張家,張裼已死,蘇氏正式認了這個兒子,"蘇夫人收之,齒諸兄之列"。[2]

官妓是地方政府安排爲長官服務的專業女性,同時還需要根據地方政府的要求招待各地路過的官員。張又新科舉爲狀元,詩文十分有名,李紳曾出面招待他。張又新看到李紳席上的樂妓,作詩云:"雲雨分飛二十年,當時求夢不曾眠。"[3]因此當時一些官員常常會設法將官妓弄回到自己家裏,這些官妓中的一部分人可能會解籍被遣散。再如杜晦辭,和其父杜牧一樣,十分好色。他曾經路過常州,和刺史李贍相見。李贍設宴招待他,席上少不了有漂亮的官妓作陪。酒宴要散場前,杜晦辭想到就要和官妓朱良告别,"因掩袂大哭",割捨不下。李贍説:"此風聲賤人,員外何必如此?"於是"以步輦隨而遣之"。可知刺史有權决定官妓解籍,當然這位官妓并没有放良,衹不過從官妓的身份轉變成了家妓。杜晦辭"飲散,不及易服,步歸舟中,以告其妻"。帶了一個妓女回家,必須得到自己妻子的允許。不過"妻不妒忌,亦許之",於是朱良成了他家裏的一個妓女。[4]

官妓解籍,必須得到地方政府主要官員的批准。無論是州還是道,官妓都

1 孫光憲:《北夢瑣言》卷四《崔胤相腋文》,第一編第一册,第 45 頁;王讜:《唐語林》卷三《夙慧》,第三編第二册,第 126 頁。

2 孫光憲:《北夢瑣言》卷八《張仁龜陰責》,第一編第一册,第 101 頁;錢易:《南部新書》卷丁,第一編第四册,第 47 頁。

3 張耒:《明道雜志》,第二編第七册,第 25 頁。

4 王讜:《唐語林》卷七《補遺》,第三編第二册,第 245 頁。

有專門的户籍,一般官員調動工作時,如果對某個官妓特別喜歡,想將其帶走,必須辦理合法手續,得到道、州長官的同意。盧鉟牧守廬江,在郡中任職的曹生看上了營妓丹霞,"盧阻而不許"[1]。這位營妓,就是樂營妓人,官府蓄養她們就是爲了在各種慶賀場合專門唱歌跳舞,曹生要帶走,必須要得到盧鉟的同意。李蔚在淮南,盧澄爲其從事,"因酒席請一舞妓解籍,公不許,澄怒,詞多不遜"[2]。這個舞妓有妓籍,要地方長官批准纔能解籍。其實,不僅僅是盧澄這樣的低級别官員没辦法帶走本州的官妓,就是級别比州刺史高的官員,如果没有得到刺史的同意,亦不能帶走官妓,因爲官妓是州政府的財産。大曆末年,李晟在劍南抵禦吐蕃,"及師回,以成都官妓高氏隨行"。估計在成都時,與官妓同桌吃飯,看到人家很順眼就想帶回長安。但他帶走高氏這事成都尹張延賞并不知道,所以"追取之,晟頗銜之,形於詞色"。[3] 不管怎麽説,再高的官,如果地方上不同意,官妓是帶不走的,必須按規定辦理解籍的手續。

白居易任杭州刺史,"携妓還洛,後却遣回錢唐"。白居易是刺史,他可以帶官妓回到洛陽,想來是辦了解籍的手續。後來他又將官妓遣回杭州,應是重新歸籍。所以劉禹錫有詩説:"其那錢唐蘇小小,憶君泪染石榴裙。"[4] 官妓本來以爲跟官員離開後會有個好歸宿,但最後還是回到了杭州。從這裏我們知道,官妓解籍後還可以復籍。

4.家妓

高官大族家裏大多有數量不等的家妓。家妓一般而言長相比較漂亮,能歌善舞,擅長演奏樂器,有良好的藝術素養。有一定經濟實力的官員和富貴人家,往往有家妓數人或數十人,甚至有的達到數百人,可以組成一支龐大的樂隊。唐五代,富貴人家蓄養家妓仍然普遍存在。如白居易有"數伎,樊素善歌,小蠻善舞。嘗爲詩曰:'櫻桃樊素口,楊柳小蠻腰。'居易年既高邁,小蠻方豐艷,因爲《柳枝詞》以托意曰:'一樹春風萬萬枝,嫩於金色軟於絲。永豐坊裏東南角,盡

---

1 錢易:《南部新書》卷辛,第一編第四册,第88頁。

2 王讜:《唐語林》卷七《補遺》,第三編第二册,第265頁。

3 孔平仲:《續世説》卷一一《仇隙》,第二編第五册,第195頁。

4 錢易:《南部新書》卷戊,第一編第四册,第54頁。

日無人屬阿誰。'" [1] 韓愈晚年有兩大愛好,一是服藥,一是妓女,"晚年遂有聲樂而服金石藥"。張籍爲他寫的《祭文》中說:"乃出二侍女,合彈琵琶箏。"又說:"父疾日浸加,孺人侍藥湯。"宋人評論說:"退之嘗譏人'不解文字飲',而自敗於女妓乎!" [2] 韓愈晚年的兩個侍女,在後人的眼裏就是擅長聲樂服侍他生活的兩個女妓。唐末王鐸從諸道都統位子上下來後,乞歸河北養疾。他"肩輿就路,妓女數百人擁從前後,觀者駭目" [3] 。說明他家裏有妓女數百人。一個家庭有這麽多妓女,可能亦是比較少見的。

五代時期,一些小政權的官員生活奢侈富裕,養了很多妓女。如南唐孫晟爲官二十年,家裏比較富裕,"貨財邸第,頗適其意",所以有財力蓄養家妓:"以家妓甚衆,每食不設食几,令衆妓各執一食器,周侍於其側,謂之'肉臺盤'。其自奉養如此。" [4] 他家裏妓女的數量是多少,這裏没有記載,但看來爲數衆多。這些妓女主要是在生活上服侍孫晟。宰相游簡言在家裏設宴招待知制誥徐鍇,"出妓佐酒,疊唱歌辭,皆鍇所製,鍇乃大喜起謝" [5] 。這位游簡言的家妓,能唱徐鍇寫的詩歌,且"疊唱歌辭",應該是指一首連一首。可見這位妓女比較有文化素養。南唐陳致堯"家無擔石之儲",没多少錢財,"然妾妓至數百,暇奏《霓裳羽衣》之聲",養了衆多家妓,所以"頗以帷薄取譏於時",受到大家的批評。[6] 王延彬是王審知次兄王圭的小兒子,"宅中聲妓皆北人,將求妓,必圖己形而書其歌詩於圖側,曰:'才如此,貌如此。'以是冀其見慕" [7] 。因爲自己有權有勢,所以家妓不要本地人,而尋找的都是北方人。後蜀宰相李昊"資貨巨萬,奢侈逾度,妓妾數百" [8] 。家裏財貨不計其數,纔有蓄養大量家妓的經濟條件。

對高官士大夫而言,妓養在家裏,必然會有一部分與主人産生感情糾葛。

1　李上交:《近事會元》卷四《楊柳枝》,第一編第四册,第 174 頁。

2　孔平仲:《珩璜新論》卷三,第二編第五册,第 268~269 頁。

3　張洎:《賈氏譚録》,第一編第二册,第 139 頁。

4　孔平仲:《續世説》卷九《汰侈》,第二編第五册,第 166 頁。

5　佚名:《江南餘載》卷上,第一編第二册,第 243 頁。

6　佚名:《江南餘載》卷上,第一編第二册,第 244 頁。

7　佚名:《五國故事》卷下,第一編第三册,第 253 頁。

8　張唐英:《蜀檮杌》卷下,第一編第八册,第 59 頁。

一旦和主人有了性關係,她們是否亦享有主人妻妾的待遇?她們與主人妻妾的關係又如何處理?柳公綽爲西川從事,嘗納一姬,同院知之,"或徵其出妓者",就是説,讓這姬像妓女一樣到外面跳舞唱歌勸人喝酒。柳公綽説:"士有一妻一妾,以主中饋,備灑掃。公綽買妾,非妓也。"[1]士大夫是明媒正娶一妻,還可以納妾。妾可以買,亦可以娶。然同樣是買來的,妾和妓的區别是什麽?柳公綽認爲妾是"主中饋,備灑掃",是負責家庭事務的,主管男人的飲食和起居,妓是不做這些的,妓并不能名正言順地和士大夫同睡一床,同在一個桌子上吃飯,這就是兩者的不同。南唐趙王李德誠鎮江西,有一位算命的自稱一看人就能分出貴賤。於是趙王"使女妓數人,與其妻滕國君同妝梳服飾,偕立庭中,請辨良賤"[2]。趙王的妻子是良人,妓女是主人眼中的賤人,兩者分得十分清楚。

家妓在權貴之間可以轉讓。如果有的權貴喜歡上别人家裏的妓女,一般會通過協商或支付一定的錢財,將妓女轉到自己的家裏。但亦有人不願將妓女轉讓送人,而如果另一方非要不可,那麽就會出現不愉快的結局。如五代時安重誨有一次到任圜家,"圜爲出妓,善歌而有色。重誨欲之,而圜不與。由是二人相惡,重誨誣以反而殺之"。兩人的交惡,完全是因爲一位惹人喜愛的家妓,這是"以家妓示客而致禍"。再如《外史檮杌》記載潘沆的一件事情,亦出現了類似的情况。沆仕前蜀爲内樞密使,有美妾曰解愁,"善爲新聲,及工小詩",説明這位妓女有較高的文化素質。後來前蜀國主王建來到潘沆宅第,"見而欲取之,而沆不肯"。潘沆弟對潘沆説:"緑珠之禍,可不戒哉!"緑珠是西晋石崇的家妓,"孫秀使人求之不得,遂勸趙王倫誅崇"。就是説,不要像石崇一樣爲了一個妓女而丢了性命。潘沆回答説:"人生貴於適意,豈能愛死而自不足於心耶。"這樣一來,王建就没有辦法了,總不能硬搶啊。所以宋代吴曾感慨説:"蓄家妓以爲歡,主人之本意也,然古今反以取禍者有之。"[3]

甚至還有人將家妓作爲賭品,决定是否送給他人。南唐宰相嚴續有一位特别有名的歌妓,給事唐鎬有通犀帶,都號稱是"一代之尤物"。唐鎬十分喜歡這

1　王讜:《唐語林》卷三《方正》,第三編第二册,第 84 頁。

2　鄭文寶:《南唐近事》卷二,第一編第二册,第 223 頁。

3　吴曾:《能改齋漫録》卷一〇《蓄家妓示客而致禍》,第五編第四册,第 8 頁。

位歌妓，而嚴續亦喜歡這根帶子，於是在某個雨夜的一次聚會中，嚴續和唐鎬拿出家妓和通犀帶，"較勝於一擲"，通過擲骰子決定輸贏，在座者都屏住呼吸看兩人賭博。骰子擲了六巡，唐鎬大勝。於是唐鎬酌酒，"命美人歌一曲，以别相君。宴罷，拉而偕去"。嚴續願賭服輸，但"悵然遣之"。[1] 家妓到誰家裏去，衹要主人同意就可以。説明家妓在身份上是没有自由的，是主人的附屬物。

家妓和主人的這種身份附屬關係，使主人有權利指派家妓去從事一些特殊的工作，而家妓必須盡全力完成。周世宗時，陶穀出使南唐，因爲後周比較强大，南唐國力不濟，所以陶穀到南唐後"恃上國勢，下視江左，辭色毅然不可犯"，根本不把南唐放在眼裏。家妓衆多的韓熙載覺得應該使用漂亮的姑娘進行色誘。他命妓秦弱蘭假裝爲驛卒女，"每日弊衣持帚掃地"。陶穀住在驛站中，看到這個掃地的姑娘十分漂亮，"悦之與狎"，應該是發生了性關係。他還寫了一首詞名《風光好》，云："好因緣，惡因緣，衹得郵亭一夜眠。别神仙，琵琶撥盡相思調，知音少。待得鸞膠續斷弦，是何年？"既然已一夜眠，陶穀肯定是中了美色圈套。第二天後主李煜設宴，"陶辭色如前"，於是後主讓弱蘭"歌此詞勸酒"，陶穀這纔發覺上當，神情沮喪，即日北歸。[2] 可知秦弱蘭在國家的外交活動中起了重要的作用。當然這個故事是否真實還得推敲。同樣關於這件事，宋人還有一種不一樣的説法。這則故事亦是説陶穀出使南唐，韓熙載"遣家妓以奉盥匜"，讓家妓去服侍陶穀。第二天早晨，陶穀有書信來感謝韓熙載，略曰："巫山之麗質初臨，霞侵鳥道；洛浦之妖姿自至，月滿鴻溝。"南唐"舉朝不能領會其辭"，韓熙載馬上召家妓問到底怎樣了。家妓説："是夕忽當浣濯焉。"[3]家妓爲了主人的利益去服侍陶穀，在生活上和生理上都要有所付出。雖然兩件事的記載不同，歌詞不一樣，但剥去這些外表，實質的内容是一樣的，即韓熙載派了一個妓女去服侍陶穀，并從陶穀處探聽情報。妓女在政治交往中起了十分重要的作用。

高官權貴的家中有家妓，既是前朝的遺風，又是很多人有地位、有權勢、有

1 鄭文寶：《南唐近事》卷一，第一編第二册，第 211 頁。

2 鄭文寶：《南唐近事》卷二，第一編第二册，第 225～226 頁。

3 黄朝英：《緗素雜記》佚文《陶穀使江南》，第三編第四册，第 255～256 頁。

錢財的標志。社會上雖然不反對他們家中有妓,但更贊成官員家中没有妓女。如崔從的品性是“以貞晦恭遜自處,不交權利,忠厚方嚴,正人多所推仰”。他“四爲大鎮,家無妓樂,士友多之”。[1] 大家推許崔從的生活十分儉樸,没有妓樂是一個重要方面。因此,儘管社會上層中流行蓄妓,但并不是指社會上對這種做法都特别認同。李後主上臺後,比較懷疑北方逃到江南的官員,一旦對誰起了疑心,往往賜死。韓熙載見此十分害怕,遂“破財貨售樂妓以百數,月俸至散與妓女,一無所有”,買了很多妓女,實際上就是讓李後主看到他是個不思上進衹喜歡聲色的糊塗人。後來他没錢養這些妓女,“遂衣敝縷,作瞽者,持獨弦琴,俾門生舒雅執板,隨房歌舞求丐,以足日膳”。[2] 是否真潦倒至這種程度,還很難説,但養家妓確會給權貴們帶來不少負面影響。

5. 市妓

唐五代時期,隨着商品經濟的發展,爲滿足居民奢侈消費的需要,城市中出現了以才藝聲色謀生的市妓,數量日益增多,這種情況在中唐以後更爲明顯。王涣之與王昌齡、高適三人一起飲於旗亭,“有伶人唱兩詞,皆昌齡詞也。昌齡誇其同游,遂書壁以記曰:‘二絶句矣。’涣之指雙鬟令唱,曰:‘脱是吾詩,子等當拜床下。’鬟唱曰:‘羌笛何須怨楊柳,春風不度玉門關。’涣之辭也”[3]。妓人不知眼前喝酒的爲誰,衹是準備了一些熟悉的歌爲喝酒的人演唱。既然“飲於旗亭”,那就是在市場中的酒樓裏喝酒,對三位詩人并不瞭解的伶人其實是位市伎,亦許她是賣藝不賣身,主要靠歌唱演藝爲生。

唐代的揚州和五代時的金陵商業較爲發達,市妓比較多見。杜牧在淮南爲牛僧孺幕府,“夜即游妓舍,厢虞候不敢禁,常以榜子申僧孺”。這裏所説的“妓舍”,就是妓院,因爲如果是淮南官妓的話,杜牧不需要夜游,城裏夜間管治安的厢虞候亦根本不會去管。過了很長時間,“因朔望起居,公留諸從事從容”,於是牛僧孺藉機對杜牧説:“風聲婦人若有顧盼者,可取置之所居,不可夜中獨游。或昏夜不虞,奈何?”意謂你把看中的長得漂亮的風聲婦人養在家裏,不必到晚

1　孔平仲:《續世説》卷三《方正》,第二編第五册,第46頁。

2　龍衮:《江南野史》佚文,第一編第三册,第228頁。

3　程大昌:《演繁露續集》卷四《春風不度玉門關》,第四編第九册,第202頁。

上跑妓院,半夜裏外面不安全。杜牧最初不承認,“僧孺顧左右取一篋至,其間榜子百餘,皆厢司所申。牧乃愧謝”。[1] 杜牧前後上妓院有上百次,夜間管治安的官員因爲看到是節使府官員,衹能上章申奏。金陵城内,道士章齊一因爲“滑稽無度,善於嘲毁,娼里樂籍多稱其詞”[2]。所謂娼里,大概是指城市中娼妓集中居住和營業的地方。又云“樂籍”,説明娼里經營者控制着妓女們的歸屬。

五代末至北宋初年,市妓更是大量出現,他們的經營活動主要集中在一些街巷坊陌中。市妓從業者中甚至還有男性:“四方指南海爲烟月作坊,以言風俗尚淫。今京師鬻色户將及萬計,至於男子舉體自貨,進退恬然,遂成蜂窠巷陌,又不止烟月作坊也。”[3] 宋人認爲開封城内的賣色户有上萬家,集中居住在一些街巷,而這些人應該是從後周開始就大量出現。這上萬户的性從業人員中,有一些是男性,應該是專爲女性服務的。一些外來的市妓没有固定的住所,平時居住在逆旅中。如宋齊丘來到廣陵,住在旅館裏,但他比較貧窮,“裹調罄乏,因吁嘆數四”。同樣居住在逆旅隔壁房間的倡優女魏氏聽到後,“乃竊賂遺數鍰,由是獲備管幅”,使他有了進行政治活動的第一桶金。[4]

市妓除了唱歌,還要陪酒。信州有一貧窮的士子,將州地圖浣染後製成裙子,墨迹全在。“會鄰邀之,出數妓,設酒”,大家坐着一起喝酒。一會兒,一婢十分吃驚地對士人説:“君子誤燒裙。”士人馬上問哪裏燒壞了,婢對曰:“正燒着大雲寺門樓。”[5] 窮窶之士與人喝酒時有數妓作陪,想必這種妓女素質不會太高,既賣笑又陪酒。市妓陪酒時會使用各種酒令。五代漢王章,“置酒會諸朝貴,爲手勢令”,大家都在使用手勢的酒令。其時史宏肇對手勢酒令不熟悉,於是坐在身旁的客省使閻晋卿耐心地反復教他。蘇逢吉看到後,就嘲諷説:“坐有姓閻人,何憂罰爵。”[6] 這話是一語雙關,因爲史宏肇妻閻氏“本酒家倡也”,是個市妓,熟悉手勢酒令,所以史宏肇明顯感到蘇逢吉是在譏笑他。反過來説,時人都

1 王讜:《唐語林》卷七《補遺》,第三編第二册,第 245 頁。

2 鄭文寶:《南唐近事》卷二,第一編第二册,第 221 頁。

3 陶穀:《清异録》卷上《人事門》“蜂窠巷陌”,第一編第二册,第 22 頁。

4 龍衮:《江南野史》卷四《宋齊丘》,第一編第三册,第 179 頁。

5 王讜:《唐語林》佚文,第三編第二册,第 298 頁。

6 孔平仲:《續世説》卷一一《仇隙》,第二編第五册,第 197 頁。

知道市妓在陪酒時會各種酒令,包括這種手勢令。

市妓一般都比較漂亮,這是賣身時必須有的條件。如張籍曾有詩云:"娼樓兩岸臨水栅,夜唱《竹枝》留北客。"[1]這詩其實是談到江南某城外面的江河兩旁,娼樓林立,北方來到江南的客人居住在附近的店家,娼女提供給他們主要的服務應該是性。前蜀王衍喜歡微服出行,"往往宿於倡家,飲於酒樓"。他有時會住在妓女的娼樓裏,在酒樓中吃喝,妓女陪在身旁。成都地方較小,怕被人認出來,他"令民間皆帶大帽","禁百姓不得帶小帽"。[2]

市妓中不少人有自由的身份,年紀大了會自動退出這個行業。有不少人衹是欠了娼樓主人錢財而賣身賣藝,一旦還清了所欠的錢,個人身份還是比較自由的。市妓中的一些人,或許會碰到有人替她贖身,或是最後嫁給有身份地位的男性。南唐鄧洵美結婚較晚,生了三個女兒。但生活比較貧困,憔悴而死,於是三個女兒流落風塵。澧陵人盧氏聞洵美名,看到他的女兒做了女伎,"憐而購之歸,以其女妻於儒家"[3]。還有的成爲僧人之妻,當然這種情況肯定極少。五代汴州相國寺星辰院,有一位比丘澄暉,"以艷倡爲妻",娶了個漂亮的妓女做老婆。和尚每次喝醉後就點着自己的胸說:"二四阿羅,烟粉釋迦。"又云:"没頭髮浪子,有房室如來。"像這樣的和尚夫妻"快活風流,光前絶後",是比較少見的。某一天一少年"踵門謁暉,願置酒参會梵嫂,暉難之,凌晨但見院牌用紙漫書曰:'敕賜雙飛之寺。'"[4]因爲妓女通常會陪男人喝酒,所以少年要"置酒参會梵嫂",想戲弄和尚,而和尚亦知道少年的用意,所以絶不會同意。

出家做尼姑或道姑,亦是一些妓人歇業後的最終出路。當然選擇這條路的妓人,人數不會太多。《能改齋漫録》卷三談道:"唐顧陶大中丙子編《唐詩類選》,載陽郇伯作《妓人出家》詩:'盡出花鈿與四鄰,雲鬟剪落向殘春。暫驚風燭難留世,便是池蓮不染身。貝葉欲翻迷錦字,梵聲初學誤梁塵。從今艷色歸空後,湘浦應無解佩人。'"[5]這位妓人選擇佛寺作爲後半生的歸依之所,前半生

1 彭定求:《全唐詩》卷三八二張籍《江南行》,第 4288~4289 頁。

2 張唐英:《蜀檮杌》卷上,第一編第八册,第 44 頁。

3 龍衮:《江南野史》卷七《鄧洵美》,第一編第三册,第 202 頁。

4 陶穀:《清异録》卷上《釋族門》"梵嫂",第一編第二册,第 31 頁。

5 吴曾:《能改齋漫録》卷三《妓人出家詩》,第五編第三册,第 70 頁。

花天酒地的風光從此消失。

與之前朝代相比,唐五代總體上家妓的數量有所減少,而市妓的數量急劇增加。那麽,爲什麽在很多城市内會普遍出現市妓越來越多的情況?

我們認爲,市妓的出現與城市的發展息息相關,是商品經濟繁榮後發生的社會新變化。大量有錢人,或在政治上想有所作爲的人,紛紛涌進城市。他們中的很多人家眷不在身旁,亦有的没有養家妓,但他們爲了感情上的寄托和生理上的滿足,會想方設法尋找妓女。所以,我們常常會看到參加科舉的士子,無論是中舉者還是落第者,都想找到一個心儀的妓女。唐僖宗乾符二年(875年),禮部侍郎崔沆放進士三十人,鄭合敬第一。這位狀元不久就來到長安平康里,左擁右抱着漂亮的妓女。《唐摭言》裏有他的《宿平康里》詩,内容爲:"春來無處不閑行,楚、閏相看别有情。好是五更殘酒醒,時時聞唤狀頭聲。"而詩裏談到的楚娘、閏娘,是"妓之尤者"[1],因爲他是狀元,所以找的妓女長相都特别好,而他是整夜都和妓女在一起。唐代的官場文化對進士找妓女没有什麽限制,進士們亦不避人家的眼光,更不擔心會影響自己的仕途前程,説明社會對男人嫖妓女是比較寬容的。元稹被貶江陵府士曹,"少年氣俊,過襄陽,夜召名妓劇飲"。像這種名妓,應是當地的市妓,其時元稹不太可能有資格召官妓一起飲酒。和名妓分别時,他作詩説:"花枝臨水復臨堤,也照清江也照泥。寄語東風好抬舉,夜來曾有鳳凰栖。"[2]他向妓女表達出自己十分高傲的心氣。亦有少年追求妓女時不惜一切。如洛陽少年崔瑜卿,家裏多資,個性喜游冶,"嘗爲倡女玉潤子造緑象牙五色梳,費錢近二十萬"[3]。一把象牙梳子,花費二十萬,少年已是失去理智。

到了五代,帝王和官員普遍都比較喜歡妓女,社會的風氣更有利於男人狎妓。如南唐都城金陵,城内娼家林立,都是些規模較大的妓院。南唐李後主"微行娼家",碰到一個僧人。僧人"酒令、謳吟、吹彈莫不高了",喝酒、吟詩、樂器樣樣精通。李煜和僧人談得十分投機,酒喝醉後在墻壁上寫道:"淺

1 趙與時:《賓退録》卷二,第六編第十册,第30~31頁。

2 趙令畤:《侯鯖録》卷三,第二編第六册,第214頁。

3 陶穀:《清异録》卷下《裝飾門》"緑牙五色梳",第一編第二册,第76頁。

斟低唱，假紅倚翠，大師鴛鴦寺主，傳持風流教法。"之後，"僧擁妓入屏帷，煜徐步而出，僧、妓竟不知煜爲誰也"。[1] 皇帝喜歡逛妓院，僧人亦喜歡，到處都是燈紅酒緑。

當然，社會上亦有些人不狎妓，但從社會風尚來説他們反而不占主流。李德裕"性簡儉，不好聲妓"，這是宋人特别要記載一筆的，説明不好聲妓的男性實在是少之又少。李德裕説自己"無常人嗜欲：不求貨殖，不邇聲色，無長夜之歡，未嘗大醉"[2]，對自己平時的一舉一動十分檢點。閩地有位文士叫劉乙，有一次喝醉了酒與人争妓女，"既醒慚悔，集書籍凡因飲酒致失賈禍者，編以自警，題曰《百悔經》。自後不飲，至於終身"[3]。把這段資料反過來理解，當時的士人喝酒争妓女是常事，而劉乙不過是一個很自律的讀書人，感到這種行爲有失修養，從此以後不再喝酒。五代吴國後期，宋齊丘在徐知誥身旁，徐温十分懷疑，派人監視他。宋齊丘知道後故意"晨出暮返，歸必大醉，或以花間柳曲謳歌之辭以示之"，就是説，他天天喝醉酒在妓女堆裏瞎混，徐温纔認爲宋齊丘是一位"狂漢"，"不足爲慮"。[4] 所以我們亦可以這樣理解，儘管士大夫和妓女厮混在一起能得到社會的認可，但很多人認爲這種厮混是男人没有遠大志氣的表現。

唐代中期，一些藩鎮"驕矜倔强"，開始與朝廷分庭抗禮。汴帥韓弘，"常倚賊勢，索朝廷姑息"。時李光顔討汴州，韓弘心裏極怕，所以"陰圖撓屈，計無所施"。不知誰給他出了一個主意，於是在大梁城尋找到一個妓女，是位"美婦人"，"教以歌舞弦管六博之藝，飾之以珠翠金玉衣服之具，計費數百萬。乃命使者送遺光顔"，他們希望李光顔一看到這個美女就會喜歡，甚至"怠於軍政"。第二天，李光顔大宴軍士，三軍咸集，"命使者進妓。妓至，則容止端麗，殆非人間所有，一座皆驚"。[5] 韓弘能在很短的時間内培養一個出色的妓女，這并不能完全讓人信服，或許是這個美婦人本身就具有較高的才能。

1 陶穀：《清异録》卷上《釋族門》"假紅倚翠大師"，第一編第二册，第31頁。

2 王讜：《唐語林》卷七《補遺》，第三編第二册，第241頁。

3 陶穀：《清异録》卷上《君子門》"百悔經"，第一編第二册，第28頁。

4 佚名：《五國故事》卷上，第一編第三册，第238頁。

5 孔平仲：《續世説》卷一《德行》，第二編第五册，第11頁。

社會氛圍比較有利於市妓們的生存，所以她們在光鮮的外表下，利用琴棋書畫等特殊才能，成爲城市中一個特殊的重要群體。

6.妓女的感情追求

無論是官妓還是家妓、市妓，首先她們是一個個有血有肉的女人，她們當然會有自己的喜怒哀樂，有自己的感情追求。

官妓主要是招待南來北往的官員和本州的官員，接觸到的對象層次較高，有時會和官員産生真感情。唐武宗會昌中，左庶子薛宜僚充新羅册贈使。在青州，節度烏漢貞招待他，於是認識了“籍中飲妓段東美”，應該是個漂亮的官妓。薛宜僚對段東美“頗屬情”，“連帥置於驛中”，讓段東美到驛站的房間裏陪薛宜僚。到了春天，薛要跨海出發，青州置宴相送，薛“嗚咽流涕，東美亦然”。薛在席上留詩云：“阿母桃花方似錦，王孫草色正如烟。不須更向滄溟望，惆悵歡娱恰一年。”意謂這段時間太快樂太留戀了。薛到外國，不久得病，他對判官苗田説：“東美何故頻見夢中乎？”數日後薛死，苗攝大使行禮。薛的棺材運回青州，“東美乃請告至驛，素服奠，哀號撫柩，一慟而卒”，“情緣相感，頗爲奇事”，十分感人，很少能見到官妓和官員之間的真感情。[1] 韓定辭是鎮州節度書記，其時有一位妓女叫轉轉，是“韓之所眷也”，特别喜歡她。每當一起在酒席上，韓常常盯着她看。韓説：“昔愛晋文公分季隗於趙衰，孫伯符輟小喬於公瑾。蓋以色可奉名人，但慮倡姬不勝賢者之顧，願垂一咏，俾得奉之。”拿起筆就寫，“文不停綴，作轉轉之賦，其文甚美”。當時宴席上的各位官員都欽佩他的文思敏妙，於是此賦傳開來。之後“兩相悦服，結交而去”。[2]

家妓被主人買到家後，有些比較漂亮又很有才能的姑娘會和主人家中的男性産生感情。家居陽翟的朱起，年逾弱冠，姿韵爽逸，長得十分瀟灑。其伯父在虞部任官，家有一位叫寵的妓女，長得“艷秀明慧，起甚留意，寵尤繫心”，兩人情投意合。但一位世家子弟肯定不能與一位家妓名正言順地來往，加上家裏“館院各别，種種礙隔”，兩人相見很難，而朱起“一志不移”，遂“精神恍惚”，相思成

---

1 錢易：《南部新書》卷庚，第一編第四册，第85頁。

2 孫光憲：《北夢瑣言》佚文二《韓定辭詩中僻典》，第一編第一册，第226頁。

病。不過此後兩人悄悄交會十五年,一直至寵"疫病而殂"。[1] 由此可知,家妓在主人家裏的地位比較低,她們不能談婚論嫁,祇能私底下保持一點自己的感情追求。

相比較官妓和家妓,市妓追求自己的感情可能更有條件而且更爲方便。柳氏世爲大族,傳至柳睦州,人長得俊邁,"風格特异","家富於財"。其時長安有名娼叫嬌陳,"姿藝俱美",各地到長安來科考和銓選的士子都想追求她。柳睦州時"因調集至京師",一見到嬌陳,"因求納焉"。嬌陳一看是個小年輕,想打發他走,所以說:"第中設錦帳三十重,則奉事終身矣。"没想到第二天柳睦州"遂如言,載錦而張之以行。嬌陳大驚,且賞其奇特,竟如約,入柳氏之家,執僕媵之禮,節操爲中表所推"。名娼嫁給大族子弟,應該説最後有一個好歸宿。傳說後來玄宗還想召她入宫,但嬌陳"因涕泣,稱痼疾且老,上知其不欲背柳氏,乃許其歸"。[2] 市妓如果和嫖客産生感情,一般都能大膽地追求自己想要的生活。

市妓的感情追求會受制於父母,因爲妓女的父母希望自己的女兒有一個好歸宿,而這與女兒追求的對象有時會不一致。荆十三娘的友人李正郎弟,愛上了一個妓女,結果妓女的父母不同意,將妓女奪走,送給了諸葛殷,"李悵恨不已"。時諸葛殷與吕用之迷惑高駢,恣行威福,有權有勢,李"懼禍,飲泣而已"。荆十三娘知道後十分憤惋,就出頭爲李郎報仇。到了約定的這一天,荆十三娘"以囊盛妓,兼致妓之父母首歸於李"。[3] 看來,妓女如果有父母,就得遵從父母之命纔能出嫁。

宋人認爲唐代有一些女性,包括妓女,因爲文化素質較高,就會對男女之情考慮過多。台州有一婦人蕭惟香,"有才思,未嫁"。由於她所居住房間的窗子

1 陶穀:《清异録》卷上《仙宗門》"氤氳大使",第一編第二册,第 32 頁。

2 王讜:《唐語林》卷四《賢媛》,第三編第二册,第 158~159 頁。故事中的主人公,應是柳齊物,開元中期爲睦州刺史。因爲此故事接着云:"(玄宗)因語之曰:'我聞柳家多賢女子,可以備職者,爲我求之。'嬌陳乃以睦州女弟對。乃選入充婕好,生延王及永穆公主焉。"《因話録》卷一談到玄宗柳婕好時説:"柳氏乃尚書右丞範之女,睦州刺史齊物之妹也。"下引故事,與《唐語林》故事下半則大體一致。(《唐五代筆記小説大觀》,第 834 頁)

3 孫光憲:《北夢瑣言》卷八《荆十三娘義俠事》,第一編第一册,第 105 頁。

與進士王玄宴住的地方相對,於是兩人"因奔瑯琊"。但蕭惟香大概讀書不少,對自己的感情生活要求比較多,"復淫冶不禁",王玄宴受不了,於是將其"捨於逆旅而去"。蕭惟香隻身在异地,没有生活來源,"遂私接行客",在旅館中做娼妓。按性質來説,逆旅很有可能開設在城市中的交通要道旁,蕭惟香成了個市妓。後來她"托身無所",找不到合適的人相許,走投無路之下"自經而死"。蕭惟香比較有才氣,有較高的文化知識水平,會寫詩,她死後,店中有她留下的詩數百首。像這樣一個對生活比較有追求的女性,最後淪落爲出賣肉體的妓女,宋人在探討其原因時説:"所謂才思非婦人之事,誠然也哉!"[1]意謂如果她没有這些才氣,就不會跟人私奔,最後亦不會這樣悲慘。

當然亦有一些女性追求個人感情失敗,最後做了娼妓。如女道士魚玄機,"甚有才思"。唐末咸通中爲李億補闕"執箕帚",嫁給了李。不過後來李移情别戀,魚玄機"愛衰",就下山到咸宜觀入了道門。她寫了很多怨恨李億的詩,認爲李是個負心郎。從此以後,她對男女關係看得很通透,"自是縱懷,乃娼婦也"。[2] 雖不能説是個名正言順的妓女,但已有妓女之實。像這種爲了報復感情而成爲暗娼的,雖不是太多,但足以反映出社會兩性關係上的一些面貌。

四、喪葬

每個人都無法擺脱生命的自然規律,都會迎來生命的終點直至死亡。《論語·爲政》中孔子説:"生,事之以禮;死,葬之以禮,祭之以禮。"一個人活着的時候要講究禮儀,死後喪葬和祭祀亦要符合禮法。古代人認爲人生命的最終歸宿是入土爲安,所以對喪葬看得很重,對墓地都要精心挑選和建造。因爲尊禮重孝,子孫後代對祖先的喪葬禮儀會小心謹慎地按照古代禮節的規定去做。喪葬禮儀成爲一種倫理的要求,是盡孝心的體現。唐五代的喪葬,繼續了魏晋南北朝以來的禮儀傳統,在社會不出現大動亂的情况下,基本上是依古禮而行。從

1　孫光憲:《北夢瑣言》卷六《孫内子》,第一編第一册,第 86 頁。

2　孫光憲:《北夢瑣言》卷九《魚玄機》,第一編第一册,第 112 頁。

宋代筆記的記録中可以大體看出唐五代喪葬的整體面貌。

(一)初死至大殮的禮儀

人死了以後,家人要舉辦喪事,即治喪。

人剛死,要有一套殯殮儀式,這在《儀禮》中有詳盡的規定。這些禮儀比較煩瑣,有初終、復、設床、浴、襲、含、奠等。後代一般都會遵守,尤其是士大夫們更能遵守喪禮的相關規範。宋人的記録中不會有很詳細的禮儀内容,但大致能反映出唐代整個喪儀的過程。

人死後,要給他擦身潔净身體,再穿上衣服,這是喪禮中的重要内容。鎮州普化和尚,咸通初將示滅,於是入市,對市人説:“乞一領直裰。”市内的人“或與披襖,或與布裘,皆不受,振鐸而去”。[1] 雖然這裏説的是和尚在買衣服,但實際上這個故事講述的是和尚在臨死前準備自己死後要穿的那些衣服。

人死後的哭法亦有一定的規定。《顔氏家訓》卷二《風操》根據《禮記》和《孝經》,認爲“哭有輕重質文之聲也。禮以哭有言者爲號,然則哭亦有辭也”,即家人死後既可以號啕大哭,亦可以邊哭邊説。到了南方,“江南喪哭,時有哀訴之言耳”,而山東重喪,“唯呼蒼天,期功以下,則唯呼痛深,便是號而不哭”,應該説比較符合禮制。[2] 這種風俗到唐代仍被繼承着。工部尚書魏知古年七十死於官位,“妻蘇氏不哭,含訖,舉聲一慟而絶”[3]。這條記載其實説蘇氏應該按禮先是哭,再按喪禮儀式一步一步往下,至飯含。没想到蘇氏前面不哭,這會兒至飯含結束,大哭一聲悲痛而亡。夫妻一方死了,另一方會十分悲痛傷心。五代時焦生之妻暴亡,“焦生痛悼,追念不已。妻既葬,晝夜號呼,涕泣無暫輟”[4]。焦生因爲妻子的突然逝世,感到十分痛心,所以“晝夜號呼”。

家裏的直系親屬面對親人死亡,就要號哭,表示自己比一般人有着更加强烈的悲痛。唐金吾大將軍程百獻,與高力士相約爲兄弟。後來高力士母親麥氏

1 錢易:《南部新書》卷庚,第一編第四册,第 80 頁。

2 顔子推著,王利器集解:《顔氏家訓集解》卷二《風操》,第 100 頁。

3 錢易:《南部新書》卷庚,第一編第四册,第 77 頁。

4 張齊賢:《洛陽搢紳舊聞記》卷五《焦生見亡妻》,第一編第二册,第 197 頁。

死，“百獻被髮受吊，擗踴哭泣，過於己親”[1]。也就是説，子女遇到父母喪事，要被髮受吊，哭的時候要“擗踴哭泣”，主要是表達父母與子女感情較深，用後人的話説是要捶胸頓足大哭一場。

臨喪大哭是喪禮中的常態，而臨喪不哭就會使人覺得不可思議。隋朝許善心不肯從宇文化及，被害。其母范氏，已經九十三歲，看到兒子棺木，“臨喪不哭”，撫摸着棺材説：“能死國難，我有兒矣。”[2] 五代時廖匡戰死，馬希範遣使者到他家去吊唁。廖匡母親亦是臨喪不哭，對使者説：“廖氏三百口，受王温飽之賜，舉族效死，未足以報，况一子乎！願王無以爲念。”[3] 這樣的深明大義，能够理性控制自己喪兒的悲痛感情，都是特殊情況下特殊人物纔做得到，因而筆記中作爲特例加以記録。反過來説，一般人看到親人死了，都會忍不住用哭來表達哀悼。

親人死了，家人要向親朋好友告哀，將親人的死亡信息及時告訴有關人員。武則天殺害了李宗，其時許王素節到都城，半路上“聞遭喪哭者”，對左右説：“病死何可得，而須哭哉！”認爲“前有非命也”。[4] 告哀報喪的人是邊説邊哭，許王就猜出是死於非命。亦有人利用告哀報喪而殺死政敵。王審知之子延鈞對兄延禀有看法，“後因詐疾以死，訃於禀，禀復來，遂以兵迎於南臺江，斃之舟中”。延鈞假裝發訃告，結果延禀信以爲真，從泉州到福州奔喪，没想到被延鈞殺害。[5]

聽聞死訊，親朋好友要前來吊喪：“江南凡遭重喪，若相知者，同在城邑，三日不吊則絶之；除喪，雖相遇則避之，怨其不己憫也。有故及道遥者，致書可也，無書亦如之。……江南凡吊者，主人之外，不識者不執手；識輕服而不識主人，則不於會所而吊，他日修名詣其家。”[6] 可見當時十分看重吊祭之禮，吊喪進門還必須執孝子之手。代宗大曆八年（773 年），田神功卒於京師，“許百官吊

---

1 孔平仲：《續世説》卷一二《邪諂》，第二編第五册，第 215 頁。

2 孔平仲：《續世説》卷八《賢媛》，第二編第五册，第 147 頁。

3 孔平仲：《續世説》卷八《賢媛》，第二編第五册，第 152 頁。

4 孔平仲：《珩璜新論》卷三，第二編第五册，第 265 頁。

5 佚名：《五國故事》卷下，第一編第三册，第 250 頁。

6 顔子推著，王利器集解：《顔氏家訓集解》卷二《風操》，第 101~102 頁。

喪”[1],以表示哀悼。五代司空蘇禹珪薨,百官前去致祭,侍御史何登還要念自己撰的版文:“漆宫永閟,沙府告成。”[2]這樣的吊祭,是當時的一種禮儀活動,是人之常情。

如果死者是文化世家,前去吊唁的親朋好友還要簽名留言。南唐宋齊丘兒子死了,布衣李匡堯“隨吊客造謁,賓司復却之,乃就賓次,大署二十八字”。二十八字是這樣的:“安排唐祚挫强吴,盡是先生設廟謨。今日喪雛猶自哭,讓皇宫眷合如何?”[3]實際上是藉故嘲諷他一頓。不過透過嘲諷,我們可以看到,從喪禮來説,賓客來吊謁,有專門簽字留言的安排。

前來吊喪的親朋好友,若與死者感情特别深,要以哭來表達哀思。張公謹卒,唐太宗“出次發哀”。就是説,唐太宗爲悼念張公謹,想避開正寢,出郊外暫住,舉行哀悼儀式。因爲是帝王,不可能親自到張家去吊唁,但朝廷可以找一個場所專門舉行哀悼,而唐太宗肯定是情發於中,要大哭一聲。有關部門對唐太宗説“辰日不可哭”,唐太宗回應説:“君臣之義,同於父子,情發於中,安避辰日?”父子之間一方死了,另一方於禮要哭,唐太宗認爲君臣等同於父子,“遂哭之”。[4] 他并不管是否辰日,表達自己的哀思最爲重要。

如果子女生活在别的地方,聽聞父母死的消息,得趕回來參加喪禮和守孝,這叫奔喪。深州博野縣有一女子李氏,安史之亂時“被虜劫他鄉”,在外地結婚生子。後來聽説自己的父親死了,“欲奔喪,又以有一子,不忍分離,遂割一乳,留别孩子而奔喪。既而號慟擗踴,遂燒一指,以啓告先靈。又以不見靈柩,志欲廬墓”。[5] 等到李氏回到家,其父早已下葬,但對李氏來説,就像父親剛死一樣奔喪而回,大聲號哭。徐温在金陵死了,其子徐知詢“自淮南奔喪”,乘機掌握軍隊大權。後來,徐知誥掌握大權,和徐知詢談到這事,徐知詢還數落徐知誥説:“先王之喪,兄爲人子而不親臨喪,反罪我邪?”[6]意謂兒子一定要奔喪,否則是

1　錢易:《南部新書》卷甲,第一編第四册,第12頁。

2　陶穀:《清异録》卷下《喪葬門》“漆宫沙府”,第一編第二册,第112頁。

3　鄭文寶:《江表志》卷上,第一編第二册,第261~262頁。

4　孔平仲:《續世説》卷五《賞譽》,第二編第五册,第83~84頁。

5　錢易:《南部新書》卷癸,第一編第四册,第121頁。

6　陳彭年:《江南别録》,第一編第四册,第200~201頁。

要被人們非議的。

人死了,親戚朋友中比較尊貴者會出席喪葬活動,表示哀悼。五代後晉安彦威,是少帝母安氏的近親。他死的時候,“太妃親至彦威汴京舊第,預其喪事,人方知爲太妃之親”[1]。尊貴者出席喪禮,是表示對死去人的敬重。如果是兒女親家,同樣要前去致祭,表達悼念之情。代宗獨孤妃薨,贈貞懿皇后。將葬,作爲兒女親家的郭子儀“欲致祭”,想前去表達哀悼。問了很多人,都説“古無人臣祭皇后之儀”。不過殿中侍御史柳并説:“禮緣人情。令公勛德,不同常人,且又爲姻戚,今自令公始,亦謂得宜。”郭子儀遂讓柳并“草祭文,其官銜稱駙馬都尉郭曖父具官某,其文并叙特恩許致祭之意,辭簡禮備,子儀大稱之”。[2] 從這段材料中可以看出,一般人親家死,都要前去致祭,而且還要準備好吊詞。問題是獨孤妃是皇后,身份尊貴,所以郭子儀不敢輕舉妄動。

古代一般人要死後三日纔大殮,將尸體搬入棺材。前引顔子推的話説:“若相知者,同在城邑,三日不吊則絶之。”意謂三日後大殮結束,没上門吊唁,則表明已經恩斷義絶。廬山道士劉某將游南岳,“路出宜春,宿一村家。其主至貧,復喪一子,未有以殮”[3]。雖然没説清大殮是在幾天以後,但顯然大殮是喪禮中重要的一個儀式。

(二)子女守孝禮儀

家裏長輩死,按規定子女要守孝,這是對子女的一種禮儀要求,爲社會道德所提倡,是一種社會倫理的表現,因而全社會特别重視。

宋人云:“三日成服,聖人之制。世有至五日者,非也。”[4] 按禮一般在大殮之後三天内要穿喪服。《禮記》云:“父母之喪,見星而行,見星而舍。若未得行,則成服而後行。”[5] 如果父母死,子女不在身邊,要穿了喪服盡快回家奔喪。

1 孔平仲:《續世説》卷三《雅量》,第二編第五册,第 56 頁。

2 王讜:《唐語林》卷二《文學》,第三編第二册,第 56 頁。

3 徐鉉:《稽神録》卷三《劉道士》,第 45 頁。

4 王讜:《唐語林》卷八《補遺》,第三編第二册,第 281 頁。

5 王文錦:《禮記譯解・奔喪第三十四》,第 838 頁。

皇帝、皇后死，全國百姓要穿喪服。[1] 親人死，要按關係的親疏遠近程度穿不同的喪服。唐初文德皇后崩，"百官縗絰"。因爲是全國性的喪禮，官員們應該穿上喪服服喪。率更令歐陽詢穿上喪服後，顯得十分醜异，爲大家指指點點。中書舍人許敬宗忍不住笑出聲來，結果被御史彈劾，左授洪州司馬。[2] 唐末昭宗皇帝遇害，少帝禪位給朱温，"時三軍縞素舉哀"[3]，全部穿上白色喪服。

一些人與死者關係密切，即使不是死者的子女和親屬，亦要穿喪服，表達自己與死者不一般的關係，進而寄托自己的哀思。杜審言早年爲崔融獎引，後來崔融死，"審言爲融服緦麻"。裴佶與鄭餘慶十分友善，"佶死，餘慶爲行服，士林美之"。[4]

父母死，唐以前兒女要廬墓守喪，但到唐代一般不再提倡，不過亦有人爲了表達自己强烈於一般人的孝思而廬墓。慶州行營押官鄭神佐陣没，其女兒從兖州趕到慶州懷安鎮收亡父骸骨回老家，與母親合葬，自己"於塋内築廬"。所以社會上有人評論説："廬墓習於近俗，國不能禁，非也。"[5] 唐代中期，博野縣女子李氏聽説自己父親死，奔喪回老家，而父親早已下葬。李氏"又以不見靈柩，志欲廬墓，兄弟不許，遂以刀刺心見其志。竟開埏道，見棺櫬塵土，以舌舐之，又以髮拭棺上塵埃。自是廬舍墓側，往往有异鳥翔集"。後來深州上奏她"廬墓經三十七年"，作爲一個特殊例子報給朝廷，當然社會上一般人是不可能這樣的。再

1 吴麗娱認爲唐代皇帝的喪禮有廣狹之分，廣義的喪禮參加者是全國的官民百姓，狹義的參加者是朝官和皇親國戚以及爲喪禮服務的人員和僧道等。皇帝死後告喪，《通典》卷八三《禮四三・沿革四三・凶禮五・復》談道："集州縣官及僧道、將吏、百姓等於州府門外，并素服，各以其方向京師重行序立。"(第 2249 頁) 吴麗娱指出這是一個"没有皇帝的皇帝喪禮"，"因此廣義上可以認爲全國官民包括僧道都參加了皇帝的喪禮和祭奠，祇不過'三日釋服'僅就一般官員、百姓而言，不同於朝廷大臣和皇親們的二十七日"。唐代前期皇后和皇太后的喪禮與皇帝喪禮儀節大同小异，"多數情況下皇后或太后之死主要是影響朝廷内部"。唐後期德宗和憲宗的皇后、太后喪禮，"明顯提高了皇后和皇太后喪事的檔次"，真正具備了"國恤"的規格。參吴麗娱《終極之典——中古喪葬制度研究》，中華書局，2012 年，第 226~227 頁、253 頁、265~266 頁。

2 孔平仲：《續世説》卷九《黜免》，第二編第五册，第 156 頁。

3 勾延慶：《錦里耆舊傳》卷五，第一編第五册，第 7 頁。

4 孔平仲：《珩璜新論》卷四，第二編第五册，第 280 頁。

5 孫光憲：《北夢瑣言》卷一《鄭氏女廬墓》，第一編第一册，第 17 頁。

如廬州巢縣百姓張進昭，母死後，進昭“廬於墓側”[1]。

守孝是社會道德和禮法對子女的要求，不可違背。[2] 人死以後，子女在家裏要擺一個靈位，供人祭拜吊唁。這個靈位唐代稱几筵，相當於活人的几席，是祭祀的席位，亦稱靈座。靈座上主要是安放死者的神主牌。宋人談到唐孟詵有《家祭儀》，内中説："士人家四仲祭，當用平面氈條屏風而已，其用桌椅，即是几筵，乃凶祭也。"[3]學者提出，唐代人在家裏安放神主牌的位置是很有講究的，“因爲死者靈魂依托在神主之上，死者的存在感亦透過神主傳達給生者”。有將几筵長期設於正寢，“讓死者的靈魂仍居住在原來的生活空間中，宛如生前”。[4]唐初杜如晦死後，家人在家裏給他安置了一個靈位。唐太宗吃到一個味道很好的瓜，留下半個，讓人送到杜府“奠於靈座”。後來他賜房玄齡黄銀帶，對房玄齡説："昔如晦與卿同心輔政，今日所賜，惟獨見公。"於是“泫然流涕”。接着又説："鬼神畏黄銀。"於是讓房玄齡把黄銀帶從家裏拿出來，“遣玄齡親送於靈所”。[5]

守孝的時候，在飯食和妝飾上都有一定的要求。唐德宗即位不久，“諒暗中，召諸王食馬齒羹，不設鹽、酪”[6]。馬齒莧，是一種生長在田野、荒坡和農作物之間的野菜，夏秋時可采集。唐人把吃馬齒莧當作困苦生活的標志，守喪吃這種野菜，主要是爲了表達自己不吃豐贍美食和肉類食品的意思。而且這羹中還不加鹽、酪，淡而無味。這種習俗主要是遵守古禮。《禮記・雜記下》云："功衰食菜果，飲水漿，無鹽酪，不能食食，鹽酪可也。"[7]意謂有父母之喪的人僅食菜果，吃的水漿中不加鹽酪。《宋書》卷九一談到劉宋時劉瑜年五十二喪母，“三年不進鹽酪，號泣晝夜不絶聲”[8]。所以唐德宗守孝的行爲在飲食上是向前人

1　錢易：《南部新書》卷癸，第一編第四册，第121頁。

2　對孝子服喪，前人已有不少相關成果。廖宜方認爲孝子主要的喪儀有持杖、設几筵、立凶門等。參廖宜方《唐代的母子關係》第三章，稻鄉出版社，2009年，第91～109頁。

3　吴坰：《五總志》，第五編第一册，第18頁。

4　廖宜方：《唐代的母子關係》，第98頁。

5　孔平仲：《續世説》卷五《賞譽》，第二編第五册，第83頁。

6　王讜：《唐語林》卷一《德行》，第三編第二册，第11頁。

7　王文錦：《禮記譯解・雜記下第二十一》，第610頁。

8　沈約：《宋書》卷九一《劉瑜傳》，中華書局，1974年，第2243頁。

看齊。其時德宗"皇姨有寡居者,時節入宫,妝飾稍過,上見之極不悦"[1],應是對穿衣和妝扮也有一定的要求。

當然,亦有些人的守孝行爲超出了社會的要求。如柳公綽的母親崔夫人死,柳公綽爲了表示自己行孝,"三年不沐浴"[2]。

家裏親人死,子女一般都要守孝三年。如果是父母死,自己在做官,一般是停職回家守孝,等三年守孝期滿後重新任職,叫起復。不過亦有例外情況,如"自唐末用兵,文臣給舍以上、武臣刺史以上喪父母者,急於國事,以義斷哀,往往以墨縗從事。既輟哀,則莅事如故,號曰'起復'"[3]。因爲唐末戰事不斷,高級官員要爲國家服務,無法回家守孝三年,所以要穿墨色的喪服上班。等守孝期滿脱服停止哀悼後,像原來一樣上班,當時號稱"起復"。名稱雖然一樣,亦是在守孝,但没有停職。當然這衹限於給事中、中書舍人和刺史以上的高級官員。這種情況到了宋初仍未改變,很多人認爲已經没有金革戰事,士大夫應該"解官終制",即回家守孝。

一些官員退休回家後守孝,仍然保持原有經濟待遇。中唐邱爲致仕還鄉,"特給禄俸之半"。後來他的母親死了,按例要爲母守喪。對於是否仍舊給這禄俸之半,蘇州刺史不知該怎麽辦,於是請示觀察使韓滉。韓滉認爲邱爲已是致仕官,原本就不理政務了,皇帝特令給其半禄,主要是爲了表達"恩養老臣"之意,現在不能因爲有喪在身而不再表達恩養的意思,"命仍舊給之。唯春秋二時,羊酒之直則不給"。[4] 不過有喪在身,而汲汲於功名,要遭人看不起,受到輿論的批評。中唐李林甫聽聞蕭穎士的名聲,打算提拔他。其時蕭在廣陵,母親死,有喪在身。聽到李林甫要提拔他的消息,"縗麻而詣京師,徑謁林甫於政事省",急着見宰相,希望馬上就能得到一個官職。蕭穎士的行爲明顯與社會倫理不符,林甫"大惡之,即令斥去"。[5] 守喪期間,子女不能有文娱體育活動。楊行密死,楊渥即位,但他"居父喪中,掘地爲室,以作音樂,夜然燭擊球,燭大者十

1 王讜:《唐語林》卷一《德行》,第三編第二册,第 11 頁。

2 孔平仲:《續世説》卷一《德行》,第二編第五册,第 11 頁。

3 王闢之:《澠水燕談録》卷四《忠孝》,第二編第四册,第 35 頁。

4 錢易:《南部新書》卷庚,第一編第四册,第 73 頁。

5 孔平仲:《續世説》卷八《輕詆》,第二編第五册,第 145 頁。

圍,一燭之費數萬"[1]。這種聽音樂和擊球的行爲,顯然違反了喪葬禮儀,要受到人們的批評,認爲"所爲不道",没有倫理道德。

服喪的範圍,在中唐以後發生了變化。比如杖周之禮,《通典》卷八四《凶禮六》談道:"齊縗杖周者:父在始有母之喪,笄纚,徒跣,扱上衽,交手哭踊無數;既襲三稱,白布深衣,十五升素章甫冠,吉白麻屨,無絇。爲出母、慈母、繼母、君母,自天子達於士。父卒爲繼母嫁,及繼母報繼子。夫爲妻,始死,素冠深衣,不笄纚,不徒跣。女子子在室爲母,不徒跣,不扱上衽;既襲三稱,素總。"[2]服杖周禮是這樣三種情況:父在,兒子爲自己的生母;父親爲嫡子;丈夫爲妻子。這樣的情況到中唐以後發生了改變:"自離亂已後,武臣爲弟始行周杖之禮,是賓佐不能以禮正之,致其謬誤也。乾寧三年九月,行吊於名士之家,睹其弟爲兄杖,門人知舊來,無有言其乖禮者,實慮日久浸以爲是。"[3]

如果參加的是旁系親屬的喪禮,官員一般可以請假。唐德宗貞元年間,五個中書舍人不在崗位,祇有庫部郎中張濛獨自一人知制誥。不久,"濛以姊喪給假。或草詔,宰相命他官爲之,書省案牘不行十餘日"[4]。可知,姐姐去世,即使工作再忙,在職的弟弟也可以請喪假。兄弟姐妹之間的喪葬儀式,政府按照規定是同意官員們請假參加的。

(三)墓地的選擇

人死後要下葬,這就牽涉挑選墓地問題。宋人云:"天下之言葬者,皆宗郭璞,所謂《青囊書》是也。"意謂晋代郭璞建立了挑選墓地的一套理論,從此人們就看重墓地風水。又云:"今之俗師,必曰:'某山某水可以求福,可以避禍。'其説甚嚴,以爲百事纖悉,莫不由此。"[5]雖然這是宋代的事情,但事實上唐代亦差不多,人們把祖先的墳墓與後代的禍福扯到一塊兒,認爲兩者之間有必然的聯繫。"古有宅墓之書,世人多尚其事。"比如唐初杜正倫,與京兆杜氏不是同一

---

1 陳彭年:《江南别録》,第一編第四册,第198頁。

2 杜佑:《通典》卷八四《禮四四·沿革四四·凶禮六》,第2278頁。

3 王讜:《唐語林》卷八《補遺》,第三編第二册,第280頁。

4 錢易:《南部新書》卷壬,第一編第四册,第107頁。

5 孔平仲:《珩璜新論》卷二,第二編第五册,第252頁。

支,常被他們看不起,心中一直記恨着。後來杜正倫仕途發達,"因事塹斷杜陵山脉,由是諸杜數代不振",京兆杜氏的前途因爲祖墳脉絡被斷,從此一蹶不振。再如中唐鮮于仲通兄弟,閬州新井縣人,後來做了高官。"望氣者以其祖先墳上有异氣,降敕塹斷之",從此家族裏就出不了大官。如裔孫鮮于岳,"歷官終於普州安岳縣令,不免風塵"。同樣是閬州人唐峰,早年衹是個小商販,但一個術士指着他的祖墳説:"此墳塋子孫合至公相。"結果前蜀建立,"峰亦典郡,其二子道襲官,皆至節將"。[1] 這些例子都可以顯示,當時人們將墳墓與後代子孫的發展緊密地聯繫在一起,所以十分看重墓地的挑選。

唐代人重視祖墳墓地的位置,不是隨便想選哪裏都行,要經過嚴格的占卜。温大雅改葬祖父時,卜筮説:"葬於此地,害兄而福弟。"如果按照挑選的這個地方下葬,那麼對兄長不利,但會給弟弟帶來幸福。温大雅説:"若得家弟永康,我將含笑入地。"葬後一年多,温大雅死,而其弟温彦博"官至端揆,年六十四。大有爲中書侍郎"。[2] 時人相信,祖宗墳墓的風水對後輩影響極大。元稹得暴疾死後,"卜葬之夕,爲火所焚,以煨燼之餘瘞之也"[3]。元稹雖然可能是被火化的,但亦要經過卜葬儀式,以選擇埋葬地點。南唐保大年間,以尚書郎致仕的沈彬閑居在江西高安。一天他和家人一起來到郊外,在平地種了一棵樹,告訴諸子:"异日葬吾此地,違之者非人子也。"他爲自己挑選了墓地。數年後,沈彬死,他的幾個兒子打算在種樹的地方挖個墳墓。但有一位術士對他們談風水吉凶,認爲應該在"近樹北數尺之地卜葬,家人諾之"。當晚諸子夢中都被沈彬責駡一通,説他們不聽他的話擅移葬地。於是第二天家人不管術士,按以前沈彬所説的地方,"伐樹掘土,深丈餘,得一石椁,工用精妙","乃舉棺就椁而葬之,廣狹之間皆中其度"。[4] 這事雖説得有點玄妙,但墳墓的選擇是有講究的,要有專人定位置。即使一般的普通百姓,亦要卜葬:"鄉人卜葬,皆以即日求地開塋故也。"老百姓卜葬,可能比較簡單,當天看好地方,馬上開挖下葬。

---

1 孫光憲:《北夢瑣言》卷一二《塹杜氏山岡》,第一編第一册,第 149 頁。

2 孔平仲:《續世説》卷一《德行》,第二編第五册,第 7 頁。

3 錢易:《南部新書》卷庚,第一編第四册,第 83 頁。

4 鄭文寶:《南唐近事》卷一,第一編第二册,第 212~213 頁。

前蜀王建還没發迹時葬其父,“發地數尺而瘞”。没想到棺材跳了出來,當時有人説:“此天子之地,汝小民何容卜葬!”[1] 棺材跳出來是假,主要是爲了説明王建葬父親是葬到了天子之地,爲他後來當蜀國皇帝製造輿論。再如廬陵人彭氏葬父親,請術士占卜葬地,説:“葬此當世爲藩牧郡守。”接着開始挖壙,術士説:“深無過九尺。”[2] 結合上條深數尺和這條深九尺來看,當時的墓穴一般爲數尺深,并不是越深越好。

墳墓大多是選擇地勢較高的地方。如宋初王洙説:“昔有一士人,病其家數世未葬,亟出錢買地一方,稍近爽塏者。”[3] 這裏所指的是唐末五代時期的情况,這位士人挑選墓地的標準是“稍近爽塏”,意謂路不要太遠,地勢乾燥高一點的地方。《江南野史》卷六記載南唐沈彬“近居阜上,有一大樹,可數拱”,他看中了這個位置後就對家人説:“吾死可葬於是。”[4] 可知當時一般的觀點,墳地要選高阜之地。

墳墓的規模,因人而异。帝王的陵墓自有獨特的規定,而一般人都是按等級享用不同規模的墳墓。《南部新書》卷丙談道:“舊令:一品,墳高一丈八尺。惟郭子儀薨,特加十尺。”[5] 説明官員的墳墓按等級分成大小不同的規模。唐初李密死後,徐世勣“表請收藏其尸,乃具威儀,以君禮葬於黎陽山西南五里,墳高七仞”。李密是按君禮下葬的,所以墓在黎陽山西南,墳高七仞,規模較爲龐大。北宋政和年間,因爲開導黄河,李密的墓要遷走,“有司以聞,詔以禮改葬之”。開河者將其墓打開,“多取去金玉”,説明墓裏陪葬品很多,金玉寶貝是按禮制要求放入的。[6]

一些官員的墳墓規模較大,墓室較深,從地面下到墓室要建斜向的甬道。蘇禹珪薨,侍御史何登説:“漆宫永閟,沙府告成。”爲什麽這樣説呢,主要是“自

1 佚名:《五國故事》卷上,第一編第三册,第 242 頁。

2 徐鉉:《稽神録》補遺《廬陵彭氏》,第 130 頁。

3 王欽臣:《王氏談録》之《論陰陽拘忌》,第三編第三册,第 7 頁。

4 龍衮:《江南野史》卷六《沈彬》,第一編第三册,第 197 頁。

5 錢易:《南部新書》卷丙,第一編第四册,第 28 頁。

6 蔡絛:《鐵圍山叢談》卷四,第三編第九册,第 214 頁。

隧道至窆棺之穴,皆鋪沙,以防陰雨泥滑”[1],所以稱其爲沙府。但這種是大墓,一般人的墓不過是開挖一個深壙,不可能建甬道。

墳墓一般都要封土。後蜀明德二年(935 年)六月,江原縣民張元母死,於是“負土成墳”。當時據説“有白兔馴繞其廬,群鳥銜土置於墳上”[2],這當然是吹牛的,但可以看到老百姓的墳墓都是封土成一墳堆。封土的形狀,當時一般有兩種。《清异録》卷下云:“葬處土封,謂之‘魂樓’,凡兩品。一如平頂炊餅,一如倒合水桶,上作銅鑼形,亦有更用一重磚甃者,或刻鎮物象,名‘墓衣’。”[3]即一種是梯形的封土,上部是平頂;一種是覆鉢形的封土,有的上部還用磚砌,有的立着石刻像。

墳墓上要種樹。如有人種植了荆棘,宋人談道:“唐魏鄭公、狄梁公、張燕公墓棘直而不歧,世以爲异。”[4]意謂他們幾位墓上種的荆刺長得比較挺直,而一般的荆棘是叢生多刺、雜亂無章。亦有些墳上種植死者喜歡的樹木。南唐鍾輻妻子死後,“不植他木,惟海棠數枝,方葉凋萼謝”[5]。再如深州博野縣女子李氏爲父親廬墓三十七年,“其墳上先無樹木,李氏手自栽植雜樹一千根,并高數尺”[6]。李氏親手所植樹是“雜樹”,顯然對樹種并無一定的要求。鄭畋對晚年的西門思恭十分恭敬,“有如父焉”。思恭死,“畋葬於鳳翔西岡,松柏皆手植之”。[7] 鄭畋爲了報恩,因而在墓上親手種樹,以表達孝思,所種樹爲松樹和柏樹。顯然,親手種樹是孝子孝女表達情感的一種方式。

(四)出殯下葬

將棺材從家裏運到墓地下葬叫出殯、出喪、發引。蘇頲下葬日,唐玄宗恰好在游咸宜宫,“將出獵,聞頲喪出”,愴然曰:“蘇頲今日葬,吾寧忍娱游?”於是

1 陶穀:《清异録》卷下《喪葬門》“漆宫沙府”,第一編第二册,第 112 頁。

2 張唐英:《蜀檮杌》卷下,第一編第八册,第 53 頁。

3 陶穀:《清异録》卷下《喪葬門》“魂樓墓衣”,第一編第二册,第 111 頁。

4 陳師道:《後山談叢》卷二,第二編第六册,第 85 頁。

5 文瑩:《湘山野録》卷中,第一編第六册,第 40 頁。

6 錢易:《南部新書》卷癸,第一編第四册,第 121 頁。

7 孫光憲:《北夢瑣言》卷一三《鄭文公報恩》,第一編第一册,第 152 頁。

"中路還宫"。[1] 從這條資料來看,高官出喪是很隆重的,連皇帝都難過到想避讓三分。而親朋好友一路扶送到葬地,叫送葬。唐德宗貞元十二年(796 年),宰相盧邁喪弟,"請出城臨。近年宰相多拘守,而邁有此行,時人美之"[2]。因爲是宰相,不能自由參加親人的葬禮,而盧邁特地出城送其弟下葬,是要有戰勝社會習俗的勇氣的。南唐一營妓死後,儘管是火化,但仍有送葬儀式。江淮間名娼徐月英和寵愛這位營妓的南唐徐氏公子一起送葬。[3] 晋王景遂,是南唐先主李昪的第三子。吴讓皇死於丹陽,先主派景遂前去送葬,"望柩哀慟雨泪,觀者爲之出涕"[4]。前蜀爲後唐所滅,王衍在押解洛陽途中被殺,嘉王宗壽到洛陽,"表請以公禮葬衍"。後唐莊宗於是追封王衍爲順正公,"出葬之日,宗壽步從之"。[5] 送葬的人步行出城將棺材送到墓地。

出殯是喪禮中比較奢侈、花錢最厲害的一個喪葬環節。唐玄宗時,"送葬者或當衝設祭,張施幃幕,有假花、假果、粉人、粉帳之屬,然大不過方丈,室高不逾數尺,識者猶或非之"。在喪車要經過的路中央,人們搭棚張幕,裏面放上假花、假果、假人等。安史之亂後,"此風大扇,祭盤帳幕,高至九十尺,用床三四百張,雕鎸飾畫,窮極技巧;饌具牲牢,復居其外"。幕越搭越高大,十分華麗,而要貢的祭品,已經放到帳篷的外面。其時,一些官員的出殯更是開了極欲奢華風氣之先。如代宗大曆年間,太原節度辛雲京葬日,諸道節度使都派人修祭。其中范陽節度使的祭盤最爲高大,祭盤"刻木爲尉遲鄂公與突厥鬥將之戲,機關動作,不异於生"。祭訖,靈車欲過去,使者請求説:"對數未盡。"於是靈車停下來,使者"設項羽與漢祖會鴻門之象,良久乃畢"。就是説,祭盤上的内容等於演了兩場戲,而送葬的隊伍悲痛之情堆在臉上,不得不停下來,"縗絰者皆手擘布幕,輟哭觀戲"。使者是來送葬修祭的,辛雲京的兒子不能怠慢人家,於是傳語與使人:"祭盤大好,賞馬兩匹。"修祭之人和喪家都是大手筆。再如滑州令狐節度使母亡,四方節度使過境致祭,"昭義節度初於淇門載船桅以充幕柱,至時嫌短,特

1 孔平仲:《續世説》卷五《賞譽》,第二編第五册,第 84 頁。
2 錢易:《南部新書》卷乙,第一編第四册,第 17 頁。
3 孫光憲:《北夢瑣言》卷九《魚玄機》,第一編第一册,第 112 頁。
4 文瑩:《玉壺清話》卷一〇,第一編第六册,第 180 頁。
5 佚名:《五國故事》卷上,第一編第三册,第 244 頁。

於衛州大河船上取長桅代之”。之後昭義節度薛嵩薨,靈柩要歸葬絳州,“諸方并管内縣塗陽城南設祭,每半里一祭,至漳河二十餘里,連延相次。大者費千餘貫,小者三四百貫,互相窺覘,競爲新奇。柩車暫過,皆爲弃物矣。蓋自開闢至今,奠祭鬼神,未有如斯之盛者”。[1] 各級地方政府紛紛致祭,向薛嵩表達哀悼,所以一路上全在祭祀,還要送上幾百上千貫的錢表示禮節。當然,這種出殯路上的修祭,衹是政府和有錢人纔會這樣,普通人出殯距離不會這麽遠,亦不可能有這麽多有錢人來獻物獻錢的,更不會有這麽大的排場。

送葬有的是在下午進行。房光庭“嘗送親故葬,出定鼎門際,晚且飢,會鬻蒸餅者,與同行數人食之”[2]。送到城外,棺材下葬,回來時已是傍晚,所以大家纔會飢餓而買蒸餅。送葬的時候要使用紙錢。後周顯德六年(959 年),世宗柴榮出殯,“發引之日,百司設祭於道”,各個部門都要在路上祭祀。其時翰林院“楮泉大若盞口,余令雕印字文文之,黄曰‘泉臺上寶’,白曰‘冥游亞寶’”。[3] 翰林院自己製作的紙錢大如杯口,上面還印着文字,有黄、白兩種。就是不知這種紙錢是撒向空中還是直接用火焚燒。

那麽,從人死到下葬,一般是多少時間呢?《稽神録》卷四談到天成二年(927 年),浙西有典客吏趙某妻死,“未及旬,將葬,忽大叫而活”[4]。這裏説趙某妻從死到葬,不到十天。但從實際史料來看,并不一定。比如宣宗大中年間,定遠縣百姓周裕,“閏七月十二日身死,至二十五日埋葬訖”[5],前後有十三天。由於這是在皇帝的敕文中提到的,因而從死到下葬的時間比較可信。

按禮節規定,祖先死後要及時下葬。但唐末五代一些人死了却得不到及時下葬,主要是他們家裏人認爲祖先的遺骸能保佑自己發家致富。宋初王洙説:“昔有一士人,病其家數世未葬,亟出錢買地一方,稍近爽塏者。自祖考及緦麻小功之親,悉以昭穆之次葬之,都無歲月日時陰陽忌諱與塋穴之法。人且譏其易,而謂禍福未可知。歲中輒遷官秩,後其家益盛。以此觀之,真達者也。今之

1　王讜:《唐語林》卷八《補遺》,第三編第二册,第 279~280 頁。

2　錢易:《南部新書》卷庚,第一編第四册,第 74 頁。

3　陶穀:《清异録》卷下《喪葬門》“泉臺上寶冥游亞寶”,第一編第二册,第 111 頁。

4　徐鉉:《稽神録》卷四《趙某妻》,第 60 頁。

5　錢易:《南部新書》卷癸,第一編第四册,第 119 頁。

人稽留葬禮,動且逾紀,邀求不信之福於祖先遺骸,真罪人也。”[1]這種過了一年而不葬祖先的行爲,在唐末五代宋初之際越來越流行。但更多的人長期不將其祖先下葬,主要原因是家裏没錢。郭元振在太學時,家裏送來錢四十萬,碰到一位衣着“縗服者叩門,自言五世未葬,願假以治喪”。元振雖然不認識這人,亦没有問其姓名,想想人家連祖先都無法下葬,十分可憐,没多加考慮就將錢全部給了這人。所以宋人説:“人以未葬其先爲言,孰不憐之?”[2]

城市裏的人死後,一般是就近葬在城郊。如廣陵人張嘉猷,“唐寶應初爲明州司馬,遇疾卒。載喪還家,葬於廣陵南郭門外。永泰初,其故人有勞氏者,行至郭南,坐浮圖下,忽見猷乘白馬自南來”[3]。在明州任職的張嘉猷死後,葬回到老家廣陵的南郭門外。長洲縣丞陸某女兒死後,“權殯長洲縣”。“有陸某者,曾省其姑。姑家與女殯相近。經殯宫過,有小婢隨後,……云:‘……今臨頓李十八求婚,吾是室女,義難自嫁,可與白大人,若許爲婚,當傳語至此。’其人尚留殯宫中,少時,當州坊正從殯宫邊過,見有衣帶出外,視之,見婦人,以白丞,丞自往……”[4]陸縣丞女死後的臨時葬地離州城不遠,否則坊正不會經過這裏,臨頓里的李十八亦不會向她求冥婚。顏真卿在大梁被李希烈殺害,“瘞於城南”[5]。揚州、蘇州等城内人死後,一般葬於城市之南比較多見。南唐保大年間,“廣陵理城隍,因及古冢”,發現石頭的墓志一方,上有詩云:“日爲箭兮月爲弓,四時射人兮無窮。但得天將明月化,不覺人隨流水空。山川秀兮碧穹窿,崇夫人墓兮直其中。猿啼烏嘯烟蒙蒙,千年萬年松柏風。”[6]時人猜測詩可能是李白寫的,這種判斷不一定是對的,但可以看到唐代中期人死後就埋在廣陵城墻外不遠

1　王欽臣:《王氏談録》之《論陰陽拘忌》,第三編第三册,第7頁。

2　朱翌:《猗覺寮雜記》卷下,第三編第十册,第64~65頁。

3　李昉:《太平廣記》卷一〇五引《廣异記》“張嘉猷”,第710~711頁。

4　李昉:《太平廣記》卷三三三引《廣异記》“長洲陸氏女”,第2648頁。

5　劉斧:《青瑣高議》前集卷一《顏魯公》,第二編第二册,第20頁。

6　鄭文寶:《南唐近事》佚文,第一編第二册,第229頁。佚文引自《詩話總龜》前集卷五〇《鬼神門》。此條鄭文寶《江表志》卷中亦有記載,云:“蘇洪至揚州版築,發一冢,不題姓名,刊石爲銘曰:‘日爲箭兮月爲弓,射四方兮無終窮。但見天將明月在,不覺人隨流水空。南山石兮高穹窿,夫人墓兮在其中。猿啼鳥叫烟濛濛,千年萬歲松柏風。’”(第一編第二册,第264頁)

處。南唐升元二年(938 年),“城海陵縣爲郡,侵人冢墓”[1]。即海陵縣升爲郡,城市要擴大,就碰到了人家的墳墓,許多人就要改葬祖宗。市儈夏氏祖先的墓在城西,已有一百多年,衹能開挖重葬。這説明城裏人一般是葬在離城不遠的地方。

唐代人十分重視死者的安葬,因爲墓葬涉及一個家族的風水,涉及子孫後代的幸福。能讓前人安静地躺在風景秀麗的墓地中,這是子孫們思考的重要問題。反過來説,要想懲罰一個人,弄臭一個人,亦往往會從他的墓地和尸骨上想法子。安史之亂後,唐肅宗“欲敕諸將,克長安日發李林甫墓,焚骨揚灰”。因爲早年李林甫爲相時,“自以始謀不佐皇太子,慮爲後患,故屢起大獄以危之,賴太子重慎無過,流言不入”[2]。唐肅宗想到當年李林甫差一點害死他,所以要挖開其墓,想焚骨揚灰,這應該是對死者最大的羞辱了。李泌對肅宗説:“陛下方定天下,奈何仇死者? 彼枯骨何知,徒示聖德之不宏爾。”[3]對死者雖然恨,但焚骨揚灰并没有太大意思,這樣反而顯得皇帝不够寬宏大量。宦官魚朝恩惡郭子儀,就“使人發其父墓”。挖人祖上的墳墓,是對人最大的不敬,因爲子女在而父母的墓被挖,父母不得安寧,這是做子女的大不孝。後來郭子儀入朝,大家都認爲郭子儀會和魚朝恩拼命,想不到郭子儀説:“臣久主兵,不能禁暴。軍士殘人之墓,固亦多矣。此臣不忠不孝,上獲天譴,非人患也。”[4]郭子儀寬宏大量,不計魚朝恩的罪,反而説出外打仗的士兵亦曾殘人之墓,自己早已是做了不忠不孝的事情,所以此事就扯平了。元載被賜死,代宗還覺得不够解恨,於是“毁載父母及祖墳,斵棺弃柩,焚家廟木主”[5],將其祖墳挖開,將棺柩抬出來扔掉,這是對人最惡毒的一招,現在用到元載身上,表達出代宗對他有着極度的憤恨。五代時高季興爲了修築江陵城,“大興力役,重築城壘”,江陵郭外五十里的墳墓,“皆令發掘,取磚以甃之”。但問題亦來了,挖人墳墓,是對他人最大的不尊重,所以“陰慘之夜,皆聞鬼哭,鬼火數起,將撲之,奄然而滅。如此者累月方定。

1 徐鉉:《稽神録》補遺《海陵夏氏》,第 130 頁。

2 劉昫:《舊唐書》卷一〇六《李林甫傳》,第 3239 頁。

3 孔平仲:《續世説》卷一《言語》,第二編第五册,第 16 頁。

4 孔平仲:《續世説》卷一《言語》,第二編第五册,第 20 頁。

5 孔平仲:《續世説》卷一二《奸佞》,第二編第五册,第 226 頁。

論者以爲，發掘墳冢使幽魂不安故也”。[1]

（五）薄葬和厚葬之争

古代人信仰靈魂不滅，主張事死如生，所以厚葬前人是後人必須遵守的倫理要求。然而一些頭腦清醒的人主張薄葬，認爲厚葬太浪費財物。盧承慶臨終戒子："斂以常服，不用牲牢；墳高可認，不須廣大；事辦即葬，不須卜擇；墓中器物，瓷漆而已；有棺無槨，務在簡要；碑志但記官號年代，不須廣文飾。"[2]雖説盧承慶提出的薄葬，比起同時代的人來説要節儉得多，但祭奠、墳墓、葬儀、瓷器、棺材、碑志，一樣都不少，衹是不大肆追求而已。帝王中亦有人主張薄葬。後周太祖郭威對周世宗柴榮説要儉葬，"令刻石置陵前云：周天子平生好儉約，遺令用紙衣瓦棺"[3]。這裏的儉葬是陵前置石刻，身上穿紙衣，棺材用瓦棺，據説柴榮死後就是按這個要求辦理的。南唐史虚白病將終，對兒子説："皇上賜吾上樽，飲之略盡，固留一榼，藏之於家，待吾死日，殮以時服，置拄杖一條及此酒於棺中，葬之足矣。"死後，"家人一遵遺命"。[4] 南唐司徒李建勛對家人説："吾得良死，幸矣。勿封土立碑，聽人耕種於其上，免爲他日開發之標。"他提出不要封土立碑，讓衆人都知道這是一個大官的墓，會成爲盜墓者的目標。而他的觀點後來的確被證實："其後諸貴人高大之冢無不發者，惟建勛冢莫知其處。"[5]從避免被盜的角度，李建勛是提倡薄葬的。

薄葬思想來自佛教。襄陽龐藴居士將入滅，刺史于頔前去探視病情。居士對他説："但願空諸所有，慎勿實諸所無。好住世間，皆如影響。"[6]像這樣參透了人生，認爲人的一輩子是來亦空去亦空，自然是主張薄葬的。

這些僅是一部分人的薄葬言論，整個社會不可能都流行薄葬，薄葬思想要

---

1 周羽翀：《三楚新録》卷三，第一編第二册，第129頁。

2 孔平仲：《續世説》卷六《任誕》，第二編第五册，第90頁。

3 孔平仲：《續世説》卷一一《儉嗇》，第二編第五册，第204頁。

4 鄭文寶：《南唐近事》卷一，第一編第二册，第211頁。

5 倪思：《經鉏堂雜志》卷八，第六編第四册，第461頁。

6 錢易：《南部新書》卷己，第一編第四册，第66頁。

爲大家所接受其實是有難度的。[1] 因爲我們發現，唐五代時期人們在舉辦喪葬儀式時更願意厚葬親人。厚葬對活着的人來説，不僅僅是做給其他人看，更多的是表達自己對親人的一種哀思和感情，所以有時會失去理智將大量器物葬到墓中。

厚葬在官僚士大夫中最爲盛行。一些人辦喪事十分奢侈，大肆揮霍，墳墓修建得十分豪華。寧王成器薨，被册封爲讓皇帝，他的墓内準備了很多吃的東西，“壙内置千味食”。監護使裴耀卿奏曰：“尚食所料水陸等味一千餘種，每色瓶盛，安於藏内，皆是非時瓜果，及馬牛驢犢獐鹿肉，并諸藥酒三十餘色，儀注禮儀并無所憑。”[2] 所謂的千味食，全部用瓶子裝着，有瓜果，有各種肉和酒，大概都是生活中吃喝的東西。

長慶三年（823 年），浙西觀察使李德裕奏：“今百姓等喪葬祭，并不許以金銀錦綉爲飾，及陳設音樂。其葬物涉於僭越者，勒禁。”他建議“自今以後，如有人却置，准法科罪。其官吏以下，不能節級懲責，仍請常委出使郎官御史訪察，所冀遐遠之俗，皆知憲章”[3]。李德裕肯定是看到浙西地區對喪事大操大辦之後纔上奏的，不過社會風氣并不是皇帝一紙詔書就能改變的，厚葬風氣要改變的確很難。五代時長安城的喪葬更是奢侈，《清异録》卷下談道：“長安人物繁，習俗侈，喪葬陳拽寓像，其表以綾綃金銀者，曰‘大脱空’，褚外而設色者，曰‘小脱空’，製造列肆茅行，俗謂之‘茅行家事’。”[4] 隨葬物品十分豐贍。海陵縣市儈

1 宋祁：《宋景文公筆記》卷下《治戒》談到自己對死後下葬的看法，雖然是宋人對薄葬的觀點，但應與唐五代思想比較接近：“吾歿後，稱家之有亡以治喪。斂用濯浣之鶴氅、紗表帽、綫履。三日棺，三月葬，慎無爲陰陽拘忌。棺用雜木，漆其四會，三塗即止，使數十年足以腊吾骸、朽衣巾而已。……掘冢三丈，小爲冢室，劣取容棺及明器。左置明水，水二盎，酒二缸，右置米麵二奩，朝服一稱，私服一稱，靴履自副。左刻吾志，右刻吾銘，即掩壙。惟簡惟儉，無以金銅雜物置冢中。……不可以請謚有司，不可受賵贈，又不宜求巨公作志及碑。冢上樹五株柏，墳高三尺，石翁仲獸不得用。蓋自摽置者，非千載永安計爾。不得作道、佛二家齋醮，……喪之詣塋，以繪布纏棺，四翣引，勿得作方相俑人、陳列衣服器用，累吾之儉。”（第一編第五册，第 70 頁）他對人死到下葬整個過程都有描述，如死後三天大殮，三月下葬，墳深三丈，封土三尺，墓内棺木和用具，墳上樹木和石刻翁仲動物等，提出要簡儉喪葬。

2 錢易：《南部新書》卷癸，第一編第四册，第 123 頁。

3 王溥：《唐會要》卷三八《葬》，第 697 頁。

4 陶穀：《清异録》卷下《喪葬門》“大小脱空”，第一編第二册，第 112 頁。

夏氏祖先是鹽商，生活還算豐裕，後來碰上築城需要改葬，當開棺時，“衣服器物皆儼然如新，無所損污，有紅錦被文彩尤异”[1]。雖然不見得有多少陪葬品，但從衣服、被子等來看，普通商人葬祖先是比較奢侈的。

唐代的墓裹有人還放地券。《清异録》卷下談到一些喪家聽信術士的説法，“例用朱書鐵券，若人家契帖，標四界及主名，意謂亡者居室之執守，不知争地者誰耶”。土地四界要標清楚，爲了讓墓主人居住在自己的土地上。此外，在墓的前面還要甃石，“若碑表之面，方長高不登三尺，號曰‘券臺’”。這個券臺大概是讓墓主人安放地契和祭禮物品的。而一些貧無力者，就衹能在祭祀時“以藉尊俎”，謂之土筵席，祭禮物品放在地上。[2]

整個喪葬儀式，喪家要花費大量錢財，尤其是一些有身份的人，葬禮十分隆重。鑒於此，死者的上級和同事及親戚朋友，前來吊唁時，常會拿一些財物給喪家，以減輕喪家的經濟壓力，這些財物叫賻贈。如果是帝王下令給的，對死者及其家屬來説都是無比光榮的事情。杜暹從弱冠開始就發誓，一生不接受親友贈遺。他死後，“尚書省及故吏賻贈者，其子孝友，遵其素約，皆拒而不受”[3]，他原來工作的衙門及同事送來的財物，他的兒子一概不接受。當然杜暹這樣的人是一個特例。

因爲厚葬盛行，所以一些人家裏經濟比較困難，碰到喪葬就會犯難。楊虞卿到淮南，碰到陳商葬祖先。陳商家裏很窮，無錢操辦喪事。虞卿儘管和陳商没有什麽交情，“未嘗與游，悉所賫助之”。郭元振在太學時，家裏送來錢四十萬，碰到一位穿喪服者上門，説是五世未葬，問是否能將錢借給他。郭元振覺得這個人很可憐，就將錢給了他，連人家的姓名亦没有問一下。所以兩人的義舉被人們稱贊，“虞卿知有陳商，而元振不問其人名氏，此尤甚難。然元振固是偉人，虞卿牛、李黨中魁桀，亦能如此，亦可喜也”。[4] 楊、郭兩人的義舉不是常人所能做到的，筆記中談到喪禮上的花費實在太多，兩個葬祖先的人似不是一般

1　徐鉉:《稽神録》補遺《海陵夏氏》，第130頁。

2　陶穀:《清异録》卷下《喪葬門》“土筵席”，第一編第二册，第112~113頁。

3　孔平仲:《續世説》卷一《德行》，第二編第五册，第9頁。

4　朱翌:《猗覺寮雜記》卷下，第三編第十册，第64~65頁。

平民,他們都很難承擔得起費用,一般平民可能更加麻煩。德宗貞元年間,竇參"月夜閑步中庭",家裏來了個不速之客,躲在庭院中的樹上。竇參認爲是陸贄派來的人要殺他,所以大聲説:"能全老夫性命,敢不厚報!"來人跳了下來,却是個"衣縗服者"。來人説:"家有大喪,貧甚,不辦葬禮。伏知相公推心濟物,所以卜夜而來。"竇參搞不清對方的真實意圖,説:"某罄所有,當封絹千匹而已。方具修家廟貲,今以爲贈。"[1]這千匹絹足够解决整個葬禮的費用。

因爲厚葬盛行,所以盗墓習氣已經出現。唐代諸陵至五代時都被發掘一空,"太平興國中,具衣冠掩塞,長老猶見之"。陵裏偷出來的寶物,被拿到市場上出售:"長安有寶貨行,搜奇物者必萃焉。"[2]這是厚葬導致的必然結果。

(六)民間治喪習俗的變化和發展

唐五代民間治喪儀式比較複雜,傳統的喪禮中不斷有各種各樣的習俗添加進來。

隨着佛教傳播越來越深入民間,辦喪事與佛教漸漸結合到一起。一些高官死後,國家出面請僧人來念經做齋會,如代宗大曆八年(773 年),田神功死在京師,"上賜屏風、茵褥於靈座,并賜千僧齋以追福"[3]。至於一般百姓,當然不可能請千僧來齋會,但用齋會來追福還是可能做到的。焦生之妻葬後,"爲之飯僧看經造功德備至"[4],希望可以超度妻子到極樂世界。

喪葬本是嚴肅莊重的活動,但唐五代時漸漸加入了歌舞的内容。喪禮上喪家會請人歌舞,但唱、跳的都是特别悲哀的歌舞。出殯的時候會奏音樂。《唐語林》卷五談到李太史和張文收坐着閑聊的時候,突然暴風從南向北吹過來。李太史説:"南五里當有哭者。"而張文收認爲是在奏音樂。手底下的人快馬加鞭趕過去看,"則遇送葬者,有鼓吹焉"[5]。説明送葬的時候既有人在大哭,亦有人在演奏音樂。唐懿宗時,伶官李可及"能轉喉爲新聲,音詞曲折,聽者忘倦"。同

---

1 王讜:《唐語林》卷六《補遺》,第三編第二册,第 213 頁。

2 江休復:《江鄰幾雜志》,第一編第五册,第 162 頁。

3 錢易:《南部新書》卷甲,第一編第四册,第 12 頁。

4 張齊賢:《洛陽搢紳舊聞記》卷五《焦生見亡妻》,第一編第二册,第 197 頁。

5 王讜:《唐語林》卷五《補遺》,第三編第二册,第 170 頁。

昌公主死了,到舉行除喪儀式的時候,“帝與淑妃思念不已,可及爲《嘆百年》舞曲,舞人珠璣盛飾者數百人,畫魚龍地衣,用官絁五千匹。曲終樂闋,珠璣覆地,詞語凄惻,聞者流涕”[1]。除喪儀式是比較悲哀的,所以李可及和衆舞人的曲目比較沉重,使聽的人和看的人跟着一起掉眼泪。

唐代一些大城市裏已經出現專門從事殯葬的人員,在葬禮上唱歌,出殯時送葬。山東名族李佐,安史之亂後與他的父親走散。後來李佐中了科舉,“有令名,爲京兆少尹”,之後就悄悄地找他父親。有人告訴李佐,他父親“往迎於殯葬徒中”,就是專門在從事殯葬活,於是李佐把他接回家。一天,父親對他説:“吾三十年在此黨中,昨從汝歸,未與流輩訣絶。汝可具大猪五頭、白醪數斛、蒜虀數瓮、薄餅十盤,開設中堂,吾與群黨一醉申訣,無恨矣。”他父親在殯葬行業中做了三十年,而且還有一幫同伴。之後,“父出召客,俄而市善薤歌者百人至。初則列堂中,久乃雜謳,及暮皆醉。衆扶佐父登榻,而‘薤露’一聲,凡百皆和”。[2] 殯葬從業者有上百人,大家都善於唱歌,在喪禮進行時唱悲哀歌曲。南唐張子通當了高官,而他的弟弟子游却喜歡到辦喪事的人家裏去。衹要里巷口有喪車出殯路過,子游“必徑趨群挽中,聲調清壯,抑遏中節,或至郊外,通夕而歸”。人家出殯時他去挽喪車,還要唱歌,而且聲調清壯,十分符合節拍。喪家因爲看到子游是子通的弟弟,“攝至客位,常享醉飽”,但“其兄耻之”。[3] 這種表面上爲喪家服務,實際是騙吃騙喝的人應當不少。

人死了,要燒死人日常需要的物品,這主要是爲了他在陰間能够使用。如有燒紙筆的。唐末墊江縣主簿李矩因事被執送江陵,被關在右厢獄中。推吏常某爲了快點結束這個案子,鍛煉成獄。李矩被判處死,“臨刑,戒家人多燒紙筆,訟於地下”[4]。因爲含冤成獄,所以讓家人多燒紙筆以便在陰間寫訴狀。亦就是説,人們把地下世界想象成一個和現實世界一樣的空間,需要使用什麽,就燒什麽,死人在地底下就能用上。

1　孔平仲:《續世説》卷六《巧藝》,第二編第五册,第 109 頁。

2　錢易:《南部新書》卷癸,第一編第四册,第 125 頁。

3　鄭文寶:《南唐近事》卷二,第一編第二册,第 220~221 頁。

4　孫光憲:《北夢瑣言》佚文三《李矩冤獄》,第一編第一册,第 240~241 頁。

還有燒衣服和紙上畫的僕人、馬匹。張齊賢《洛陽搢紳舊聞記》卷一中描寫過這樣一個故事,叙述了唐前期一兒子爲死去的父親燒衣服。唐太宗時蘇揆爲吉州泰和縣知縣,而其父已死十數年。吉州有位衙將上京押綱,回來時在黄梅縣一個逆旅中休息。將晚時看到一個老人,“皂衣裹短脚襆頭,策一驢,引一僮”。老人和吉州衙將結識,談得十分投機。老者對他説蘇揆是自己的兒子,州將一聽是同行的父親,就同行同宿,好酒好飯招待。後來老者讓州將先到泰和,“報兒子,製新衣,借僕馬來,沿路相接”。於是州將先行,到泰和縣和蘇揆説了事情的經過。蘇揆聽後不信,説你不會搞錯吧,因爲自己的父親已經死了十多年。不過“問其年顔身形,無二矣。又問繫裹衫衣,無二矣”。蘇揆對州將説:“揆父歿時,年顔繫裹衣衫無小异。”年紀、長相和穿的衣服,就是當年死的時候的樣子。蘇揆大哭,“遂製新衣,畫僕馬,焚之”。亦就是説,蘇揆的父親藉故和州將結交,并通過州將把自己的要求向兒子訴説,兒子就爲他燒衣服和紙上畫的童僕、馬匹,讓父親在陰間使用。爲了説明這個故事的真實性,張齊賢還説自己當時任轉運使,“備詳其事而書之,豈語怪之嫌乎?”[1]今天來看,故事不一定是真的,但當時燒衣服等習俗在喪葬過程中是經常能見到的。

唐朝人講究事死如生這一傳統,特别想讓死去的人生活條件有保證,要讓他們有足够的錢,於是出現燒紙錢的習俗。宋人虚構了幾個故事,談到唐代人爲死人燒紙錢。唐宰相楊收被貶死嶺外,當時鄭愚鎮南海。某天楊收去見鄭愚,説:“欲托尚書宴犒,兼借錢十萬緡。”開始鄭愚答應了,但後來想想畢竟錢是大事,“唯錢辭以軍府事多,許其半”。楊收説:“非銅錢也,燒時幸勿着地。”於是鄭愚“令於北郊具酒饌素錢以祭之”。[2] 宋人又云唐司徒王潛與宰相武元衡關係密切,後來武被刺,“潛常於四時爇紙錢以奉之”。到了王潛鎮守荆南,有一染户許琛突然暴死,第二天却活了過來。緩過氣來的許琛來到衙門,見到王潛後説在陰間的府衙裏見到一官人,説他是被弄錯了,要讓他回到陽間去。這位官人説他就是武元衡,“大有門生故吏,鮮有念舊於身後者。唯司徒不忘,每歲常以紙錢見遺,深感恩德。然所賜紙錢多穿不得,司徒事多,點檢不至,仰爲我

1 張齊賢:《洛陽搢紳舊聞記》卷一《泰和蘇揆父鬼靈》,第一編第二册,第156~158頁。

2 孫光憲:《北夢瑣言》卷九《楊相報楊玄价》,第一編第一册,第107~108頁。

詣衙具導此意”。原來是提出紙錢品質有點問題。王潜聽後,“悲泣慚訝”,“自此選好紙剪錢以奉之”。[1] 時人認爲“紙錢即冥吏所籍”,是陰間需要的,但品質必須保證,製作時不可偷工減料。五代時,“有軍士盜紙錢一襆,主者擒之”,劉知遠的手下官員都認爲偷的是紙錢不是真錢,請求把他釋放了事。劉知遠説:“吾誅其情,不計其直。”意謂衹是治他具體犯的罪,而不是去考慮紙錢值什麽價,最後將這個軍士殺頭。[2] 南唐史虚白死,家人“爇紙緡於靈座,紙皆不化,用意焚之,火則自滅”[3]。因爲史虚白讓家人四時不要享奠,但家人燒了紙錢,所以火自滅,可以看到燒紙在喪葬和祭禮活動中常常被采用。人剛死,設靈座,紙錢就燒在靈座下。

關於紙錢的産生時間,宋人認爲源自漢代。《史記·張湯傳》説:“會有人盜發孝文園瘞錢。”如淳注曰:“瘞,埋錢於園陵以送葬。”將錢埋進墳墓,就是給死人在地底下使用。《新唐書》卷一〇九《王璵傳》説:“漢以來葬喪皆有瘞錢,後世里俗稍以紙寓錢爲鬼事,至是璵乃用之。”[4] 王璵早年學禮,後來因爲玄宗好神仙,所以上言請築壇東郊祀青帝,得到玄宗重用。《舊唐書》談道:“璵專以祀事希倖,每行祠禱,或焚紙錢,禱祈福祐,近於巫覡,由是過承恩遇。”[5] 本來漢代是用銅錢,到唐代王璵“乃以里俗紙寓錢用之,是國家凡有祠祭,皆用紙寓錢也”。宋人認爲從銅錢變到紙錢,與王璵和道教祭祀有關。王璵這人,“托鬼神致位將相,當時以左道進者紛紛出焉”,“然則上有好者,下必有甚”,於是燒紙錢就流行起來。他開創的這種燒紙法,不但國家祭祀常用,民間亦用:“璵既以紙寓錢用於祠祭,世俗常情多信鬼神,於是公私沿襲用之,信彌篤矣。”宋人引《五代史》所引晋天福八年(943 年)“寒食望祭,焚御衣紙錢”,認爲“上之化下,速於影響,導之失宜,久則難革”。[6] 因而,燒紙錢成爲唐代祭禮活動中一個重要的步驟。

---

1 孫光憲:《北夢瑣言》卷一二《王司徒燒紙錢》,第一編第一册,第 147 頁。

2 孔平仲:《續世説》卷二《政事》,第二編第五册,第 32 頁。

3 鄭文寶:《南唐近事》卷一,第一編第二册,第 211 頁。

4 歐陽修、宋祁:《新唐書》卷一〇九《王璵傳》,第 4107 頁。

5 劉昫:《舊唐書》卷一三〇《王璵傳》,第 3617 頁。

6 王觀國:《學林》卷五《寓錢》,第四編第一册,第 190 頁。

關於紙錢的大小樣式，陶穀《清异録》卷下有記載。後周世宗柴榮死，出殯時“百司設祭於道”。其時翰林院“楮泉大若盞口，余令雕印字文文之，黄曰‘泉臺上寶’，白曰‘冥游亞寶’”[1]。翰林院的紙錢大如杯口，上面還印着文字，黄紙錢上印着“泉臺上寶”四字，白紙錢上印着“冥游亞寶”四字。翰林院的紙錢儘管是爲皇帝設計的，與民間的紙錢可能有所區别，但紙錢有黄、白兩種，這應該是相同的。再者，紙錢上的字，與實際經濟生活中使用的製造於顯德二年（955年）的“周元通寶”以及同時期流通的其他元寶、通寶、重寶之類的銅錢比較接近，一爲上寶，一爲亞寶，分成兩種不同的檔次。紙錢“大若盞口”，形狀較大，超過現實中的銅錢，但與銅錢一樣呈圓形。因而，喪禮中的紙錢完全是模仿了現實世界中的銅錢而製造出來供死者使用的，但比真正的銅錢體形大，文字有冥界的特色。

（七）葬式與葬法

唐五代有點地位的官員或士大夫，如果是客死异鄉，其親屬就直接將死者安放在棺材中，從死亡的地方將棺材運到家鄉安葬。唐初王義方因爲與刑部尚書張亮有來往，被貶儋州吉安丞，後又改洹水丞。時張亮兒子張皎因爲叔叔的原因被貶流配崖州，後來他投奔王義方。不久張皎病死，臨終前將自己的老婆和兒子拜托王義方照顧，還希望他能“致尸還鄉”。於是王義方讓奴僕扛了棺材，張皎妻抱着兒子乘義方的馬匹，自己徒步行走，一起回到北方。至原武，王義方將張皎下葬至家族墓中，“告祭張亮”。[2] 死在外地，千方百計要將尸體遺骸運回老家安葬，這是很多人的想法。吴郡陸憑“游永嘉，遘疾而歿。憑素與吴興沈萇友善……如期而憑喪船至，萇撫孤而慟，賻助倍禮”[3]。尸骨運回老家後，能够夫妻合葬，與自己家族中的人葬在一起。

有些人暫時回不了家鄉，不能直接載尸體回去，就衹能在死亡的城市近郊先臨時性葬一下，時稱“假葬”。山陰縣縣尉李佐時，自會稽至龍丘的路上，因病

1 陶穀：《清异録》卷下《喪葬門》“泉臺上寶冥游亞寶”，第一編第二册，第111頁。

2 孔平仲：《續世説》卷一《德行》，第二編第五册，第12頁。

3 李昉：《太平廣記》卷三三九引《通幽記》“陸憑”，第2693～2694頁。

死了,“其妻鄭氏在會稽,喪船至之夕,婢忽作佐時靈語云:‘王女已别嫁,但遣我送妻還。’言甚凄愴也”[1]。天寶中,李勉與一書生同到宋州一逆旅住下,後來“書生疾作,遂至不救”。即將斷氣前,書生對李勉説:“某家住洪州,將於北都求官,於此得疾且死,其命也。”於是拿出口袋裏黄金百兩給李勉,讓他爲自己辦喪事,“足下爲我畢死事,餘金奉之”,剩下的錢就給李勉。“李公許爲辦事。及禮畢,置金於墓中而同葬焉。”[2]像這個書生,衹能在宋州附近買墓下葬。

慶州行營押官兖州人鄭神佐戰死,其女兒截髮“往慶州北懷安鎮,收亡父遺骸,到兖州瑕丘縣進賢鄉,與亡母合葬”。當時見識廣的人評論説:“女子適邊,取父遺骸合葬,烈而且孝,誠可嘉也。”[3]亦有死在他鄉者先簡單下葬,過後不久再遷葬。顔真卿問罪李希烈,是抱着必死的心情前去,而周圍的人知道他是有去無回的。到了大梁,爲李希烈縊殺,草草葬在城南。李希烈戰敗,顔真卿家人找到了葬地,打開靈柩,“見狀貌如生,遍身金色,鬚髮長數尺。歸葬偃師北山”[4]。這種因爲特殊情况如戰亂等的下葬,一般人是不認可的,所以事定之後家人就馬上想着要歸葬祖墳。類似的歸葬當時較爲提倡,所以記録的事例較多。如杜羔父親爲河北尉,卒後葬在當地。其母不是嫡母,由於戰亂,不知到什麼地方去了,杜羔“常抱終身之感”。後杜羔“往求先人之墓,邑中故老已盡,不知所詢。館於佛寺,日夜悲泣”。找不到父親的墓,他十分傷心。後來不經意間看到他父親寫在佛寺裏的幾行字,説:“我子孫若求吾墓,當於某村某家問之。”於是他號哭而往,“果有老父年八十餘,指其丘壟,遂得歸葬”。[5] 找到父親的墓,然後纔能歸葬老家。

朝廷官員如果犯罪,死後是否能歸葬老家,和自己的妻子合葬,是必須通過帝王審批,不是家裏人隨便能决定的。滑州總管杜才幹因爲謀逆在唐太宗時被誅,其妻盧氏“虜没入官”,成爲宫廷裏的一位奴婢,後來成爲高宗的乳母。高宗即位,盧氏被封燕國夫人,官品第一級。因爲有了恩寵,所以一直對高宗説杜家

1 李昉:《太平廣記》卷三〇五引《廣异記》“李佐時”,第2415頁。

2 王讜:《唐語林》卷一《德行》,第三編第二册,第11頁。

3 孫光憲:《北夢瑣言》卷一《鄭氏女廬墓》,第一編第一册,第17頁。

4 劉斧:《青瑣高議》前集卷一《顔魯公》,第二編第二册,第20頁。

5 王讜:《唐語林》卷四《傷逝》,第三編第二册,第153頁。

的事情。直到臨死前,還想着這件事,“復請與才幹合葬”。但唐高宗没有同意,“帝以獲罪先朝,亦不許之”。[1] 説明衹有獲得批准,犯死罪的官員纔能夫妻合葬,與家裏人葬在一起。再如,官員如果被貶謫到邊遠地區,生病老死,没有獲得允許,也不能直接歸葬家族墓地,要等到帝王批准後纔能歸葬。咸通中,令狐綯嘗夢李德裕訴云:“吾獲罪先朝,過亦非大,已得請於帝矣。子方持衡柄,誠爲吾請,俾窮荒孤骨,得歸葬洛陽,斯無恨矣。”[2] 於是某天他與同僚一起上奏,唐懿宗同意了他的要求,總算讓李德裕與家人葬在一起。

對士族來説,大多是一個族葬在一起。宋初王洙説到以前有一士人,“自祖考及緦麻小功之親,悉以昭穆之次葬之,都無歲月日時陰陽忌諱與塋穴之法”[3]。將一族人葬在同一墓地,分昭穆排列。這種做法受到王洙的批評,認爲没有按照陰陽忌諱,估計墓穴的次序是不適合當時一般的做法。但唐朝人的確是常將自己和祖宗的墳墓安排得很近。如西門思恭早年曾爲桂管觀察使鄭亞的監軍,後來鄭亞覺得自己年紀大了,將兒子鄭畋托付給思恭。思恭爲神策軍中尉,鄭亞死,就將鄭畋接到家裏,“甚愛之,如甥侄,因選師友教導之”。鄭畋後官爲宰相,將思恭接到家養老,“温凊侍膳,有如父焉”。思恭死後,“畋葬於鳳翔西岡,松柏皆手植之。未幾,畋亦卒,葬近西門之墳,百官皆造二隴以吊之,無不墮泪,咸服其義也”。[4] 由於等同於父子關係,所以兩人的墓就選在一起。

歸葬後原來的墳墓一般是被廢弃了,如果再將原來的墳墓復原,往往會造成一些空墓。宋人發現李白的墳有兩個,一個在太平州采石鎮民家菜圃中,一個在州南青山,後者是正墳。時人認爲“太白平生愛謝家青山,葬其處,采石特空墳耳”。爲什麽會造成這種情況,“世傳太白過采石,酒狂捉月,竊意當時槁殯於此,至范侍郎爲遷窆青山焉”。李白空墳雖不是歸葬造成的,却是遷葬的結果。杜甫有墳在耒陽,上立碑,但宋人認爲是假的。元稹爲杜甫作過墓志,説他“竟以寓卒,旅殯岳陽,至其子嗣業,始葬偃師首陽山”。即在岳陽死後,先暫時

1 王讜:《唐語林》卷四《賢媛》,第三編第二册,第 162 頁。

2 錢易:《南部新書》卷庚,第一編第四册,第 75~76 頁。

3 王欽臣:《王氏談録》之《論陰陽拘忌》,第三編第三册,第 7 頁。

4 孫光憲:《北夢瑣言》卷一三《鄭文公報恩》,第一編第一册,第 152~153 頁。

安葬在岳陽,後來他的兒子將他歸葬至偃師首陽山。宋人説杜甫自稱是西晉杜預的後代,因而他們世代葬在偃師的首陽山。杜甫的父親曾爲鞏縣縣令,所以杜甫是鞏縣人,但家族墓在偃師。偃師首陽山就在官路附近,"其下古冢纍纍",杜預的墓古圖經還記載着,可考證。其邊上子孫附葬者數十人,就不知哪個墓是杜甫的。[1] 按這種説法,杜甫是死在耒陽,但没葬在耒陽,儘管有碑,不過是個空墳。之後"旅殯岳陽",杜甫靈柩被暫時安放在岳陽,最後杜甫的後代將靈柩葬回到首陽山。

唐人認爲夫妻是要合葬的。魏知古年七十死於工部尚書任上,其妻蘇氏悲痛萬分,"舉聲一慟而絶,同日合葬"[2]。因爲同一天逝世,所以夫妻葬在一起。

此外,唐代有一種特殊的葬法,叫招魂葬。唐貞元年間徵調士兵戍邊,河中府永樂縣百姓姚栖雲的大伯按規定要前去當兵。姚栖雲父對哥哥説:"兄嗣未立,無往。某幸已有子,請代兄行。"因爲姚栖雲的大伯還没有兒子,所以姚栖雲的父親決定代兄去當兵。姚栖雲的父親後來戰死塞上,其時姚栖雲僅三歲,母親改嫁,靠伯母把他養大,遂將伯母當成自己的母親。伯母死,姚栖雲將其葬罷,"又招魂葬其父,廬於墓次,終身哀慕不衰"。招魂葬實際上衹是通過一定的儀式,安葬死者的魂魄,但和真正的下葬一樣要起墳墓,"縣令蘇轍以俸錢買地,開阡刻石表之",説明不但封了土,還立了碑。招魂葬説到底没有實質意義,墳是真的,但墓室裏没有死人的骨骸,衹是後人表達哀思的一種方式,所以得到當時官員的表彰。當時河中尹渾瑊將姚栖雲的事情上報中央,朝廷詔加優賜,還"旌表其鄉曰'孝悌',社曰'義節',里曰'愛敬'"。[3] 所以這種象徵性的葬法,衹是爲了提倡對已故長輩的孝道而已。

人死後,一般常見的是用棺材下葬。如鎮州和尚普化,咸通初將示滅,"時臨濟令送與一棺",普化和尚笑曰:"臨濟廝兒饒舌。"於是"便受之",説明有些僧人死後是用棺材下葬的。[4] 如果碰到有人想厚葬,棺材就做得很大,而且還十

1 趙令畤:《侯鯖録》卷六,第二編第六册,第 249 頁。

2 錢易:《南部新書》卷庚,第一編第四册,第 77 頁。

3 王闢之:《澠水燕談録》卷四《忠孝》,第二編第四册,第 37 頁。

4 錢易:《南部新書》卷庚,第一編第四册,第 80 頁。

分注重棺木的品質。五代天成、開運以後,"俗尚巨棺,有停之中寢,人立兩邊不相見者,凶肆號'布漆山'"[1]。棺材太大,停着辦喪事時,棺材這面的人看不到另一面的人。這種棺材一般由凶肆(棺材鋪)提供,由於被漆成黑色,所以稱爲布漆山。當時的棺材大多在外表面髹黑漆。陶穀曾參加母親娘家人的喪禮,"正見漆工髹裹凶器","因言棺椁甚如法",説明髹黑漆是較爲常見的做法。漆工認爲死者雖生前富貴,但死後衹有一座漆宅,所以自己的工作不能魯莽,要認真上漆。[2] 人們舉辦葬禮時,棺材大多是從凶肆買來再臨時上漆加工,但亦有人提前就製作好棺材。有位叫正己的右補闕,四十四歲就致仕,提前做好棺材,放在寢室裏。有人勸他把棺材搬到房子的角落裏去,他説:"吾欲見之,常運死想,滅除貪愛耳。"[3]當然他比較豁達,對死亡并不忌諱。

製作棺材用的木材,品種可能較多。五代時軍吏徐彦成,經常到信州山裏購買木材。後來將"大杉板四枚"運回秦淮,"會吴帥殂,納杉板爲棺,以求材之尤异者"[4]。徐彦成運回的杉木,"良而價廉",品質上乘,是做棺木較理想的材料。南唐潘扆病終於紫極宫,"臨終上言乞桐棺葬於近地,後當尸解,上從之,使中貴人護葬於金波園"。潘扆是個特例,因爲他説自己的尸體能尸解,所以用了桐棺。保大中,南唐元宗李璟"命親信發冢觀之,骸骨尚在,迄無异焉"。[5] 這種用桐木做的棺材,在當時可能是比較高檔的一種木料。

一些人用不起棺材,官方常會出面解决。池陽人胡澄傭耕自給,生活比較困難。其妻卒,"官給棺以葬"。後來碰到了他妻子變成的鬼,説:"我昔葬時,官給葬具。雖免暴骨,然至今爲所司督責其直。計無所出,賣此以償之耳。"[6]百姓貧困無財力下葬,官方給錢辦喪事,但後來要歸還,説明這錢算是借的。南唐陳省躬爲永新令時,"彬、衡之盗入境暴掠",健卒前去抵抗,死了不少人。省躬"遂給府緡,市棺殯葬"。郡守下官符認爲他不請示就動用公款,是做錯了事情,

---

1 陶穀:《清异録》卷下《喪葬門》"布漆山",第一編第二册,第112頁。

2 陶穀:《清异録》卷下《喪葬門》"漆宅",第一編第二册,第112頁。

3 陶穀:《清异録》卷下《喪葬門》"永息庵",第一編第二册,第112頁。

4 徐鉉:《稽神録》卷三《徐彦成》,第39~40頁。

5 鄭文寶:《南唐近事》卷一,第一編第二册,第215頁。

6 徐鉉:《稽神録》卷三《胡澄》,第48~49頁。

省躬大怒,在郡守的官符下寫道:“開官庫,使官緡,買棺木,葬官軍,何過之有?”派人送給郡守,郡守看後亦不能再説什麽了。[1] 買棺材下葬戰死的官軍,被認爲是天經地義的事情。

民間一些有識之士和有錢者,會想辦法出錢葬弃尸。代宗大曆年間,關東饑疫,死人不少。鄭損“率有力者每鄉爲一大墓,以葬弃尸,謂之鄉葬,翕然有仁義之聲”[2]。鄭損是盧藏用的外甥,是個平民百姓,但他有威望,當時鄉里稱他爲“雲居先生”,在他的帶動下,一些有錢人出錢出力,每鄉建一大墓葬弃尸。這種大墓葬,不是官方行爲,是民間自發的舉動,是一種義舉,因而墓葬的形式肯定比較特殊。

還有一些人用不起棺材,就衹能以席貯尸。代宗大曆八年(773 年)七月,晉州男子郇謨打算上書言事,但怕自己不成功,就“以麻辮髮,持葦席,哭於東市”。他説如果上書不成,“即以席貯尸,弃之於野”。[3] 就是説,他認爲如果不能有棺材下葬,衹能是“以席貯尸”,拋之荒野。這種將尸體拋之荒野的情况在唐代的史書裏記載較多:“太原舊俗,有僧徒以習禪爲業,及死不殮,但以尸送近郊以飼鳥獸。如是積年,土人號其地爲‘黄坑’,側有餓狗千數,食死人肉,因侵害幼弱,遠近患之。”[4] 唐敬宗寶曆年間,福建觀察使衛中行被貶播州,後來因爲大赦可以回北方,却“死於播之館,置於臼塘中”。爲什麽會放在水塘中呢?主要是因爲“南人送死,無棺槨之具,稻熟時理米,鑿木若小舟以爲臼,土人呼爲臼塘”。[5] 這種葬俗實際上就是拋尸野外,是部分地區一種比較奇特的風俗。

尸體還有火化的。五代時,後蜀先主孟昶與東川董太尉合兵進圍遂州城。城中有一位姓宋的貧窮乞丐,與其他重圍中的人一樣“皆饑殍,宋亦餓殕於州市”。認識他的人用竹席將其尸體裹起來,埋在城墻下,“俟時平焚之”,即想等

1 龍衮:《江南野史》卷七《陳省躬》,第一編第三册,第 198 頁。

2 王讜:《唐語林》卷四《栖逸》,第三編第二册,第 157 頁。

3 錢易:《南部新書》卷戊,第一編第四册,第 49 頁。

4 劉昫:《舊唐書》卷一一二《李暠傳》,第 3335 頁。

5 錢易:《南部新書》卷庚,第一編第四册,第 83 頁。

到戰事停了再挖出來火化。[1] 這則資料告訴我們，在蜀地有人死了以後不是入土下葬墳墓，而是采取火化的方式來處理尸體。這是一種普遍現象，還是因爲這位姓宋的是乞丐，或是戰時的臨時手段纔火化，有待於我們深入地觀察。而事實上，這一階段火葬的事例還真不少。南唐金陵徐氏諸公子"寵一營妓，卒乃焚之"。火化者亦有送葬儀式，當時名娼徐月英開玩笑説："此娘平生風流，没亦帶焰。"[2] 宋人筆記載元稹死後可能亦是火化的："元相稹之薨也，卜葬之夕，爲火所焚，以煨燼之餘瘞之也。"[3] 五十三歲的元稹按白居易《元稹墓志銘》記載是"遇暴疾"死的，應該是突然得了什麽病，所以其尸體如果真的爲火所焚，應該不是意外，而是有意識的行爲。但元稹被焚一事在其他史書中均未見記載，不知此條資料的準確性到底如何。

無法下葬的尸體常被火化。李德裕被貶至海南，看到一古寺，於是進去逛逛。在一老僧的房間裏，見其内壁挂了十餘個葫蘆，李德裕問："中有藥物乎？弟子頗足疲，願得以救。"還以爲僧人在裏面放了藥丸仙丹之類。没想到和尚嘆一聲説："此非藥也，皆人骼灰耳！此太尉當朝時，爲私憾黜於此者。貧道憫之，因收其骸焚之，以貯其灰，俟其子孫來訪耳！"[4] 這些都是李德裕當政時貶黜到海南的官員，死了就火化，僧人是收藏他們的骨灰在小葫蘆裏，等其子孫來拿回家。從和尚爲這些貶謫人火化收灰來看，很有可能是寺院幫他們火化的，在當地應是比較普遍的一種做法。

（八）墓志與墓碑

官員士大夫死後，墳墓前立碑，墳墓内有墓志。[5] 宋人認爲："碑者，施於墓則下棺，施於廟則繫牲，古人因刻文其上。"[6] 碑原是爲了下棺時能沿石面滑進

1 黄休復：《茅亭客話》卷四《丁元和》，第二編第一册，第 31 頁。

2 孫光憲：《北夢瑣言》卷九《魚玄機》，第一編第一册，第 112 頁。

3 錢易：《南部新書》卷庚，第一編第四册，第 83 頁。

4 王讜：《唐語林》卷七《補遺》，第三編第二册，第 244 頁。

5 唐五代墓碑的概况性介紹，可參看盧蓉《中國墓碑研究》第一章"生死并立：中國墓碑的歷史沿革"之第四節"隋唐墓碑——高峰階段"，社會科學文獻出版社，2015 年，第 61~78 頁。

6 宋祁：《宋景文公筆記》卷上《釋俗》，第一編第五册，第 44 頁。

墓壙裏,但後來演化爲豎在墓道上。又云:"石碑皆有圓空。蓋碑者,悲也,本墟墓間物。每一墓有四焉。初葬,穿繩於孔以下棺,乃古懸窆之禮。"隋代對立碑有具體的規定:"隋之制:五品以上立碑,螭首龜趺,上不得過四尺,載在《喪葬令》。"[1]唐代大體上繼承前朝的做法:"碑碣之制,五品已上碑;七品已上碣;若隱淪道素,孝義著聞,雖不仕,亦立碣。"[2]之後,衹要有錢,都想爲父母立碑:"近代碑碣稍衆,有力之家多輦金帛以祈作者,雖人子罔極之心,順情虚飾,遂成風俗。"[3]墓碑分爲碑、碣二種,漢人認爲"方者謂之碑,圓者謂之碣",但到了唐朝主要看官員的級别。級别高的官員用碑,級别低的官員及一些不是官員但行爲很突出的人用碣。

墓碑一般是先立後刻。宋人陳善説:"前世牌額,必先挂而後書,碑石必先立而後刻。"陳善提供了一個例子,説中唐吐突承璀欲立石紀功德,"李絳上言請罷之。帝悟,命百牛倒石,此先立之驗也。今則先刻而後立"[4]。不過陳善説的是紀功德碑,如果是墓碑,時間催得緊,工期要求很高,亦不一定非是先立後刻。

張説死的時候,玄宗"自製神道碑文"[5]。高級官員死後,墳墓的神道上立碑是十分流行的。安陸城東三十里,有"唐許氏之塋域。俗謂之相公林。舊有孝昌公碑,高六七尺,闊三尺餘,白石也"。此碑上的文字到宋代被人磨去,衹是碑額上有"大唐孝昌公許君墓碑"九字。不過有人曾拓了此碑,"所存者序四百字、銘二百六十八字耳。文多缺落,於序爲甚"。[6] 此碑應立在唐朝一位高級官員的墓前,所以碑上文字較多。有的碑立在墓側,如白居易死後葬在龍門山,

---

1 王讜:《唐語林》卷八《補遺》,第三編第二册,第278頁。《隋書》卷八《禮儀三》云:"三品已上立碑,螭首龜趺。趺上高不得過九尺。七品已上立碣,高四尺。圭首方趺。若隱淪道素,孝義著聞者,雖無爵,奏,聽立碣。"(第157頁)隋朝立墓碑的品級和墓碑的形制有詳細的規定。從這段話中可以看到,隋朝庶人一般不能立碑、碣,特殊人物的事迹上報朝廷得到批准後,纔能立碣。

2 錢易:《南部新書》卷壬,第一編第四册,第104頁。《唐律疏議》卷二七《雜律》引《喪葬令》亦云:"五品以上聽立碑,七品以上立碣。塋域之内,亦有石獸。"(第517頁)

3 王讜:《唐語林》卷八《補遺》,第三編第二册,第278頁。

4 陳善:《捫虱新話》卷九《前代牌額先挂後書碑石先立後刻》,第五編第十册,第75~76頁。

5 孔平仲:《續世説》卷五《賞譽》,第二編第五册,第85頁。

6 王得臣:《麈史》卷中《碑碣》,第一編第十册,第54頁。

"河南尹盧貞刻《醉吟先生傳》立於墓側,至今猶存"[1]。

唐人認爲"古葬無石志,近代貴賤通用之"。南北朝時雕刻墓志盛行,到了唐代衹要有一定經濟實力的人都撰寫墓志埋進墓内。雖然南北朝時就有人提出"施石志於壙内",并不是古代的喪禮内容,但唐以後人們還是認可"孝子無以揚先人之德",衹能通過"刻石紀功"來辦到。[2] 碑文和墓志,大多是請有名望的官員和文人撰寫。比如李邕早年就以才氣出名,"尤長碑頌,雖貶職在外,中朝衣冠,及天下寺觀,多持金帛往求其文,前後所製,凡數百首,饋遺亦巨萬。時議以自古鬻文獲財,未有如邕者"[3]。唐人說他"平生撰碑八百首"[4],通過寫碑志發了財。其實衹要能寫文章,都有人請去幫忙,獲得不菲的收入。王仲舒爲郎中時,與馬逢友善。馬逢經濟很困難,所以王仲舒常常責怪馬逢說:"貧不可堪,何不尋碑志相救?"意謂你寫幾首碑志,收入馬上就來了,會解生活上的窘急之態。而馬逢笑着說:"適見人家走馬呼醫,立可待也。"[5]看到人家騎着馬去叫醫生,説明病情緊急,因而這人馬上就要死了,很快會有人找他去寫墓志。其時很多人發現寫碑志能賺錢,就蜂擁而至這個行當中:"長安中争爲碑志,若市賈然。大官薨,其門如市,至有喧競構致,不由喪家者。"[6]一旦有人家裏死了人,這些寫碑志的人都競相奔至,搶着想把這賺錢的事情攬到手。

但唐代有很多文人、官員并不媚俗,不輕易爲人撰碑志。韋貫之的文才遠近聞名,但十分清高。裴均子"持萬縑詣韋貫之",求他爲自己的先人寫墓志銘。没想到韋貫之不看重錢財,說:"吾寧餓死,豈肯爲此哉!"[7]南唐韓熙載才名遠聞,因而"四方載金帛,求爲文章碑表如李邕焉,俸入賞賚,倍於他等"[8]。用今天的話説,爲了求他寫碑表,很多人是出了高價。比如當時的僕射嚴續"位高寡

---

1 錢易:《南部新書》卷庚,第一編第四册,第 78 頁。

2 趙令畤:《侯鯖録》卷六,第二編第六册,第 244 頁。

3 孔平仲:《續世説》卷二《文學》,第二編第五册,第 37 頁。

4 趙令畤:《侯鯖録》卷四,第二編第六册,第 223 頁。

5 趙令畤:《侯鯖録》卷六,第二編第六册,第 244 頁。

6 王讜:《唐語林》卷一《德行》,第三編第二册,第 17 頁。

7 孔平仲:《續世説》卷三《方正》,第二編第五册,第 48 頁。

8 文瑩:《玉壺清話》卷一〇,第一編第六册,第 182 頁。

學，爲時所鄙”，所以“深赧之，强自激昂”。他看到韓熙載名氣很大，遂一再請他爲自己的父親寫神道碑，“欲苟稱譽取信於人”，爲自己掙點面子。爲此，他“以珍貨幾萬緡”，再加上一個長得很漂亮而且能唱歌的美女，作爲韓熙載的酬勞。韓熙載“納贈受姬，遂納其請，文既成，但叙譜裔品秩及薨葬褒贈之典而已，無點墨道及續之事業者”，收了禮物，但神道碑上寫的僅是些任官的經歷和死後皇帝的褒贈，没有什麽漂亮的文采來加以美化。嚴續一看不對，退回碑文，希望韓熙載能改寫一下，“熙載亟以向所贈及歌姬悉還之”，登車就走。[1]

一些人不相信外人寫的内容，衹對自己家裏人寫的碑志放心。如吕延之、吕渭、吕温三代人，“俱有盛名重任”。吕氏家風，祖先的碑志，“不假於人，皆子孫自撰”，還説：“欲傳慶善於信詞，儆文學之荒墜也。”[2] 相信自己後代的文字，認爲社會上一些人寫得不好。

還有一些人趁活着的時候就先作準備，爲自己寫好碑文和墓志。對這種現象，宋人記道：“杜牧之、白樂天、辛秘、李栖筠、王績、嚴挺之、柳子華皆自撰墓志。盧照鄰、李適、司空圖自作墓。衛大經自鑿墓，自爲志。顔魯公在蔡州，度必死，乃作遺表、墓志、祭文。謂之達亦可，謂之近名亦可。處死若魯公，可也。”[3] 這種情况在文人和有個性的官員身上常會發生，所以宋人認爲他們對死亡看得十分通達。宋人還談到白居易和元稹友善，元稹死了，白居易有《哭元相》詩思念他，但到了自撰墓志時僅談到“與彭城劉夢得爲詩友”，一句不談元稹，懷疑他們有“隙終也”。[4] 顔給事蕘嘗自草《墓志》，内中談道：“寓於東吴，與吴郡陸龜蒙爲詩文之交，一紀無渝。龜蒙卒，爲其就木至穴，情禮不缺。”[5] 再如裴度就自撰墓銘，云：“裴子爲子之道，備存乎家牒；爲臣之道，備存乎國史。”杜牧爲自己寫的銘文是：“嗟爾小子，亦克厥修。”顔真卿在蔡州，“知必禍及，自爲志銘置左右”[6]。這些爲自己作好碑文和墓志的名人，大多比較有文采和個性，

1 文瑩：《湘山野録》卷下，第一編第六册，第56頁。

2 錢易：《南部新書》卷辛，第一編第四册，第89頁。

3 朱翌：《猗覺寮雜記》卷下，第三編第十册，第73頁。

4 孫光憲：《北夢瑣言》卷六《白太傅墓志》，第一編第一册，第82頁。

5 孫光憲：《北夢瑣言》卷六《顔給事墓銘》，第一編第一册，第81頁。

6 王讜：《唐語林》卷二《文學》，第三編第二册，第64頁。

在當時是一些特別的事例。

碑志本來是爲了頌揚自己前輩的事迹而樹立,“碑志之作,本孝子慈孫欲以稱揚其父祖之功德,播之當時,而垂之後世,當直存其名字,無所避隱”。但宋人發現唐代人都不直呼其祖先名字,這樣做讓人看不大清楚,不知這碑上在説誰:“自唐及本朝名人文集所志,往往衹稱君諱某字某,至於記序之文亦然……然亦不書其名,使之少獲表見,又爲可惜也。”[1]

當然,能有碑文、墓志和祠堂,大多是高級官員,而一般官員,或者官員犯了錯誤,這些就不一定會具備了。唐人郝處俊,高宗時曾爲中書侍郎,君臣之間關係密切。處俊臨死前,對前去看望他的侍中裴炎説:“生既無益明時,死後何宜煩費。瞑目之後,儻有恩賜贈物,及歸鄉遞送,葬日營造,不欲勞官司供給。”不過之後他的孫子郝象賢在武則天時坐事伏誅,“臨刑言多不順”。武則天大怒,不但發其父母墳墓,而且處罰郝處俊,“亦坐斫棺毀柩”。[2] 郝處俊的墓在安陸城西南三十里,最早葬的時候不知是否立碑,但後來被武則天斫棺毀柩,墓前不可能再有碑。北宋慶曆中,“太守校理孫公甫之翰嘗命令狐子先爲文,將鑱石,立於涓津之側以表之。會温成張氏方以修媛寵貴,之翰畏讒,終不立,議者或譏其太忌”[3]。孫甫想爲郝處俊立一塊碑,但因故未立,説明武則天毀墓後是肯定没碑的。

(九)葬後祭祀和喪服禮俗

一些有名望的人死後,還會建祠堂廟宇來紀念。有一穿喪服的人半夜到竇參的家裏,而竇參以爲是政敵陸贄派來暗殺他的。來人説“家有大喪,貧甚,不辦葬禮”,聽聞竇宰相人很好,所以來討點錢。竇參嚇得要命,説:“某罄所有,當封絹千匹而已。方具修家廟貲,今以爲贈。”[4] 可知有錢以後除了辦喪禮,還要修家廟來祭祀。當然家裏没錢的普通人,是不可能修建家廟的。五代後漢劉審

1 洪邁:《容齋三筆》卷一一《碑志不書名》,第五編第六册,第 126 頁。

2 劉昫:《舊唐書》卷八四《郝處俊傳》,第 2801 頁。

3 王得臣:《麈史》卷中《碑碣》,第一編第十册,第 56 頁。

4 王讜:《唐語林》卷六《補遺》,第三編第二册,第 213 頁。

交爲汝州防禦使,當地人對他比較有好感。後來他卒於任上,"郡人聚哭柩所",十分心痛,"列狀乞留葬本州界,建祠立碑"。[1] 留葬在郡内,還要建立祠廟方便人們經常紀念他。

官員死後,還要請謚號。《春明退朝録》卷中云:"古者將葬請謚以易名,近世多槁殯或已葬而請謚。"唐代苗晋卿死後一年,吕諲死後四年,盧奕死後五年,顔杲卿死後八年,都向朝廷請謚號,而獨孤及向朝廷請謚郭知運,有人認爲郭知運已經葬五十年了,"今請易名,竊恐非禮",獨孤及認爲與前四位相比,八年與五十年其實是一樣的,於是朝廷最後謚知運"威"。可知,請謚是官員葬禮中的一個有機部分,時人認爲比較重要。那麽是否每位官員都可以請謚? 從現有資料來看,能得到謚號的是三品以上的官員。唐代兼官三品能得到贈官,如韓愈曾爲京兆尹兼御史大夫,後來官終吏部侍郎,因爲所兼御史大夫爲三品,所以贈禮部尚書。一些地方觀察使多兼兩省侍郎,都是正三品,"以就三品得謚"。不過宋代謚號控制得十分嚴格:"惟正官三品方得謚,兼官贈三品不得之。"但宋真宗時又恢復唐朝的做法,文武官至尚書、節度使卒,"贈至正三品,許請謚"。[2]

墳墓建好,將死者安葬,一般還要在墳前祭奠。南唐金陵書生鍾輻,帶了僕女青箱到後周都城洛陽考試,得甲科第二名。回來時在采石渡,青箱心疼,"數刻暴卒。生感悼無奈,匆匆槁葬於一新墳之側"。鍾輻回家,發現"門巷空闃,榛荆封蔀,妻亦亡已數月"。幾天後,"親友具舟携輻致奠於葬所",想讓鍾輻到妻子墓前致奠,却發現就是"青箱槁葬之側新墳"。[3] 可知,到新墳前致奠親人是當時想念親人的一項活動。

唐朝人對祖先的墳墓特别重視,所以常常要祭掃墳墓,表達自己的孝思。唐中宗時,魏元忠爲中書令,"請歸鄉拜掃"[4]。白居易死後葬在洛陽龍門山,"洛陽士庶及四方游人,過其墓者,奠以卮酒,冢前常成泥濘"[5]。白居易是個影

1 孔平仲:《續世説》卷二《政事》,第二編第五册,第 31 頁。

2 宋敏求:《春明退朝録》卷中,第一編第六册,第 279 頁。

3 文瑩:《湘山野録》卷中,第一編第六册,第 39~40 頁。

4 孔平仲:《續世説》卷五《賞譽》,第二編第五册,第 84 頁。

5 錢易:《南部新書》卷庚,第一編第四册,第 78 頁。

響力較大的人物,所以前去祭掃的人特別多,可知唐代人掃墓習俗盛行,祭掃時最通行的做法是"奠以卮酒"。洛陽士庶和四方游人的祭掃活動,應該不會是同一天前去,估計一年四季祭掃日子是没有限制的。後梁開平元年(907年),朱温封錢鏐爲吴越王。於是錢鏐改自己的出生地臨安縣爲臨安衣錦軍,"是年省塋壟,延故老,旌鉞鼓吹振耀山谷"[1],乘衣錦還鄉的時候去掃一次祖宗的墓。掃墓的時間,有的地區是有規定的。如宋代前期,成都一帶"正月二日、三日上冢,知府亦爲之出城置會"[2],這種風氣的形成,可能來自唐末五代。而唐代皇宫内宫女們的墓,時稱"宫人斜","四仲遣使者祭之"[3],即每季的第二個月派使者去掃墓。

人剛死,佛教要念齋,一般以每七天一齋的七七齋最爲多見。《唐語林》卷八云:"俗間凶疏,本叙時序朔望,以表遠感之懷,此合於情理。至有叙經齋七日,此出釋教,不當形於書疏。"[4]可知七七齋在唐代十分盛行,與傳統的根據季節或初一、十五的祭奠有很大的不同。每隔一定時日的佛教齋會和齋儀,在民間很有市場。唐末揚州法雲寺僧珉楚嘗與中山賈人章某很親熱,"章死,珉楚爲設齋誦經數月"[5]。數月的齋會,估計是七七齋。一些人會請道士做齋。潤州延陵縣農村有人死了老婆,就請靈寶觀道人謝及損前去念齋。"婦死已半月矣,忽聞摧棺而呼"[6],這麽長時間人是否能活過來比較難説,但每隔一段時間道人去念齋的這種形式和佛教的七七齋可能大同小异。道、佛在設齋上可能相互都受到了影響。

爲了祭奠死者,人死一周年,亦要做齋會。《稽神録》補遺談道:"高安村人有小兒作田中,爲人所殺,不獲其賊。至明年死日,家人爲設齋,爾日有里中兒方見其一小兒,謂之曰:'我某家死兒也。今日家人設齋,吾與爾同往食乎?'里

---

1 文瑩:《湘山野録》卷中,第一編第六册,第38頁。

2 范鎮:《東齋記事》卷四,第一編第六册,第221頁。

3 宋敏求:《春明退朝録》卷上,第一編第六册,第263頁。

4 王讜:《唐語林》卷八《補遺》,第三編第二册,第280頁。

5 徐鉉:《稽神録》卷三《僧瑉楚》,第41頁。

6 徐鉉:《稽神録》卷四《延陵村人妻》,第59~60頁。

中兒即隨之至其家,共坐靈床,食至輒餐。”[1] 小孩周年忌日,家人設齋會,有餐飲招待大家。不過從“靈床”來看,家裏仍是設靈位的。再如建陽縣録事陳勛,性格“剛狷,不容物”,結果被縣吏誣陷,竟坐弃市。到了第二年死日,“家爲設齋。妻哭畢,獨嘆於靈前曰:‘君平生以剛直稱,今枉死逾年,精魂何寂然耶!’”[2] 可見周年忌日民間常設齋會祭奠,齋會上家人還號哭不停,家裏仍設有靈位。

人死了以後,家人四時都要祭奠故人,在家裏或其他祭祀場所、祠廟都可進行。楊收被貶死嶺外後,請求鎮守南海的鄭愚祭奠他:“欲托尚書宴犒,兼借錢十萬緡。”於是鄭愚在北郊“具酒饌素錢以祭之”。[3] 這種遥祭要備好酒和食物,還要燒紙錢。南唐史虚白臨死前對兒子説:“四時慎勿享奠,有益勞費,何利死者? 吾當不歆矣。”所以他的兒子在他死後,“頓絶時祀。每因節序,必修奠訖,爇紙緡於靈座,紙皆不化,用意焚之,火則自滅,遂不復更祭奠矣”。[4] 史虚白四時不讓祭奠是個特例,社會上一般都是要祭奠的。

服喪期滿,喪家要舉辦除喪儀式。除喪亦叫祖祭,意味着三年喪制結束。祖祭最主要的活動是除服,亦稱釋服、脱服,即脱下喪服。唐代釋服都是在這一天的黄昏,宋人認爲是不準確的:“今俗釋服多用昏時,非禮也。”《大戴禮記》説:“魯人有朝祥而暮歌者,子路笑之。”孔子一方面説:“三年之喪,亦已久矣。”另一方面又説:“逾月則其善。”服喪期三年的確很長,早晨釋服是可以的,但如果過了當月的最後一天就更好,“明知月晦之朝,去縞從吉也,明日則逾月矣,故夫子怪其不待明日而歌”。到了唐代,釋服是給晦日假,在當月的最後一天:“今之免服准式給晦日假者,蓋以朝既從吉,使竟是日吉服,盡與親賓相見,遍示禮終,至明日復參公務,無樂不爲之義。”晦日早晨脱服,然後與親朋好友相見,告訴大家服喪期滿,第二天就可以正式進行公務活動。宋人認爲:“凡曰釋服,悉宜從朝矣。”儘管當時是這樣規定,但“今在脱服假内,反不見賓友也”,“今世卒

1 徐鉉:《稽神録》補遺《高安村小兒》,第122~123頁。

2 徐鉉:《稽神録》補遺《陳勛》,第123頁。

3 孫光憲:《北夢瑣言》卷九《楊相報楊玄价》,第一編第一册,第107~108頁。

4 鄭文寶:《南唐近事》卷一,第一編第二册,第211頁。

哭之後,朔望時節,辭不見賓客,非也。若尊高居喪,吊者以是日客多,不敢求見,遽自退去,宜矣,非所以辭也”。脱服以後,按禮是要見賓客,但唐人一般都不見賓客。如果是地位高的人這天脱服,前來參加除喪儀式的人很多,但不敢求見主人,自己退下去就可以了。《禮》云:“大喪不避涕泣而見人。”人家親朋好友來了,主人眼泪鼻涕一大把,“以表至哀無飾”,這是正常的,所以唐人不見賓客實際上與傳統的禮儀不相符合。[1]

人死後,要進入地下空間,所以唐五代人的頭腦裏會有一個冥天世界,這個地下空間裏會有一個管理的機構叫冥司。盧懷慎突然昏死過去,不過後來又蘇醒了。睁開眼睛後,他説自己到地下走了一圈:“冥司三十爐,日夕爲張説鼓鑄貨財,我無一焉。”[2]管理地下的有關部門做得不公平,他還有點憤憤然的樣子。《北夢瑣言》裏亦記有一個地下的官衙。説是宰相武元衡和司徒王潛關係很好,武元衡被刺後,王潛就四時燒點紙錢紀念他一下。後來王潛到荆南任職,有一染户許琛突然暴亡,第二天竟然復活。他寫了榜子到衙門要見王潛,於是王潛問他什麽事情。許琛説:“初被使人追攝,至一衙府,未見王,且領至判官廳。見一官人凴几曰:‘此人錯來,自是鷹坊許琛,不干汝事。’即發遣回,謂許琛曰:‘司徒安否?我即武相公也。大有門生故吏,鮮有念舊於身後者。唯司徒不忘,每歲常以紙錢見遺,深感恩德。然所賜紙錢多穿不得,司徒事多,檢點不至,仰爲我詣衙具導此意。’”[3]就是説,許琛到地府走了一遭,主要是地府裏搞錯了人,但他看到在地府任判官的武元衡。雖然地府的最高統治者“王”没有看到,却看到了“王”的助手。可知,一個現實世界的官府被復製到了陰間。

唐五代期間,無論是社會的上層階級還是民間底層,在喪葬禮儀上基本遵循了古禮。傳統的禮儀規定大多仍然在執行,因此粗略地看在喪葬禮儀上與漢魏以來没有太大的差别,即使有一些差别,大多是對某一種禮節的權宜變通。不過,隨着社會經濟和文化的變化發展,唐五代的喪葬禮儀中必然羼入很多具有時代特殊性的内容。比如隨着佛教的發展,佛教的因素大量地進入人們的日

1 王讜:《唐語林》卷八《補遺》,第三編第二册,第280~281頁。

2 錢易:《南部新書》卷丙,第一編第四册,第35頁。

3 孫光憲:《北夢瑣言》卷一二《王司徒燒紙錢》,第一編第一册,第147頁。

常生活,佛教在喪家的齋會就大量地被引入,七七齋等形式就成爲喪家的必備儀式。受佛教音樂的影響,歌舞的内容被引入喪事。喪葬本身亦在不斷發展,如燒紙錢、紙人、紙馬之類的儀節,已作爲一個重要環節被人們接受,并在以後歷代的喪祭活動中延續了下來。因此,從民間喪葬禮儀遵循古禮而又有發展變化的基本面貌中,我們可以看到整個唐代社會風俗禮儀的大致景象。

第五章

教育與文化

社會的進步與教育有着密切的關係。教育的發展,能够改變民風習俗,能够大大促進文化的發展。教育與文化,都是在物質文明得到一定的滿足後,纔得以進一步地發展,因爲人們需要精神上的愉悦,希望有豐富多彩的精神文化。教育與文化能够清楚地反映出唐五代人們的文化修養,體現出人們的精神風貌,展現出唐五代的時代特質。

一、重教風尚

隋唐五代時期,教育的作用越來越突出,政府在各級城市中設立了不同等級的官學,民間各種私學普遍出現,重視教育的理念越來越爲人們所接受,人們的文化層次不斷提高。無論是政府還是民間,對教育的重視程度并没有因爲政局的變化而鬆懈,從朝廷到地方,文人學者都頑强執着地從事教育建設的種種基礎性工作,取得了重要的成就和進展。由於對教育的重視,從小讀書學習的人數衆多,改變了人口的文化素質,使文化生活更加豐富多彩。

宋代筆記不可能對隋唐五代教育制度作全面的記載,但對某些教育制度、教育理念和教育方法等内容有一定的具體描寫,便於我們對唐五代教育風尚有更爲全面的認識。

(一)政府官學

唐五代的官學制度,目前保存的記載還是比較詳細的,通過現有記載可以大致勾勒出中央官學和地方州縣學的面貌。比如隋唐五代政府在中央設國子監,下有國子、太學、四門、律、書、算等學校,有博士、助教等學官,系統教授各種儒家經典,有很多學生從學校畢業後會直接參加科舉考試。在地方上廣泛設立州縣學。如唐朝規定:上州設經學博士 1 人,助教 2 人,學生 60 人;醫學博士 1

人,助教 1 人,學生 15 人。每州都有兩所學校:一所迎合科舉制使學生接受封建正統思想的儒學,其教師爲經學博士,“掌《五經》教授諸生”;另一所開設地位稍次的醫學,其教師爲醫藥博士,“以百藥救民疾病”。各縣有縣學,如:上縣設博士 1 人,助教 1 人,學生 40 人;中縣和下縣有博士 1 人,助教 1 人,學生 25 人。[1] 這些都是固定的政府官學。

唐朝貞觀以後,各州縣普遍設立孔廟,稱文宣王廟,祭祀儒家聖賢。因爲孔廟常常與州縣學相連,當時出現了“廟以崇先聖,學以明人倫,郡邑廟學大備於唐”[2] 的景象。亦就是説,隨着孔廟的設立,州學大量建立起來。如常州州學從唐初設立後,代宗永泰年間李栖筠任常州刺史,“大起學校”,在夫子廟西建立州學,“登歌降飲,人人知勸”,從此常州“文治熠如也”。蘇州州學在中唐有快速的發展。唐代宗大曆三年(768 年),李栖筠被拜爲浙西都團練觀察使,他擴大州學規模,“增學廬”,延聘河南褚冲、吴何員等名氣較大、威望很高的大儒爲官學的老師,一時間人們的學習風氣濃厚,“遠邇趨慕”,學生竟有數百人。[3] 再如泉州州學,在教學上亦取得很大成就。《稽神録》卷五談道:“泉州文宣王廟庭宇嚴峻,學校之盛,冠於藩府。庭中有皂莢樹,每州人將登第,即生一莢,以爲常矣。梁貞明中,忽然生二莢有半,人莫喻其意。乃其年州人陳逖進士及第,黄仁棣學究及第。仁棣耻之,復應進士舉,至同光中,舊生半莢之後,復生全莢,其年,仁棣及第。後數年,廟爲火焚。”[4] 泉州州學設在孔廟内,與相鄰各州相似,學校辦得十分正規,有多位本地的士人進士及第。

縣學亦十分普遍。潤州江寧縣在唐代中期設學。《唐語林》卷二載:“韓晋公治《左氏》,爲浙江東、西道制節。……在軍中撰《左氏通例》一卷,刻石金陵府學。”[5] 韓滉於德宗建中年間任浙江東西道觀察使,這裏指稱的金陵府學其實就是江寧縣學。由於建中年間已有縣學,估計學校設立的時間比較早。唐代宗大曆九年(774 年),太原人王綱以大理司直兼縣令來到昆山上任,開始興修縣

---

1 劉昫:《舊唐書》卷四四《職官志三》,第 1918~1921 頁。

2 徐碩:《至元嘉禾志》卷七《學校》,《宋元方志叢刊》第五册,第 4459 頁。

3 歐陽修、宋祁:《新唐書》卷一四六《李栖筠傳》,第 4736 頁。

4 徐鉉:《稽神録》卷五《登第皂莢》,第 91 頁。

5 王讜:《唐語林》卷二《文學》,第三編第二册,第 57 頁。

學。他認爲化民成俗應該以教學育人爲本,教育的作用對政事的治理有一定影響,因此他在文廟的右側圍墻旁興修學校。本地人沈嗣宗擅長經學,所以王綱以他爲博士,教授"五經"。學校開學後,遠近兒童、少年前來學習的不計其數,"不召而至,如歸市焉"。從此以後,昆山老百姓都争着將子女送到學校,"其不被儒服而行,莫不耻焉",不進校學習就被人瞧不起。[1]

唐末動亂中州學遭到較爲嚴重的破壞。《通鑒》云:"自唐末以來,所在學校廢絶。"[2]《却掃編》亦云:"五代之亂,天下無復學校。皇朝受命,方削平四方,故於庠序之事,亦未暇及。"[3]意謂即使到了宋初亦没有完全恢復到唐朝的水準。不過局勢一旦穩定,五代一些國家就開始重新建學校。如南唐升元二年(938年),南唐政府在金陵城内開設太學,而後各級學校紛紛興建。馬令描述南唐興學盛况道:"南唐跨有江淮,鳩集典墳,特置學官,濱秦淮,開國子監,復有廬山國學,其徒各不下數百,所統州縣,往往有學。"[4]應該説不少州學得到恢復。

南唐的廬山國學,宋人筆記一再提及,可以看出官員子弟有很多人在這所國學中學習過。如孟賓于之子孟歸唐在廬山國學有《瀑布詩》:"練色有窮處,寒聲無盡時。"而鄰房的儒生同學"亦得此聯,遂交誦其句,助教不能理,因送江州。各以全篇意勢定之,而歸唐勝,大爲時賢所仰"[5]。南唐皇帝還至廬山國學視察。其時嗣主李璟因爲後周的進攻,南幸落星渚,來到廬山白鹿國庠。他見到墻壁上有一聯云:"吟登蕭寺旃檀閣,醉倚王家玳瑁筵。"於是對陪同的人説:"吟此詩者大是貴族矣。"而寫詩的江爲從此"爲時輩慕重"。[6] 盧絳年輕時在白鹿洞國學讀書,但極不認真,"與諸葛濤、蒯鼇等善,不聽讀,唯以屠販爲事。同舍諸生中有篋笥稍豐而吝者,則强取之,弱者侮之。及山下尋有嗇於賓道者,乃陰持禁物誣之,俾出緡帛,洞中流輩號爲'三害'。及朱弼新除國子助教,欲疏理其

1 董誥:《全唐文》卷五一九梁肅《昆山縣學記》,第2335~2336頁。

2 司馬光:《資治通鑒》卷二九一"廣順三年五月"條,中華書局,1956年,第9495頁。

3 徐度:《却掃編》卷上,第三編第十册,第119頁。

4 馬令:《南唐書》卷二三《朱弼傳》,《五代史書彙編》,杭州出版社,2004年,第5406頁。

5 龍袞:《江南野史》卷八《孟賓于》,第一編第三册,第210頁。

6 龍袞:《江南野史》卷八《江爲》,第一編第三册,第211頁。

罪,絳遂亡入金陵”[1]。不認真讀書,結果被處理,説明學校對學生有具體的管理措施,對違紀學生是要嚴格處理的。

廬山國學的培養應該是爲了科舉考試。如魏羽“肄業於白鹿洞,臨赴舉,大醉,卧百花峰下”,“其後羽以昭文館校書起家,過江至三司使、工部侍郎”。[2] 魏羽在白鹿洞學習後,接着就赴舉考試,説明學校的教學内容可能主要是在科舉考試上下功夫。盧絳從白鹿洞國學逃出來後,碰到一個賣甘蔗者,“絳揣囊乏一鏹,唯有《唐韵》一册,遂指易之”。賣甘蔗者説:“吾輩乃不識字,將此安用?哀君欲之志切,遂貽數梃。”[3] 盧絳懷中揣的這本《唐韵》,應該是國學學習的教材,用今天的話來説是教學生識字讀書的,因此廬山國學最主要是培養學生具有科舉考試的基本能力。

(二)民間教育

相對於官方的學校來説,民間教育就是私學。私學的大量出現,與重視教育的社會氛圍有關。唐代,社會上基本已經形成尊重學識的風氣,對不學無術者十分輕視。高宗時蘇良嗣爲荆州刺史,因爲不明白一些歷史上的事情,“當世恨其少學”,時人就瞧不起他。富人王元寶雖有錢却没學識,“嘗會賓客,明日親友謂之曰:‘昨日必多佳論。’元寶曰:‘但費錦纏頭耳。’良可嗤笑”[4]。他衹關心自己的錢財,不關心親友們説的是什麽,當然會受到人們的嘲笑。唐玄宗開元時期,曾下詔:“許百姓任立私學,欲其寄州縣受業者亦聽。”[5] 政府認爲私學是官學的補充,因而從政策上給予支持,使得私學十分活躍。私學不僅出現在農村地區,城市中亦有不少。

對唐五代時期的私學,學術界已有很多研究,私學類型主要有人對人的私

1 龍袞:《江南野史》卷一〇《盧絳》,第一編第三册,第 217 頁。

2 佚名:《江南餘載》卷下,第一編第二册,第 251 頁。

3 龍袞:《江南野史》卷一〇《盧絳》,第一編第三册,第 217 頁。

4 黄朝英:《緗素雜記》卷一〇《貴學》,第三編第四册,第 236 頁。

5 王溥:《唐會要》卷三五《學校》,第 635 頁。

相傳授方式、小型的學校、家庭啓蒙的家學等種類。[1] 從宋人筆記的記録來看,這種分類基本符合實際情況。不過,這幾種私學具體的辦學過程,宋人筆記的記載有時比唐五代的一些記録更爲具體,而且因爲視角不同,眼光獨特,可以補充唐五代教育史研究的不足。

1.私相傳授

唐五代時,私人授學十分普遍。這種私人授學者,大多是在儒學上有一定成就的學者、文人,還有一些是學術造詣較高的官員,他們名聲在外,聲譽較高,得到文人士子的青睞。授學者指導一些年輕的文人士子認真學習,刻苦攻讀。求教者一般都是儒學的初學者,或者在學術上有較大的發展空間,希望有所長進的年輕人。授學者和求教者之間純粹是爲了學術,教與學的目標比較一致。貞觀時爲弘文館學士的朱子奢,年輕時跟隨名儒顧彪學《左氏春秋》,"善文辭"[2]。潘徽"少受《禮》於鄭灼,受《毛詩》於施公,受《書》於張冲,講《莊》《老》於張譏,并通大義"[3]。陸德明師從名儒周弘正,"善名理言"[4]。開元年間,蕭穎士、趙驊同居興敬里肄業[5],應該亦是在跟隨老師讀書。詩文寫作技巧的提高,與能不能找到一個名師指點有着重要的關係。如大曆時曾爲常州刺史的獨孤及善古文,衆多年輕文人紛紛慕名前來其門下學習;再如梁肅、朱巨川、權德輿、高參、趙憬、崔元翰、陳京、唐次、齊抗等,都被年輕人追隨着要求指導學習。梁肅説獨孤及:"藝文之士,遭公發揚,盛名比肩於朝廷。"[6]亦就是説,在獨孤及的指點下,這些人後來在政事和學術上發揮了重要的作用。貞元年間,陽城與二弟隱居夏陽山中。其時鄭俶"依陽城讀書",接受陽城的指導。"經月餘,與論

1 如景遐東《江南文化與唐代文學研究》(人民文學出版社,2005年,第145頁)認爲唐代的私學有三種,即私相傳授方式、小型的學校、家庭啓蒙的家學。宋大川《唐代教育體制研究》(山西教育出版社,1998年,第180頁)認爲主要分爲經師講學、致仕官員開筵、現任官員指導求教。童岳敏《唐代的私學與文學》(上海古籍出版社,2014年,第16~32頁)認爲主要分爲私家講學、家族教育、佛寺教育和書院教育、私塾和鄉里村學、隱居讀書等五種。

2 歐陽修、宋祁:《新唐書》卷一九八《儒學上・朱子奢傳》,第5647頁。

3 魏徵:《隋書》卷七六《潘徽傳》,第1743頁。

4 歐陽修、宋祁:《新唐書》卷一九八《儒學上・陸德明傳》,第5639頁。

5 王讜:《唐語林》卷五《補遺》,第三編第二册,第190頁。

6 董誥:《全唐文》卷五二二梁肅《常州刺史獨孤公行狀》,第2348頁。

《國風》，俶不能往復一辭，因縊於梁下”。老師問學生問題，學生回答不出什麽來，想想實在臉面上過不去，就上吊自殺了。陽城見此情景，亦哭了起來：“我雖不殺俶，俶因我而死。”於是他爲鄭俶“服緦麻”。[1] 像陽城這種對個別學子進行指導，在當時是比較普遍的。即使到了五代，這種學習方式依然爲很多人接受。如江爲，“世習儒素。少游廬山白鹿洞，師事處士陳貺，酷於詩句二十餘年，有風雅清麗之態”。江爲已有一定的儒學基礎，再師事陳貺，創作的詩歌長進較快，“時已誦之”。[2]

名師個别指點的私相傳授，可能更有利於士子參加科舉考試。如陳會的家在蜀中，家裏當壚爲業，開酒店爲生。他的母親十分賢慧，“勉以脩進，不達，不要歸鄉，以成名爲期。每歲舉糧、紙筆、衣服、僕馬，皆自成都賫至中都助業”[3]。陳會大和元年(827年)及第，在這之前他一直遠離家鄉在洛陽學習，估計亦是跟隨名師，私下拜師苦讀。五代時廬陵人龍昌裔的孫子曾應童子舉。不過龍昌裔是個很富裕的農民，其時旱灾，但他家裏有米數千斛而不出售。由於米價不太高，龍昌裔就寫了文章到神岡廟祈禱，希望一個月不下雨，使旱灾更加嚴重，這樣米價就會往上漲，到時可以賺更多的錢。這件事爲鄉親們知道後，直接影響到了他的孫子，“鄉人以其事訴之，不獲送考”[4]。像龍家孫子這種以科舉爲目的的學習，應該不是一般鄉村學校的教學能够做到的，必然要經過一些有較高水準的教師進行個别指點。

私相傳授在唐末五代還出現了另一種形式。一些窮人子弟因爲上不起正式的學校，衹能通過有學術造詣的人對他們進行私人點撥。如南唐宋齊丘少孤好學，“爲文其體頗質樸，而無師授”，没有上過學，當然也没有老師，可能是靠一些鄉間文人的傳授指點，纔做到文體質樸。由於家裏“活業貧窶”，他不可能正式拜誰爲師，但對知識的追求，使他需要更好的老師指導，於是“游學於諸郡”。由於他接受的知識不系統，亦不正規，没有儒家條框的約束，所以他“篤志於商

1 錢易：《南部新書》卷丁，第一編第四册，第40頁。

2 龍衮：《江南野史》卷八《江爲》，第一編第三册，第211頁。

3 王讜：《唐語林》卷四《賢媛》，第三編第二册，第163頁。

4 徐鉉：《稽神録》拾遺《龍昌裔》，第111頁。

君長短機變權霸之術",所學所想的内容都是一般人不願學亦不願去教的,結果"與之談者皆屈,莫能究其涯涘",知識面很寬,和衹掌握儒家學識的人完全不一樣。[1]

這種一對一私人之間的傳授,有的是從最基礎的識字開始。洛陽農家子張燦,"年三十餘,未知書",没有讀過書。同里的舉人是其表親,有一天路過張家,張燦問他自己是否可以去讀書,舉人説:"豈有年長立矣,尚未識一字? 安可更從學乎?"張燦聽後很不高興,"憤志欲尋師從學"。張家不遠處就是官路,官路的邊上有店數十户。一天,有位儒士經過這裏,在店中休息,張燦前揖拜之,儒士還禮,於是兩人談了起來。張燦説:"某年長,以恨未嘗知書。志欲從師受業,可乎?"儒士回答:"觀子志性,苟能勤苦讀書十年,必有成。"張燦又説,如果自己白天黑夜不休息地學習,五年可以嗎? 儒士説:"若如此有志,何憂不成!"張燦很高興,請儒士到其家,"具饌食,留之數宿"。他把自己想讀書的願望"泣告其父母,乞五年假,願隨此儒士,出入讀書。父雖田家,素長者,聞子言切,遂許之"。於是張燦與儒士兩人出門遠去,"五年不知信耗,父母憂之。一旦歸,已儒服矣。蓋晝夜勤苦,能通大小經,皆精聖人閫奥,尤善書札,有體法。又數年,善詞賦詩篇,鄉黨推伏,四遠稱之,遂成通儒焉"。[2] 這則記載十分勵志,張燦在五年中從不識字,到能通大小經,善詞賦,肯定付出了超出常人的努力,這纔取得這麽大的成績。通過這則故事,我們看到,唐五代民間讀書有各種形式,學生如果有機會得到教師的私相傳授,不用進學校亦能學到知識,在儒學上取得較大的成就。

2.小型學校

民間基層興辦學校,一般記載都不是太具體,衹能依稀看到一些私學的影子。不過宋人筆記對唐五代私學有許多比較詳細、生動的記録。

宋人筆記的記載表明,唐代的農村地區普遍建有規模大小不等的學校。南宋紹興年間,壽州發現了羅珦立的一塊碑。據權德輿《羅珦墓志》,羅珦曾爲廬、壽兩州刺史,"自壽以治行第一",加御史中丞,然後到京師任職。這塊碑中記

1 龍袞:《江南野史》卷四《宋齊丘》,第一編第三册,第 179 頁。

2 張齊賢:《洛陽搢紳舊聞記》卷五《張大監正直》,第一編第二册,第 193 頁。

載："珦爲廬日，强家占田而窶人無告，鄉校廢落而冗吏猥多，病者舍醫事淫祀，公皆去其弊。"[1]廬州有鄉校，至羅珦爲刺史的時候辦得不好，所以要加以整頓。由此可見，農村鄉校在淮南地區應該是比較普遍的。唐懿宗咸通年間，荆州有位書生自號"唐五經"，"學識精博，實曰鴻儒"。他特別精通"五經"，實際上是個生活在民間的大儒。此人"旨趣甚高，人所師仰"，向他學習的人特別多，竟至"聚徒五百輩，以束脩自給。優游卒歲，有西河、濟南之風，幕寮多與之游"。[2]"唐五經"學識淵博，具備了一個教師的資質，在自己家裏辦私學，規模很大，學生衆多。

宋人筆記中十分詳細地記録了五代時期衆多私人興辦的學校。如吴國都城廣陵，城内有不少私人辦的學校。南唐侍郎朱鞏還是小孩子時，在廣陵一所學校裏讀書。他的老師十分嚴格，"每朝午歸餐，指景爲約，其時不至，當行夏楚"。中午回家吃午飯有時間限制，要按規定的時間來上課，如果遲到就要受處罰。朱鞏雖然亦想按老師説的去做，無奈"常爲里巷中一惡犬當道，過輒噑吠"。小孩子怕狗，所以看到狗衹能"整衣望犬再拜祈之"，嘴裏説："幸無嚙我，早入學中，免爲夫子笞責。"[3]從這些記載可以看到，廣陵的私學中，學生中午要回家用餐，所以估計學生的家不會很遠，一般都是周圍里巷中的小孩。學生全天上課，學校有作息時間的規定，如果没有做到，學生要被教師處罰。老師傳授的知識，估計以童蒙爲主，儒家的經典著作肯定是教學的重要内容，否則老師不可能被學生稱爲"夫子"。

南唐江夢孫，"少傳先業，頗藴藝學，旁貫諸書，籍茂聲譽，遠近崇仰"，因爲有較高的知識素養，具備了辦學當老師的條件。江夢孫招收的學生，"諸生弟子不遠數郡而至者百人。春誦夏弦，以時講聞，鼓篋函丈，庠序常盈"。他的學生來自周圍很多地區，有上百人之多，而且按時開學放學，十分規範。後來他被南唐先主徵召，"既還家，門生弟子復至。乃率身耕稼，躬事繼母，旦則冠帶，入門温凊，親饋飲饌。退更常服，力操耒耜耨耘，暮而歸，易衣侍膳畢，然後就庠序，

---

1 王楙：《野客叢書》卷一七《羅珦事》，第六編第六册，第228頁。

2 孫光憲：《北夢瑣言》卷三《不肖子三變》，第一編第一册，第39頁。

3 鄭文寶：《南唐近事》卷一，第一編第二册，第210頁。

集門生弟子,説釋經義如故"。作爲一位老師,他既要進行田間農業勞動,還要躬行孝道,家裏的這些事情做完,再召集門生弟子講説經義。他八十五歲死的時候,"自遠方至者幾千人,而服縗絰徒跣者百許",前後培養了數千名學生。從教學内容來看,他主要講授的是儒家經典。有學生曾向他請教:"吾聞《詩》者,經聖人所删,致遠而泥,然其間何謂'兄弟鬩於墻'?如是則聖人使人鬩於内,而後禦止於外耶?"他回答説:"大哉,子之問乎!所疑爲'鬩'字,似非爲'鬩'。當時竹簡訛缺,傳之者誤,亦猶《春秋》書閏月之義者也。"回答完這些後,他向學生拱手而立致意説:"夢孫昧學,不敢輕議其旨,諸生宜自取其長焉。"他和學生討論的主要是經典内的具體内容。他的兒孫應該同時亦在學,"子孫學業,各授一經,《孝》《禮》兼持,江左稱之爲最"。[1] 學生們可能是各人對某經進行精深的研究,在具體一經上有自己的心得,高出一般人,纔能馳名學術界。像這樣對一個私人學校的規模、教學形式、教學内容、教學制度等問題作詳細記載,是比較少見的。

城市和鄉村都開設有大量學校。特別是在農村地區開設學校,更是表明學校教學得到社會基層人士的重視,基礎教育已有所普及。幽州人潘佑"方丱未入學,已能文"[2]。就是説一般小孩稍長大點,就得進學校讀書。宰相馮道"形神庸陋",一副落拓相,即使做了宰相,士人們私底下還是要嘲笑他。劉岳和任贊兩人有次私下碰到,看到馮道走過去又回頭望一下,就説馮道"定是忘持《兔園册》來"。五代時期,"北中村墅多以《兔園册》教童蒙,以是譏之。然《兔園册》乃徐庾文體,非鄙樸之談。但家藏一本,人多賤之也"。[3] 在北方的農村,《兔園册》是教小孩的啓蒙書。由此,我們看到當時北方農村大辦私學的景象。雖然老師的生活比較窘迫,老師的形象比較窮酸,教學内容不像城市那樣從儒家經典開始,要求低一些,但五代戰亂時期農村地區對教育的重視還是能够顯現出來的。

民間這類小型學校的教育内容,除上述的《孝》《禮》《兔園册》等書,還有不

1 龍衮:《江南野史》卷八《江夢孫》,第一編第三册,第205~207頁。

2 文瑩:《湘山野録》卷中,第一編第六册,第31頁。

3 孫光憲:《北夢瑣言》卷一九《詼諧所累》,第一編第一册,第200頁。

少。李瀚的《蒙求》應該是與《兔園册》性質相同的兒童啓蒙學習書，主要是讓兒童通過背誦一些類似於成語的句子，達到認識單字的目的。《蒙求》共五百九十八句，每句説一個人，每個人説一件事，所以編這樣的教材是很不容易的，宋人認爲"非博學不能爲此"。書中列舉的都是一些比較正面的例子，而這些例子却讓我們看到了唐代的兒童學的是什麽内容，接受的是什麽思想。如：孔明卧龍、葛亮顧廬、亮遺巾幗，楊震關西、震畏四知，揚雄草玄、子雲投閣，杜預建橋、元凱傳癖，孫欽閉户、文寶緝柳，平叔傅粉、何晏神伏，伏波標柱、馬援薏苡，仲宣獨步、王粲覆棋，叔寶玉潤、衛玠羊車，子建八斗、陳思七步，子房取履、張良燒棧，陶潛歸去、淵明把菊，孔融遜果、孔融座滿。不過宋人説此書有缺點，比如把一人分作兩句或三句效果并不好，最明顯的是有很多重復。其實宋人認爲李瀚亦發現有重復，所以在《蒙求》中他有的用姓名，有的用表字，有的用官爵，"蓋嫌於同而欲异其語也"。這近六百個句子，并不是全部出於經史，有不少是來自小説雜書的，如"毛寶白龜""糜竺收資"出於《搜神記》，"壺公謫天""初平起石"出於《神仙傳》，"孫晨稿席""靈輒扶輪"出於《類林》，"孫鐘設瓜""黄尋飛錢""宋宗鷄窗"出於《幽冥録》，"龐儉鑿井"出於《風俗通》，"盧充幽婚"出於《志怪集》，"張氏銅鈎"出於《三輔决録》，"王果石崖"出於《神怪志》。宋人批評李瀚這樣做對小孩不好："蓋小説雜書多妄誕不可取信，而瀚取此與經史同列，非訓蒙之所先也。"[1] 儘管宋人的批評并不一定合適，但宋人的這些舉例讓我們看到了唐代童蒙教材的具體内容，爲瞭解唐代教育制度提供了豐富的資料。

淺顯的童蒙教材還有很多，如至宋代還在流行的《太公家教》。此書的語言"極淺陋鄙俚"，唐人李翱的文集中提到此書，説書中有談《文中子》的内容。宋人根據書中引周、漢以來事，推測此書的作者是"唐村落間老校書爲之"。這裏説的太公，并不是姜太公，而是曾、高祖之類。宋人認爲此書語言"未免疏略。經本朝阮逸爲之潤色，所以辭達於理，學者宜熟究之焉"。此外，宋代流行的《百家姓》，實際上是五代吴越地區的童蒙教材。此書"似是兩浙錢氏有國時小民所著"，因爲此書開始就談"趙錢孫李"，這是奉錢氏爲正朔，趙是宋朝的國姓，所以趙在前，其次是錢，而忠懿王正妃姓孫，所以又排在其次，李是南唐的國姓。至

1　王觀國：《學林》卷七《李瀚〈蒙求〉》，第四編第二册，第19~20頁。

於“周吴鄭王”,“皆武肅而下后妃,無可疑者”。[1] 這些童蒙教材的共同特點都是四字一句,小孩讀起來朗朗上口,便於記憶。

民間學校的教育内容,當然亦包括一些儒家和諸子著作。比如孫思邈“七歲就學”,根據教師的要求,“日誦千餘言”。至其弱冠時,“善談莊老及百家之説,兼好釋典”。[2] 而這些都是學校裏教師引導學生閲讀的内容,有的可能在課堂上會講解。學校裏還訓練寫詩讀詩。陳後主國亡入隋,從隋文帝東封,登芒山獻詩,内有“日月光天德”等詩句,之後“天下教兒童者,以此題學書紙”。[3]

民間學校能够在唐五代農村大量出現,主要與民間生活着很大一批有一定文化素養的儒生有關係。這些儒生,雖然不一定對儒家經典有很深刻的研究,但他們有基本的文化素養,是老百姓眼中的知識擁有者。龐元英《文昌雜録》談到工部范郎中曾經拿出古畫一軸,“云是韓滉筆。其畫作村夫子教學生,夫子帶烏紗折上巾”。不過他認爲“唐始有巾子,兩帶以繫巾,兩帶垂以爲飾。至僖宗時,因伶人以銀綫撚二帶”,“自此方應折上。後又以木刻頭圍,裁烏紗爲之”。所以他認爲“方韓滉時,未有此制,恐非韓畫”。[4] 但不管怎麽説,宋人説是古畫,那這畫亦最起碼是唐末五代的,而畫面爲鄉村教師教授兒童,反映了當時農村教育的常態。五代陳浚尚書説:“其諸父在鄉里好爲詩,里人謂之陳白舍人,比之樂天也。性疏簡,喜賓客。”[5] 陳浚的父輩居住在鄉村,但具有很高的文化素養。像這樣具有較高文化素養的人一旦招收學生、教授知識,對農村地區的教育將帶來很大的提高。五代時有位焦生,長期客於洛陽,“生通《詩》、《易》、何《論》,嘗以講説爲事於洛城西宫南里”。由於精通儒家的經典,所以能在洛陽城周圍授課,應該主要是教授兒童。後來同里有位姓劉的人死了,劉妻要找個丈夫,“村之豪儒,以焦生塊然,命媒氏於劉之妻言之。劉妻知焦生於州縣熟,許之”。[6] 這裏的豪儒對焦生的爲人十分認可,所以讓媒人促成這件事。而且焦

---

1 王明清:《玉照新志》卷三,第六編第二册,第 179 頁。

2 孔平仲:《續世説》卷四《夙慧》,第二編第五册,第 72 頁。

3 朱翌:《猗覺寮雜記》卷上,第三編第十册,第 20 頁。

4 龐元英:《文昌雜録》卷二,第二編第四册,第 131 頁。

5 徐鉉:《稽神録》卷五《陳浚》,第 87 頁。

6 張齊賢:《洛陽搢紳舊聞記》卷五《焦生見亡妻》,第一編第二册,第 196 頁。

生對州縣很熟，是來自大地方的人，屈居於鄉村當老師。後梁建國者朱溫，宋州碭山縣午溝里人，"家世爲儒"，雖然不能在科舉上出人頭地，但世代都是讀書人，在農村很受人尊重。朱溫的祖父朱信、父親朱誠，"皆以教授爲業"，應該是農村私學裹的教師。朱溫的父親去世早，其母含辛茹苦養育，亦是想培養他讀書的。後來朱溫發迹，對其母說："朱氏辛苦業儒，不登一命，今有子爲節度使，無忝先人矣。"[1]鄉村教師家庭出身的朱溫，最初是把熟讀經典作爲自己科舉登第的手段。因此，農村中有大量的讀書人，他們在辦學教學生，引導學生往科舉這條道路上走，他們對農村的私學興起有着非常重要的作用。

一些鄉村學校的教師知識水平很高，衹是没有機會纔没有走入仕途。南唐宰相李建勛罷相，出鎮豫章。一天，他和賓僚游東山，"引步於漁溪樵塢間，遇佳處則飲"。突然他們看到平田間一茅舍，"有兒童誦書聲"，走過去一看，"乃一老叟教數村童"。這個老年教師"翔雅有體，氣調瀟灑。丞相愛之，遂觴於其廬，置之客右"。後來談到一個辭彙，老叟説出於《鶡冠子》，不是賓僚們所說的意思，"遂就架取一小策，振拂以呈丞相，乃《鶡冠子》也。檢之，如其說，李特加重"。[2] 鄉村學校的教師，對諸子百家十分熟悉，信手翻書，就能找到答案。再如蜀地處士李諶，"學識精博，嘗講五經，善誘誨人，問無所隱，四十餘年，以束脩自給"[3]。做了四十餘年的鄉村教師，過着自給自足的生活。

3.家庭教育

唐代世家大族在社會生活中仍然起着重要的作用。大族對文化的傳承十分重視，對子弟的教育要求嚴格。特别是到了唐後期的世家大族，雖然在政治上不再能呼風唤雨，但仍然保持着家庭的文化特性，十分注重家庭的精神素質，重視對子弟的教育和培養。大族希望後代能够"以文承祖，以經傳代，行中規，身中度"[4]，通過他們的文采和熟讀儒學經典來重振家族的榮耀，以保證他們能有較高的社會地位和政治地位。北宋蘇象先云："祖父常稱唐族惟盧、柳善教子

1 孫光憲：《北夢瑣言》卷一七《梁祖爲傭保》，第一編第一册，第 178 頁。

2 文瑩：《湘山野録》卷上，第一編第六册，第 18 頁。

3 黄休復：《茅亭客話》卷二《李處士》，第二編第一册，第 17 頁。

4 董誥：《全唐文》卷三九五李紓《故中書舍人吴郡朱府君神道碑》，第 1779 頁。

弟以嚴謹。……故其子弟多保家之主。如晋之王、謝,惟以文華風雅爲事,故多不壽而取禍敗,不足尚也。盧氏自杞以奸邪取宰相,其族始衰。惟柳與唐終始,尤可貴。乃取《柳氏訓序》一篇,令子孫皆抄録閲視。”[1] 大族都編著本家族的家訓,對子弟的言行有嚴格的要求,從小培養他們的人格、道德,磨煉他們的意志。

柳氏自柳公綽以後,“世以孝悌禮法爲士大夫所宗”,社會上很多人都將柳氏教育子弟的内容作爲一個標準。關於柳氏家訓的内容,宋代筆記中亦有提到。如柳玭對自己的弟子説:“凡門地高,可畏不可恃也。立身行己,一事有失,則得罪重於他人,無以見先人於地下,此其所以可畏也。門高則驕心易生,族盛則爲人所嫉,懿行實才,人未之信,小有疵纇,衆皆指之,此其所以不可恃也。”所以宋人認爲:“故膏粱子弟,學宜加勤,行宜加檢,僅得比衆人耳。”[2] 要不斷學習,不斷對自己的行爲作檢討,纔能真正融入社會,進入社會的主流管道。柳氏的家訓中,對鼓勵年青人讀書有一套方法:“柳子温家法,常命粉苦參、黄連、熊膽和爲丸,賜子弟,永夜習學含之,以資勤苦。”[3] 苦參之類的東西味很苦,做成丸後含在嘴裏,能起到提神的作用。柳玭在《柳氏序訓》中談到其祖母韓夫人是柳皋的長女,“家法嚴肅、儉約”,常命粉苦參、黄連等給柳玭父親和幾位叔叔,“每永夜習學,含之以資勤苦”。[4] 這是晚上能堅持更長時間學習的一種方法。所以,士族的一些教育方式和方法是值得後人借鑒的。

至五代,大族在政治上的影響力被進一步削弱,但有一部分大族繼續恪守文化傳統,遵守禮儀規範,重視子女教育。五代時從吴國到南唐,有的大族五世同居,受到政府的表彰。江州陳氏是唐元和中給事陳京的後代,長幼七百口,上下雍睦。大族的禮儀有很多規定,“凡巾櫛椸架及男女授受通問婚葬,悉有規制。食必群坐廣器,未成人者别一席”。這樣重禮儀的大族,對兒童教育當然有不少獨特的地方,“别墅建家塾,聚書延四方學者,伏臘皆資焉,江南名士皆肄業於其家”,建起家塾教育自己的小孩,延聘四方有學問的學者來當教師。[5]

1 蘇象先:《丞相魏公譚訓》卷二《家世》,第三編第三册,第 51~52 頁。

2 周煇:《清波雜志》卷一〇,第五編第九册,第 111 頁。

3 錢易:《南部新書》卷丁,第一編第四册,第 43 頁。

4 劉清之:《戒子通録》卷二,《景印文淵閣四庫全書》第 703 册,第 16A 頁。

5 文瑩:《湘山野録》卷上,第一編第六册,第 21 頁。

因爲大族比較重視自己後代的教育，所以還會讓子弟到那些在學術上特别有造詣的學者和文士處學習，以得到他們的親授。後代繼承前代的文學、經學，大多是通過家庭内部的教學來實現的，大族内學術代相傳承。如蘇州顧氏是南朝至唐代的一個大族，唐代一些名臣在他們年輕時曾隨顧氏學習儒家經典。虞世南"少與兄世基受學於吴郡顧野王，經十餘年，精思不倦，或累旬不盥櫛"[1]，後來成爲唐初名臣。唐初的太常博士陸士季，"從同郡顧野王學《左氏傳》，兼通《史記》《漢書》"[2]。

一般的官宦人家衹要有條件，都會對子弟從小進行培養，挑選老師到自己家裏上課。鄭亞曾任桂管觀察使，將自己的兒子鄭畋托付給監軍西門思恭。後西門思恭爲神策軍中尉，鄭亞已卒，於是"思恭使人召畋，館之於第，年未及冠，甚愛之，如甥侄，因選師友教導之"[3]。宦官不一定有較高的文化，但他明白要爲甥侄和老友托付的兒子挑選老師到家進行教育，爲他們上課，培養他們的文化素質。幽州人潘佑"方丱未入學，已能文，命筆題於壁曰：'朝游蒼海東，暮歸何太速。衹因騎折玉龍腰，謫向人間三十六。'"[4]未進學校讀書就能寫出一首這麽有意境的詩，自然不可能是天生的，必然是家庭早期教育的結果。

總體上，家庭教育在世家大族中仍很流行，家庭教育使大族子弟恪守着禮儀文化。不過隨着唐末五代基層社會學校教學的加强，家庭教育的弱化亦成爲必然。

（三）教育理念的變化

唐五代民間教育出現了一些新的現象。選擇私學不僅是世家大族的傳統，而且"更多的是普通家族甚至是平民家庭"[5]。一些普通家庭儘管不富裕，但他們願意投入財力物力到教育上，以培養自己的年青一代日後能出人頭地。唐中期曾爲宰相的段文昌，少寓江陵，"甚貧窶。每聽曾口寺齋鐘動，詣寺求食，寺僧

1 劉昫：《舊唐書》卷七二《虞世南傳》，第 2565 頁。

2 劉昫：《舊唐書》卷一八八《陸南金傳》，第 4932 頁。

3 孫光憲：《北夢瑣言》卷一三《鄭文公報恩》，第一編第一册，第 152 頁。

4 文瑩：《湘山野録》卷中，第一編第六册，第 31 頁。

5 景遐東：《江南文化與唐代文學研究》，第 155 頁。

厭之，乃齋後扣鐘，冀其來不逮食”。就是一個生活這樣貧困的子弟，“寓居廣陵之瓜洲，家貧力學”。對這段貧窮的經歷，他做官後還念念不忘，不斷對人講述。[1] 像這種出身貧困家庭的子弟，能認真學習，最後有所成就，應該是唐五代時期人們追求的一種理想狀態，是很多人重視教育的動力。人們希望自己的子弟能有較高的文化素養，擠進社會上層。儘管很多人的家境并不十分寬裕，但他們已經比較注重子弟的文化教育，這是唐五代與前代一個很大的不同點。

唐五代的普通人對讀書愈益重視，因爲他們認爲讀書能取得功名，有巨大的實用價值。廬陵禾川人周彬，“自少不治産業，伏膺儒學，刻苦修進，俾晝作夜”。周彬家最多算是富裕的農家，并不是世家大族，但他自小就不經營農業生産，不管白天黑夜，苦讀儒家經典，實際上是爲了科舉考試。結婚後，周彬在家繼續讀書，眼看没有任何仕途上的希望，他的妻子按耐不住，責怪他：“汝徒自如是，卒有益乎？汝家兄弟皆能力稼穡營己，囊箱豐盈，汝之不調，而無思悔，畢向如何？”意謂你不應該再讀書，而要將心思放在農業生産上。後來周彬聽説南唐先主在金陵，就“囊文而往”。南唐取得政權，制度草創，“無取士之科”，不過“將有事於圜邱，募四方英秀，各爲祝史之文，彬之所著，特加選用，遂署諸衛巡官”，周彬還是靠着自己的一手好文章得到了任用。之後被嗣主與太弟景達“貽書交辟，置之門下，錫賚頗厚，得遷省拜”，既升官又發財。於是周彬回到家裏，將“所賜繒帛金幣陳列於庭”，對妻子説：“吾昔與卿同營己者，今日一成矣。比諸伯叔，何個爲勝耶？尚能讓於吾乎？”他老婆的回答很巧妙：“斯男子之事，非婦人女子之所能知。”[2] 從這個故事中我們可以看到，即使是農民，都知道讀書是能改變自己命運的一條重要通道，儘管其時科舉考試已經停廢，但他們内心還是有比較堅定的信念。這種信念，其實是當時一些人對教育和讀書的真實看

1　王讜：《唐語林》卷六《補遺》，第三編第二册，第226頁。按《舊唐書》卷一六七《段文昌傳》，段文昌高祖爲段志玄，陪葬昭陵，圖形凌烟閣；父諤，循州刺史。（第4368頁）段文昌并不是出身於窮苦之家，疑《唐語林》是將别人的事迹嫁接到了段文昌的身上。王定保《唐摭言》卷七《起自寒苦》談到王播“少孤貧，嘗客揚州惠昭寺木蘭院，隨僧齋餐。諸僧厭怠，播至，已飯矣”。（第73頁）有學者認爲無論故事的主人公是王播還是段文昌，一些寒庶出身的下層士人通過科舉實現了入仕，“這對那些寒庶之家的下層士人具有極大的鼓動力和吸引力”。參黄雲鶴《唐宋下層士人研究》，河北人民出版社，2006年，第14～15頁。

2　龍衮：《江南野史》卷七《周彬》，第一編第三册，第200頁。

法,他們認爲衹要堅持下去,讀書最終一定會改變自己的生活。

不過,上述周彬妻子説讀書是"男子之事,非婦人女子之所能知"的觀點其實亦在發生改變,女性在教育中的地位越來越突出。唐相牛僧孺的祖上曾"遠仕交、廣。罷秩,還至郴、衡間,爲山賊所剽掠,惟僧孺母子獲存"。牛僧孺母子於是逃到廬陵禾川。這之後,一直是他母親承擔着教育的重任,安排他讀書。廬陵縣之北有山名絮芋源,下有古臺,相傳爲聰明臺,其下有涌水,曰聰明泉,"古今學者,多於此成業。僧孺乃舍其上而肄業,迨十數年,博有文學"。按《舊唐書》卷一七二《牛僧孺傳》,牛僧孺"進士擢第,登賢良方正制科"後,纔釋褐伊闕尉,是以讀書取得出身的。後來牛母死,牛僧孺將其"葬於縣之西南才德鄉大學里"[1]。這個才德鄉,原來爲廬陵永新縣積慶鄉,因爲這裏出了讀書人,所以將鄉名和里名都改了。[2] 宋人的這條記録中,讀書成才的是否是牛僧孺,不是主要的,我們要看到的,是母親在子女教育中的作用,母親爲自己的兒子規劃了參加科舉考試的道路,爲兒子的讀書提供生活保障,在兒子成才的路上起到了關鍵性的作用。

對女性的教育,突破了以往衹重視傳統的家庭禮儀和道德教育的樊籬,開始重視文化知識的提高。如唐代進士殷保晦,妻封夫人,出身於中原士族。殷保晦開始舉進士時的文卷,其實"皆内子爲之,動合規式,中外皆知"。夫人"倜儻疏放,善與人交,未嘗以文章爲意"。[3] 大族出身的女子,從小接受嚴格的文化教育,所以她有能力爲丈夫舉進士時撰寫文卷。再如唐樂安孫氏是進士孟昌期的老婆,亦"善爲詩",還將自己的詩作編爲集子。她曾代丈夫作《贈人白蠟燭》詩説:"景勝銀缸香比蘭,一條白玉逼人寒。他時紫禁春風夜,醉草天書仔細看。"《謝崔家郎君酒》説:"謝將清酒寄愁人,澄澈甘香氣味真。好是緑窗明月

1 龍袞:《江南野史》卷六《彭昌》,第一編第三册,第 192 頁。按《舊唐書》卷一七二《牛僧孺傳》:"祖紹,父幼簡,官卑。"(第 4469 頁)杜牧《贈太尉牛公墓志銘》説牛僧孺曾祖牛休充爲集州刺史,其祖父紹爲太常博士,父幼聞爲華州鄭縣尉,并未提及牛僧孺祖上"遠仕交、廣"(《樊川文集》卷七,第 114 頁)。

2 龍袞:《江南野史》卷六《尹琳》,第一編第三册,第 193 頁。不過這讀書取得功名者是否是牛僧孺,龍袞亦不敢肯定,衹是説"唐末,有任翰林大學士者"。

3 孫光憲:《北夢瑣言》卷一一《雙血被面》,第一編第一册,第 138 頁。

夜,一杯摇蕩滿懷春。"丈夫是進士,而她代丈夫作的這兩首詩體現出了很高的文學素養。與前面提到的殷保晦夫人一樣,這些從小接受文學知識培養的女子,嫁的都是進士,夫妻之間有共同的愛好。這樣的家庭特別重視對女性知識體系的構建。再如臺州有位婦人蕭惟香,"有才思,未嫁",這種才思必定是在娘家接受教育的結果。她看上了進士王玄宴,就與他私奔。她死的時候,有詩數百首。[1] 像這樣的女性,明顯是自小接受文化教育的結果。再如唐後期闞圖的妹妹,"有文學,善書札"。闞圖對同僚説:"某家有一進士,所恨不櫛耳。"官宦之家的女子從小接受文化教育,因而有很强的撰寫詩文的能力,而這一切在當時的士大夫之間是習以爲常的,并没有覺得有什麽不好。後來她嫁給了常氏,成爲咸通六年(865年)進士常修的母親。[2] 從另一側面我們可以看到,正因爲官宦士族女性從小接受教育,在她們爲人母之後,在教育自己孩子上具備了有利條件,對孩子的培養起了很大的作用。此外我們亦應看到,當時即使是普通的民間女性,都或多或少接受了一些前人詩文的教育。宋人説元、白詩纖艷不逞,"流於民間,子父女母,交口教授,淫言媟語,冬寒夏熱,入人肌骨,不可除去"[3]。元、白詩比較通俗,所以女性在習詩學詩時常以元、白詩作爲學習的基礎材料,民間女性對他們的詩作能背誦到滚瓜爛熟。總的來看,在唐五代時期,社會上層的一些家庭,女性教育明顯得到了重視和加强,與傳統的女性教育相比,在内容上有很大的突破。

除了培養寫文章、寫詩歌,亦有的女性從小接受音樂教育。五代前蜀黔南節度使王保義的女兒,"性聰敏,善彈琵琶"。王保義這種官員家庭,女兒的音樂才能肯定是從小培養的。不過宋人筆記中認爲她的音樂才能不是家裏培養的,而是"因夢异人,頻授樂曲。所授之人,其形或道或俗,其衣或紫或黄。有一夕而傳數曲,有一聽而便記者,其聲清越,與常异,類於仙家紫雲之亞也"。王氏女讓其兄王貞範將這幾首曲子"製序,刊石於甲寅之方"。這些曲目有道調宫、玉宸宫、夷則宫、神林宫、蕤賓宫、無射宫、玄宗宫、黄鐘宫、散水宫、仲吕宫。商調

---

1 孫光憲:《北夢瑣言》卷六《孫内子》,第一編第一册,第86頁。

2 錢易:《南部新書》卷丁,第一編第四册,第47頁。

3 王灼:《碧鷄漫志》卷二,第四編第二册,第184頁。

主要指泛清商、好仙商、側商、紅綃商、鳳抹商、玉仙商。角調有雙調角、醉吟角、大吕角、南吕角、中吕角、高大殖角、蕤賓角。羽調有鳳吟羽、背風香、背南羽、背平羽、應聖羽、玉宫羽、玉宸羽、風香調、大吕調。這些曲目的名稱有《凉州》《伊州》《胡渭州》《甘州》《緣腰》《莫靼》《項盆樂》《安公子》《水牯子》《阿濫泛》，一共二百多首。[1] 王氏女後來嫁給荆南高從誨之子高保節，娘家和夫家都有較高的社會地位，所以她能掌握這麽多曲目。這類女子的音樂教育，并不是作爲生活的技能來培養的，純粹是爲了提高她們的文藝修養。

當然，社會傳統是不會輕易全部改變的，對女性教育仍然會有一定的保守看法。李商隱《雜纂》説："婦人識字即亂情，尤不可作詩，詩思不出二百里。"[2] 李商隱并不是一個十分恪守傳統的人，他和妻子王氏感情很深，在他的詩作中有很多表達離别、相思的愛情詩，他對女性還是比較敬重的，但他認爲女性如果識字作詩，就會亂情，寫的詩亦没有境界。這樣的觀點還不是他一個人有，如前面提到的樂安孫氏，本來已經有很高的創作詩歌的能力，丈夫是進士，夫婦的生活中有很多契合之處，但她"一旦并焚其集，以爲才思非婦人之事，自是專以婦道内治"，又退回到傳統的對女性衹重道德要求而不重文化知識的道路上去了。也許她從小接受的文化知識教育使她與社會有點格格不入，所以她斷然拋弃以前的教育回到社會傳統中。宋初孫光憲亦認爲"所謂才思非婦人之事，誠然也哉"[3]，説明社會的傳統觀念畢竟是根深蒂固的。

唐五代時有一些人注意到軍人不識字的欠缺，認爲軍人要重視文化。唐張洪靖爲盧龍節度使，參佐韋雍等都是讀書人，看不起粗魯的將士，曾説："天下無事，爾輩挽兩石弓，不如識一丁字。"[4] 意謂到了天下太平之時，衹需要讀書人，會挽弓打仗有什麽用啊。後唐明宗曾經對秦王從榮説："吾少鍾喪亂，馬上取功名，不暇留心經籍。在藩邸時，見判官論説經義，雖不深達其旨，大約令人開悟。今朝廷有正人端士，可親附之，庶幾有益。吾見先皇在藩時，愛自作歌詩。將家

1 孫光憲：《北夢瑣言》佚文五《王氏女》，第一編第一册，第258頁。
2 孫光憲：《北夢瑣言》佚文五《識字亂情》，第一編第一册，第262頁。
3 孫光憲：《北夢瑣言》卷六《孫内子》，第一編第一册，第86頁。
4 朱翌：《猗覺寮雜記》卷上，第三編第十册，第9頁。

子文非素習，未能盡妙，諷於人口，恐被諸儒竊笑。吾老矣，不能勉强於此，唯書義尚欲耳裏頻聞。”明宗説他因爲是馬上取功名，没有好好讀書，所以都不太明白手下人寫的東西是什麽意思，還要讓别人講解一下。在取得政權後，當兵的如果再不學習文化知識，是要跟不上形勢的。其時秦王從榮“聚雜進士浮薄之子，以歌詩吟咏爲事，上道此言規諷之”，明宗意謂在文與詩上，秦王要更注重對儒家經典的學習。[1]

教育理念的變化，改變了社會風氣，人們普遍注重讀書。士大夫之間，很多人以自己讀了多少書相標榜。如彭州人高澗，“聰明博識，文翰縱横，至於天文曆數，琴棋書畫，長笛胡琴，率皆精巧”。像這樣的人當然會得到社會各界的重視。他曾經去見高駢，上啓事自序，其中説道：“讀書萬卷，飲酒百杯。”高駢認爲“萬卷書不暇徵召，百杯酒得以奉試”。[2] 意謂你自吹讀了萬卷書，這是很難查考清楚的。但士大夫敢於説自己看了多少書有多少才能，説明整個社會有着推崇多讀書的風氣。對讀書認真的人，社會上更多的是持贊許態度。如越州康子元，“念《易》數千遍，行坐不釋卷。開元中，張説薦爲麗正學士”[3]。因爲讀書認真，一本《周易》看了數千遍，張説認爲他是易學的高手，就推薦他做麗正殿學士。可知，與其説康子元是因學術水準高做的官，還不如説他是因爲讀書認真而聞名纔做的官。

張繼有《楓橋夜泊》詩，“姑蘇城外寒山寺，夜半鐘聲到客船”，歷來引得大家争論，認爲夜半寺廟裹怎麽會有鐘聲呢。宋人認爲這鐘聲是確有其事。《南史・文學傳》談到烏程人邱仲孚“少好學”，讀書常讀到“中宵鐘鳴爲限”，半夜鐘聲響起纔能休息，所以“夜半鐘固有之矣”，“乃吴中舊事也”。[4] 這裹我們并不關注半夜寺廟鐘聲問題，而是應該看到，有很多人刻苦攻讀到半夜，反映出當時的一種社會風氣，以及大家對知識的渴望和尊重。再如唐中期段文昌，年輕時寓居廣陵之瓜洲，“家貧力學”[5]，自小就對學習有一種緊迫感。《唐語林》談

1　孫光憲：《北夢瑣言》卷一九《明宗戒秦王》，第一編第一册，第199～200頁。

2　孫光憲：《北夢瑣言》卷五《高澗啓事》，第一編第一册，第70頁。

3　錢易：《南部新書》卷丁，第一編第四册，第45頁。

4　王觀國：《學林》卷八《半夜鐘》，第四編第二册，第67～68頁。

5　王讜：《唐語林》卷六《補遺》，第三編第二册，第226頁。

到一書生"讀經書甚精熟,不知近代事"[1],"兩耳不聞窗外事,一心祇讀聖賢書",成了許多讀書人追求的一種境界。

對讀書人比較尊重,重教重知識風氣盛行。餘干人支戩,"好學爲文,竊自稱秀才"[2],因爲好學,是個讀書人,就自稱爲秀才。南唐徐善,"幼孤,家於豫章"。一軍校想要娶他的妹妹,徐善認爲自己是"舊族",算個士族出身,不同意與軍人爲婚,於是跑到揚州去告狀。有人對皇帝楊渥説:"江西有秀才徐善,將來見公,今在白沙逆旅矣。其人良士也,具有情事未申。公其厚遇之。"[3]將徐善這個讀書人稱爲秀才,認爲他是個良士,這實際上反映了社會上對讀書群體的一種總體看法,人們對讀書人群體較有認同感,認爲政府應該厚待這些人。

總之,隨着人們在教學理念上的變化,民間各種形式的教育已爲社會認可,小孩子從小要讀書學習爲很多人所接受。私人之間的傳授知識,大多是爲了科舉考試和寫作詩文,希望得到一個知識大家親自點撥,但也有的私人傳授的祇是基礎知識,有一得之見的儒生私相傳授孩子讀經誦經。從城市到鄉村,在社會基層私人辦學如雨後春笋般出現,這是唐五代民間教育深入發展的一種表現,勢必會帶來社會整體文化知識的提高。而一些大族仍然恪守着傳統的家庭教育方式。從上述這些變化中可以看出,唐五代的教育從社會上層漸漸下移到社會的底層,説明一個全民教育發展的時代已經開始出現,知識不再是社會上層的利器,同樣亦是社會中下層提高社會地位的工具。民間教育出現的這些變化,意味着階層固化在不斷被打破,階層的流動越來越有可能。

二、舉人的生活風尚

隋唐五代時期,任官的途徑有重大的變化,主要是增加了科舉考試,這不但是政治生活中的重要變化,而且還深刻地影響到社會知識階層的文化生活風貌。科舉考試不但使士族大家子弟有了一條更能證明自己能力的通道,同時亦

1　王讜:《唐語林》卷八《補遺》,第三編第二册,第 293 頁。

2　徐鉉:《稽神録》卷六《支戩》,第 108 頁。

3　徐鉉:《稽神録》卷一《徐善》,第 13 頁。

使得大量出身貧寒的讀書人有了做官的可能性。科舉考試的出現,大大改變了一代又一代年輕文人士子的生活,許多有理想的人爲了追逐功名,日夜勤學苦讀。科舉成爲很多讀書人首選的政治出路,是他們一生的重要追求,他們的生活都是圍繞着如何登第而展開。很多人在學有所成後,就到各地干謁、行卷,希望得到高官權貴的賞識。他們背井離鄉,遠離家人,寄居他鄉,内心煎熬,全是爲了等張榜之日的到來。一旦落第,又得等待下次機會,再進行一次考試。

目前存世的宋代筆記中,有相當一部分或多或少記録了唐五代的科舉生活。有關唐代舉子們的科考生活場景記録較多[1],爲後人留下了舉子們風光前後的生活側面,便於我們瞭解他們那個時代的精神面貌。

(一)重科舉的社會風尚

唐代初期,官員出身主要是看門第,出仕任官如是寒門庶族會被人瞧不起。不過科舉制的推行開拓出了一條入仕新通道,門第要求放鬆,更廣泛的階層和人群可以進入官員隊伍,成爲社會的管理者。中唐以後,通過州縣考試的鄉貢舉人紛紛來到京城參加科舉考試,大量的科舉考試登第者進入中高級官員的行列中。社會風氣大變,“縉紳雖位極人臣,不由進士者,終不爲美”[2],由科舉進入官員隊伍纔被人認可。唐高宗時曾爲同中書門下三品的薛元超,對親人説:“吾不才,富貴過人。平生有三恨:始不以進士擢第,不娶五姓女,不得修國史。”[3]做了宰相,還因自己釋褐時不是進士而耿耿於懷。這種對科舉考試的重視態度,甚至影響到皇帝。如唐宣宗平素喜歡儒雅,“每直殿學士從容,未嘗不

1　唐代科舉是宋代筆記小説的一個重要題材,以往學者有所研究,如房鋭有多篇文章談及《北夢瑣言》中反映的唐代科舉之事,例《從〈北夢瑣言〉看晚唐重進士科之風氣》(《唐都學刊》2005年第5期,第1~4頁)、《從王鐸死因看晚唐藩鎮之禍及落第士人的心態》(《天津大學學報》2002年第1期,第52~56頁)、《從〈北夢瑣言〉看晚唐落第士人的心態》(《社會科學家》2004年第5期,第52~54頁)。此外,蔡静波、楊東宇《論晚唐科舉與落第士人的心態——以〈北夢瑣言〉爲例》(《唐都學刊》2005年第4期,第24~27頁)、宮雲維《有關宋人筆記中唐五代科舉史料的幾個問題》(《古籍整理研究學刊》2003年第1期,第18~22頁),都對宋代筆記中的唐五代科舉史料進行了深入探討。

2　王定保:《唐摭言》卷一《散序進士》,第4頁。

3　王讜:《唐語林》卷四《企羡》,第三編第二册,第150頁。

論前代興亡。頗留心貢舉,嘗於殿柱上自題曰:‘鄉貢進士李某。’”[1]他十分“愛羡進士,每對朝臣,問‘登第否’?有以科名對者,必有喜,便問所賦詩賦題,并主司姓名。或有人物優而不中第者,必嘆息久之”。他的“尤重科名”,在皇帝中表現最爲突出。大中十年(856年),鄭顥知舉,宣宗索《登科記》,并下敕翰林,“自今放榜後,仰寫及第人姓名及所試詩賦題目進入。仰所司逐年編次”。[2] 他下令每年都要將登第者姓名及考官、考題等資料建檔歸檔。可知,不管是已經做官的,還是没有做官的,大家都把科舉看得很重。

在各科目中,進士科最爲熱門:“進士爲時所尚久矣,俊乂實在其中。由此者爲聞人,故争名常切,爲俗亦弊。”官員隊伍中,進士出身的人最多:“位極人臣常十有二三,登顯列十有六七。”[3]宋人説:“當代以進士登科爲‘登龍門’,解褐多拜清緊,十數年間擬迹廟堂。”有輕薄者説:“及第進士,俯視中、黄郎;落第進士,揖蒲、華長馬。”又云:“進士初擢第,頭上七尺焰光。”[4]由於升遷很快,没有多少年,本來還在苦苦考試的進士已經進入廟堂,成爲這個社會的最高管理者,因而人們以能登進士第爲光榮無比的事情。

中唐以後,如果不是進士出身,根本升遷不到一些重要的官位。唐宣宗舅舅鄭光鎮守河中時,宣宗封鄭光的小妾爲夫人,鄭光不接受。他上表説:“白屋同愁,已失鳳鳴之侣;朱門自樂,難容烏合之人。”意謂最恩愛的妻子死了,封小妾爲夫人是没意義的。宣宗笑着問鄭光:“誰教阿舅作此好詞?”左右對曰:“光多任一判官田絢者掌書記。”宣宗感到這判官這樣會寫,於是“欲以翰林官之”,結果大家都認爲田絢“不由進士,又無引援”,最後就没有授予翰林。[5] 像翰林學士這些爲皇帝動筆寫文章的官職,在唐代後期,如果不是進士出身,就不可能得到。從中可以看出人們對進士出身的重視。

牛僧孺最初和李德裕關係不錯,但因爲一次聚會吃飯時,牛僧孺開了個玩笑説:“綺紈子,何預斯坐?”結果李德裕就記恨他了。原來牛僧孺等人都是進士

1 孫光憲:《北夢瑣言》卷一《宣宗稱進士》,第一編第一册,第15頁。

2 王讜:《唐語林》卷四《企羡》,第三編第二册,第146頁。

3 王讜:《唐語林》卷二《文學》,第三編第二册,第77~78頁。

4 王讜:《唐語林》卷八《補遺》,第三編第二册,第284頁。

5 趙令畤:《侯鯖録》卷六,第二編第六册,第244頁。

出身,以自己有一手好文章而自豪,而李德裕是士族出身,却不願參加科舉考試,所以即使成爲同事,没有進士出身的李德裕還是要被牛僧孺看不起,被認爲是綺紈子弟,不是憑真本事做官,不過是靠前輩們的功勛纔混進仕途。其時有本書名爲《周秦行紀》,是一篇傳奇。篇中以牛僧孺自述的口吻,説他在德宗貞元間舉進士落第,經洛陽,過鳴皋山時,因暮色蒼茫而迷路,忽爲异香吸引,夜入漢文帝母薄太后廟。席間,薄太后詢問當今皇帝爲誰,牛僧孺以德宗對。因德宗爲代宗沈后之子,故戲稱他爲"沈婆兒"。有人認爲這書是李德裕門人韋瓘所撰。唐文宗開成中,有關部門想調查這本書到底是誰創作的,文宗看了書後笑説:"此必假名,僧孺是貞元中進士,豈敢呼德宗爲沈婆兒也?"[1]亦就是説,文宗認爲一個進士,待人接物不會如此魯莽。可見,進士的確有看不起士族子弟的傾向,吃飯時坐同一張桌子説不定真會有想法。而對文宗來説,内心對進士是高度認可的。

社會對進士群體十分看重,主考官作爲進士的老師,自然感到十分自豪,因而唐代官員以能擔任主考官爲榮。如盧氏"衣冠第一",是個大族,但在唐代却從没有人知貢舉。盧携在中書省時,"歉宗人無掌文柄,乃擢群從陝虢觀察使盧渥知禮闈"。到了年底,舉子們陸續來到京城,馬上就要進行考試,没想到黄巢打進長安城,唐僖宗出逃,"舉子星散",主考官還没有行使職權而考試已無法舉行。唐政府收復長安後,裴贄連知三舉,"渥有羡色",十分羡慕裴贄。[2]

官員認爲參與録取進士的工作很值得紀念,要刻石留下痕迹,這樣的做法是建立在全社會重視科舉的基礎上。唐代《登科記》記載:"元和二年,崔邠爲禮部侍郎,連放二榜。又元和六年,邠之弟郾爲禮部侍郎,連放二榜。元和十四年,郾之弟鄲,爲禮部侍郎,放一榜。大中七年,郾之子瑶,自中書舍人爲禮部侍郎,又放一榜。崔氏六榜,皆刻石於常樂街泰寧寺,時人謂之曰'榜院'。"石上刻詞曰:"唯爾諸父,自元和代,至於爾躬,五十年間,四主文柄,上下六載,輝耀一時,充於庭臣,皆汝門生。"這種情况是少有的,所以"天下以爲盛"。至唐末咸通十四年(873年),崔郾的第三子崔瑾,自中書舍人拜禮部侍郎,又放一榜,於是

---

1 張洎:《賈氏譚録》,第一編第二册,第138頁。

2 孫光憲:《北夢瑣言》卷九《出腹不生養》,第一編第一册,第116頁。

"命門生韋庠刻石,將飾七榜"。[1] 這反映出社會對科舉考試特别重視。

科舉這種新制度的出現,極大地影響了士子們的價值觀和命運。

(二)舉子的來源與培養

唐代科舉考試分爲常科和制舉。常科是每年定期舉行的考試,這種考試比較規範,大致包括明經、進士、明法、明書和明算等科。常科中,明經和進士是最重要的兩科,尤其是中唐以後的進士科,最爲士子們看重。明經是其次熱門的科目,但在進士眼裏,明經是不上檔次的。李賀因爲韓愈的推崇,"名聞搢紳"。元稹剛剛明經擢第,擅長寫詩,非常想和李賀認識,於是到李賀家裏,遞上名刺。李賀將名刺還給他,説:"明經及第,何事看李賀?"意謂明經及第的人,來看我幹什麽? 李賀纔打算將來要考進士,就已經瞧不上明經了,從此元稹對李賀就懷恨在心。[2] 再如李珏,"舉明經,華州刺史李絳見而謂之曰:'日角珠庭,非常人也,當掇進士科。明經碌碌,非子發迹之地。'一舉不第,應進士舉,許孟容爲禮部,擢上第"[3]。社會上普遍認爲,進士在明經之上,明經是碌碌無爲者纔考的,對將來的前途并不利。所以李珏在第一次考明經失利後,馬上改考進士。當然,唐人重進士輕明經,與明經考試"祇念經疏"而"不會經義"亦有關係。[4] 明經考試中祇重章句,不求經義,重視死記硬背,因此被人們不斷批評。

制舉是皇帝興致來了下詔的開科取士,科目和開科時間是没有一定的。制舉是爲了"搜揚拔擢,名目甚衆。則天廣收才彦,起家或拜中書舍人、員外郎,次拾遺、補闕",與常科有着很大的差别。有些人釋褐時不是通過科舉,但後來參加了制舉考試,"然制舉出身,名望雖美,猶居進士之下"。制舉畢竟與常科不一樣,因爲做了官再進行制舉考試,主要是爲了能擔任一個更好的職務。[5]

---

1 樂史:《廣卓异記》卷一九《七榜院》,第一編第三册,第 131 頁。

2 王讜:《唐語林》卷六《補遺》,第三編第二册,第 232 頁。

3 王讜:《唐語林》卷三《識鑒》,第三編第二册,第 107 頁。

4 錢易:《南部新書》卷乙談道:"大和中,上謂宰臣曰:'明經會義否?'宰臣曰:'明經祇念經疏,不會經義。'帝曰:'祇念經疏,何异鸚鵡能言。'"(第一編第四册,第 25 頁)唐代明經科的地位問題,可參俞鋼《唐代制度文化研究論集》的相關論述,上海古籍出版社,2013 年,第 164~170 頁。

5 王讜:《唐語林》卷八《補遺》,第三編第二册,第 284~285 頁。

常科的舉子主要是來自兩個方面，一是由中央國學和地方官學選拔舉送的生徒，另一是地方自行報名參加州縣考試成績合格的舉人。中唐以後，由地方州縣學到禮部參加考試的舉人有所減少，而地方薦送的舉人却越來越多，成了科舉考試的主力軍。舉人獲鄉薦，當時叫鄉貢，亦稱“得解”[1]。唐玄宗時，“士子殷盛，每歲進士到省者常不減千餘人，在館諸生更相造詣，互結朋黨”[2]。幾十個録取名額，參加考試的有上千人，説明競争十分激烈。

不過地方官學仍是培養舉子的重要基地。如建州等地，唐貞元以前從没有人考中過進士，從觀察使李錡開始“建庠序”，并請獨孤及爲《新學記》，云：“縵胡之纓，化爲青衿。”從此建州大辦州學，情况發生改變，“林藻弟藴與歐陽詹睹之嘆息，相與結誓，繼登科第”。[3] 所以州學的興辦、教育的發展，與這個地區的科舉考試關係密切。就連泉州到五代時官學中送出的舉人亦有考中進士的。泉州的學校附在文宣王廟中，“庭宇嚴峻，學校之盛，冠於藩府”。五代朱梁貞明中，有州人陳逖進士及第，黄仁棣學究及第。其後黄仁棣復應進士舉，同光時進士及第。[4]

世家大族往往有書香文化的傳統，家族人員對傳統學術有專長，而且十分重視子弟的培養，會延聘學有所長的名流爲子弟講學，讓他們從小接受文化教育，因此，唐代科舉制度實行的過程中，參加科舉考試的主體其實是大族子弟。如《舊唐書》卷一四九和《新唐書》卷一六四《歸崇敬傳》記載，歸氏自天寶末以後，先後有四代八人科舉出身，具體是歸崇敬、歸登、歸融、歸仁晦、歸仁翰、歸仁憲、歸仁紹、歸仁澤，加上唐末的歸黯、歸佾和歸系，歸氏共有十一人科舉中第。

---

1 趙彦衛：《雲麓漫鈔》卷四，第六編第四册，第 132 頁。

2 王讜：《唐語林》卷八《補遺》，第三編第二册，第 283 頁。

3 王讜：《唐語林》卷四《企羨》，第三編第二册，第 149 頁。黄朝英《緗素雜記》引《唐書・歐陽詹傳》談到常衮爲觀察使，“始擇縣鄉秀民能文詞者，與爲賓主禮，故其俗稍相勸出仕”，指興學的是常衮。今本《緗素雜記》無此條，《全宋筆記》第三編第四册（第 256 頁）據《能改齋漫録》卷四輯佚收入。又，吴曾《能改齋漫録》卷四《林藻歐陽詹相繼登第》（第五編第三册，第 93 頁）引《唐登科記》記載貞元七年（791 年）杜黄裳知貢舉，所取三十人，林藻爲第十一人；貞元八年（792 年），陸贄知貢舉，録取二十三人，歐陽詹爲第三人。吴曾又在卷四《閩人登第不自林藻》認爲早在神龍二年（706 年），閩人薛令子已經登第，開元中爲東宫侍讀，這在《唐摭言》《閩川名士傳》《唐登科記》中都有記載。

4 徐鉉：《稽神録》卷五《登第皂莢》，第 91 頁。

咸通十年(869年)歸仁紹、乾符元年(874年)歸仁澤,兄弟二人先後爲狀元;之後歸仁紹子歸佾、歸系,歸仁澤子歸黯,又先後爲狀元,所以後人稱他們爲“父子狀元及第”[1],父子三狀元,這就是大族家庭世代教育的結果。再比如《舊唐書》卷一七七《楊收傳》記載,楊氏一門共有十一人爲進士,如楊發、楊假、楊收、楊嚴、楊乘、楊鑒、楊鉅、楊鏻、楊涉、楊注和楊凝式。再如據唐代《登科記》記載,趙不器,子夏日、冬曦、和璧、安貞、居貞、頤貞、彙貞,父子八人,皆進士及第,時人謂之“科第趙家”。韋述與弟迪、逌、迥、巡、逌等六人,皆進士及第。常州蔣挺的二子洌、涣,挺弟播,播子凖,洌子餗,“一家父子孫六人,并進士及第”。張琪與弟瓌、璜、珮、琬、琚、瑗,兄弟七人,并進士及第。[2]《趙氏科名録》記載趙存約家三世十三榜,十四人登科。[3] 至於家族中父子、兄弟一起舉進士的那就更多,如顧少連與兒子顧師邕,沈傳師與兒子沈樞、沈詢,張籍與兒子張黯,等等,都是出身於官宦之家。再如馮宿有三個兒子,分别爲陶、寬、圖,“連年進士及第,連年登宏詞科”。大和初,馮氏進士十人,“宿家兄弟叔侄亦八人焉”。[4] 范陽盧氏,自德宗興元元年(784年)至乾符二年(875年),共九十二年間,“登進士者一百十六人,而字皆連於子”[5]。這些大族重視教育,清晰地認識到教育和科舉間的關係,所以培養子弟都是以科舉考試爲目的,因此大族子弟占據了科舉録取的大部分,最後登第并進入官場的人數龐大。貧寒之士在科舉中的人數與大族相比,畢竟還是少數。

當然,指出大族占據科舉考試的大部分,并不是説平民不能參加科舉,相反我們認爲唐五代的科舉考試,不僅僅是權貴和士族的專利,家庭比較貧困者亦能進入這支隊伍,這樣的例子我們同樣能够舉出許多。如後來任宰相的竇易直,“家貧,就業田里”,與衆學童在小學校裏就讀。德宗幸奉天,“易直方舉進

---

1 樂史:《廣卓异記》卷一九,第一編第三册,第135頁。

2 樂史:《廣卓异記》卷一九,第一編第三册,第133~134頁。

3 樂史:《廣卓异記》卷一九,第一編第三册,第138頁。

4 王讜:《唐語林》卷四《企羡》,第三編第二册,第145頁。

5 錢易:《南部新書》卷己,第一編第四册,第65頁。關於唐五代大族和科舉關係,可參看金瀅坤《唐五代科舉的世界》,復旦大學出版社,2014年,第283~294頁。書中金瀅坤對十四姓十七家士族的登科情況有具體統計,并從中來觀察士族仕宦與社會地位的變化。

士”,窮人家的子弟亦登了進士第。[1] 歐陽衮進士出身,其子琳與弟玭“同在場屋”,父親和兄弟倆一直在讀書考試,家裏經濟十分困難。兄弟倆“苦其貧匱,每詣先達,刺輒同幅,時人稱之”[2]。兩人干謁前輩賢達時,用的名刺是合在一起的,其實是没錢纔這樣做。再如開店的小商人亦能參加考試。川蜀地區的士子“莫不酤酒,慕相如滌器之風也”。説得好聽點是仰慕相如的風雅,其實是爲了補貼家用。陳會郎中原先家裏是“以當壚爲業”,以開酒店爲營生。小商人除了做生意,還要清掃街道,但陳會“爲不埽街,官吏毆之”,所以他的母親“勉以進修,不許歸鄉,以成名爲期”。陳會文宗大和元年(827年)及第,宰相李固言“處分厢界收下酒旆,闔其户”。兒子中進士,就不要開店了,但“家人猶拒之”,因爲搞不清是否真的中了進士,心想生活還得繼續啊。[3] 同樣,畢諴是鹽賈之子,出身於商人家庭,“吴鄉人,詞學器度,冠於儕流”[4],後來擢進士,一直爲官至宰相。鹽商子顧雲“祇望丙科盡處,竟列名於尾科之前也”[5]。

到唐末,窮人考進士的越來越多。咸通中,禮部侍郎高湜知舉,榜内有三個進士家裏特别窮。如孤貧者公乘億,“賦詩三百首,人多書於屋壁”。另一位是許棠,“有《洞庭》詩,尤工”。再一位是聶夷中,“河南中都人,少貧苦,精於古體”。聶有《咏田家》,詩云:“父耕原上田,子斫山下荒。六月禾未秀,官家已修倉。”又云:“鋤禾當日午,汗滴禾下土。誰念盤中餐,粒粒皆辛苦。”宋人認爲聶的詩“言近意遠,合三百篇之旨也”,寫的全是底層農民生活。并且説高湜“盛得三人,見湜之公道也”。[6] 科舉考試中有窮人參加,并且根據他們的真實水準録取,這就是“公道”,是真正的公正。

唐五代時期,一些僧人出身的人亦可以參加科舉考試,當然前提是他必須脱離僧籍。張策曾經當過一段時間的僧人,後“返俗應舉”。御史大夫趙崇覺得這個很難接受。手下有人説:“劉軻、蔡京,得非僧乎?”趙回答説:“劉、蔡輩雖作

1 王讜:《唐語林》卷六《補遺》,第三編第二册,第220頁。

2 王讜:《唐語林》卷六《補遺》,第三編第二册,第238頁。

3 孫光憲:《北夢瑣言》卷三《陳會螳螂賦》,第一編第一册,第40~41頁。

4 孫光憲:《北夢瑣言》卷三《戲改畢諴相名》,第一編第一册,第29頁。

5 王讜:《唐語林》卷七《補遺》,第三編第二册,第268頁。

6 孫光憲:《北夢瑣言》卷二《放孤寒三人及第》,第一編第一册,第26~27頁。

僧,未爲人知,翻然貢藝,有何不可?張策衣冠子弟,無故出家,不能參禪訪道,抗迹塵外。乃於御簾前進詩,希望恩澤,如此行止,豈掩人口。某十度知舉,十度斥之。"[1]趙崇説如果自己知貢舉十次,就讓張策落第十次。這倒并不是因爲張策曾是僧人的緣故,而是他認爲張策無故出家,在佛寺中没能好好參禪,現在動機不正而想參加科舉,所以十分反感。

小軍校、小官吏的子弟同樣能參加科舉考試。比如關圖,衙前將校之子也。他及第歸鄉,"都押已下爲其張筵,乃指盤上醬甌戲老校曰:'要校卒爲者。'其人以醋樽進之曰:'此亦校卒爲者也。'席人大噱"[2]。關圖是部隊基層小校的後代,通過自己的苦讀,科舉獲得成功。李勛父親是衙前將校,但他"負文藻,潛慕進修","執所業於元戎",後來"果策名第"。[3] 渝州都校牟居厚之子牟靡秀才,雖然"文采不高",却"執所業謁見"柳玭,路過渝州的柳玭"獎飾甚勤"。[4] 小軍官的兒子有一個科舉夢。亦有的人起初擔任小衙役,後來參加科舉考試。如眉州人程賀,"以鄉役差充廳子",其弟在州裏擔任小書吏。刺史崔亞看到程賀"風味有似儒生",因此讓他"選日裝寫所業執贄","俾稱進士。依崔之門,更無他岐,凡二十五舉及第"。[5]

儘管科舉之途吸引了無數人,但總有一些人不以爲然,他們認爲出仕任官何必非要擠科舉這條道呢!如有的士族子弟就因自己的特殊身份而高傲,堅决不參加科舉考試。李德裕年輕時"盛有詞藻,而不樂應舉"。李吉甫爲宰相,"俾親表勉之",讓自己的親戚出面勸李德裕,想不到他説"好驢馬不入行",堅决不肯參加科舉,認爲自己士族的身份很尊貴,根本不需要靠科舉來得到别人的承認,所以李德裕最後是"以品子叙官也"。[6] 再如蜀人符載,最初與楊衡、宋濟居住在青城山"以習業",爲了科舉而刻苦攻讀。之後楊衡擢進士第,宋濟死了,而

---

1 孫光憲:《北夢瑣言》卷三《趙大夫號無字碑》,第一編第一册,第41~42頁。

2 孫光憲:《北夢瑣言》卷四《破天荒解》,第一編第一册,第50頁。

3 孫光憲:《北夢瑣言》卷三《李勛尚書發憤》,第一編第一册,第35~36頁。

4 孫光憲:《北夢瑣言》卷四《柳玭大夫賞牟靡》,第一編第一册,第44頁。

5 孫光憲:《北夢瑣言》卷一一《程賀爲崔亞持服》,第一編第一册,第132頁。

6 王讜:《唐語林》卷一《言語》,第三編第二册,第26頁。

符載却“以王霸自許,耻於常調”,不參加考試了。[1] 後來“韋南康鎮蜀,辟爲支使”。再如李群玉,“有詩名,散逸不樂應舉,親友强之,一上而已”。考了一次没中,就不願意再試。後來他“受知於相國河東裴公休,爲其延譽,因進詩,授弘文館校書”,亦達到了任官的目的。[2] 因爲唐代進入仕途的方式較多,一些人認爲并不是非要參加科舉考試不可。

無論是常科中的生徒還是鄉貢,在正式參加科舉考試前,都經歷了一個漫長的學習階段,或在中央和地方的官學中學習,或在民間的私學中學習,甚至有些人衹是在自己的家裏學習,間或受到名人大家的指點。生徒和鄉貢都要不間斷地長期學習,纔能有實力去參加科舉考試。長期學習十分辛苦,士子在生活上必須完全依靠家裏的支撑。如前述蜀人符載,最初與楊衡、宋濟居住在青城山習業,後來衹剩下符載一人,他不想按科舉的正常路子走,而是想一鳴驚人,受到某位大官的賞識。再如史在德爲登州節判,其子光澤,“甚聰俊,方修舉業,自別墅歸,乘醉入太山廟”[3]。地方官員的子弟長年累月躲在山林裏認真讀書,爲的是“修舉業”,盯着科舉這一條途徑。唐末至後梁之際,竇禹鈞家裏生活比較節儉,却“建書院四十間,藏書萬卷,延文行師儒,有志於學者,聽其自至”[4]。這是一個家庭式的學校,延請教師,招收學生,而竇禹鈞的五個兒子最後全部登第。説明在家中私學裏長期學習,同樣能取得成功。

地方各州“外府不試而貢,謂之‘拔解’”[5],亦説直接選拔考生到中央。但與各州不同的是,京兆府的鄉貢,要按不同的類别先進行考試,分成不同的等第,再向中央解送。《唐語林》卷一載:“京兆府進士、明經解送,設殊、次、平等三級,以甄行能,其後撓於權勢而不行。”不過按禮部的規定,是没有等第的,京兆府的等第其實是按府内的考試成績來决定的。韋澳爲京兆尹時,説解送的進士、明經等,“并以納策試前後爲定,更不分等第之限”。意思是説根據成績排隊,但不分等第。不過分等第對録取有不小影響。比如建中二年(781年),進

1 孫光憲:《北夢瑣言》卷五《符載侯翮歸隱》,第一編第一册,第70頁。
2 孫光憲:《北夢瑣言》卷六《李群玉輕薄事》,第一編第一册,第79頁。
3 孫光憲:《北夢瑣言》卷一二《楊鑣偶大姑神》,第一編第一册,第143頁。
4 李昌齡:《樂善録》卷上,《叢書集成初編本》第2687册,中華書局,1985年,第3頁。
5 王讜:《唐語林》卷二《文學》,第三編第二册,第77頁。

士科就是以京兆府的等第爲梯級。崔元翰、崔敖、崔備三人,分别爲府元、府副、第三人,結果録取時就是依這個排列録取及第。[1] 當然,各地的教育水平不一致,每個地區鄉貢舉人的學識品質亦會不同,所以有的州解舉的舉人每次都名落孫山。如荆州號稱"衣冠藪澤",但每歲解送的舉人,"多不成名,號曰'天荒解'"。直到劉蜕以荆州解及第,纔號稱"破天荒"。之後余知古、關圖、常脩等一一"連登上科"。[2]

舉子除了學習文化知識,還得學習很多官場禮儀和道德修養方面的知識。《容齋續筆》卷一三談到洪邁祖先得到過一本《貽子録》的御書,没有撰人姓名,但根據序言知道此書是高從誨的賓僚孫光憲等人編撰的,此書主要内容"皆訓儆童蒙",是對欲進行科舉考試的舉子們從小進行的教育。此書的"修進"章中談道:"咸通年中,盧子期著《初舉子》一卷,細大無遺。就試三場,避國諱、宰相諱、主文諱。士人家小子弟,忌用熨斗時把帛,慮有拽白之嫌。燭下寫試無誤筆,即題其後云'并無揩改塗乙注';如有,即言字數,其下小書名。同年小録是雙隻先輩各一人分寫。宴上長少分雙隻相向而坐,元以東爲上,覦以西爲首,給、舍、員外、遺、補,多來突宴,東先輩不遷,而西先輩避位。及吏部給春關牒,便稱前鄉貢進士。"[3] 這裏主要説的是舉子要注意避諱,書寫時卷面要注意哪些問題,參加宴會時的座次,到吏部春關時的稱呼。這些問題儘管對舉子們來説還很遥遠,但一旦登第又馬上會面臨,如果這時纔開始學習顯然已經太晚,所以這些基本的官場禮儀和考場規範要從小學習,以後進入官場纔不至於冒犯别人。比如,李固言到京城考試,住在自己表兄弟的家裏。表兄弟們"率多戲謔,以相國不諳人事,俾習趨揖之儀"[4],可見舉子到了朝廷,待人接物都有一定的規範。

常科考試要從小學習,不斷訓練,針對性地複習做題。白居易有一類書名爲《六帖》,其名稱就和科舉考試有關。杜佑《通典》談到唐代的制度時説:"開

---

1 王讜:《唐語林》卷一《政事上》,第三編第二册,第 41 頁。

2 孫光憲:《北夢瑣言》卷四《破天荒解》,第一編第一册,第 50 頁。

3 洪邁:《容齋續筆》卷一三《貽子録》,第五編第五册,第 372 頁。

4 孫光憲:《北夢瑣言》卷三《李固言相國爲柳表所誤》,第一編第一册,第 30 頁。

元中，舉行課試之法，帖經者，以所習經掩其兩端，中間惟開一行，裁紙爲帖，凡帖三字，隨時增損，可否不一。或得四、得五、得六者爲通。"唐代考試盛行帖經，實際上是考背誦默寫功夫。《六帖》之名，"取中帖之數，以名其書，期於必遂中選也"，編這樣的書就是爲將來考試操練的，針對的是科舉考試。[1] 白居易"取凡書精語可備賦詞、制文采用者，各以門目類粹，而總名其書爲《六帖》"。這些語句既可以用來寫詩歌，亦可以寫文章，還可以應付帖經。其時唐制"取士凡六科，科别其所試，條件每一事名一帖，其多者，明經試至十帖，而《説文》極於六帖。白之書爲應科第説，則以帖爲名，其取此矣"[2]。顯然，白居易的書就是爲了科舉考試編寫的，而這種書對舉子學習應付考試就非常實用。

制舉亦有套路和技巧，同樣可以複習。白居易制舉中第之後，寫詩給元稹説："皆當少壯日，同惜盛明時。光景嗟虚擲，雲霄竊暗闚。攻文朝矻矻，講學夜孜孜。策自穿如札，毫鋒鋭若錐。"注云："時與微之結集策略之目，其數至百十，各有纖鋒細管筆，携以就試，相顧輒笑，目爲毫錐。"元、白二人一起學習，編纂後抄寫範文上百篇，共同操練，摸清撰寫制科範文的技巧。到了考場一看題目，全在自己的範文模式之中，二人相視一笑，所以洪邁説"乃知士子待敵，編綴應用，自唐以來則然，毫錐筆之名起於此也"。[3] 元、白二人爲了應付制科編寫的範文共有四卷，命名爲《策林》。"其《策頭》《策項》各二道，《策尾》三道，此外曰《美謙遜》《塞人望》《政必成》《不勞而理》《風化澆樸》《復雍熙》《感人心》之類，凡七十五門，言所應對者百不用其一二，備載於文集云"[4]。今天《策林》都收録在白居易的文集中，我們可以知道這些文章是白居易當年爲了準備制科提前撰寫的範文，謀篇布局都是早有準備，因此應試時就不會慌張。

各地鄉貢的舉子每年十一月集中在含元殿見四方館舍人。值班的官員大聲宣布："卿等學富雄詞，遠隨鄉薦，跋涉山川，當甚勞止。有司至公，必無遺逸。仰各取有司處分。"而舉人們在官員歡迎各位來參加考試後，作爲回應的禮儀，

1 程大昌：《演繁露》卷二《六帖》，第四編第八册，第166頁。

2 程大昌：《演繁露》卷一六《六帖》，第四編第九册，第151頁。

3 洪邁：《容齋五筆》卷七《元白習制科》，第五編第六册，第473頁。

4 洪邁：《容齋五筆》卷八《元白制科》，第五編第六册，第487~488頁。

"再拜舞蹈訖,退"[1],應該説這是官方正式的禮儀活動。

(三)舉人的生活狀況

地方鄉貢時,地方政府對自己推薦的舉人有一定的資助。李絳"方赴舉,求鄉薦",時樊澤爲節度使,張正甫爲判官,"主鄉薦"。張正甫認爲李絳有前途,所以對樊澤説:"舉人悉不如李某秀才,請衹送一人,請衆人之資以奉之。"[2]襄州本來可以推薦多名舉人去考試,但張正甫認爲李絳最有希望,其他人登第的可能性很小,所以建議衹推送一個人去考試,而原本幾個名額的"衆人之資",因爲衹推薦李絳一個人,就讓李絳一個人使用。這"資"有多少,未見他書記載,應是地方政府給考生的一些補貼,數量是有限的,但集中到一個人身上,應該是一筆不菲的資金。

各地到長安考試的舉子,都是自己解決交通工具和住宿。如中和末,明經李生到長安應舉,"途遇一道士,同行宿數日,言意相孚"。舉人與道士結伴同行,共同找住宿的地方。入關後分手,各走各的。李生"後及第,歷州縣官"。[3]

參加科舉考試的舉子,有些會在都城住很長一段時間,堅持複習迎考。這些人中有很多是外地進京者,所以生活上就得靠家裏資助。如成都的陳會,其母親讓他到京城讀書,"勉以進修,不許歸鄉,以成名爲期。每歲糇糧紙筆,衣服僕馬,皆自成都賫致"[4]。這麽長時間住在都城,費用都要家裏派專人送到長安。京城的消費水平比較高,除了那些富有者,舉子的生活費用大多不够花。亦有人是寄居在親戚家裏。如李固言開始應進士舉時,"舍於親表柳氏京第"。雖然省錢了,但因爲李固言家在鳳翔,幾個表親兄弟覺得他來自京外,"不諳人事",比較土氣,生活習慣與他們不同,所以瞧不起他。[5]

有的進士不專住都城,而是到各地轉悠。如崔樞"應進士,客居汴半歲"。平常時候,估計是住在汴州的旅館裏,所以"與海賈同止"。後來海賈得病很重,

1 錢易:《南部新書》卷丙,第一編第四册,第31頁。
2 王讜:《唐語林》卷三《識鑒》,第三編第二册,第104頁。
3 徐鉉:《稽神録》拾遺《李生》,第111~112頁。
4 孫光憲:《北夢瑣言》卷三《陳會螳螂賦》,第一編第一册,第41頁。
5 孫光憲:《北夢瑣言》卷三《李固言相國爲柳表所誤》,第一編第一册,第30頁。

就委托他將一顆價值萬緡的珠寶保存起來。崔樞説“吾一進士,巡州邑以自給”,一邊干謁地方官員與名人,一邊讀書學習。第二年崔樞登第,“竟主文柄,有清名”。[1] 在登第前漫長的迎考歲月裏,舉子們的生活是比較清苦的。

舉子們參加考試,經濟上的花費十分巨大。筆墨紙硯是舉子們考試時重要的文具用品,如果用得順手,對考試是十分有利的。如《清异録》載:“唐世舉子將入場,嗜利者争賣健豪圓鋒筆,其價十倍,號‘定名筆’。筆工每賣一枝,則録姓名,俟其榮捷,則詣門求阿堵,俗呼‘謝筆’。”[2]“阿堵”即錢的别稱。舉子們渴望登第,所以都願意買“定名筆”來討吉利。而一旦登第又是極其榮耀的事情,因而他們亦捨得給筆工賞錢。當然,這類舉子是比較有錢,但亦有舉子窮得連文具都使用不起。五代吴國宋齊丘到廣陵時,“裹調罄乏”,倡女魏氏“乃竊賂遺數鍰,由是獲備管幅”。[3] 對這件事,《五代史補》卷二有稍爲不同的記載。宋齊丘打算干謁淮南騎將姚洞天,“且囊空無備紙筆之費”。逆旅隔壁的散樂女“惠以數緡,齊丘用市紙筆,爲詩咏以投洞天”。[4] 五代的文人要干謁名人,要寫詩讓人家認可,却窮到買不起筆墨紙硯,幸虧有人相助纔得以干謁姚洞天。

舉子們出門在外會産生巨大的經濟花費,家裏必須有豐厚的錢財和物質支撑纔行。有的舉子家裏條件較好,如裴度“少時羈寓洛中,嘗乘驢入皇城,上天津橋”,旅寓洛陽時能有驢作爲交通工具。陪裴度去讀書的還有一個僕人,“携書囊後行”。裴度後來在秋天爲地方舉薦,“其秋東府鄉薦,明年登第”。[5] 再如殷文圭爲舉子時,一次路過一個大澤,“遇大雨震電,僕乘皆踣,文圭安詳如不聞。及至逆旅,從者怪之,試視文圭,兩耳皆有泥封塞云”[6]。出門考試時帶了車乘,有專門的僕人爲其服務。

舉子參加考試時,一般穿的是白衣。唐武宗打算賜杜悰之子杜無逸衣服,

---

1 王讜:《唐語林》卷一《德行》,第三編第二册,第 16 頁。

2 陶穀:《清异録》卷下《文用門》“定名筆”條,第一編第二册,第 88 頁。

3 龍衮:《江南野史》卷四《宋齊丘》,第一編第三册,第 179 頁。

4 陶嶽:《五代史補》卷二《宋齊丘投姚洞天》,《五代史書彙編》,杭州出版社,2004 年,第 2493 頁。

5 王讜:《唐語林》卷六《補遺》,第三編第二册,第 223 頁。

6 佚名:《江南餘載》卷下,第一編第二册,第 251 頁。

"所司條列其目衫色奉進。上曰:'不可賜白衣。又其年幼未有官,不可假以服色,但賜青衣無衫可也。'"[1] 杜無逸爲舉子,本應穿白衣,但武宗認爲不妥,要讓他和一般人有所不同,但亦不能賜官服的顏色,所以最後賜青衣。這告訴我們,舉子一般是穿白衣的。五代敬翔當權時,"門前一舉子白衫作舞"[2],嘴裏還唱着歌,諷刺敬翔。有學者認爲:"舉子所着之白衣,是舉人群體的身份象徵,其他社會階層不得隨便僭越。"[3] 這一表述可能并不十分確切。舉子的確是身着白衣,但白色衣服并不是衹有這一類人才能穿,唐代其他士大夫階層没有官職的亦是身着白衣。

科舉考試不衹是經濟上的花費,對舉子來説,外面的世界有機會,但更有不少危險和不測。出門在外,風餐露宿,常會得病。如進士王睿,奔波在外,"咀吸風露,呼嚼嵐霞,因亦成疹,積年苦冷,而莫能愈"[4],後來游燕中,路遇一道士,主動給他療病。舉子途中生病,十分麻煩,重者會丢了自己的性命。裴璩在番禺時,特别鍾愛自己的一個女兒,"選滎陽鄭進士以聘之"。婚後没多久,"纔過禮期,遽屬秋薦,不免隨計,無何到京,尋報物故"。[5] 鄭進士在赴京城考試的途中突然死去,雖然不知具體的原因是什麽,但他孤身在外,發生意外是免不了的。乾寧中,宿州刺史陳璠設宴款待進士張翺。張翺恃才傲物,"席上調璠寵妓張小泰,璠怒而揖起,付吏責其無禮"。文人感覺太好,竟調戲酒桌上的妓女,但他不知道這妓女是陳刺史十分恩寵的一位,闖了禍没意識到,還寫狀説:"有張翺兮寓止淮陰,來綺席兮放恣胸襟。"陳璠看到後更是大怒,説:"據此分析,合吃幾下?"張翺云:"衹此兩句,合吃乎三下五下。切求一笑,宜費乎千金萬金。"大概張翺是喝多了酒,仍然十分輕薄,於是被吏役在背上打了十三鞭,一命嗚呼了。宋人認爲這是"惜其恃才而取禍也"。[6] 至於朱慶餘秀才,在隴州喝醉了

1 王讜:《唐語林》卷一《政事上》,第三編第二册,第37~38頁。

2 趙令畤:《侯鯖録》卷六,第二編第六册,第242頁。

3 劉琴麗:《唐代舉子科考生活研究》,第41頁。

4 張君房:《雲笈七籤》卷一一二引《神仙感遇傳》"進士王睿",中華書局,2003年,第2430頁。

5 孫光憲:《北夢瑣言》卷五《裴氏再行》,第一編第一册,第67頁。

6 孫光憲:《北夢瑣言》卷一〇《張翺輕傲》,第一編第一册,第118~119頁。

酒，聽説防禦使鞏咸新鑄一劍，伸出頭讓鞏咸試劍，結果身首异處，死非其所。[1] 朱慶餘的死完全是一個意外事故。舉子從家到長安，以及到各地干謁官員和名人，路途遥遠，難免會碰到交通事故。如廬山書生張璟，乾寧中“以所業之桂州，欲謁連帥張相。至衡州犬嘷灘，損船上岸，寢於江廟”[2]。船幸虧没翻，撿了一條命。

參加科舉考試者内心壓力很大，有些人儘管水平很高，但在應考過程中還是心情煩躁，就通過請人占卜、圓夢之類的方式尋求考前的心理放鬆。南唐馮僎，出身於高官家庭，年紀很輕就有名聲，“舉進士，初年少，衆譽籍籍，以爲平折丹桂”，大家都認爲他一定能考中。馬上要進入秋試，他“一夕夢登崇孝寺幡刹極高處打方響”，自己不理解是什麽意思，就專門找了能圓夢的徐幼文，請徐幫忙圓一下。徐説：“雖有聲價至下地。”第二年春天考試，“僎俄成名於韓熙載榜下”。有人認爲徐幼文的圓夢有問題，徐説：“誠於吾語，後當知之。”結果在放榜數日之後，“中書奏主司取士不當，遂追榜御試，馮果覆落”。[3] 筆記當然主要是説徐幼文的圓夢十分準確，但通過這個故事，我們可以看到，馮僎心裏比較緊張做了夢，還要求人爲他圓夢。馮僎的父親是刑部尚書馮謐，像這樣的高官子弟都對考試十分緊張，更不要説普通舉子的心理壓力了。

參加考試的舉子們全都是成年人，有的年紀已經很大了，很多人已經建立家庭，他們的家庭生活是怎樣的呢？

由於社會對科舉制度的看重，參加科考的舉子常常會成爲夫婿的最佳人選。[4] 唐中期，“以大勛康國”的太師李光顔，有愛女未聘，“幕僚謂其必選佳婿，因從容語次，盛譽一鄭秀才詞學門閥，人韵風流异常，冀太師以子妻之。他日又

1　孫光憲：《北夢瑣言》卷六《陸相公勸酒事》，第一編第一册，第 77 頁。

2　孫光憲：《北夢瑣言》卷一二《張璟爲靈廟草奏》，第一編第一册，第 148 頁。

3　鄭文寶：《南唐近事》卷一，第一編第二册，第 214 頁。

4　金瀅坤：《中晚唐五代科舉與社會變遷》第五章“中晚唐五代科舉與婚姻觀念的變遷”載：“當科舉出身成爲世人入仕的第一出身時，科舉出身亦必然會成爲選婿的首選。”他認爲中晚唐選舉制度在門第、科第并重的情况下，婚姻自然以科第和門第并重。這“反映了科舉制度對社會變遷的深刻影響”，“唐五代世人婚姻觀念變遷的根本原因還是科舉制度對選官制度深刻影響的結果”。（人民出版社，2009 年，第 243 頁）儘管唐五代舉子中的很大一部分都是成了家纔進入科考，但對整個社會來説，一個士子能否登第的確已成爲人們選擇夫婿的重要標準。

言之”,而李光顔最後却將女兒嫁給一個軍中小將。[1] 李光顔這樣做自有他特殊的理由,而幕僚們的想法却反映了社會的一般看法,他們認爲出身世家大族,而且是個舉子,將來一定會有美好前景的。事實上衹要登第,總能出任官職,對女性來説自然是有了堅實的依靠。李郢“初赴舉,聞鄰女有容,求娶之。遇有争娶者,女家無以爲辭,乃曰:‘備錢百萬,先至者許之。’兩家具錢,同日皆至。女家無以爲辭,復曰:‘請各賦一詩,以爲優劣。’郢乃得之”[2]。説明女性選擇丈夫的標準,一是錢財,二是詩賦。社會普遍以年輕舉子作爲擇偶的對象,説明舉子的社會地位是比較重要的。這種傾向至五代仍是如此。南唐鍾輻,少年有文,氣豪體傲。樊若水的女兒“才質雙盛,愛輻之才而妻之。始燕爾,科詔遂下,時後周都洛,輻入洛應書,果中選於甲科第二”[3]。選擇還没有參加科舉考試的士子,是因爲這些士子往往很有才氣,已有一些名聲,人們看中他們將來的發展潛力。臺州有位婦人蕭惟香,“有才思,未嫁”,她看上了進士王玄宴,就與他一起私奔。她死的時候,有詩數百首。[4] 可以看到,有着較高文化素質的舉子們,一般都希望自己的妻子有文化,最好亦能懂些詩詞。

唐代參加科舉考試的舉人中,出身高官士族之家者衆多,因而家庭條件較好,妻子亦比較有文化。進士殷保晦的妻子出身於中原士族。殷保晦開始舉進士時的文卷,其實“皆内子爲之,動合規式,中外皆知”。這位夫人“倜儻疏放,善與人交,未嘗以文章爲意”。[5] 大族女子從小接受嚴格的文化教育,所以有能力爲丈夫舉進士時撰寫文卷,而像這樣的女子嫁進大族家裏,就是所謂的門當户對。再如樂安進士孟昌期,娶的老婆孫氏“善爲詩”,詩作還編爲集子。[6] 舉子鄧敞,老婆李氏爲中層官員家的女兒,其父爲福建從事。鄧敞“有女二人,皆善書,敞之所行卷,多二女筆迹”[7]。舉子的妻子一般是有文化的,因而在教育後

1 孫光憲:《北夢瑣言》卷三《李光顔太師選佳婿》,第一編第一册,第 31 頁。

2 王讜:《唐語林》卷二《文學》,第三編第二册,第 69 頁。

3 文瑩:《湘山野録》卷中,第一編第六册,第 39~40 頁。

4 孫光憲:《北夢瑣言》卷六《孫内子》,第一編第一册,第 86 頁。

5 孫光憲:《北夢瑣言》卷一一《雙血被面》,第一編第一册,第 138 頁。

6 孫光憲:《北夢瑣言》卷六《孫内子》,第一編第一册,第 86 頁。

7 佚名:《玉泉子》,《唐五代筆記小説大觀》,第 1424 頁。

輩上比較嚴格,從小讓子女讀書識字。妻子往往會督促舉子丈夫,如果丈夫不思上進,妻子會想辦法刺激他。杜羔妻劉氏"善爲詩"。杜羔累舉不第,"將至家,妻先寄詩與之曰:'良人的的有奇才,何事年年被放回? 如今妾面羞君面,君若來時近夜來。'羔見詩,即時回去"。杜羔落第,妻子批評他不思上進,回家來幹嗎? 連家門亦不讓他進,認爲考不上進士的男人回家是十分羞耻的,逼着他非考上不可。考中後,妻又寄詩給他説:"長安此去無多地,鬱鬱葱葱佳氣浮。良人得意正年少,今夜醉眠何處樓?"後人認爲"可謂能勉其君子以正矣",實際上妻子是擔心夫妻關係,提醒丈夫走正道不要背叛婚姻。[1]

參加科考者不但要受到妻子的影響,而且常常受到家人特别是父母的督促。如文宗大和元年(827 年)及第的陳會,讀書期間其母親"勉以進修,不許歸鄉,以成名爲期"[2],衹有科舉成名,纔能回家。這是逼着他背水一戰。

舉子的家人一般亦是有文化的。唐後期闞圖的妹妹,"有文學,善書札"。闞圖對同僚説:"某家有一進士,所恨不櫛耳。"[3]官宦之家的女孩從小接受文化教育,因而寫詩文有很高的能力。官宦士族的家人從小都接受良好的教育。

(四)舉子的干謁與行卷

唐代舉子參加科舉考試前可以干謁各種官員、權貴和名人。[4] 舉子們的個人聲譽和文才水平會對録取産生很大影響,爲了在重要人物前展示讓更多人瞭解自己,就得將作品向達官貴人作自我推銷。盧沆"在舉場甚有時稱",有點小

1 錢易:《南部新書》卷丁,第一編第四册,第 46 頁。

2 孫光憲:《北夢瑣言》卷三《陳會螳螂賦》,第一編第一册,第 40 頁。

3 錢易:《南部新書》卷丁,第一編第四册,第 47 頁。

4 袁行霈説:"干謁是考試之前的公關活動,考卷固然重要,考官事前對考生的印象亦很重要。還有那些著名的文人和大權在握的人物的推薦,亦往往影響着考試的結果。"(王佺:《唐代干謁與文學》序,中華書局,2011 年,第 1 頁)對干謁,學界已有大量研究,對干謁的方式和風氣亦有不少相關論著。如薛天緯《干謁與唐代詩人心態》(《西北大學學報》1994 年第 1 期,第 17~23 頁)、葛景春《李白與唐代的干謁之風》(《中州學刊》1995 年第 2 期,第 97~99 頁)等,都從文人的心理角度,研究了唐代干謁的社會風氣。王佺《唐代干謁與文學》是近年來對干謁風氣進行完整研究的一部專著,書中談到了干謁之風出現的背景、守選制度與干謁的關係、干謁的手段及其特點、文人的干謁心態、干謁與文學的關係等問題,可以一并參看。

名氣。後來在滻水逆旅中碰到了微服私行的唐宣宗,“意其貴人,斂身回避”。但宣宗主動和他打招呼,盧沆衹能還禮,“自稱進士盧沆”。宣宗一聽,就讓盧沆把寫的詩卷給他看看,“帝請詩卷袖之,乘驢而去”。隔一天,宣宗和大臣談到盧沆,“令主司擢第”。後來宰臣問盧沆,“與主上有何階緣?沆乃具陳因由,時亦不訝,以其文章非叨忝也”。[1] 盧沆是偶然碰上了宣宗,而且是宣宗主動拿了詩看後向有關部門提議録取他,這個過程與進士干謁的效果一模一樣。要是盧沆干謁了一個高官,亦是呈獻上自己的詩歌,高官一看詩寫得很好,見人就誇獎盧沆,如有可能,直接對録取的主考官介紹盧沆,最後加以録取。所以,對進士來説,不管是高官還是宣宗,干謁起到的實際效果就是如此。

舉子們一般都是含蓄地寫一些干謁詩,表露自己的心迹。他們必須找一些重要人物游説,希望他們能相信自己,并向有關部門推薦,這對自己的科舉命運和以後的政治生涯都會有重大的作用。這種干謁是合理合法爲時人所接受的一種自薦方式,并不屬於違規行爲。宋人云:“唐末舉人,不問士行文藝,但勤於請謁,號曰‘精切’。”[2] 多往重要人物的家裏跑,必然對你以後的録取産生有利的影響。有些士子干謁的是地方節帥,路程較遠,路途十分艱險。廬山書生張璟,乾寧中“以所業之桂州,欲謁連帥張相”,是想把自己寫的文章向張相推薦,讓張相看看文才如何。路有點遠,當走到“衡州犬嗥灘,損船上岸”。[3] 船撞壞,所以只能上岸,晚上睡在一個廟裏。

如果詩歌寫得很好,文學才能出色,受到名人或高官的稱贊,名聲就會流傳開來。在這種情況下,名人或高官會加以引薦,最後及第的可能性就加大。如陳會郎中“業八韵,唯《螳螂賦》大行”[4]。之所以能大行,肯定是干謁後作品受到人們贊賞的結果。再如白居易參加科考,“初至京,以詩謁顧著作”。顧況看到他的姓名,十分好奇地説:“米價方貴,居亦弗易。”於是一篇篇看他的詩,第一篇就是:“咸陽原上草,一歲一枯榮。野火燒不盡,春風吹又生。”於是大加贊賞,

---

1 孫光憲:《北夢瑣言》卷八《盧沆遇宣宗私行》,第一編第一册,第 103 頁。

2 孫光憲:《北夢瑣言》卷四《陸扆相六月及第》,第一編第一册,第 49 頁。

3 孫光憲:《北夢瑣言》卷一二《張璟爲靈廟草奏》,第一編第一册,第 148 頁。

4 孫光憲:《北夢瑣言》卷三《陳會螳螂賦》,第一編第一册,第 41 頁。

説:“道得個語,居即易也。”於是“爲之延譽,聲名大振”,使白居易還没正式科考,就有了有利位置。[1] 再如項斯,開始時誰亦不知道他是何人,有什麽本事。後來他“以卷謁江西楊敬之”,楊敬之看後十分喜歡項斯,贈詩云:“幾度見詩詩盡好,及觀標格過於詩。平生不解藏人善,到處逢人説項斯。”没多長時間,楊敬之的詩傳到長安,大家心想他如此推崇項斯,那項斯肯定是很有才華的一個人,於是“斯明年登上第”。[2]

正因爲干謁對舉子被人賞識十分重要,所以呈獻的詩作就很有講究。比如聶夷中,精於古體詩,詩的内容“言近意遠,合三百篇之旨也”,全是體現在反映民間疾苦上,宋人稱他爲“最奇者”。[3] 盧延讓爲了引人注意,就不斷寫些惡俗的猫狗詩。如有“狐衝官道過,狗觸店門開”句,租庸使張濬親見其事,“每稱賞之”;他還有“餓猫臨鼠穴,饞犬舐魚砧”句,“爲成中令汭見賞”;再如“栗爆燒氈破,猫跳觸鼎翻”句,“爲王先主建所賞”。盧延讓自己説:“平生投謁公卿,不意得力於猫兒狗子也。”[4] 這些猫狗詩,其實是盧延讓搞怪的産品,通過怪來吸引權貴們的注意。對權貴們來説,大概干謁的人實在太多,眼睛看花了,突然來幾首猫狗詩,反而覺得十分新奇。唐末咸通中,李昌符雖然有詩名,却久不登第,“常歲卷軸,怠於裝修”,想想寫了亦没用,有點泄氣。“因出一奇,乃作婢僕詩五十首,於公卿間行之”。這些所謂的婢僕詩都是什麽詩呢? 如:“春娘愛上酒家樓,不怕歸遲總不留。推道那家娘子卧,且教留住待梳頭。”再如:“不論秋菊與春花,個個能噇空肚茶。無事莫教頻入庫,一名閑物要些些。”詩篇都是説婢僕利用色相做些不雅事,符合了一些人的閲讀興趣,所以傳播很快。“浹旬,京城盛傳其詩篇,爲妳嫗輩怪駡騰沸,盡要摑其面。”這種奇特的内容一下子使李昌符名氣大升,直接的好處爲“是年登第”。[5] 還有人干謁的詩是别人寫的,因爲自己寫不出好詩。宋人的筆記中没有談到這一點,但在唐人的筆記中有所記載:“今之子弟,以文求名者,大半假手也。苟袖一軸投之於先進,靡不私自炫

1 張固:《幽閑鼓吹》,《全唐五代筆記》第二册,第 1521 頁。

2 錢易:《南部新書》卷甲,第一編第四册,第 8 頁。

3 孫光憲:《北夢瑣言》卷二《放孤寒三人及第》,第一編第一册,第 26~27 頁。

4 孫光憲:《北夢瑣言》卷七《盧詩三遇》,第一編第一册,第 90 頁。

5 孫光憲:《北夢瑣言》卷一〇《李昌符婢僕詩》,第一編第一册,第 129 頁。

鬻，以爲莫我若也。”[1]説明用别人的詩去干謁是常有的事情。

舉子干謁順利，地位高者一高興就會加以招待。如陸扆在夷陵時，有士子修謁，“相國與之從容，因命酒勸此子”。隴州防禦使鞏咸，是蜀地出來的一位將領，所以同鄉朱慶餘落第後，“謁之，鞏亦使酒”，用酒招待朱生。[2] 還有的舉子與大人物接上了關係，從此密切來往。如顧雲是個鹽商子，但“風韵詳整”，儀表堂堂，受知於令狐相國。“相國子弟每有宴會，顧獨預之，丰韵談諧，不辨寒素之子也。顧賦爲時所稱，而切於成名，嘗有啓事，陳於所知，衹望丙科盡處，竟列名於尾科之前也”。[3] 還没登第，相國已把他當成弟子來看待了，不是因爲他的家庭出身，而是看他的賦寫得很好，談吐不俗，相國認爲他一定能中第。

亦有不少舉子干謁不順利。畢諴在科舉考試前，“嘗謁一受知朝士者，希爲改名，以期亨達。此朝士譏其鹽賈之子，請改爲‘諴’字，相國忻然受而謝之。竟以此名登第，致位台輔。前之朝士，慚悔交集也”[4]。朝士因爲畢諴是鹽商之子，對他衹是應付，并不會真的幫他傳播名聲，没想到畢諴改名後特别成功，朝士感到自己没有慧眼識人才。

考試前將自己的佳作進呈給有名望的高官或者是知貢舉的官員，求他們賞識，以提高聲譽，這叫行卷。行卷亦是合理合法爲時人所接受的一種自我展示才能的方式。[5] 宋人談道：“唐人舉進士必行卷者，爲緘軸録其所著文以獻主司也。其式見《李義山集·新書序》卷七。曰：‘治紙工率一幅以墨爲邊準，今俗呼

---

1 佚名：《玉泉子》，《唐五代筆記小説大觀》，第 1427 頁。

2 孫光憲：《北夢瑣言》卷六《陸相公勸酒事》，第一編第一册，第 77 頁。

3 王讜：《唐語林》卷七《補遺》，第三編第二册，第 267~268 頁。

4 孫光憲：《北夢瑣言》卷三《戲改畢諴相名》，第一編第一册，第 29 頁。

5 關於進士行卷，前輩學者已有很多論述。如程千帆先生説：“所謂行卷，就是應試的舉子將自己的文學創作加以編輯，寫成卷軸，在考試以前送呈當時在社會上、政治上和文壇上有地位的人，請求他們向主司即主持考試的禮部侍郎推薦，從而增加自己及第的希望的一種手段。”此外，還有向主試官納省卷，“稱爲省卷，因爲是向尚書省所屬官府——禮部交納的。它又稱公卷，則對行卷系獻給私人的而言”。可參《唐代進士行卷與文學》，武漢大學出版社，2008 年，第 380 頁、384 頁。傅璇琮先生在《唐代科舉與文學》第十章“進士行卷與納卷”，對行卷作了更深入一步的研究。如他認爲一般情況下舉子是在科試之前行卷，但“有時在考試之後或放榜落第之後，亦要向知己者呈獻詩作”。“行卷，一般是指進士而言，但有時亦不限於進士試”，有些人“應制舉前投文行卷”。（陝西人民出版社，1986 年，第 247~284 頁）

解行也。用十六行式，言一幅解爲墨邊十六行也。率一行不過十一字。'"[1]行卷是有格式的，有一定的用紙標準，寫上詩句給有關主管科舉考試的官員提前閱讀。行卷後，舉子發現自己的文章没有受到重視，於是再修書一封提醒主考官關注自己的文章，這叫温卷。唐末光化中，舉子蘇拯與鄉人陳滌住在一起。拯與考功郎中蘇璞"初叙宗黨"，所以"拯既執贄，尋以啓事温卷，因令陳滌緘封，滌遂誤書己名。璞得之大怒，拯聞之倉皇，復致書謝過"。[2] 蘇拯因爲與蘇璞叙上了宗黨關係，所以寫信讓蘇璞關注自己的文章，没想到被陳滌在信中寫上了他的名字，衹能再寫信向他道歉。

行卷的作品，詩、賦、銘、論、贊之類的文章應該都是可以的，衹要能充分展示舉子的寫作能力就行。裴説應舉，"衹行五言詩一卷。至來年秋，復行舊卷，人有譏者，裴曰：'衹此十九首，苦吟尚未有人見知，何暇别行卷哉！'"[3]行卷的是詩歌，如果權貴們認可他寫作詩歌的能力，當然會極力推薦他。李涜"應舉時，文卷行《明易先生書》，又有《答明易先生書》，朝士覽之，不測涯涘，即其他文章可知也"[4]。李涜的兩封信應該是特别顯示文筆功力，通過這種文體，大家認爲他的文章是可以想見有很高水準的。宋人説："唐之舉人，先藉當世顯人，以姓名達之主司，然後以所業投獻，逾數日又投，謂之温卷，如《幽怪録》《傳奇》等皆是也。蓋此等文備衆體，可以見史才、詩筆、議論。至進士，則多以詩爲贄，今有唐詩數百種行於世者是也。"[5]不過按宋人的説法，行卷和温卷時，連小説這種體裁亦可以獻上，因爲小説文備衆體，從中可以見到舉子各方面的寫作功力。當然一般而言，由於所考科目不同，舉子們行卷的文體各有側重，但進士以獻詩最爲常見。但亦有人因行卷的内容出問題而没有被録取。如李復言"納省

1 程大昌：《演繁露》卷七《唐人行卷》，第四編第九册，第 15 頁。

2 孫光憲：《北夢瑣言》佚文二《陳滌誤書》，第一編第一册，第 228 頁。

3 錢易：《南部新書》卷庚，第一編第四册，第 78 頁。傅璇琮認爲行卷不但要講究數量，"内容能否吸引人注意則更加重要，尤其是每年呈獻，要有新作，不能老一套，老是前些年的舊作，就要受人譏笑"。裴説因爲投獻的是舊作，"就不免受到人們的譏笑"。參《唐代科舉與文學》，第 273 頁。

4 孫光憲：《北夢瑣言》卷七《李涜行文卷》，第一編第一册，第 91 頁。

5 趙彦衛：《雲麓漫鈔》卷八，第六編第四册，第 192 頁。對行卷是否用小説，學術界有不同的看法，可參俞鋼《唐代制度文化研究論集》中的相關論述，第 274~283 頁。

卷,有《纂异》一部十卷”。這年是文宗開成五年(840年),李景讓知貢舉,放榜時說:“事非經濟,動涉虚妄,其所納仰貢院驅使官却還。”結果李復言“因此罷舉”。[1] 李復言是《續玄怪録》的作者,《纂异》是否就是《續玄怪録》,這倒有點難説,不過兩書的主要表達形式和主題可能比較接近,所以李景讓認爲他的書與國家政事無關,而盡是一些“虚妄”的故事,不考慮録取。

對一些重要人物來説,他們的話很有分量,如果再與主考官認識,主考官就會熟記於心。所以,“唐世科舉之柄,顓付之主司,仍不糊名。又有交朋之厚者爲之助,謂之通榜,故其取人也畏於譏議,多公而審。亦有脅於權勢,或撓於親故,或累於子弟,皆常情所不能免者。若賢者臨之則不然,未引試之前,其去取高下,固已定於胸中矣”。通榜的作用很大,士子們完全瞭解。雖然大家都不糊名,有很多人情因素存在,但公正與否,主管科舉的有關官員的素質是起了最重要的作用。韓愈《與祠部陸員外書》云:“執事與司貢士者相知識,彼之所望於執事者,至而無間,彼之職在乎得人,執事之職在乎進賢,如得其人而授之,所謂兩得矣。愈之知者有侯喜、侯雲長、劉述古、韋群玉,此四子者,可以當首薦而極論,期於成而後止可也。沈杞、張苰、尉遲汾、李紳、張後餘、李翊皆出群之才,與之足以收人望而得才實,主司廣求焉,則以告之可也。往者陸相公司貢士,愈時幸在得中,所與及第者,皆赫然有聲。原其所以,亦由梁補闕肅、王郎中礎佐之。梁舉八人無有失者,其餘則王皆與謀焉。陸相於王與梁如此不疑也,至今以爲美談。”[2] 韓愈認爲主考官員最重要的是選對人,推薦者是想把好的人才推薦出來,這是雙贏的事情。他列舉了很多人作爲例子,這些人分别於貞元十八年(802年)、貞元十九年(803年)、永貞元年(805年)、元和元年(806年)登第,都是因爲有了推薦再録取,是推薦和録取都得其人的極好例子。

從另一角度看,官員都十分願意薦賢舉士,對青年人想參加科舉都是極力加以鼓勵。柳玭到瀘州上任,路過渝州,“有牟黁秀才者,即都校牟居厚之子,文采不高,執所業謁見。亞臺獎飾甚勤,甥侄從行,以爲牟子卷軸,不消見遇”。牟秀才平日裏寫的東西品質不高,所以甥侄認爲柳玭没必要對他這樣器重。柳玭

1　錢易:《南部新書》卷甲,第一編第四册,第14頁。

2　洪邁:《容齋四筆》卷五《韓文公薦士》,第五編第六册,第256~257頁。

説:“巴蜀多故,土豪倔起,斯乃押衙之子,獨能慕善,苟不誘進,渠即退志。以吾稱之,人必榮之,由此減三五員草賊,不亦善乎?”[1] 巴蜀地區當土匪的人比較多,押衙的兒子想讀書,所以要鼓勵,否則萬一他一看考不上就不考了,那就會去當草賊,對國家是不利的。當然柳玭的薦舉是站在了一定的政治高度上,并不單純是以詩賦和文章的品質來衡量的。

有重要官員推薦,登第的概率會高很多。文宗大和中,李德裕爲浙西觀察使。少貧苦學的劉三復在李德裕身旁,人稱“有才思”,李德裕就想試他一下,説:“子可爲我草表,能立就,或歸以創之?”劉三復回答:“文理貴中,不貴其速。”文章寫得好壞,與速度快慢是没有關係的。之後三復將自己寫的文章給李德裕,“德裕嘉之,因遣詣闕求試。果登第,歷任臺閣”。[2] 因爲文章寫得好,所以李德裕就全力向有關部門推薦,讓他去考試,結果劉三復成功登第。

舉子干謁,一定要看中真正有實權的人纔行,如果衹是結識無關緊要的官員,干謁的意義就要小得多。李固言應進士舉,來到京城後寄居在表親兄弟柳氏的家中。幾個表兄弟時常捉弄他。其時許孟容守常侍,“朝中鄙此官,號曰‘貂却’,固不能爲人延譽也”。李固言“始以所業求知,謀於諸柳,諸柳與導行卷去處,先令投謁許常侍。相國果詣騎省,高陽公慚謝曰:‘某官緒極閑冷,不足發君子聲采。’雖然,已藏之於心。又睹烏巾上文字,知其樸質”。許孟容的意思是自己目前在朝中不是重要的官員,由他推薦舉子没有什麽用。所以對舉子來説,他們最好要拜見的是有實權且在朝廷炙手可熱的大官,這就會大大增加録取的概率。當然,李固言的運氣特别好,被表兄弟戲弄了去干謁許孟容,没想到來年許孟容真的“知禮闈”,主管科舉考試工作,所以“李相國居狀頭及第”,干謁還是十分有用的,讓許孟容對他的瞭解十分深入。[3]

舉子與官員結交,很容易把自己的名聲傳出來。如金吾大將軍張直方,“西班倜儻勛臣也。好接賓客,歌妓絲竹,甲於他族”。裴休其時“麻衣就試”,與張直方認識,“執金慕其風采”。裴休造訪張直方的家,“執金款待异禮。他日,朝

1 孫光憲:《北夢瑣言》卷四《柳玭大夫賞牟黁》,第一編第一册,第44~45頁。

2 孫光憲:《北夢瑣言》卷一《劉三復記三生事》,第一編第一册,第20~21頁。

3 孫光憲:《北夢瑣言》卷三《李固言相國爲柳表所誤》,第一編第一册,第30~31頁。

中盛稱裴秀才文藝,朝賢訝之”。張直方在朝中一直稱贊裴秀才,弄得大家都知道兩人的交情,結果裴休怕人家對他有不好的看法,“恐涉雜交,不遑安處,自是不敢更歷其門”。[1] 儘管兩人的交情比較特殊,但高官在推薦舉子和幫舉子製造聲譽的作用是十分明顯的。南唐孟賓于少修儒學,“長好篇咏,有能詩名”。光有才能還不行,必須要將名氣炒出來。其時恰好有工部侍郎李若虛廉察湘、沅,“賓于有詩數百篇,自命爲《金鼇集》獻之,大爲稱譽”。李若虛發現孟賓于的詩的確很好,於是他“采擇集中有可舉者十數聯記之於書,使賓于馳詣洛陽,獻諸朝廷,皆爲數之,其譽藹然”。兩人聯手,把名氣傳向四方。第二年春天,“與故李司空昉同年擢進士第”。[2] 炒作與登第,關係比較密切。

但高官推薦舉子的做法,并不是對每個人都合適。韓愈親自向别人推薦的舉子,有關部門就没有録取。如程昔範没有參加科舉考試時,有著作《程子中謨》,“韓文公稱嘆之”,認爲寫得很出色,有較高的水平。程昔範去參加考試,韓愈“干主司”説:“程昔範不合在諸生之下。”結果當年没有考上,“人以爲屈”。庾承宣後來知貢舉,“程始登第”。[3] 所以你説他的文章水準再怎麽高,主管録取的官員不作考慮亦是没有辦法的。如果主考官心術不正,可能録取的全是開後門的人。如崔瑶知貢舉時,“以貴要自恃,不畏外議。榜出,率皆權豪子弟”[4],連其兄弟亦看不過去。像這樣録取,貧寒舉子的希望就很小,而舉子的真實水平幾乎没什麽用了。

更有主考官員不理睬推薦官員,結果雙方吵到皇帝處。錢徽爲禮部侍郎主管録取工作,“段文昌、李紳皆以私書保薦人求名第,徽俱黜之”。兩人都寫了信保薦舉子,結果錢徽全部不睬亦不録取。段文昌和李紳怒了,向皇帝面奏錢徽所放進士不公,於是錢徽被貶爲江州刺史。有人對錢徽説,應該把他們兩人私底下寫的信面呈皇帝,錢徽説:“苟無愧心,得喪一致,修身謹行,安可以私書相證耶?”意謂我做得問心無愧,但不能將私底下的信拿出來作證,這是人的基本

---

1 孫光憲:《北夢瑣言》卷一一《張直方譽裴休》,第一編第一册,第 131 頁。

2 龍衮:《江南野史》卷八《孟賓于》,第一編第三册,第 209~210 頁。

3 王讜:《唐語林》卷三《賞譽》,第三編第二册,第 112 頁。

4 王讜:《唐語林》卷三《方正》,第三編第二册,第 88 頁。

修行道德,讓子弟把這兩封信燒掉。[1]

無論是之前的干謁還是考前的行卷,舉子拜見名人賢達需特別講究禮節,要有一番程式。宋人談道:"國初襲唐末士風,舉子見先達,先通箋刺,謂之'請見'。既與之見,他日再投啓事,謂之'謝見'。又數日,再投啓事,謂之'温卷'。或先達以書謝,或有稱譽,即別裁啓事,委曲叙謝,更求一見。當時舉子之於先達者,其禮如此之恭。近歲,舉子不復行此禮,而亦鮮有上官延譽後進者。"[2]北宋和唐末社會風尚肯定有所不同,所以這裏是北宋人的推測。從這段話來看,請見、謝見、温卷,舉子見名人要一步接着一步,要讓人家對你一點點瞭解,相見時禮節十分複雜。不過是否每個人都要如此,可能亦不一定,這裏説的是大體的禮節步驟。此外,進士在正式場合見名人是不能脱衣服的。如李德裕曾"抑退浮薄,獎拔孤寒"。進士宜春人盧肇,"有奇才,每謁見,許脱衫從容"[3]。因爲盧肇在李德裕面前比較放鬆,所以能脱衫後再聊天,反之亦就是説,如果盧肇拜謁的是一位不太熟悉的長官,肯定是不許脱衫的。

有的舉子干謁官員時既講究禮節,符合世風,又保持自己的風骨氣節,不失原則。王凝在絳州時,司空圖要應進士舉,於是前來干謁。他"自別墅到郡謁見後,更不訪親知",意謂到官衙裏正式見了一面,不再到王凝家去,而"閽吏遽申司空秀才出郭矣",已經離開回去。即使他"入郭訪親知,即不造郡齋",亦不再到官府衙門裏去見王凝。當然司空圖是碰上了王凝,王凝覺得他很有風骨,"謂其專敬,愈重之",要是换作其他官員,或許司空圖亦就没戲了。之後王凝知舉,司空圖"一捷,列第四人登科"。[4]

爲了吸引人們的注意力,還有一些進士會創作時事類作品,擴大自己的名聲。如武元衡被人刺死,裴度被人刺傷,"隸人王義扞刃而斃"。事情過後,社會上傳言四起,裴度親自寫文章祭祀王義。"是歲,進士撰《王義傳》者三之二。"[5]這種情况的出現,并不是説每個進士都關心時事,其實是想借這個社會熱點事

---

1 孔平仲:《續世説》卷三《雅量》,第二編第五册,第 55 頁。

2 王闢之:《澠水燕談録》卷九《雜録》,第二編第四册,第 100 頁。

3 孫光憲:《北夢瑣言》卷三《盧肇爲進士狀元》,第一編第一册,第 29 頁。

4 孫光憲:《北夢瑣言》卷三《王文公叉手睡》,第一編第一册,第 32 頁。

5 錢易:《南部新書》卷戊,第一編第四册,第 55 頁。

例來展示自己的文采,引起人們的注意。

干謁和行卷是合法的自我舉薦行爲,其操作具有靈活性,并不是制度的硬性規定,所以舉薦同時亦很容易産生不合法的行爲。比如一些人利用這樣的規則向權貴行賄,一些權貴拿了别人的錢財,就不會公正地向有關部門舉薦人才。比如舍人劉蜕"爲一經業舉人致名第,受賂十萬"[1]。對舉子來説,爲取得一個名第就要送錢,而且數量極大,除非家裏有錢,一般人受不了這麽巨大的經濟壓力。

有的舉子專門和宦官結交,通過宦官手裏的實權,使自己在科舉中得到好處。如唐代中期將與宦官有特别好關係的士子稱爲"芳林十哲",這些人"與宦官交游,若劉曄、任息、江洎、李巖士、蔡鋋、秦韜玉之徒。鋋與巖士各將兩軍書題,求華州解元,時謂'對軍解頭'"[2]。利用宦官軍將的實力,來影響科舉的録取。

有些舉子衹要搭上有實權的人,不管考試成績如何,最終放榜時都會登第。如鄧敞,最初考試不中第,後來認識了牛僧孺的兒子牛蔚兄弟,"有勢力,且富於財"。牛蔚對鄧敞説:"吾有女弟未出門,子能婚乎?當爲君展力,寧靳一第乎?"鄧敞其時已和李氏結婚,有兩個女兒,岳父爲福建從事。鄧敞岳父的官職不高,生活比較寒賤,"必不能致騰踔,私利其言,許之",答應了牛蔚提出的條件。爲了一個進士,自己的妻子和兩個女兒都可以不要。隨後的考試中他當然是如願登第,於是休了妻子,和牛家妹妹成親。[3] 再如唐末裴筠將和蕭遘愛女結婚,"言定未幾,便擢進士"。裴筠和蕭女結婚與登進士第有關係嗎?應該是有關係的,因爲羅隱就以一首絶句諷刺他,説:"細看月輪還有意,信知青桂近嫦娥。"[4] 如果兩者之間没有關係,羅隱的諷刺豈不是没有一點意思了嗎?事實上蕭遘曾爲唐僖宗時的宰相,與裴筠的登第或多或少有些聯係。

亦有舉子爲了能登第,竟然將女兒嫁給有勢力的人。進士宇文翃,雖然是

---

1 孫光憲:《北夢瑣言》卷六《劉蜕奏令狐相》,第一編第一册,第80頁。

2 王讜:《唐語林》卷四《企羨》,第三編第二册,第148頁。

3 佚名:《玉泉子》,《唐五代筆記小説大觀》,第1424頁。

4 王讜:《唐語林》卷七《補遺》,第三編第二册,第267頁。

士族子，却無文藻，“酷愛上科”。宇文翃“有女及笄，真國色也，朝之令子弟求之不得”。有位叫竇璠的，“年逾耳順”，年紀一大把，正要娶個繼室，他的哥哥是諫議大夫，“頗有氣焰，能爲人致登第”。於是宇文翃將年紀輕輕的女兒嫁給六十多歲的竇璠，“璠爲言之元昆，果有所獲”，順利登第。[1] 儘管當時有很多人看不起宇文翃，還常常嘲諷他，但他亦在所不惜，用一個美貌女兒的幸福，换了一個登第的資格。

當然更有些舉子利用家裏或親屬手中的權力，上下其手。唐宣宗大中末年，令狐綯罷相。令狐綯的兒子令狐滈應進士舉在父未罷相前，因爲是宰相的兒子，所以“預拔文解及第”，直接參加禮部試。諫議大夫崔瑄上疏，認爲令狐滈“弄父權，勢傾天下”，“舉人文卷須十月前送納，豈可父身尚居於樞務，男私拔其解名，干撓主司，侮弄文法，恐奸欺得路，孤直杜門”。[2] 張雲、劉蜕亦紛紛上疏，反映這件事。雖然没有直接的證據可以證明令狐綯在兒子的拔解中運用了手中的權力，但明眼人一看就知道宰相的權力對有關部門的影響，亦難怪崔瑄要上疏了。

用賄賂和其他非法手段登上進士第，在唐末比較多見，所以宋人評價説：“唐末五代權臣執政，公然交賂，科第差除各有等差。故當時語云：‘及第不必讀書，作官何須事業。’”[3] 雖然話説得很嚴重，但當時賄賂等非法現象的確不少，纔會引發人們有這樣的議論。

（五）進入考場和録取

考試前，貢院和户部要對舉子進行資格審查，主要核實户籍和當地的解狀。唐代末期，又要求舉子提供家狀，舉子之間相互擔保，避免假冒。家狀裏規定要描寫舉人的外貌長相：“吏部常式：舉選人家狀須云‘中形，黄白色，少有髭’；或武選人家狀云‘長形，紫黑，多有髭’。”[4] 宋代對此有所繼承，“家狀并試卷之首，

1 孫光憲：《北夢瑣言》卷四《祖系圖進士榜》，第一編第一册，第 54 頁。

2 孫光憲：《北夢瑣言》卷一《令狐滈預拔文解》，第一編第一册，第 20 頁；卷二《宰相怙權》，第一編第一册，第 24 頁。

3 趙令畤：《侯鯖録》卷四，第二編第六册，第 221 頁。

4 錢易：《南部新書》卷乙，第一編第四册，第 24 頁。

署年及舉數、場第、鄉貫，不得增損移易，以仲冬收納，月終而畢”[1]。宋朝的要求更加具體，雖然錢易的記録與宋代的家狀可能并不是完全一致，但一般而言宋朝的家狀是對唐代家狀的繼承。

進士考試是在尚書省都堂或省南的禮部南院進行。考試的那天，“設香案於階前，主司與舉人對拜”[2]，應該是表達相互尊重的意思。進入考場，對舉子們來説這是一場折磨的開始。考場紀律十分嚴格，“閱試之日，皆嚴設兵衛，薦棘圍之，搜索衣服，譏訶出入，以防假濫焉”[3]。考場外有衛兵把守，進入要搜身，主要是爲了防止有人替考。

唐代前中期，考試是晝試，清晨發題目，到傍晚太陽落山就收卷。不過，有些人文章越寫越長，時間不够用，到收卷時文章還没有寫完，遂采用夜試。但夜試時間亦有限制，所以五代時規定，夜試以三燭爲限。燒完三條蠟燭，就是交試卷的時候。後唐長興二年(931 年)，改爲晝試。至後漢天福初，竇貞固知貢舉，老問題被重新提了出來，貞固“以短景難成，文不盡意，失取士之道，奏復夜試”[4]。這樣的做法，實際上對舉子是比較寬鬆的，所以後人有説：“三條燭盡，燒殘舉子之心；八韵賦成，驚破試官之膽。”[5]就是指三條蠟燭燒盡，必須交卷。

不過宋人提出問題，唐韋承貽嘗有題都堂試闈西南隅説：“三條燭盡鐘初動，九轉丹成鼎未開。殘月漸低人擾擾，不知誰是謫仙才。”這裏明顯説的是夜試，但“未知自夜以始耶，抑通晝夜也?”到底這夜試是晚上纔開始的考試，還是白天連着黑夜的考試？白居易長慶元年(821 年)有《重考試進士事宜狀》：“伏准禮部試進士例：許用書策，兼得通宵。得通宵則思慮精，用書策則文字不錯。然重試之日，書策不容一字，木燭祇許兩條。迫促驚忙，幸皆成就。”這裏的通宵，“則知自晝達夜，前詩言盡三燭，而此止得兩燭，皆可略存唐制也”。[6] 可知

1 脱脱等：《宋史》卷一五五《選舉志一》，中華書局，1977 年，第 3605 頁。

2 彭□：《墨客揮犀》卷七，第三編第一册，第 41 頁。

3 杜佑：《通典》卷一五《選舉三・歷代制下》，中華書局，1988 年，第 357 頁。

4 姚寬：《西溪叢語》卷下，第四編第三册，第 49 頁。

5 袁文：《甕牖閒評》卷八，第四編第七册，第 211 頁。另可參程大昌《演繁露》卷七《進士試徹夜》，第四編第九册，第 19 頁。

6 程大昌：《程氏考古編》卷七《唐試通晝夜》，第四編第十册，第 64 頁。

唐代有白天連着黑夜的考試。這種相連的考試,衹用兩條蠟燭,而韋承貽時已改爲三條。至於是否是白天連着黑夜,還是晝試和夜試各不相同,不同的時期可能并不完全一致,説明進士考試的時間是不斷變化的。另外,根據白居易的話得知,當時進考場是"許用書策"和木燭的,"乃知唐試進士許挾書及見燭如此"[1]。

唐代的進士録取,主要由禮部侍郎決定,但一般在放榜前會將名單呈送給宰相定奪。唐武宗會昌三年(843年),王起知舉,"將入貢院,請德裕所欲"。其時李德裕爲宰相,王起意謂:你想讓哪些人登第?德裕説:"安問所欲?借如盧肇、丁稜、姚頡(鵠),不可在去流内也。"他説,我能有什麽個人的想法啊,衹要盧肇等幾位有真才實學的人登第就行,"起從之"。[2] 作爲宰相,李德裕認爲禮部侍郎的呈榜没有必要,衹要將該録取的人録取了,考試就是圓滿的。因此,正常情况下,録取工作是相對客觀、公正的。

如果有很多官員覺得録取不公,可以重考。穆宗長慶元年(821年),錢徽知舉,"放進士鄭朗等三十三人。後以段文昌言其不公,詔中書舍人王起、知制誥白居易重試,駁放盧公亮等十人,貶徽江州刺史"。不但另派主考官重新主持考試,而且重新進行録取,原來的三十三人中有十人被駁放,錢徽亦因録取不公正被貶。那麽人們爲什麽對這場考試反應這麽大,論奏者甚衆?白居易説,禮部規定是"例許用書策,兼得通宵,得通宵則思慮必周,用書策則文字不錯"。但重試時"書策不容一字,木燭衹許兩條",大家寫得較快,水準就發揮不出來了。[3]

如果覺得録取不公,皇帝會再試一場。唐昭宗乾寧二年(895年)試進士,刑部尚書崔凝録取了二十五人。放榜後,昭宗宣詔翰林學士陸扆、秘書監馮渥入内,讓他們負責在"武德殿前覆試,但放十五人。自狀頭張貽範以下重落,其六人許再入舉場,四人所試最下,不許再入,蘇楷其一也"[4]。崔凝坐貶合州刺

1 洪邁:《容齋隨筆》卷三《進士試題》,第五編第五册,第39頁。

2 王讜:《唐語林》卷七《補遺》,第三編第二册,第246頁。

3 洪邁:《容齋隨筆》卷三《進士試題》,第五編第五册,第39頁。

4 洪邁:《容齋四筆》卷六《乾寧覆試進士》,第五編第六册,第269~270頁。

史。原來録取的二十五人,采取三種不同的處理方式,主要還是爲了保證録取的公正和公平,同時體現處理這件事情的謹慎。

進士考試還有作弊的。温庭雲擅長押題:"每入試,押官韵作賦,凡八叉手而八韵成。多爲鄰鋪假手,號曰'救數人'也。"因爲押對韵,可以同時創作八首詩給相鄰的考試者,所以大家都説他同時救了好幾個人,用今天的話説他可以同時爲幾個人當寫手作弊。宋人談道:"庭雲又每歲舉場,多爲舉人假手,沈詢侍郎知舉,别施鋪席授庭雲,不與諸公鄰比。翌日,簾前謂庭雲曰:'向來策名者,皆是文賦托於學士,某今歲場中并無假托學士。勉旃。'因遣之,由是不得如意也。"[1]以前因爲與人位子相鄰,所以寫了詩可以給别人。沈詢知舉時,故意讓温庭雲一個人考,不再與别人相鄰,他寫了詩無法給别人,所以作不成弊。

進士録取相對比較公平,主要的録取標準是文章的品質,録取時在長相上没有特殊要求。唐宣宗大中初年,盧携舉進士。盧携"風貌不揚,語亦不正,呼'携'爲'彗',蓋短舌也"。不但長得不怎麽樣,而且説話時口齒不清,被一些人看不起。韋岫尚書對其兄弟説:"盧雖人物甚陋,觀其文章有首尾。斯人也,以是卜之,他日必爲大用爾。"因爲録取的標準主要是看文章,所以韋岫認爲這人文章寫得比較好,是有前途的。最後"盧果策名,竟登廊廟,奬拔京兆,至福建觀察使",而原先看不起他的一些人是"以貌失人"。[2]

(六)登第者的幸福生活

在正常情況下,唐代科舉考試的録取工作是比較客觀、公正的。在大多數人是憑了真才實學被録取的前提下,能够榜上有名,舉子們自然感到非常榮耀。在充滿喜悦和快樂的心情下,登第者一步步跨入幸福之門。

1.感激政府和老師

新進士放榜後,心情激動的登第者首先要感謝政府的培養,先要拜見宰相:"新進士放榜後,翌日,排光範門,候過宰相。雖云排建福門,集於西方館。昔有

1　孫光憲:《北夢瑣言》卷四《温李齊名》,第一編第一册,第54~55頁。

2　孫光憲:《北夢瑣言》卷五《韋尚書鑒盧相》,第一編第一册,第60頁。

詩云:‘華陽觀裏鐘聲集,建福門前鼓動期。’即其日也。”[1] 武宗會昌三年(843年),王起放盧肇、丁稜、姚鵠及第。根據通常的做法,“放榜訖,則須謁宰相。其導啓辭語,一出榜元者,俯仰疾徐,尤宜精審”。這是狀元在宰相前顯示自己出衆口才和得體禮儀的最好機會。盧肇恰好有事,所以輪到丁稜代表大家説話。想不到丁稜既口吃,又“形體小陋”,被引見給宰相後,他“俯而致辭”,本想説“稜等登科”,結果一緊張,“赭顔發汗,鞠躬移時”,纔説出“稜等登,稜等登”,連完整的話亦説不出來。[2]

正式録取名單出來後,主管考試的禮部會組織新登第者拜謁先師。拜座主,大概的儀式是這樣的:“是日,自狀元已下,同詣座主宅。座主立於庭。一一而進曰:‘某外氏某家。’或曰‘甥’,或曰‘弟’。又曰:‘某大外氏某家。’又曰:‘外大外氏某家。’或曰‘重表弟’,或曰‘表甥孫’。又有同宗座主宜爲侄,而反爲叔。言叙既畢,拜禮得申。”[3] 進士們拜謁座主後,從此政治上就是同一流派。《唐語林》卷三説:“鄭少師薰知舉,放榜日,畢令到宅謝恩。至蕭相公知舉,放榜日,并無人及門,時論稱之。主司放榜日,於貢院見門生,惟廣南鄭尚書及楊侍郎。”[4] 鄭薰知科舉,登第進士們全部到他家裏謝恩。還有主考官在貢院見進士的。咸通中,劉寬爲禮部侍郎,“請諸生及進士第并謁先師,衣青衿,介幘,以還古制”[5]。新登第者理應感謝祖師爺,他們多少年來的苦讀總算有了回報。

有的主考官見過新進士後,會帶着這些門生去見自己的老師。唐宣宗大中六年(852年)禮部侍郎崔璵知舉,“放趙隲及第”。到了懿宗咸通七年(866年),趙隲自翰林學士拜爲禮部侍郎知舉,時崔璵爲禮部尚書。趙隲放榜後,“携門生詣相國里謁璵,集於崇南街龍興觀前”。進士韓衮題云:“集此從座主侍郎赴團,起居大座主尚書。”[6] 唐代門生和座主的這種關係,一直至五代仍然保持着,“唐世極重座主門生之禮,雖當五代衰亂,典章墮壞之餘,然故事相仍,此禮

1 錢易:《南部新書》卷丙,第一編第四册,第30頁。

2 吴曾:《能改齋漫録》卷一四《度啓公稜等登》,第五編第四册,第152頁。

3 王讜:《唐語林》卷八《補遺》,第三編第二册,第285頁。

4 王讜:《唐語林》卷三《方正》,第三編第二册,第89頁。

5 程大昌:《程氏續考古編》卷五《新第人謁先師》,第四編第十册,第164頁。

6 樂史:《廣卓异記》卷一九《門生引門生謁座主》,第一編第三册,第132頁。

猶不敢廢”[1]。五代同光二、三、四年(924~926年),禮部侍郎裴皞連放三榜,馬裔孫就是這個時候登第的。後來未過九年,馬裔孫自翰林學士、禮部侍郎知舉,放進士十三人,於是帶着門生去謁謝裴皞。裴皞其時已致仕在家,見到學生和他的一幫學生,心裏一高興,賦絶句一首:“宦途最重是文衡,天與愚夫立盛名。三主禮闈皆八十,門生門下見門生。”[2]新進士見座主,座主再帶了新進士去見自己的座主,表達登第後對座主的一種謝意。裴皞知舉時放的桑維翰後來成爲宰相,“嘗過皞,皞不迎不送”。有人問他是什麽原因對宰相不冷不熱,裴皞説:“我見桑公於中書,庶僚也。桑公見我於私第,門生也。何送迎之有?”[3]不管做了什麽大官,説到底還是擺脱不掉座主和門生的關係。

白居易有《與諸同年賀座主高侍郎新拜太常同宴蕭尚書亭子》詩,注云:“座主於蕭尚書下及第。”宋人考《登科記》,白居易爲貞元十六年庚辰(800年)中書舍人高郢下第四人登科,高郢以寶應二年癸卯(763年)禮部侍郎蕭昕下第九人登科。等到高郢拜太常時,已經接近四十年。蕭昕自癸卯放進士,二十四年後以禮部尚書再次知貢舉,“可謂壽俊。觀白公所賦,益可見唐世舉子之尊尚主司也”[4]。所以,唐五代時期,進士登第後十分看重和主考官的關係。

主考官不久會設宴召集同榜的進士,實際上是要籠絡這些門生,讓他們以後在政壇上能相互緊密合作。王凝放榜後,“因召一榜人開筵”,一起吃飯聚會。他“宣言於衆曰:‘某叨忝文柄,今年榜帖,全爲司空先輩一人而已。’”喝酒時特地推出司空圖,對他十分敬重,從此司空圖“聲彩益振”。[5] 當然宋人没有談到這種聚會是什麽目的,好像全是爲了司空圖纔設宴的,但實際上這是座主和門生關係緊密的一種表現,王凝對司空圖的敬重衹是宴會上的插曲而已。

2.報喜和慶祝活動

一旦登第,士子要向家裏報喜,不過政府系統亦會正式報喜。唐文宗以前,“進士及第,以泥金書帖附家書中,報登科之喜”,將考中的情況寫在帖上附在家

1 費衮:《梁谿漫志》卷二《座主門生》,第五編第二册,第151頁。
2 樂史:《廣卓异記》卷一九《門生引門生謁座主》,第一編第三册,第132頁。
3 費衮:《梁谿漫志》卷二《座主門生》,第五編第二册,第151頁。
4 洪邁:《容齋五筆》卷七《門生門下見門生》,第五編第六册,第473~474頁。
5 孫光憲:《北夢瑣言》卷三《王文公叉手睡》,第一編第一册,第32頁。

書中送回去,因此這個泥金書帖應該是進士自己寫的。不過,"至文宗朝,遂寢此儀"[1],這一禮儀不再繼續執行。問題是進士自己向家裏報喜文宗爲何要"寢此儀"?我們猜測文宗停止的并不是泥金書帖,而是另一種金花帖子。宋人説:"國初循唐制,進士登第者,主文以黄花箋,長五寸許,闊半之,書其姓名,花押其下,護以大帖,又書姓名於帖面,而謂之榜帖,當時稱爲金花帖子。"[2]可以看出這是一種由政府出面來操作報喜的帖子。泥金書帖是附在進士的家書裏,而金花帖子是官方的文檔,所以到了文宗時被取消。洪邁《容齋續筆》卷一三談道:"唐進士登科,有金花帖子,相傳已久,而世不多見。予家藏咸平元年孫僅榜盛京所得小録,猶用唐制,以素綾爲軸,貼以金花。"[3]帖子上要寫上四位考官的職務、姓名、年齡、出生時間、祖父和父親的名諱、私忌日期,然後再寫上狀元和同榜者的姓名、籍貫,"其規範如此"。北宋咸平年間用的帖子洪邁認爲是唐制,所以唐代的帖子應該亦是素綾爲軸。再如文宗大和元年(827 年),成都陳會及第,"李相固言覽報狀,處分厢界收下酒旆,闔其户,家人猶拒之。逡巡賀登第,乃聖善獎訓之力也"[4]。從中央到地方,對科舉考試登第應該都是比較熱衷的,畢竟對地方官員來説這是十分榮耀的大事。

對進士而言,登科是一生中最大的榮耀,一般新進士都會設宴慶賀。《侯鯖録》卷六引《封氏見聞録》云:"士子初登榮達,及遷除,朋僚慰賀,必盛置酒饌音樂,以展歡宴,謂之燒尾。……一云:新羊入群,乃爲諸羊所觸,不相親附,火燒其尾則定。貞觀中,太宗嘗問朱子奢燒尾事,以燒羊爲對。"[5]舉子登第,要邀請朋友慶祝,一起喝酒聽音樂。這種習俗,唐代前期已經流行。

中唐以後,新進士及第後要參加更多的宴慶活動,正所謂"尋芳逐勝,結友定交,競車服之鮮華,騁杯盤之意氣,沽激價譽,比周行藏"[6]。這些宴會活動是

1 趙令畤:《侯鯖録》卷六,第二編第六册, 第 247 頁。孔平仲《談苑》卷四云:"新進士及第,以泥金書帖子報其家,謂之'喜信'。至文宗時,遂寢此儀。"(第二編第五册,第 337 頁)文字略有不同。

2 趙彦衛:《雲麓漫鈔》卷二,第六編第四册,第 106 頁。

3 洪邁:《容齋續筆》卷一三《金花帖子》,第五編第五册,第 373 頁。

4 孫光憲:《北夢瑣言》卷三《陳會螳螂賦》,第一編第一册,第 41 頁。

5 趙令畤:《侯鯖録》卷六,第二編第六册,第 246 頁。該段内容載封演《封氏聞見記》卷五,《全唐五代筆記》第一册,第 621 頁。

6 王定保:《唐摭言》卷三《慈恩寺題名游賞賦咏雜紀》,第 44 頁。

從過堂、謝恩後的期集開始。期集是新及第進士的聚會,在正式録取的敕文下達以前,每日都要期集。

考上進士後,喜氣洋洋的舉人要辦進士宴。宋人談道:"既捷,……會釀爲樂於曲江亭,謂之'曲江宴'。"[1] 唐代長安城内外,春天時人們習慣四處游賞。[2] 舉子放榜一般是在二三月,因此新登第者的游春活動一個接一個,曲江景區附近自然是登第者十分中意的地方。曲江大會宴本是落第者買醉的地方,到了後來,"漸加侈靡,皆爲上列所據,向之下第舉人,不復預矣"[3]。皮日休是鄭愚的門生,中第後"内宴於曲江,醉寢别榻,衣囊書笥,羅列旁側,率皆新飾"。衣服和書笥,全部换成嶄新的,從内到外都焕然一新。皮日休的同年崔昭符,"素易日休。亦醉。更衣,見日休卧;疑他相知也,就視,乃日休,曰:'勿呼之,渠方宗會矣!'以囊笥皆皮也"。[4] 同年進士一起喝得大醉。

唐代後期,對進士宴越來越重視。唐懿宗聽説新及第進士宴於曲江,"命折花一金合,令中官馳至宴所,宣口敕曰:'便令戴花飲酒。'士以爲榮"。宋人認爲"則今聞喜宴賜花所始也"。[5] 讓這些喜慶的人戴了紅花喝酒,是從唐末開始的一種風俗。又宋人談到,清明時,"新進士則於月燈閣置打球之宴"[6],應該是於宫内爲新進士舉行的宴會。

各種大宴小宴的花費,往往使新登第者感到財力不支。《南部新書》載:"進士春關宴曲江亭,在五六月間。一春宴會,有何士參者都主其事,多有欠其宴罰錢者,須待納足,始肯置宴。蓋未過此宴,不得出京,人戲謂'何士參索債宴'。"[7] 可見,衆多新進士因付不起昂貴的宴會費用,爲辦宴席而欠下巨額債務,被何士參逼債。至後周世宗顯德六年(959年),進士聞喜宴"已令宣徽院排比,不令士人醵錢矣"[8]。從這時起,政府出錢爲登第進士辦聞喜宴,減輕他們

1 王讜:《唐語林》卷二《文學》,第三編第二册,第77頁。

2 王讜:《唐語林》卷二《文學》云:"長安春時,盛於游賞。"(第三編第二册,第54頁)

3 王定保:《唐摭言》卷三《散序》,第24頁。

4 王讜:《唐語林》卷七《補遺》,第三編第二册,第261頁。

5 程大昌:《程氏續考古編》卷五《進士宴戴花》,第四編第十册,第164頁。

6 錢易:《南部新書》卷乙,第一編第四册,第21~22頁。

7 錢易:《南部新書》卷乙,第一編第四册,第19~20頁。

8 程大昌:《程氏續考古編》卷五《聞喜宴》,第四編第十册,第163頁。

的經濟壓力。

録取後,進士們會在大雁塔題名,“既捷,列其姓名於慈恩寺,謂之‘題名’”[1]。唐人説:“進士題名,自神龍之後,過關宴後,率皆期集於慈恩塔下題名。”[2]是否所有的進士都題名? 宋人指出:“唐故事:進士及第列名於慈恩寺塔,謂之‘雁塔題名’。塔以石爲壁,唐人游觀留題甚多,不特進士題名而已。塔屢遭火,斷石遺字猶有存者。故裒其餘字鎸之石,凡十卷,進士題名僅存數處,餘皆唐賢游觀留題耳。”這麼説雁塔題名的不衹是進士,唐代一般人亦題名。不過唐宋的筆記上都提到進士有題名的風尚。宋人引《嘉話録》説:“慈恩題名起於進士張莒游寺中,題其姓名於塔下,遂爲故事。”李肇《國史補》亦説:“進士既捷,列名於寺,謂之題名。”這種風尚進而影響到了宋朝,北宋的進士喜歡刻石於相國寺、興國寺,“蓋效慈恩也”。[3]《南部新書》卷乙談道:“韋肇初及第,偶於慈恩寺塔下題名。後進慕效之,遂成故事。”[4]宋人根據《唐登科記》,發現登第者有張台,無張莒。張台於大中十三年(859年)及第,“則台時已有題名之説焉”。慈恩寺塔“自兵火之餘,止存七層。長興中,西京留守安重霸再修之,判官王仁裕爲之記。長安士庶,每歲春時,游者道路相屬”。之後“塗圬皆剥,而磚始露焉”,宋人發現唐人墨迹,“今孟郊、舒元輿之類尚存,至其他不聞於後世者,蓋不可勝數也”。[5]

這些同一年考中進士,一起參加宴會一起題名的人,“進士私謂爲同年”。李絳説:“進士、明經歲百人,吏部得官至千人。私謂爲同年,本非親舊也。”[6]但這些人在政治上以後或多或少會相互支持,有相同的聲氣。

進士登第,社會上認爲這是讀書人事業成功的典範。張籍《送李餘及第》詩云:“歸去惟將新誥牒,後來争取舊衣裳。”宋人認爲,這首詩是在説“新進士衣

1　王讜:《唐語林》卷二《文學》,第三編第二册,第77頁。
2　王定保:《唐摭言》卷三《慈恩寺題名游賞賦咏雜紀》,第28頁。
3　高似孫:《緯略》卷五《雁塔》,第六編第五册,第215頁。
4　錢易:《南部新書》卷乙,第一編第四册,第23頁。
5　張禮:《游城南記》,第三編第一册,第205頁。
6　朱翌:《猗覺寮雜記》卷下,第三編第十册,第84頁。

物，人取之以爲吉兆，唐俗亦既有之”[1]。新進士進考場時穿的衣服，登第後脱下來，這些衣服都是有仙氣的，後來者拿了這些衣服就等於是得到了吉祥物，以後同樣能考中進士。一些進士及第後衣錦還鄉，神氣十足。費禹珪在五代蜀國時登進士舉，“或夢衣錦在井中，覺後自喜曰：‘及第衣錦游鄉井爾。’”實際上是説及第後怎樣高興地回老家。還説“凡舉人將歷科場，多有异夢”[2]，這是日有所思夜有所夢的結果，在想象自己登第後怎樣還鄉慶賀。

3.登第者的生活變化

進士及第，社會地位迅即提高。乾寧二年(895年)，崔凝放榜二十五人。因外界反響較大，昭宗下詔重試，結果放榜十五人，另六人許再試，四人復試成績最低的“不許再入”，從此失去了科舉考試的資格。六人中的信州永豐人王正白，“時再試中選”，説明他很有實力。中選回家後，“郡守爲改所居坊名曰進賢，且減户税，亦後來所無”。[3] 爲了激勵本地區的後學能認真讀書，所以刺史改坊名，同時減免户税，這是地方上尊重進士的措施，雖然不是全國性的制度，但足以看出進士及第後社會地位的上升。

登第後，就可以進入仕途，飛黄騰達，有人就把原配夫人休了。鄧敞，最初科舉不中第，後來碰到牛僧孺的兒子牛蔚，牛蔚對他説自己有個妹妹，如果鄧敞能和她結婚，就幫他去活動。“時敞已婚李氏矣，其父嘗爲福建從事，官至評事。有女二人，皆善書，敞之所行卷，多二女筆迹。敞顧己寒賤，必不能致騰踔，私利其言，許之。既登第，就牛氏親。”[4]竟然抛弃妻子女兒，另攀高枝。

當然，亦有人登第後馬上想到與他同甘共苦的老婆，因而就打算回家，和老婆一起恩愛地過幾天舒心的日子。李郢家住杭州，登第後馬上回江南。到達蘇州，“遇故人守湖州，邀同行，郢辭以决意春歸，爲妻作生日，故人不放，與之胡琴、焦桐、方物等，令且寄歸代意”。李郢寫了《寄内詩》説：“謝家生日好風烟，柳暖花春二月天。金鳳對翹雙翡翠，蜀琴新上七絲弦。鴛鴦交頸期千歲，琴瑟

1 程大昌：《演繁露》卷一二《社日停針綫取進士衣裳爲吉利》，第四編第九册，第97頁。

2 黄休復：《茅亭客話》卷二《費尊師》，第二編第一册，第19~20頁。

3 洪邁：《容齋四筆》卷六《乾寧覆試進士》，第五編第六册，第270頁。

4 佚名：《玉泉子》，第1424頁。

諧和願百年。應恨客程歸未得,緑窗紅泪冷涓涓。”[1] 想在春天到家,結果没辦法準時回家,於是在詩中表達自己的愛意。

有一些進士登第後東游西逛,不是馬上回家向家人報喜,而是縱情於各地,不知游玩到什麽時候纔想起回家,有的人就留下終身的遺憾。南唐鍾輻中選後,“方得意,狂放不還,携一女僕曰青箱,所在疏縱。過華州之蒲城,其宰仍故人”,於是“延留久之”。結果夢到妻子,“怨責頗深”,感到心中有愧,“因理裝漸歸”。回到家,“門巷空闃,榛荆封蔀,妻亦亡已數月”。[2]

大多數進士及第後再通過吏部關試,就取得入仕的資格。但亦有人及第後不是想着馬上去做官,而是發現自己的水平還不够,需要繼續認真學習。裴坦大和八年(834 年)及第,他認爲自己“舉業未精,遽此叨忝,未嘗曲謝座主”,就回到自己家裏的别墅中,“三年肄業不入城”,不和任何人打交道,“掩關勤苦,文格乃變”。然後他纔到京城,“重獻恩門文章,詞采典麗,舉朝稱之”。[3] 能够像裴坦這樣刻苦好學,畢竟是比較少的。

(七)落第者的失意人生

每年一次的考試,録取的人數其實有限。唐代常科每年録取不超過三十人,有時衹有十多人或二十多人。宋代初年,取進士仍然是“循唐故事,每歲多不過三十人”[4],直到宋太宗即位,名額纔一下子增多,超過一百人。但與每次數百上千的考試者相比,大量的舉子最後都會成爲落第者。

科舉一般都包括雜文詩賦、貼經、策問三場考試,所以三種文體的創作要均衡發展,但有的人偏科,就很有可能會落第。南唐江爲“世習儒素”,後來“少游廬山白鹿洞,師事處士陳貺,酷於詩句二十餘年,有風雅清麗之態,時已誦之”。顯然,他比較擅長詩賦。後來他到金陵參加科舉考試,由於南唐“初擬唐風,場屋懸進士科以羅英造”,以唐朝爲榜様,主要以進士科爲主。江爲不適應考試的

1 王讜:《唐語林》卷二《文學》,第三編第二册,第 69 頁。

2 文瑩:《湘山野録》卷中,第一編第六册,第 40 頁。

3 孫光憲:《北夢瑣言》卷八《裴相國及第後進業》,第一編第一册,第 102 頁。

4 葉夢得:《石林燕語》卷五,第二編第十册,第 76 頁。李心傳《舊聞證誤》卷一(第六編第八册,第 362 頁)亦有相同的言論。

要求,“獨能篇什辭賦,策論一辭不措”,偏科嚴重,遂“屢爲有司黜”,不被録取。[1]

1.落第者的失望心情

科舉放榜日,總有一部分舉子興奮,一部分舉子失落。和登第者的春風得意所不同,落第者往往是沮喪和落魄的,甚至有人馬上表露出情緒失控,“率多喧訟,考功不能禦”[2]。考不上的士子鬧事,有關部門亦壓不住。

有舉子認爲自己肯定能被録取,已經在家裏慶祝了,結果却没有被録取。進士王如泚妻子的父親“以伎術供奉玄宗”,玄宗對他的伎術很滿意,想給他授個官。王如泚的丈人對玄宗説:“臣女婿王如泚見應進士舉,伏望聖恩回授,乞一及第。”女婿要參加科舉考試,希望皇帝能給個及第。玄宗答應了他,“宣付禮部宜與及第”。禮部侍郎就這事問宰相,宰相問,王如泚的文章有能够及第的資格嗎？侍郎説:“與亦得。”宰相聽後説:“若爾,未可與之。明經、進士,國家取材之地。若聖恩優异,差可與官,今以及第與之,將何以觀材？”於是宰相將自己的觀點向玄宗彙報,玄宗亦同意宰相的看法。想不到王如泚認爲此事皇帝答應了,進士登第肯定不成問題,於是先在家慶賀起來,“賓朋宴賀,車騎盈門”。中書很快下牒給禮部:“王如泚可依例考試。”讓他還得按正常的程序考試,聽聞此消息後,王如泚“罔然自失”,十分失落。[3]

一些落第者無法從容面對考試失敗,而是懷着一顆怨憤之心生活在痛苦中。落第,一再落第,年歲在增長,家庭經濟條件没有改變,有的人就會想到死。魯人趙瑜,考的是明經,但“累舉不第,困厄甚矣。因游太山,祈死於岳廟”[4],希望自己一死了之。仕途上没有希望,家裏又很窮,對生活失去信心。

落第後十分痛苦,於是大家聚在一起,吃喝一頓,用醉酒來減輕不快。如每年放榜後的曲江大會,“比爲下第舉人,其筵席簡率,器皿皆隔山抛之,屬比之席地幕天,殆不相遠。爾來漸加侈靡,皆爲上列所據,向之下第舉人,不復預

1 龍衮:《江南野史》卷八《江爲》,第一編第三册,第211頁。

2 王讜:《唐語林》卷八《補遺》,第三編第二册,第284頁。

3 王讜:《唐語林》卷一《政事上》,第三編第二册,第29頁。

4 徐鉉:《稽神録》卷六《趙瑜》,第95頁。

矣”[1]。最初是落第者發泄的大會,後來漸漸爲登第者的祝賀宴會所占領,落第者就不好意思再到這種地方來了。有些落第者還要被人恥笑。南唐處士周顯“洪儒奧學,偶不中第,旅浙西,從事歡飲,惟昧於章程,座中皆戲之”。因爲都是讀書人,嘲笑他的人是文縐縐的。有人贈詩説:“龍津掉尾十年勞,聲價當時門月高。惟有紅妝回舞手,似持霜刃向猿猱。”周顯衹能自己調節心態,和詩道:“十載文場敢憚勞,宋都回鷁爲風高。今朝甘伏花枝笑,任道樽前愛縛猱。”[2]讀了這麽長時間的書却没有登第,被大家嘲笑亦是没有辦法的事。

很多落第者思想壓力很大。張倬是張柬之的曾孫,最初落第後,“兩手捧《登科記》頂之,曰:‘此《千佛名經》也。’”因而宋人説他“其企羡如此”,一門心思想考進,情緒幾乎要失控。[3] 有些落第者情緒低落,想想還衹有家是個避風港,遂回家躲一下。不料,有的舉子妻子不讓丈夫回家。杜羔妻劉氏“善爲詩”。杜羔累舉不第,“將至家,妻先寄詩與之曰:‘良人的的有奇才,何事年年被放回?如今妾面羞君面,君若來時近夜來。’羔見詩,即時回去”。因爲考不上,妻子連家門都不讓老公進,認爲考不上男人回家十分羞耻,逼着他非考上不可。[4] 當然,後來杜羔的確考上了,可萬一考不上,他的人生豈不是十分悲慘!

落第對舉子的打擊巨大,所以有些人落第後心灰意冷。苗晋卿“困於科舉”,就是考不上。有一年,感覺能中第了,却又是落第。春時,他灰心地“携酒乘驢出都門,藉草而眠”,想想没勁,竟然睡了過去。醒來,發現一個老人坐在身旁,於是倒了酒和老人一起喝。老人謝了他的酒,説:“郎君縈悒耶?要知前事乎?”晋卿説:“某應舉已久,有一第乎?”[5]心中衹想着是否能中一第,因爲這是他長期以來的奮鬥目標。

有的落第舉子乾脆住在寺廟裏静一下心。五代蜀國時,進士文谷下第,於是往聖興寺拜訪相識的僧人,結果見到一位人稱淘沙子的僧人披褐坐於佛殿上。文谷見到這位僧人“狀貌古峭,辭韵清越”,於是“以禮接之”。没想到和尚

---

1 王定保:《唐摭言》卷三《散序》,第 24 頁。

2 鄭文寶:《南唐近事》佚文,第一編第二册,第 229 頁。

3 王讜:《唐語林》卷四《企羡》,第三編第二册,第 141 頁。

4 錢易:《南部新書》卷丁,第一編第四册,第 46 頁。

5 王讜:《唐語林》卷六《補遺》,第三編第二册,第 221 頁。

能够背誦出文谷的數首詩,“谷愕然。又諷其自作者數篇,其詩或譏諷時態,或警勵流俗,或説神仙之事,谷莫之測”。[1] 下第進士在廟裏碰到了高手。

2.落第者的重振旗鼓

録取結果正式公布後,總有一些落第者的心態調適得比較快,能正確對待落第,保持心態平和。進士高蟾,“詩思雖清,務爲奇險,意疏理寡,實風雅之罪人”,他的詩其實并不爲社會看好。落第後,他寫詩説:“天上碧桃和露種,日邊紅杏倚雲栽。芙蓉生在秋江上,不向東風怨未開。”他的平和心態得到人們的稱贊,宋人評論説:“蓋守寒素之分,無躁競之心,公卿間許之。”[2] 當然,能以正確心態理性地看待落第,畢竟衹是其中的一部分人。

其實大多數的落第者選擇的是重考,誰都知道考的人多録取的人很少,所以都不會寄希望於一舉成名。《南部新書》卷乙談道:“長安舉子,自六月已後,落第者不出京,謂之‘過夏’。多借静坊廟院及閑宅居住,作新文章,謂之‘夏課’。亦有十人五人醵率酒饌,請題目於知己朝達,謂之‘私試’。七月後,投獻新課,并於諸州府拔解。人爲語曰‘槐花黄,舉子忙’。”[3] 唐代進士試一般在正月至二月間,因而,有些落第者不離開長安,直接借了城内的房子刻苦攻讀。有些人還請朝中官員吃喝,請他們猜題目,然後自己私底下測試、練習。《唐語林》談到進士們“群居而賦,謂之‘私試’”;“退而肄習,謂之‘過夏’”。[4] 七月後,他們要將自己新寫的文章四處投獻,還得通過州府拔解。

落第者仍得干謁地方名流,藉助他們的地位來傳播自己的名聲。有一位王生,有時名,某年與剛落第的夏侯孜一起游京西,“鳳翔節度使館之”。鳳翔節度使不但讓他們住下,還讓從事設宴款待他們。酒酣,從事擲骰子祝他們來年好運,説:“二秀才明年俱得第,當擲堂印。”從事其實是鼓勵兩人,同時亦希望兩位明年能取得好結果。第二年夏侯孜果然及第,最後“累官至宰相”。王生這年是否科考,并不是太清楚,但第二年以後“無所聞”,應該是在科舉上并不順利。[5]

1 黄休復:《茅亭客話》卷三《淘沙子》,第二編第一册,第 22 頁。

2 孫光憲:《北夢瑣言》卷七《高蟾以詩策名》,第一編第一册,第 96 頁。

3 錢易:《南部新書》卷乙,第一編第四册,第 22 頁。

4 王讜:《唐語林》卷二《文學》,第三編第二册,第 77~78 頁。

5 王讜:《唐語林》卷三《雅量》,第三編第二册,第 99 頁。

再如鄧敞,落第後與牛僧孺的兒子牛蔚結識。牛蔚提出衹要鄧敞和自己的妹妹成婚,"當爲君展力,寧靳一第乎?"[1] 鄧敞答應了條件,在來年的考試中,他果然登第。

不過話説回來,一直落第,有時亦會炒響一個人的名聲。如進士章魯封,文采和羅隱齊名,兩人都是浙中人,"頻舉不第,聲采甚著"。其中羅隱前後參加考試十次,屢考屢敗。錢鏐占有杭、越後,兩人都"罹其籠罩","錢公用之爲榮","倍加敬"。[2] 屢考不中,到錢鏐的幕府中,後來因爲錢鏐破董昌後建立起吴越國,兩人的仕途纔有了轉機。

落第者在干謁的過程中,因爲氣不順,心情不好,常常會得罪人。如包誼"下第游漢南",在漢南和劉太真一起討論問題,相互辯了起來。"劉辭屈,責其不敬,誼擲杯中其額",兩人不歡而散。估計包誼認爲自己水平很高,但科舉不順,火氣很大。後來劉太真爲禮部侍郎,包誼去應舉,撞在他的手裏。劉太真看試卷瞭解舉子是包佶的家裏人,"初甚驚嘆,及視其名,乃包誼也,遂默然"。放榜時,劉太真突然想起了包誼的名字,在宰相面前一説,遂中第了。[3]

3.落第者心靈的扭曲與怨恨

有的落第者,對知貢舉的官員十分怨恨。唐有主考官詩云:"梧桐葉落井亭陰,鏁閉朱門試院深。嘗是昔年辛苦地,不將今日負初心。"本是挺好的七言詩,是主考官在描寫考場,"後爲下第者裁作五言以誚之"[4],估計是各句最前面裁去兩字,成了意義完全不同的五言詩。有人自己考不上,結果對國家一肚子的怨恨之氣無處發泄:"蘇楷,禮部尚書蘇循之子,乾寧二年應進士。楷人才寢陋,兼無才行,昭宗惡其濫進,率先黜落,由是怨望,專幸邦國之灾。"[5] 唐末的朝廷多灾多難,而蘇楷則是一副幸灾樂禍的模樣。羅隱科考不利,"頻不得意,未免怨望"。平定黄巢後,朝廷想召他到京,韋貽範不同意,説:"某曾與之同舟而載,雖未相識,舟人告云:'此有朝官。'羅曰:'是何朝官,我脚夾筆,可以敵得數

1 佚名:《玉泉子》,《唐五代筆記小説大觀》,第1424頁。

2 孫光憲:《北夢瑣言》卷五《章魯封不幸》,第一編第一册,第66~67頁。

3 王讜:《唐語林》卷四《自新》,第三編第二册,第141頁。

4 邵博:《邵氏聞見後録》卷一七,第四編第六册,第120頁。

5 孫光憲:《北夢瑣言》卷一七《駁昭宗謚號》,第一編第一册,第184頁。

輩。'必若登科通籍,吾徒爲秕糠也。"[1] 韋貽範的話反映出羅隱科舉不利,難以入仕,所以對朝官有着怨憤的心情。其實倒不是他自傲自狂,而是科舉失利的心態在作怪。

更有落第者叛變國家:"趙綺困於場屋,將自三山北渡,以歸梁京,爲邏者所得,遂下廷尉。"[2] 趙綺參加的是南唐金陵的科舉考試,屢試不中,就想逃到梁朝。對這一情況,宋人總結説:"唐末,進士不第,如王仙芝輩唱亂,而敬翔、李振之徒,皆進士之不得志者也。蓋四海九州之廣,而歲上第者僅一二十人,苟非才學超出倫輩,必自絶意於功名之塗,無復顧藉。"[3] 之所以出現這種落第進士"不得志者",做出犯上作亂的事情,主要還是録取名額太少的緣故,除非你的智力實在是超出一般人。

還有落第者報復權貴大臣。王鐸失勢後,離開朝廷,帶了十來位幕客及侍姬路過魏博節度使樂彦禎處。"彦禎有子曰從訓,素無賴,愛其車馬姬妾,以問其父之幕客李山甫。山甫以咸通中數舉不第,尤私憤於中朝貴達,因勸從訓圖之。俟鐸至甘陵,以輕騎數百,盡掠其槖裝姬僕而還,鐸與賓客皆遇害"[4]。一位落第進士出的壞主意,致使十多人丢了性命。

滑州白馬驛事件,亦是落第進士在起作用:"先是,故相張濬一家并害,而弃尸黄河。朱公謀主李振累應進士舉不第,尤憤朝貴,時謂朱全忠曰:'此清流輩,宜投於黄河,永爲濁流。'全忠笑而從之。"[5] 可見,落第進士的仇官心理十分强烈。

4.落第者的出路

科舉考試并不是十分容易的事情,很多人從年輕時開始參加考試,一直到

1 孫光憲:《北夢瑣言》卷六《羅顧升降》,第一編第一册,第 83~84 頁。

2 佚名:《江南餘載》卷上,第一編第二册,第 244 頁。

3 王林:《燕翼詒謀録》卷一《進士特奏》,中華書局,1981 年,第 1 頁。

4 孫光憲:《北夢瑣言》卷一三《草賊號令公》,第一編第一册,第 151 頁。有學者研究後發現,王鐸於咸通四年(863 年)、咸通五年(864 年)知貢舉,而李山甫咸通間數舉被黜。咸通五年(864 年),作爲主考官的王鐸曾經黜落過考生李山甫,因而"李山甫把王鐸作爲宣泄憤懣的對象,并唆使樂從訓劫殺王鐸"。參房鋭《從王鐸死因看晚唐藩鎮之禍及落第士人的心態》,《天津大學學報》(社會科學版)2002 年第 1 期,第 54 頁。

5 孫光憲:《北夢瑣言》卷一五《謀害衣冠》,第一編第一册,第 168 頁。

年老纔登第,“至有白首舉場者”[1],好不容易纔有個好結果。如封定鄉、丁茂珪“場中頭角”,是舉人群體中公認的頭目,而事實上,二位都是連續“二十舉方成名”,是長期堅持考試好不容易得到一個功名的。因爲長期考試,所以與有關部門十分熟悉,知曉科舉中的所有程式,纔成爲舉人們心中的“頭角”。[2] 盧延讓擅長寫詩,“二十五舉,方登一第”[3],估計登第時已經是五六十歲。唐昭宗天復元年(901年)的赦文中,“令中書門下選擇新及第進士中有久在名場,纔沾科級,年齒已高者,不拘常例,各授一官”。其時禮部侍郎杜德祥上奏説:“揀到新及第進士陳光問年六十九,曹松年五十四,王希羽年七十三,劉象年七十,柯崇年六十四,鄭希顏年五十九。”於是昭宗各授數人一官。洪邁據《登科記》記載,“是年進士二十六人,光問第四,松第八,希羽第十二,崇、象、希顏居末級”。[4] 可以看到,這六人中,最大的王希羽已經七十三歲,而唐代一般高級官員的致仕年齡亦就七十歲,昭宗授予秘書省正字這個最低層級的官位,其實更多的是榮譽上的安慰。五六十歲纔考中進士的,不會衹有上面幾位,所以對一些舉人來説,爲了有個出身,他們是將自己一生的精力全部用在考試中了。

很多人一生全被科舉牽着走,一些人不結婚,亦没有精力改善家裏的經濟狀況。如閩人陳嶠,“孑然無依,數舉不遂,蹉跎輦轂,至於暮年。逮獲一名還鄉,已耳順矣”。六十歲纔考上,還是一個單身漢,於是“鄉里以宦情既薄,身後無依,乃以儒家女妻之。至新婚,近八十矣”。到了八十纔解决婚姻問題,全是科舉惹的禍。結婚的時候,“合巹之夕,文士競集,悉賦催妝詩,咸有生荑之諷。嶠自成一章,其末曰:‘彭祖尚聞年八百,陳郎猶是小孩兒。’座客皆絶倒”。[5] 對陳嶠來説,能够取得一個功名,八十歲結婚成家,他并没有感到悲哀,還是十分高興,完全沉浸在科舉成功的喜悦中。

雖然一些落第者通過自己的不斷努力終於獲得成功,但事實上有很多人考了一次又一次,就是得不到功名。唐代馮藻,馮肅之子,“世有科名”,亦想繼承

1 王讜:《唐語林》卷八《補遺》,第三編第二册,第284頁。
2 孫光憲:《北夢瑣言》卷一一《希慕進取》,第一編第一册,第138頁。
3 孫光憲:《北夢瑣言》卷七《盧詩三遇》,第一編第一册,第90頁。
4 洪邁:《容齋三筆》卷七《唐昭宗恤録儒士》,第五編第六册,第90頁。
5 錢易:《南部新書》卷戊,第一編第四册,第59~60頁。

家風,在科舉上取得成功。不過他"文采不高,酷愛名第,已十五舉"。連考十五次未中第,於是找個相識道士讓他看一下前途。道士説:"先輩某曾入静觀之,此生無名第,但有官職也。"馮藻不肯相信,於是再考十次,前後有二十五次。姻親勸説他不要再考,還是先謀個官做做算了,馮藻心有不甘,説:"譬如一生無成,更誓五舉。"結果還是没有考中。這纔想辦法去弄個官做,"歷官卿監陜牧,終於騎省"。這樣連考三十次的,可能是個特例,但考試失敗接着再考的人,在當時肯定不少。所以宋人説:"何浮名之引人,而輕禄仕之如是也!"[1]

當然,很多落第者知道自己在科舉路上走不通,仕進希望破滅,衹能另謀出路。宋人説:"唐世士人初登科或未仕者,多以從諸藩府辟置爲重。"[2]如前已談到的李山甫,咸通年間科考屢屢不第,"後流落河朔,爲樂彦禎從事"。每當想到朝廷宰執們有眼無珠,他心中便十分怨恨。他曾經寫詩説:"勸君不用誇頭角,夢裹輸赢總未真。"[3]對自己在科舉上没有登第耿耿於懷。落第後,很多人不再考試,而是直接到藩鎮處謀個職位。如李習吉,是李林甫的後人,因爲應舉不第,來到河中,成爲節度使李都的從事。之後又從昭義來到太原,"辟爲從事"。這類從事,應該都是爲節度使負責某一方面具體的事務。李習吉因爲有學問,"有筆述,雖馬上軍前,手不釋卷。太原所發箋奏軍書,皆習吉所爲也",主要是撰寫各種文書。[4] 很多落第者其實都是有真才實學的,他們來到藩鎮工作,往往更能發揮出自己的才能。還是拿這個李習吉爲例,在爲太原李克用辟爲掌記後,"箋檄之捷,無出其右"。他的文筆得到朱温的稱贊,"梁祖每讀河東書檄,嘉嘆其才",還説:"李公計絶一隅,何幸有此人?如鄙夫之智算,得習吉之才筆,如虎之傅翼也。"[5]不過話説回來,入藩鎮幕府畢竟是士人的無奈之舉,很多人還是想通過科舉這個最光彩的辦法進入仕途,入幕府不過是自己迂迴出仕的一種方式。

科舉制的推行,爲知識分子開拓出一條入仕新通道,門第的要求放鬆,來自

1 孫光憲:《北夢瑣言》卷九《馮藻慕名》,第一編第一册,第113頁。

2 洪邁:《容齋續筆》卷一《唐藩鎮幕府》,第五編第五册,第230頁。

3 錢易:《南部新書》卷丁,第一編第四册,第45頁。

4 孫光憲:《北夢瑣言》卷一四《外藩從事於北省上事》,第一編第一册,第160頁。

5 孫光憲:《北夢瑣言》卷一七《李習吉溺黄河》,第一編第一册,第181頁。

不同階層的讀書人可以進入官員隊伍，成爲社會的統治者。尤其是中唐以後，通過州縣考試的鄉貢舉人紛紛來到京城參加科舉考試，大量的科舉考試登第者進入中高級官吏的行列中。社會風氣大變，"縉紳雖位極人臣，不由進士者，終不爲美"[1]，由科舉進入官員隊伍纔被人認可。科舉制度的出現，預示着它將有着强勁的生命力，同時亦極大地影響着士子們的價值觀，影響着全社會的價值觀。一些普通家庭儘管并不富裕，但他們也投入了財力、物力到教育上，以培養年青一代日後出人頭地。比如唐中期曾爲宰相的段文昌，少"甚貧窶"，後來"寓居廣陵之瓜洲，家貧力學"。[2] 像這種出自窮困家庭的子弟，能認真學習，最後有所成就，應該是唐五代時期人們追求的一種最爲理想的教育目標。《唐語林》卷八談到一書生"讀經書甚精熟，不知近代事"[3]，"兩耳不聞窗外事，一心衹讀聖賢書"成了許多讀書人追求的一種境界。人們需要自己的子弟能有較高的文化素養，以擠進社會的上層，儘管他們的家境并不全是十分寬裕，但他們已經比較注重子弟的文化教育。

在這樣的一種社會壓力下，在這樣的一種功利性的教育指揮棒驅使下，科舉放榜後出現的登第者的狂喜，落第者的自卑和消極，自然是十分正常的。而這一切，僅僅是出現在科舉制剛剛實行的階段，是這個制度帶來的正常反應。

三、文房四寶的消費

隨着社會發展，人們受教育程度越來越高，文房四寶走進了讀書人的生活之中。宋人的筆記文獻中，有大量内容涉及唐代人對文房四寶的使用和喜愛。

（一）紙的生産和消費

唐朝以前，已經有很多地區大量産紙。如南朝建康城東十五里的紙官署，南齊時生産出的銀光紙十分有名，品質很高。銀光紙一作凝光紙，蘇易簡《文房

1 王定保：《唐摭言》卷一《散序進士》，第 4 頁。

2 王讜：《唐語林》卷六《補遺》，第三編第二册，第 226 頁。

3 王讜：《唐語林》卷八《補遺》，第三編第二册，第 293 頁。

四譜》卷四《二之造》引《丹陽記》談到齊高帝曾將這種紙賜給王僧虔。建康生產的紙有的如霜雪般潔白:"皎白猶霜雪,方正若布棋。"有的如晚霞般艷麗:"雜彩何足奇,唯紅偏可作。灼爍類蕖開,輕明似霞破。鏤質卷芳脂,裁花承百和。"[1]當時造紙的主要原料有兩種,一種是用麻類纖維製造的麻紙,另一種是從兩晋開始出現的用藤皮製造的藤紙。唐五代時期,在承繼前代技術的基礎上,造紙工業有新的發展,出現了用嫩竹造紙。

我們以往的研究已經表明,唐代很多地區生産的紙十分有名,如江南的常州、蘇州、杭州、睦州、越州、婺州、衢州、温州、宣州、歙州、池州等,大量生産較有特色的紙張。[2] 宋人筆記及其他一些史書中,這些州産紙的記載特别多。如范成大《吴郡志》談到蘇州産紙時云:"彩箋,吴中所造,名聞四方。以諸色粉和膠刷紙,隱以羅紋,然後砑花。唐皮、陸有倡和魚箋詩云:'向日乍驚新蘚色,臨風時辨白萍文。'注:'魚子曰白萍',此豈用魚子耶? 今法不傳,或者紙紋細如魚子耳。今蜀中作粉箋,正用吴法,名吴箋。"[3]錢易《南部新書》卷壬談到杭州的紙:"臨安出紙,紙徑短,色黄,狀如牙版。字誤,可以舌舐之,不污。近亦絶有,蓋取多工鮮而價卑也。"[4]《吴越備史》卷二談到文穆王率兵攻宣州廣德縣城,"時又有僧名自新,常衣紙,住廣德山院"[5]。而事實上《新唐書》卷四一記載宣州産紙。宋顧文薦《負暄雜録》云:"南唐以徽紙作澄心堂紙。"[6]徽州紙一直以品質佳而聞名,至南唐時以澄心堂紙名噪一時。大量産紙,原料呈現多樣化,《文房四譜》卷四《三之雜説》云:"今江浙間有以嫩竹爲紙。"北宋時的江浙已産竹紙,但這種技術估計五代時已經出現。

如越州的剡紙製作精良,深爲文人學子喜愛。《清异録》卷下對此事記載較詳:"先君蓄白樂天墨迹兩幅,背之右角,有方長小黄印,文曰:'剡溪小等月面松

1 徐堅:《初學記》卷二一《紙》引梁宣帝《咏紙詩》、江洪《爲傅建康咏紅箋詩》,京華出版社,2000 年,第 202 頁。

2 張劍光:《唐五代江南工商業布局研究》,江蘇古籍出版社,2003 年,第 203~206 頁。

3 范成大:《吴郡志》卷二九《土物》,第 428 頁。

4 錢易:《南部新書》卷壬,第一編第四册,第 117 頁。

5 錢儼:《吴越備史》卷二《文穆王》,《五代史書彙編》,杭州出版社,2004 年,第 6222 頁。

6 顧文薦:《負暄雜録》,《説郛》(涵芬樓本)卷一八,中國書店,1986 年,第 10A 頁。

紋紙,臣彦古等上。'" [1] 月面松紋紙究竟如何,因没有實物留傳,今已無法知曉。九江有雲藍紙,段成式《與温庭筠雲藍紙序》曰:"予在九江,出意造雲藍紙,輒分送五十枚。"詩云:"三十六鱗充使時,數篇猶得裹相思。"宋人説:"蓋龍八十一鱗,鯉魚三十六鱗也。" [2] 意謂紙面上呈鯉魚紋樣。

蠲紙主要産於温州,但臨安亦出産。宋錢康公《植跋簡談》談道:"温州作蠲紙,潔白緊滑,大略類高麗紙,東南出紙處最多,此當爲一焉。自餘皆出其下,然所作至少。政和以來方入貢,權貴求索浸廣,而紙户力已不能勝矣。吴越錢氏時供此紙者蠲其賦役,故號蠲紙云。" [3] 温州最起碼從錢氏時已生産紙,紙質當與北宋的"潔白緊滑"相差不大。《清波别志》卷上把蠲紙的産生提得更前,云:"唐户部有蠲符。開元四年,敕諸郡取緊厚紙,背皆書某州某年及紙次第,長官、管幹同署印記,并送朝集使上户部本部官掌納,依次第用之,其貴重如此。一云在唐凡造此紙户,與免本身力役,故以'蠲'名。今出於永嘉。士大夫喜其有發越翰墨之功,争捐善價取之。一幅紙能爲古今好尚,殆與江南澄心堂紙等。" [4] 直至宋代,蠲紙以温州的最爲有名,紙質與澄心堂不相上下。不過宋人認爲臨安亦産蠲紙。《賓退録》卷二談道:"臨安有鬻紙者,澤以漿粉之屬,使之瑩滑,謂之蠲紙。蠲猶潔也。"又云:"又記五代《何澤傳》載:'民苦於兵,往往因親疾以割股,或既喪而廬墓,以規免州縣賦役。户部歲給蠲符,不可勝數,而課州縣出紙,號蠲紙。'蠲紙之名適同,非此之謂也。" [5] 如此,蠲紙在宋代筆記中其實是存在兩種不同的看法。

再如唐初宣州生産名紙。《唐六典》卷二〇談到開元時宣州已向朝廷上貢案紙、次紙, [6] 能够上貢,説明宣州紙已經很有名聲。唐朝張彦遠談到宣州紙紙質十分細密,薄而透明,特别宜於摹拓書畫。他説:"江南地潤無塵,人多精藝,……好事家宜置宣紙百幅,用法蠟之,以備摹寫。古時好拓畫,十得七八,不

---

1 陶穀:《清异録》卷下《文用門》"剡溪小等月面松紋紙"條,第一編第二册,第 88 頁。

2 高似孫:《緯略》卷一二《三十六鱗》,第六編第五册,第 379 頁。

3 錢康公:《植跋簡談》,《説郛》(涵芬樓本)卷二〇,中國書店,1986 年,第 28A 頁。

4 周煇:《清波别志》卷上,第五編第九册,第 151 頁。

5 趙與時:《賓退録》卷二,第六編第十册,第 31 頁。

6 李林甫等:《唐六典》卷二〇"太府寺右藏署"條,第 546 頁。

失神采筆踪。"[1]唐代中期,人們就認爲宣州紙最適宜繪畫拓畫。

至南唐時,歙州出現了澄心堂紙。這種紙爲南唐皇室所重:"南唐後主留心筆札,所用澄心堂紙、李廷珪墨、龍尾石硯三物,爲天下之冠。"[2]這種紙雖以品質著名於世,但數量極少,得到宋人的交口稱贊。宋人評價南唐"李國主集賢院書"説:"江左書,兩等紙,用澄心堂所作穀皮細鈔,其上本入中隱堂備親覽者爲御府書,其下入文館以廣圖籍。書有楷法而字頗校讎,今散落人間,往往收藏爲嘉玩。"[3]其實澄心堂紙主要是在宫中使用,民間僅有少量流傳,所以價格奇高:"江南李後主造澄心堂紙,前輩甚貴重之,江南平後六十年,其紙猶有存者。歐公嘗得之,以二軸贈梅聖俞,梅詩鋪叙其由,而謝之曰:'江南李氏有國日,百金不許市一枚。當時國破何所有,帑藏空竭生莓苔。但存圖書及此紙,弃置大屋墻角堆。幅狹不堪作詔命,聊備粗使供鸞臺。'用梅詩以想其制,必是紙製大佳,而幅度低狹,不能與麻紙相及,故曰'幅狹不堪作詔命'也。然一紙已直百錢,亦已珍矣。"[4]這種紙與一般的麻紙有所區别,門幅狹窄。

澄心堂紙被認爲是當時紙中品質最高的,但實際上可能名聲在外,還有比其品質更高的紙。陳師道説:"余於丹徒高氏見楊行密節度淮南補將校牒紙,光潔如玉,膚如卵膜,今士大夫所有澄心堂紙不迨也。"[5]楊行密使用的牒紙更爲光潔細密。再如李後主喜歡的玉屑箋亦是一種品質較高的紙。《珍席放談》卷下云:"江南李後主,善詞章,能書畫,皆臻妙絶。是時紙筆之類,亦極精緻。世傳尤好玉屑箋,於蜀主求箋匠造之,唯六合水最宜於用,即其地製作。今本土所出麻紙,無异玉屑,蓋所造遺範也。"[6]玉屑箋是一種麻紙,其製作技術來自蜀地,南唐時傳到江南。事實上蜀地整個唐代一直生産各種名紙,"元和中,元稹

1 張彦遠:《歷代名畫記》卷二《論畫體工用拓寫》,《中國書畫全書》第一册,上海書畫出版社,1993年,第127頁。

2 王闢之:《澠水燕談録》卷八《事志》,第二編第四册,第82頁。

3 董逌:《廣川書跋》卷一〇《李國主集賢院書》,《中國書畫全書》第一册,上海書畫出版社,1993年,第808頁。

4 程大昌:《演繁露》卷九《澄心堂紙》,第四編第九册,第42頁。

5 陳師道:《後山談叢》卷二,第二編第六册,第89頁。

6 高晦叟:《珍席放談》卷下,第三編第一册,第191頁。

使蜀,營妓薛濤造十色彩箋以寄。元稹於松華紙上寄詩贈濤。蜀中松花紙、雜色流沙紙、彩霞金粉龍鳳紙,近年皆廢,唯餘十色綾紋紙尚在”[1]。説明蜀中産名紙品種極多。關於薛濤箋,有不一樣的描述。《南部新書》卷壬云:“元和之初,薛濤好製小詩,惜其幅大,不欲長剩,乃狹小之。蜀中才子既以爲便,後減諸箋亦如是,將名曰‘薛濤箋’。”[2]薛濤箋袛是狹小一點,用起來方便些。

再如饒州出産一種“鄱陽白”紙,陶穀《清异録》談道:“先君子蓄紙百幅,長如一匹絹,光緊厚白。”[3]既光又白,長如絹,而且十分厚實,是這種紙的特點。再如“姚顗子侄善造五色箋,光緊精華。砑紙版乃沉香,刻山水林木、折枝花果、獅鳳蟲魚、壽星八仙、鐘鼎文,幅幅不同,文縷奇細,號‘砑光小本’”[4]。意謂在“光緊精華”的紙上壓出各種花鳥魚蟲的圖案,這自然是一種十分奇特新穎的紙,但估計産量不會很大。宣歙地區生産一種比較有名的厚實紙。《文房四譜》卷四《三之雜説》又云:“江南僞主李氏常較舉人畢,放榜日,給會府紙一張,可長二丈,闊一丈,厚如繒帛數重,令書合格人姓字。每紙出,則縫掖者相慶,有望於成名也。僕頃使江表,睹今壞樓之上,猶存千數幅。”這種紙作爲政府發布公告最合適不過,可見當時已能根據不同需要製造各種紙。民間還有少量外國紙。如建中元年(780 年),“日本使真人興能來朝,善書札,有譯者乞得章草兩幅,皆《文選》中詩”。到了五代顯德時,翰林編排官楊履談到當年的翻譯是他的遠祖,并拿出章草兩幅給人看,“筆法有晋人標韵。紙兩幅:一云‘女兒青’,微紺;一云‘卵品晃’,白滑如鏡面,筆至上多褪,非善書者不敢用,意惟鷄林紙似可比肩”。[5] 這兩種日本紙明顯與唐五代時期國内生産的紙張不同,比如白滑光潔,不容易吸水,比較接近鷄林紙。

政府機構使用紙張,有一定的要求,顔色、材質有所不同。《春明退朝録》卷下引用了唐《日曆》,談到貞觀十年(636 年)十月,“詔始用黄麻紙寫詔敕”。該書説:“上元三年閏三月戊子敕:‘制敕施行既爲永式,比用白紙多有蟲蠹,自今

1　李石:《續博物志》卷一〇,第四編第四册,第 221 頁。

2　錢易:《南部新書》卷壬,第一編第四册,第 114 頁。

3　陶穀:《清异録》卷下《文用門》“鄱陽白”,第一編第二册,第 91 頁。

4　陶穀:《清异録》卷下《文用門》“砑光小本”,第一編第二册,第 92 頁。

5　陶穀:《清异録》卷下《文用門》“卵品”,第一編第二册,第 90 頁。

已後,尚書省頒下諸司及州下縣,宜并用黄紙。'"[1]白紙易引起蟲蛀,黄紙容易保存。李肇《翰林志》云:"凡赦書、德音、立后、建儲、行誅討、拜免三公宰相、命將,曰'制',并使白麻紙,不使印也。雙日起草,隻日宣,機務急速,亦雙日。"[2]李肇是中唐時人,生卒年不詳,但在唐憲宗時期任官,因而他説的可能就是安史之亂後的肅、代、德、憲這個階段的制度。

制敕外,皇帝頒布的詔、書等亦有用紙規定。《翰林志》云:"凡賜與、徵召、宣索、處分,曰'詔',使白藤紙。凡慰撫軍旅,曰'書',使黄麻紙,并使印也。道場薦告詞文,使青藤紙,朱字,謂之'青詞'。凡諸陵薦告、上表、内道場嘆道文,并使白麻紙。凡將相告身,用金花五色綾紙;其次小番,用五色麻紙。并不使印。"[3]可知詔用白藤紙,書用黄麻紙,青詞用青藤紙,諸陵上表和嘆道文用白麻紙,告身用金花五色綾紙,不同情况下的皇帝詔書,用的紙張各不相同。誥亦有專門用紙:"唐誥初用紙,肅宗朝有用絹者,貞元後始用綾。"[4]用黄紙應該主要指的是唐朝前期。不過貞元以後用的綾并不純是一種絲織品,可能爲背面是綾正面是紙的綾紙,而且各級官府所使用的綾紙是不一樣的。《近事會元》卷二談道:"李愚《翰林舊規》云:舊例,宰相、使相官,用五色背綾金花紙;節帥,白綾金花紙;命婦,即金花綾紙。唐昭宗乾寧二年十月,李鋋自黔南節度授京兆尹,兩度諮報中書,使白綾紙也。"[5]所以,這些綾紙并不純粹是織物,而是紙和綾結合在一起的特殊紙張。

政府用的黄紙,應是指黄麻紙。杜甫有詩云:"紫誥追三代,黄麻似六經。"不過到宋代,政府的詔書全改成了白麻紙:"凡詔書德音,立后建儲,行大誅討,拜免三公、宰相、樞密使,命將曰制,并用白麻紙,不使印。百官立班宣讀,故謂

1 宋敏求:《春明退朝録》卷下,第一編第六册,第 299 頁。李上交《近事會元》卷五《制敕用黄紙》記載大體相同,但時間上略有差异:"唐高宗上元三年二月,敕制比用白紙,多爲蟲蠹。今後尚書省下諸司州縣,宜并用黄紙。"(第一編第四册,第 191 頁)

2 李上交:《近事會元》卷二《制名　白麻　白麻不使印　雙日起草》,第一編第四册,第 151 頁。

3 李上交:《近事會元》卷二《書詔名　白藤紙　黄麻紙　青藤紙　五色金花綾紙　五色麻紙》,第一編第四册,第 151 頁。

4 江休復:《江鄰幾志》佚文,第一編第五册,第 172 頁。

5 李上交:《近事會元》卷二《官誥沿革　命婦官誥用金花紙》,第一編第四册,第 150~151 頁。

之白麻,亦曰宣麻。”[1] 在用紙上,唐、宋是發生了一些變化的。

政府使用的紙張,有專門人員進行加工,以作爲檔案能够長期保存。姚寬《西溪叢語》卷下談到唐朝秘書省有熟紙匠和裝潢匠。所謂的熟紙,據《齊民要術》云:“凡打紙欲生,生則堅厚。”所以“打紙工蓋熟紙匠也”。潢就是給紙染色。《齊民要術》有裝潢紙法:“浸蘗汁入潢,凡潢紙滅白便是,染則年久色暗,蓋染黄也。”另有雌黄治書法:“潢訖治者佳,先治,入潢則動。”姚寬認爲“古用黄紙寫書久矣。寫訖入潢,辟蠹也。今惟《釋藏經》如此,先寫後潢”。[2] 無論是熟紙還是裝潢,主要目的都是使紙張不被蟲咬,便於保存。

民間使用紙張時很有講究,亦會根據不同的書寫内容,决定使用不同材質和顏色的紙張。《邵氏聞見後録》卷二八云:“唐人有熟紙、有生紙。熟紙,所謂妍妙輝光者,其法不一;生紙,非有喪故不用。退之《與陳京書》云:‘《送孟郊序》用生紙寫。’言急於自解,不暇擇耳。”[3] 王礪亦有相似的看法:“唐裴、鄭二家《書儀》皆云:凶書須好紙繕寫,言語哀雅之。稽似非寧戚之義,不若以生紙書之,語言字札質樸爲稱。”[4] 唁書要用好紙,更能表達出悲哀寧戚,平時用生紙就可以了,文字和紙張都要質樸。如果是抄寫書籍,一般都是用黄紙:“古人寫書盡用黄紙,故謂之黄卷。顔之推曰:‘讀天下書未遍,不得妄下雌黄。’雌黄與紙色類,故用之以滅誤。”“道、佛二家寫書,猶用黄紙。”不過到了北宋初年,一些人抄書用白紙:“今人用白紙,而好事者多用雌黄滅誤,殊不相類。”如果白紙上用雌黄來改正錯字,顔色就會不統一。用黄紙,原本主要是爲了“辟蟫”,即防止蟲蛀蝕紙張,但北宋改用白紙,主要原因恐怕是政府詔敕用了黄色,“故私家避不敢用”。[5]

1 高晦叟:《珍席放談》卷上,第三編第一册,第 180 頁。

2 姚寬:《西溪叢語》卷下,第四編第三册,第 70 頁。該書所引賈思勰《齊民要術》文,與通行本文字略有不同。《齊民要術》卷三《雜説第三十》“染潢及治書法”云:“凡打紙欲生,生則堅厚,特宜入潢。凡潢紙滅白便是,不宜太深,深則年久色暗也。”又“雌黄治書法”云:“凡雌黄治書,待潢訖治者佳;先治入潢則軟。”(團結出版社,1996 年,第 110~111 頁)

3 邵博:《邵氏聞見後録》卷二八,第四編第六册,第 196 頁。

4 王欽臣:《王氏談録》之《書儀》,第三編第三册,第 19 頁。

5 宋祁:《宋景文公筆記》卷上《釋俗》,第一編第五册,第 44 頁。

當然，亦有一些人因爲家裏貧窮，用不起紙。蘇軾説："韓退之《青龍寺》詩，終篇言赤色，莫曉其故。嘗見小説鄭虔寓青龍寺，貧無紙，取柿葉書。九月柿葉赤而實紅，則退之詩乃謂此也。"[1]對一些窮人來説，衹能用柿葉來書寫。

附帶提一下，唐五代的紙不衹是用於書寫，亦用於日常生活中。《清异録》卷下記載："記未冠時，游龍門山寺，欲留詩求紙，僧以皺紙進，余題大字曰'化化箋'，還之。僧慚懼躬揖，請其故，答曰：'紙之麄惡，則供溷材，一化也。丐徒取諸圊厠積之家，匠買别抄麸麵，店肆收苞果藥，遂成此紙，二化也。故曰化化箋，備雜用可也，載字畫不可也，舉以與人不可之甚。汝秃士不通世故，放過三十拄杖，亦知感幸否乎？'"[2]按照陶穀的説法，最粗惡的一種紙是當時上厠所用紙，其次是購買麵粉和各種水果、藥材時用的包裝紙，這些紙品質粗糙，不能用來寫字作畫。

（二）筆的製造和消費

唐朝有很多地區生産日常寫字的各種毛筆。

如宣州屬縣溧水産筆，溧水生産的筆就叫宣筆。《元和郡縣圖志》卷二八談到宣州溧水縣："中山，在縣東南一十五里。出兔毫，爲筆精妙。"[3]《太平寰宇記》卷一〇三談到宣州的土産中有筆。[4] 唐代宣州筆以紫兔毛製成的品質最佳。白居易《鷄矩筆賦》有小題説："以中山兔毫作之尤妙。"[5]《新樂府・紫毫筆》云："紫毫筆，尖如錐兮利如刀。江南石上有老兔，吃竹飲泉生紫毫。宣城之人采爲筆，千萬毛中揀一毫。毫雖輕，功甚重；管勒工名充歲貢。……起居郎，侍御史，爾知紫毫不易致；每歲宣城進筆時，紫毫之價如金貴。"[6]按白氏觀點，溧水中山的兔毛最好，其他地方略次一點，但就宣州地區來説，紫毫筆都是萬里挑一，無比珍貴的。

1 蘇軾：《商刻東坡志林》卷一，第一編第九册，第124頁。
2 陶穀：《清异録》卷下《文用門》"化化箋"條，第一編第二册，第91頁。
3 李吉甫：《元和郡縣圖志》卷二八《江南道四》，中華書局，1983年，第685頁。
4 樂史：《太平寰宇記》卷一〇三《江南西道一》宣州土貢有"栗紙、筆"，中華書局，2007年，第2047頁。
5 白居易：《白居易集》卷三八，第872頁。
6 白居易：《白居易集》卷四，第86頁。

宣州最有名的筆是諸葛筆。從晉朝開始，諸葛氏世代製筆，唐五代時更是屢出名手。《清异録》卷下云："僞唐宜春王從謙，喜書札，學晉二王楷法。用宣城諸葛筆，一枝酬以十金，勁妙甲當時，號爲'翹軒寶帚'，士人往往呼爲'寶帚'。"[1]李後主昭惠后"所用筆曰點青螺，宣城諸葛氏所造"[2]。《鐵圍山叢談》卷五談道："宣州諸葛氏，素工管城子，自右軍以來世其業，其筆制散卓也。"又云："吾聞諸唐季時有名士，就宣帥求諸葛氏筆，而諸葛氏知其有書名，乃持右軍筆二枝乞與，其人不樂。宣帥再索，則以十枝去，復報不入用。諸葛氏懼，因請宣帥一觀其書札，乃曰：'似此特常筆與之爾。前兩枝，非右軍不能用也。'是諸葛氏非但藝之工，其鑒識固不弱，所以流傳將七百年。"[3]諸葛筆品質較高，但數量有限。與此條相似，邵博記載："宣城陳氏，家傳右軍《求筆帖》，後世益以作筆名家。柳公權求筆，但遺以二枝，曰：'公權能書，當繼求索，不必却之。'果却之，遂多易以常筆。曰'前者右軍筆，公權固不能用也'。"[4]製筆之家换成了陳氏，但故事的具體内容却相同，這説明宣州以製筆出名的有多個家族，大家都將這個故事附會到自己的頭上，從而來説明自己家族製筆品質高、歷史悠久。陳氏的筆，亦有常筆和特製的筆，特製的筆品質很高。

宣城製筆業在五代以後有了飛躍發展。宋朝張耒《明道雜志》云："余守宣時問筆工：'毫用何處兔？'答云：'皆陳、亳、宿數州客所販。'宣自有兔，毫不堪用。蓋兔居原田，則毫全，以出入無傷也。宣兔居山，出入爲荆棘樹石所傷，毫例短秃。則白詩所云非也。"[5]陳寅恪先生認爲古今物産殊异，白詩不妄，"文潛拘於時代，致疑古人，其言未必可爲定論也"[6]。這種觀點是正確的。張耒的兔子出入樹叢和平原的觀點并不能成立，因爲出入樹叢，兔毛不至於全秃，而在平原的兔子，亦往往鑽入地洞，毛質并不見得一定優於山區的兔子。不過宣州人講的話提供了一個信息，即至宋代，宣州本地兔毛已不够用，大量販入外地兔

1 陶穀：《清异録》卷下《文用門》"寶帚"條，第一編第二册，第 90 頁。

2 吴任臣：《十國春秋》卷一一五《拾遺》，第 1682 頁。

3 蔡絛：《鐵圍山叢談》卷五，第三編第九册，第 236 頁。

4 邵博：《邵氏聞見後録》卷二八，第四編第六册，第 196 頁。

5 張耒：《明道雜志》，第二編第七册，第 5 頁。

6 陳寅恪：《元白詩箋證稿》第五章，上海古籍出版社，1978 年，第 284 頁。

毛,這足以説明宣州製筆業的大發展,引起了本地原料的緊缺。除兔毛外,其他毛髮亦可製筆。如南朝時,“有媪善作筆,蕭子雲常書用,筆心用胎髮”[1],這是胎髮筆,相信這種製作的方式同樣會傳入唐朝。

製筆的主要原料除筆毛,筆管亦是一個重要的組成部分。段成式談道:“開元中,筆匠名鐵頭,能瑩管如玉,莫傳其法。”[2]江南出竹,製成的筆管十分有名。《清异録》卷下談到開平二年(908年),朱温賜給宰相張文蔚等三人歙州出産的寶相枝各二十。寶相枝是什麽?“斑竹筆管也,花點匀密,紋如兔毫。”原來歙州出産的筆管在唐末五代已是十分著名,皇帝作爲禮物賜給宰相。

此外,舒州的青練筆亦比較有名。柳公權對人説:“頃年曾得舒州青練筆,指揮教示,頗有性靈。”[3]

唐人對筆有很高的要求,一般出鋒要長,毫要細,筆管大小適中。柳公權曾作帖答謝别人贈筆給他,内中寫道:“近蒙寄筆,深荷遠情。雖毫管甚佳,而出鋒太短。傷於勁硬,所要優柔。出鋒須長,擇毫須細。管不在大,副切須齊。副齊則波磔有凴,管小則運動省力,毛細則點畫無失,鋒長則洪潤自由。……後有管小鋒長者,望惠一二管,即爲妙矣。”[4]他的這些要求,應該是當時大多數士大夫的想法。

宋人對筆有很多要求,這些要求應該與唐五代大同小异。朱彧《萍洲可談》卷二談道:“造筆用兔毫最佳,好事者用栗鼠鬚或猩猩毛以爲奇,然不若兔毫便於書也。廣南無兔,用鷄毛,雖毛匾不可書,代匱而已。近世筆工,宣州諸葛氏,常州許氏,皆世其家。安陸成安道、弋陽李展之徒,尚多馳名於時。宣人善治竹管,瑩潔可愛,亦有以葦爲管者,貴其輕。高麗使過常州市筆,諸許待其解舟,即急售之,半無毛頭,以爲得計。”[5]這裏談到筆頭、筆管的建造材質都很有講究。宣州諸葛氏是製筆名家,善治竹管,完全與唐五代一致。

科舉考試,用筆特别有講究。如果筆不順手,不但書寫的字不漂亮,而且會

1 段成式:《酉陽雜俎》前集卷六《藝絶》,《唐代筆記小説大觀》,第604頁。

2 段成式:《酉陽雜俎》前集卷六《藝絶》,《唐代筆記小説大觀》,第604頁。

3 吴曾:《能改齋漫録》卷一四《柳公權謝惠筆帖》,第五編第四册,第156頁。

4 吴曾:《能改齋漫録》卷一四《柳公權謝惠筆帖》,第五編第四册,第155~156頁。

5 朱彧:《萍洲可談》卷二,第二編第六册,第161頁。

影響答題速度，所以舉子們都想有一支好的筆。《清异録》卷下云："唐世舉子將入場，嗜利者争賣健豪圓鋒筆，其價十倍，號'定名筆'。筆工每賣一枝，則録姓名，俟其榮捷，則詣門求阿堵，俗呼'謝筆'。"[1] 做生意者看中了這一點，往往高價向舉子推銷。

(三)墨的製造和消費

唐朝墨的主産地在北方。如易定人祖敏，"唐時之墨官也。今墨之上必假其姓而號之。大約易水者爲上，其妙者必以鹿角膠煎爲膏而和之，故祖氏之名，聞於天下"[2]。至唐末産墨地南北方都有分布。《宋朝事實類苑》卷六〇轉引蔡襄的話説："李超，易水人，唐末與子庭珪度江，至歙州，以其地多美松，因留居，以墨名家。本姓奚，江南賜姓李，珪或爲邽，弟庭寬、庭實，男承晏、男文用，皆有聞易水。"[3] 奚氏在易水是製墨世家，十分著名，後來到了南方的歙州，就以山區的松樹燒製優質松烟。

不過，元朝陸友不同意這樣的説法，他認爲奚庭珪和李庭珪爲二人："奚庭珪，易水人。或曰李庭珪，本姓奚，江南賜姓李氏，非也。今之人但見有奚庭珪墨二品。庭珪父即超，何獨有奚庭珪而無奚超也。趙寅達夫嘗收得一種，上印文曰：'宣府奚庭珪。'乃知居歙者李氏，籍宣者奚氏，各是一族，而名偶同耳。"[4] 廷珪是一人還是兩人，於今天來説并不是主要的，重要的是我們從這些話中知道南方的宣州和歙州在唐末五代時期都是産墨地。就北方而言，易州、潞州、上黨是産墨地。宋晁季一《墨經》云："唐則易州、潞州之松，上黨松心尤先見貴。後唐則宣州黄山、歙州黟山松、羅山之松，李氏以宣歙之松類易水之松。今……衢州柯山、池州九華山及宣歙諸山，皆産松之所。"[5] 製墨業的分布地，必須要有一個條件，那就是要有大量的松樹，這是製墨最重要的原料。

製墨業以家庭手工作坊爲主，製墨技術都是世代相傳。《墨經》又云："凡古

1　陶穀：《清异録》卷下《文用門》"定名筆"條，第一編第二册，第 88 頁。

2　陸友：《墨史》卷上，知不足齋叢書本，第 3B、4A 頁。

3　江少虞：《宋朝事實類苑》卷六〇《風俗雜志・墨》，上海古籍出版社，1981 年，第 794 頁。

4　陸友：《墨史》卷上，第 4B 頁。

5　晁季一：《墨經・松》，叢書集成初編本，中華書局，1985 年，第 2 頁。

人用墨多自製造,故匠氏不顯。……其後有易水奚鼐、奚鼎,鼐之子超,鼎之子起。易水又有張遇、陳贇。江南則歙州李超,超之子庭珪、庭寬,庭珪之子承浩,庭寬之子承晏,承晏之子文用,文用之子惟處、惟一、惟益、仲宣,皆其世家也。歙州又有耿仁、耿遂,遂之子文政、文壽,而耿德、耿盛皆其世家也。宣州則盛匡道、盛通、盛真、盛舟、盛信、盛浩,又有業(張)珣、柴承務、朱君德。兖州則陳朗,朗弟遠,遠之子惟進、惟迨。近世則京師潘谷,歙州張谷。"[1]這裏將各地製墨名家的家族傳承關係全部羅列了出來,可以使後人清晰地看到製墨的主要地區和主要家庭手工作坊在手藝上的傳承關係。宋人又云:"江南又有朱君德、柴珣、柴成務、李文遠,皆遇陳贇,著名當時。"[2]看來在南方的宣、歙二州和北方的易、潞、兖等州出現了一大批專以製墨爲業的手工業世家。

爲發展宣、歙地區的製墨業,五代時期的南唐政府曾出臺了一些具體措施。如政府曾置墨務,"歲貢有數",并派官員監督生産;[3]爲得到大量的墨,還"求墨工於海東",即從北方招聘技術工人,發展製墨業;[4]對製墨手工工人實行籠絡政策,以"寵其能",如授李超爲水部員外郎,其子李廷珪任爲墨務官。元朝陸友曾見到一墨,上銘云:"保大元年歙州進,墨務官臣李廷珪造。"另一墨銘云:"保大元年正月七日奉旨造……墨務官臣廷珪,……墨務官臣廷寬。"[5]李氏後代李惟益亦曾被任命爲墨務官。在這些政策的推動下,江南製墨業的發展是比較迅速的。《邵氏聞見後録》卷二八云:"太祖下南唐,所得李廷珪父子墨,同他俘獲物,付主藏籍收,不以爲貴也。後有司更作相國寺門樓,詔用黑漆,取墨於主藏,車載以給,皆廷珪父子之墨。"[6]又李惟益所製墨,元祐初京師雜買務貨舊墨,猶有千餘挺。可知當時墨的生産量極大。

李超及其後代所造墨,品質最高。宋人記載李氏製造的墨品種較多,上面

---

1 晁季一:《墨經·工》,第23~24頁。

2 江少虞:《宋朝事實類苑》卷六〇《風俗雜志·墨》,第794頁。

3 元朝陸友曾見到一墨,上銘有文字云:"墨務官臣廷珪,監官臣亮。"(陸友《墨史》卷上,第10A頁)説明政府在任命製墨技術工人爲墨務官的同時,另派官員監督生産。

4 陳師道:《後山談叢》卷二,第二編第六册,第86頁。

5 陸友:《墨史》卷上,第9B、10A頁。

6 邵博:《邵氏聞見後録》卷二八,第四編第六册,第196頁。

不少是有文字的:“其制有劍脊圓餅拙墨、進貢墨、供堂墨,其面多作龍紋,其幕有‘宣府’字,或止云‘宣’,或著姓氏,或别州府。今人間已少傳者。仁宗嘉祐中,宴近臣於殿,嘗以墨賜之,其文曰‘新安香墨’。其後翰林諸君承賜者,皆雙脊龍樣,尤爲佳品。”[1]《春渚紀聞》卷八説:“王景源使君所寶古墨一笏,蓋其先待制公所藏者。背銘曰‘唐水部員外郎李慥製’,云諸李之祖也。黎介然一見,求以所用端石研易之,景源久之方與。”[2]李慥應是李超,其所製墨宋人已當成寶,而且願用珍貴的端硯調换。北宋何薳年輕時,“於彭門寇鈞國家見其先世所藏李廷珪下至潘谷十三家墨。斷珪殘璧,璨然滿目。其廷珪小挺,歲久不見膠彩,而書於紙間視之,其黑皆非餘墨所及”[3]。李廷珪的墨比起其他墨,的確有長處,黑色更純正。蔡襄曾云李廷珪墨“爲天下第一品”[4],潘谷稱其爲“天下之寶”[5]。至北宋末年,“黄金可得,李氏之墨不可得也”[6]。其實早在北宋中期,李廷珪墨已是寶貝,宫内就十分珍惜。熙寧九年(1076年),蘇頌父子同修國史,“開局日,賜李廷珪墨,子承晏‘笏挺’、‘雙脊龍’、張遇丸墨、澄心堂紙。及對,上曰:‘禁中自此少矣,宜寶之。’”[7]因爲是修國史,皇帝纔將好的文房用品賜給大臣,以示對修史的重視。

秦少游有半塊李廷珪墨,“不爲文理,質如金石,潘谷見之而拜曰:‘真李氏故物也,我生再見矣!’”[8]《王氏談録》説王礪“性尤愛墨”,“慶曆中,人有持廷珪墨十丸求售,從子參預托公草文字,恐溷其思,遽令麾去。公後聞之,極爲嘆惜。後此墨尤難得,而屢以萬錢市一丸。其品乃有數等,其‘邽’字,作‘下邽’之‘邽’者,爲上;作‘圭潔’之‘圭’者,次之;作‘珪璧’之‘珪’者,又次之;其云

1 王闢之:《澠水燕談録》卷八《事志》,第二編第四册,第82~83頁。

2 何薳:《春渚紀聞》卷八《唐水部李慥製墨》,第三編第三册,第270~271頁。

3 何薳:《春渚紀聞》卷八《十三家墨》,第三編第三册,第269頁。

4 陸友:《墨史》卷上,第6B頁。

5 邵博:《邵氏聞見後録》卷二八,第四編第六册,第196~197頁。吴任臣:《十國春秋》卷一一五《拾遺》亦云:“黄山谷於几間取小錦囊,有墨半丸,以示賣墨者潘谷,谷隔囊手之,即置几上,曰:‘天下之寶也。’出之,乃廷珪墨。”(第1687頁)

6 邵博:《邵氏聞見後録》卷二八,第四編第六册,第196頁。

7 蘇象先:《丞相魏公譚訓》卷二《家世》,第三編第三册,第53頁。

8 陳師道:《後山談叢》卷二,第二編第六册,第85頁。

'奚庭圭'者,最下"。李廷珪所製的墨根據上面不同的文字,品質是不同的。因爲他的墨比較受人歡迎,所以到宋朝就有人造假:"雖名號有高下,其間又自有精粗,亦時有僞作者,人亦多惑。"[1]

據《新安志》卷一〇《墨》記載李氏墨是"豐肌膩理、光澤如漆"[2],後人總結出有"拈來輕,嗅來馨,磨來清"的優點。《墨史》卷上云:"今有得而藏於家者,亦不下五六十年,蓋膠敗而墨調也,其堅如玉,其紋如犀,寫逾數十幅不耗一二分也。常侍徐公鉉爲太簡言,幼年嘗得李超墨一挺,長不過尺,細裁如箸,與其弟鍇共用之,日書不下五千字,凡十年乃盡。磨處邊際有刃,可以裁紙。"[3]還有人評價李廷珪墨"能削木,墜溝中經月不壞"[4]。

亦有一些人製造的墨品質不亞於李家,能够與李氏分庭抗禮。如張遇祖孫三代,"起竈作煤製墨","妙不減廷珪"。還有文人士大夫弄到材料後自己造墨的。蜀人景焕,人稱"博雅士","嘗得墨材甚精,止造五十團,曰:'以此終身。'墨印文曰'香璧',陰篆曰'副墨子'"。[5] 而南唐韓熙載更是"留心翰墨,四方膠煤,多不合意"。於是他延聘了歙州工匠朱逢"於書館傍燒墨供用,命其所曰'化松堂',墨又曰'玄中子',又自名'麝香月',匣而寶之"。[6] 總體而言,這一時期墨的品質高,品種較多。

墨製造後,實用價值是主要的。品質好的墨就特别受人青睞。《文房四譜》卷五《三之雜説》談到吴國統治歙州時,刺史陶雅求墨無度。他曾經責怪李超説:"爾近所造墨,殊不及吾初至郡時,何也?"李超回答説:"公初臨郡,歲取墨不過十挺,今數百挺未已,何暇精好焉。"南唐徐鉉兄弟"工翰染,崇飾書具",對文化用具特别講究,收藏有品質較高的墨,他"嘗出一月團墨,曰:'此價值三萬'"。[7] 宋人對南唐墨更是視作寶物。邵博《邵氏聞見後録》談到黄庭堅曾"就

1 王欽臣:《王氏談録》之《李廷珪墨》,第三編第三册,第11頁。
2 羅願:《新安志》卷一〇《墨》引李孝美《墨苑》,《宋元方志叢刊》第八册,第7759頁。
3 陸友:《墨史》卷上,第5B頁。
4 王闢之:《澠水燕談録》卷八《事志》,第二編第四册,第82頁。
5 陶穀:《清异録》卷下《文用門》"副墨子",第一編第二册,第90頁。
6 陶穀:《清异録》卷下《文用門》"麝香月",第一編第二册,第90頁。
7 陶穀:《清异録》卷下《文用門》"月團",第一編第二册,第88頁。

几閣間取小錦囊,中有墨半丸,以示潘谷"。製墨名家潘谷隔了錦囊掂一下,馬上就放回到几上,説:"天下之寶也。"拿出來一看,"乃李廷珪作耳"。黄庭堅再拿出一個小錦囊,"中有墨一丸,谷手之如前,則嘆曰:'今老矣,不能爲也。'出之,乃谷少作耳"。[1] 宋人喜歡南唐墨,主要還是墨的品質好。《鷄肋篇》卷下談到一吴姓士人的家裏"蓄唐以來墨,諸李所製皆有之。云無出廷珪之右者,其堅利可以削木"。李廷珪墨好不好,要在具體使用的時候得到證明:"渠書《華嚴經》一部,半用廷珪,纔研一寸。其下四秩,用承晏墨,遂至二寸,則膠法可知矣。"[2] 墨的耐用與否是一個重要的衡量標準。

墨製造後,會進入流通領域,有些人是專門從事販賣墨的營生。宋人談道:"世傳吕公得道之士,唐僖宗時……往往賣墨世間。毗陵士人姓邵,忘其名,善談《易》,衆請講於佛舍。至《小畜》,有墨者,青巾布衣,褰幃直入。邵惡之,捲卷而問曰:'何來?'曰:'賣墨耳。適聞講《易》至《小畜》,其説非是。'邵驚,遽揖之坐。墨者脱屨置案上,取墨一丸,曰:'此墨價十千。'一坐皆笑。墨者納屨取硯滌之,試墨置日影中,貯墨而出,曰:'抵暮復來,當知十千非貴也。'邵且笑且駭,少頃視硯墨之所濡,徹底爲黄金,與日影相耀。"[3] 這個故事雖然説得比較玄乎,但我們可以看到有人以賣墨爲業,而且品質上佳的墨在向士大夫推銷時可以賣到好價錢。

(四)硯的製造和消費

宋人筆記中有不少唐五代時期石硯生産的記録。硯是文房四寶之一,是讀書人比較看重的一種文化用具。

唐代前期,文人士大夫一般都重視端硯。《能改齋漫録》卷一五云:"端州石,唐世已知名。"[4] 程大昌根據李肇《國史補》中記載的"端溪之紫石硯,天下通

1 邵博:《邵氏聞見後録》卷二八,第四編第六册,第196~197頁。

2 莊綽:《鷄肋篇》卷下,第四編第七册,第96頁。

3 張邦基:《墨莊漫録》卷二,第三編第九册,第30頁。

4 吴曾:《能改齋漫録》卷一五《端州石》,第五編第四册,第175頁。該書卷一《端溪硯》有相同記載,第五編第三册,第21頁。

用",認爲"其時已用端石矣"。[1] 其實《太平寰宇記》卷一五九就已談到端州土產"出石硯"。端硯的出名是在唐代以前,該書"端溪山"條引《吴録》云:"端州有端溪石,山有五色香水。"[2] 一旦人們得到好的端溪石,就會想辦法將其加工成石硯:"唐人最重端溪石,每得一佳石,必梳而爲數板,用精鐵爲周郭。青州人作此,至有名家者。"[3]《猗覺寮雜記》卷上云:"唐人重端石硯。"該書記載唐代有很多詩文談到端硯,如劉禹錫《謝唐秀才惠端州紫石硯》云:"端州石硯人間重。"李賀《青花紫石硯歌》云:"端州匠者巧如神,踏天磨劍割紫雲。"柳公權《論硯》云:"端溪石爲硯至妙,益墨。青紫色者,可直千金。水中石其色青,山半石紫,山頂石尤潤,如猪肝色者佳。貯水處有赤白黄點,世謂鸜鵒眼。脉理黄者謂之金綫。"蘇東坡亦評論許敬宗硯云:"是端石。"因此朱翌評論説:"相硯之法盡於此。李賀青花紫石硯者,蓋硯之上品也。"他得出結論:"唐重此硯其來久矣。"[4]

宋人注意到唐代有大量詩歌談到端石。如《能改齋漫録》卷一《端溪硯》和卷一五《端州石》都提到許渾《歲暮自廣江至新興》詩,云:"洞丁多斫石,蠻女半淘金。"自注云:"端州斫石。"[5] 這應是當時開采端州石的直接記載。

中唐以後,人們發現更多地方的礦石可以製硯。如《楊公筆録》引李匡乂《資暇集》,談到河南虢州朱陽縣的"朱陽山出石硯及月石屏,其來甚久"。李匡乂之叔祖元和初爲朱陽宰,"其諸子因訪尋山水,一日,於澗側見紫石,愛之,遂自刻姓氏年月於其上,復作爲硯,初惜其大,不可挈。復行百餘步,往往有如拳者,乃携歸。有一縣胥請斫之,形制甚妙。胥父兄,稠桑旅人也,遂解籍請歸,作此硯及諸器用貨之,大獲厚利"。説明唐代中期朱陽石硯已經大批量生産,而且産生了較高的利

1 程大昌:《演繁露續集》卷五《硯》,第四編第九册,第 222 頁。

2 樂史:《太平寰宇記》卷一五九《嶺南道三》,第 3058 頁。不過亦有宋人認爲硯在唐中期以前并不受人們重視,如葉夢得《避暑録話》卷下説:"唐中世以前,未盡以石爲研。端溪石雖後出,未甚貴於世。蓋晋宋間善書者,初未留意於研,往往但以器貯墨汁,故有以銅鐵爲之者,意不在磨墨也。"又云:"唐中世未甚知有端歙石,當是以瓦質不堅,磨墨無沫耳。"(第二編第十册,第 298 頁、324 頁)

3 何薳:《春渚紀聞》卷九《趙安定提研製》,第三編第三册,第 279 頁。

4 朱翌:《猗覺寮雜記》卷上,第三編第十册,第 29~30 頁。

5 吴曾:《能改齋漫録》卷一五《端州石》引,第五編第四册,第 175 頁。該書卷一《端溪硯》引述相同,第五編第三册,第 21 頁。

潤。不過，這種石硯“甚膩，止可玩而不可使者”，品質一般。[1] 青州生産一種紅絲研，在五代時有較好的名聲。王建《宫辭》云：“延英引對碧衣郎，紅硯宣毫各别床。”宋人認爲這裹的紅硯“恐是用紅絲研，江南李氏時猶重之。歐公《研譜》以青州紅絲石爲第一。此研多滑不受墨，若受墨，妙不可加”[2]。再如淄川有一種青硯，南北朝時已經見於記載。《硯譜》曰：“淄川金雀石，色紺青，聲如金玉。”李後主青石硯墨池中，“黄石如彈丸，水常滿，終日不耗”[3]。

唐代中期以後异軍突起的是歙州硯。唐積《歙州硯譜》云：“婺源硯，在唐開元中，獵人葉氏逐獸至長城里，見叠石如城壘狀，瑩潔可愛，因携以歸，刊粗成硯，温潤大過端溪。後數世，葉氏諸孫持以與令，令愛之，訪得匠手，斫爲硯，由是山下始傳。至南唐，元宗精意翰墨，歙守又獻硯并薦硯工李少微，國主嘉之，擢爲硯官。”[4] 這段話爲以後各朝的方志如《新安志》《弘治徽州府志》等引用，雖然我們并不能完全相信歙州硯是葉氏數世孫以後纔流傳開來的，但唐代歙州生産品質較高的石硯是可以肯定的。

《歙州硯譜・石坑第二》云羅紋山眉子坑，“開元中發”，“從溪下至取石處九丈五尺，其闊二丈六尺，深一丈三尺”。[5] 可見，唐代中期人們已經開始製作歙硯，衹是數量有限，品質無法與唐末五代相比較罷了。梁太祖朱温在開平二年（908 年），賜宰相張文蔚、楊涉、薛貽龍鱗月硯各一方，陶穀《清异録》卷下説該硯龍鱗石紋似月，歙州生産。[6] 應當説在唐末五代初年，歙硯已聲名遠揚，被進貢到中原朝廷。

南唐李後主精意翰墨，“所用澄心堂紙、李廷珪墨、龍尾石硯三物，爲天下之冠”[7]。這時的歙硯在全國製硯業中已獨占鰲頭。龍尾硯産於龍尾山大溪，

---

1 楊彦齡：《楊公筆録》，第一編第十册，第 149~150 頁。

2 姚寬：《西溪叢語》卷下，第四編第三册，第 50 頁。

3 高似孫：《緯略》卷一〇《青硯》，第六編第五册，第 346 頁。

4 唐積：《歙州硯譜・采發第一》，百川學海本，第 1A 頁。

5 唐積：《歙州硯譜・石坑第二》，第 1B 頁。

6 陶穀：《清异録》卷下《文用門》“寶相枝”，第一編第二册，第 90 頁。

7 王闢之：《澠水燕談録》卷八《事志》，第二編第四册，第 82 頁。

"硯,歙之大溪産也"。宋"景祐中,校理錢仙芝知歙州,訪得其所,乃大溪也"。[1]《洞天清録·歙溪龍尾舊坑新坑》云:"南唐時方開龍尾舊坑,今已無之。"《歙州硯譜·石坑第二》談到石硯的具體産地時説:"羅紋山,亦曰芙蓉溪,硯坑十餘處,蔓延百餘里,皆山前後沿溪所生。"[2]説明歙州石硯主要産於羅紋山區。唐積記載中,除眉子坑的開發始於開元外,其他如裏山坑、羅紋坑、水舷坑、溪頭坑、葉九山坑、金星坑、濟源坑等都先後於南唐李氏及稍後時間開采。歐陽修《硯譜》説:"歙石出於龍尾溪,以金星爲貴。"

爲增加製硯數量,南唐還置硯務,專門管理製造石硯:"南唐有國時,於歙州置硯務,選工之善者,命以九品之服,月有俸廩之給,號硯務官,歲爲官造硯有數。"[3]當時硯工李少微由於製得一手好硯,被後主擢爲硯官,還令"百工周全師之,爾後匠者增益頗多",製硯技術留傳了下來,并得到推廣。

唐代除了石質硯,還有一種陶硯,當時亦稱爲瓦硯。程大昌《演繁露續集》卷五談道:"唐以前多用瓦研,今天下通用石研,而猶概言研瓦也。"[4]不過邵博《邵氏聞見後録》卷二八中對"研瓦"的看法另有説法:"曰'研瓦'者,唐人語也,非謂以瓦爲研。蓋研之中,必隆起如瓦狀,以不留墨爲貴。百餘年後,方可其平易。"[5]亦許研瓦到了宋代是指這種中間像瓦突起後來漸平的硯,但唐代的確是有陶質硯的存在。

青州是生産瓦研的重要地區。葉夢得説柳公權"記青州石末研墨易冷",并且説:"凡頑石捍堅,磨墨者用力太過而疾,則兩剛相拒,必熱而沫起。俗言磨墨如病兒,把筆如壯夫。又云磨墨如病風手,皆貴其輕也。"又云:"石末本瓦硯,極不佳,至今青州有之。"[6]應該説這種硯在唐代并没有很高的聲譽。蘇軾亦説到柳公權"論研甚貴青州石末",云:"此研,青州甚易得,凡物爾,無足珍者。蓋出陶竈中,無潤澤理。唐人以此作羯鼓鞚,與定州花瓷作對,豈研材乎。研當用

---

1 周應合:《景定建康志》卷五〇《拾遺》,《宋元方志叢刊》第二册,第2170頁。

2 唐積:《歙州硯譜·石坑第二》,第1A、1B頁。

3 歐陽修:《歐陽文忠公試筆·南唐硯》,第一編第五册,第221頁。

4 程大昌:《演繁露續集》卷五《硯》,第四編第九册,第222頁。

5 邵博:《邵氏聞見後録》卷二八,第四編第六册,第195頁。

6 葉夢得:《避暑録話》卷下,第二編第十册,第324頁。

石,鏡當用銅,此其材本性也。以瓦爲研,如使鐵鏡耳。人之待瓦研鐵鏡也微,而責之也輕,粗能磨墨照影,便稱奇物,其實豈可與真材本性者同日而語哉。”[1] 這種以陶製成的硯,是不入當時人法眼的。不過這亦透出一個信息,由於石硯數量少價格貴,所以青州等地製造了陶硯。王得臣談到他的朋友郭君澤在孝昌看到“一陶器。體圓、色白、中虛,徑六七寸。一端隆起,下生輪郭。一端繞邊,列以齒,齒仍缺十六……忽得所安齒,距地酌水,於輪郭間隆起處可磨墨,甚良。方知古研容有陶者”。郭君澤對王得臣説:“柳公權云某州磁研爲最佳。”[2] 這種古硯可能與青州硯是同一種材質。

不過同爲陶硯的澄泥硯却比較受人喜歡。李之彦《硯譜》載:“虢州泥,唐人品硯以爲第一,今人罕用。”虢州的澄泥硯細膩堅實,形色俱佳,滋潤勝水,可與石硯相比肩。澄泥硯河東地區亦出産。張洎《賈氏譚録》談道:“絳縣人善製澄泥硯,縫絹囊置汾水中,逾年而後取,沙泥之細者已實囊矣。陶爲硯,水不涸焉。”[3] 這裏雖然説的是北宋初期的情況,但實際上唐五代已有澄泥硯的製造。

唐五代人們書寫文字之前,都要用硯磨墨。玄宗時内庫中有七寶硯爐一所,“曲盡其巧”,應該是一種比較特殊的硯。“每至冬寒硯凍,置於爐上,硯冰自消,不勞置火。冬月帝常用之。”[4] 冬天時,硯中的墨汁會被凍住,采用加温的辦法可使墨一直用於書寫。元稹和薛濤見面,“微之矜持筆硯,濤走筆作《四友贊》”,其中有句曰:“磨潤色先生之腹,濡藏鋒都尉之頭。”[5]“磨潤色先生之腹”是説在硯上磨墨。唐五代的文人士大夫喜歡收藏各種各様的石硯,如:劉禹錫收到柳宗元寄來的叠石硯,心裏很開心,作詩描繪石硯:“清越敲寒玉,參差叠碧雲。烟嵐餘斐亹,水墨兩氛氲。好與陶貞白,松窗寫紫文。”[6] 和凝有通白方硯,“通明無纖翳,得之於峨嵋比丘”,於是自題硯室曰“雪方池”。[7] 陳省躬好硯成

1 蘇軾:《商刻東坡志林》卷一,第一編第九册,第 129 頁。

2 王得臣:《麈史》卷下《古器》,第一編第十册,第 68 頁。

3 張洎:《賈氏譚録》,第一編第二册,第 141 頁。

4 王仁裕:《開元天寶遺事》卷上《天寶上·七寶硯爐》,第 20 頁。

5 陶穀:《清异録》卷下《文用門》“藏鋒都尉”,第一編第二册,第 88 頁。

6 劉禹錫:《劉禹錫集》卷三八《謝柳子厚寄叠石硯》,第 574 頁。

7 陶穀:《清异録》卷下《文用門》“雪方池”,第一編第二册,第 88~89 頁。

癖,晚年得到一方石硯,“腹有四眼,徐鉉名之‘方相石’”[1]。徐鬮之有一石硯,“硯體純紫,而截腰有緑紋如城之女墻”[2]。唐末鄂帥李簡家僮何敬洙,曾經酒後“取李公所愛硯擎於手中”,後“擲硯於石階之上,鏗然毁裂”,李簡愛硯如命,大怒,差一點殺了何敬洙。[3]

由於教育的普及和科舉的盛行,讀書看書的人增多,硯等文化用品的需求量越來越大。另一方面,人們亦開始追求名硯、古硯。唐人有詩談道:“癖性愛古物,終歲求不得。昨朝得古硯,蘭河灘之側。波濤所擊觸,背面生隟隙。質狀樸且醜,令人作不得。”[4] 劉禹錫亦有詩云:“使君灘頭揀石硯,白帝城邊尋野蔬。”[5] 高似孫就評價説:“可謂好事之至。硯之瑰古可想矣。”[6] 還有人以大的骨頭做硯,可謂别具一格。如李勉在汴州時,“有异骨一節,可爲硯。南海時得於海商,云是蜈蚣脊骨”[7]。當然,如果是端硯或歙硯,唐代人就更喜歡了。蕭穎士性格矜躁,有一次到倉曹李韶家,“見歙硯頗良”,就對同行者説:“君識此硯乎? 蓋三灾石也。”[8] 其實是心生妒忌。

歙硯五代時在南北方政權的朝廷中都很受歡迎。開平二年(908 年),朱梁太祖賜宰相張文蔚、楊涉、薛貽“龍鱗月硯各一”,“鱗,石紋似之;月硯,形象之,歙産也”。[9] 梁太祖是把歙硯當作寶貝賜給大臣的。南唐李後主認爲龍尾石硯是“天下之冠”。不過,“自李氏之亡,龍尾石不復出”。因爲端溪是條比較大的溪,“李氏常患溪深不可入,斷其流,使由他道。李氏亡,居民苦其溪之回遠,導之如昔,石乃絶”。直至宋嘉祐中,錢仙芝知歙州,纔搞清楚具體的地方,於是

1 陶穀:《清异録》卷下《文用門》“仙翁硯”,第一編第二册,第 89 頁。

2 陶穀:《清异録》卷下《文用門》“小金城”,第一編第二册,第 89 頁。

3 鄭文寶:《南唐近事》卷一,第一編第二册,第 213 頁。

4 彭定求:《全唐詩》無名氏《古硯》,第 8866~8867 頁。“得古硯”,高似孫《緯略》卷一〇《古硯》作“見古硯”,第 339 頁。

5 劉禹錫:《劉禹錫集》卷二九《送鴻舉師游江西》,第 400 頁。“使君灘”,高似孫《緯略》卷一〇《古硯》作“黑君灘”,第 339 頁。

6 高似孫:《緯略》卷一〇《古硯》,第六編第五册,第 339 頁。

7 李石:《續博物志》卷一〇,第四編第四册,第 221 頁。

8 陶穀:《清异録》卷下《文用門》“三灾石”,第一編第二册,第 89 頁。

9 陶穀:《清异録》卷下《文用門》“寶相枝”,第一編第二册,第 90 頁。

"移溪還故道,石乃復出,遂與端溪并行"。[1]

很多五代時的著名端硯留傳到了宋朝。石硯中有許多名品,南唐皇室想方設法搜集了不少。南唐皇室曾有一座硯山,一尺來長,"前聳三十六峰,皆大如手指,左右則引兩阜坡陀,而中鑿爲研。及江南國破,研山因流轉數士人家,爲米元章所得"[2]。再如《春渚紀聞》卷九記録了一款紫蟾蜍研,"端溪石也。無眼,正紫色,腹有古篆'玉溪生山房'五字。藏於吴興陶定安世家,云是李義山遺研。其腹疵垢,真數百年物也"。吴興余拂君厚家"所寶玉蟾蜍研,其廣四寸,而長幾倍,中受墨處獨不出光。云是南唐御府中物。余與許師聖崇寧間過余氏借觀,時君厚母喪在殯,正懷研柩側,已而聞袖中嘖然有聲"。[3] 歐陽修有一歙硯,得之於王原叔家,王家"不識爲佳硯也,兒子輩弃置之。予始得之,亦不知爲南唐物也",後來碰到一個老者對他説了一通才知是寶貝,此硯"四方而平淺者,南唐官硯也,其石尤精,製作亦不類今工之侈窳"。[4] 宋人對端硯和歙硯的特點有不少評論,如歐陽修認爲端硯"色理瑩潤,以紫石爲上",歙硯"出龍尾溪,堅勁多發墨,其石理微麄,以手摩之,索索有鋒鋩者,尤好也"。蔡襄説:"端石瑩潤,惟有鋒鋩者尤佳,極發墨;歙石多鋩,惟膩理特佳。"[5] 石質造成了歙硯瑩潤但又有鋒鋩,這樣的硯比較"發墨"。

因爲大家都喜歡端硯或歙硯,所以就有人追究石硯製作時間的早晚。《避暑録話》卷下説:"長安李士衡觀察家藏一端研,當時以爲寶,下有刻字云:'天寶八年冬,端州東溪石,刺史李元書。'劉原甫知長安,取視之,大笑曰:'天寶安得有年?自改元即稱載矣,且是時州皆稱郡,刺史皆稱太守,至德後始易。今安得獨爾耶?'亟取《唐書》示之,無不驚嘆。李氏研遂不敢復出。非原甫精博,固無與辨。然李氏亦非善爲研計者,研但論美惡,誠可爲寶,何必問久近耶?近世有言許敬宗研者,亦或以其人弃之。若論李氏研,則許敬宗研真贋亦未可知。然好惡之惑如此,彼爲研者美惡自若,初何預知,而或以有年而貴,或以人而廢,重

1 王闢之:《澠水燕談録》卷八《事志》,第二編第四册,第 82 頁。

2 蔡絛:《鐵圍山叢談》卷五,第三編第九册,第 237 頁。

3 何薳:《春渚紀聞》卷九《端溪紫蟾蜍研》《玉蟾蜍研》,第三編第三册,第 273 頁。

4 歐陽修:《歐陽文忠公試筆・南唐硯》,第一編第五册,第 221 頁。

5 陳善:《捫虱新話》卷九《歐陽永叔蔡君謨論硯書皆不同》,第五編第十册,第 75 頁。

可笑也。”[1]李氏硯不可能是唐中期的端硯，應該衹是個普通的端石硯，唐代傳到宋代的古硯數量并不是很多，其實已經很珍貴了。

不過宋代亦有人對歙硯不以爲然。如葉夢得説歙州“硯久無良材，所謂羅文、眉子者不復見，惟龍尾石捍堅拒墨，與凡石無异”[2]。意謂宋代歙硯衹有龍尾石硯，其他硯不見了踪影，但龍尾石不過是一般普通的石頭而已。

（五）其他文具

隨着社會上有文化的人越來越多，文具用品的種類日漸豐富。除上面所論的紙、筆、墨、硯外，在一些文具的配套使用方面，唐人亦有很多講究。

比如唐人重視裁紙刀。五代末年的陶穀説：“裁刀，治書參差之不齊者，在筆墨硯紙間，蓋似奴隸職也，却似有大功於書。且雖四子精絶，標界停直，字札楷穩，而邊幅無狀，不截而整之，未可也。表飾面目者繕寫人，助之者四子，成之者刀，如此品等，然後爲正。余爲裁刀争功，兒戲之甚，都緣無事，日月長故耳。”[3]紙張有大小，需要有不同，全得靠裁紙刀來裁切。

再如裝訂書葉時，唐五代人需要用漿糊。但什麽樣的漿糊對書葉没有影響，來年亦不會産生蛀蟲，這其實是有講究的。宋人趙元考説：“寒食麵、臘月雪水，爲糊則不蠹。南唐煮糊用黄丹，王文獻公家以皂筴末置書葉間，總不如雪水也。”[4]亦就是説，製作漿糊的原料必須精心挑選，要用寒食的麵粉和臘月裏的雪水攪拌并煮熟，這樣以後就不會有蟲害。而南唐時煮漿糊還要加入黄丹，這是一種用鉛、硫黄、硝石等合煉而成的中藥，有殺蟲的功效。

唐人用筆寫字，有時需要將筆臨時性地擱一下，這就促成了筆架的産生。筆架有用石質材料做的，如《開元天寶遺事》記載“蘇頲有花石筆架，天欲雨則石架津出，以此占雨無失”。亦有用木料做的，如杜甫《題柏大兄弟山居屋壁》詩

1 葉夢得：《避暑録話》卷下，第二編第十册，第298～299頁。

2 葉夢得：《避暑録話》卷上，第二編第十册，第235頁。

3 陶穀：《清异録》卷下《文用門》“治書奴”，第一編第二册，91頁。

4 陳師道：《後山談叢》卷三，第二編第六册，第94頁。

說："筆架沾窗雨，書籤映隙曛。"宋人關注到杜甫詩中有"謂筆架爲窗雨所沾耳"[1]，沾雨之後筆架會受損，但如果是石質筆架，就毫髮無損。文人士大夫總是有特殊的愛好，有些人的筆架就是用珊瑚製成。北朝徐陵用珊瑚擱筆，唐代羅隱有詩云："徐陵筆硯珊瑚架，趙勝賓朋玳瑁簪。"[2]這種愛好對後人亦有影響，如吴越王錢俶第十四子錢惟演"酷愛珊瑚筆格，常爲子侄輩竊去，公徐徐出錢，許得之者自言，即與之錢，如此者歲不下數次，公欣然容之"[3]。錢惟演雖然主要生活在北宋，但他喜愛珊瑚筆架的愛好可能是從吴越宫裏帶出來的。

除此以外，還有大量的書房用品，如鎮紙、界尺之類。陶穀《清异録》卷下談到歐陽通"善書，修飾文具"，家裏的各種文具都有個特殊的名號，如"研室曰'紫方館'，金苽盛研滴曰'金小相'，鎮紙曰'套子龜'薰陸香魁、'小連城'王氈、'千鈞史'水瑩鐵眠兒，界尺曰'由準氏'，芒筆曰'畦宗郎君'，夾槽曰'半身龍'"[4]。雖然這裏是說這些文具當時都有一個特殊的稱呼，但從中我們可以看到文人的書房裏文化用具的衆多和人們對這些用具的講究。可以肯定的是，衹有當經濟和文化發展到較高的程度，人們對文具的追求纔會越來越精緻。

四、圖書的收藏

在目前存世的宋人筆記中，有部分記録了唐五代圖書的印刷、抄寫和流傳、收藏的情況。隨着政治和經濟的發展，唐五代城鄉文化活動增多，收藏圖書成爲讀書人的一種愛好。特別是圖書翻刻印刷技術的不斷發展，使圖書在市場上的流通數量越來越大，人們對圖書的收藏越來越感興趣。

1　王楙：《野客叢書》卷二八《筆架沾雨》，第六編第六册，第370頁。又見王仁裕《開元天寶遺事》卷下《占雨石》云："學士蘇頲有一錦紋花石，鏤爲筆架，常置於硯席間。每天欲雨，即此石架津出如汗，逡巡而雨。頲以此常爲雨候，固無差矣。"（第41頁）

2　羅隱：《羅隱集·甲乙集》之《咏史》，中華書局，1983年，第125頁。高似孫《緯略》卷一一《珊瑚筆格》引此詩文字略有不同："徐陵閣筆珊瑚架，絶勝賓朋玳瑁簪。"（第六編第五册，第358頁）

3　高似孫：《緯略》卷一一《珊瑚筆格》，第六編第五册，第358頁。

4　陶穀：《清异録》卷下《文用門》"畦宗郎君"，第一編第二册，第89頁。

(一)圖書的翻刻印刷和抄寫

唐五代時期,隨着文化事業的發展、教育的推廣,讀書識字的人越來越多,文人士大夫著書的數量有較大的提升,而圖書的翻刻印刷在技術上發生了較大變化,這是圖書能够得以傳播的一個重要因素。同時,越來越多的人不斷抄寫圖書,使得一種圖書有衆多的版本,爲更多人收藏圖書帶來了可能。葉夢得《石林燕語》卷八云:"唐以前,凡書籍皆寫本,未有模印之法,人以藏書爲貴。人不多有,而藏者精於讎對,故往往皆有善本。學者以傳録之艱,故其誦讀亦精詳。"[1]没有印刷術前,圖書都是以寫本的面貌存世。同一本圖書,往往有數個不同的寫本,因而牽涉圖書的校勘,凡校勘過的寫本相對而言會是善本。人們收藏圖書時喜歡善本。

就唐朝而言,在經濟發達的一些地區,印刷業約在九世紀已經出現。[2] 浙東觀察使元稹爲白居易的《白氏長慶集》作序,其中説道:"樂天《秦中吟》《賀雨》諷諭等篇,……至於繕寫模勒,炫賣於市井,或持之以交酒茗者,處處皆是。"原小注云:"揚、越間多作書模勒樂天及予雜詩,賣於市肆之中也。"[3]元稹該序作於長慶四年(824年)十二月,亦就是説,九世紀初左右,元白詩已被"繕寫模勒"。對"模勒"兩字的理解,學術界有不同看法,或認爲是刻印,即製板刻書,亦有不少人不同意。[4] 但從

1 葉夢得:《石林燕語》卷八,第二編第十册,第114頁。

2 關於雕板印刷術的起源,學術界有種種觀點,可參張秀民著、韓琦增訂《中國印刷史》,浙江古籍出版社,2006年,第8~28頁。

3 元稹:《元稹集》卷五一《白氏長慶集序》,第555頁。

4 王國維:《兩浙古刊本考序》談道:"鏤板之興,遠在唐世,其初見於紀載者,吴蜀也,而吾浙爲尤先。"(載《王國維遺書》第十二册,上海古籍書店,1983年,第1~59頁)他認爲元稹談到的賣於市肆中,"自非雕版不可,則唐之中葉,吾浙亦已有刊版矣"。關於"模勒"兩字的理解,有很多人認爲就是印刷,如楊繩信《"模勒"與版刻考》(《西北大學學報》1981年第5期,第49~50頁)。屈萬里、昌彼得《刻書之始》亦將此條材料作爲唐代刻書史實的首條,并進而認爲:"然則,吾國雕刻印書之始,至遲亦當在盛唐時矣。"該文載於張錦郎等編輯《圖書印刷發展史論文集續編》,文史哲出版社,1977年,第43~51頁。學界目前對這個問題仍有討論,一些學者認爲"模勒"并不是指印刷。如有人認爲"模勒"實際是指勾勒,亦即影摹書寫,與雕版印刷毫無關係。可參閲辛德勇《唐代模勒元白詩非雕版印刷説》,《歷史研究》2007年第6期,第36~54頁。此文後收於辛德勇《中國印刷史研究》,生活·讀書·新知三聯書店,2016年,第289~324頁。

元稹此後説"有至於盜竊名姓,苟求自售,雜亂間厠"來看,樂天、微之的詩作可能被抄寫、影摹或印刷後到處出售。不過不管怎麽説,出現"模勒"元白"雜詩"的情況,説明當時不僅抄寫或印製速度加快,而且民間買賣圖書已成爲比較常見的現象。唐五代的一些城市中,私人藏書數量開始增多,藏書者的隊伍日益龐大,這些變化與經濟、文化發展有着密切的關係。

唐後期正式出現印刷術,這在宋人筆記中已有記録。王讜《唐語林》云:"僖宗入蜀。太史曆本不及江東,而市有印貨者,每差互朔晦,貨者各徵節候,因争執。里人拘而送公,執政曰:'爾非争月之大小盡乎?同行經紀,一日半日,殊是小事。'遂叱去。而不知陰陽之曆,吉凶是擇,所誤於衆多矣。"[1] 可見九世紀後期已有曆本印刷,但製作比較粗糙,品質極其一般。

五代以後,印刷術有了快速的發展。《石林燕語》卷八談道:"五代時,馮道始奏請官鏤《六經》板印行。國朝淳化中,復以《史記》《前後漢》付有司摹印,自是書籍刊鏤者益多,士大夫不復以藏書爲意。"這麽説,并不是指馮道時纔開始印刷書籍,該書又説:"世言雕板印書始馮道,此不然,但監本《五經》板,道爲之爾。《柳玭訓序》言其在蜀時,嘗閲書肆,云'字書、小學,率雕板印紙',則唐固有之矣,但恐不如今之工。"[2] 亦就是説,五代時期印刷已相當普及,尤其是蜀地,早在唐代印刷的圖書種類就十分繁多。後唐宰相馮道刻書時説:"嘗見吴、蜀之人鬻印板文字,色類頗多,終不及經典。如經典較定,雕摹流行,深益於文教矣。"[3] 説明蘇州人和蜀人已將印刷品帶到北方出售,而且爲朝廷高官所知,説明長江下游和上游這兩個地方的印刷業在北方已頗有名氣。前蜀咸康元年(925年),"春初頒曆,衹以十二月",到了夏六月,"方知唐朝曆日閏",於是"續添閏十二月曆日一紙,印造施行"。[4] 其實關於這次的閏年,前蜀國是有争論的。司天監胡秀林認爲閏月應是次年的正月,所以當年印刷的曆書是没有閏月的。不過有位叫向隱的向朝廷進一曆,認爲閏月是在當年的十二月。於是發生

1 王讜:《唐語林》卷七《補遺》,第三編第二册,第264頁。

2 葉夢得:《石林燕語》卷八,第二編第十册,第114~115頁。

3 王欽若:《册府元龜》卷六〇八《學校部·刊刻》,中華書局,1960年,第7305頁。

4 勾延慶:《錦里耆舊傳》卷六,第一編第五册,第18頁。

争論,誰也説服不了誰,衹能看唐朝的曆法。唐朝閏在這年的十二月,所以原來的曆書上缺了一個月,"街衢賣曆者云:'衹有一月也。'"[1]

五代時,政府大量印刷書籍。後唐長興三年(932 年),馮道奏請在國子監刊印《九經》,爲各類參加科舉和學習儒家經典的人提供標準的本子。此後,政府不斷印書,成爲雕版印刷的主要推廣者和使用者。[2] 對政府印書,宋人的筆記中亦有涉及。洪邁説:"予家有舊監本《周禮》,其末云:大周廣順三年癸丑五月,雕造《九經》書畢,前鄉貢三禮郭嵠書。列宰相李穀、范質,判監田敏等銜於後。《經典釋文》末云:顯德六年己未三月,太廟室長朱延熙書,宰相范質、王溥如前,而田敏以工部尚書爲詳勘官。此書字畫端嚴有楷法,更無舛誤。《舊五代史》:漢隱帝時,國子監奏《周禮》《儀禮》《公羊》《穀梁》四經未有印板,欲集學官考校雕造,從之。正尚武之時,而能如是,蓋至此年而成也。成都石本諸經,《毛詩》《儀禮》《禮記》皆秘書省秘書郎張紹文書。《周禮》者,秘書省校書郎孫朋古書。《周易》者,國子博士孫逢吉書。《尚書》者,校書郎周德政書。《爾雅》者,簡州平泉令張德昭書。題云廣政十四年,蓋孟昶時所鐫,其字體亦皆精謹。兩者并用士人筆札,猶有貞觀遺風,故不庸俗,可以傳遠。"[3] 洪邁家裏的幾本經書和《經典釋文》,北宋時經進士和官員使用并題字,至南宋保存完好,可以看到印刷版刻的書在當時的學術界流傳甚廣。同時亦可以知道,五代時經書的印刷主要在開封和成都,這兩個地方是圖書印刷的中心。

吴越國都城杭州是南方重要的印刷中心之一。[4] 同光三年(925 年),錢鏐等向後唐進貢九經書、史漢唐書共四百二十三卷,[5] 這些書很有可能是印刷品。因爲中原不缺史書,錢氏將這些書拿出來作爲貢品,必有其特殊之處,或許是吴越史書印得十分精美,中原人比較喜愛。吴越國印刷的圖書目前已有不少發現,1917 年在湖州天寧寺一石幢中發現了《一切如來心秘密全身舍利寶篋印陀

1　孫光憲:《北夢瑣言》佚文一《蜀後主王衍拜唐》,第一編第一册,第 220 頁。

2　宿白:《唐宋時期的雕版印刷》,文物出版社,1999 年,第 6 頁。

3　洪邁:《容齋續筆》卷一四《周蜀九經》,第五編第五册,第 389 頁。

4　張秀民著、韓琦增訂的《中國印刷史》根據目前的記録和發現的文物,談到五代時主要刻書地點有開封府、江寧府、福州、青州、瓜州、沙州、成都府、杭州,第 30~37 頁。

5　王欽若:《册府元龜》卷一六九《帝王部・納貢獻》,第 2035 頁。

羅尼經》數卷,該經是吴越王錢弘俶時印刷的。經書前面的扉畫上印有這樣的文字:"天下都元帥吴越國王錢弘俶印《寶篋印經》八萬四千卷,在寶塔内供養。顯德三年丙辰歲記。"這年印刷的相同版子的經書 1971 年在安徽無爲縣亦被發現,説明吴越的印刷品在佛教人員的散發下流傳很廣。1960 年在麗水縣碧湖鎮發現了吴越時印刷的《佛説觀世音經》一卷、《佛説觀無量壽佛經》一卷、《金光明經》一卷、《大方廣圓覺修多羅了義經》一卷。[1]

印刷的發展使得圖書數量增多。宋人《愛日齋叢鈔》卷一引《柳玭家訓序》云:"中和三年癸丑,……閲書於重城之東南,其書多陰陽雜説、占夢相宅、九宫五緯之流,又有字書小學,率雕版印紙,漫染不可盡曉。"[2] 這裏是説在成都的重城東南看到了各種各樣的圖書,既有字書小學類傳播知識的書籍,又有子部陰陽占夢類日常使用的書籍。洪邁説:"國初承五季亂離之後,所在書籍印板至少,宜其焚煬蕩析,了無孑遺。然太平興國中編次《御覽》,引用一千六百九十種,其綱目并載於首卷,而雜書、古詩賦又不及具録,以今考之,無傳者十之七八矣,則是承平百七十年,翻不若極亂之世。姚鉉以大中祥符四年集《唐文粹》,其序有云:'况今歷代墳籍,略無亡逸。'觀鉉所類文集,蓋亦多不存,誠爲可嘆。"[3] 宋代初年編《太平御覽》和《唐文粹》時,能够看到大量的圖書,完全是印刷術發展帶來的成果。即使五代時期戰火亂離,對圖書毁壞很大,仍然有大量圖書得以印刷和傳播。邵博曾談到五代時馮道的印書,認爲"雖極亂之世,而經籍之傳甚廣"[4],對圖書的傳播貢獻很大。

圖書數量增多的另一原因是唐代人大量抄寫書籍。《邵氏聞見後録》卷五談道:"唐以前文字未刻印,多是寫本。齊衡陽王鈞手自細書《五經》,置巾箱中,

1 張秀民著、韓琦增訂:《中國印刷史》,第 33~34 頁;金志超:《浙江碧湖宋塔出土文物》,《文物》1963 年第 3 期,第 24~29 頁。在文章中,作者根據避諱知識進行了考證,認爲這四卷經書對唐五代和北宋各帝均不避諱,應是吴越時期的印刷品。安徽無爲縣的經書,可參《無産階級文化大革命期間出土文物展覽簡介》,《文物》1972 年第 1 期,第 75~76 頁。此經書在西湖雷峰塔、紹興城關鎮等均有發現。

2 轉引自宿白:《唐宋時期的雕版印刷》,第 3 頁。

3 洪邁:《容齋五筆》卷七《國初文籍》,第五編第六册,第 468 頁。

4 邵博:《邵氏聞見後録》卷五,第四編第六册,第 34 頁。

巾箱《五經》自此始。”[1]讀書人要讀書,衹能抄人家的。洪邁談到唐初貞觀中,魏徵、虞世南、顔師古相繼爲秘書監,“請募天下書,選五品以上子孫工書者爲書手繕寫”[2]。這是政府出面組織的大規模抄寫書籍活動,其目的是保存圖書。唐末宦官楊惲,爲浙西監軍。朱温篡唐,他流落在吴越國,“手寫九經、三史、百家,用蒲薄紙,字如蠅頭”[3]。北宋初年,盧多遜出使南唐,回來時,派人對南唐國主説:“朝廷重修天下圖經,史館獨闕江東諸州,願各求一本以歸。”[4]李後主馬上令人各抄寫一本送給他。五代末年江正爲越州刺史,“越有錢氏時書,正借本謄寫,遂并其本有之。及破江南,又得其逸書。兼吴、越所得,殆數萬卷。老爲安陸刺史,遂家焉,盡輦其書,築室貯之”[5]。他大量抄書,還專門造了房子來收藏這些抄來的圖書。

儒家的經書和史書要抄寫,而佛教的著作亦是要靠抄寫纔能收藏留傳下來的。陸游説永康軍導江縣迎祥寺,有唐女真吴彩鸞書《佛本行經》六十卷,“予嘗取觀之,字亦不甚工,然多闕唐諱。或謂真本爲好事者易去,此特唐經生寫耳”[6]。

一些文人的詩歌集子,都是靠後人的搜集抄寫纔得以留傳。如唐末處士周朴有詩名,歐陽修説他年輕時看到過周朴的文集,“今不復傳”。此外,鄭谷的詩收在《雲臺編》中,“今亦不行於世。然今市肆實有此集”[7]。兩人的詩集之所以在市肆有賣,實際上是有人搜集了詩後抄寫成書,纔得以留傳開來的。《墨莊漫録》卷三談道:“裴鉶《傳奇》載:成都古仙人吴彩鸞善書小字,嘗書《唐韻》鬻之。”抄《唐韻》的目的是出售,因爲這是一本查檢單字讀音的工具書,學習時比較派得上用場。直至北宋,“今世間所傳《唐韻》猶有,皆旋風葉,字畫清勁,人家

1 邵博:《邵氏聞見後録》卷五,第四編第六册,第34頁。

2 洪邁:《容齋續筆》卷一四《周蜀九經》,第五編第五册,第388~389頁。

3 錢易:《南部新書》卷癸,第一編第四册,第130頁。

4 費衮:《梁谿漫志》卷五《前言往行有所感發》,第五編第二册,第178頁。

5 王明清:《揮麈後録》卷五,第六編第一册,第149頁。

6 陸游:《老學庵筆記》卷五,第五編第八册,第64頁。

7 陳善:《捫蝨新話》卷七《周朴杜荀鶴詩》,第五編第十册,第59頁。

往往有之”[1]。看來當時吴彩鸞抄的《唐韵》不止一兩本,還是有一定數量的。

(二)圖書的收藏風尚

早在南北朝時,圖書收藏就已是一種重要的文化現象。如南朝吴興沈驎士,所抄所藏的書籍有數千卷。其家裏曾“遭火,燒書數千卷。驎士年過八十,耳目猶聰明,手以反故抄寫,火下細書,復成二三千卷,滿數十篋”[2]。再如沈約曾官至尚書令,“好墳籍,聚書至二萬卷,京師莫比”[3]。説明沈約的藏書在建康是數一數二的,在讀書人中影響很大,因此後人稱他爲“南朝中國藏書第一大家”[4]。柳宗元《龍城録·張昶著龍山史記注》云:“沈休文有《龍山史記注》,即張昶著。昶,後漢末大儒,而世亦不稱譽。余少時,江南李育之來訪,余求進此文。後爲火所焚,更不復得。”[5]沈約收藏的《龍山史記注》直至唐代仍很少見,應該是一秘本。從中可知沈約的圖書數量很多,品質亦高,有些是常人難以見到的版本。南齊劉善明獨嗜典籍,一生苦聚,到南齊建元二年(480年),“家無遺儲,唯有書八千卷”[6]。崔慰祖一生“好學,聚書至萬卷,鄰里年少好事者來從假借,日數十袠,慰祖親自取與,未常爲辭”[7]。陸澄“少好學,博覽無所不知,行坐眠食,手不釋卷”。他自稱“年少來無事,唯以讀書爲業”,“家多墳籍,人所罕見”。[8] 梁昭明太子在東宫有書三萬卷,恐怕是京師私人藏書數量最多的。會稽山陰人孔休源亦有大量藏書,史稱“聚書盈七千卷,手自校治”[9]。因此抄書

1 張邦基:《墨莊漫録》卷三,第三編第九册,第41頁。

2 蕭子顯:《南齊書》卷五四《沈驎士傳》,第944頁。

3 姚思廉:《梁書》卷一三《沈約傳》,中華書局,1973年,第242頁。

4 顧志興:《浙江藏書家藏書樓》,浙江人民出版社,1987年,第7頁。

5 柳宗元:《龍城録》,《唐五代筆記小説大觀》,第145頁。顧志興《浙江藏書史》(上)(杭州出版社,2006年,第9頁)中此條史料引自《吴興藏書録》,没有直接引用《龍城録》,故引文有遺漏。

6 蕭子顯:《南齊書》卷二八《劉善明傳》,第527頁。

7 蕭子顯:《南齊書》卷五二《崔慰祖傳》,第901頁。

8 蕭子顯:《南齊書》卷三九《陸澄傳》,第681~686頁。

9 姚思廉:《梁書》卷三六《孔休源傳》,第522頁。

藏書在南北朝就已是傳統，到唐五代這種風氣更爲濃烈。[1]

1.官方收藏圖書

歷代政府都重視對流傳的圖書進行收藏和整理，唐五代時期亦不例外。宋人筆記中，有大量政府收藏圖書的記録。如洪邁《容齋續筆》有隋唐五代政府收藏圖書的大致概要記述，云："隋嘉則殿有書三十七萬卷，唐平王世充，得其舊書於東都，浮舟泝河，盡覆於砥柱。貞觀、開元募借繕寫，兩都各聚書四部。禄山之亂，尺簡不藏。代宗、文宗時，復行搜采，分藏於十二庫。黄巢之亂，存者蓋鮮。昭宗又於諸道求訪，及徙洛陽，蕩然無遺。今人觀漢、隋、唐《經籍》、《藝文志》，未嘗不茫然太息也。晁以道記本朝王文康初相周世宗，多有唐舊書，今其子孫不知何在。"[2] 這段文字大致上描繪出唐五代政府收藏的圖書聚散情況。流傳到宋代的書，其實衹是唐代圖書的一小部分，大多數在戰火厄難中焚毁了，儘管唐代有多位皇帝想方設法搜訪，但流傳到北宋的圖書畢竟數量有限。政府收藏圖書的數量，宋人説："《漢志》《七略》，凡爲書三萬三千九十卷，隋所藏至三十七萬卷，唐開元間八萬九千六百卷。國朝慶曆間，命儒臣集四庫爲籍，名曰《崇文總目》，凡三萬六百六十九卷。爾後於《總目》外日益搜補校正，皆爲善本。"[3] 雖然所談的數字不一定十分準確，但可以看到圖書在流傳的過程中聚散的大致情況。

政府的圖書和圖畫字帖流到民間，命運相當悲慘。如政府收藏古帖後都會蓋印，但一旦流落出來，很多人會盡量抹去官府的痕迹，等到政府再次收購，却發現是昔日的藏品："古帖多前後無空紙，乃是剪去官印，以應募也。今人收貞觀印縫帖，若是黏著字者，更不復再入開元御府。蓋貞觀書，武后時朝廷無紀綱，駙馬貴戚丐請得之。開元購時，剪印不去者，不敢以出也。開元經安氏之亂，内府散蕩，乃敢不去開元印跋，再入御府也。其次貴公家，或是賂人，須除滅前人印記，所以前後紙慳也。今書更無一軸有貞觀、開元同用印者，但有建中與

1 關於唐五代人們的圖書收藏，已有學者進行詳考，按人列出藏書的主要經歷。參陳德弟《先秦至隋唐五代藏書家考略》，天津古籍出版社，2011 年。

2 洪邁：《容齋續筆》卷一五《書籍之厄》，第五編第五册，第 400 頁。

3 周煇：《清波别志》卷上，第五編第九册，第 166 頁。

開元、大中、弘文印同用者,皆此意也。”[1]不管是從何種渠道流出宮廷,最後結局大概都和字帖相仿。

唐五代時期,從政府到民間,人們的圖書收藏熱情未見減退。政府發布了一些命令鼓勵私人向國家獻書,政府給予一定的獎勵。宋人談道:“唐杜寶當正觀間撰《大業雜記》,備著隋臣凡上一帙,必加賞賚,秘書省增置百二十員,善書者凡二千人,致所得文籍視歷代爲盛。然在當時,已多散逸,況又閱數百載之後耶?”[2]政府大量接收個人捐贈的圖書,即使到了唐末仍是如此。唐昭宗天祐元年(904年)八月,前曲沃令高沃納史館書籍三百六十卷,“授監察,賜緋”[3]。政府收藏圖書,給予捐書者實質性獎勵。廬陵人曾崇範,“獻書李唐,遂家金陵”[4],因爲向南唐政府獻書,所以乾脆就居住到政治中心的都城。

南唐三位皇帝都喜歡收藏圖書。李昪曾建禮賢院,積聚圖書萬餘卷。他曾下令各地官府搜集民間遺書:“始天祐間,江表多故,洎及寧貼,人尚苟安。稽古之談,幾乎絶侶;横經之席,蔑爾無聞。及高皇初收金陵,首興遺教,懸金爲購墳典,職吏而寫史籍。聞有藏書者,雖寒賤必優辭以假之。或有贄獻者,雖淺近必豐厚以答之。時有以學王右軍書一軸來獻,因償十餘萬,繒帛副焉。由是六經臻備,諸史條集,古書名畫,輻凑絳帷。俊杰通儒,不遠千里而家至户到,咸慕置書。經籍道開,文武并駕。暨昇元受命,王業赫然,稱明文武,莫我跂及。”[5]馬令《南唐書》卷六談道:“元宗、後主皆妙於筆札,博收古書,有獻者厚賞之,宫中圖籍萬卷,尤多鍾、王墨迹。”[6]

宋人筆記中關於南唐都城的圖書收藏有不少記載。南唐入宋的圖書,一般認爲是澄心堂收録的,有的蓋着建業文房的印章,陳師道考證發現:“澄心堂,南唐烈祖節度金陵之燕居也,世以爲元宗書殿,誤矣。趙内翰彦若家有《澄心堂書

1　米芾:《書史》,第二編第四册,第258頁。

2　周煇:《清波别志》卷上,第五編第九册,第166頁。

3　錢易:《南部新書》卷丁,第一編第四册,第46頁。

4　龍衮:《江南野史》佚文,第一編第三册,第229頁。

5　劉崇遠:《金華子雜編》卷上,《唐五代筆記小説大觀》,第1750頁。

6　馬令:《南唐書》卷六《女憲傳·後主保儀黄氏》,《五代史書彙編》,杭州出版社,2004年,第5305頁。

目》,纔二千餘卷,有‘建業文房之印’,後有主者,皆牙校也。”[1]他認爲澄心堂不是藏書殿,内中僅有圖書二千餘卷。不過他又説:“建業文房,南唐烈祖節度金陵之别室也,趙元考家有《建業文房書目》,纔千餘卷,有‘金陵圖書院印’焉。”[2]建業文房亦不是藏書之處,儘管他裏面的書鈐有金陵圖書院的印。不過陳師道的這兩條資料比較相似,難免有記録上的誤差,但却讓我們看到金陵皇宫中圖書的收藏概貌。陳彭年《江南别録》記録了南唐李後主時博收圖書,提到宫中有圖籍萬卷,在末尾有一句:“鍾、王墨迹尤多。”[3]南唐帝王喜歡書畫真品,不惜重金懸賞,宫中收藏了鍾繇、王羲之的許多墨迹。宋人邵博説,他曾搜求到南唐建業文房藏書《閤中集》,該書第九十一卷的畫目中,記有上品九十五種,中品三十三種,下品一百三十九種。其中有貴重名畫《蕃王放簇帳》《江鄉春夏景山水》《山行摘瓜圖》《盧思道朔方行》《明皇游獵圖》《奚人習馬圖》《月令風俗圖》《楊妃使雪衣女亂雙陸圖》《猫》等。書後有李伯時跋,談道:“江南《閤中集》一卷,得於邵安簡家。其中名品多流散士大夫家,公麟尚見之。有朱印曰‘建業文房之印’,曰‘内合同印’,有墨印曰‘集賢院御書記’,表以回鸞墨錦,籤以黄經紙。”[4]。金陵被宋軍攻克,宋政府得到的并不是南唐收藏的全部圖書。史書記載説:“城將陷,(李煜)謂所幸寶儀黄氏曰:‘此皆吾寶惜,城若不守,爾可焚之,無使散逸。’及城陷,黄氏皆焚,時乙亥歲十一月也。”[5]李煜收藏中最珍貴的部分在宋兵進來前就被燒毁了。《湘山野録》卷中記載:“徐騎省鉉在江南日,著書已多,亂離散失,十不收一二,傳者止文集二十卷。”[6]這裏説的亂離,應該是南唐被宋滅亡的那段時間,徐鉉的著作大量散失。

吴越國官府藏書恐怕亦是數量衆多,不過由於宫庭曾遭兩次大火,圖書損失嚴重。吴越歸宋後,將歷年收藏盡數獻給宋朝,衹是數量不明,猜測比南唐要少一些。

1 陳師道:《後山談叢》卷二,第二編第六册,第 89 頁。
2 陳師道:《後山談叢》卷三,第二編第六册,第 95 頁。
3 陳彭年:《江南别録》,第一編第四册,第 209 頁。
4 邵博:《邵氏聞見後録》卷二七,第四編第六册,第 193~194 頁。
5 陳彭年:《江南别録》,第一編第四册,第 209 頁。
6 文瑩:《湘山野録》卷中,第一編第六册,第 26 頁。

2.私人收藏圖書

唐五代時期,個人藏書盛行。盛唐宰相杜暹,在家裏的書尾都自題詩歌以戒子孫,云:“請俸買來手自校,子孫讀之知聖教,鬻及借人爲不孝。”買來書後進行校勘,主要是爲了給子孫們閲讀,因而是不能出售和借給別人的。這些書一直留傳到宋代:“京蘇維岳家杜氏書尤多,所題皆完。”宋代朝議大夫謝暐以杜暹自勵,“率自校正,以二十厨貯之,取杜詩一首二十字,厨刻一字,以别書部”[1]。校勘後再分類收藏。不過這條資料《南部新書》認爲説的是杜兼,“常聚書至萬卷”,卷後必有題,云:“清俸寫來手自校,汝曹讀之知聖道,墜之鬻之爲不孝。”[2]所題詩歌文字略有不同,但都是爲了保護藏書不致流失。宋人曾説:“若士大夫之家所藏,在前世如張華載書三十車,杜兼聚書萬卷,韋述蓄書二萬卷,鄴侯插架三萬卷。”[3]列舉的四個人中,後三位都是唐代的,其中李泌(即鄴侯)的藏書達三萬卷,應該説數量大得驚人。再如柳公綽的家裏,“藏書萬卷”[4],且每本書都有三個復本。

韋應物曾經談道:“吴中盛文史,群彦今汪洋。”[5]雖然説的是蘇州,但南方各大城市其實都有大量藏書。唐後期恩王府參軍徐修矩,“守世書萬卷,酣飲於其間,至日晏忘飲食”[6]。居住在姑蘇城中的陸龜蒙,“藏書萬餘卷”[7]。就是到了唐末,士大夫依然熱衷於收藏圖書。唐僖宗乾符年間,幽州行軍司馬張建章“積書千卷,博古之士也”[8]。後來他“歷郡守。尤好經史,聚書至萬卷,所居有書樓,但以披閲清净爲事。經涉之地,無不理焉”[9]。書越積越多,於是建造藏書樓專門安放,自己一個人躲進藏書樓裏專心閲讀。昭宗乾寧中,成及爲蘇州

1 王闢之:《澠水燕談録》卷六《文儒》,第二編第四册,第62頁。

2 錢易:《南部新書》卷辛,第一編第四册,第98頁。《類説》卷三二引《語林》與此條基本相同。

3 周密:《齊東野語》卷一二《書籍之厄》,第七編第十册,第202頁。

4 錢易:《南部新書》卷丁,第一編第四册,第39頁。

5 彭定求:《全唐詩》卷一八六韋應物《郡齋雨中與諸文士燕集》,第1901頁。

6 龔明之:《中吴紀聞》卷二《二游詩》,第三編第七册,第200頁。

7 王定保:《唐摭言》卷一〇《韋莊奏請追贈不及第人近代者》,第117頁。

8 孫光憲:《北夢瑣言》卷一三《李全忠蘆生居室》,第一編第一册,第154頁。

9 孫光憲:《北夢瑣言》卷一三《張建章泛海遇仙》,第一編第一册,第155~156頁。

刺史,後蘇州爲楊行密攻下,“聞及家所蓄惟圖書藥物,大加欣賞”[1],説明成及的刺史府中收藏了不少圖書。藏書樓的出現可以説是當時的一種普遍現象。越州有位裴氏,以收藏圖書的數量和種類較多而聞名。《吴越備史》説:“時屬京師喪亂,文籍多亡,越州有裴氏書樓,(董)昌悉取其書以貢授諸道采訪圖籍使。”[2]裴氏書樓藏的書很多,有朝廷没有的圖書,而董昌就是看中了這一點獻書討好朝廷。

五代時,除政府傾力搜集圖書外,官宦之家亦是十分熱衷,收藏圖書成風。如吴越王錢鏐的第三子錢傳瑛平生喜歡儒學,“頗敦儒學,聚書數千卷”[3]。吴越國錢元璙之子錢文奉在父死後代知蘇州中吴軍節度使,“涉獵經史,精音律、圖緯”,“多聚法書、名畫、寳玩、雅器,號稱好事。又與賓僚共采史籍,著《資談》三十卷,行於世”,同樣是搜集了大量書籍和古董器物。他還在東園建藏書樓,文人學士紛紛前去鑒裁,“一時名士多依之”。[4] 忠獻王長子錢昱以文章知名,雅善琴畫,特别喜歡收藏圖書,“尤好學,喜聚書,多所吟咏”[5]。吴越歸宋後,錢昱還將鍾繇、王羲之的八軸墨迹獻給朝廷。錢鏐的四世孫錢易收藏圖書有自己的愛好,“喜觀佛書,檢道藏”[6],專收道書。錢弘俶的養子錢惟治性好學,“家聚法帖圖書萬餘卷,多异本”[7]。錢弘俶子錢惟演“於書無所不讀,家儲文籍侔秘府”[8],又多藏古書畫。

再如南唐大臣,都熱衷個人收藏圖書。徐温少子徐知諤“該明經術”,“善爲詩屬文,好游樂,善狎侮”,他“遍購古書名畫”。[9] 如朱尊度,“本青州書生,好藏

1 吴任臣:《十國春秋》卷八四《成及傳》,第 1225 頁。
2 錢儼:《吴越備史》卷一,第 6186 頁。
3 吴任臣:《十國春秋》卷八三《錢傳瑛傳》,第 1194 頁。
4 范成大:《吴郡志》卷一一《牧守》,第 138~139 頁。
5 吴任臣:《十國春秋》卷八三《錢昱傳》,第 1210 頁。
6 吴任臣:《十國春秋》卷八三《錢易傳》,第 1211 頁。
7 吴任臣:《十國春秋》卷八三《錢惟治傳》,第 1214 頁。
8 吴任臣:《十國春秋》卷八三《錢惟演傳》,第 1215 頁。
9 文瑩:《玉壺清話》卷九,第一編第六册,第 169 頁。

書,高尚不事”[1]。宣城人邵拙,博通經史,“手鈔史傳文集三百卷”[2]作爲個人的圖書。張洎博通墳典,爲李後主的寵臣,後主曾“賜書萬餘卷”[3],可以想見張洎個人藏書的數量十分龐大。

五代後期,安守亮“廣聚書籍,有西齋之數焉”。因爲收藏了大量圖書,能方便閱讀,“故守亮篤學,善書札,敏辭賦”。至北宋初年“開封府首薦,一舉狀元及第”。[4] 梁駙馬都尉趙嵓,酷好繪畫。他“偶唐末亂世,獨推至鑒。人有鬻畫者,則必以善價售之,不較其多少,繇是四遠向風抱畫者歲無虛日。復以親貴擅權,幾所依附,率多以法書名畫爲贄,故畫府秘藏圖軸,至五千餘卷,時稱盛焉。暇日亦多自仿前賢名迹,動成卷軸。每延致藝士,輻湊門館,各取其所長而厚遇之,然多不迨己也,亦未始面加雌黄,荒淺甚者自慚而退”[5]。趙嵓收藏的圖軸就有五千餘卷,圖書應該更多。

特别應該關注的一點是,唐五代時期,社會中下層官员中亦有不少人家裏收藏圖書。比如《廣卓异記》引《唐書》和《郭元振家狀》,指出唐前期當郭元振還是通泉縣尉時,因爲“前後掠買所部千餘人,以遺賓客,百姓苦之”,武則天派人抄了他的家,結果“唯有書數百卷”。[6] 一個低級武官家裏有數百卷藏書,這其實是文化知識普及的表現。至於一般人,衹要是識字的,家裏都有一定量的圖書收藏。如閩中人陳貺,家境貧困,但好學,“刻苦修進,《詩》《書》至數千卷”,後來“有詩名,聞於四方”。[7] 他算一個窮人出身的文化人,能有數千卷書實屬不易。

士大夫家收藏的圖書,一般是通過購買或自己編著兩個途徑得到。

例如五代時期孫光憲,“自負文學”,“每患兵戈之際書籍不備,遇發使諸道,

1 鄭文寶:《江表志》卷中,第一編第二册,第 266 頁。

2 吴任臣:《十國春秋》卷二九《邵拙傳》,第 414 頁。

3 吴任臣:《十國春秋》卷三〇《張洎傳》,第 437 頁。

4 張齊賢:《洛陽搢紳舊聞記》卷四《安中令大度》,第一編第二册,第 184 頁。

5 郭若虛:《圖畫見聞志》卷五《故事拾遺》,《中國書畫全書》第一册,上海書畫出版社,1993 年,第 490~491 頁。

6 樂史:《廣卓异記》卷三《詔寫古劍歌賜諸學士》,第一編第三册,第 32 頁。

7 龍衮:《江南野史》卷六《陳貺》,第一編第三册,第 195~196 頁。標點本使用了《豫章叢書》本作爲底本,而“詩書至數千卷”句該書的明鈔本、四庫本作“詩書蓄數千卷”。

未嘗不厚賚金帛購求焉,於是三年間,收書及數萬卷”。[1] 孫光憲在江陵大量購書,三年間就購到圖書數萬卷。宋人筆記中還記載唐五代士大夫喜歡著書。唐前期大臣李襲譽“好寫書”,他謂子孫曰:“吾近京城有賜田十頃,耕之可以充食;河内有賜桑千株,蠶之可以充衣;江東所寫之書,讀之可求官。吾没之後,爾曹但勤此三事,何羡於人。”[2] 如葉夢得談到陸贄“在忠州,集古方書五十篇”。爲什麽他要編醫方書,有人認爲其原因是“忠州邊蠻夷,多瘴癘,宣公多疾,蓋將以自治”。葉夢得認爲這種説法是不對的,“宣公豈以一己爲休戚者乎?是殆援人於疾苦死亡而不得者,猶欲以是見之。在他人不可知,若宣公,此志必矣”[3]。五代時江南人江正,大量著書、抄書,宋朝鄭毅夫編著了《江氏書目記》,并且説:“舊藏江氏書數百卷,缺落不甚完。予凡三歸安陸,大爲搜訪,殘秩墜編往往得之,閭巷間無遺矣,僅獲五百十卷。通舊藏凡千一百卷,江氏遺書具此矣。”[4] 江正個人著書、藏書就達一千一百卷,是個喜愛圖書的文人。

一些士大夫喜歡書籍,把玩的同時還作記録,編著圖書目録。李肇自尚書郎守澧陽,“人有藏書者,卒歲玩焉,因著《經史目録》”[5]。南唐時朱尊度本是青州書生,“好藏書,高尚不事。閑居金陵,著《鴻漸學記》一千卷,《群書麗藻》一千卷,《漆書》數卷,皆行於世”[6]。喜歡藏書,同時又喜歡著書,著作有數千卷之多。

佛寺道觀中收藏有許多宗教經典。杭州有大量名刹寺院,高僧衆多,爲傳播佛法,寺院大都收藏很多佛經。高僧道潜原結廬衢州古寺,在那裏閲讀了《大藏經》。忠懿王錢弘俶迎入西府,受菩薩戒。由於佛學造詣極高,名聲在外,高麗王常遣使者前來投書問道,派遣僧人來向他學習,相互之間常有佛經贈送。[7] 吴越國時,鳳凰山南麓的梵天禪寺曾抄寫《大藏經》藏於寺中:“又造《大藏經》

1 周羽翀:《三楚新録》卷三,第一編第二册,第 131 頁。

2 孔平仲:《續世説》卷七《企羡》,第二編第五册,第 125~126 頁。

3 葉夢得:《避暑録話》卷上,第二編第十册,第 243 頁。

4 王明清:《揮麈後録》卷五,第六編第一册,第 149 頁。

5 錢易:《南部新書》卷丙,第一編第四册,第 33 頁。

6 鄭文寶:《江表志》卷中,第一編第二册,第 266 頁。

7 吴任臣:《十國春秋》卷八九《道潜傳》,第 1291 頁。

五千四十八卷藏寺中,碧紙銀書,至佛號則以金書。牙籤玉軸,制甚莊嚴。"[1]道家亦大量收藏圖書。如暨齊物"貯道書幾千卷,朝夕討論,貫穿精微,聽者莫不忘倦"[2]。

(三)圖書的保護

因爲圖書得之不易,人們在得到書後往往倍加珍惜,會在書上蓋印,并用絲織品作爲外套。郭若虛談到南唐皇宫收藏的圖書云:"李後主才高識博,雅尚圖書,蓄聚既豐,尤精賞鑒。今内府所有圖軸暨人家所得書畫,多有印篆,曰'内殿圖書''内合同印''建業文房之寶''内司文印''集賢殿書院印''集賢院御書印';或親題畫人姓名,或有押字,或爲歌詩雜言。又有織成大回鸞、小回鸞、雲鶴、練鵲墨錦褾飾,提頭多用織成囗帶,簽貼多用黄經紙,背後多書監裝背人姓名及所較品第。"[3]説明李煜把圖書當成寶貝,小心收藏,愛護備至。

唐代的圖書一般是采用卷軸的形式收藏,然後放進書橱。這樣要查看卷軸裹面的内容就不方便,通常要打開纔能知曉。爲了便於檢閲,人們常在卷軸外粘上葉子,寫上作者和書名,以備檢用。歐陽修説:"葉子格者,自唐中世以後有之。……唐人藏書皆作卷軸,其後有葉子,其制似今策子。凡文字有備檢用者,卷軸難數卷舒,故以葉子寫之,如吴彩鸞《唐韵》、李郃《彩選》之類是也。骰子格本備檢用,故亦以葉子寫之,因以爲名爾。"[4]收藏圖書怕遺失,所以常會有復本。柳公綽家,"藏書萬卷,經、史、子、集皆有三本。一本尤華麗者,鎮庫;又一本次者,長行披覽;又一本又次者,後生子弟爲業"。收藏用的書橱分類清晰,"皆有厨格部分,不相參錯"。[5]

---

1 翟灝:《湖山便覽》卷一〇《鳳凰山》,光緒元年槐蔭堂王氏刊本,第41A。

2 吴任臣:《十國春秋》卷八九《暨齊物傳》,第1295頁。

3 郭若虛:《圖畫見聞志》卷六《李主印篆》,第495頁。

4 歐陽修:《歸田録》卷二,第一編第五册,第263頁。文中"李郃"應作"李郃"。《南部新書》卷乙談道:"李郃除賀州,人言不熟臺閣,故著《骰子選格》。"(第一編第四册,第21頁)該書卷庚又説:"李郃爲賀牧,與妓人葉茂連江行,因撰《骰子選》,謂之'葉子'。咸通以來,天下尚之。"(第一編第四册,第78頁)《新唐書》卷五九《藝文志三》也談道:"李郃《骰子選格》三卷。字中玄,賀州刺史。"(第1561頁)歐陽修所指的"李郃《彩選》",應該就是李郃的《骰子選格》。

5 錢易:《南部新書》卷丁,第一編第四册,第39頁。

唐五代時期,不僅人們收藏的圖書數量衆多,而且越來越多的人開始對收藏的書籍進行校勘,説明圖書的流通量大大增加,但在流通的過程中,圖書的版本出現繁雜的現象。唐中期以後出現的圖書雕版印刷,一方面使圖書的數量增加,民間要得到圖書變得容易起來,但另一方面由於印刷水平良莠不齊,圖書的校勘工作爲越來越多的人所重視。

宫中收藏的圖書大多要進行校勘,以保證圖書的品質。北宋攻占金陵後,"得書十餘萬卷,分配三館及學士舍人院,其書多讎校精當,編帙全具,與諸國書不類"[1]。南唐宫中的圖書大多經過了飽學之士的校勘。南唐有一部分學者校勘書籍有相當功力,如徐鍇年輕時即精研文字學,南唐後主時在集賢院任職,朱黄不離手。史云徐鍇"既久處集賢,書册不去手,非暮不出。少精小學,故所讎書尤審諦","江南藏書之盛爲天下冠,鍇力居多"。[2] 可見南唐的圖書不僅收藏宏富,而且品質亦是上佳,其中徐鍇是出了大力的。

民間私人收藏的圖書亦常會經過校勘。林鼎文穆王時署鎮海軍掌書記、節度判官,"所聚圖籍悉手鈔數過,即殘編斷簡,亦較讎補綴,無所厭倦"[3],不但喜歡收藏圖書,而且還要認真校勘。高澧家在湖州,曾"延太常博士邱光庭校書樓中,澧一夕履襪登樓,光庭忽回顧,見青面鬼形者,遂大呼,頃之見澧"[4]。可知高澧的家裏已有藏書樓,并且聘請專門人士前來校勘。《容齋隨筆》卷五談到唐蘇州司户郭京收藏有《周易舉正》三卷,這書"曾得王輔嗣、韓康伯手寫注定傳授真本,比校今世流行本及國學、鄉貢舉人等本,或將經入注,用注作經,小象中間以下句,反居其上,爻辭注内移,後義却處於前,兼有脱遺、兩字顛倒、謬誤者,并依定本舉正其訛,凡一百三節"[5]。這使我們看到,唐代同一書已有不同的抄本,民間的手寫抄本和流行本及國學使用的版本,都是不同的,有很多校勘上的問題,脱、顛、誤各種錯誤并存,注文成了正文。這種圖書印刷産生的問題,在使用過程中不斷被發現,因此,爲了保證圖書收藏的品質,必須進行校勘。

---

1 江少虞:《宋朝事實類苑》卷三〇《江南書籍》,第 389 頁。

2 吴任臣:《十國春秋》卷二八《徐鍇傳》,第 404 頁。

3 吴任臣:《十國春秋》卷八六《林鼎傳》,第 1248 頁。

4 吴任臣:《十國春秋》卷八八《高澧傳》,第 1277 頁。

5 洪邁:《容齋隨筆》卷五《易舉正》,第五編第五册,第 71 頁。

出於對圖書的看重和愛護，其時很多人都不願將自己的圖書借給別人。《野客叢書》卷一一曰："李正文《資暇集》曰：'借書集，俗謂借一痴，與二痴，索三痴，還四痴。'又杜元凱遺其子書曰：'書勿借人。古諺云：借書一嗤，還書一嗤。後人生其詞至三四，訛爲痴。'"[1]但還是有很多藏書人願意將書借給他人閱讀。如唐劉遵古大和中節度東川，前後借人書千餘編，某天"涪水大泛，書盡濡溼"[2]，衹能放在太陽底上曝曬。柳宗元喜歡讀書，把家裏收藏的晋、魏時尺牘全部讀了一遍，"又二十年來遍觀長安貴人好事者所蓄，殆無遺焉。以是善知書，雖未嘗見名氏，望而識其時也"[3]。到處問人借書看，因而練就了一看就知是誰的字的本領。

一些人雖然收藏大量的圖書，但其後代往往守不住，這些圖書便會漸漸流散出來。《寓簡》卷九云："韓退之嘗得李陽冰家所藏科斗《孝經》及漢衛宏《官書》兩部，至寶蓄之，以歸公好古書也，而卒以予歸公。又嘗得古畫人物，曲極其妙，謂非一工人所能運思，蓋集衆工之所長，雖百金不願易，以趙侍御之所親摹也，而卒以予趙君。此二物皆世之寶，而退之不難以予人，退之可謂不溺於多愛者矣。"[4]韓愈得到的書是李陽冰家流散出來的，李家的藏書有很多是寶貝，不知什麽原因流到了外面。此外，韓愈得到的"古畫人物"，應該亦是别人收藏的一部分。五代末至宋初，江正收藏了很多圖書，總數超一千卷，不過"正既歿，子孫不能守，悉散落於民間，火燔水溺，鼠蟲嚙弃，并奴僕盜去市人，裂之以藉物"[5]。書散落他人之手，十分可惜。

總之，宋人筆記中對唐五代圖書流傳和收藏的記載，比較具體和細緻，可以使我們粗略地看到唐五代圖書印製、抄寫和流傳、收藏過程中的一些現象，可以理清唐五代人們在文化觀念上發生的一些變化。這些内容有助於促進對唐五代文化發展研究的深入，理解在宋代雕版印刷較快發展前夕，唐五代已有的圖

1　王楙：《野客叢書》卷一一《借書一鴟》，第六編第六册，第 152 頁。
2　沈作喆：《寓簡》卷二，第四編第五册，第 16 頁。
3　沈作喆：《寓簡》卷四，第四編第五册，第 34~35 頁。
4　沈作喆：《寓簡》卷九，第四編第五册，第 85 頁。
5　王明清：《揮麈後録》卷五，第六編第一册，第 149 頁。

書流傳和保護的發展基礎。唐五代人對圖書的溺愛和收藏,對圖書的校勘和整理,對宋代人影響很大,爲宋人所繼承。而宋人筆記視域下的這些内容,正是宋代文人所特别注重的。可以這麽説,宋代的圖書印刷和流通,其實是在對前代繼承基礎上的快速發展。

第六章

節日與文娱

唐五代政府規定的節日衆多,活動内容豐富多彩。由於各個節日的形成有着不同的因素,有的是節氣性的,有的是宗教性的,也有的是政治性的,所以節日的文化活動和飲食内容絢麗多姿,構成了唐五代社會生活的特有風俗與人文景致。隨着生活的富裕和城市經濟的發展,在滿足了基本的物質生活後,人們開始不斷追求精神生活的愉悦和快感,希望在豐富多彩的體育和文化娛樂活動中陶冶情操,得到競技的刺激,享受美的快樂。宋人的筆記在這方面有較爲豐富的記載。

一、節日風尚

節日是指每年要紀念和慶賀的日子。我國是一個有着悠久節日傳統的國家,對一年四季中的節日活動十分重視。隋唐五代時期,人們不但堅持對傳統節日的傳承,而且還出現了一些新的節日。節日中有各種各樣的紀念和娛樂活動,宗教因素不斷滲入,反映出人們的社會生活和民情風俗的豐富和複雜。

以往學術界對唐五代的節日已有豐贍的研究,如張勃的《唐代節日研究》和朱紅的《唐代節日民俗與文學研究》[1]是專題討論的博士論文;一些社會生活史、文化史、風俗史圖書中有大量篇幅對此進行專門研究[2];還有一些專題論文

1 張勃:《唐代節日研究》,山東大學2007年博士論文。後此文以同名正式出版,中國社會科學院出版社,2013年。朱紅:《唐代節日民俗與文學研究》,復旦大學2002年博士論文。

2 李斌城等:《隋唐五代社會生活史》,吴玉貴:《中國風俗通史·隋唐五代卷》,李斌城主編:《唐代文化》(中國社會科學出版社,2002年),徐連達:《唐朝文化史》,韓養民等:《中國民俗史·隋唐卷》(人民出版社,2008年),王永平:《中國文化通史·隋唐五代卷》(北京師範大學出版社,2009年)。

進行深入的探索[1]。這些研究爲我們瞭解唐五代節日的基本面貌提供了堅實的基礎。不過,宋代筆記對唐代的節日亦有不少記載,很多是以往一些著作常常忽略的内容,而這些記載可以更加豐富唐五代節日的研究,可以使我們對唐五代的節日認識更爲深刻。在此,我們將按季節先後,對宋代筆記中記載的唐五代節日慶賀活動進行描述。

(一)元旦風俗

元旦是指一年的第一天,也就是新年。崔寔《四民月令》説:"正月一日是謂正日,潔祀祖禰,進酒降神。"按漢代人的風俗,這一天要祭祀祖先,給祖先敬酒。到了南北朝,元旦的習俗多了起來。如《荆楚歲時記》説"元日庭前爆竹,以辟山臊恶鬼","俗爆竹燃草,起於庭燎"。又説"元日至於月晦,民并酺食",還要"元日鏤懸葦炭桃棒户上,却癘疫也"。元旦的各種活動越來越多,元日"長幼悉正衣冠,以次拜賀,進椒酒,飲桃湯及柏,故以桃湯柏葉爲酒。於是下五辛菜、膠牙糖,各進一鷄子。梁有天下,不食葷,荆自此不復食鷄子,以從常則"。[2] 從燃放爆竹、懸挂葦炭桃棒,到置酒食,飲桃湯、屠蘇酒,吃膠牙餳,元旦的風俗越來越豐富。另據沈約《宋書》卷一四《禮志一》云:"舊時歲旦,常設葦茭桃梗、磔鷄於宫及百寺門,以禳惡氣。"[3] 從具體内容來看,元旦的活動與前述相差不多,磔鷄禳惡氣主要是指官府的元旦習俗。對帝王來説,元旦往往要上朝祝賀。《宋南郊登歌》説:"開元首正,禮交樂舉,六典聯事,九官列序。"[4] 意謂一年中的第一天,百官要到朝廷,然後"禮交樂舉",共同慶祝新年。大臣會向帝王上賀正表,祝賀新年的來到。總體來看,隋唐以前,元旦既有祭禮活動,還有飲食上的特殊

---

1 張澤咸:《唐代的誕節》,《魏晋南北朝隋唐史資料》第 11 輯,武漢大學出版社,1991 年,後收入《張澤咸集》,中國社會科學出版社,2007 年,第 471~488 頁;張澤咸:《唐代的節日》,《文史》第 37 輯,中華書局,1993 年,第 81~92 頁;姚偉鈞:《漢唐節日飲食禮俗的形成與特徵》,《華中師範大學學報》1999 年第 1 期,第 70~75 頁;朱紅:《自我作古:唐代的誕節》,《史林》2010 年第 6 期,第 45~52 頁。專題探研某個具體節日的論文,更是不計其數,不再一一羅列。

2 李昉:《太平御覽》卷二九《時序部十四・元日》,中華書局,1960 年,第 137 頁。

3 沈約:《宋書》卷一四《禮志一》,第 342 頁。

4 郭茂倩:《樂府詩集》卷一,顔延之《宋南郊登歌・夕牲歌》,上海古籍出版社,1998 年,第 11 頁。

講究,這個節日的活動比較豐富。

唐代的元旦,天還未亮,宰相就要率百官舉辦各類活動:"每歲正旦,曉漏已前,宰相、三司使、大金吾皆以樺燭百炬,擁馬方布象城,謂之'火城'。仍雜以衣綉鳴珂,焜燿街陌。如逢宰相,即諸司火城悉皆撲滅。或其年無仗,即中書門下率文武百僚,詣東上閤門,横行拜表稱慶,内臣宣答。禮部員外郎受諸道賀表,取一通官最高者,拆表展於坐案上,跪讀訖,閤門使引表按入内,却出宣云。所進賀表,如有太后,即宰相率兩班,赴西内稱賀。"[1] 官員們要用樺燭百炬,布成火城,火光照亮了周圍街陌。宰相一大早要帶領文武百官向皇帝拜表稱慶,禮部員外郎將地方官們的賀表送到宫内。如果有太后,宰相及文武百官要到西内向太后稱賀。宣宗大中十一年(857 年),年過八十的太子太師盧鈞率百僚向皇帝賀正,"聲容明暢,舉朝稱服"。第二年,同樣是八十多歲的太子少師柳公權率百官向皇帝賀正,"自樂懸南趨至龍墀前,氣力綿憊,誤尊號中一字,罰一季俸。人多耻之"。[2] 率百官賀正的往往是三公或宰相,既要走很長一段路,還要字正腔圓地大聲念一通賀表,對年老體弱的官員來説實在是一件不能勝任的體力活。

國家碰到特别重要的事情或者不可抗拒的自然灾害時,元旦的賀正活動會臨時取消。如唐德宗貞元二年(786 年)正月,"罷元會,爲歲饑也"。又貞元十八年(802 年)正月朔,"以大雪罷元會"。唐憲宗元和十一年(816 年)正月朔,"不受元會,以宿師於野也"。[3] 國家碰到饑荒、自然灾害、戰争,就要停止娱樂性的活動。元旦賀正,自然亦是屬於可以取消的活動。

帝王在元旦日會召集大臣在宴會後作詩繪畫,這樣的傳統被保持了下來。宋代筆記記載,南唐保大五年(947 年)元旦,大雪,"帝召齊王景遂等登樓,賜宴賦詩"。《清异録》詳細記載了帝王大臣們這天的活動:"元日大雪,李主命太弟以下展燕賦詩,令中人就私第賜李建勛繼和。時建勛方會中書舍人徐鉉、勤政學士張義方於溪亭,即時和進。乃召建勛、鉉、義方同宴,夜艾方散。侍臣皆有

1 錢易:《南部新書》卷丁,第一編第四册,第 44 頁。

2 錢易:《南部新書》卷戊,第一編第四册,第 52 頁。

3 李上交:《近事會元》卷三《罷元會》,第一編第四册,第 164 頁。

詩咏，徐鉉爲前後序。仍集名手圖畫，書圖盡一時之技：真容，高冲古主之；侍臣法部絲竹，周文矩主之；樓閣宫殿，朱澄主之；雪竹寒林，董源主之；池沼禽魚，徐崇嗣主之。圖成，皆絶筆也。”[1] 吴垌《五總志》引《江南録》同樣亦記載了這件事，談到“上詔太弟以下登樓錫宴，侍臣皆有賦咏”。而關於圖畫，内容稍有不同：“徐鉉爲前後叙，合爲一圖。御容，徐冲古主之；太弟、侍臣、法部、清衛，周文矩主之；樓閣宫殿，朱澄主之：典盡其妙。張彦遠《法書名畫録》頗詳盡，而獨不及此，當是此圖不復流傳，遂泯没無聞焉。”[2] 君臣之間、大臣與大臣之間，這一天都有設宴并作詩作畫的活動，顯示出新年歡快、君臣關係融洽的場景。

元旦還要體現出君民同樂。開元某年元旦，朝廷會燕於含光殿，玄宗下令“盡放長安百姓及戎狄之長入觀大内”，本想顯出君民之間融洽和諧景象。不料“時燕方酣，百戲繁劇，而群音囂喧，無由遏禦。聖情煩撓，左右計無所出”，整個場景亂成一團。時高力士“因推永新出，纔歌一聲，群噪皆默”。[3] 他的歌聲竟把全場鎮住，一下子安静了下來。

民間新年亦是要大大慶賀一番的。相互請客吃飯，這是人際關係中常有的待客之道。都城長安市里風俗，“每至元日已後，遞飲食相邀，號爲‘傳座’矣”[4]。接近午飯時刻，長安人就邀請朋友到家裏吃飯。重視相邀吃飯，必定家家户户要準備好吃的東西。秦隴地區盛行從大寒之日起，“家家多方鳩集羊、豕、牛、鹿、兔、鴿、魚、鵝百珍之衆，預期十日而辦造，至正旦日方成，以品目多者

1　吴任臣：《十國春秋》卷一六《元宗本紀》引《清异録》，第 211~212 頁。

2　吴坰：《五總志》，第五編第一册，第 21 頁。對這次元日侍宴，鄭文寶《江表志》卷中談道：“保大五年元日，天忽大雪，上召太弟以下登樓展宴，咸命賦詩，令中使就私第賜進士李建勛。建勛方會中書舍人徐鉉、勤政殿學士張義方於溪亭，即時和進。元宗乃召建勛、鉉、義方同入，夜分方散。侍臣皆有興咏，徐鉉爲前後序，太弟合爲一圖，集名公圖繪，曲盡一時之妙。御容高冲古主之，太弟以下侍臣法部絲竹周文矩主之，樓閣宫殿朱澄主之，雪竹寒林董元主之，池沼禽魚徐崇嗣主之。圖成，無非絶筆。侍宴詩纔記數篇而已。”（第一編第二册，第 265 頁）與《江南録》在文字上存在着不少差别。《江南餘載》卷下亦有此事的記載，引有李璟《元日大雪登樓詩》，云：“珠簾高捲莫輕遮，往往相逢隔歲華。春氣昨宵飄律管，東風今日放梅花。素姿好把芳姿掩，落勢還同舞勢斜。坐有賓朋尊有酒，可憐清味屬儂家。”（第一編第二册，第 248 頁）宋初有多本筆記記録了這件事情，祇是文字上稍有所不同。

3　龍衮：《江南野史》卷六《尹琳》，第一編第三册，第 193 頁。

4　錢易：《南部新書》卷己，第一編第四册，第 64 頁。

爲上,用製湯餅,盛筵而薦之,名'回湯武庫'"[1]。盛筵招待親朋好友,需要準備大量肉類食品,還要製作湯餅。關於元旦準備的飲食,《文昌雜録》談道:"唐歲時節物,元日則有屠蘇酒、五辛盤、咬牙餳。"[2]這裏提到的咬牙餳,可能就是白居易《歲日家宴》詩中説的膠牙餳。詩云:"歲盞後推藍尾酒,春盤先勸膠牙餳。"[3]元旦這一天,一般要舉行家宴,吃着豐盛的食物,喝着酒,骨肉團圓。

元旦人們在一起吃飯時要飲酒,從後漢出現的這種風俗到北宋仍然存在,唐五代當然亦是有這種習俗的。《容齋續筆》談道:"今人元日飲屠蘇酒,自小者起,相傳已久,然固有來處。"洪邁説東漢時李膺、杜密被關在牢獄中,正好碰到元旦,在獄中飲酒,於是説:"正旦從小起。"即年歲小的先喝。爲什麽要年歲小的先飲,《時鏡新書》引晋朝董勛的話説:"俗以小者得歲,故先酒賀之,老者失時,故後飲酒。"這種風俗到了唐代仍然存在。劉禹錫和白居易元旦飲酒賦詩,劉説:"與君同甲子,壽酒讓先杯。"白説:"與君同甲子,歲酒合誰先?"顧況亦有"手把屠蘇讓少年"的詩句。[4] 元旦喝屠蘇酒這種習俗,到洪邁生活的南宋仍然繼續着。

飯店會在元旦這一天準備美食。洛陽閶闔門外的交通大道旁有一食肆,人呼爲"張手美家"。這個飯店"水産陸販,隨需而供",每逢節日就專賣應節的食物。到了節日,"遍京輻凑,號曰'澆店'"。[5] 元旦這一天,飯店主要供應的是元陽臠,應是一種特别精美的燒肉。

唐代後期,元旦早晨太陽未升上來時,有錢人流行佩帶紫赤小口袋:"咸通後,士風尚於正旦未明佩紫赤囊,中盛人參木香如豆様,時時傾出嚼吞之,至日出乃止,號'迎年佩'。"[6]小口袋裏裝的是珍貴藥材,日出前要吞嚼進肚,估計是

1 陶穀:《清异録》卷下《饌羞門》"回湯武庫",第一編第二册,第105頁。

2 龐元英:《文昌雜録》卷三,第二編第四册,第139頁。

3 白居易:《白居易集》卷二四《歲日家宴,戲示弟侄等,兼呈張侍御二十八丈、殷判官二十三兄》,第540頁。

4 洪邁:《容齋續筆》卷二《歲旦飲酒》,第五編第五册,第236頁。劉禹錫詩,見《劉禹錫集》卷三四《元日樂天見過因舉酒爲賀》,第499頁;白居易詩,見《白居易集》卷三四《新歲贈夢得》,第769頁;顧況詩,見《全唐詩》卷二六七《歲日作》,第2968頁。

5 陶穀:《清异録》卷下《饌羞門》"張手美家",第一編第二册,第107頁。

6 陶穀:《清异録》卷上《藥品門》"迎年佩",第一編第二册,第48頁。

寓意新年健康的意思。

(二)上元風俗

正月十五日,稱爲上元,這是道家的一個節日。道教認爲三元之時,從十三日至十五日,禁止宰殺漁獵,應斷屠宰,讀道經。不過自六朝至唐五代,正月十五日的風俗遠遠超出道家規定的範圍,衹是沿用名稱而已。

正月十五日的風俗有很多。如《荆楚歲時記》説:"今州里風俗,望日祭門,先以楊枝插門。隨楊枝所指,仍以酒脯飲食及豆粥插箸而祭之,其夕迎紫姑神以卜。"用楊枝及飲食祭門。之後隋杜臺卿《玉燭寶典》云:"正月十五日,作膏粥以祠門户。"祭門的食品明確指明是膏粥。《續齊諧記》曰:"吴縣張成,夜見一婦人立宅東南角,謂成曰:'此地是君蠶室,我即地神。明日正月半,君宜作白粥,泛膏於上以祭我,必當令君蠶百倍。'言絶失所在。成如其言,爲作膏粥,年年大得蠶也。"[1]説明用膏粥祭神的風氣在各地普遍存在。

隋唐五代之際,正月十五日的風俗中最有特點的是放燈、觀燈。正月十五放燈,有可能與佛教有關,《涅槃經》曰:"如來闍維訖,收舍利罌置金床上,天人散花奏樂,繞城步步燃燈十二里。"又《西域記》説:"摩喝陁國,正月十五日,僧徒俗衆雲集,觀佛舍利放光雨花。"[2]佛教的這種活動或許爲世俗所效仿。但亦有學者認爲上元張燈漢代已有:"上元張燈,按唐名儒沿襲漢武帝祠太乙自昏至明故事。梁簡文帝有《列燈賦》,陳後主有《光璧殿遥咏燈山詩》。"[3]至唐代,正月望夜各大城市放燈、觀燈就十分普遍,而寺院的放燈更是極盡其妙。唐代後期的寺院,每當正月十五日,成了一個開燈的娱樂場所,男女齊集,十分熱鬧。

宋人認爲上元張燈"唐以前歲不常設",唐玄宗先天時"東都設燈,文宗開成

1　以上三書,轉引自徐堅《初學記》卷四《歲時部下・正月十五日》,第105~106頁。

2　以上二書,轉引自徐堅《初學記》卷四《歲時部下・正月十五日》,第106頁。

3　朱弁:《曲洧舊聞》卷七,第三編第七册,第61頁。

中設燈迎三宫太后"[1],張燈都是臨時性的。這裏主要是指都城的情况。唐朝都城放燈,最早出現在玄宗先天年間,《近事會元》談道:"睿宗好樂,玄宗又善音律。先天二年正月望,蕃僧婆陁請夜開門,燃百千燈。睿宗延喜門觀樂,凡四日。"[2]放燈的時間從先天二年(713年)正月十五日起,共四天,看燈的同時睿宗還設宴會。不過請求夜間開門與百姓一起賞燈的是胡僧,似乎放燈與佛教有一定的關聯。這次放燈,唐朝的筆記有詳細的記載:"於京師安福門外作燈輪,高二十丈,衣以錦綺,飾以金玉,燃五萬盞燈,簇之如花樹。宫女千數,衣羅綺,曳錦綉,耀珠翠,施香粉。一花冠、一巾帔皆萬錢,裝束一妓女皆至三百貫。妙簡長安、萬年少女婦千餘人,衣服、花釵、媚子亦稱是,於燈輪下踏歌三日夜,歡樂之極,未始有之。"[3]《容齋三筆》引唐韋述《兩京新記》曰:"正月十五日夜,敕金吾弛禁,前後各一日以看燈。"[4]按這種説法,燃燈的時間爲上元日前一天、上元日和上元日後一天。

都城上元放燈,一般是連放三天:"上元張燈,天下止三日。都邑舊亦然。後都邑獨五夜,相傳謂吴越錢王來朝,進錢若干,買此兩夜,因爲故事,非也。蓋乾德間蜀孟氏初降,正當五年之春正月,太祖以年豐時平,使士民縱樂,詔開封增兩夜,自是始。開寶末,吴越國王始來朝。"[5]這段話的意思是,從唐至五代傳到北宋,都城放燈都是三天。北宋因爲滅了後蜀,改成五天。京師放燈,還要搭彩山:"國朝上元節燒燈盛於前代,爲彩山峻極而對峙於端門。彩山,故隸開封

---

1 朱弁:《曲洧舊聞》卷七,第三編第七册,第61頁。宋敏求《春明退朝録》卷中是最早有相關言論的(第一編第六册,第279~280頁),此後多本筆記有大體相似的記載。如孔平仲《談苑》卷四亦云:"上元燃燈,或云:沿漢祠太一自昏至晝故事。梁簡文帝有《列燈賦》,陳後主有《光璧殿遥咏山燈》詩。唐明皇先天中,東都設燈;文宗開成中,以燈迎太后。則是唐以前,歲不常設。"(第二編第五册,第336頁)所述基本一致。

2 李上交:《近事會元》卷五《上元點燈》,第一編第四册,第187頁。

3 張鷟:《朝野僉載》,《唐五代筆記小説大觀》,第40頁。

4 洪邁:《容齋三筆》卷一《上元張燈》,第五編第六册,第17頁。

5 蔡絛:《鐵圍山叢談》卷一,第三編第九册,第162頁。錢氏進錢買兩夜燈的記載宋朝筆記中較早就已出現。如江休復《江鄰幾雜志》談道:"京師上元放燈三夕,錢氏納土,進錢買兩夜。今十七、十八兩夜燈,因錢氏而添之。"(第一編第五册,第169頁)洪邁《容齋三筆》卷一《上元張燈》(第五編第六册,第17頁)、程大昌《演繁露》卷九《上元觀燈四日》(第四編第九册,第50頁)等都曾對錢氏進錢買兩夜放燈進行辨析,認爲"皆非也"。

府儀曹及儀鸞司共主之。”[1]彩山搭得十分高峻,對峙於宫城的端門外,這種習俗應是從五代時定都於汴京的幾個王朝就已開始。

放燈意味着政府要允許人們夜間活動,不再宵禁,而且城外百姓亦要允許進城觀燈,這就涉及開放城門的問題。睿宗先天二年(713年)正月望,“因弛門禁,帝御延熹、安福門縱觀。此天子御樓觀燈之始也”[2]。一般認爲這是政府首次正月十五日晚上開城門。天寶六載(747年)正月十八日,“詔重門夜開,以達陽氣”,這應該是指皇城門晚上打開,允許百姓進來觀燈。朱梁時,“詔開坊門三夜”,這更是對人們游夜觀燈的鬆綁。北宋乾德五年(967年),爲了“宜士民之縱樂,上元可更增十七、十八兩夜”,應該是連開門禁四夜。太平興國六年(981年),“敕然燈放夜爲著令”[3],法律規定了開放門禁,把慶祝活動用法律的形式固定下來。

全國各大城市正月十五日晚上一般都有放燈、觀燈的習俗。白居易《正月十五日夜月》云:“歲熟人心樂,朝游復夜游。春風來海上,明月在江頭。燈火家家市,笙歌處處樓。無妨思帝里,不合厭杭州。”[4]描寫的是唐中期杭州的節日情景。從元宵節“燈火家家市,笙歌處處樓”來看,這天晚上城内十分熱鬧,人來人往。家在北方的白居易,這時特别想念自己的家鄉。蘇州亦有放燈習俗,陳犀罷司農少卿,“省女兄於姑蘇”。恰巧碰到了“上元夜觀燈,車馬喧騰,目奪神醉”,於是他感嘆説:“涉冰霜,泛烟水,乍見此高明世界,遂覺神明頓還舊觀。”[5]對蘇州的燈十分驚奇。由於他在京城爲官,本應見多識廣,但對蘇州燈作如此評價,説明蘇州的放燈不亞於京城。隔江的揚州,正月十五的燈更是光芒四射。《玄怪録》記載開元年間揚州元宵燈會盛況時説:“燈燭華麗,百戲陳設,士女争妍,粉黛相染,天下無逾於廣陵矣。……月色如晝,街陌繩直,寺觀陳設之盛,燈火之光照灼臺殿。士女華麗,若行化焉。”[6]這是一篇小説中描寫的揚州正月十

1 蔡絛:《鐵圍山叢談》卷一,第三編第九册,第162頁。

2 高承:《事物紀原》卷八《歲時風俗部·觀燈》,第430頁。

3 高承:《事物紀原》卷八《歲時風俗部·放夜》,第430頁。

4 白居易:《白居易集》卷二〇,第450頁。

5 陶穀:《清异録》卷下《居室門》“高明世界”,第一編第二册,第72頁。

6 牛僧孺:《玄怪録》卷三《開元明皇幸廣陵》,《唐五代筆記小説大觀》,第380頁。

五的盛景，雖然有虛擬的成分，但小説往往是有現實基礎的。從揚州燈火輝煌，可以推測當時各大城市差不多都是這種景象。再如五代的後蜀都城成都亦有放燈的習俗。廣政三年(940年)上元節，孟昶"觀燈露臺"[1]。成都的放燈連皇帝都想看看。

正月十五有乘車騎馬到郊外游玩的習俗："都人士女，正月十五後，乘車跨馬郊野中，爲探春之宴。"[2]早在隋朝，柳彧見到京城及外州"每以正月望夜，充街塞陌，聚戲朋游。鳴鼓聒天，燎炬照地，人戴獸面，男爲女服，倡優雜技，詭狀异形。以穢嫚爲歡娱，用鄙褻爲笑樂，内外共觀，曾不相避。高棚跨路，廣幕陵雲，袨服靚妝，車馬填噎。肴醑肆陳，絲竹繁會，竭貲破産，競此一時。盡室并孥，無問貴賤，男女混雜，緇素不分"[3]。到了唐朝正月十五仍有夜游的習俗："明皇末年在華清宫，值正月望，欲夜游。陳玄禮奏曰：'宫外即是曠野，須有預備。若欲夜游，願歸城闕。'"[4]明皇雖然没有夜游成功，但推測他想與民間百姓一樣，四處閑逛。北宋太宗時，"三元不禁夜，上元御乾元門，……而初元游觀之盛冠於前代"[5]。説明上元游觀在唐五代時已經形成一種風氣，這種風氣到北宋越演越烈，夜游習俗在各大城市中都可以見到。唐代宗大曆年間，韋泛客游湖州興國寺的水邊，正月十五日的夜晚，"士女繁會"[6]。雖没有直接提到放燈，但所揭示的夜游習俗可能與放燈有一定的關聯。蘇州的正月十五晚："十萬人家火燭光，門門開處見紅妝。歌鐘喧夜更漏暗，羅綺滿街塵土香。……寶釵騾馬多遺落，依舊明朝在路傍。"[7]城内家家户户燈火通明，士女們可以自由出外觀燈游玩，穿上漂亮的衣服，灑上香粉，成群結隊，信步游走於燈海人潮之中。還有人專門針對游玩女性做生意，如南唐宫人"或網獲蜻蜓，愛其翠薄，遂以描金筆塗翅，作小折枝花子，金綫籠貯養之。爾後上元賣花者，取象爲之，售於游

1 張唐英：《蜀檮杌》卷下，第一編第八册，第54頁。
2 孔平仲：《談苑》卷四，第二編第五册，第337頁。
3 魏徵：《隋書》卷六二《柳彧傳》，第1483～1484頁。
4 錢易：《南部新書》卷乙，第一編第四册，第20頁。
5 宋敏求：《春明退朝録》卷中，第一編第六册，第280頁。
6 李昉：《太平廣記》卷一四九引《前定録》"韋泛"，第1076頁。
7 彭定求：《全唐詩》卷四九一張蕭遠《觀燈》，第5554頁。

女"[1]。賣花卉者"售於游女",意謂沿街銷售給上元節上街的愛美女性。

正月十五基本上是放燈加上百戲雜陳、穿上漂亮衣服滿街游逛的日子。不過,南方一些地方在這一天還有占卜許願的習俗。南唐餘干人支戩,"好學爲文,竊自稱秀才。會正月望夜,時俗取飯箕,衣之衣服,插箸爲觜,使畫盤粉以卜。戩見家人爲之,即戲祝曰:'請卜支秀才他日至何官?'乃畫粉宛成'司空'字"[2]。這一天的占卜,也許特别能遂人心願。正月十五一些人或許還會登高。陸游説《隋書·元胄傳》提到"文帝嘗於正月十五日與近臣登高。時胄不在,上即令馳召之。及胄見,上謂曰:'公與外人登高,未若就朕也。'賜宴極歡。"登高是不是這天的習俗,陸游亦有點吃不准:"正月十五日登高,不見他書,當考之。"[3]正月十五民間還有角抵相撲表演。宋調露子《角力記》記録了隋侍郎柳彧的上疏,云:"見近代以來,都邑百姓,每至正月十五日作角抵戲,遞相誇競,至於糜費,請禁之。"[4]雖然這裏談的是禁止,但説明前代以來一直是有這項活動的。[5]

正月十五有飲食上的一些習俗。如洛陽閶闔門外食肆張手美家,在這一天會提供一種上元油飯,名叫油畫明珠。[6]《文昌雜録》提到唐代的歲時節令物品時,説上元有絲籠。[7] 這些都説明正月十五當天的飲食有一些特殊的講究。

(三)中和風俗

中和節在二月一日。不過貞元五年(789 年)之前這個節日是在正月晦日。由於時處春天,晦日的這一天活動主要是出外游玩。高宗儀鳳二年(677 年)正

1 陶穀:《清异録》卷上《百蟲門》"塗金折枝蜻蜓",第一編第二册,第 60 頁。

2 徐鉉:《稽神録》卷六《支戩》,第 108 頁。

3 陸游:《老學庵筆記·續筆記》,第五編第八册,第 124 頁。

4 調露子撰,翁士勛校注:《〈角力記〉校注·考古》,人民體育出版社,1990 年,第 49 頁。

5 王俊奇在《唐宋都市民俗體育文化的繁榮發展》(《上饒師範學院學報》2006 年第 1 期,第 75~79 頁)一文中認爲唐代正月十五時,在長安有拔河、鬥鷄、角抵等活動,宋代開封有擊丸、蹴鞠、踏索、上竿等活動。雖然自唐至宋都城的元宵體育活動内容并不一致,但這是城市社會生活豐富多彩的一種表現。

6 陶穀:《清异録》卷下《饌羞門》"張手美家",第一編第二册,第 107 頁。

7 龐元英:《文昌雜録》卷三,第二編第四册,第 139 頁。

月晦日，楊炯曾與朋友一起出城游玩，他記録道："丁丑之年，孟春之晦，……衣冠雜沓，出城闕而盤游；車馬駢闐，俯河濱而帳飲。"[1]大家一起乘車騎馬，找個河邊風景較好的地方吃吃喝喝。貞元四年(788年)九月二日，德宗曾頒敕："今海隅無事，蒸庶小康，其正月晦日、三月三日、九月九日，宜任文武百僚擇勝地追賞爲樂，仍各賜錢以充宴會。"[2]正月晦日的主要慶祝活動就是到勝地游樂，設宴暢飲。

正月晦日有送窮的習俗。送窮是民間的一種特色風俗，表面的意思是祭送窮鬼，實質是希望送走貧窮。這種習俗應該起源於唐代以前。韓愈説他看到《文宗備問》，説："顓頊高辛時，宫中生一子，不着完衣，宫中號爲'窮子'。其後正月晦死，宫中葬之，相謂曰：'今日送却窮子。'自爾相承送之。"韓愈又説看到了唐代的《四時寶鑒》："高陽氏子，好衣弊食糜，正月晦巷死。世作糜弃破衣，是日祝於巷曰，除貧也。"顯然這種習俗什麽時候開始有的，很難確定，但唐以前肯定有了。韓愈自己有《送窮文》説："元和六年正月乙丑晦，主人使奴星結柳作車，縛草爲船，載糗輿粻，牛繫軛下，引帆上檣，三揖窮鬼而告之……"[3]《猗覺寮雜記》亦説："唐人以正月下旬送窮。"[4]説明正月晦日送窮的習俗一直流傳到唐後期。

不過就在貞元五年(789年)正月，德宗在下令設置中和節的敕文中却説："春方發生，候及仲月，勾萌畢達，天地和同，俾其昭蘇，宜助暢茂。自今宜以二月一日爲中和節，以代正月晦日，備三令節之數，内外官司，休假一日。"[5]本來節日是正月晦日，現在往後移了一天，而且作爲法定假日，官員可以休息一天。《猗覺寮雜記》卷上云："唐人以正月晦爲節，德宗改用二月一日，號中和節。吕渭和德宗詩云：'皇心不向晦，改節號中和。'"[6]吕渭詩的後兩句爲："淑氣同風

1　董誥：《全唐文》卷一九一楊炯《晦日藥園詩序》，第850頁。

2　錢易：《南部新書》卷丁，第一編第四册，第44頁。

3　韓愈著，馬其昶校注：《韓昌黎文集校注》卷八《送窮文》，上海古籍出版社，1986年，第570頁。

4　朱翌：《猗覺寮雜記》卷上，第三編第十册，第27頁。

5　宋敏求：《唐大詔令集》卷八〇《以二月一日爲中和節敕》，商務印書館，1959年，第461頁。

6　朱翌：《猗覺寮雜記》卷上，第三編第十册，第27頁。

景,嘉名别咏歌。”[1]前後聯繫起來看,原來是德宗認爲好時光要配好名稱,春天大好時節不能因爲“晦”而顯得不吉慶。

是否真的因爲這個原因將節日改了一天?《新唐書》有另一種記載:“帝以‘前世上巳、九日,皆大宴集,而寒食多與上巳同時,欲以二月名節,自我爲古,若何而可?’泌謂:‘廢正月晦,以二月朔爲中和節,因賜大臣戚里尺,謂之裁度。民間以青囊盛百穀瓜果種相問遺,號爲獻生子。里閭釀宜春酒,以祭勾芒神,祈豐年。百官進農書,以示務本。’帝悦,乃著令,與上巳、九日爲三令節,中外皆賜緡錢燕會。”[2]按這段話的意思,德宗認爲一年應該有三令節,即上巳、重陽,而寒食與上巳幾乎同時,所以不能算在其中,那麽就在二月找一個時間爲節日。於是廢正月晦日,用二月一日代,這樣就有了三令節。另外,中和節主要的禮俗活動與春天即將播種這一農時有關。民間相互贈送農作物的種子,并且釀春酒祭勾芒神,百官進農書,都是爲了表達農時已到,開心地過這一節日,馬上就要進入春播。

張淏的《雲谷雜記》引《續通典》記載了當時設立中和節的經過:“貞元五年正月敕:四序嘉辰,歷代增置。是月二十八日,中書門下又奏,請令文武百僚以是日進農書,司農獻穜稑之種,王公戚里上春服,士庶以刀尺相問遺,村社中作中和酒,祭勾芒神,聚會宴樂,名爲享勾芒,祈年穀。仍望各下州令所在頒行。制曰:‘可。’”[3]就是説,中書門下認爲這個節日要和農業生産挂鈎,這個纔是設節的真正用意。

貞元五年(789年)初置中和節,君臣都很得意,於是德宗皇帝製詩,朝臣奉和,“詔寫本賜戴叔倫於容州,天下美之”。德宗詩曰:“東風變梅柳,萬彙生春光。中和紀月令,方與天地長。耽樂豈予尚,懿兹時景良。庶遂亭育恩,同致寰海康。君臣永終始,交泰符陰陽。曲沼水新碧,華林桃稍芳。勝賞信多歡,戒之在無荒。”[4]德宗認爲這一天放假君臣同樂,找個好地方游玩,是國家太平安康

1 彭定求:《全唐詩》卷三〇七吕渭《皇帝移晦日爲中和節》,第3488頁。
2 歐陽修、宋祁:《新唐書》卷一三九《李泌傳》,第4637頁。
3 張淏:《雲谷雜記》卷二,第七編第一册,第28頁。
4 樂史:《廣卓异記》卷三《賜戴叔倫中和節唱和詩》,第一編第三册,第31~32頁。

的象徵。説明節日的性質并没有發生任何變化。

中和節并不是曇花一現。據《舊唐書》卷一三《德宗本紀》的記載，貞元五年（789年）以後，德宗每年中和節都是與大臣會宴，或於曲江，或於宫内，或於"山池"。至宋，這個節日仍然存在。《武林舊事》記載："二月一日，謂之中和節，唐人最重，今惟作假，及進單羅御服，百官服單羅公裳而已。"[1]具體的習俗已大大簡化，慶賀的氣氛亦在不斷淡化。

（四）寒食清明風俗

寒食與清明，相差僅一天，後人常將其連稱。寒食節，據《荆楚歲時記》的説法，"去冬節一百五日，即有疾風甚雨，謂之寒食"。亦有人認爲是在清明前二日，距離冬至一百六日。寒食清明時的活動，此書説是造餳大麥粥、鬥鷄、鏤鷄子、鬥鷄子、打球。關於這個節日的飲食，隋代《玉燭寶典》説："今人悉爲大麥粥，研杏仁爲酪，引餳沃之。"此外還有鬥鷄蛋之類的游戲，"城市尤多鬥鷄卵之戲"[2]。

唐代的寒食節仍是禁火以紀念介子推。沈佺期《寒食》曰："普天皆滅焰，匝地盡藏烟。"[3]節日到來，出現的情景就是時人所説的："處處無烟火，人家似暫空。"[4]在這個節日裏，人們的主要工作是掃墓。《開元禮》説："宗子去在他國，庶子無廟，孔子許望墓以時祭祀。"有廟的可以祭廟，無廟的庶子衹能到墓上去祭禮。開元二十二年（734年），唐玄宗敕："寒食上墓，禮經無文，近代相傳，浸以成俗。士庶有不合廟享者，何以表其孝思？宜許上墓，編入五禮。"[5]上墓祭禮其實早就已有，到了唐玄宗時，順應民風習俗的變化，編入禮中，用政府的命令加以合法化，符合人們盡孝的需求。

唐代寒食掃墓十分流行。王建《寒食行》説："寒食家家出古城，老人看屋少年行。丘壠年年無舊道，車徒散行入衰草。牧兒驅牛下冢頭，畏有家人來灑掃。

1 周密：《武林舊事》卷二《挑菜》，知不足齋叢書，第20A頁。

2 徐堅：《初學記》卷四《歲時部下・寒食》，第108～109頁。

3 彭定求：《全唐詩》卷九七，第1054頁。

4 彭定求：《全唐詩》卷六〇四許棠《奉天寒食書事》，第6981頁。

5 高承：《事物紀原》卷八《歲時風俗部・拜掃》，第433頁。

遠人無墳水頭祭,還引婦姑望鄉拜。三日無火燒紙錢,紙錢那得到黄泉。但看壠上無新土,此中白骨應無主。”[1]城裏死了人後,都是葬在城外面的荒地裏,每年都得有人來祭掃。到了墓上要燒紙錢,其實并不是真的讓死人去用錢,而是表達活人的一種哀思。吴淑《江淮异人録》有《洪州將校》條,談到洪州衙中一將校晏某使於浙中,他到杭州時,“時方寒食,州人出城,士女闐委,晏亦出觀之。見翁嫗二人,對飲於野中”[2]。城市内的人一般都是到城外祭燒。唐徐凝《嘉興寒食》説:“嘉興郭裏逢寒食,落日家家拜掃回。唯有縣前蘇小小,無人送與紙錢來。”[3]寒食節嘉興縣城裏的人們全到城外掃墓去了,傍晚前紛紛回家。寒食節要禁火,應先備好熟食。雲表《寒食日》云:“寒食悲看郭外春,野田無處不傷神。平原纍纍添新冢,半是去年來哭人。”[4]雲表生活在五代十國時的南方,他的詩應該是描寫江南寒食的風俗習慣,主要是到城外掃墓。

不僅官員和百姓寒食祭掃祖宗的墳墓,五代時皇帝亦受到影響,開始祭拜先祖。《五代會要》認爲“人君奉先之道,無寒食野祭”,不過“近代莊宗每年寒食出祭,謂之破散”。顯然,皇帝寒食祭掃祖宗被認爲不合體。然而,到了後漢乾祐三年(950年)三月寒食,漢隱帝學唐莊宗的樣,“奉皇后幸南御園家祭,樞密使、三司使從之”。後周廣順元年(951年)二月寒食,“太祖出元化門至蒲池,設御帳遥拜諸陵”,《五代會要》作者認爲“非人君之禮也”。[5] 實際上,這是民間的禮俗影響到了皇室,祭掃的方式在發生改變。

寒食期間不能吃熱的飯菜,而吃冷東西容易導致腸胃功能紊亂。南吴讓皇帝長子楊璉,在其父親受禪後,被封爲中書令、池州刺史,“將赴上,遇寒食飲冷失節,卒於池口舟中,年十九歲”[6]。

唐代寒食、清明期間盛行鬥鷄、擊鞠、拔河、蕩鞦韆、踏青、放風箏等活動。羅隱《寒食日早出城東》云:“青門欲曙天,車馬已喧闐。禁柳疏風雨,墻花拆露

---

1 彭定求:《全唐詩》卷二九八,第3374頁。

2 吴淑:《江淮异人録·洪州將校》,第八編第七册,第150頁。

3 彭定求:《全唐詩》卷四七四,第5377頁。

4 彭定求:《全唐詩》卷八二五,第9293頁。

5 王溥:《五代會要》卷三《寒食拜掃》,上海古籍出版社,1978年,第49頁。

6 文瑩:《玉壺清話》卷九,第一編第六册,第167頁。

鮮。向誰誇麗景,衹是嘆流年。不得高飛便,回頭望紙鳶。”[1]這是寒食節人們争相踏青放風箏的情景,從“車馬已喧闐”來看,出城的百姓數量較大。施肩吾談到越州的寒食節:“去歲清明霅溪口,今朝寒食鏡湖西。信知天地心不易,還有子規依舊啼。”[2]越州的寒食清明節,人們紛紛出城尋找踏青勝地,或到霅溪口,或到鏡湖。子規聲聲啼叫,是對先人的呼唤,表達出掃墓者的哀痛之情。清明節是春暖花開的好時節,有湖泊的地方,泛舟游玩最令人心曠神怡。如唐末天祐初年(904年),“因大風雨,波濤震蕩,纍日不止”,曲江池“無故其水盡竭。自後宫闕成荆棘矣。今爲耕民畜作,陂塘資澆溉之用。每至清明節,都人士女,猶有泛舟於其間者”。[3]《角力記》記載:“文宗開成中寒食節,御勤政樓,觀角抵。”[4]角抵是當時盛行的一項活動,不過勤政樓前的角抵似乎帶有官方舉辦的性質。該書又云:“唐郝惟諒本江陵人也,聚率男於私家門武力。嘗寒食節與其徒游於郊外,步蹴角力。”[5]説明人們會在郊外舉行角力比賽。

寒食、清明的習俗越來越豐富。《南部新書》談道:“每歲寒食,薦餳粥、鷄球等,又薦雷子車。至清明,尚食内園官小兒於殿前鑽火,先得火者進上,賜絹三匹,碗一口。都人并在延興門,看人出城灑掃,車馬喧闐。新進士則於月燈閣置打球之宴,或賜宰臣以下酴醾酒。即重釀酒也”。[6] 這條材料,來自唐李綽《輦下歲時記》,告訴了我們唐代都城寒食、清明時的一些習俗。除了與前代一樣要做一些食物、雕鏤鷄蛋,到城外祭掃仍是熙熙攘攘,車馬擁擠。至於鑽火、進士打球之宴、皇帝賜酴醾酒等,應是唐代新出現的習俗。清明時要做餳粥、鷄球等食物,在其他書裏亦有記載。如《文昌雜録》談到寒食時歲時節物有“假花鷄球鏤鷄子、子推蒸餅、餳粥”[7]。洛陽張手美家,提供的寒食節食品是冬凌粥。[8]

1 彭定求:《全唐詩》卷六五九,第7567頁。
2 彭定求:《全唐詩》卷四九四施肩吾《越中遇寒食》,第5598頁。
3 錢易:《南部新書》卷庚,第一編第四册,第78頁。
4 調露子撰,翁士勛校注:《角力記校注·考古》,第56頁。
5 調露子撰,翁士勛校注:《角力記校注·考古》,第68頁。本書引用時,不録原著中以圓括號標記的錯字,下同。
6 錢易:《南部新書》卷乙,第一編第四册,第21~22頁。
7 龐元英:《文昌雜録》卷三,第二編第四册,第139頁。
8 陶穀:《清异録》卷下《饌羞門》“張手美家”,第一編第二册,第107頁。

寒食期間的習俗民間一般都能遵守,但帝王有時就不會完全照做。元稹《連昌宫詞》談到天寶時宫中對寒食節的態度:"初過寒食一百六,店舍無烟宫樹緑。夜半月高弦索鳴,賀老琵琶定場屋。力士傳呼覓念奴,念奴潛伴諸郎宿。須臾覓得又連催,特敕街中許燃燭。"宋人分析這段詩時説:"幸連昌時乃十三載也。巡幸,而諸弟諸姨悉扈從,百司供頓亦擾矣。念奴,名妓也。帝歲幸華清,時巡東洛,有司潛遣隨行,以備宣唤,而每爲諸王所邀致。方寒食火大禁,而中夜宫中張樂不已,聲聞於外,遣中官傳呼追覓念奴,特呼燃燭於御街,呼叫於静夜,皆不可以訓。"[1]寒食火禁,本是祭禮祖先的時候,而宫内到半夜仍是音樂聲響徹夜空,後人認爲這是不可取的。

(五)上巳風俗

上巳節在每年三月的第一個巳日,民間相傳的活動是去水邊除灾求神保佑。一般人們都要在這天到河濱沐浴洗濯,洗去身上的污垢,以袪除晦氣和病魔,這種禮儀稱爲禊、祓禊、修禊。由於巳日不是固定在每年的某一天,人們發現這樣比較麻煩,於是將每年的三月三日作爲節日。這種改變大約在三國曹魏時:"自魏以後但用三日,不以巳也。"[2]説明三國以後,上巳節的具體日子發生了變化。

六朝時期,人們十分注重三月上巳日的活動。女子大都是在河邊沐浴洗濯,男子則在水濱飲酒游戲。由於處在陽春三月,所以上巳活動等於春游野宴式的游樂。沈約《三日率爾成篇》説:"清晨戲伊水,薄暮宿蘭池。象筵鳴寶瑟,金瓶泛玉卮。"[3]西晋永嘉二年(308年),琅邪王司馬睿"徙鎮建康,吴人不附,居月餘,士庶莫有至者,導患之。會敦來朝,導謂之曰:'琅邪王仁德雖厚,而名論猶輕。兄威風已振,宜有以匡濟者。'會三月上巳,帝親觀禊,乘肩輿,具威儀,敦、導及諸名勝皆騎從。吴人紀瞻、顧榮,皆江南之望,竊覘之,見其如此,咸驚

1 張邦基:《墨莊漫録》卷六,第三編第九册,第81~82頁。

2 沈約:《宋書》卷一五《禮志二》,第386頁。

3 徐堅:《初學記》卷四《歲時部下·三月三》,第115~116頁。

懼，乃相率拜於道左”[1]。就是説，上巳節建康城裏的士族和百姓都要舉辦出游活動，所以王導讓司馬睿在這天乘了肩輿大搖大擺出去與民同樂，希望引起民衆的注意，得到大家的敬重。在上層社會中，上巳節的活動既有傳統的因素在内，又與文學創作聯繫起來。《晋書》談到“會稽有佳山水，名士多居之”，王羲之“嘗與同志宴集於會稽山陰之蘭亭，羲之自爲之序以申其志”。在晋穆帝永和九年（353 年）三月三日上巳節，王羲之與謝安、孫綽等四十一人，在山陰蘭亭“修禊”，會上各人作詩觴咏，暢叙幽情。[2] 文人士大夫比一般的民衆要高雅些，大家坐在水邊喝酒作詩。

六朝上巳日，還要獻角黍。東晋末年，智積和尚自西土來此，創立伽藍，爲靈岩寺的開山始祖。“有一貧嫗慕其行，嘗持角黍爲獻，智積受之，嫗因得度。至今上巳日，號智積誕日，聚數十百嫗爲角黍會”[3]。獻角黍於寺廟的習俗，在唐五代至宋朝都存在。

唐代的上巳節保存了前代的各種傳統，不過主要以游玩和設宴會飲爲主。貞元四年（788 年）九月二日，唐德宗頒敕，説三月三日“宜任文武百僚擇勝地追賞爲樂，仍各賜錢以充宴會”[4]。這一天，大家應該到游覽勝地去玩樂，要設宴會請朋友。

這天，人們舉家春游，來到城外風景比較優美的寺廟、景區踏青。唐開成二年（837 年）三月三日，河南尹李待價“將禊於洛濱，前一日啓留守裴令公。公明日召太子少傅白居易、太子賓客蕭籍、李仍叔、劉禹錫、中書舍人鄭居中等十五人合宴於舟中，自晨及暮，前水嬉而後妓樂，左筆硯而右壺觴，望之若仙，觀者如堵。裴公首賦一章，四坐繼和，樂天爲十二韵以獻”。大臣泛舟於洛水，相互賦詩，繼承了前人的風雅。修禊的儀式可能仍在，但祓除不祥已不是上巳日大家相聚的主要目的。後來，白居易寫了一首詩，題云：“奉和裴令公三月上巳日游太原龍泉，憶去歲禊洛之作。”[5]洪邁認爲這是開成三年（838 年）的詩，説明裴

1　房玄齡：《晋書》卷六五《王導傳》，第 1745～1746 頁。

2　房玄齡：《晋書》卷八〇《王羲之傳》，第 2098～2099 頁。

3　龔明之：《中吴紀聞》卷一《智積菩薩》，第三編第七册，第 189～190 頁。

4　錢易：《南部新書》卷丁，第一編第四册，第 44 頁。

5　洪邁：《容齋隨筆》卷一《裴晋公禊事》，第五編第五册，第 22 頁。

度與白居易這年的上巳日是在太原龍泉度過的。再如長洲縣丞陸某,儘管家素貧,但三月三日上巳節到來,“家人悉游虎丘寺”[1]。這種傳統,歷南朝而至唐五代,人們一直繼承着。如後蜀廣政元年(938年)上巳日,孟昶游大慈寺,再“宴從官於玉溪院,賦詩”[2]。君臣一起游玩賦詩,成爲上巳日的主要活動内容。不過唐人的修禊活動,至宋代衹是依稀可見:“今歲三月西池之游,其遺事爾。”[3]

上層士大夫們在上巳日要設宴歡樂。唐代上巳日,帝王興致一起,爲了籠絡大臣,就會賜宴大臣。如文宗開成元年(836年),“歸融爲京兆尹,時兩公主出降,府司供帳事繁,又俯近上巳曲江賜宴”[4],顯然這天賜宴大臣是唐代帝王的一種傳統活動。開成三年(838年),裴度節度河東,“以病丐還東都”。“文宗上巳宴群臣曲江,度不赴,帝賜以詩,使者及門而度薨”。[5] 南唐時,中主李璟“上巳開宴”,宗正卿李夷鄴“不在召中”,没輪上參加宴會,於是獻詩一首説:“偶憶昔年逢上巳,輕舟柳岸宴群臣。人間蹇薄時時嘆,天上風光日日新。玉帛已來諸國瑞,瑶池固有萬年春。賦詩飲酒平生事,腸斷金門願再親。”[6]君王大臣在上巳節一起泛舟湖上,把酒言歡。有時大臣之間亦會設宴歡樂。南唐常夢錫性獷直,“會上巳日,朝貴出秦淮游宴,坐中有詆大朝事者,夢錫瞪目戟手曰:‘諸君平時每言致君如堯舜,今返自爲小朝耶?’衆莫之對”[7]。上巳日,大臣們的活動是到秦淮邊游樂開宴,他們雖然没有東晉士大夫的風雅,未見作詩咏誦,但活動方式未見變化,仍是到水邊游賞。前蜀乾德五年(923年)三月上巳,王衍“宴怡神亭,婦女雜坐,夜分而罷”[8]。

游玩活動中,一些人還選擇了登高遠望。沈亞子《湘中怨》中談到,鄭子況爲岳陽太守,“因上巳日携家登岳陽樓,下望鄂渚。鄭追想汜人,俄有所見,聞汜人歌曰:‘泝青山兮江之湄,泳湖波兮裊緑裾,意拳拳兮心莫舒。’舟中人亦歌,非

1 李昉:《太平廣記》卷三三三引《廣异記》“長洲陸氏女”,第2648頁。

2 張唐英:《蜀檮杌》卷下,第一編第八册,第54頁。

3 高承:《事物紀原》卷八《歲時風俗·祓禊》,第431頁。

4 洪邁:《容齋續筆》卷一《重陽上巳改日》,第五編第五册,第228頁。

5 洪邁:《容齋隨筆》卷一《裴晋公禊事》,第五編第五册,第22頁。

6 佚名:《江南餘載》卷下,第一編第二册,第248頁。

7 史虚白:《釣磯立談》,第一編第四册,第239頁。

8 張唐英:《蜀檮杌》卷上,第一編第八册,第44頁。

樓上之人所能辨”[1]。上樓登高是上巳日常見的一種活動方式。一些人泛舟湖泊,如京城九龍池,“上巳日亦爲士女泛舟嬉游之所”[2]。

蜀國王宫裏的上巳日,演戲是不可少的一項重要活動。前蜀乾德五年(923年)三月上巳,王衍設宴,并且親自執板唱《霓裳羽衣》及《後庭花》《思越人》曲。[3] 如後蜀廣政元年(938年)上巳日,孟昶設宴從官,“俳優以王衍爲戲,命斬之”[4]。演戲成爲五代時期上巳日的一項重要活動。

唐代還出現過上巳節改日期的情况。《容齋續筆》談到唐文宗開成元年(836年),“歸融爲京兆尹,時兩公主出降,府司供帳事繁,又俯近上巳曲江賜宴,奏請改日。上曰:‘去年重陽取九月十九日,未失重陽之意,今改取十三日可也。’且上巳、重陽皆有定日,而至展一旬……”[5]因爲兩位公主出降,國家來不及準備具體事項,所以上巳曲江賜宴順延十日。不過節日的時間不是説改就能改,對大多數的州縣地區而言,上巳日的節慶活動應該仍是照舊,祇有中央政府的活動有所調整。

個别地區三月三日的慶祝還和道教有聯繫。成都學射山,傳説張百子三月三日在此得道飛升,此後人們就在此建至真觀。每年的這天,四周百姓就要前來祈福:“每歲至是日,傾城士庶、四邑居民咸詣仙觀祈乞田蠶。時當春煦,花木甚盛,州主與郡寮將妓樂出城,至其地,車馬人物闐咽。有耆宿鮮于熙者,與朋友數人,於萬歲池縱飲,因掬池水,見岸傍草中有一小白蝦蟆,遂取之。”[6]這是成都所有百姓的一個節日,車馬擁擠,人來人往,大家都到道觀來游玩,祈求農業豐收。

1 范致明:《岳陽風土記》,第二編第七册,第82頁。
2 錢易:《南部新書》卷庚,第一編第四册,第78頁。
3 張唐英:《蜀檮杌》卷上,第一編第八册,第44頁。
4 張唐英:《蜀檮杌》卷下,第一編第八册,第54頁。
5 洪邁:《容齋續筆》卷一《重陽上巳改日》,第五編第五册,第228~229頁。
6 黄休復:《茅亭客話》卷五《鮮于耆宿》,第二編第一册,第39頁。

（六）端午風俗

端午節與紀念屈原有關，一般認爲是在每年的五月五日。[1] 周處《風土記》談到晉朝端午的習俗活動："仲夏端午，烹鶩角黍，進筒粽，一名角黍，一名粽。造百索繫臂，一名長命縷，一名續命縷，一名辟兵繒，一名五色縷，一名五色絲，一名朱索。又有條達等織組雜物，以相贈遺。采艾懸於户上，蹋百草，競渡。"又梁吴均《續齊諧記》説："屈原五月五日自投汨羅而死，楚人哀之，每至此日，以竹筒貯米，投水祭之。"[2] 端午節的習俗，主要有烹角黍、造百索繫臂，相互贈送織物，懸艾葉蠲除毒氣，鬥百草和競渡。這幾項活動中，吃粽子和競渡主要是爲了紀念屈原，而由於五月俗稱惡月，天氣漸漸炎熱，所以繫五色絲和懸艾葉都是爲了"辟兵及鬼，不病瘟"。在這個習俗的流傳過程中，吃粽子和競渡活動更爲廣泛地爲人接受，傳承性較强。此外，五月五日已是仲夏，與夏至不遠，所以六朝時端午與夏至的風俗基本相同，所謂"仲夏端五，端初也，俗重五日，與夏至同"[3]。

隋唐五代，人們繼承了前代的競渡游戲以紀念屈原："俗五月五日爲競渡戲，自襄州已南，所向相傳云：屈原初沉江之時，其鄉人乘舟求之，意急而争前，後因爲此戲。"[4]《隋書》卷三一《地理志》云："京口……俗以五月五日爲鬥力之戲，各料强弱相敵，事類講武。"[5] 大概就是指競渡游戲。唐代的地方政府官員和百姓都十分喜歡這項活動。唐大中年間，崔涓在杭州爲刺史，"其俗端午習競渡於錢塘湖。每先數日即於湖泮排列舟舸，結絡彩艦，東西延袤，皆高數丈，爲湖亭之軒飾"。不料前一天北風大作，"彩船汹涌"，等到第二天看時，船全漂到

1　洪邁：《容齋隨筆》卷一《八月端午》云："唐玄宗以八月五日生，以其日爲千秋節。張説《上大衍曆序》云：'謹以開元十六年八月端午赤光照室之夜獻之。'《唐類表》有宋璟《請以八月五日爲千秋節表》云：'月惟仲秋，日在端午。'然則凡月之五日皆可稱端午也。"（第五編第五册，第 14 頁）從唐代人的表述來看，每月的五日似都可以稱爲端午，并不衹是指五月五日。

2　徐堅：《初學記》卷四《歲時部下・五月五日》，第 118 頁。

3　李昉：《太平御覽》卷三一《時序部・五月五日》引《風土記》，第 146 頁。

4　劉餗：《隋唐嘉話》卷下，《唐五代筆記小説大觀》，第 114 頁。

5　魏徵：《隋書》卷三一《地理志》，第 887 頁。

南岸。崔涓與衆官吏來到湖亭,“見其陳設,皆遥指於層波之外”。崔涓“令每一彩舫,繫以三五隻船,齊力一時鼓棹,倏忽而至”,可以重新回到北岸,再開始比賽。[1] 從這則故事中可以看到,杭州比賽的彩舫體量比較大,不是很小的龍舟,要靠三五隻船纔能拖得動。寶曆二年(826年)五月三日,崔從任揚州節度使時,“瓜步鎮申浙右試競渡船十艘,其三船平没於金山下,一百五十人俱溺死”[2]。談到的浙右,應該是指浙西。這條資料告訴我們浙西競渡是在長江中進行,五月三日是提前兩天先模擬試一下,想不到浪高水急,三船沉没,死了一百五十人,平均一條船上比賽的隊員有五十位左右。可知與杭州的比賽一樣,潤州亦用的是大船。

淮南及徐泗地區都有競渡游戲。盧肇《逸史》載杜亞坐鎮淮南的時候,於“端午日,盛爲競渡之戲。諸州徵伎樂,兩縣争勝負,彩樓看棚,照耀江水,數十年未之有也。凡揚州之客,無賢不肖,盡得預焉”[3]。又《大唐傳載》談到杜亞在揚州時,“競渡采蓮龍舟錦纜綉帆之戲費金數千萬”[4]。對杜亞在揚州舉辦的競渡活動,宋人亦有記録:“江南風俗,春中有競渡之戲,方舟并進,以急趨疾進者爲勝。杜亞在淮南,乃令以漆塗船底,貴其速進。又爲綺羅之服,塗之以油,令舟子衣,入水不濡。亞本書生,奢縱如此。”[5]這段資料談到競渡船隻和舟子衣服製造的技巧,是其他資料没有記載的,可以彌補唐代筆記記録的粗疏。此外,徐泗濠節度使張建封有《競渡歌》,云:“五月五日天晴明,楊花繞江啼曉鶯。使君未出郡齋外,江上早聞齊和聲。”又云:“鼓聲三下紅旗開,兩龍躍出浮水來。棹影斡波飛萬劍,鼓聲劈浪鳴千雷。”[6]詩中生動地描繪了競渡的準備經過和兩舟正式比賽的激烈場面,説明至唐代中後期,淮河地區亦是有這種競渡習俗的。

---

1 劉崇遠:《金華子雜編》卷上,《唐五代筆記小説大觀》,第1752頁。此條後爲王讜《唐語林》卷三《夙慧》轉引(第三編第二册,第125頁),云:“杭州端午競渡,於錢塘弄潮。先數日,於湖濱列舟舸,結彩爲亭檻,東西袤高數丈。……”似有誤,競渡賽舟應不可能再弄潮,當依《金華子雜編》的“競渡於錢塘湖”。

2 李伉:《獨异志》補遺,《全唐五代筆記》第三册,第1831頁。此條引自於《太平廣記》卷一五五。

3 盧肇:《逸史》卷下,《全唐五代筆記》第二册,第1398頁。此條引自於《太平廣記》卷二七八。

4 佚名:《大唐傳載》,《唐五代筆記小説大觀》,第884頁。

5 孔平仲:《續世説》卷九《汰侈》,第二編第五册,第164頁。

6 彭定求:《全唐詩》卷二七五,第3117頁。

競渡比賽激烈,有時會引起争鬥。朱彧《萍洲可談》談道:"江浙民間多競渡,亦有龍舟,率用五月五日,主屈原,湘楚之俗也。"他認爲紀念屈原本來是好事,是"尚賢"的舉動,不過"末流則害教","楚人競渡致鬥訟"。[1] 比賽就會有輸贏,就會牽涉到公正與否,所以競渡常會引起比賽者之間的争鬥。

由於是比賽,一些人就想利用比賽賺錢。康廷芝有《對競渡賭錢判》,判文是根據這樣的一段材料來撰寫的:"揚州申江都縣人,以五月五日於江津競渡,并設管弦。時有縣人王文,身居父服,來預管弦,并將錢物賭競渡,因争先後,遂折舟人臂。"[2] 王文此人賭性十足,通過賭比賽輸贏來賺錢。不過從這個判文中我們可以知道,揚州每年五月五日的競渡是常規性的娱樂項目。

端午競渡到了五代仍然經常舉行。如南唐時,"嗣主之世,許諸郡民划競渡船,每至端午,官給彩,俾兩兩較其殿最,勝者加以銀碗,謂之打標,皆籍其名,至是盡搜爲卒,謂之凌波軍"[3]。既然是"諸郡",説明舉辦競渡游戲的州縣有很多,而且往往是在官方支持下舉辦。由於這些人熟習水性,所以後來南唐將他們編入軍隊時,稱他們爲"凌波軍",意謂能凌於水面上。後蜀孟昶廣政十六年(953年)五月端午,"昶侍其母游凌波殿競渡"[4]。孟昶實際上是陪母親到凌波殿觀看宣華苑的龍舟競渡。

唐代南方地區一直保持着吃粽子的習俗。白居易有《和夢得夏至憶蘇州呈盧賓客》,説:"憶在蘇州日,常諳夏至筵。粽香筒竹嫩,炙脆子鵝鮮。水國多臺榭,吴風尚管弦。每家皆有酒,無處不過船。"[5] 白居易和劉禹錫都做過蘇州刺史,在白居易的印象中,蘇州每當夏至來臨,"粽香筒竹嫩",這樣的美食令他難以忘懷。宋人記録的唐代歲時節物中,五月五日有百索粽子。[6] 而洛陽張手美家提供的時令食品是如意圓。[7]

1 朱彧:《萍洲可談》卷二,第二編第六册,第155~156頁。

2 董誥:《全唐文》卷二六〇康廷芝《對競渡賭錢判》,第1164頁。

3 龍衮:《江南野史》卷三《後主》,第一編第三册,第172頁。

4 張唐英:《蜀檮杌》卷下,第一編第八册,第58頁。

5 白居易:《白居易集》外集卷上,第1517~1518頁。

6 龐元英:《文昌雜録》卷三,第二編第四册,第139頁。

7 陶穀:《清异録》卷下《饌羞門》"張手美家",第一編第二册,第107頁。

端午節,大臣要向皇帝貢上一份禮物。隋煬帝時,"五月五日,百僚上饋,多以珍玩,蘇威獻《尚書》一部,微以諷帝,帝意不平"[1]。一般都是獻寶物珍玩,只有蘇威獻上《尚書》一部用來勸諫,皇帝怎麼會高興呢? 當然,皇帝興致一到,亦會在這一天賜大臣寶物。貞觀十八年(644年)五月五日,唐太宗對大臣長孫無忌和楊師道説:"五日舊俗,必用服玩相賀。今朕各遺卿飛白扇兩枚,庶動清風,以增美德。"宋人認爲:"推舊俗之語,則知端午之以扇相遺,自唐太宗始也。"[2]端午相賀禮物既然是"舊俗",必是在唐以前就是如此,到唐代人們都繼承了下來。玄宗時重午日,"賜丞相鍾乳。宋璟命子弟將此付醫人合煉,對曰:'上之所賜,必當珍异,付其家,必遭竊换。'璟曰:'持誠示信,尚懼見猜,以猜示人,其可得乎? 爾勿以此待人。'"[3]鍾乳是一種很好的中藥,可以補肺氣,温腎,兼補肺虚,所以宋璟弟子認爲這樣的寶物,相當珍异,不能讓醫人合煉時偷换。

端午節在江心鑄鏡,是揚州的一項特殊活動。《容齋五筆》云:"唐世五月五日揚州於江心鑄鏡以進,故國朝翰苑撰端午貼子詞,多用其事,然遣詞命意,工拙不同。"然後洪邁引白居易詩歌,的確是談到這天鑄鏡的事情。如白樂天《百煉鏡》詩云:"江心波上舟中鑄,五月五日日午時。……背有九五飛天龍。人人呼爲天子鏡……"[4]爲什麼揚州要鑄鏡,洪邁認爲:"端午故事,莫如楚人競渡之的,蓋以其非吉祥,不可施諸祝頌,故必用鏡事云。"[5]鑄鏡被認爲比較吉祥,而且還可寫了祝賀頌語一起沉入江中,所以要鑄鏡。中國古代人認爲,午月午日午時是陽氣極盛之時,因爲這時有三重之火,能以火克金,是熔金鑄鏡最好的時刻,鑄成的銅鏡會有神力。王充《論衡》卷一六有端午節"鑄陽燧"的記載:"陽燧取火於天,五月丙午日中之時,消煉五石,鑄以爲器,乃能得火。……摩以向日,亦能感天"[6]。唐人實際上是繼承了端午熔金的習俗,認爲在揚州江心鑄造

1　孔平仲:《續世説》卷三《箴規》,第二編第五册,第59頁。

2　高承:《事物紀原》卷八《歲時風俗·遺扇》,第436頁。

3　王讜:《唐語林》卷一《德行》,第三編第二册,第9頁。

4　白居易:《白居易集》卷四《百煉鏡》,第73~74頁。

5　洪邁:《容齋五筆》卷九《端午貼子詞》,第五編第六册,第498~499頁。

6　王充著,黄暉校釋:《論衡校釋》卷一六《亂龍篇》,中華書局,1990年,第696~697頁。

的鏡有神力,“鏡成將獻蓬萊宫,揚州長史手自封”[1],因爲鏡子有神力,所以要獻給皇帝。

(七)七夕風俗

七夕是一個傳統的節日,相傳每年七月七日,天上牛郎、織女渡河相會。這一天,民間有不少紀念風俗。晋周處《風土記》説:“七月七日,其夜灑掃於庭,露施几筵,設酒脯時果,散香粉於河鼓、織女,言此二星神當會。守夜者咸懷私願,或云見天漢中有奕奕正白氣,有耀五色,以此爲徵應。見者便拜,而願乞富乞壽,無子乞子。唯得乞一,不得兼求。三年乃得言之,頗有受其祚者。”從這段話中可以看到,吴末晋初時,人們主要是在桌子上擺設酒脯時果,祭拜後許願,財富、壽命都可以,没孩子的人可以許願生子。《荆楚歲時記》説:“七夕婦人結彩縷,穿七孔針,或以金銀鍮石爲針。陳瓜果於庭中以乞巧,有喜子網於瓜上,則以爲得。”南朝時,新加了穿七孔針等習俗。宋孝武帝有《七夕詩》云:“迎風披彩縷,向月貫玄針。”[2]將民間七夕主要的紀念習俗表達了出來。梁簡文帝《七夕穿針敧疑詩》云:“憐從帳裏出,想見夜窗開。針敧疑月暗,縷散恨風來。”亦是談到了穿針的習俗。[3]

到唐代,七夕仍是一個重要的節日。不過到底哪一天晚上紀念,人們産生了分歧。一般認爲應是七月七日夜,不過唐人“乃以七月六日夜爲之,至明曉望於彩縷,以冀織女遺絲,乃是七‘曉’,非‘夕’也。又取六夜穿七竅針,益謬矣。今貴家或連二宵陳乞巧之具,此不過苟悦童稚而已”[4]。很多人認爲應該在六日的晚上,所以要想盡辦法解釋非“夕”而是“曉”。富貴人家亦吃不準,乾脆兩夜都紀念一下。到了宋太宗太平興國三年(978年)七月,特地頒詔説:“七夕嘉辰,著於甲令。今之習俗,多用六日,非舊制也,宜復用七日。”説明六日晚的紀念一直延用至宋初。洪邁説:“名爲七夕而用六,不知自何時以然。唐世無此

1 白居易:《白居易集》卷四《百煉鏡》,第73頁。

2 徐堅:《初學記》卷四《歲時部下·七月七日》,第122頁。

3 李昉:《太平御覽》卷三一《時序部十六·七月七日》,第151頁。

4 王讜:《唐語林》卷八《補遺》,第三編第二册,第292頁。

說,必出於五代耳。”[1]從實際情況來看,應該唐代就已如此。

七夕是唐人廣泛紀念的一個節日。王仁裕《開元天寶遺事》卷下云:“宫中以錦結成樓殿,高百尺,上可以勝數十人,陳以瓜果、酒炙,設坐具,以祀牛、女二星。嬪妃各以九孔針、五色綫向月穿之,過者爲得巧之候。動清商之曲,宴樂達旦。士民之家皆效之。”[2]唐代宫中七夕習俗與六朝時期有不少是相類似的,不過由於是在宫中,帝王的氣派造就了高百尺樓殿的奢華,宫中會奏音樂,通宵設宴,這些大概是民間不可能有的。唐代普通階層的七夕活動,大體上仍是擺酒果、陳香、穿針等活動。肅宗時潤州刺史鄭代“兄侃,嫂張氏,女年十六,名采娘,淑貞其儀。七夕夜陳香筵祈於織女,是夕夢雲輿雨蓋,蔽空駐車,命采娘曰:‘吾織女,祈何福?’曰:‘願丐巧耳。’乃遺一金針長寸餘,綴於紙上,置裙帶中,令‘三日勿語,汝當奇巧,不爾化成男子’”[3]。七夕乞巧,希望能滿足自己的心願。

五代時,七夕節習俗各國都繼承了下來。前蜀王建在位,郭元膺想“以延巧之夕,將請建宴於東宫,遂謀作亂,事發,元膺伏誅”[4]。他知道王建七夕會和宫人一起過節日,會放鬆警惕,就打算在這一天作亂。後蜀明德元年(934年),孟知祥“七夕與宫人乞巧於丹霞樓”[5]。南唐後主李煜“每七夕延巧,必命紅白羅百匹以爲月宫天河之狀,一夕而罷,乃散之”[6]。南唐被滅後,李煜被軟禁在開封,“後主在賜第,因七夕命故妓作樂,聲聞於外,太宗聞之大怒;又傳‘小樓昨夜又東風’及‘一江春水向東流’之句,并坐之,遂被禍云”[7]。在東京,他仍有七夕活動,奏琴作樂,歌聲四起。

七夕習俗,要陳瓜果酒炙,要大肆設宴,必定還會有一些特殊的飲食。洛陽張手美家到了七夕專做摩睺羅飯[8],而《文昌雜録》記載的唐代歲時節物“七月

1 洪邁:《容齋三筆》卷一《七夕用六日》,第五編第六册,第17頁。

2 王仁裕:《開元天寶遺事》卷下《乞巧樓》,第50頁。

3 馮翊:《桂苑叢談·史遺》,《唐五代筆記小説大觀》,第1567~1568頁。

4 佚名:《五國故事》卷上,第一編第三册,第242頁。

5 張唐英:《蜀檮杌》卷下,第一編第八册,第52頁。

6 佚名:《五國故事》卷上,第一編第三册,第241頁。

7 王銍:《默記》,第四編第三册,第124頁。

8 陶穀:《清异録》卷下《饌羞門》“張手美家”,第一編第二册,第107頁。

七日,則有金針織女臺、乞巧果子”[1]。

(八)中元風俗

六朝時期,七月十五日亦漸漸成爲一個節日。《荆楚歲時記》説:“七月十五日,僧尼道俗悉營盆供諸寺。”這是一個由佛教七月十五日盂蘭盆會而形成的節日。《盂蘭盆經》説:“有七葉功德,并幡花歌鼓果食送之。”梁大同四年(538年),梁武帝在同泰寺設盂蘭盆齋,江南各地逐漸形成了放焰火施餓鬼食、在河中放蓮花燈爲主的民間習俗,主旨是拜祭先祖,超度亡靈,送走灾禍疾病,祈求吉祥平安。盂蘭盆會和佛祖弟子目連救母於餓鬼道中的故事有關,後人因設盂蘭盆以消灾厄,“廣爲華飾,乃至刻木割竹,飴蠟剪彩,摸花葉之形,極工妙之巧”[2]。

七月十五日又是道教的中元。《道經》説:“七月十五日,中元之日,地官校勾搜選衆人,分别善惡,諸天聖衆,普詣宫中,……以其日作玄都大獻於玉京山,采諸花果。世間所有奇异物,玩弄服飾,幡幢寶蓋,莊嚴供養之具,清膳飲食,百味芬芳,獻諸衆聖。及與道士,於其日夜講誦是經。”[3]在道教,七月十五日是中元日,要將衆多花果寶物獻給衆聖,而囚徒餓鬼,可以解脱苦難。

七月十五日,無論是對道教還是佛教,都是一個重要的日子。由於唐五代人們既信仰道教又信仰佛教,而且這一天兩教有很多相同的習俗儀式,都是通過誦經達到解脱,通過進獻寶物表現自己的虔誠,因而到了民間,這個節日就顯得十分隆重。《太平廣記》卷三五〇談道:“會昌中,進士顔濬下第游廣陵,遂之建業。賃小舟,抵白沙。同載有青衣,年二十許,服飾古樸,言詞清麗。濬揖之……抵白沙,各遷舟航……言訖,各登舟而去。濬志其言,中元日,來游瓦官閣,士女闐咽。及登閣,果有美人,從二女僕,皆雙鬟而有媚態,美人倚欄獨語,悲嘆久之。”[4]武宗會昌時的建業還衹是江南一個普通的縣城,中元日民衆會自

1 龐元英:《文昌雜録》卷三,第二編第四册,第139頁。

2 徐堅:《初學記》卷四《歲時部下·七月十五日》,第127頁。

3 徐堅:《初學記》卷四《歲時部下·七月十五日》,第127~128頁。

4 李昉:《太平廣記》卷三五〇引《傳奇》“顔濬”,第2771頁。

發來到寺廟參加節日活動,想來其他城市必定亦有相同的風俗。益州的情形大體上與建業相仿。益州的大聖慈寺,"開元中興創,周迴廊廡,皆纍朝名畫,冠於坤維。東廊有維摩居士堂,蓋有唐李洪度所畫,其筆妙絶。時值中元日,士庶游寺"。有三個青年都懂音律,來到廟中,見到畫中的天女在一起演奏音樂,就説:"是《霓裳羽衣曲》第二叠頭第一拍也。"[1] 中元日,人們都來到寺廟中,既祭奠,又游覽,是一個歡樂的節日。

唐文宗開成年間,君臣對於延英殿。李石奏曰:"臣往年從事西蜀,中元日常詣佛寺,見故劍南節度使韋皋圖形。百姓至者,先拜之,而後謁佛,皆嘆,有泣者。"[2] 人們原本是到寺廟中禮佛,但由於對韋皋的尊敬,將他的像放在廟中,先於佛祖祭拜。由於禮佛是希望得到佛的幫助,而現實中的官員對老百姓更加有用,因而是先禮韋皋,再拜佛祖。

中元節的禮節很多,各地并不完全一致。如四川地區"每中元節多生五穀,俗謂之盆草,盛以供佛。初生時,介意禁觸,謂嘗有雷護之。既中元節後,即弃之糞壤"[3]。獻五穀於佛像前,節前一般人是絶對不能觸碰的。宋調露子的《角力記》引《吴興雜録》云:"七月中元節,俗好角力相撲,云秋瘴氣也。"[4] 中元節,人們常常有角力相撲的娱樂活動,用這些活動來驅趕秋天的瘴氣。

爲了增加節日氣氛,唐朝曾經在中元節放燈。程大昌説:"唐朝三元,謂正月、七月、十月望日,皆燃燈,至中年方罷中、下元兩節放燈也。"[5] 雖然後來取消中元放燈,但一段時期的放燈肯定對節日歡慶是有推進作用的。中元節官員還放假休息。《唐語林》云:"大中十二年七月十四日退朝,宰相夏侯孜獨到衙門。以御史大夫李景讓爲檢校吏部尚書,充劍南西川節度使。時中元休假,通事舍人無在館者。麻案既出,孜受麻畢,乃召當直舍人馮圖宣之,捧麻皆兩省胥吏。自此始令通事舍人休澣亦在館。"[6] 就是説,由於中元節放假,通事舍人全部放

1 黄休復:《茅亭客話》卷四《勾生》,第二編第一册,第 36 頁。

2 錢易:《南部新書》卷壬,第一編第四册,第 108 頁。

3 黄休復:《茅亭客話》卷二《范處士》,第二編第一册,第 17 頁。

4 調露子撰,翁士勛校注:《角力記校注・考古》,第 58 頁。

5 程大昌:《演繁露》卷九《上元觀燈四日》,第四編第九册,第 51 頁。

6 王讜:《唐語林》卷七《補遺》,第三編第二册,第 252 頁。

假回家,但一旦碰到國家緊急要務,就會嚴重影響到政務執行。洛陽閶闔門外的張手美家,七月十五這天供應盂蘭餅餤[1],這是因爲節日與佛教關係密切而生產的一種時令食品。

(九)中秋風俗

八月十五日,因爲是三秋各半的時候,所以亦稱中秋。這天月圓夜明,凉爽適宜,所以成爲人們心中一個美好的夜晚。

唐代,八月十五日尚是民間自發的節日。大約在開元天寶時期,出現了人們賞月的記載。天寶年間,蘇頲與李乂"對掌文誥",玄宗與兩人的關係十分融洽。到了"八月十五日夜,於禁中直宿諸學士玩月,備文字之酒宴。時長天無雲,月色如晝,蘇曰:'清光可愛,何用燈燭!'遂使撤去。"[2]八月十五月圓夜,文人們會玩月,就是設酒宴作詩歌,詩歌當然是圍繞着明月這一主題。唐玄宗在這天亦會和貴妃一起賞月:"玄宗八月十五日夜,與貴妃臨太液池,憑欄望月,不盡,帝意不快,遂敕令左右:'於池西岸别築百尺高臺,與吾妃子來年望月。'後經禄山之兵,不復置焉,惟有基址而已。"[3]玄宗和貴妃,顯然是年年到了這天會登高望月。宋人談道:"中秋玩月,不知起何時。考古人賦詩,則始於杜子美。而戎昱《登樓望月》、冷朝陽《與空上人宿華嚴寺對月》、陳羽《鑒湖望月》、張南史《和崔中丞望月》、武元衡《錦樓望月》,皆在中秋,則自杜子美以後,班班形於篇什,前乎杜子,想已然也,第以賦咏不著見於世耳。"又云:"玩月盛於中秋,其在開元以後乎! 今則不問華夷,所在皆然矣。"[4]從唐中期開始,人們在不知不覺中興起了八月十五日賞月的活動,還寫了不少賞月詩,而且開元之後活動範圍擴大,越來越多的人參與進來。這些活動是無意識的,年復一年,政府却没有意識到要加以積極引導,設立節日。

中秋夜,賞月作詩是民間過八月十五的主要活動。長安中秋望夜,有人聞

1 陶穀:《清异録》卷下《饌羞門》"張手美家",第一編第二册,第107頁。

2 王仁裕:《開元天寶遺事》卷下《天寶下·撤去燈燭》,第36頁。

3 王仁裕:《開元天寶遺事》卷下《天寶下·望月臺》,第60頁。其中"憑欄望月"句,原文爲"凴凭欄望月"。

4 朱弁:《曲洧舊聞》卷八,第三編第七册,第68頁。

鬼吟詩説:“六街鼓歇行人絶,九衢茫茫空有月。”又聽聞有人和詩道:“九衢日生何勞勞,長安土盡槐根高。”[1] 雖然這是個故事,但説明中秋夜裏見了美景,連鬼都想作詩。

五代時,賞月寫詩仍然是一種時尚。南唐烈祖李昪嘗在“中秋夜玩月延賓亭,宋齊丘等皆會。時御史大夫李主明面東而坐,烈祖戲之曰:‘偏照隴西。’主明應聲對曰:‘出自東海。’皆以帝之姓爲諷也。”[2] 説明這天晚上君臣相聚在一起賞月作詩。《江鄰幾雜志》説南唐一詩僧寫中秋月亮的詩歌,前一句爲“此夜一輪滿”,後一句就想不出來,直到第二年秋天纔有下一句“清光何處無”。他爲此很高興,半夜起床,敲響寺鐘,建康城裏的人嚇得全都驚醒。[3] 此事《江南餘載》有記載,談到這位僧人名謙明,“嘗中秋咏月云:‘迢迢東海出,漸漸入雲衢。此夜一輪滿,清光何處無?’乘興遂子夜鳴鐘”[4]。兩書記載雖略有差异,但都是説這位僧人中秋咏月的事情。五代時,齊州章丘北村任六郎愛讀道書,“多唱异曲。八月望夜,待月私第,六郎執板大噪一曲,有水鳥野雀數百集其舍屋,傾聽自適”[5]。月下唱歌,自娱自樂。

唐人已注意到花草和中秋之間的關係,發現中秋夜常常是桂花飄香時節。《南部新書》談道:“杭州靈隱山多桂,寺僧云:‘此月中種也。’至今中秋望夜,往往子墜,寺僧亦嘗拾得。而岩頂崖根,後産奇花,氣香而色紫,芳麗可愛,而人無知其名者。招賢寺僧取而植之,郡守白公尤愛賞,因名曰‘紫陽花’。”[6] 紫陽花或許與中秋没有關係,但桂花飄香常在中秋,靈隱寺僧自然是十分明白。

不過日僧圓仁《入唐求法巡禮行記》卷二中記載開成四年(839年),今山東地區八月十五已成爲節日:“十五日,寺家設餺飩餅食等,作八月十五日之節。斯節諸國未有,唯新羅國獨有此節。老僧等語云:‘新羅國昔與渤海相戰之時,以是日得勝矣,仍作節樂而喜舞,永代相續不息。設百種飲食,歌舞管弦以晝續

1 錢易:《南部新書》卷甲,第一編第四册,第15頁。
2 佚名:《江南餘載》卷上,第一編第二册,第238~239頁。
3 江休復:《江鄰幾雜志》,第一編第五册,第144頁。
4 佚名:《江南餘載》卷下,第一編第二册,第253頁。
5 王灼:《碧鷄漫志》卷三,第四編第二册,第192頁。
6 錢易:《南部新書》卷庚,第一編第四册,第75頁。

夜,三個日便休。今此山院追慕鄉國,今日作節。'"[1]唐代的八月十五主要以賞月、賞花草爲主,未見與食品挂上鈎,更未見後代談到的月餅,但洛陽張手美家供的特色食品是玩月羹[2],雖不見得全國聞名,但已與月亮有一定的牽連。而新羅國的八月十五日,則純粹是以飲食和歌舞爲主,後來傳到今山東地區,主要是在少部分的寺廟裏流傳。所以,唐代的八月十五賞月和新羅的八月十五日的飲食歌舞是兩個不同的路數,新羅國的三天節日純粹是偶遇上這一天,與唐人根據曆法到了這一天要賞圓月是完全不一樣的。或許後代的八月十五,是將唐代的賞月與新羅國的飲食歌舞内容進行了融合。

(一〇)重陽風俗

九月九日,民間有傳統的慶賀活動。《西京雜記》説:"漢武帝宫人賈佩蘭,九月九日佩茱萸,食餌,飲菊花酒,云令人長壽。蓋相傳自古,莫知其由。"是否九月九日的活動始自西漢,尚有探討的餘地,但晉朝繼承了漢代的各種慶賀活動是可以肯定的。這則故事中,我們看到九月九的活動主要是佩茱萸、食餌和飲菊花酒。《荆楚歲時記》説:"九月九日,土人并藉野飲宴。"前人有食餌、飲酒,到六朝就演變爲設宴。又《續齊諧記》談到費長房對汝南桓景説:"九月九日,汝南當有大灾厄,急令家人縫囊盛茱萸繫臂上,登山飲菊酒,此禍可消。"後人認爲"今世人九日登高是也"。從西漢的飲菊花酒,到六朝時這酒要登高去喝,喝後馬上就可以消灾,習俗在漸漸改變。又《太清諸草木方》説:"九月九日采菊花與茯苓、松脂,久服之令人不老。"[3]從這些記載中可以看出,九月九日的習俗有宴會、喝酒、登高、采菊花等活動,過此節能够達到消禍和長壽的作用。

九月九日已現敬老講孝的風氣。《續晉陽秋》談到寧康三年(375年)九月九日,東晉孝武帝"嘗講《孝經》,謝安侍坐,陸納并卞耽執讀,謝石、袁宏并執經,車涓、王溫摘句"[4]。敬老講孝的風氣,可能是從"令人不老"的長壽上引申出來

1 圓仁:《入唐求法巡禮行記》卷二,上海古籍出版社,1986年,第67頁。
2 陶穀:《清异録》卷下《饌羞門》"張手美家",第一編第二册,第107頁。
3 徐堅:《初學記》卷四《歲時部下·九月九日》,第129頁。
4 李昉:《太平御覽》卷三二《時序部十六·九月九日》,第153頁。車涓,似應作"車胤"。

的一種做法。這天，六朝江南各朝廷要舉行重九會宴。南朝齊蕭子良、王儉、梁簡文帝、沈約等人，都寫過關於九月九日朝廷會宴的詩篇。民間在這一天要舉辦宴請。《齊人月令》曰："重陽之日，必以糕、酒登高眺迥，爲時宴之游賞，以暢秋志。酒必采茱萸、甘菊以泛之，既醉而還。"[1]宴會上要有糕和酒，要登高設宴。

九月九日到了唐代被定爲官節，稱爲重陽節。這一天官府賞賜錢帛，讓官員各自選勝地度假。德宗貞元四年(788年)九月二日敕："今海隅無事，蒸庶小康，其……九月九日，宜任文武百僚擇勝地追賞爲樂，仍各賜錢以充宴會。"[2]唐德宗在重陽日賜大臣宴曲江，有詩云："朝野慶年豐，高會多歡聲。"[3]唐宣宗重陽日於"便殿大合樂，錫宴群臣。有御製詩"，而"宰臣以下應制皆和"。[4] 宴會上，奏樂和詩，體現了君臣之間節日歡快的氣氛。這種會宴的傳統一直沿襲到五代。乾德五年(923年)重陽節，王衍"宴群臣於宣華苑，夜分未罷"。喝着酒，王衍興致很高，自己就唱韓琮《柳枝詞》曰："梁苑隋堤事已空，萬條猶舞舊春風。何須思想千年事，誰見楊花入漢宮。"内侍宋光溥咏胡曾詩曰："吴王恃霸弃雄才，貪向姑蘇醉緑醅。不覺錢塘江上月，一宵西送越兵來。"[5]王衍一聽他是在勸諫自己，心裏很不高興，於是罷宴。設宴唱詞，應是當時宫殿裏過重陽節的一種重要形式。《五國故事》亦談到重陽，王衍"召宗室及近臣宴於宣華苑，自旦至於繼火，沉湎尤甚"[6]。

唐人過重陽節，主要的活動是登高、佩茱萸、賞菊、飲酒。如開元中尹氏女"姿容頗麗，性識敏慧，不因保姆而妙善唱歌"。重陽節她與群女"戲登南山文峰，而同輩命之歌，乃顰眉緩頰，怡然一曲，聲逗數十里"。其時刺史"因行部至邑，聞而問之……因表進入宫，封爲唱歌供奉，日受恩寵，喉音妙絶，爲天下第

---

1 李昉：《太平御覽》卷三二《時序部十六·九月九日》，第154頁。

2 錢易：《南部新書》卷丁，第一編第四册，第44頁。

3 彭定求：《全唐詩》卷四唐德宗《重陽日賜宴曲江亭賦六韻詩用清字》，第44頁。

4 王讜：《唐語林》卷二《文學》，第三編第二册，第68頁。

5 張唐英：《蜀檮杌》卷上，第一編第八册，第44頁。

6 佚名：《五國故事》卷上，第一編第三册，第244頁。

一”。[1] 尹氏女因爲重陽節登高放歌，從此改變了她一生的命運。胡翺在蘇州有《重陽日示舍弟》詩：“多少鄉心入酒杯，野塘今日菊花開。”[2] 在浙東，他陪元稹重陽日到處游覽，有《九日陪越州元相燕龜山寺》詩：“佳晨何處泛花游，丞相筵開水上頭。……共賀萬家逢此節，可憐風物似荆州”[3]。這兩首詩説明蘇州和越州、荆州重陽節都有不少活動，如設宴、采菊、登高等，這是一個萬家共賀的節日。獨孤及《九月九日李蘇州東樓宴》云：“是菊花開日，當君乘興秋。風前孟嘉帽，月下庾公樓。酒解留征客，歌能破別愁。醉歸無以贈，祗奉萬年酬。”[4] 江南少山，所以重陽日用登樓代替登山。這一天菊花盛開，在高樓上飲酒，特别有節日氣氛。白居易有詩，最能説明重陽節的活動：“前年九日餘杭郡，呼賓命宴虚白堂。去年九日到東洛，今年九日來吴鄉。兩邊蓬鬢一時白，三處菊花同色黄。……須知菊酒登高會，從此多無二十場。”[5] 按白居易的説法，杭州、洛陽、蘇州三地的重陽節，都是追求黄色的菊花。白居易在杭州，重陽日是登虚白堂設宴，到了蘇州，仍是“菊酒登高會”。

到了五代，宫廷和民間的重陽活動，大體上仍是延續傳統，以游玩和登高爲主。如前蜀王建於永平四年（914 年）重陽節，帶后妃宫女一起出游寶歷寺，結果有四位宫人逃匿，“搜尋不獲”[6]。南唐李煜《謝新恩》云：“冉冉秋光留不住，滿階紅葉暮。又是過重陽，臺榭登臨處。茱萸香墜，紫菊氣，飄庭户。晚烟籠細雨，嗈嗈新雁咽寒聲，愁恨年年長相似。”[7] 從詞裏看到，人們每年都要過重陽節，都是登高望遠，帝王祗能在宫裏登臺榭。當人們有了佩茱萸、賞菊花等活動，節日的氛圍纔真正體現出來。《南唐近事》談道：“陳喬、張佖重陽日登高於北山湖亭，不奏聲樂，因吟杜工部《九日宴藍田崔氏莊》詩……員外郎趙宣父時

1 龍衮：《江南野史》卷六《尹琳》，第一編第三册，第 193 頁。

2 彭定求：《全唐詩》卷五四九，第 6363 頁。

3 彭定求：《全唐詩》卷五四九，第 6348 頁。

4 彭定求：《全唐詩》卷二四七，第 2775 頁。

5 白居易：《白居易集》卷二一《九日宴集，醉題郡樓，兼呈周、殷二判官》，第 456~457 頁。

6 張唐英：《蜀檮杌》卷上，第一編第八册，第 39 頁。

7 孔範今主編：《全唐五代詞釋注》中册，陝西人民出版社，1998 年，第 806 頁。

亦在集,感慨流涕者數四,舉座异之。”[1] 士大夫重陽日登高是受到傳統的影響。

重陽節已有固定的節日食品。洛陽閶闔門外的食肆張手美家,有特色食品叫米錦,當時稱爲重九糕。[2]《文昌雜録》説唐代的歲時節物,主要有茱萸、菊花酒、糕。[3] 這幾種物品,在唐代人的詩歌中亦有所反映。[4]

(一一)冬至風俗

冬至是我國古代曆法中一個非常重要的節氣,亦是一個傳統的節日。我國古代對冬至很重視,有慶賀冬至日到來的各種習俗。徐堅《初學記》引《宋書》曰:“冬至朝賀享祀,皆如元日之儀。”此外還“又進履襪,作赤豆粥”。[5] 雖然説的是皇室冬至日的活動,但民間應與其大體相同,而且還談到這一天的各種儀式活動與元旦比較接近。《晋書》記載:“魏晋則冬至日受方國及百僚稱賀……其儀亞於獻歲之旦。”[6] 説明帝王對冬至日比較重視,認爲是僅次於元旦的一個重要日子。

東晋時,民間看重冬至,有不少慶賀的習俗。周顗母李氏,“嘗冬至置酒”,“舉觴賜三子曰:‘吾本渡江,托足無所,不謂爾等并貴,列吾目前,吾復何憂!’”[7] 周顗一家是西晋末渡江到南方的,他們的習俗有可能是從北方帶過來的,但六朝江南冬至日要飲酒肯定會隨着時間的推移漸漸傳開。東晋陳新塗妻李氏《冬至詩》云:“式宴集中堂,嘉賓盈朝館。”[8] 説明冬至宴飲是人們的一種習

---

1 鄭文寶:《南唐近事》佚文,第一編第二册,第 229 頁。此條《江南餘載》卷上亦載:“趙宣輔者,中原人,仕於江南,官省郎,頗有時名。重陽日,與兩浙諸公登高於北山,誦杜甫詩以勸酒。”(第一編第二册,第 242 頁)可知重陽登高在兩浙地區十分盛行。

2 陶穀:《清异録》卷下《饌羞門》“張手美家”,第一編第二册,第 107 頁。

3 龐元英:《文昌雜録》卷三,第二編第四册,第 139 頁。

4 白居易《九日登西原宴望》云:“弟兄呼我起,今日重陽節。……移座就菊叢,糕酒前羅列。”(《白居易集》卷六,第 115 頁)張説《九日進茱萸山詩》云:“黄花宜泛酒,青岳好登高。”又云:“菊酒携山客,茱囊繫牧童。”(張説著,熊飛校注:《張説集校注》卷九,中華書局,2013 年,第 442 頁)茱萸能避惡益壽,所以有人將茱萸插在頭上,有人將茱萸囊佩戴在腰帶上。

5 徐堅:《初學記》卷四《歲時部下・冬至》,第 132 頁。

6 房玄齡:《晋書》卷二一《禮志下》,第 652 頁。

7 房玄齡:《晋書》卷九六《列女傳》,第 2514 頁。

8 李昉:《太平御覽》卷二八《時序部十三・冬至》,第 133 頁。

慣。冬至日請客,到唐末五代仍然流行。《清异録》談道:"宛葉書生胡适,冬至日延客,以諸家群遺之酒爲具。"[1]

冬至日的習俗活動,還往往與食品有關。《荆楚歲時記》:"十一月冬至日,作赤豆粥。"這裏指的是六朝江南的情况。到了唐代,赤豆粥是否食用不得而知,但江南地區有冬至吃餛飩的習慣。《太平廣記》卷三四〇云:"頊家貧,假食於郡内郭西堰……是夕冬至除夜,盧家方備粢盛之具……婦人怒曰:'作餅子何不啖我?'家人驚起。……冬至方旦,有女巫來坐,話其事未畢,而婦人來,小金即瞑然。其女巫甚懼,方食,遂筴一枚餫飩,置户限上,祝之,於時小金笑曰:'笑朱十二吃餫飩。'以兩手拒地,合面於餫飩上吸之。盧生以古鏡照之,小金遂泣,言:'朱十二母在鹽官縣,若得一頓餫飩及雇船錢,則不復來。'盧生如言,遂訣别而去。"[2]冬至前夜,民間有做餅的習俗。到冬至日早晨,要吃餛飩。這則故事裏的小金是盧家的奴婢,她爲主人討要飯吃。而洛陽閶闔門外的食肆張手美家冬至日專門出售"宜盤"[3],雖不知是什麽食物,但肯定是一種較爲特殊的受人喜歡的食品。

(一二)除夕風俗

除夕是一年中的最後一天。一年即將結束,新歲馬上來臨,所以要慶祝一番。

《吕氏春秋·季冬紀》高誘注云:"前歲一日,擊鼓驅疫癘之鬼,謂之逐除,亦曰儺。"[4]六朝時期,除夕演儺戲的風俗傳承了下來。儺即迎神賽會、驅逐疫鬼之意。《孫綽傳》云:"京師每歲除日,行儺令,所謂逐除也。結黨連群,通夜達曉,家至門到,責其送迎。孫興公嘗著戲爲儺,至桓宣武家。宣武覺其應對不凡,推問之,乃興公。"[5]除夕演儺戲的熱鬧景象可見一斑。由於儺戲演出時演

1　陶穀:《清异録》卷下《酒漿門》"雜瑞樣",第一編第二册,第 95 頁。

2　李昉:《太平廣記》卷三四〇引《通幽記》"盧頊",第 2695~2696 頁。

3　陶穀:《清异録》卷下《饌羞門》"張手美家",第一編第二册,第 107 頁。

4　徐堅:《初學記》卷四《歲時部下·歲除》,第 138 頁。按《吕氏春秋》卷一二高誘訓解作:"今人臘歲前一日,擊鼓驅疫,謂之逐除是也。"(《四部精要》第十二册,上海古籍出版社,1992 年,第 586 頁)

5　許嵩:《建康實録》卷八《太宗簡文皇帝》引《孫綽傳》,中華書局,1986 年,第 243 頁。

員皆戴面具,邊走邊唱,并做出各種動作,一般人很難知道演出者是誰。儺戲演出通夜達曉,不分時間,演員每到一户,主人必須迎送。這種習俗,到唐五代時仍然存在。錢易《南部新書》談到皇宫内:"歲除日,太常卿領官屬、樂吏并護僮、侲子千人,晚入内。至夜,於寢殿前進儺,然蠟炬,燎沉檀,熒煌如晝。上與親王妃主已下觀之,其夕賞賜甚多。是日,衣冠家子弟多覓侲子之衣,着而竊看宫中。頃有進士臧童者,老矣,偶爲人牽率,同入其間。爲樂吏所驅,時有一跌,不敢抬頭視。執犛牛尾拂子,鞠躬宛轉,隨隊唱夜好千匝於廣庭之中。及將旦,得出,不勝困劣,扶舁而歸。一病六十日,而就試不得。"[1] 宫内亦有演儺戲的表演,且演出者達千人。而衣冠子弟混入演儺的隊伍進入宫中觀看熱鬧,説明這種表演對民間的影響較大。

除夕最常見的風俗是全家人齊聚,設宴酣飲。《荆楚歲時記》説:"歲暮,家家具肴蔌,詣宿歲之位,以迎新年,相聚酣飲。"每家每户都相聚在一起,邊吃喝邊迎接新年的到來。該書又云:"留宿歲飯,至新年十二月,則弃之街衢,以爲去故納新也。"[2] 去故納新風俗,未見他書記載。庾肩吾《歲盡應令詩》説:"歲序已雲殫,春心不自安。聊開柏葉酒,試奠五辛盤。金薄圖神燕,朱泥印鬼丸。梅花應可折,倩爲雪中看。"[3] 除夕往往會碰上下雪天,可以折梅花玩賞。

至唐代,全家團聚的習俗更爲豐富。羅隱《歲除夜》云:"官曆行將盡,村醪强自傾。厭寒思暖律,畏老惜殘更。歲月已如此,寇戎猶未平。兒童不諳事,歌吹待天明。"[4] 除夕夜,全家老少相聚守歲,暢飲美酒,辭舊迎新。宋人説:"古來除夕,闔家團坐達旦,謂之守歲。"又説:"父子團圞,把酒笑歌,相與竟夕不眠,乃是人家所樂者。"從杜甫《守歲》詩"四十明朝過,飛騰暮景斜"中,宋人得出"前古大人無不守歲"的看法。[5] 再如進士曹朗,文宗時任松江華亭令,"秩將滿,於吴郡置一宅"。任官期滿,就帶領全家來到蘇州城裏,"至除前一日,朗姊妹乃親

1 錢易:《南部新書》卷乙,第一編第四册,第 23 頁。

2 徐堅:《初學記》卷四《歲時部下·歲除》,第 138 頁。

3 逯欽立:《先秦漢魏晋南北朝詩·全梁詩》卷二三,中華書局,1983 年,第 1998 頁。"倩爲雪中看",《初學記》卷四作"惜爲雪中看"。

4 羅隱:《羅隱集·甲乙集》,第 91 頁。

5 袁文:《甕牖閒評》卷三,第四編第七册,第 157 頁。

皆辦奠祝之用。鐺中及煎三升許油,旁堆炭火十餘斤。妹作餅,家人并在左右……數日,有人長吁曰:'吾是梁苑客枚皋,前因節日,求食於此,君家不知云何見捕?'"[1]從這則故事看,除夕日蘇州城裹的人們要祭祖宗,要大量采購物資,要準備豐富的飲食過一個美滿的新年。

除夕的晚上,皇宫裹還會設火山焚燒,讓黑夜變成白天。隋煬帝時,"每至除夜,殿前諸位,設火山數十,盡沉水香根。每一山焚沉香數車,以甲煎簇之,焰起數丈,香聞數十里。一夜之中,用沉香二百餘乘,甲煎二百餘石。房中不然膏火,懸寶珠一百二十以照之,光比白日"。到唐太宗時,"殿前所焚是柴木,殿内所爇是膏油,但覺烟氣熏人"[2],雖然没有隋煬帝奢華,但除夕時設火山焚燒,作用是一樣的。

除夕日,還有一個重要的工作是爲第二天的新年作準備。後蜀滅亡前的一年除夕日,孟昶"令學士辛寅遜題桃符板於寢門,以其詞工,昶命筆自題云:'新年納餘慶,嘉節賀長春。'"[3]將對聯寫在桃符板上,挂於寢門外,迎接次日新年的到來。寫對聯的風俗,直接來自於立桃板的做法。隋《玉燭寶典》説:"元日施桃版著户上,謂之仙木,以鬱壘山桃百鬼畏之故也。"故事的典故來自《山海經》,説東海度朔山有大桃樹,"其卑枝門東北曰鬼門,萬鬼出入也",神荼和鬱壘兩神"主閲領衆鬼之害人者"。黄帝爲了改變這種情況,"因立桃版於門户上,畫鬱壘以禦凶鬼"。這種傳説中的做法一直流傳了下來,宋人提道:"今世畫神像於版上,猶於其下書'右鬱壘,左神荼',元日以置門户間也。"[4]這樣看來,除夕和元日,至遲在五代至北宋之際,人們或在桃板上畫神像,或在桃板上寫對聯。

(一三)其他節日風俗

上述這些,僅是我們羅列的比較重要的節日。其實隋唐五代時期,還有不少節日受到人們的重視,在宋人的筆記中有所記載。

---

1 李昉:《太平廣記》卷三六六引《乾𦠆子》"曹朗",第2906頁。

2 孔平仲:《續世説》卷九《汰侈》,第二編第五册,第162頁。

3 張唐英:《蜀檮杌》卷下,第一編第八册,第62頁。

4 高承:《事物紀原》卷八《歲時風俗部·桃版》,第426頁。

立春是民間的一個重要傳統節日,意謂春天即將到來。自秦代以來,人們就以立春作爲孟春時節的開始。立春,是指春天温暖時日即將開始,鳥語花香,適宜耕耘播種。由於這個日子比較重要,歷代都有不少慶祝的活動。西晋惠帝時,立春日令宫女"插五色通草花"。《晋書·新野君傳》談到"家以剪花爲業,染絹爲芙蓉,捻蠟爲菱藕,剪梅若生之事"。到了唐中宗景龍年間,"立春日出剪彩花。又四年正月八日立春,令侍臣迎春,内出彩花,人賜一枝"。所以宋人説:"立春之賜花,自唐中宗始也。"[1]意謂後人還是一直在延續着這個傳統。

社日是城鄉百姓祭社會聚的日子,緣於對土地的崇拜。這種結社祭祀出現於先秦,并且一直流傳下來。唐代,一年有春秋兩社日祭社活動,一般是二月、八月的上戊日。社日的主要活動是祭社稷和歌舞宴飲,但同時還有另外一些活動。宋張邦基《墨莊漫録》談道:"今人家閨房遇春秋社日,不作組紃,謂之忌作。故周美成《秋蕊香》詞:'乳鴨池塘水暖。風緊柳花迎面。午妝粉指印窗眼。曲理長眉翠淺。聞知社日停針綫。采新燕。寶釵落枕夢春遠。簾影參差滿院。'予見張籍《吴楚詞》云:'庭前春鳥啄林聲,紅夾羅襦縫未成。今朝社日停針綫,起向朱櫻樹下行。'方知唐時已有此忌,循習至今也。"[2]爲什麼有這種習俗,唐人已經不知是什麼緣故,衹是沿襲着一直執行而已。

立冬是一個重要的農時節氣,預示着冬天即將來臨,而唐人并没有將其作爲一個節日看待。不過,"唐制,立冬進千重韈。其法用羅帛十餘層,錦夾絡之"[3]。之所以要進千重韈,可能是表示冬天來臨需保暖的意思。

臘日在漢代爲冬至後的第三個戌日,曹魏時以冬至後第三個辰日、晋時以第三個丑日爲臘日。唐代前期分設蜡、臘二祭,但開元重定禮儀後,將蜡祭并入臘祭,以辰日祭於太廟。[4]宋朝以戌日臘,建隆初年禮官曾説:"唐貞觀已前,寅日蜡百神,卯日祭社稷,辰日饗宗廟,非古也。請三祭同用戌臘一日。"[5]實際上唐朝已經將三祭都放在臘日,衹是與宋人具體的日子略有差异。在宋人筆記

1　高承:《事物紀原》卷八《歲時風俗部·彩花》,第429頁。

2　張邦基:《墨莊漫録》卷九,第三編第九册,第115~116頁。

3　陶穀:《清异録》卷下《衣服門》"千重韈",第一編第二册,第73頁。

4　以上關於臘日的論述,主要根據張勃《唐代節日研究》的觀點,第36頁。

5　龐元英:《文昌雜録》卷二,第二編第四册,第134頁。

中,有不少關於臘日風俗的記載。如後蜀時,每當臘日,“内官各獻羅體圈金花樹子。梁守珍獻忘憂花,縷金於花上,曰‘獨立仙’”[1]。臘日,内官要向皇帝獻花,而皇帝亦要向大臣賜物。《景龍文館記》:“三年臘日,帝於苑中召近臣賜臘。晚自北門入,於内殿賜食,加口脂。臘脂盛以翠碧鏤牙筩。”賜口脂是皇帝對大臣的一種恩澤,在唐人的詩裏常常談到,如杜甫《臘日》云:“口脂面藥隨恩澤,翠管銀罌下九霄。”王建《宫辭》云:“月冷天寒近臘時,玉街金瓦雪漓漓。浴堂門外抄名人,公主家人謝口脂。”[2]令狐楚有《爲人謝賜口脂等并曆日狀》云:“賜前件口脂、臘脂、紅雪、紫雪各一合,并曆日一卷等者。伏以歲將更始,節及嘉平,陛下凝香爲膏,聚藥成散,頒日月於曆上,奮龍鸞於筆端。”[3]天大寒,嘴唇要裂開,口脂等護膚産品體現了皇帝對大臣的關心。

臘日已是寒冬,所以準備食品正是時候:“臘日家宴作臘,四方用種種輕細不拘名品治之,如大豆加以湯液滋味,蓋時人以爲節饌。遂與老室兒女輩舉飲食中以雜味爲之者,間記於册。”臘日做家宴,雖所吃食品不一定是山珍海味,但衹要符合冬令進補,就是好東西。而且臘日馬上要接近新年,爲新年準備吃的鷄鴨魚肉,是最合適的時候:“季冬既大寒,可以停食物,家家多方鳩集羊、豕、牛、鹿、兔、鴿、魚、鵝百珍之衆,預期十日而辦造,至正旦日方成,以品目多者爲上,用製湯餅,盛筵而薦之,名‘回湯武庫’。大概秦、隴盛行。”[4]洛陽食肆在臘日供應的特色食品是萱草面,應是一種比較特殊的麵食。[5]《文昌雜録》談到唐代的歲時節物,臘日有口脂、面藥、澡豆,前兩者應是護膚品,後者應是“以湯液滋味”取勝的一種大豆。[6]

唐代的節日,其實還有很多,我們從官員的休假制度就可看出個大概。《唐六典》談到内外官吏的假寧之節:“謂元正、冬至各給假七日,寒食通清明四日,八月十五日、夏至及臘各三日。正月七日、十五日、晦日、春秋二社、二月八日、

1 陶穀:《清异録》卷上《百花門》“獨立仙”,第一編第二册,第37頁。
2 吴曾:《能改齋漫録》卷六《臘日賜口脂》,第五編第三册,第143頁。
3 董誥:《全唐文》卷五四一,第2433頁。
4 陶穀:《清异録》卷下《饌羞門》“回湯武庫”,第一編第二册,第105頁。
5 陶穀:《清异録》卷下《饌羞門》“張手美家”,第一編第二册,第107頁。
6 龐元英:《文昌雜録》卷三,第二編第四册,第139頁。

三月三日、四月八日、五月五日、三伏日、七月七日、十五日、九月九日、十月一日、立春、春分、立秋、秋分、立夏、立冬、每旬,并給休假一日。"[1] 官員放假的這些日子,實際上要麼是氣候節令,要麼是節日。相對而言,在唐人的心目中,放假長的節日應該更爲看重。

二、文娱與競技

除了節假日有各種各樣的文娱活動,平時人們亦會有一些文娱、體育活動,尤其是城市裏,人們的文化生活比較豐富多彩。這些文娱、體育活動,有的是代代相傳,不斷有新元素增加進去,亦有的在傳承過程中漸漸衰落。文娱與競技活動的豐富,顯示出社會的穩定和經濟的發展,表明唐五代人的生活呈現出一種開放明媚的風尚。

(一)球類娱樂

擊鞠,也就是擊球,是在達官貴人、軍人和文人學士中十分流行的一項體育活動,以娱樂和鍛煉身心爲主要目的。這種活動是人騎在馬上持杖擊球,以將球擊進對方球門爲勝,有許多具體的規則,實際上相當於今天的馬球。關於馬球,學術界已有不少研究,甚至對馬球的起源進行過較爲熱烈的探討。但唐人一般認爲擊鞠來自蹴鞠這種球類游戲:"打球,古之蹴鞠也。《漢書·藝文志》'《蹴鞠》二十五篇',顏注云:'鞠,以韋爲之,實之以物,蹴蹋爲戲。鞠,陳力之事,故附於兵法。蹴音千六切,鞠音距六切。'近俗聲訛,謂鞠爲球,字亦從而變焉,非古也。"[2] 照此説法,擊鞠是從蹴鞠中獨立出來的一種玩球的方法。從唐代的實際情況來看,擊鞠是馬背上的運動,是一種馬球運動。當然,學界普遍認同唐代人是喜歡馬球這項體育和娱樂活動的,很多人甚至到了比較熱衷的地步。

唐五代的皇帝都喜歡打馬球。如唐玄宗"好擊球","嘗三殿打球",黄幡綽

1 李林甫等:《唐六典》卷二"吏部郎中"條,第35頁。

2 王讜:《唐語林》卷五《補遺》,第三編第二册,第184頁。

勸他:“大家年幾不爲小,聖體又重,儻馬力既極,以至顛躓,天下何望！何不看女婿等與諸色人爲之？如人對食盤,口眼俱飽,此爲樂耳。傍觀大家馳逐忙遽,何暇知樂？”[1] 意謂你年紀大,看年輕人玩馬球就可以了,不要弄出個三長兩短。唐宣宗是個打球高手,“弧矢擊鞠,皆盡其妙”,“二軍老手,咸服其能”。[2] 球能打到這個份上,還真是不容易。唐僖宗“好蹴球”,“自以能於步打,謂俳優石野猪曰:‘朕若步打進士,當得狀元。’”[3] 他對自己的球技十分自負。《資治通鑒》卷二五三胡三省注談到了唐僖宗喜愛觀看神策軍的打球比賽:“天子按轡入球場,諸將迎拜。”[4] 政事治理得不怎樣,但對打球却十分自信,連軍人都得讓他三分。

五代十國的一些帝王亦比較喜歡打馬球。前蜀國王衍“好擊鞠”,是個打球狂。[5] 後梁開平二年(908 年),錢鏐遣王景仁前去大梁,朱温問曰:“錢王平生有所好乎?”對曰:“好玉帶、名馬。”朱温就以玉帶一匣、打球御馬十匹賜錢鏐[6],説明錢鏐平時是喜歡打球的。錢鏐的孫子錢文奉喜歡打球,擊鞠技藝“冠絶一時”[7]。南唐宫内,擊鞠成風。宜春王李從謙,在宫中後圃“正乘駿馬擊球,乃引鞚至花底,痛采芳菲”[8]。南唐元宗剛即位時,“春秋鼎盛,留心内寵,宴私擊鞠,略無虛日”。至保大初,“聽政之暇,命親王及東宫舊僚擊鞠歡極,頒賚有等”。[9]《江表志》卷中還提到元宗對文憲太子有意見,發現太子“頗專國事,而又率多不法”。一天,元宗很憤怒,“撻之以球杖”,而且説“當命太弟景遂代之”,而太弟景遂曾經“擊鞠暑渴”,熱衷於打球。[10] 可知父子經常在宫中打球,他是隨手拿起球杖打太子的。可以肯定,擊球在唐末五代的各個小皇宫中比較流行,是一

1 王讜:《唐語林》卷五《補遺》,第三編第二册,第 183 頁。
2 王讜:《唐語林》卷七《補遺》,第三編第二册,第 249 頁。
3 王讜:《唐語林》卷七《補遺》,第三編第二册,第 264 頁。
4 司馬光:《資治通鑒》卷二五三,唐僖宗廣明元年三月條胡三省注,第 8222 頁。
5 佚名:《五國故事》卷上,第一編第三册,第 243 頁。
6 吴任臣:《十國春秋》卷七八《武肅王世家下》,第 1081 頁。
7 吴任臣:《十國春秋》卷八三《錢文奉傳》,第 1197 頁。
8 陶穀:《清异録》卷上《獸名門》“緑耳梯”,第一編第二册,第 59 頁。
9 鄭文寶:《南唐近事》卷二,第一編第二册,第 220、219 頁。
10 鄭文寶:《江表志》卷中,第一編第二册,第 268 頁。

項重要的體育娛樂活動。

上行下效。高官和地方藩鎮十分熱衷打馬球。如唐中期,田神功在宋州看到"李光弼與敕使打球"[1]。唐憲宗問宰相趙宗儒:"人言卿在荆門,球場草生,何也?"趙宗儒曾爲荆南節度營田觀察等使,球場上雜草叢生,估計是打球次數較少的緣故。趙宗儒回答説:"罪誠有之。雖然,草生不妨球子。"[2]意謂場上有草,但仍能打球啊。唐末陳敬瑄與楊師立、牛勖、羅元杲"以打球争三川,敬瑄獲頭籌,制授右蜀節旄",引起"中外驚駭"。[3] 雖然事情有點荒誕,但高官喜歡打球人所周知。新城人杜建徽在吴越國歷仕四王,官至丞相兼中書令,"至老不廢騎射,常擊球廣場"[4]。即使一些體弱老殘的大臣,亦熱衷於打球。《三楚新録》卷三記孫光憲和梁延嗣年紀相當,但平日裏常自謂"筋力不衰",所以一旦到球場,連馬亦跨不上去,"左右扶持者甚衆"。梁延嗣在後面看了發笑,説:"孰謂大卿年老而彌壯? 觀其上馬輕健,良由扶持者衆爾!"孫光憲乃回應説:"非因衆扶,蓋是老健。"[5]

馬球在軍隊裏更加盛行。一方面軍人生性喜歡體育活動,另一方面軍人在打球時可以乘機鍛煉身體,練習乘馬的技巧。唐代中葉,"打球乃軍州常戲,雖不能廢,時復爲之耳"[6]。《資治通鑒》卷二五三僖宗廣明元年(880 年)三月條胡三省注,談到唐末神策軍的比賽:"凡擊球,立球門於球場,設賞格。天子按轡入球場,諸將迎拜。天子入講武榭,升御座,諸將羅拜於下,各立馬於球場之兩偏以俟命。神策軍吏讀賞格訖,都教練使放球於場中,諸將皆馳馬趨之,以先得球而擊過球門者爲勝。先勝者得第一籌,其餘諸將再入場擊球,其勝者得第二籌焉。"[7]球放在中場,場上兩隊騎馬追逐,以先將球打進對方球門爲勝。輸的一隊下場,再换另一隊進場比賽。後唐明宗爲太原將帥時,李從珂和石敬瑭"軍

---

1 王讜:《唐語林》卷四《自新》,第三編第二册,第 140 頁。

2 王讜:《唐語林》卷一《言語》,第三編第二册,第 25 頁。

3 孫光憲:《北夢瑣言》卷四《妖人僞稱陳僕射》,第一編第一册,第 48 頁。

4 吴任臣:《十國春秋》卷八四《杜建徽傳》,第 1229 頁。

5 周羽翀:《三楚新録》卷三,第一編第二册,第 131 頁。

6 王讜:《唐語林》卷五《補遺》,第三編第二册,第 184 頁。

7 司馬光:《資治通鑒》卷二五三,唐僖宗廣明元年三月條胡三省注,第 8222 頁。

職未高,因擊鞠入趙襄子廟"[1],説明太原軍隊中打球是經常性的訓練活動。從兩人到廟裏擊鞠看,打球的場地比較隨意。

就連文人對打球亦是津津樂道。唐人筆記中記載懿宗朝有位王知古,"東諸侯之貢士",是個讀書人,雖然没有"中春官選",但這人"以擊鞠飛觴爲事,遨游於南鄰北里間",特别擅長打球和喝酒。[2] 其實,政府亦提倡文人打球。每年寒食節,"新進士則於月燈閣置打球之宴"[3]。打完球後,政府出面招待新進士。

馬球水平的高低,就看騎馬人是否能將球晃過對手帶進對方的門裏。開元天寶年間,唐玄宗"數御觀打球爲事。能者左縈右拂,盤旋宛轉,殊有可觀,然馬或奔逸,時致傷斃"[4]。唐宣宗可以騎馬在球場上左冲右突,可能勝其他皇帝一籌:"所御馬,銜勒之外,不加雕飾。而馬尤矯捷;每持鞠杖,乘勢奔躍,運鞠於空中,連擊至數百,而馬馳不止,迅若流電。"[5] 既要有速度,又要避開對方的馬匹,還要運鞠於空中,宣宗打馬球的技術確實不錯。

打馬球是馬背上的運動,所以馬的品質很重要。唐玄宗喜歡打球,所以内厩養了很多馬,"猶未甚適",還是不滿意。他對黄幡綽説:"吾欲良馬久矣,誰能通《馬經》者?"[6] 他希望有能相馬的人爲他挑選打球的好馬。朱温就曾送給錢鏐打球御馬十匹[7],這些馬肯定都是訓練有素的馳騁球場的好馬。反過來説,蜀孟昶後期身體較重,"遂不乘馬",亦不像其他人一樣經常打馬球。内厩中"惟飼

1 孫光憲:《北夢瑣言》佚文三《土偶避位》,第一編第一册,第 239 頁。

2 皇甫枚:《三水小牘》卷上《王知古爲狐招婿》,《唐五代筆記小説大觀》,第 1182 頁。

3 錢易:《南部新書》卷乙,第一編第四册,第 21~22 頁。其實,關於進士月燈閣打球之宴,錢易的記載比較簡單,《唐摭言》卷三中有詳細描述。該書談到咸通十三年(872 年)三月:"新進士集於月燈閣爲蹙鞠之會。擊拂既罷,痛飲於佛閣之上,四面看棚櫛比,悉皆褰去帷箔而縱觀焉。"又談到乾符四年(877 年):"諸先輩月燈閣打球之會,時同年悉集。無何,爲兩軍打球,軍將數輩,私較於是。新人排比既盛,勉强遲留,用抑其鋭。劉覃謂同年曰:'僕能爲群公小挫彼驕,必令解去,如何?'狀元已下應聲請之。覃因跨馬執杖,躍而揖之曰:'新進士劉覃擬陪奉,可乎?'諸輩皆喜。覃馳驟擊拂,風驅雷逝,彼皆愕視。俄策得球子,向空磔之,莫知所在。數輩慚沮,僶俛而去。時閣下數千人因之大呼笑,久而方止。"(第 41 頁)這些都可以證實一些進士與軍人一樣,喜歡馬球運動。

4 王讜:《唐語林》卷五《補遺》,第三編第二册,第 184 頁。

5 王讜:《唐語林》卷七《補遺》,第三編第二册,第 249 頁。

6 王讜:《唐語林》卷五《補遺》,第三編第二册,第 183 頁。

7 吴任臣:《十國春秋》卷七八《武肅王世家下》,第 1081 頁。

一打球馬,而久不按習,亦不堪乘跨”[1]。這一匹馬原來是奔跑於球場上的,但因爲孟昶不再打球,馬亦疏於奔跑,没有什麽用處了。令人發噱的是,由於南方馬匹太小,跑動不積極,有人乾脆乘坐肩舁打球:“胡測者,吴少誠之卒也。爲辨州刺史,好擊球。南方馬庳小,不善馳。測召將吏蹴鞠,且患馬之不便玩習,因命夷民十餘輩肩舁,據輦撝杖,肩者且擊,旋環如風。稍怠,測即以策叩其背,犯鞭亟走。測用是爲笑樂。”[2]不過讓抬肩舁的人“旋環”,估計一會就要頭暈目漲,不會有多少可看性。

人騎在馬上打球,手裏要有球杖。南唐元宗對太子“撻之以球杖”,估計球杖是用竹木製成的,否則太子要被元宗打死。不過亦有人用的球杖是鐵質的:“冀王朱友謙鎮河中,常以一鐵球杖晝夜爲從。遇怒者,擊而斃之。”[3]這種質地的球杖應該很少見到,否則筆記不可能特地記録下來。

打馬球需要有比賽場地,所以官府和軍隊爲了能經常比賽就在自己的轄區内辟出一塊專門用地築爲球場。路巖在西蜀,“夏日納凉於球場廳中”[4],説明球場邊上有專門的廳堂作爲觀看者和比賽者休息處,亦有可能類似於觀賞的看臺。夏日用來納凉,説明廳較大,可能比較通風。李紳在大梁,亦是築有球場。當時鎮海軍進健卒四人,於是在“球場内犒勞”[5],其實是要觀察四人的能耐。但有的球場可能不僅用來打球賽馬,不打球時其他的政治、軍事活動亦會在這場地上舉行。五代吴國後期,徐温掌握政權,以兒子徐知訓知廣陵政事。“一日,楊氏會鞠於廣場。(徐)知訓與(朱)瑾立馬觀之,馬首相接”[6],這裏的廣場不一定僅用來打球,士兵操練集合可能都是在這裏。帝王們奢侈浪費,體現到球場上亦是能搞出許多名堂。如蜀主王衍奢縱無度,“常列錦步障,擊球其中”[7]。球場四周用錦阻攔,自己在球場打球,球就不會滚遠找不到了。

1 佚名:《五國故事》卷上,第一編第三册,第245頁。

2 錢易:《南部新書》卷庚,第一編第四册,第86頁。

3 錢易:《南部新書》卷辛,第一編第四册,第92頁。

4 孫光憲:《北夢瑣言》卷四《薛澄州弄笏》,第一編第一册,第52頁。

5 王讜:《唐語林》卷四《豪爽》,第三編第二册,第133頁。

6 佚名:《五國故事》卷上,第一編第三册,第237頁。

7 孔平仲:《續世説》卷九《汰侈》,第二編第五册,第166頁。

馬球比賽一般是在白天，不過有些人沉溺於球場，晚上不能打球會覺得無聊，於是就想辦法在晚上進行比賽。吴國國王楊渥居父喪期間，就晝夜酣飲作樂。爲了打球，他"然十圍之燭以擊球，一燭費錢數萬"[1]，用點燃大蠟燭的辦法照亮球場，將比賽放在晚上進行。

馬球對抗性較强，馬跑動較快，常會發生碰撞，引起馬和人受傷。開元、天寶中，宫中盛行馬球，"然馬或奔逸，時致傷斃。永泰中，蘇門山人劉鋼於鄴下上書於刑部尚書薛公云：'打球，一則損人，二則損馬。爲樂之方甚衆，何乘兹至危，以邀晷刻之歡耶？'薛公悦其言，圖鋼之形，置於左右，命掌記陸長源爲贊以美之"[2]。因爲喜歡馬球的人太多，比賽的場次密集，一旦大家争先恐後，總有人或馬要受傷。劉鋼的上書，可能是有所指的。因爲唐玄宗打球時，榮王曾經"墮馬悶絶"，所以黄幡綽對唐玄宗説你身體很重，"儻馬力既極，以至顛躓，天下何望"[3]，皇帝是不能受到這樣衝撞的。

場上人馬交錯，競争激烈，場下有很多人在觀看。黄幡綽讓唐玄宗"傍觀大家馳逐忙遽"，在邊上看看人家比賽亦是一種快樂。看的人多，人氣就足，看到場上你來我往做出高難度動作就會叫好。《能改齋漫録》中引楊巨源《觀打球》詩云："入門百拜瞻雄勢，動地三軍唱好聲。"吴曾於是領悟了王建《宫辭》中所謂："對御難争第一籌，殿前不打背身球。内人唱好龜兹急，天子龍輿過玉樓。"[4]他認爲打球必"唱好"，無論是軍隊裏的打球還是宫中的打球，看到出色的表現大家會齊聲叫好，聲動天地。

關於球類娱樂比賽，唐代還有蹴鞠、步打球，因爲宋人筆記中很少涉及，所以我們這裏不再贅述。另外唐代還有蹋鞠，這亦是一種球類活動，是藝人站在滚動的球體上表演一定難度的動作。《唐語林》卷五談道："今樂人又有蹋球之戲，作彩畫木球，高一二尺，女妓登躡，球轉而行，縈回去來，無不如意，蓋古蹋鞠之遺事也。"[5]這種活動的主角是樂人，亦稱爲女妓，應是宫中的女性，體態輕

1 孔平仲：《續世説》卷九《汰侈》，第二編第五册，第165頁。

2 王讜：《唐語林》卷五《補遺》，第三編第二册，第184頁。

3 王讜：《唐語林》卷五《補遺》，第三編第二册，第183頁。

4 吴曾：《能改齋漫録》卷六《打球唱好》，第五編第三册，第155頁。

5 王讜：《唐語林》卷五《補遺》，第三編第二册，第184頁。

盈，人又靈活，衹要掌握平衡，就能在球體上旋轉自如。

（二）角抵

角抵亦稱角力，又稱相撲、相搏，是一種摔跤運動，以角力分勝負，撲倒對方就算贏。宋人認爲這是"宣勇氣、理巧智"而决勝負的運動。因爲有助於軍事訓練，可以提高軍人的體力，所以角抵在部隊中比較盛行，"斯亦兵陣之權輿，争競之萌漸"[1]，但民間同樣有以角抵著名者。

角抵不但有實際的鍛煉身體的作用，而且還兼具表演性質，通過相互比輸贏爲人們提供娱樂。宋調露子的《角力記》，是目前正式記載角抵的第一本專門性的著作，雖然其中有很多是從他書上轉摘過來的，但大體上可以使我們看清楚角抵在唐代社會中的實際情况。

角抵這種體育活動是怎樣的呢？《角力記》中記載吴國人顧眷在墻上畫了一幅角抵圖，圖上有兩個壯漢正進行角抵游戲，并有《題墻上畫相撲者》詩云："愚漢勾却白漢項，白人捉却愚人骹。如人莫辨輸贏者，直待墻隤始一交。"[2] 據詩，角抵是兩個人的摔跤比賽，愚大漢勾住白大漢的頭頸，白大漢緊緊抱住愚大漢的大腿，兩人相持不下。真要摔出個輸贏亦不是一件簡單的事情，除非墻壁墜倒纔會出結果。

唐五代時期全國各地都有角抵游戲。《角力記》云："凡具勇力之人，俠氣之類，合出幽燕，得崆峒之氣。然角力者少聞，復仇極義者多。次則五陵、杜霸諸陵，多性躁急。酒酣之時，好爲暴惡。氣輕訬之客，翹關扛鼎，抃射壺博。……荆楚之間，五月盛集，水嬉則競渡，街坊則相攢爲樂。蜀都之風，少年輕薄者，結伴爲社，募橋市勇壯者，斂錢備酒食，約至上元，會於學社，山前平原作場。於時新草如苗，以候人交，多至日晏。方了一對，相决而去。或贏者，社出物賞之，采馬擁之而去。觀者如堵，巷無居人。從正月上元，至五月方罷。王氏有蜀，此色人衣寬衣，貼金花，帽垂脚，越异少壯，多隨從之。極至强梁，影庇越法事極多。……有名目者，劉仙子、王勝。三輔之間，此風最盛。自唐滅，寂寞無聞，縱

---

1 調露子撰，翁士勛校注：《角力記校注·述旨》，第23頁。

2 調露子撰，翁士勛校注：《角力記校注·雜説》，第99頁。

有其人,散投諸國鄉。今東京自梁祖以來,惡少者無不叢萃其間。……河南有莊宗之遺俗,故人多習焉。"[1]從這些記載來看,唐五代時角抵有廣泛的民衆基礎,南至長江中下游一帶,北至關中、關東,少壯有力者角抵成風。

《角力記》中談到正月十五、七月中元等節日,社會上有角抵表演。隋侍郎柳彧曾上疏云:"見近代以來,都邑百姓,每至正月十五日作角抵戲,遞相誇競,至於糜費,請禁之。"[2]該書引《吴興雜録》云:"七月中元節,俗好角力相撲。"[3]寒食的時候有游戲活動,宫裏會安排大家觀看角抵。民間在節日亦有角抵表演。江陵人郝惟諒,"聚率男於私家鬥武力"。寒食節時,"與其徒游於郊外,蹴鞠、角力"。[4]

唐五代的帝王們比較喜歡觀看角抵游戲。如寶曆中,唐敬宗"御三殿,觀兩軍、教坊、内園分朋驢鞠、角抵"。所謂驢鞠,應是騎了驢進行打球比賽。由於打球和角抵都是激烈的對抗運動,所以"有碎首折臂者",會造成一定的身體損傷。兩軍教坊内園衆人都玩得盡興,"一更三點方罷"。至穆宗即位後,又是"觀角抵及百戲,日晏方罷。續三日一幸左右軍及御諸門,觀角抵、雜戲"。[5] 又唐文宗開成中,"寒食節,御勤政樓,觀角抵"[6]。文宗在某年寒食節,亦是與衆大臣一起觀看角抵。後唐莊宗"癖好俳優并角抵戲"[7]。吴越武肅王錢氏,每年八月十八日錢塘大潮時,帶衆大臣一起看潮。是日,"必命僚屬登樓而宴,及潮頭已過,即鬥牛,然後相撲"[8]。南唐中主李璟亦是深好此技。

帝王、衆臣們觀看的相撲者來自哪兒?估計有來自民間的,也有帝王平時養在相撲朋中的。蜀後主王衍爲了與鳳翔李茂貞通好,送給他一個叫述的相撲者。述到了鳳翔後去拜謁六軍太尉魏宗弼。宗弼的兒子特别喜好"雜藝",身邊亦養了一個相撲者,名石彦能,"實蜀之高手角力者","弼子延之爲客"。因爲

1 調露子撰,翁士勛校注:《角力記校注·出處》,第92~97頁。
2 調露子撰,翁士勛校注:《角力記校注·考古》,第49頁。
3 調露子撰,翁士勛校注:《角力記校注·考古》,第58頁。
4 調露子撰,翁士勛校注:《角力記校注·考古》,第68頁。
5 調露子撰,翁士勛校注:《角力記校注·考古》,第51~52頁。
6 調露子撰,翁士勛校注:《角力記校注·考古》,第56頁。
7 調露子撰,翁士勛校注:《角力記校注·考古》,第64頁。
8 調露子撰,翁士勛校注:《角力記校注·雜説》,第101頁。

石彦能出口成章,當時號"石校書",看似一位讀書人模様。不久弼子對述説:"欲見新客之技,奈何無偶對,難見精妙。"當時大家都説:"石校書可與新客戲。"石彦能"遜讓者數四",最後决定出手。兩人一對陣,述"爲石伺入腰交而倒。述憤其爲儒生所折,僞入厨求食,取庖刀欲自裁"。厨人奪下了刀,弼子亦以實告:"石原是此技人。"[1] 還有一些相撲者是帝王從小就養在宫内加以培養的。如一位姓蒙的角力士,懿宗咸通中"選隸小兒園。蹴鞠步打球子過駕幸處,拳球彈烏。以此應奉。尋入相撲朋中,方年十四五。時輩皆憚其拳手輕捷。及長,擅長多勝"。此人歷經僖、昭兩朝,没有對手,被人稱爲"蒙萬赢"。後入吴越,雖然已經年老,武肅王錢鏐"令指教數人"。[2]

角抵游戲在部隊裏是一種常見的操練方式,有助於提高軍人的身體素質和鬥志。宰相李紳督大梁時,"聞鎮海軍進健卒四人,一曰富倉龍,二曰沈萬石,三曰馮五千,四曰錢子濤,悉能拔橛角抵之戲"。後李紳令四人分别獻技,并同軍中其他勇士比試角抵,結果,馮五千力挫群雄,"十萬之衆,爲之披靡"。[3] 看來鎮海軍中擅長角抵的士兵不少。僖宗光啓中,左神策軍王卞由振武軍"到鎮排設,次命角抵。有一魁岸者無敵,主帥壯志,遂邀三人相次敵之,皆負"[4]。在地方藩鎮軍隊中,有不少角抵者,技藝高超。如張芬曾爲韋皋行軍,"曲藝且過人,力舉七尺碑,趯鞠過半塔。弓力五斗,以新塗泥壁,彈子打'天下太平'字。又能拳上倒碗,走十間地不落"[5],相當於後代的武林高手。武宗時有個相撲高手管萬敵,隸屬於左軍相撲朋,臂力特别大,"扛鼎挾輈,衆相推服"[6]。

唐代有很多從事角抵者生活在民間。文宗大和三年(829年),"南蠻蒙嵯巔以兵掠城下,土人多潰散"。其時邢州有一位善角抵者,因生活没有着落,"窘迫剃髪衣衲坐於佛寺廡下"。有蠻人三人騎馬進入寺廟,大呼曰:"王有急時,續

1 調露子撰,翁士勛校注:《角力記校注·考古》,第89~90頁。

2 調露子撰,翁士勛校注:《角力記校注·考古》,第77~78頁。

3 王讜:《唐語林》卷四《豪爽》,第三編第二册,第133~134頁。此條采自范攄《雲溪友議》卷上《江都事》,《唐五代筆記小説大觀》,第1266頁。

4 調露子撰,翁士勛校注:《角力記校注·考古》,第60頁。

5 調露子撰,翁士勛校注:《角力記校注·考古》,第58頁。

6 調露子撰,翁士勛校注:《角力記校注·考古》,第70頁。

遣兵七十萬繼至。”僧人坐着説:“榜可看否?”二蠻人説:“有何不可?”於是拿了文書在僧人面前展開。僧人走近,“乃悉拽之,拉其頭捽於井中,餘一乃走”。[1]唐代有位名叫楊河的人,圍棋水平很高,而且“性好相撲。身形魁偉。爲人所苦求,必與人敵戲”。咸通中,他游江襄,來到一僧寺,與僧人下棋後,問:“僧中還有角抵者否?”僧人答道:“皆耄年老宿。聞隨軍有抃力,可悦群公? 願憑檻以觀之。”楊河於是“衹脱寬衣,以脚蹴起庭中搗帛石,再蹴手接,擲高後接,如擊鞠焉”[2],看的人目瞪口呆。

僧人中有很多角抵能手。《角力記》説:“昔有沙門有勇氣,四方嚮風,往往相慕,多被相撲。嘗與數輩壯夫飲酒,散,連撲皆勝。”[3]很多人知道僧人善相撲,所以和他相約比賽,結果都敗下陣來。隋有一姓陶的出家人,號法通,“覺身有力”。其時“西番一道人。於北門試撲,都無敵者。文帝患之,詔通令與胡人角力。力者造通,爲把赤豆麥便粉碎”[4]。胡人身材高大,身體强壯,角抵時往往是贏者,中原漢人能有勇氣和他們比試,往往會成爲英雄,而法通是僧人中比較勇敢的一位。南唐有位姚結耳,“膂力過人。少小多蒲博爲己任,時號兼河頭相撲都知。……多持念,發願撲好手者遍,則出家爲僧。如是皆勝。自矜云:‘舉國絶對。’便於廬山開先寺求苦行薙染”。後來“猶對請普僧前,將巨樹拔其根,劈其支幹,遞其皮,如是數枝而止”。[5]

角抵者由於力氣較大,因而亦有一些异於常人的外表。如京兆“大寧坊力者張翰,扎刺左膊上曰:‘生不怕閻羅王。’”[6]手臂上刺字,説自己天不怕地不怕,力大無比。正因爲這些人身强力壯,所以很容易造成治安案件。穆宗長慶元年(821年),雲陽角抵人張莅“負羽林騎康憲□錢”,康憲多次向張莅討錢,張莅不但不還,還乘着酒勁差一點弄死康憲。康憲的兒子用錢買通了一個人持木

1 調露子撰,翁士勛校注:《角力記校注·考古》,第56頁。

2 調露子撰,翁士勛校注:《角力記校注·考古》,第67頁。

3 調露子撰,翁士勛校注:《角力記校注·雜説》,第108頁。

4 調露子撰,翁士勛校注:《角力記校注·考古》,第50頁。

5 調露子撰,翁士勛校注:《角力記校注·考古》,第87頁。

6 調露子撰,翁士勛校注:《角力記校注·考古》,第66頁。

棍擊莅,“首破,限内死”。[1]

其他的宋人筆記中,亦零星有一些角抵的資料。比如相撲者的容貌比較特别,剃成光頭。《清异録》卷下談到“世有十様佛,皆秃首者也”[2],其中第六爲角抵。唐代的祭禮活動中,我們亦能看到相撲人的身影。唐文宗將有事南郊,“祀前,本司進相撲人,上曰:‘方清齋,豈合觀此事?’左右曰:‘舊例也。已在外祇候。’上曰:‘此應是要賞物,可向外相撲了,即與賞令去。’”[3]雖然相撲人最終并没有起什麽實際的作用,但他在這個時候出現多少令人覺得有些奇怪。五代時,相撲者還被牽涉到政治鬥争中。南漢主殤帝劉玢即位後,“昏暴益甚,爲長夜之飲”。第二年三月,“其弟晟因人之情,乃使壯士夜以角抵進,因而弑之於長春宫”。壯士之一是陳道庠,“嘗爲角抵,以弑殤玢者”。劉晟晚年猜忌“功臣宗室,誅戮相繼”,亦擔心陳道庠,怕當年的事情重演,於是“欲其自退,乃賜之《漢紀》一部”,“庠因稱疾”。[4] 刺殺殤帝成功,立功的角抵壯士可以一直在朝廷中擔任職務,這在唐五代是不多見的。

角抵一般是真實地比拼個人力氣的摔跤比賽,但唐代亦出現了假摔跤真演戲的情况。《南部新書》卷丁云:“又角抵之戲,有假作吏部令史及虞部令史相見,忽然俱倒,悶絶良久,云:‘冷熱相激。’”[5]其實這裏是抖了一個包袱,吏部熱門事務較多,虞部冷静清閑,所以人們笑云“冷熱相激”。這個角抵戲相當於今天的小品表演。

(三)圍棋等棋類游戲

圍棋是在中國有着悠久歷史的娱樂活動之一。隋唐以前,圍棋就已十分流行。如吴主孫權的太子孫和曾經説過:“當世士人宜講修術學,校習射御,以周世務,而但交游博弈以妨事業,非進取之謂。”此後孫和“群僚侍宴,言及博弈,以爲妨事費日而無益於用,勞精損思而終無所成,非所以進德修業,積累功緒者

---

1 調露子撰,翁士勛校注:《角力記校注·考古》,第52頁。

2 陶穀:《清异録》卷下《肢體門》“十様佛”,第一編第二册,第67頁。

3 王讜:《唐語林》卷三《雅量》,第三編第二册,第98頁。

4 佚名:《五國故事》卷下,第一編第三册,第248頁。

5 錢易:《南部新書》卷丁,第一編第四册,第38頁。

也。……夫人情猶不能無嬉娱,嬉娱之好,亦在於飲宴琴書射御之間,何必博弈,然後爲歡。乃命侍坐者八人,各著論以矯之。於是中庶子韋曜退而論奏,和以示賓客。時蔡穎好弈,……故以此諷之"[1]。從孫和的這段話中可以看出,圍棋在三國時期的大臣中是比較熱門的游戲。由於下圍棋要花費很多時間冥思苦想,所以孫和認爲那是無益於用的事情,純屬浪費腦力。南北朝時期,下圍棋的人更多。羊玄保"善弈棋,棋品第三,太祖與賭郡戲,勝,以補宣城太守"。吴郡褚胤,"年七歲,入高品。及長,冠絶當時",時人評論説:"胤弈棋之妙,超古冠今。"[2]齊蕭惠基善下棋,"當時能棋人琅邪王抗第一品,吴郡褚思莊、會稽夏赤松并第二品。赤松思速,善於大行;思莊思遲,巧於鬥棋。宋文帝世,羊玄保爲會稽太守,帝遣思莊入東與玄保戲,因製局圖,還於帝前覆之。太祖使思莊與王抗交賭,自食時至日暮,一局始竟。上倦,遣還省,至五更方决。抗睡於局後,思莊達曉不寐。世或云:'思莊所以品第致高,緣其用思深久,人不能對也。'抗、思莊并至給事中。永明中,敕抗品棋,竟陵王子良使惠基掌其事"[3]。其時圍棋高手衆多,各有特點,有的以布局見長,有的以下慢棋見稱。帝王們都喜歡下棋,迷戀棋局,大大推動了圍棋的盛行。宋明帝好圍棋,"甚拙,去格七八道,物議共欺爲第三品"。他的水平實在一般,"與第一品王抗圍棋,依品賭戲。抗饒借帝",并且説:"皇帝飛棋,臣抗不能斷。"明帝聽了後以爲下棋就是這樣的,"好之愈篤"。[4] 南齊高帝蕭道成,喜好圍棋,其第五子蕭曄亦工弈棋。蕭惠開因善隸書及弈棋,深得蕭道成器重。梁武帝好弈棋,史稱他"六藝備閑,棋登逸品"[5]。梁武帝撰有《圍棋賦》,對圍棋頗有心得,如他認爲:"局有衆勢,多不可名,或方四聚五,花六持七。"梁宣帝亦有《圍棋賦》,説:"蜂起百塗,從横萬制。或無厭而反失,或先贏而後濟。"[6]

至唐代,圍棋成爲一項十分重要的娱樂活動。朝廷重視圍棋,很多帝王喜

1 陳壽:《三國志》卷五九《吴志·孫和傳》,中華書局,1964 年,第 1368~1369 頁。

2 沈約:《宋書》卷五四《羊玄保傳》,第 1535~1536 頁。

3 蕭子顯:《南齊書》卷四五《蕭惠基傳》,第 811 頁。

4 李延壽:《南史》卷七〇《虞願傳》,中華書局,1975 年,第 1710 頁。

5 姚思廉:《梁書》卷三《武帝紀》,第 96 頁。

6 歐陽詢:《藝文類聚》卷七四《巧藝部·圍棋》,上海古籍出版社,1982 年,第 1273 頁。

歡這項運動。比如唐代中期,翰林院設置"棋待詔",專門服侍皇帝下棋,同時還要提高皇帝的棋力,并教皇室及後宫衆人下棋。唐順宗時期,王叔文是翰林院的棋待詔,順宗在做太子時和他結下親密的友誼。宋人筆記中有不少關於圍棋的記載。如唐開元年間,玄宗和張説"方觀棋",估計是有棋藝較高的大臣在下棋。七歲小孩李泌被召進宫,玄宗讓他根據棋局"賦方圓動静"。張説對他説:"方若棋局,圓若棋子,動若棋生,静若棋死。"李泌馬上對答道:"方若行義,圓若運智,動若騁材,静若得意。"[1]李泌的詩并不是這裏需要討論的,但我們可以看到宫中人喜歡下棋,還會根據棋局寫詩作答。《清异録》談到玄宗曾問寧王:"卿近日棋神威力何如?"寧王答曰:"臣憑托陛下聖神,庶或可取。"於是玄宗很開心,"呼將方亭侯來,二宫人以玉界局進,遂與王對手"。[2] 説明宫内對皇室人員的圍棋水平有一定要求。

再如唐僖宗朝,翰林待詔滑能"棋品甚高,少逢敵手"[3]。南唐嗣主李璟喜歡和宰相一起下棋,還讓宜春王李從謙作詩:"嗣主嘗於苑中與宰相弈,而從謙侍側,嗣主命之賦《觀棋詩》,從謙乃命筆立賦,曰:'竹林二君子,盡日意沉吟。相對終無語,争先各有心。恃强終有失,守分固無侵。苦算機鋒處,滄溟想未深。'嗣主覽之驚嘆,令頒示百寮以爲規誡,士流争寫,紙價涌於建康。"[4]李從謙的詩裏談到李璟和宰相兩人下棋時的認真勁,長時期不説話,在冥思苦想。

文人士大夫、武將、僧人、道士、民間女子都下棋。《唐國史補》説:"今之博戲,有長行最盛。……圍棋次於長行,其工者近有韋延祐、楊芃首出。"[5]唐朝官員相聚,除了弄文舞墨,下棋是重要的内容。崔鉉鎮揚州時,盧耽罷浙西,張鐸罷常州,兩人路過揚州時拜謁崔鉉,"公以暇日,與二客私款。方弈",有人前來有事相求。[6] 三位高官私人關係較密切,在一起時擺出棋盤打算比試一番。南

1 孔平仲:《續世説》卷四《捷悟》,第二編第五册,第 75 頁。

2 陶穀:《清异録》卷下《器具門》"方亭侯",第一編第二册,第 83 頁。

3 孫光憲:《北夢瑣言》卷一〇《天帝召棋客》,第一編第一册,第 122 頁。

4 龍衮:《江南野史》卷三《宜春王》,第一編第三册,第 177 頁。

5 李肇:《唐國史補》卷下,《唐五代筆記小説大觀》,第 197 ~ 198 頁。此條亦見於王讜《唐語林》卷八《補遺》,第三編第二册,第 282 頁。

6 孫光憲:《北夢瑣言》卷六《田布尚書傳》,第一編第一册,第 73~74 頁。

唐金陵城中,下棋成風。畫家周文矩的《李後主觀棋圖》,就是描繪李煜看兩人對弈時的情形。查元方是南唐宰相查文徽的兒子,曾隨李從謙使宋,而宋派盧多遜到館中來迎接。《江南餘載》卷上記録了這件事:"開寶中,鄂國公從謙使梁,以水部員外郎查元方副之。既至,而盧多遜爲館伴使,與元方對弈。"[1] 南唐官員和宋朝官員在賓館裏對弈起來。

文人士大夫常用下棋來打發時間。唐宣宗時,有位李遠有詩云:"人事三杯酒,流年一局棋。"於是,宣宗認爲他"非牧人之才,不與郡守"[2]。

民間有不少圍棋高手,其棋藝水平有時不亞於朝廷的翰林棋待詔。唐僖宗時,"有一張小子,年僅十四",至翰林待詔滑能處"來謁覓棋,請饒一路。滑生棋思甚遲,沉吟良久,方下一子。張生隨手應之,都不介意,仍於庭際取適,候滑生更下,又隨手著應之"。[3] 滑能是個高手,而且是個圍棋專業人員,但這個少年張生和滑能勢均力敵。《角力記》談到唐棋客楊河,"圍棋至逸品格,著《四聲局圖》甚精悉"[4]。咸通中,他游江襄一帶,在一所寺廟裏與衆僧人下棋,没有人能贏他。

有的官員聽説民間有圍棋高手,想方設法要與他過招。前蜀簡州刺史安重霸,聽説部民有位姓鄧的油客子很會下棋,就召他到州府對弈。不過安重霸出了個壞主意,"祇令立侍。每落一子,俾其退立於西北牖下,俟我算路,然後進之。終日不下十數子而已。鄧生倦立且飢,殆不可堪。次日又召"。有人對鄧生説,安刺史召你下棋,其本意根本不是爲了棋,而是看上你家財力"粗贍",你還不如送點錢給他就算,"鄧生然之,以中金十鋌獲免"。[5] 故事中的安重霸雖然"黷貨無厭",但他聽聞民間有下棋高手後召他來對弈亦是事實。安重霸的棋

1 佚名:《江南餘載》卷上,第一編第二册,第240頁。

2 孫光憲:《北夢瑣言》卷六《以歌詞自娱》,第一編第一册,第79~80頁。李遠事在趙令畤《侯鯖録》卷七上亦有記載,不過内容有所差别:"唐杭州缺刺史,欲除李遠爲守。宣宗曰:'遠詩云:"青山不厭千杯酒,白日唯消一局棋。"如此安能治民!'"(第二編第六册,第252頁)因此,趙令畤批評唐宣宗道:"此繆陋之甚也。使才臣治郡有餘暇,鈴閣弈棋,未害爲政,豈特一詩中言棋便謂不能治民,有以見宣宗之度未宏遠耳。"

3 孫光憲:《北夢瑣言》卷一〇《天帝召棋客》,第一編第一册,第122頁。

4 調露子撰,翁士勛校注:《角力記校注·考古》,第67頁。

5 孫光憲:《北夢瑣言》卷一《日本國王子棋》,第一編第一册,第18頁。

藝可能達到了一定的水平,不過他想贏怕輸,所以纔出這樣的損招。

高手的棋局和理論往往令人難忘。德宗貞元中,“董叔儒進博一局并《經》一卷,頗有新意,不行於時”[1]。圍棋變化無窮,沈括云:“弈棋,古局用十七道,合二百八十九道,黑白棋各百五十,亦與後世法不同。”[2]王永平先生研究後認爲,魏晋時期圍棋盤多爲十七道,但北朝時有十九道棋盤,隋唐時期的圍棋規制都是十九道三百六十一子[3],説明圍棋在變化。沈括説:“唐僧一行曾筭棋局都數,凡若干局盡之。”圍棋的十九道三百六十一子,可以演繹出多少棋局呢?沈括是這樣計算的:“凡方二路,用四子,可變八千十一局。方三路,用九子,可變一萬九千六百八十三局。方四路,用十六子,可變四千三百四萬六千七百二十一局。”依此類推,有方五路、方六路,至方七路,已是“數多無名可記。盡三百六十一路,大約連書萬字五十二,即是局之大數”。“千變萬化,不出此數,棋之局盡矣”。[4] 許多人對圍棋的理解十分深刻,如皮日休説:“不害則敗,不詐則亡,不争則失,不僞則亂,是弈之必然也。”[5]棋局雖然很小,但學問很大,所以元稹説“運智托圍棋”[6]。

唐五代人盛行下圍棋,原因有很多,其中之一是很多人認爲下棋可以改變人的性情。比如僕射李訥,性子較急躁,但“酷尚弈棋。每下子安詳,極於寬緩”。當他碰到事情不順利怒氣要發作時,“家人輩則密以弈具陳於前。訥睹,便忻然改容,以取其子布弄,都忘其恚矣”。[7] 静静地思考棋局,會漸漸改變一個人的性格。

南唐翰林學士徐鉉共有五首詩咏及圍棋,認爲“刻燭知無取,争先素未精。本圖忘物我,何必計輸贏。賭墅終規利,焚囊亦近名。不如相視笑,高咏兩三

1 李肇:《唐國史補》卷下,《唐五代筆記小説大觀》,第 198 頁。可參王讜《唐語林》卷八《補遺》,第三編第二册,第 283 頁。

2 沈括:《夢溪筆談》卷一八,第二編第三册,第 136 頁。

3 王永平:《游戲、競技與娱樂》,中華書局,2010 年,第 231 頁。

4 沈括:《夢溪筆談》卷一八,第二編第三册,第 135~136 頁。

5 皮日休:《皮子文藪》卷三《原弈》,上海古籍出版社,1981 年,第 25 頁。

6 元稹:《元稹集》卷一〇《酬翰林白學士代書一百韵》,第 116 頁。

7 錢易:《南部新書》卷庚,第一編第四册,第 78 頁。

聲”[1]。指出下棋賭墅太功利,還不如高咏幾聲來得高雅。不過唐五代下棋賭錢財的還真不少。《續世説》卷一一談到後晋陳保極“性鄙吝”,“每與人弈棋,敗則手亂其局,蓋懼所賭金錢,不欲償也”。[2] 這是一個下棋想賭又怕輸的吝嗇鬼,而且輸棋後要弄亂棋局,没有基本的棋德。還有人爲了賄賂高官,故意輸棋輸錢。中唐李道古“便佞巧宦,早升朝籍,常以酒肴棋博游公卿門,角賭之際,僞爲不勝,而厚償之。故得一時虚名,而嗜利者悉與之狎”[3]。李道古用小恩小惠賄賂公卿,故意輸棋輸錢,而很多人贏錢後就認可了李道古,使他在仕途上越走越順。

唐朝的圍棋高手還與周邊國家的圍棋高手進行切磋比賽。唐宣宗朝,“日本國王子入貢,善圍棋,帝令待詔顧師言與之對手。王子出本國如楸玉局、冷暖玉棋子。蓋玉之蒼者,如楸玉色,其冷暖者,言冬暖夏凉”。日本國王子的棋盤和棋子都十分有特色。日本王子下至三十三手,“師言懼辱君命,汗手死心,始敢落指。王子亦凝目縮臂數四,竟伏不勝”。日本王子於是問禮賓官員下棋的顧師言是唐朝第幾高手,答曰:“其第三手也。”王子想見第一手,禮賓曰:“勝第三,可見第二;勝第二,可見第一。”[4] 日本王子還説“本國有手譚池,池中出玉子,不由製處,自然黑白,冬温夏冷”[5]。雖然不是兩國間正式的圍棋比賽,但已經達到相互交流棋藝的目的。

除圍棋外,宋人筆記裏還提到唐五代盛行的其他一些棋類游戲。如長行,這是一種雙人對局的游戲,每方棋子各爲十五枚,下棋時先擲骰子,骰子爲兩枚,每枚六面共二十一點,其中四點爲紅色。[6] 《唐語林》卷八引的一段資料出自《唐國史補》卷下,云:“今之博戲,長行最盛。其具有局有子,黑、黄各十有五,擲采之頭有二。其法生於握槊,變於雙陸。天后夢雙陸不勝,狄公言‘宫中無子’是也。後人新意,長行出焉。又有小雙陸、圍透、大點、小點、游談、鳳翼之

1 彭定求:《全唐詩》卷七五六徐鉉《棋賭賦詩輸劉起居》,第 8604 頁。

2 孔平仲:《續世説》卷一一《儉嗇》,第二編第五册,第 204 頁。

3 孔平仲:《續世説》卷一二《奸佞》,第二編第五册,第 226 頁。

4 孫光憲:《北夢瑣言》卷一《日本國王子棋》,第一編第一册,第 17~18 頁。

5 錢易:《南部新書》卷壬,第一編第四册,第 102 頁。

6 王永平:《游戲、競技與娱樂》,第 251 頁。

名,然無如長行。鑒險易者,喻時事焉;適變通者,方《易》象焉。王公大臣,頗或耽玩,至於廢慶吊,忘寢食。閭里用之,於是强名争勝,謂之'撩零';假借分晝,謂之'囊家'。囊家什一而取,謂之'子頭'。有通宵而戰者,有破産而輸者。中世工者,有渾鎬、崔師本。"[1] 根據這段話,可以清楚地看到唐代的棋類游戲中長行最爲普及,其玩法是從另兩種棋類游戲握槊和雙陸中變化而來的。[2] 唐代的王公大臣,十分熱衷於這種棋,常常因玩棋而忘掉正事。普通百姓亦喜歡長行,喜歡的原因是可以將這種游戲用來賭錢,跟着押賭,勝的人叫撩零,設局的人叫囊家,還有十分抽一叫子頭。這種賭博十分刺激,很多人整夜不睡,到最後連家産都輸光。

另有一種蹙融,一般認爲是傳統的格五棋,即娱樂的兩方分别拿黑白棋五枚,共行中道,每次移一步,遇對方則跳越,以先抵對方境内爲勝。《漢書・吾丘壽王傳》顔師古注中引孟康的話説:"格音各。行伍相各,故言各。"又引劉德的話:"格五,棋行。《簺法》曰簺白乘五,至五格不得行,故云格五。"顔師古最後説:"即今戲之簺也。"[3] 這種漢代已見的棋又名簙簺、博塞或簺。這種棋到唐代仍然流行。《唐語林》卷八云:"今有弈局,共取一道,人行五棋,謂之'蹙融'。'融'宜作'戎'。此戲生於黄帝蹙鞠,意在軍戎也,殊非'圓融'之義。庾元規著《座右方》,所言'蹙戎',是也。"[4] 按其説法,這種棋是受了蹙鞠啓發後産生的,主要是爲了行軍布陣,與軍事有關。如此説來,這是一種軍棋。

彈棋是唐以前就有的一種兩人對玩的棋類游戲。王永平認爲棋局的形狀是中隆邊低,棋子每方爲十二枚,共二十四子,分爲黑、紅(或黑、白)兩色,以全部擊落對方棋子者爲勝。[5] 《夢溪筆談》卷一八引《西京雜記》,談到漢元帝曾"爲彈棋之戲"。書中談道:"彈棋今人罕爲之,有譜一卷,盡唐人所爲。其局方二尺,中心高如覆盂,其巔爲小壺,四角微隆起。今大名開元寺佛殿上有一石

---

1 王讜:《唐語林》卷八《補遺》,第三編第二册,第 282 頁。

2 王永平認爲握槊與長行是一種游戲的不同叫法,雙陸是對局雙方各六枚棋子的一種游戲。見《游戲、競技與娱樂》,第 249、246 頁。

3 班固:《漢書》卷六四上《吾丘壽王傳》顔師古注,中華書局,1964 年,第 2794~2795 頁。

4 王讜:《唐語林》卷八《補遺》,第三編第二册,第 282 頁。

5 王永平:《游戲、競技與娱樂》,第 242 頁。

局，亦唐時物也。”意謂宋代玩彈棋的人比較少。這種棋盤二尺見方，中間高。隆起的地方有個小凹陷，四邊微微隆起。唐代很多文人的詩中談到彈棋，如李商隱有詩：“玉作彈棋局，中心最不平。”白樂天有詩：“彈棋局上事，最妙是長斜。”沈括認爲李詩是説棋盤中間隆起，白詩説要“抹角斜彈，一發過半局”，并云唐代傳下來的棋譜中談到過這種方法。又引柳子厚《叙棋》“用二十四棋者，即此戲也”，與漢代白黑各六枚棋子發生了較大的變動，“與後世法不同”。[1]《唐語林》卷三中的一則故事，對這種棋類活動描繪得更加詳細：“華陰楊牢，幼孤，六歲時就學歸，誤入人家，乃父友也。二丈人彈棋次，見楊氏子，戲曰：‘爾能爲丈人咏此局否？’楊登時叉手咏曰：‘魁形下方天頂凸，二十四寸窗中月。’父友驚撫其首。”[2]一般成年男性喜歡玩這種棋，而六歲的楊牢詩中談到的是棋盤中間高隆的形狀，兩邊共有二十四格，每格一寸左右，這是很少見的。《唐語林》卷八談道：“彈棋鮮有爲之，中世工者，有吉達、高越首出焉。”[3]唐代有玩彈棋的高手，但玩的人數在不斷減少，以至到了宋代就無人再玩這種游戲。

（四）樗蒲等賭博游戲

賭博對很多人來説是一種天性。唐五代有不少人喜歡賭博，所以就有很多種賭博游戲出現。唐代的賭博游戲，在宋人筆記小説中有所記録。《續世説》卷一〇云：“則天時，張易之引蜀商宋霸子等數人，於内宴上前博戲。宰相韋安石跪奏曰：‘蜀商賤類，不合至此。’因顧左右逐出之，在座者皆爲失色。”[4]商人宋霸子等喜歡賭博，而且將賭博游戲帶到宫中，武則天、張易之其實都很感興趣。

好賭是社會上普遍存在的風氣。《江南野史》卷六《彭玗》談到南唐彭玗爲吉州刺史，後來“歸本郡，乃廣城池，務農訓兵，禁人賭博。時有數卒爲竊，玗乃斬之於市，以令衆庶。玗欲報李，使人誘之博於其家，李未之知，遂圍之，盡誅其妻孥數十口”[5]。吏酋李氏是彭玗原來的上司，因爲輕視彭玗，遂被記恨在心。

---

1 沈括：《夢溪筆談》卷一八，第二編第三册，第136頁。

2 王讜：《唐語林》卷三《夙慧》，第三編第二册，第125~126頁。

3 王讜：《唐語林》卷八《補遺》，第三編第二册，第282頁。

4 孔平仲：《續世説》卷一〇《直諫》，第二編第五册，第178頁。

5 龍衮：《江南野史》卷六《彭玗》，第一編第三册，第194頁。

彭玗利用其好賭的天性，設計殺之。南唐時申屠令堅，“自少無賴好博”[1]。再如盧絳年輕時“不能治産業，每縱俠與博徒游”。後來到南昌，“絳能書計，辟爲本務吏數年。暇則從屠弈角抵輩飲食”。再後來到豐城，“爲曩昔交游無賴輩相率飲博。數日之間，囊橐皆罄”。[2] 劉茂忠南唐歸宋後爲登州刺史，“迨太宗嗣位，枉賭博事露，左遷”[3]。可知社會上的年輕人喜歡賭博，狂賭者會輸得身無分文。

其時的賭博，有很多種類，比如圍棋、鬥鷄鴨輸贏都能賭博，但這些還是以娱樂爲主，而樗蒱是一種純粹的賭博游戲。

樗蒱，又作樗蒲、摴蒱，其得名由來一説是因爲其擲的投子最初是用樗木製成的。這種賭博游戲南北朝時十分流行，社會各個階層的人都喜歡這項活動。《晋書·王獻之傳》説：“（獻之）年數歲，嘗觀門生摴蒱，曰：‘南風不競。’門生曰：‘此郎亦管中窺豹，時見一班。’”[4] 王獻之認爲南方本來是不玩這種賭博游戲的，但北人南來之後都在玩，而門生認爲他是少見多怪，是管中窺豹，見識太少。南朝劉宋時的王弘歷任要職，但他年輕時曾在公城子野家中玩過摴蒲。王弘當權後，有一個人來找他要求得到縣長之職，言辭十分急切。當王弘知道他善蒲戲并因此得罪時，便説：“君得錢會戲，何用禄爲！”意謂你能通過樗蒲賺錢，還要官禄幹什麽。那人答：“不審公城子野何在？”一下子使王弘默然無對。[5] 南齊時，明帝因平定晋安王反叛得勝，大會新亭，慰勞諸軍將領。席間“樗蒱官賭”，武衛將軍李安民“五擲皆盧”，明帝大驚，看着安民説：“卿面方如田，封侯狀也。”[6] 完全被他的技藝所折服。

這種賭博游戲，到了隋唐五代，繼續盛行。李季可《松窗百説》談到爲契丹占領的燕雲諸州：“燕雲九州衣冠結束，至今似唐時，餘事不變者亦衆，如博之樗

1　龍衮：《江南野史》卷一〇《申屠令堅》，第一編第三册，第 221 頁。

2　龍衮：《江南野史》卷二〇《盧絳》，第一編第三册，第 217 頁。

3　龍衮：《江南野史》卷二〇《劉茂忠》，第一編第三册，第 224 頁。

4　房玄齡：《晋書》卷八〇《王羲之傳》附《王獻之傳》，第 2104 頁。

5　沈約：《宋書》卷四二《王弘傳》，第 1322~1323 頁。

6　蕭子顯：《南齊書》卷二七《李安民傳》，第 505 頁。

蒲、雙六皆是也。”[1]意謂燕雲諸州不但保持了唐代的衣服妝飾打扮，而且連賭博的樗蒲、雙六仍沿襲着唐朝的規則。《南唐近事》卷二談到徐温派劉信攻打南康，打了一個月還没攻克，遂懷疑劉信或許是想背叛吴國。劉信聽説後有點害怕，下死命令攻城，第二天就打下來了。“他日謁見，義祖命諸元勛爲六博之戲，以紓前意。信酒酣，掬六骰於手曰：‘令公疑信欲背者，傾西江之水終難自滌。不負公，當一擲遍赤，誠如前旨，則衆彩而已，信當自拘，不煩刑吏耳。’義祖免釋不暇，投之於盆，六子皆赤。義祖賞其精誠昭感，復待以忠貞焉。”[2]這裏説的六博之戲，其實并不是前代的六博，衹不過六博要擲箸，與後代樗蒲的骰子相當，所以稱樗蒲爲六博。從記録中可以看到，劉信手裏拿了六隻骰子，并説如果六隻骰子全部呈紅色，就表明自己是忠誠的。其時樗蒲游戲中的骰子爲正方形，六面分刻數字一二三四五六，其中有一面爲紅色，其餘均爲黑色。劉信是將骰子擲於盆内，旋轉停止後，看骰子的顔色和數位的大小，或者是看骰子數位的排列。唐代開始，骰子共有六個，一般是骨製。《清异録》卷下談到當時的骰子：“博徒隱語以骰子爲‘惺惺二十一’，又曰‘象六’，謂六隻成副。”[3]所以賭博中是以六隻骰子的情況來計算的。蜀先主王建唐末爲禁軍都頭，“與其儕於僧院擲骰子，六隻次第相重，自么至六，人共駭之。他日霸蜀，因幸興元，訪當時僧院。其僧尚在，問以舊事，此僧具以骰子爲對。先主大悦，厚賜之”[4]。説明唐代軍隊裏亦盛行這種賭博游戲。王建的六隻骰子，分别爲數字一二三四五六，時人“駭之”，説明這種排列在規則上比較有利，在一般情況下可以贏對方。

擲骰子通常都要賭錢。鄭還古的弟弟鄭齊古，“好博戲賭錢，還古帑中恣其所用，齊古得之輒盡。還古每出行，必封管籥付家人，曰：‘留待二十九郎。儻博，勿使别取債息，爲惡人所陷也。’弟感其誼，爲之稍節”[5]。博戲主要是爲了贏錢，但鄭齊古總是輸錢，輸了就要借債，就要付人家高額的利息。

不過總體上説，政府是不主張賭錢的，各個皇帝都有禁止樗蒲的詔令。如

---

1 李季可：《松窗百説・燕雲》，第六編第三册，第31頁。

2 鄭文寶：《南唐近事》卷二，第一編第二册，第223頁。

3 陶穀：《清异録》卷下《器具門》“惺惺二十一”，第一編第二册，第87頁。

4 孫光憲：《北夢瑣言》佚文三《蜀先主擲骰子》，第一編第一册，第242頁。

5 王讜：《唐語林》卷一《德行》，第三編第二册，第14頁。

會昌三年(843年),京兆府上奏武宗:"兩坊市閑行不事家業,黥刺身上,屠宰猪狗,酗酒鬥打,及僦構關節、下脱錢物、樗蒱賭錢人等,伏乞今後如有犯者,許臣追捉。若是百姓,當時處置。如屬諸軍、諸使、禁司,奏聞。"[1]民間對樗蒱賭錢,評價亦不高。如鄭齊古賭錢,通常情况其哥哥應該將錢鎖起來,不過鄭還古比較仁慈,所以得到了社會上的好評。唐李當尚書鎮興元時,"褒城縣有處士陳休復者,號'陳七子',狎於博徒,行止非常。八座以其妖誕械之"[2]。將這種和博徒混在一起的人抓進了監獄。

與樗蒱投擲骰子相差不多的賭博游戲在唐五代還有一些。比如有一種骰子選,亦叫彩選,是以骰子賭官位大小的游戲。《南部新書》卷乙云:"李郃除賀州,人言不熟臺閣,故著《骰子選格》。"[3]該書卷庚又云:"李郃爲賀牧,與妓人葉茂連江行,因撰《骰子選》,謂之'葉子'。咸通以來,天下尚之。"[4]李郃爲賀州刺史,應是在文宗大和年間。《新唐書》卷五九《藝文三》記録李郃有《骰子選格》三卷。又晁公武《郡齋讀書志》後志卷二"雜藝術類"記録有一書名《葉子戲格》一卷,并云:"右不著撰人。世傳葉子婦人也。撰此戲,晚唐之時也。"從上面這些記載來看,李郃的《骰子選格》與他的仕途有關,他大概本來是想在中央臺閣中任職,没想到會赴邊遠的賀州出任地方官,於是認爲這官位的任命與投骰子來决定高低差不多。其次,骰子和葉子有很大的關係,這一游戲咸通以後十分流行,估計有大量的女人亦參與了這一游戲。但《骰子選格》是否就是《葉子戲格》,骰子戲是否完全等同於葉子戲,這當然不能輕易斷定,但兩者之間存在一定的關係是可以肯定的。

宋初高承《事物紀原》卷九云:"《彩選序》曰:唐之衰,任官失序,而廉耻路斷。李賀州郃譏之,耻當時職任用投子之數,均班爵賞,謂之彩選,言其無實,惟彩勝而已。"[5]按照高承的説法,李郃是從自己身上看到任官亂象,所以他設計了一種游戲,用投骰子大小來對應官位的高低,出發點是他嘲諷唐代任官制度

1 王溥:《唐會要》卷六七《京兆尹》,第1188頁。
2 孫光憲:《北夢瑣言》卷八《李尚書亡女魂》,第一編第一册,第106頁。
3 錢易:《南部新書》卷乙,第一編第四册,第21頁。
4 錢易:《南部新書》卷庚,第一編第四册,第78頁。
5 高承:《事物紀原》卷九《博弈嬉戲·彩選》,第491頁。

出了問題。而在游戲中,通過投骰子,根據數位的大小,來擔任高低不同的官位。由於祇是游戲裏得到官位,并不是實際的官位高低,并無其實,祇是“彩勝”,所以就稱這種游戲爲“彩選”。唐代房千里爲《骰子選格》作序,談到他開成三年(838 年)在船上:“遇二三子號進士者,以六骰雙雙爲戲,更投局上,以數多少爲進身職官之差數,豐貴而約賤。卒局,座客有爲尉掾而止者,有貴爲相臣將臣者,有連得美名而後不振者,有始甚微而欻升於上位者。大凡得失酷似前所謂不繫賢不肖,但卜其偶不偶耳。”[1] 這些讀書人在船上玩游戲,根據數位大小得到相應的官位。

一些筆記小説記載了有關以彩選卜官運的故事。《唐語林》卷七談到唐末盧澄爲淮南節度使李蔚的從事,一次喝酒時李蔚因事嘲笑盧澄:“昔之狂司馬,今也憨從事。”盧澄生氣了,“索彩具”,與李蔚“賭貴兆”,還説:“彩大者,秉大柄。”賭贏就是將來能做更大的官。澄“擲之得十一”,衆人十分驚詫,李蔚“徐擲之,得堂印”。數月後,盧澄入尚書省爲官;幾年後,李蔚入朝任宰相。[2] 本來是游戲中的賭大小,結果成爲事實,這可能是筆記作者作了些虚構。《南部新書》卷辛談到駙馬韋保衡爲宰相,因爲厚承懿宗恩澤,所以“大張權勢”。僖宗時,韋保衡爲人告發事敗,“長安市兒忽競彩戲,謂之‘打圍’”[3],不久韋保衡被貶至死。彩戲中的術語,成了韋保衡真實的命運。

宋代筆記中關於葉子格出現的記載,與晁公武所説明顯不同。《澠水燕談録》卷九談到:“唐太宗問一行世數,禪師製葉子格進之。葉子,言二十世李也,當時士大夫宴集皆爲之。其後,有柴氏、趙氏,其格不一。蜀人以紅鶴格爲貴,禁中則以花蟲爲宗。”按這個説法,葉子戲的出現應是在唐初,士大夫特别喜歡在宴集上玩這個游戲。這種葉子戲,有不同的規則,宫内和宫外的規則就不完全一樣。該書又談到宋代葉子格玩耍的方法:“用匾骰子六隻,犀牙師子十事,自盆帖而下分十五門,門各有説,凡名彩二百二十七、逸彩二百四十七,總四百

1　董誥:《全唐文》卷七六〇房千里《骰子選格序》,第 3502 頁。

2　王讜:《唐語林》卷七《補遺》,第三編第二册,第 265 頁。

3　錢易:《南部新書》卷辛,第一編第四册,第 89 頁。

七十四彩。余家有其格,而世無能爲者。”[1]該書作者王闢之爲北宋中期人,當時已没人會玩這種游戲,所以他説的這些方法應該是北宋前期的,與唐末五代時期這種游戲的玩法比較接近。從這段記載中還可以看到,葉子格和骰子戲有相通的地方,那就是游戲中都有骰子,應該都是用擲骰子的方式來決定勝負。

歐陽修《歸田録》卷二云:“葉子格者,自唐中世以後有之。説者云:因人有姓葉,號葉子青者撰此格,因以爲名。此説非也。唐人藏書皆作卷軸,其後有葉子,其制似今策子。凡文字有備檢用者,卷軸難數卷舒,故以葉子寫之,如吴彩鸞《唐韵》、李郃《彩選》之類是也。骰子格本備檢用,故亦以葉子寫之,因以爲名爾。唐世士人宴集,盛行葉子格,五代、國初猶然,後漸廢不傳。今其格世或有之,而無人知者,惟昔楊大年好之。”[2]歐陽修認爲葉子是唐人讀書時用的書簽,主要是作點簡略的記録,爲下次翻書作個記號。骰子戲玩耍的時候,亦要作記録,就寫在葉子上。後來唐代宴集時出現的葉子戲,是從這種方式上發展起來的,由於分門别彩,格式繁多,規則太複雜,所以唐末五代宋初流行熱度一過,後人就没有再玩的興趣了。不過葉子戲在唐五代時期的確比較盛行,大臣帝王都饒有興趣。《南部新書》卷癸談到後梁代唐後,朱温十分開心,“宴於内殿,悉會戚屬,又命葉戲”[3]。可見君臣之間都十分熱衷葉戲。王永平認爲葉子戲是我國最古老的紙牌游戲[4],此話有一定的道理。但葉子戲紙面上的門、彩雖然是游戲的主體,却要依靠骰子幫助纔能完成,所以與紙牌還是有不少差距。

宋人對這種游戲評價較低。《甕牖閒評》卷八談道:“此蓋李唐時讖語,宜其久而遂泯也。夫葉子二字,拆葉字上一半乃廿世字,餘木字湊下子字作李字,乃廿世李,正合有唐歷代二十帝之數,當作讖語,如此而謂非天命,可乎!”[5]宋人認爲“葉”是“廿世李”的讖語,唐朝衹能傳二十代。由於這種賭博游戲到宋代後不再流行,所以,宋人通過這種游戲的興衰,認爲唐王朝的命運與游戲預示的

1 王闢之:《澠水燕談録》卷九《雜録》,第二編第四册,第92頁。
2 歐陽修:《歸田録》卷二,第一編第五册,第263頁。
3 錢易:《南部新書》卷癸,第一編第四册,第129頁。
4 王永平:《游戲、競技與娱樂》,第257頁。
5 袁文:《甕牖閒評》卷八,第四編第七册,第217頁。

一樣,這是天命的必然。

(五)鬥鷄、鬥鴨

鬥鷄、鬥鴨的游戲由來已久。南北朝時期,鬥鷄游戲興盛,帝王大臣都有觀看的愛好。梁簡文帝有《鬥鷄詩》,描述鬥鷄時的景象:"玉冠初警敵,芥羽忽猜儔。十日驕既滿,九勝勢恒遒。脱使田饒見,堪能説魯侯。"[1] 傅玄《鬥鷄賦》將兩隻相互爭鬥的鷄描寫得活靈活現:"前看如倒,傍視如傾;目象規作,嘴似削成。高膺峭跱,雙翅齊平;躍身竦體,怒勢横生。爪似煉鋼,目如奔星;揚翅因風,撫翮長鳴。猛志横逸,勢凌天廷。或躑躅踟蹰,或蹀躡容與;或爬地俯仰,或撫翼未舉。……於是紛紜翕赫,雷合電擊;爭奮身而相戟兮,競隼鷙而雕睨。得勢者凌九天,失據者淪九地。"褚玠《鬥鷄東郊道詩》亦云:"春郊鬥鷄侶,捧敵兩逢迎。詭群排袖出,帶勇向場驚。"[2] 其時同樣盛行鬥鴨的習俗。魏文帝派人向吴國提出要鬥鴨、長鳴鷄等,吴國大臣認爲魏國討要的是珍玩之物,不合禮儀,不應給。孫權爲了聯合曹魏對抗蜀漢,便滿足魏使的要求。[3] 既然在建業一帶出産作爲玩物的鬥鴨,那平日裏必定是有這種游玩活動的。孫權子建昌侯孫慮喜好鬥鴨,曾在堂前作鬥鴨欄。[4] 南朝太子舍人王僧達因病休假,到楊列橋觀鬥鴨[5],説明南朝建康城内民間盛行鬥鴨習俗。

到了唐五代,鬥鷄的習俗繼續保留着,且在宋人筆記中有不少反映。《唐語林》卷二談到唐初杜淹衹是個小吏,"文皇勘定内難,咏鬥鷄寄意曰:'寒食東郊道,飛翔競出籠。花冠偏照日,芥羽正生風。顧敵知心勇,先鳴覺氣雄。長翹頻埽陣,利距屢通中。'文皇覽之,嘉嘆數四,遽擢用之。"[6] 杜淹的詩當然是拍馬屁的,用鬥鷄比喻唐太宗平定全國,這使李世民十分高興,於是決定提拔他。不過

---

1 徐堅:《初學記》卷三〇《鳥部・鷄第三》,第 567 頁。

2 徐堅:《初學記》卷三〇《鳥部・鷄第三》,第 566~567 頁。

3 陳壽:《三國志》卷四七《吴志・吴主傳》注引《江表傳》,第 1124 頁。

4 陳壽:《三國志》卷五八《吴志・陸遜傳》,第 1349 頁。

5 沈約:《宋書》卷七五《王僧達傳》(第 1951 頁)云:"年未二十,以爲始興王濬後軍參軍,遷太子舍人。坐屬疾,於楊列橋觀鬥鴨,爲有司所糾,原不問。"

6 王讜:《唐語林》卷二《文學》,第三編第二册,第 53 頁。

從詩裏可以看到，鬥鷄這一游樂活動唐代初年是流行的，否則寫出一種誰也没看過的游戲，唐太宗纔不會叫好呢。詩中可以看到，鬥鷄的時間是在寒食節，使用的是公鷄，鷄冠很高，毛羽挺拔，鬥前先嘹亮地鳴一聲，然後冲向對方。唐玄宗即位，不思進取，不好好管理政事，游玩的東西却搞了很多。他任姜皎爲殿中少監，"數召入卧内，命之舍敬，曲侍宴私，與后妃連榻，間以擊球、鬥鷄，常呼爲姜七而不名也"[1]。皇帝喜歡什麽，大臣就投其所好，鬥鷄是當時宫中的熱門娱樂活動。據程大昌《雍録》記載，唐玄宗在離宫别苑中設有鬥鷄場所，華清宫觀風樓南有鬥鷄殿[2]，玄宗和楊妃就是在這裏看鬥鷄取樂。唐文宗曾觀看鬥鷄，"優人稱嘆大好鷄"[3]。由於兩鷄相争，體型大的肯定占便宜，所以一般都是挑選大鷄來鬥。唐僖宗"好蹴鞠、鬥鷄"，鬥鷄的另一方是"諸王"。[4] 五代小皇帝更是喜歡鬥鷄游戲。《續世説》卷八談道："朱梁王彦章，嘗輕唐莊宗，曰：'李亞子，鬥鷄小兒，何足畏？'"[5]李存勖喜歡鬥鷄，所以被王彦章看不起，認爲這是游手好閑者的游戲。

不但皇室喜歡鬥鷄，士族顯貴和官員亦對鬥鷄大感興趣。唐初王勃爲沛王府修撰，"諸王鬥鷄，互有勝負，勃戲爲《檄英王鷄文》。高宗覽之，怒曰：'據此，是交構之漸。'即日斥勃，不令入府"[6]。説明高宗的兄弟、兒子們常常聚在一起鬥鷄，互有勝負。

鬥鷄還不過癮，還要鬥鴨。《唐語林》卷七談到唐僖宗"好蹴球、鬥鴨爲樂"[7]。唐末文人陸龜蒙"居震澤之南巨積莊，産有鬥鴨一欄，頗極馴養。一旦，有驛使過，挾彈斃其尤者"[8]。趙與時《賓退録》卷八引馮延巳《謁金門》長短句，

---

1 孔平仲：《續世説》卷九《惑溺》，第二編第五册，第153頁。

2 程大昌：《雍録》卷四《華清宫圖・温泉》，中華書局，2002年，第83頁。

3 王讜：《唐語林》卷三《雅量》，第三編第二册，第98頁。

4 孔平仲：《續世説》卷六《排調》，第二編第五册，第119頁。

5 孔平仲：《續世説》卷八《輕詆》，第二編第五册，第145頁。

6 孔平仲：《續世説》卷六《排調》，第二編第五册，第118頁。

7 王讜：《唐語林》卷七《補遺》，第三編第二册，第264頁。不過孫光憲《北夢瑣言》卷一《宣宗稱進士》條同樣談及此事，"鬥鴨"作"鬥鷄"（第15頁）。

8 錢易：《南部新書》卷丁，第一編第四册，第43頁。龔明之《中吴紀聞》卷一《鬥鴨》亦引此條，第三編第七册，第191頁。

内中有句曰“鬥鴨欄干獨倚”,而宋代一些人認爲鴨是不能鬥的,所以趙與時查找了很多三國以來的資料,説明鴨是可以争鬥的。關於唐代的這種活動,他引《新唐書·齊王祐傳》“祐喜養鬥鴨。方未反,狸齕鴨四十餘,絶其頭去。及敗,牽連誅死者凡四十餘人”,認爲鬥鴨“古蓋有之”。鬥鴨外,還有鬥鵝。趙與時又引《新唐書·田令孜傳》“僖宗好鬥鵝,數幸六王宅、興慶池,與諸王鬥鵝。一鵝至五十萬錢”,認爲“是鵝亦能鬥也”。[1]

鬥小家禽,刺激程度不够,所以一些人開始欣賞大動物相鬥。

鬥牛始於唐以前。不過由於唐代耕牛缺少,鬥牛比賽并不是很多。《北夢瑣言》卷四談到“崔侍郎安潜好看鬥牛”[2]。崔安潜爲唐末人,懿宗以後活躍於政壇,這個時候鬥牛比賽應該經常會出現。《角力記》談到錢鏐吴越國時,君臣觀看八月十八的錢塘江大潮,“必命僚屬登樓而宴,及潮頭已過,即鬥牛,然後相撲”[3]。鬥牛是觀潮活動的一部分。鬥羊主要出現在唐朝中期。《楊公筆録》談道:“世人以鬥鷄爲雄,然不如鬥羊之爲偉。余嘗見牧羊自鬥者,皆怒視頃刻,却立勇進,以額相觸,其聲如叩石。凡百十數不已,常疑其骨碎。”張説曾向玄宗進獻《鬥羊表》,云:“却鼓怒以作氣,前躑躅以奮擊。疾如奔雲之交觸,解如轉石之相叩。”楊彦齡認爲“真得其狀”,描繪得惟妙惟肖。[4] 説明玄宗時期,鬥羊是一種常見的娱樂活動。其時所鬥之羊,來自邊境州縣。《續世説》卷三談道:“玄宗欲討吐蕃,張説密奏乞與通和,以息邊境,玄宗不從。及瓜州失守,王君奐死。説因獲嶲州鬥羊,表獻之,以申諷諭,曰:‘使羊能言,必將曰:“若鬥而不解,立有死者。”所賴至仁無殘,量力取歡焉。’玄宗深悟其意。”[5]張説獻嶲州鬥羊,同時進諫,説明鬥羊活動有可能主要是在宫中舉行。由於兩羊相鬥,頭角頂觸相持不退後,就可能兩敗俱傷,所以張説用鬥羊來勸諫唐蕃之間的戰争。

訓練羊、牛後讓它們相互打鬥,會讓觀看者情緒亢奮、高昂。還有一些動物經訓練後上臺表演,能讓人産生愉悦的心情。比如唐朝有人通過對馬匹進行訓

1 趙與時:《賓退録》卷八,第六編第十册,第115頁。

2 孫光憲:《北夢瑣言》卷四《諸重德好尚》,第一編第一册,第46頁。

3 調露子撰,翁士勋校注:《角力記校注·雜説》,第101頁。

4 楊彦齡:《楊公筆録》,第一編第十册,第147~148頁。

5 孔平仲:《續世説》卷三《箴規》,第二編第五册,第59頁。

練,使馬走起舞步,使觀看的人産生驚奇感。宋人認爲舞馬産生於中宗景龍年間:"世傳舞馬銜杯上壽起於開元,非也。中宗時已有之。《景龍文館記》:'殿中奏蹀馬之戲,宛轉中律,遇作飲酒樂者,以口銜杯,卧而復起,吐蕃大驚。'即不起開元時矣。"[1]景龍年間的馬,能够根據音樂節拍走路,碰到奏飲酒音樂時,能用口銜杯站起卧坐,或者向人敬酒。這使得在馬背上生活的吐蕃人都感到吃驚。唐玄宗的舞馬共有三十匹,訓練十分有素,李上交《近事會元》卷四有記載:"唐明皇開元中,三宴日諸樂戲外,有舞馬三十匹爲《傾杯樂曲》,奮首鼓尾,縱横應節。又施三層寶床,乘馬而上,抃轉如飛。"此後有數匹馬爲范陽節度使安禄山帶回去,仍加以訓練。至田承嗣代安禄山,"舞馬尚存者,一旦於櫪上聞鼓聲,頓挫以舞之。厩人惡之,舉篲以擊焉。其馬尚謂怒其未姸妙,因更奮擊宛轉,曲盡其態。厮役告承嗣,以爲妖,遂戮之,而舞馬絶"[2]。蘇軾對舞馬的描述稍有些不同:"明皇以八月誕降,酺會於勤政樓下,命之曰千秋節,大合樂,設連榻,使馬舞於其上。馬皆衣紈綺,被鈴鑷,驤首奮鬣,舉趹翹尾,變態動容,皆中節奏,故養之頗甚優厚。"這些能够跟着音樂節奏舞動的馬,都是經過長時間訓練纔造就的。不過關於田承嗣殺舞馬,與李上交的記載基本相同:"一日,大享士伍作樂,其馬於櫪上輒奮首舉足以舞。圉人惡之,舉足以擊,其馬尚謂不盡技之妙,愈更周旋宛轉,以極其態度。厮役以狀告承嗣,承嗣以爲妖而戮之。"[3]蘇軾此則記載中没有明説是"舞馬"。不過陸游《避暑漫抄》説舞馬是玄宗逃出長安幸蜀後,安禄山"迫脅樂工牽引犀象,驅掠舞馬,盡入洛陽,復散於河北"。這裏説除了舞馬,還有犀象,亦能拜舞。後來"左右引象來,至則瞪目憤怒略無拜舞者"。[4]

除此以外,作爲娱樂活動,唐人喜歡養鳥,尤其是城市裏的一些男性,對養鳥比較熱衷。魏伶爲長安西市丞,"養一赤嘴鳥,每於人衆中乞錢。人取一文,而銜以送伶處,日收數百",所以時人號爲"魏丞鳥"[5]。一隻鳥能够替主人收

1 程大昌:《程氏考古編》卷九《舞馬起於景龍間》,第四編第十册,第87頁。

2 李上交:《近事會元》卷四《舞馬》,第一編第四册,第178頁。

3 蘇軾:《漁樵閑話録》下篇,第一編第九册,第242~243頁。

4 陸游:《避暑漫抄》,第五編第八册,第134頁。

5 錢易:《南部新書》卷己,第一編第四册,第68頁。

錢,是要經過長時期訓練的。再如唐太宗曾經得“鷂子俊异,私自臂之”[1]。玄宗爲潞州别駕時,入覲京師,“戎服臂鷹,疾驅至前”[2],亦是養了一隻鷹。這種臂鷹應是當時有錢人最爲流行的寵物。

當然,最爲刺激的娛樂活動是人獸相鬥,通過製造出血淋淋的場景,使觀看者産生視覺上的刺激。這是特殊時期或者説特殊人群纔會有的活動,并不是社會上普遍存在的一種風俗。南漢主劉晟“每宴會,則獨處殿庭之間,侍宴臣僚皆結彩亭,列坐於殿之兩隅。宴酣,則有司以檻獸而進,兩傍翼以戈戟,晟親持弓矢下殿,有司引獸檻而前,逡巡獸出,移庭而上,晟引弓射之,兩旁戈戟競進,獸乃斃。其爲樂皆類此耳”[3]。人與獸鬥,在射箭和刺殺動物中得到快樂。這種鬥獸的活動比較危險,因而僅在少數人中進行。

京城由於經濟最爲發達,富貴人員較多,社會閑雜人員吃飽了飯想尋找刺激,因而鬥鷄走犬的游樂活動最爲多見,對社會風氣帶來了較大的影響。有人曾説:“京兆户民尚鬥鷄走犬之戲,習以爲業,罕有勤稼者。蓋豪蕩之俗,猶存餘態爾。”[4]認爲這種習俗影響到了勤勞持家的風尚,使社會走向奢靡。

(六)百戲

唐五代精彩紛呈的歌舞和雜技表演,通稱爲百戲。《唐會要》卷三三《散樂》談道:“散樂歷代有之,其名不一,非部伍之聲,俳優歌舞雜奏,總謂之百戲。”[5]就是説,與朝廷中正規的坐部伎和立部伎演奏的雅樂、大曲和法曲相對應的各種通俗的歌舞和雜藝表演,都可稱爲散樂,即百戲,其表演形式多種多樣,而且歷代都有,傳承時間較長。朝廷中的百戲,在唐代中期歸立部伎管理。白居易有專門談立部伎的詩:“立部伎,鼓笛喧。舞雙劍,跳七丸。裊巨索,掉長竿。”[6]跳丸、舞劍、繩技、長竿等雜技類的娛樂和鼓笛類的音樂,都歸立部伎管

1 王讜:《唐語林》卷三《方正》,第三編第二册,第 90 頁。
2 王讜:《唐語林》卷四《豪爽》,第三編第二册,第 128 頁。
3 佚名:《五國故事》卷下,第一編第三册,第 248 頁。
4 張洎:《賈氏譚録》,第一編第二册,第 139 頁。
5 王溥:《唐會要》卷三三《散樂》,第 611 頁。
6 白居易:《白居易集》卷三《立部伎》,第 57 頁。

理。

百戲在宫廷和民間都有。隋唐帝王宴請或慶祝活動時都列盛百戲,作爲與民同樂活動的一個重要部分。宋代筆記中,對此都有一定的記録。比如《南部新書》卷癸談到"明皇御勤政樓,下設百戲,坐安禄山於東間觀看"。肅宗進諫,認爲"歷觀今古,無臣下與君上同坐閱戲者"[1]。唐代的宫裹常有百戲表演,但肅宗認爲大臣不能和皇帝一起坐着看,應該是遠遠地站在兩側。穆宗即位後,"幸神策軍,觀角抵及百戲,日晏方罷。續三日一幸左右軍及御諸門,觀角抵雜戲"[2]。觀看百戲是慶祝登基的一部分。《唐語林》卷四談到大和九年(835年),仇士良誅王涯、鄭注,文宗内心十分悲傷,"或登臨游幸,雖百戲列於前,未嘗少悦"。百戲表演是皇宫中常規的娛樂節目,但文宗心中不是個滋味。直到看見"宫人沈阿翹爲上舞《河滿子》詞,聲態宛轉,曲罷,錫以金臂環。乃問其從來",原來這阿翹是吴元濟的女兒,吴元濟敗,女兒没入宫内。[3] 顯然百戲中包括了跳舞和唱詞曲。《唐語林》卷一談到宣宗與兄弟之間關係十分融洽,大中元年(847年)在十六王宅園中修建了雍和殿,"數臨幸,諸王無少長,悉預坐。樂陳百戲,抵暮而罷。諸王或有疾,斥去戲樂,即其卧内,躬自撫之,憂形於色"[4]。受場地和時間的限制,百戲表演的規模肯定有較大不同。這裹提到的"樂陳百戲"是朝廷中的百戲還是十六王宅的百戲,没有言明。《南部新書》卷癸云:"十宅諸王,多解音聲,倡優百戲皆有之,以備上幸其院迎駕作樂。禁中呼爲'樂音郎君'。"[5]照這麽來説,諸王宅中養着一些百戲人才,平時諸王要娛樂,更重要的是要準備皇帝前來,因此宣宗臨幸時的百戲大概是諸王的百戲隊伍。

百戲隊伍宫外亦有。不過宫外的百戲表演,如果觀看估計是要收錢的。有些人出錢雇百戲表演,這種可以算作是施恩於衆人,觀看應該是不需付錢,是出錢者的請客福利。同昌公主因病死了,唐懿宗殺醫官二十餘人,還逮捕醫官親族三百餘人。宰相劉瞻召諫官進言,諫官嚇得不敢説話,於是劉瞻自己面諫。

1 錢易:《南部新書》卷癸,第一編第四册,第125頁。

2 調露子撰,翁士勛校注:《角力記校注·考古》,第52頁。

3 王讜:《唐語林》卷四《傷逝》,第三編第二册,第152頁。

4 王讜:《唐語林》卷一《德行》,第三編第二册,第15頁。

5 錢易:《南部新書》卷癸,第一編第四册,第121頁。

懿宗大怒，貶他爲荆南節度使，不久又貶爲康州刺史。後劉瞻回京城，“長安兩市人率錢雇百戲迎之”[1]，老百姓出錢雇百戲表演，以示慶祝。這種百戲表演，應該是民間的隊伍，靠了在鄉村市井進行巡迴表演纔能生存。

百戲演出往往需要場地。《南部新書》卷戊云：“長安戲場多集於慈恩，小者在青龍，其次薦福、永壽。”[2]長安城内幾個重要寺廟成爲平民百姓的公共娱樂中心，成爲百戲表演的場所。

百戲名目繁多，内富較爲豐富。大體上可以分爲歌舞戲劇和雜技兩大類。

1.歌舞戲劇

宋人筆記中談到的歌舞戲劇類百戲主要有俳優、参軍戲、傀儡戲等。

俳優是以樂舞、諧戲爲主的表演形式，以科諢爲特色，是百戲的一種。《北夢瑣言》佚文二云：“唐乾符中，綿竹王俳優者，有巨力。每遇府中饗軍宴客，先呈百戲，王生腰背一船，船中載十二人，舞《河傳》一曲，略無困乏。”[3]顯然時人認爲俳優就是百戲中的一種。唐五代帝王身邊，常有尖嘴靈牙的俳優。後唐秦王李從榮“方聚雜進士浮薄之子，以歌詩吟咏爲事”。某天向其父唐明宗進詩，明宗對俳優敬新磨説了這事，“敬新磨贊美，而曰：‘勿訝秦王詩好，他阿爺平生愛作詩。’”[4]這些俳優因爲説話風趣，所以能在帝王身邊活動，平時爲帝王表演歌舞戲劇。後蜀孟昶宫内亦有俳優。廣政十四年（951年）三月，宴後苑，“時俳優有唱《康老子》者，昶問李昊等其曲所出。昊不能對”。徐光溥説：“康老而無子，故製此曲。”徐光溥的回答，與俳優的演唱，表面上看像是唱雙簧，其實是亂回答一氣。因爲“老子即長安富家子。開元中，落拓不事生業，好與梨園樂工游，一旦家資蕩盡，窮悴而卒。樂工嘆之，因爲此曲。又一名曰《得至寶》”。[5]這裹俳優以唱歌爲主。一些藩鎮節度使身旁都有俳優。唐末昭宗時李茂貞進入長安後，放火焚燒京城。事後高興地置宴吃喝，俳優安轡新就稱李茂貞爲“火龍子”。李茂貞知道他在嘲笑自己，但不便發作。宴罷他恨恨地説：“他日須斬

1　孔平仲：《續世説》卷一一《仇隙》，第二編第五册，第196頁。

2　錢易：《南部新書》卷戊，第一編第四册，第55頁。

3　孫光憲：《北夢瑣言》佚文二《王俳優巨力》，第一編第一册，第224頁。

4　孫光憲：《北夢瑣言》卷一九《明宗戒秦王》，第一編第一册，第200頁。

5　張唐英：《蜀檮杌》卷下，第一編第八册，第57頁。

此胡。”[1]這位俳優安轡新是位胡人。

俳優戲的表演頗有特點。後唐莊宗劉皇后“家世寒微”,“誕皇子繼岌”。莊宗喜歡演俳優戲,“宫中暇日,自負蓍囊藥篋,令繼岌破帽相隨,似后父劉叟以醫卜爲業也”。“莊宗自爲俳優,名曰‘李天下’,雜於塗粉優雜之間,時爲諸優朴扶摑搭”,“爲嚚婦恩伶之傾玷”,當時人認爲“有國者得不以爲前鑒”。[2] 就是説,哪有當皇帝的人去演俳優的,把自己打扮成一個戲子,而且嘲諷的還是自己的老丈人。俳優戲表演要根據劇情换服裝,猶如今天的小品和滑稽戲的結合體。

表演俳優戲者要穿上專門的服裝。後唐莊宗即位後,“身預俳優”,尚方爲他專門做了服裝:“尚方進御巾裹,名品日新。”陶穀認爲宋初伶人的穿戴,是“合其遺制”的,與唐莊宗穿的俳優服裝差不多。俳優一套穿戴有二十品,分别是:聖逍遥、安樂巾、珠龍便巾、消涼寶山、交龍太守、六合舍人、二儀幞頭、烏程樣、玲瓏、高常侍、小朝天、玄虚令、漆相公、自在冠、鳳三千、日華輕利巾、九葉雲、黑三郎、慶雲仙、聖天宜卿。[3] 今天我們已無法知道這些衣服頭飾到底是怎樣的,但很有可能是在演不同戲時的各種穿戴,要根據劇情做出變化。

參軍戲是百戲中的一種。這是由問答方式組成的戲劇,演出者要配合表情動作,有時亦會雜入歌舞,有樂器配樂。宋人認爲這種戲始自漢代,不過在唐代出現是開元年間的事情:“俳優弄參軍,段安節云:始自後漢。館陶令石耽有贜犯,孝和帝惜其才,免罪。每宴樂,即令着白衣裌衫,命優伶戲弄辱之,經年乃放。後爲參軍掾。唐開元中有李仙鶴善此戲,明皇特授韶州同正參軍。”[4] 參軍戲大都是俳優演的,主要是一方對另一方的取樂,其中一方要穿白衣裌衫,相當於今天説的滑稽表演。開元年間李仙鶴善此戲,但從姓名來看,這是個男的,估計是位俳優,活動在玄宗的周圍。不過對參軍戲的産生,宋人還有另一種看法。《南部新書》卷己云:“弄參軍者,天寶末蕃將阿布思伏法,其妻配掖庭。善爲優,

1 孫光憲:《北夢瑣言》卷一五《披褐至殿門》,第一編第一册,第164頁。

2 孫光憲:《北夢瑣言》卷一八《劉皇后笞父》,第一編第一册,第189~190頁。

3 陶穀:《清异録》卷下《衣服門》“聖逍遥”,第一編第二册,第73頁。

4 楊彦齡:《楊公筆録》,第一編第十册,第140頁。

因隸樂工，遂令爲此戲。”[1]按此，參軍戲流行始於唐代中期的天寶年間。關於阿布思妻演參軍戲，《唐語林》裏有較詳細的記載：“和政公主，肅宗第三女也，降柳潭。肅宗宴於宮中，女優有弄假官戲，緑衣秉簡，謂之參軍樁。天寶末，蕃將阿布思伏法，其妻配掖庭，爲善優，因使隸樂工。是日遂爲參軍樁。上及侍宴者笑樂，公主獨俯首嚬眉不視。上問其故，公主遂諫曰：‘禁中侍女不少，何必須得此人？使阿布思真逆人也，其妻亦同刑人，不合近至尊之座；果冤横，又豈忍使其妻與群優雜處，爲笑謔之具哉？妾雖至愚，深以爲不可。’上亦憫惻，遂罷戲，而免阿布思之妻。”[2]參軍戲又叫假官戲，是女性俳優主演，穿着緑色的官員衣服，手裏拿着上奏的簡，這樣做能達到較强烈的喜劇效果，引起觀衆哄笑。

薛能《吴姬》詩云：“樓臺重疊滿天雲，殷殷鳴鼉世上聞。此日楊花初似雪，女兒弦管弄參軍。”[3]詩題“吴姬”，意謂江南女性擅長演參軍戲。《雲溪友議》卷下談到元稹“廉問浙東，……乃有排優周季南、季崇及妻劉采春，自淮甸而來。善弄陸參軍，歌聲徹雲，篇韵雖不及（薛）濤，容華莫之比也。元公似忘薛濤，而贈采春詩曰：‘新妝巧樣畫雙蛾，幔裹恒州透額羅。正面偷輪光滑笏，緩行輕踏皺文靴。言詞雅措風流足，舉止低回秀媚多。更有惱人腸斷處，選詞能唱《望夫歌》。’《望夫歌》者，即《羅嗊》之曲也。金陵有羅嗊樓，即陳後主所建。采春所唱一百二十首，皆當代才子所作。其詞五、六、七言，皆可和矣。詞云：‘不喜秦淮水，生憎江上船。載兒夫婿去，經歲又經年。’一‘借問東園柳，枯來得幾年？自無枝葉分，莫怨太陽偏。’二‘莫作商人婦，金釵當卜錢。朝朝江口望，錯認幾人船！’三‘那年離别日，祇道往桐廬。桐廬人不見，今得廣州書。’四‘昨日勝今日，今年老去年。黄河清有日，白髮黑無緣。’五‘悶向江頭采白蘋，嘗隨女伴祭江神。衆中羞不分明語，暗擲金釵卜遠人。’六‘昨夜北風寒，牽船浦裏安。潮來打纜斷，摇櫓始知難。’七采春一唱是曲，閨婦行人莫不漣泣”[4]。周季南等人是從北方來

1　錢易：《南部新書》卷己，第一編第四册，第 69 頁。

2　王讜：《唐語林》卷四《賢媛》，第三編第二册，第 159～160 頁。

3　彭定求：《全唐詩》卷五六一，第 6520 頁。

4　范攄：《雲溪友議》卷下《艷陽詞》，《唐五代筆記小説大觀》，第 1308～1309 頁。“幔裹恒州透額羅”句，“幔”原作“慢”，應是印刷錯誤。《全唐五代筆記》第二册收録的《雲溪友議》以《四部叢刊》本影印明刊本爲底本，均作“幔”，參第 1507 頁。

到江南演參軍戲,演出的劇目很多,有一百多首。演員演出前要化妝,對服裝很講究,大都能唱能演。

李上交《近事會元》卷四云:"唐文宗大和六年二月寒食,上宴群臣,伶人弄孔子。帝曰:'孔子,古今之師,安得侮黷。'亟驅出之。"[1]這裏稱爲雜戲,由伶人表演,估計亦是一種參軍戲。由於嘲弄聖人孔子,惹惱了皇帝,没有正式演完就被驅逐出去了。

傀儡戲亦是百戲的一種,是不同於歌舞戲的娱樂形式。《舊唐書》談到這種戲是"作偶人以戲。善歌舞,本喪家樂也"[2]。杜佑在揚州時,曾經對門客幕僚們説:"我致政之後,必買一小駟八九千者,飽食訖而跨之,着一粗布襴衫,入市看盤鈴傀儡足矣。"[3]説明傀儡戲在揚州市里常常上演,成爲城市居民娱樂消閑的一種方式。飯罷要穿粗布襴衫去看戲,意謂此戲主要是爲下層民衆演出的,不是陽春白雪。崔安潛侍郎崇奉佛,他常在"使宅堂前弄傀儡子,軍人百姓穿宅觀看,一無禁止"[4]。應該説這種戲由於可看性極强,比較能吸引人們的眼球。

還有一種是談歌,估計與今天的説唱相類似。《洛陽搢紳舊聞記》談到五代時,"有談歌婦人楊苧羅,善合生雜嘲,辨慧有才思,當時罕與比者"。談歌的形式大概是既説又唱,内容夾雜着嘲諷,演員反應靈活,語速可能很快,但語調極爲舒展。楊凝式少師"以侄女呼之,每令謳唱,言詞捷給,聲韵清楚,真秦青、韓娥之儔也。少師以侄女呼之,蓋念其聰俊也"[5]。因爲口齒伶俐,能説會道,所以深得高官喜歡,説明這種表演在當時很有可能主要是爲高官服務的。

2.雜技

《唐會要》談到散樂是俳優歌舞雜奏,總謂之百戲,包括"跳鈴、擲劍、透梯、戲繩、緣竿、弄枕珠、大面撥、頭窟礧子,及幻伎激水化魚龍、秦王捲衣、筰鼠、夏育扛鼎、巨象行乳、神龜負岳、桂樹白雪、畫地成川之類,至於斷手足、剔腸胃之

1 李上交:《近事會元》卷四《雜戲弄孔子》,第一編第四册,第180頁。
2 劉昫:《舊唐書》卷二九《音樂志二》,第1074頁。
3 韋絢:《劉賓客嘉話録》,《唐五代筆記小説大觀》,第797頁。
4 王讜:《唐語林》卷七《補遺》,第三編第二册,第256~257頁。
5 張齊賢:《洛陽搢紳舊聞記》卷一《少師佯狂》,第一編第二册,第152頁。

術,自漢武帝幻伎始入中國,其後或有或亡,至國初通西域,復有之”[1]。從這些内容來看,百戲包括雜技、魔術及各種能給人們帶來歡樂的表演。以下我們主要就宋代筆記中涉及的内容進行分析。

魏晋南北朝至唐五代,城市中有很多從事雜技表演的人員,他們以高超的技藝進行表演,深受城市居民的喜愛。如爬竿,又稱緣橦、尋橦,是演出者繞着大竿快速攀緣,有時還會在竿上跳起舞來。隋朝江南一帶的城市中出現了一些驚人的“緣橦”能手,如吴興有一個叫沈光的人,少年時就“驍捷,善戲馬,爲天下之最”。禪定寺初建時,廟中有一根高十餘丈的經幡長竿,碰巧斷了繩,因爲實在太高,所以無人敢上,衆僧束手無策。沈光路過,見此情景,就對僧人説,“可持繩來,當相爲上耳”。僧人又驚又喜,馬上取繩給沈光。“光以口銜索,拍竿而上,直至龍頭。繫繩畢,手足皆放,透空而下,以掌拒地,倒行數十步。觀者駭悦,莫不嗟异,時人號爲‘肉飛仙’。”[2]像這樣的爬竿能手,在隋唐時應當有一大批。

還有一種是頂竿,亦叫戴竿。《南部新書》卷癸云:“建中中,戴竿三原婦人王大娘,首戴二十八人而走。”[3]就是説,王大娘頭上頂着一竿,上有二十八人,王大娘仍能走路。是否真實,確是比較難説,不過唐代鄭處誨《明皇雜録》中對王大娘的頂竿技術有所描述:“時教坊有王大娘者,善戴百尺竿,竿上施木山,狀瀛洲、方丈,令小兒持絳節出入於其間,歌舞不輟。”[4]王大娘的竿上有木山,小兒在山上來往,又唱又跳,是否有二十八個難説,但由此可見她的頂竿技術相當高妙。

繩技亦是當時流行的一種雜技表演,相當於今天的走鋼絲。隋大業二年(606年),煬帝在東宫觀看表演,有人“以繩繫兩柱,相去十丈,遣二倡女,對舞繩上,相逢切肩而過,歌舞不輟”[5]。繩上兩個姑娘翩翩起舞,交錯來往,歌舞不停。唐開元年中,唐玄宗數敕賜州縣大酺。爲了表示官民同慶,嘉興縣以百戲

---

1 王溥:《唐會要》卷三三《散樂》,第611頁。

2 魏徵等:《隋書》卷六四《沈光傳》,第1513頁。

3 錢易:《南部新書》卷癸,第一編第四册,第123頁。

4 鄭處誨:《明皇雜録》卷上,《開元天寶遺事十種》,第17頁。

5 魏徵等:《隋書》卷一五《音樂志下》,第381頁。

與主管監獄的監司競勝繩技,“監官屬意尤切,所由直獄者語於獄中云:‘黨若有諸戲劣於縣司,我輩必當厚責。然我等但能一事稍可觀者,即獲財利,嘆無能耳。’乃各相問,至於弄瓦緣木之技,皆推求招引。”當時有一個因“逋緡未納”的犯人善繩技,他自述自己的繩技和一般人不同:“衆人繩技,各繫兩頭,然後於其上行立周旋,某衹須一條繩,粗細如指,五十尺,不用繫着,抛向空中,騰躑翻覆,則無所不爲。”第二天,他被領到戲場,“諸戲既作,次唤此人,令效繩技,遂捧一團繩,計百餘尺,置諸地,將一頭,手擲於空中,勁如筆。初抛三二丈,次四五丈,仰直如人牽之,衆大驚异。後乃抛高二十餘丈,仰空不見端緒。此人隨繩手尋,身足離地,抛繩虚空,其勢如鳥,旁飛遠颺,望空而去。脱身行狴,在此日焉”。[1]這種十分奇妙的繩技,帶有傳奇和神秘的色彩。這名犯人雖不一定是嘉興人,但至少説明繩技是當時雜技表演中的一種,常常開展比賽。同時從這段叙述中還可以看到,嘉興縣城裏時常有百戲表演,而這種情形應是在各地都一樣。開元二十四年(736年),長安城内的繩技表演與嘉興的不同。《唐語林》卷五引述了《封氏聞見記》卷六的一段話,使我們大致可以看到繩技表演的難度:“明皇開元二十四年八月五日,御樓設繩技。技者先引長繩,兩端屬地,埋鹿盧以繫之。鹿盧内數丈,立柱以起,繩之直如弦。然後技女自繩端躡足而上,往來倏忽,望若飛仙。有中路相遇,側身而過者;有着履而行,從容俯仰者;或以畫竿接脛,高六尺;或蹋肩蹋頂,至三四重,既而翻身直倒至繩,還往曾無蹉跌,皆應嚴鼓之節,真可觀也。衛士胡嘉隱作《繩技賦》獻之,詞甚宏暢,上覽之大悦,擢拜金吾衛倉曹參軍。”繩子上表演的女性來去自如,與對方相遇是各自側身而過,如履平地。中唐以後,繩技表演在各個地方都比較盛行:“自兵寇覆蕩,伶官分散,外方始有此技。軍州宴會,時或爲之。”[2]這些走繩技的宫中樂人流落到了民間,以後軍州宴會都會將其作爲娱樂活動的一個重要内容。

透劍門伎是馬術中的一種,需要騎馬鑽過刀劍圍成的一個洞口。《唐語林》卷八談道:“軍中有透劍門伎。大宴日,庭中設幄數十步,若廊宇者,而編劍刃爲榱棟之狀。其人乘小馬至門,審度端直,鞭馬而過,琤然聞劍動之聲,既過而人

1 李昉:《太平廣記》卷一九三引《原化記》“嘉興繩技”,第1449頁。

2 王讜:《唐語林》卷五《補遺》,第三編第二册,第185頁。

馬無傷。宣武軍有小將善此伎,每饗軍則爲之,所獲賞止於三四匹帛而已。一日,主者誤漏其名,此人忿恨,訴於所管大將,得復召入。呈伎之際,極爲調審。入數步,忽風起馬驚,觸劍而死。"[1]從這段記録來看,這種表演是大宴日的盡興節目,而且主要在各地的部隊中演出較多,但這種活動危險較大,演出者既要有膽量,又要有技術。

隋唐時期,西域地區的幻術不斷流傳進來,魚龍曼延是其中一種眼花繚亂的幻術表演。《隋書》卷一五《音樂志下》談到大業二年(606年)隋煬帝"總追四方散樂,大集東都","有舍利先來,戲於場内,須臾跳躍,激水滿衢,黿鼉龜鼇,水人蟲魚,遍覆於地。又有大鯨魚,噴霧翳日,倏忽化成黄龍,長七八丈,聳踴而出,名曰《黄龍變》"。[2] 在這個魔術表演中,各種魚類龜鱉隨着水流到處跳躍,而大鯨魚突然變成黄龍升空,這個就是時人説的魚龍曼延。大業五年(609年),高昌王來朝,伊吾吐屯設等獻地,煬帝在觀風行殿内"盛陳文物,奏九部樂,設魚龍曼延,宴高昌王、吐屯設於殿上,以寵异之"[3]。大業十一年(615年)正月甲午朔,突厥等國并遣使朝貢。乙卯日,煬帝"大會蠻夷,設魚龍曼延之樂,頒賜各有差"[4]。《隋書》談到的三次魚龍曼延,都是隋朝招待各國使者,特别是西域諸國使者而進行的表演。唐代,凡碰到大的節慶活動,魚龍曼延節目仍然是經常表演的。《唐語林》卷七云:"舊制:三二歲,必於春時内殿賜宴宰輔及百官,備太常諸樂,設魚龍曼衍之戲,連三日,抵暮方罷。宣宗妙於音律,每賜宴前,必製新曲,俾宫婢習之。至日,出數百人,衣以珠翠緹綉,分行列隊,連袂而歌,其聲清怨,殆不類人間。"[5]魚龍曼延在唐代是作爲春日節慶活動的一部分,與歌舞節目一起出演。

(七)放紙鳶和拔河

放飛紙鳶是一種常見的娱樂活動。《獨异志》卷中談道:" 梁武帝太清三

1 王讜:《唐語林》卷八《補遺》,第三編第二册,第294頁。
2 魏徵等:《隋書》卷一五《音樂志下》,第381頁。
3 魏徵等:《隋書》卷三《煬帝紀上》,第73頁。
4 魏徵等:《隋書》卷四《煬帝紀下》,第88頁。
5 王讜:《唐語林》卷七《補遺》,第三編第二册,第258頁。

年，侯景反，圍臺城，遠近不通。簡文與太子大器爲計，作紙鳶飛空，告急於外。侯景謀臣王偉謂景曰：'此必厭勝術，不然，即事達人。'令左右善射者射之。"[1] 雖然這裏放紙鳶并非是爲了娛樂，但説明當時人應該已經掌握放紙鳶的技巧。

唐五代很多人都喜歡放風筝。高駢《風筝》詩云："夜静弦聲響碧空，宫商信任往來風。依稀似曲還堪聽，又被風吹别調中。"宋人認爲："駢守蜀，因築羅城，朝廷疑之。知有移命，故托風筝以見意。後移渚宫。"[2] 這裏高駢并不是在放風筝，而是藉碧空中的風筝來表明自己的心迹，説明在當時放飛風筝是普遍的現象。再如南唐大臣宋齊丘衹有一個兒子，想不到得病死了，"齊丘哭之慟逾月，自親王宰僚勉之不止"。李家明對嗣主説："臣能止之矣，大王當復厚賜。"嗣主許諾。李家明於是製作了一個大紙鳶，上書云："欲興唐祚革强吴，盡是先生設計謨。一個孩兒弃不得，讓皇百口合何如？"乘風放之，"度至齊丘第，遂絶其縷令墜。齊丘見之，慚感而止"。[3] 能計算得這樣精確，可見唐人放飛紙鳶的技術十分高超。

拔河是民間多人一起進行比賽的一項娛樂活動。唐代之前，這項活動叫牽鈎。《隋書》談到南郡、襄陽一帶有牽鈎之戲，"鈎初發動，皆有鼓節，群噪歌謡，振驚遠近，俗云以此厭勝，用致豐穰。其事亦傳於他郡"[4]。比賽開始時，觀看的人有的打鼓有的大叫，聲音很大，威震山河。牽鈎的主要目的是獲得來年的農業豐收，禳灾祈福。

到了唐代，這項活動稱爲拔河。《唐語林》卷五引唐《封氏聞見記》卷六云："拔河，古謂之牽鈎。襄漢風俗，常以正月望日爲之。相傳楚將伐吴，以爲教戰。梁簡文臨雍部，禁之而不能絶。古用篾纜，今代以大麻絙，長四五十丈，兩頭分繫小索數百條，挂於胸前，分兩朋，兩向齊挽。當大絙之中，立大旗爲界。震聲

1 李伉：《獨异志》卷中，《全唐五代筆記》第三册，第 1797 頁。
2 朱翌：《猗覺寮雜記》卷上，第三編第十册，第 9 頁。
3 龍衮：《江南野史》卷七《李家明》，第一編第三册，第 203 頁。
4 魏徵等：《隋書》卷三一《地理志下》，第 897 頁。

叫噪,使相牽引,以却者爲勝,就者爲輸。名曰'拔河'。"[1] 按這段話的記載,牽鉤活動源遠流長,相傳是楚國爲了伐吴進行的軍事操練的一部分,此後在長江中游地區一般是正月十五日舉辦比賽。唐代拔河用的是大麻繩,有别於以前用的篾纜。麻繩較長,兩端還繫着上百條小麻繩,比賽時每個人套一條到胸前。大繩的中間立一大旗作爲標志,一旦聽到叫聲,兩面的人各自用力,把對方拉過界就算勝利。

這項活動無論是民間還是宫廷都十分喜歡,因爲不受場地和器具的限制,比較容易組織比賽。唐中宗時,清明節"御梨園球場,命侍臣爲拔河之戲"。比賽是放在球場舉行。參加的人員其時計有七宰相、二駙馬在東面一組,另三宰相、五將軍爲西面一組。這樣的人員分組,出現了一些問題,"東朋貴人多,西朋奏'勝不平',請重定,不爲改"。原來西面一組少一人,還有兩位老年宰相,所以一旦比賽,"西朋竟輸。韋巨源、唐休璟年老,隨絙而踣,久不能興。上大笑,令左右扶起"。[2] 比賽的目的是娱樂一番,所以拔河很容易帶給大家歡樂。

唐玄宗時,宫中仍然經常舉行這一活動:"明皇數御樓設此戲,挽者至千餘人,喧呼動地,蕃客庶士,觀者莫不震駭。進士河東薛勝爲《拔河賦》,其詞甚美,時人競傳之。"[3] 可知活動的聲勢很大,參加到拔河中的人數增至千餘人,而觀衆人數更是不計其數,喧呼聲震動天地。這應當是古代歷史上參加人數最多的拔河比賽。

三、游覽風尚

游覽風尚的興起與社會政治人物、文化人物及一些富裕者有關。衹有這些社會精英人物養成了游覽山水的習慣,纔能影響到社會的普通階層。

隨着城市經濟的發展、人口的不斷增加,人們的文化結構發生了較大的變

1 王讜:《唐語林》卷五《補遺》,第三編第二册,第 184 頁。《封氏聞見記》此段文字也見於卷六《拔河》(趙貞信校注:《封氏聞見記校注》,中華書局,2005 年,第 54 頁),在個别文字上有差异。如"震聲叫噪",《封氏聞見記》作"震鼓叫噪"。

2 王讜:《唐語林》卷五《補遺》,第三編第二册,第 184 頁。

3 王讜:《唐語林》卷五《補遺》,第三編第二册,第 185 頁。

化，加上商品經濟的活躍，整個社會營造出一種較爲開放的文化氛圍，南北朝忘情山水的傳統到唐代時重新出現。官宦和文人學士流行飲酒作樂，以游玩山水爲風雅，而各地優美的景色自然吸引了一大批官宦和文人前往。[1] 如蘇州是詩人們感興趣的城市，王昌齡、李白、杜甫等先後前去吟詩飲酒。潤州地處南北水陸要道，緊靠長江，唐代前期，駱賓王、孟浩然、李白、王昌齡等先後前來，游覽州城附近的山水風光。如玄宗時詩人王灣到達潤州後，有《次北固山下》詩，云："客路青山外，行舟緑水前。潮平兩岸闊，風正一帆懸。海日生殘夜，江春入舊年。鄉書何處達，歸雁洛陽邊。"[2] 游覽風尚的形成，是唐五代特殊的政治、經濟和文化發展的産物。

(一)唐五代游覽風尚的變化

盛唐以後，隨着社會的進步和城市經濟的發展，城市漸漸成爲重要的游覽地，人們的游覽活動顯現出規模大、行程遠的同時，亦出現了向城市聚集和流動的特點。尤其是在唐代中晚期，這種變化愈益明顯。唐代水陸交通暢達，城市人口衆多，商貿繁盛，到各大城市旅游成爲一種風尚，城市及城市周圍的風景地就成了文人士大夫的游玩之地。城市游覽分化了傳統游覽的去向，士大夫們既浪迹山林，亦客串城市，甚至還有人對城市情有獨鍾。江南地區的富庶爲文人們的醉夢造就了外部條件，因此"江外優佚，暇日多縱飲博"[3]。飲酒、游山玩水是中唐以後官員和文人士大夫在江南地區休閑活動的主旋律。

如中唐以後，來到蘇州的文人士大夫數量急劇增多，社會風氣爲之改觀。蘇州"自劉、白、韋爲太守時，風物雄麗，爲東南之冠"[4]，韋應物、白居易、劉禹錫這些名人先後做過蘇州刺史，張繼、顧況、杜牧、杜荀鶴、羅隱等曾駐足蘇州，流

1 相關研究可參劉菊湘《唐代旅游研究》(《寧夏社會科學》2005 年第 6 期，第 106 ~ 108 頁)、景遐東《唐代文人漫游江南之風及其影響》(《沙洋高等師範專科學校學報》2006 年第 3 期，第 35 ~ 38 頁)、張劍光《六朝至唐代江南城市游覽風尚的變化及其原因》(《社會科學》2014 年第 5 期，第 131 ~ 142 頁)等。

2 彭定求：《全唐詩》卷一一五，第 1170 頁。

3 李昉：《太平廣記》卷二五一引《抒情詩》"馮衮"，第 1951 頁。

4 龔明之：《中吴紀聞》卷六《蘇民三百年不識兵》，第三編第七册，第 280 頁。

連歌咏。《中吴紀聞》卷一談道:"白樂天爲郡時,嘗携容滿、蟬態等十妓夜游西武丘寺,嘗賦紀游詩,其末云:'領郡時將久,游出數幾何?一年十二度,非少亦非多。'可見當時郡政多暇,而吏議甚寬。使在今日,必以罪去矣。"[1]地方官到轄區後,衹要政務安排妥當,就可以游覽城市周圍的風景。該書卷二又云:"虎丘舊名海涌山。闔閭王既葬之後,金精之氣化爲虎,踞其墳,故號虎丘。山椒有二伽藍,列爲東西,白樂天有《東武丘》《西武丘》詩。顔魯公亦云:'不到東西寺,於今五十春。'"[2]一方面這些名人在城市周圍尋找勝地游玩,另一方面一些山水因爲名人的來到和他們的詩文而聞名中外。

再如大量的官員、學者、文人墨客通過運河來到杭州。他們有的長久停留在杭州城内,有的從杭州中轉到浙東、江西、嶺南等地區。白居易在杭州任刺史三年,遍訪杭州山水,杭州的許多景致因白居易的詩篇而享譽全國。西湖的美麗山水,晴雨晦明,花晨月夕,四時佳趣,藉了白居易之筆而聲名遠播。再如浙西潤州,山水雄秀,中唐以後是浙西觀察使的駐地,是長江和江南運河的交匯處,交通暢達,爲浙西道的政治中心,吸引了大批文人學士、達官游宦流連忘返,他們既想尋求仕途上的出路,同時又對潤州城内外的山水充滿好奇。劉長卿、孟郊、顧況、張籍、劉禹錫、李涉、張祜、杜牧、賈島、羅隱、李翱等,都來過潤州,寫下衆多出色的篇章。如張祜有《題金陵渡》詩,談到渡口風景:"金陵津渡小山樓,一宿行人自可愁。潮落夜江斜月裏,兩三星火是瓜州。"[3]成了描寫金陵渡最有特色的一首詩。

各地子城一般築有城墻,是登高望遠的好地方。如蘇州子城西,"舊建樓其上,名觀風","在唐但謂之西樓,白樂天有《西樓命宴》詩。後改爲觀風"。[4]州縣行政治所往往修建得頗有特色,因而同樣能成爲官員們的游覽之地。蘇州州治的木蘭堂,"多爲太守燕游之地"。白居易在蘇州爲刺史時,"嘗教倡人爲此舞也",後人就不斷來尋找這種風雅,直至北宋范仲淹做太守時,還賦詩云:"堂上

1　龔明之:《中吴紀聞》卷一《白樂天》,第三編第七册,第 176 頁。

2　龔明之:《中吴紀聞》卷二《海涌山》,第三編第七册,第 204 頁。

3　彭定求:《全唐詩》卷五一一,第 5846 頁。

4　龔明之:《中吴紀聞》卷三《觀風樓》,第三編第七册,第 211 頁。

列歌鍾,多慚不如古。却羨木蘭花,曾見《霓裳》舞。”[1]

城市裏建造的園林往往是人們游玩的重要場所。如路恕家裏的園林比較有特色,“自貞元初,李紓、包佶輩,迄於元和末,僅四十年,朝之名卿咸從之游。高歌縱酒,不屑外慮”[2]。這些園林將自然山水搬進了城市中,不出遠門同樣可以欣賞到大自然的美景,所以士大夫們於園林中游逛,三五成群,高歌縱酒,不問家事。

城市内外的佛寺成爲文人們游玩的重要景致。如蘇州洞庭、杭州興德寺,唐人認爲是最值得去游覽的。太尉房綰曾説:“不游興德、洞庭,未見山水。”[3]德宗貞元四年(788年)秋,韋應物被任命爲蘇州刺史,他來到重玄寺,寫有《登重玄寺閣》詩:“時暇陟雲構,晨霽澄景光。始見吴都大,十里鬱蒼蒼。山川表明麗,湖海吞大荒。合沓臻水陸,駢闐會四方。俗繁節又暄,雨順物亦康。禽魚各翔泳,草木遍芬芳。”[4]潤州城西北長江中的金山寺,依山而建,樓閣層叠,十分壯觀,寺建於六朝,唐朝前期還比較荒僻。中唐以後,金山寺成爲文人學士攬勝及歌咏的對象,如張祜、李翱、李建勛、杜荀鶴等都有詩談及金山寺的美景。甘露寺在北固山上,“江山之勝,烟雲顯晦,萃於目前”。山上有臨江亭,李德裕有“多景懸窗牖”句。後在臨江亭原來的基址上建造了多景樓,“尤爲登覽之最”[5]。因爲景色優美,“道士范可保,夏月獨游浙西甘露寺。出殿後門,將登北軒”[6]。元和八年(813年)春,李公佐罷江西從事,“扁舟東下,淹泊建業,登瓦官寺閣”[7],游覽這所建於六朝的著名古寺。枚皋曾對文宗時任華亭令的進士曹朗説:“吾元和初,游上元瓦棺閣,第二層西隅壁上,題詩一首。”[8]説明金陵瓦棺寺是唐後期熱門的游覽勝地。

---

1 龔明之:《中吴紀聞》卷一《木蘭堂詩》,第三編第七册,第188~189頁。

2 孔平仲:《續世説》卷五《任誕》,第二編第五册,第90頁。

3 佚名:《大唐傳載》,《唐五代筆記小説大觀》,第887頁。

4 彭定求:《全唐詩》卷一九二韋應物《登重玄寺閣》,第1972頁。

5 張邦基:《墨莊漫録》卷四,第三編第九册,第52頁。

6 徐鉉:《稽神録》卷一,第8頁。

7 李昉:《太平廣記》卷四九一“謝小娥傳”,第4030頁。

8 李昉:《太平廣記》卷三六六引《乾𦠆子》“曹朗”,第2906頁。

佛寺除所處地理位置較好外，能吸引游人的主要是寺中的法物和種植的樹木、花卉。潤州鶴林寺，在唐末成了人氣很足的地方，究其原因，與寺内的花卉有關。《續仙傳》卷下《殷文祥》談道："鶴林寺杜鵑高丈餘，每春末花爛熳。寺僧相傳言，貞元年中，有外國僧自天台鉢盂中以藥養其根來種之。自後構飾，花院鎖閉。人或窺見女子，紅裳艷麗，游於樹下。有輒采花折枝者必爲所祟。俗傳女子花神也。是以人共保惜，故繁盛异於常花。其花欲開，探報分數，節使、賓僚、官屬繼日賞玩。其後，一城士庶，四方之人，無不酒樂游從。連春入夏，自旦及昏，閭里之間殆於廢業。(周)寶一日謂(殷)七七曰：'鶴林之花，天下奇花。常聞能開頃刻花，此花可開否？'七七曰：'可也。'寶曰：'今重九將近，能副此日乎？'七七乃前二日往鶴林寺宿焉。……來日晨起，寺僧忽訝花漸開蕊。及九日，爛漫如春，乃以聞寶，一城士庶驚异之，游賞復如春夏間。數日，花俄不見，亦無花落在地。"[1]寺院的花卉成了官民到此一游的重要資源。寺院有獨特的花卉，就能引得文人學士紛至沓來。一些寺院因爲有名僧大德，名氣很響，很多信奉佛教的官員一旦有機會，就會去參觀拜訪。如"白樂天嘗謫官江州，多游東林，即今廬山寺"[2]。

當然，遠離城市的名山大川仍然是官員和文化士大夫們感興趣的地方。如北岳恒山，北宋稱爲大茂山，"岳祠舊在山下。石晋之後，稍遷近裏，今其地謂之神棚。今祠乃在曲陽，祠北有望岳亭，新晴氣清則望見大茂。祠中多唐人故碑，殿前一亭有李克用題名，云：'太原河東節度使李克用，親領步騎五十萬問罪幽陵，回師自飛狐路即歸雁門。'"[3]飛狐路宋代已不通，但唐五代時人常到北岳游歷，有人爬上山頂，還有人在這裏刻碑立亭。

(二)上層社會的游覽風尚

中唐以後，各地游覽風尚最積極的推動者是帝王和各級官員及文人士大夫，他們是較有活力的群體，是時代風氣潮流的引領者。帝王們自己喜歡游玩，

1 沈汾：《續仙傳》卷下《殷文祥》，《景印文淵閣四庫全書》第1059册，第613~614頁。

2 王闢之：《澠水燕談録》卷六《文儒》，第二編第四册，第61頁。

3 沈括：《夢溪筆談》卷二四，第二編第三册，第185頁。

所以就大力提倡官員們要利用休假時間到處游覽。如開元二十五年(737年),唐玄宗"詔旬節休假,并不須入曹司,任游勝爲樂"[1]。讓大家快快樂樂到風景名勝地玩玩。而到了五代,一些小國皇帝也喜歡在都城内外游覽。如前蜀乾德五年(923年)四月的某天中午,王衍游浣花溪,"龍舟彩舫,十里綿亘。自百花潭至萬里橋,游人士女珠翠夾岸"[2]。就是説,兩岸十里全是游玩的人群。這天恰巧碰到暴風大雨,溺者數千人,相信兩岸游人會達數萬以上。後蜀廣政十二年(949年)八月,孟昶游浣花溪。孟昶"御龍舟觀水嬉,上下十里,人望之如神仙之境"。他對手下説:"曲江金殿鎖千門,殆未及此。"兵部尚書王廷珪賦曰:"十里水中分島嶼,數重花外見樓臺。"見此美景,"昶稱善久之"。[3] 城市風景是帝王和官員們近距離游覽的好去處。

小國帝王的子弟沉浸在到處游玩的熱情中。徐温少子梁王徐知諤,坐擁父親奪得的江山,"好游樂",過着舒適的生活。有次他游潤州蒜山,看到風景特别美,就"除地爲廣圃,編虎皮數百番爲巨幄,植旗張纛,極於驕侈,自號'武帳',會文武,大張樂飲,時以落焉"。樹帳篷,設樂開宴於自然山水中。没想到突然間一陣風吹,"卷江波爲大風雨,盡拔去其帳,亂飛如蝶,翳空而散",天氣變壞,將帳篷全吹走了。[4]

唐代地方官員中有很多人科舉出身,具有很高的學養,平素十分欽慕各地山水,現在有機會到地方任職,就遍游周圍山水,寫下許多詩文作品。如兩浙地區山水優美,前來的官員和文人特别多,獨孤及在常州,韋應物在蘇州,白居易在杭州、蘇州,劉禹錫在蘇州,顔真卿在湖州,杜牧在睦州、池州、湖州,姚合在杭州,元稹在越州,李紳在越州,段成式在處州,李德裕在蘇州、潤州,他們游歷南方山水,留下衆多的著名詩文。《中吴紀聞》卷二談到孟郊和張祜游覽蘇州南部的上方山:"唐孟郊因其父爲昆山尉,嘗至山中,題詩於上方云:'昨日到上方,片霞封石床。錫杖莓苔青,袈裟松柏香。晴磬無短韵,晝燈含永光。有時乞鶴歸,

1 李上交:《近事會元》卷三《休假追游爲樂》,第一編第四册,第164頁。

2 張唐英:《蜀檮杌》卷上,第一編第八册,第44頁。

3 張唐英:《蜀檮杌》卷下,第一編第八册,第56頁。

4 文瑩:《玉壺清話》卷九,第一編第六册,第169頁。

還放逍遥場。’其後張祜嘗游,亦有詩云:‘寶殿依山險,凌虚勢欲吞。畫檐齊木末,香砌壓雲根。遠景窗中岫,孤烟竹裏村。憑高聊一望,歸思隔吴門。’”龔明之認爲兩詩是“山中之絶唱”。[1] 北方官員見到南方的景色後,十分懷念。弘農楊蘧“曾到嶺外,見陽朔、荔浦山水,談不容口”,從此逢人就説陽朔山水。後來“選求彼邑,挈家南去”。[2] 因爲喜愛陽朔山水,所以乾脆去陽朔做官,帶了全家一起去欣賞美景。一些官員游覽的方式不限於外出觀摩,吟詩作詞,而是在郊外騎馬畋獵。如司農卿楊邁自年輕時就好畋獵,還説自己“在長安時,放鷹於野,遥見草中一兔跳躍”[3]。中唐時,軍將王栖曜與文士一起游虎丘寺,“平野霽日,先以一箭射空,再發中之。江東文士梁肅以下咸歌咏之”[4]。王栖曜以善射著名於時,他的射箭技術有目共睹,因此,文人們覺得他十分了不起,都寫詩歌咏。

五代時期,南方的官員們到處游覽的風氣未減。如韓熙載事江南三主,當時人説他是“神仙中人”。他“風彩照物,每縱轡春城秋苑,人皆隨觀”[5],金陵城内外好玩的地方,都是他策馬前往的好去處,還引得官員百姓附庸風雅地跟着他。

唐五代一些地方官員因爲喜歡游覽而忘了工作,甚至還有被撤職查辦的。如潘孟陽“以度支副使巡江淮,但務游賞,與婦女爲夜飲”。後來回到都城,被罷爲大理卿。唐憲宗令鄭敬宣慰江淮,臨出發前,對他説:“朕宫中用度,一匹以上,皆有簿籍,惟賑恤貧民,無所計算。卿今登車傳命,宜體吾懷,勿學潘孟陽,所至但務酣飲、游山寺而已。”[6]潘孟陽帶女人到處游賞成爲反面教材。

唐代官員文人極其喜歡在風景名勝處題詩。如河中府的鸛雀樓,共三層,“前瞻中條,下瞰大河”,引得大量的官員文人前來登樓游玩。樓上唐代人留下來的詩歌很多,宋代認爲衹有李益、王之涣、暢諸三篇“能狀其景”,即真正描寫出從樓上往下觀賞時的景致。如李益詩曰:“鸛雀樓西百尺墻,汀洲雲樹共茫茫。漢家簫鼓隨流水,魏國山河半夕陽。事去千年猶恨速,愁來一日即知長。

1 龔明之:《中吴紀聞》卷二《上方詩》,第三編第七册,第202頁。
2 孫光憲:《北夢瑣言》卷五《陽朔山水》,第一編第一册,第61頁。
3 徐鉉:《稽神録》卷二《楊邁》,第20頁。
4 錢易:《南部新書》卷丁,第一編第四册,第42頁。
5 文瑩:《湘山野録》卷下,第一編第六册,第55頁。
6 孔平仲:《續世説》卷九《黜免》,第二編第五册,第157頁。

風烟并在思歸處,遠目非春亦自傷。”王之涣詩曰:“白日依山盡,黄河入海流。欲窮千里目,更上一層樓。”暢諸詩曰:“迥臨飛鳥上,高出世塵間。天勢圍平野,河流入斷山。”[1]再如長安慈恩寺塔,有唐朝盧宗回的題詩,云:“東來曉日上翔鸞,西轉蒼龍拂露盤。渭水冷光摇藻井,玉峰晴色墮欄竿。九重宫闕参差見,百二山河表裏觀。暫輟去蓬悲不定,一憑金界望長安。”描寫了在慈恩寺塔放眼長安城的情景,因而沈括認爲這首詩“頗佳”。[2] 一些官員在仕途上没甚建樹,却喜歡追求山水之勝,探尋宗教文化,到處寫詩題詞。楊凝式“博總經籍,能文工書,其筆力雄健,自成一家體”,不過在仕途上不太得意,“既不登大用,多佯狂以自穢”,同僚稱他爲“楊風子”。他在洛陽時,“多游僧寺道觀,遇水石松竹清涼幽勝之地,必逍遥暢適,吟咏忘歸,故寺觀墻壁之上,筆迹多滿,僧道等護而寶之”。他一進入寺院,衹要見到墻壁光潔可愛,馬上“箕踞顧視,似若發狂,引筆揮灑,且吟且書,筆與神會,書其壁盡方罷,略無倦怠之色”。[3]《中吴紀聞》卷三談到唐時虎丘石壁曾經“隱出幽獨君詩二首”。兩詩一爲:“幽明雖异路,平昔忝工文。欲知潜寐處,山北有孤墳。”另一爲:“高松多悲風,蕭蕭清且哀。南山接幽壟,幽壟空崔嵬。白日徒昭昭,不照長夜臺。雖知生者樂,魂魄安能回?况復念所親,慟哭心肝摧。慟哭更何言,哀哉復哀哉!”[4]龔明之認爲其辭甚奇愴,但這幽獨君是誰,他已經搞不清,衹知是前代人。

地方長官常常以游玩來招待外地來的同僚、親屬、部下。如潁川人鄧元佐,“游學於吴。好尋山水,凡有勝境,無不歷覽。因謁長城宰,延挹托舊,暢飲而别。將抵姑蘇,誤入一徑,甚崄阻紆曲,凡十數里”[5]。再如李郢及第後回江南,“經蘇州,遇親知方作牧,邀同赴茶山,郢辭以决意春歸,爲妻作生日。親知不放,與之胡琴、焦桐、方物等,令且寄代歸意。郢爲寄内曰:‘謝家生日好風烟,柳暖花香二月天。……應恨客程歸未得,緑窗紅泪冷涓涓。’”[6]江南風景獨特,優

1　沈括:《夢溪筆談》卷一五,第二編第三册,第120頁。
2　沈括:《夢溪筆談》卷一四,第二編第三册,第115頁。
3　張齊賢:《洛陽搢紳舊聞記》卷一《少師佯狂》,第一編第二册,第150~151頁。
4　龔明之:《中吴紀聞》卷三《幽獨君詩》,第三編第七册,第218頁。
5　李昉:《太平廣記》卷四七一引《集异記》“鄧元佐”,第3877頁。
6　劉崇遠:《金華子雜編》卷下,《唐五代筆記小説大觀》,第1763頁。

美景致較多,地方長官在好友前比較自豪,喜歡向人推薦。

(三)普通百姓的游覽風氣

大體而言,中唐以後上流社會的游覽是以城市景觀及城市周圍的自然山水爲主要欣賞對象,與六朝、唐前期以自然山水爲主的游覽有很大的不同。這種變化在武則天、唐玄宗時期漸漸顯現出來。這説明城市在人們心目中占有重要地位,城市不僅僅是居住和工作的地方,同時亦是人們游覽休息的地方,城市的功能悄然發生着變化。

唐代普通百姓中有很多人熱衷游覽,或出城,或在城内,儼然形成了一種社會風尚。常常見到人們在日常閑暇的時候,或携妻女,或與鄉鄰,一起出游。特别是在一些節日期間,普通居民四處游覽的現象十分普遍。據史書記録,唐代前期城市民衆游覽的資料極少,但至盛唐、中唐時期,這類資料一下子多了起來,由此我們看到城市的游玩飲樂風氣十分盛行。都城長安,春天時全城流行出城游玩,或云:"長安春時,盛於游賞。"玄宗時蘇頲《應制》詩談道:"飛埃結紅霧,游蓋飄青雲。"[1]街上人來人往,到處都是來往的馬車,大家都享受着春天的美好時光。即使五代時,"長安士庶,每歲春時,游者道路相屬"[2]。除了節日,春秋天是出外游覽最好的時間。每到春天,踏青出城是最美妙的時刻。五代後晉時,"張籛在雍州,因春景舒和,出游近郊,憩於大冢之上"[3]。

經濟條件比較好的人出游前一般會作好一天在外的準備,帶上吃喝的食物。《清异録》卷下談道:"富家出游,運致饌具,皆用髹櫝,蒙以紫碧重檐罩衣,兩人舁之。其行列之盛,有若雁行,旁觀號爲'雁櫝'。"[4]全套後勤準備,要兩人抬着。比如唐後期杭州城内到處都是游玩的景象,西湖成爲士女優游娱樂之所,"緑藤陰下鋪歌席,紅藕花中泊妓船"[5]。湖面上每天笙歌裊裊,美酒佳餚,

1 王讜:《唐語林》卷二《文學》,第三編第二册,第 54 頁。

2 張禮:《游城南記》,第三編第一册,第 205 頁。

3 孔平仲:《續世説》卷九《汰侈》,第二編第五册,第 166 頁。

4 陶穀:《清异録》卷下《饌羞門》"雁櫝",第一編第二册,第 106~107 頁。

5 白居易:《白居易集》卷二三《西湖留别》,第 514 頁。

讓人留戀忘返,"絆惹舞人春艷曳,勾留醉客夜徘徊"[1]。

城市中的富豪子弟往往是游覽活動的主體。玄宗爲潞州别駕時請假回長安,"值暮春","時有豪氏子十餘輩,供帳於昆明"。[2] 春天的昆明湖上,富人子弟十餘人在船上游覽。這十餘位子弟以家裏"門族官品"而自豪,説明大多是士族家的後代。

受到文人學士和官員們游玩習俗的影響,城市普通人的生活觀念和社會游樂活動發生不少改變。如吴郡陸憑,"家於湖州長城,性悦山水,一聞奇麗,千里而往,其縱逸未嘗寧居。貞元乙丑歲三月,游永嘉"[3]。從湖州到達永嘉,一路游覽過去。蘇州陸暢,"在越,每經游蘭亭,高步禹迹、石帆之絶境,如不繫之舟焉"[4]。再如蘇州齊君房,"自幼苦貧,雖勤於學,而寡記性"。他科舉不順,家裏錢不多,却在"元和初,游錢塘","至孤山寺西"。[5] 雖不能説是爲了怡情養性而去游覽,但的確是看了不少地方。《唐闕史》卷上《杜舍人牧湖州》談到,湖州刺史曾"擇日大具戲舟謳棹較捷之樂,以鮮華誇尚,得人縱觀,兩岸如堵",在城市内的湖道上划舟奏樂,而居民們在兩岸觀看,人山人海。杜牧"循泛肆目","及暮將散,俄於曲岸見里婦携幼女","遽命接致彩舟"。[6] 可知由上層社會流行開來的游覽風尚傳遍了整個城市,居民深受影響。後蜀成都城内,"百姓富庶,夾江皆創亭榭游賞之處。都人士女傾城游玩,珠翠綺羅,名花异香馥郁森列"。後來人們看到孟昶乘龍舟出游,"上下十里,人望之如神仙之境"。[7] 説明城市中的游覽已是群體性的活動,衹要有機會,條件合適,不管是男是女都會到處游玩。

城内的佛道廟宇和道觀,是普通人出游最頻繁的地方。一方面是出於人們對宗教的信仰,另一方面是因爲廟宇中的優美景色。前蜀王衍建造上清宫,落成時,"塑玄元皇帝及唐諸帝像,衍躬自薦享"。知道新建了道觀,有很多塑像,

---

1 白居易:《白居易集》卷二〇《花樓望雪,命宴賦詩》,第 437 頁。

2 錢易:《南部新書》卷甲,第一編第四册,第 11 頁。

3 李昉:《太平廣記》卷三三九引《通幽記》"陸憑",第 2693 頁。

4 范攄:《雲溪友議》卷中《吴門秀》,《唐五代筆記小説大觀》,第 1282 頁。

5 李昉:《太平廣記》卷三八八引《纂异記》"齊君房",第 3091~3092 頁。

6 高彦休:《唐闕史》卷上《杜舍人牧湖州》,《唐五代筆記小説大觀》,第 1340 頁。

7 張唐英:《蜀檮杌》卷下,第一編第八册,第 56 頁。

而且皇帝親自前去祭禮，成都“城中士女游觀闐咽”，紛紛前去凑熱鬧。[1] 寺廟僧人亦會舉行各種活動吸引大家，這更促使人們前往寺廟看熱鬧。如京師“長安戲場多集於慈恩，小者在青龍，其次薦福、永壽。尼講盛於保唐，名德聚之安國”[2]。對寺廟而言，向老百姓傳播了佛教思想；對看熱鬧的人來説，這是自己一次歡快的娱樂活動。

亦有些人因爲長年在外游玩而導致家庭發生變故。如江陵有一位士子，很長一段時間“游於交、廣間，而愛姬爲太守所取，納於高麗坡底”。等到他回家，發現自己的愛姬爲刺史奪走，衹能寫一首詩給自己的愛姬：“惆悵高麗坡底宅，春光無復下山來。”刺史看到後，“遂遣還”。[3]

僧人道士雲游四方，四處游覽是他們問道修煉的組成部分。五代時，道士范可保“夏月獨游浙西甘露寺。出殿後門，將登北軒”[4]。道士來到佛寺，四處游覽，增長見識。

一年四季的各個節日，是人們游玩的大好時機。正月十五日晚上各大城市一般都有放燈、觀燈的習俗。白居易《正月十五日夜月》云：“歲熟人心樂，朝游復夜游。春風來海上，明月在江頭。燈火家家市，笙歌處處樓。無妨思帝里，不合厭杭州。”[5]描寫的是唐中期杭州城正月十五日人們朝游連夜游的情景。從元宵節“燈火家家市，笙歌處處樓”來看，這天晚上城内十分熱鬧，人來人往。如張蕭遠談到蘇州城正月十五日晚上：“十萬人家火燭光，門門開處見紅妝。歌鐘喧夜更漏暗，羅綺滿街塵土香。”[6]蘇州城的節日晚上，家家户户燈火通明，婦女們可以成群結隊地外出游玩。

城市周圍的特有景觀是吸引人們游玩的重要資源。比如，隨着杭州城市的不斷發展，唐代杭州城與錢塘江口日益接近，杭州人發現錢塘潮特别有觀賞性，每當大潮來臨，人們蜂擁而至。李吉甫曾説：“江濤每日晝夜再上，常以月十日、

1 吴處厚：《青箱雜記》卷七，第一編第十册，第231頁。

2 錢易：《南部新書》卷戊，第一編第四册，第55頁。

3 錢易：《南部新書》卷丁，第一編第四册，第39頁。

4 徐鉉：《稽神録》卷一《甘露寺》，第8頁。

5 白居易：《白居易集》卷二〇，第450頁。

6 彭定求：《全唐詩》卷四九一張蕭遠《觀燈》，第5554頁。

二十五日最小,月三日、十八日極大,小則水漸漲不過數尺,大則濤涌高至數丈。每年八月十八日,數百里士女,共觀舟人漁子泝濤觸浪,謂之弄潮。”[1]他對錢塘江的潮汐規律已有十分精確的認識,知道每月錢塘江有兩次大潮,其中,每年的八月十八日會發生最大的潮汐。人們都已知道觀潮是一項十分享受的活動,所以到了大潮的日子,紛紛涌來觀看,甚至有一些膽大者還駕駛小船弄潮,與大浪作親密的接觸。杜光庭談道:“錢塘江潮頭,……自是自海門山潮頭洶涌高數百尺,越錢唐,過漁浦,方漸低小,朝暮再來。其聲震怒,雷奔電激,聞百餘里。”[2]觀錢塘潮成爲一種重要的娱樂活動。路過杭州的官員都以一睹錢塘潮爲幸事。如婺州參軍王賈,與杜暹“同列,相得甚歡。與暹同部領,使於洛陽。過錢塘江,登羅刹山,觀浙江潮”[3]。白居易提到杭州城市居民觀潮已蔚然成風:“春雨星攢尋蟹火,秋風霞颭弄濤旗。”他自注云:“餘杭風俗:每寒食雨後夜凉,家家持燭尋蟹,動盈萬人。每歲八月,迎濤弄水者,悉舉旗幟焉。”[4]元稹《和樂天重題别東樓》詩亦云:“鼓催潮户凌晨擊,笛賽婆官徹夜吹。唤客潜揮遠紅袖,賣爐高挂小青旗。賸鋪床席春眠處,高捲簾帷月上時。”[5]錢塘江漲潮時不但觀者雲集,而且久觀不厭,“錢塘郭裏看潮人,直至白頭看不足”[6]。

城市中的官員、貴族、士大夫階層有經濟實力游山玩水,這自不待多言,而唐代普通百姓能有閑暇時間外出,必然與其生活的富有程度有關。在唐代的城市中,以經商爲職業者在總人口中占有相當高的比重。商人中有往來於各地和遠涉海外的行商,他們將南方地區的商品運向北方,又將北方地區的商品運向南方,將中國的商品運向海外,又將海外的商品運到國内各個市場。如薛邕任宣州刺史時,“勸農殖穀,百穀年豐,通商鬻貨,萬貨雲叢,闡道都會,敦儒泮宫”[7]。商人中還有一部分是開設店鋪、茶樓、酒樓、館舍之類的坐商,主要集中

1 李吉甫:《元和郡縣圖志》卷二五《江南道一》,第603頁。

2 杜光庭:《録异記》卷七《异水》,《唐五代筆記小説大觀》,第1543頁。

3 李昉:《太平廣記》卷三二引《紀聞》“王賈”,第204頁。

4 白居易:《白居易集》卷二三《重題别東樓》,第514頁。

5 元稹:《元稹集》卷二二,第250~251頁。

6 彭定求:《全唐詩》卷四七四徐凝《觀浙江濤》,第5377頁。

7 董誥:《全唐文》卷九九〇闕名《大唐宣州刺史薛公去思碑》,第4847頁。

在市内經商,但一般的街坊亦有很多與日常生活緊密相連的商店。蘇州開元寺有"金銅玄宗聖容",是富商大賈"遠以財施,日或有數千緡。至於梁柱欒櫨之間,皆綴珠璣,飾金玉,蓮房藻井,悉皆寶玩,光明相輝,若辰象羅列也"[1]。隨着商人和手工業者增多,城市中的人們生活漸漸變得富有。如《太平廣記》卷二三一談道:"天寶中,有陳仲躬家居金陵,多金帛。仲躬好學,修詞未成,携數千金,於洛陽清化里,假居一宅。"[2]一個年輕人外出游學,帶了數千金。乾元初,"會稽民有楊叟者,家以資産豐贍,聞於郡中"[3]。越州觀察使皇甫政因爲向佛寺求子成功,"構堂三間,窮極華麗。陸氏於寺門外築錢百萬,募畫工","政大設齋,富商來集。政又擇日,率軍吏州民,大陳伎樂"。[4] 有了經濟實力,人們纔會四處去欣賞美景。陶淵明的後代陶峴,"開元中,家於昆山,富有田業,擇家人不欺能守事者,悉付之家事。身則泛游於江湖,遍行天下,往往數載不歸。……自製三舟,備極空巧。一舟自載,一舟置賓,一舟貯飲饌。客有前進士孟彦深、進士孟雲卿、布衣焦遂,各置僕妾共載"[5]。當然,像陶峴這樣的人,畢竟是特例,但一般城市居民有些閑錢而四處游樂,應該是能够做得到的。《蜀檮杌》卷下談到後蜀時百姓傾城游玩:"是時,蜀中百姓富庶,夾江皆創亭榭游賞之處。"又云:"是時,蜀中久安,賦役俱省,斗米三錢。……村落閭巷之間,弦管歌誦合筵社會,晝夜相接。"[6]因爲生活富足,城市居民纔會熱衷於到處游賞。有錢的人到處游覽,没錢的人看着眼饞,亦想到處逛逛。南唐李徵古,"少時賤游,嘗宿同郡潘長史家"[7]。因爲没錢住宿,衹能住到别人的家裏。當然,没經濟支撑而四處游覽,畢竟還是比較少見。

1 朱長文:《吴郡圖經續記》卷中《寺院》,第 32 頁。

2 李昉:《太平廣記》卷二三一引《博异志》"陳仲躬",第 1772 頁。

3 張讀:《宣室志》卷八,《唐五代筆記小説大觀》,第 1051 頁。

4 李昉:《太平廣記》卷四一引《會昌解頤》及《河東記》"黑叟",第 259 頁。

5 李昉:《太平廣記》卷四二〇引《甘澤謡》"陶峴",第 3421~3422 頁。

6 張唐英:《蜀檮杌》卷下,第一編第八册,第 56~57 頁。

7 鄭文寶:《南唐近事》卷二,第一編第二册,第 225 頁。

參考文獻

一、《全宋筆記》中引用的文獻

[1]孫光憲.北夢瑣言[M]//上海師範大學古籍整理研究所.全宋筆記:第一編:一.鄭州:大象出版社,2003.

[2]佚名.江南餘載[M]//上海師範大學古籍整理研究所.全宋筆記:第一編:二.鄭州:大象出版社,2003.

[3]陶穀.清异録[M]//上海師範大學古籍整理研究所.全宋筆記:第一編:二.鄭州:大象出版社,2003.

[4]張齊賢.洛陽搢紳舊聞記[M]//上海師範大學古籍整理研究所.全宋筆記:第一編:二.鄭州:大象出版社,2003.

[5]鄭文寶.南唐近事[M]//上海師範大學古籍整理研究所.全宋筆記:第一編:二.鄭州:大象出版社,2003.

[6]鄭文寶.江表志[M]//上海師範大學古籍整理研究所.全宋筆記:第一編:二.鄭州:大象出版社,2003.

[7]周羽翀.三楚新録[M]//上海師範大學古籍整理研究所.全宋筆記:第一編:二.鄭州:大象出版社,2003.

[8]張洎.賈氏譚録[M]//上海師範大學古籍整理研究所.全宋筆記:第一編:二.鄭州:大象出版社,2003.

[9]樂史.廣卓异記[M]//上海師範大學古籍整理研究所.全宋筆記:第一編:三.鄭州:大象出版社,2003.

[10]龍袞.江南野史[M]//上海師範大學古籍整理研究所.全宋筆記:第一編:三.鄭州:大象出版社,2003.

[11]佚名.五國故事[M]//上海師範大學古籍整理研究所.全宋筆記:第一編:三.鄭

州:大象出版社,2003.
[12]錢易.南部新書[M]//上海師範大學古籍整理研究所.全宋筆記:第一編:四.鄭州:大象出版社,2003.
[13]史虚白.釣磯立談[M]//上海師範大學古籍整理研究所.全宋筆記:第一編:四.鄭州:大象出版社,2003.
[14]李上交.近事會元[M]//上海師範大學古籍整理研究所.全宋筆記:第一編:四.鄭州:大象出版社,2003.
[15]陳彭年.江南别録[M]//上海師範大學古籍整理研究所.全宋筆記:第一編:四.鄭州:大象出版社,2003.
[16]丁謂.丁晋公談録[M]//上海師範大學古籍整理研究所.全宋筆記:第一編:四.鄭州:大象出版社,2003.
[17]勾延慶.錦里耆舊傳[M]//上海師範大學古籍整理研究所.全宋筆記:第一編:五.鄭州:大象出版社,2003.
[18]歐陽修.歸田録[M]//上海師範大學古籍整理研究所.全宋筆記:第一編:五.鄭州:大象出版社,2003.
[19]歐陽修.歐陽文忠公試筆[M]//上海師範大學古籍整理研究所.全宋筆記:第一編:五.鄭州:大象出版社,2003.
[20]田況.儒林公議[M]//上海師範大學古籍整理研究所.全宋筆記:第一編:五.鄭州:大象出版社,2003.
[21]江休復.江鄰幾雜志[M]//上海師範大學古籍整理研究所.全宋筆記:第一編:五.鄭州:大象出版社,2003.
[22]宋祁.宋景文公筆記[M]//上海師範大學古籍整理研究所.全宋筆記:第一編:五.鄭州:大象出版社,2003.
[23]范鎮.東齋記事[M]//上海師範大學古籍整理研究所.全宋筆記:第一編:六.鄭州:大象出版社,2003.
[24]文瑩.湘山野録[M]//上海師範大學古籍整理研究所.全宋筆記:第一編:六.鄭州:大象出版社,2003.
[25]文瑩.玉壺清話[M]//上海師範大學古籍整理研究所.全宋筆記:第一編:六.鄭州:大象出版社,2003.
[26]宋敏求.春明退朝録[M]//上海師範大學古籍整理研究所.全宋筆記:第一編:

六.鄭州:大象出版社,2003.
[27]司馬光.涑水記聞[M]//上海師範大學古籍整理研究所.全宋筆記:第一編:七.鄭州:大象出版社,2003.
[28]張唐英.蜀檮杌[M]//上海師範大學古籍整理研究所.全宋筆記:第一編:八.鄭州:大象出版社,2003.
[29]蘇軾.東坡志林[M]//上海師範大學古籍整理研究所.全宋筆記:第一編:九.鄭州:大象出版社,2003.
[30]蘇軾.補録:商刻東坡志林[M]//上海師範大學古籍整理研究所.全宋筆記:第一編:九.鄭州:大象出版社,2003.
[31]蘇軾.漁樵閑話録[M]//上海師範大學古籍整理研究所.全宋筆記:第一編:九.鄭州:大象出版社,2003.
[32]蘇轍.龍川略志[M]//上海師範大學古籍整理研究所.全宋筆記:第一編:九.鄭州:大象出版社,2003.
[33]晁説之.晁氏客語[M]//上海師範大學古籍整理研究所.全宋筆記:第一編:十.鄭州:大象出版社,2003.
[34]吴處厚.青箱雜記[M]//上海師範大學古籍整理研究所.全宋筆記:第一編:十.鄭州:大象出版社,2003.
[35]王得臣.麈史[M]//上海師範大學古籍整理研究所.全宋筆記:第一編:十.鄭州:大象出版社,2003.
[36]楊彦齡.楊公筆録[M]//上海師範大學古籍整理研究所.全宋筆記:第一編:十.鄭州:大象出版社,2003.
[37]張舜民.畫墁録[M]//上海師範大學古籍整理研究所.全宋筆記:第二編:一.鄭州:大象出版社,2006.
[38]黄休復.茅亭客話[M]//上海師範大學古籍整理研究所.全宋筆記:第二編:一.鄭州:大象出版社,2006.
[39]佚名.道山清話[M]//上海師範大學古籍整理研究所.全宋筆記:第二編:一.鄭州:大象出版社,2006.
[40]劉斧.青瑣高議[M]//上海師範大學古籍整理研究所.全宋筆記:第二編:二.鄭州:大象出版社,2006.
[41]沈括.夢溪筆談[M]//上海師範大學古籍整理研究所.全宋筆記:第二編:三.鄭

州：大象出版社，2006.
[42]沈括.補筆談[M]//上海師範大學古籍整理研究所.全宋筆記：第二編：三.鄭州：大象出版社，2006.
[43]沈括.續筆談[M]//上海師範大學古籍整理研究所.全宋筆記：第二編：三.鄭州：大象出版社，2006.
[44]王闢之.澠水燕談録[M]//上海師範大學古籍整理研究所.全宋筆記：第二編：四.鄭州：大象出版社，2006.
[45]龐元英.文昌雜録[M]//上海師範大學古籍整理研究所.全宋筆記：第二編：四.鄭州：大象出版社，2006.
[46]米芾.書史[M]//上海師範大學古籍整理研究所.全宋筆記：第二編：四.鄭州：大象出版社，2006.
[47]孔平仲.續世説[M]//上海師範大學古籍整理研究所.全宋筆記：第二編：五.鄭州：大象出版社，2006.
[48]孔平仲.珩璜新論[M]//上海師範大學古籍整理研究所.全宋筆記：第二編：五.鄭州：大象出版社，2006.
[49]孔平仲.談苑[M]//上海師範大學古籍整理研究所.全宋筆記：第二編：五.鄭州：大象出版社，2006.
[50]陳師道.後山談叢[M]//上海師範大學古籍整理研究所.全宋筆記：第二編：六.鄭州：大象出版社，2006.
[51]朱彧.萍洲可談[M]//上海師範大學古籍整理研究所.全宋筆記：第二編：六.鄭州：大象出版社，2006.
[52]趙令畤.侯鯖録[M]//上海師範大學古籍整理研究所.全宋筆記：第二編：六.鄭州：大象出版社，2006.
[53]范致明.岳陽風土記[M]//上海師範大學古籍整理研究所.全宋筆記：第二編：七.鄭州：大象出版社，2006.
[54]張耒.明道雜志[M]//上海師範大學古籍整理研究所.全宋筆記：第二編：七.鄭州：大象出版社，2006.
[55]程俱.麟臺故事(輯本)[M]//上海師範大學古籍整理研究所.全宋筆記：第二編：九.鄭州：大象出版社，2006.
[56]惠洪.冷齋夜話[M]//上海師範大學古籍整理研究所.全宋筆記：第二編：九.鄭

州:大象出版社,2006.
[57]葉夢得.避暑録話[M]//上海師範大學古籍整理研究所.全宋筆記:第二編:十.鄭州:大象出版社,2006.
[58]葉夢得.石林燕語[M]//上海師範大學古籍整理研究所.全宋筆記:第二編:十.鄭州:大象出版社,2006.
[59]張禮.游城南記[M]//上海師範大學古籍整理研究所.全宋筆記:第三編:一.鄭州:大象出版社,2008.
[60]李格非.洛陽名園記[M]//上海師範大學古籍整理研究所.全宋筆記:第三編:一.鄭州:大象出版社,2008.
[61]彭□.墨客揮犀[M]//上海師範大學古籍整理研究所.全宋筆記:第三編:一.鄭州:大象出版社,2008.
[62]高晦叟.珍席放談[M]//上海師範大學古籍整理研究所.全宋筆記:第三編:一.鄭州:大象出版社,2008.
[63]王讜.唐語林[M]//上海師範大學古籍整理研究所.全宋筆記:第三編:二.鄭州:大象出版社,2008.
[64]章炳文.搜神秘覽[M]//上海師範大學古籍整理研究所.全宋筆記:第三編:三.鄭州:大象出版社,2008.
[65]何薳.春渚紀聞[M]//上海師範大學古籍整理研究所.全宋筆記:第三編:三.鄭州:大象出版社,2008.
[66]王欽臣.王氏談録[M]//上海師範大學古籍整理研究所.全宋筆記:第三編:三.鄭州:大象出版社,2008.
[67]蘇象先.丞相魏公譚訓[M]//上海師範大學古籍整理研究所.全宋筆記:第三編:三.鄭州:大象出版社,2008.
[68]黄朝英.緗素雜記[M]//上海師範大學古籍整理研究所.全宋筆記:第三編:四.鄭州:大象出版社,2008.
[69]孫宗鑑.西畲瑣録[M]//上海師範大學古籍整理研究所.全宋筆記:第三編:四.鄭州:大象出版社,2008.
[70]趙叔問.肯綮録[M]//上海師範大學古籍整理研究所.全宋筆記:第三編:六.鄭州:大象出版社,2008.
[71]馬永卿.嬾真子[M]//上海師範大學古籍整理研究所.全宋筆記:第三編:六.鄭

州：大象出版社，2008.
[72]龔明之.中吴紀聞[M]//上海師範大學古籍整理研究所.全宋筆記：第三編：七.鄭州：大象出版社，2008.
[73]朱弁.曲洧舊聞[M]//上海師範大學古籍整理研究所.全宋筆記：第三編：七.鄭州：大象出版社，2008.
[74]蔡絛.鐵圍山叢談[M]//上海師範大學古籍整理研究所.全宋筆記：第三編：九.鄭州：大象出版社，2008.
[75]張邦基.墨莊漫録[M]//上海師範大學古籍整理研究所.全宋筆記：第三編：九.鄭州：大象出版社，2008.
[76]朱翌.猗覺寮雜記[M]//上海師範大學古籍整理研究所.全宋筆記：第三編：十.鄭州：大象出版社，2008.
[77]徐度.却掃編[M]//上海師範大學古籍整理研究所.全宋筆記：第三編：十.鄭州：大象出版社，2008.
[78]王觀國.學林[M]//上海師範大學古籍整理研究所.全宋筆記：第四編：二.鄭州：大象出版社，2008.
[79]王灼.碧鷄漫志[M]//上海師範大學古籍整理研究所.全宋筆記：第四編：二.鄭州：大象出版社，2008.
[80]姚寬.西溪叢語[M]//上海師範大學古籍整理研究所.全宋筆記：第四編：三.鄭州：大象出版社，2008.
[81]王銍.默記[M]//上海師範大學古籍整理研究所.全宋筆記：第四編：三.鄭州：大象出版社，2008.
[82]李石.續博物志[M]//上海師範大學古籍整理研究所.全宋筆記：第四編：四.鄭州：大象出版社，2008.
[83]沈作喆.寓簡[M]//上海師範大學古籍整理研究所.全宋筆記：第四編：五.鄭州：大象出版社，2008.
[84]曾敏行.獨醒雜志[M]//上海師範大學古籍整理研究所.全宋筆記：第四編：五.鄭州：大象出版社，2008.
[85]邵博.邵氏聞見後録[M]//上海師範大學古籍整理研究所.全宋筆記：第四編：六.鄭州：大象出版社，2008.
[86]莊綽.鷄肋篇[M]//上海師範大學古籍整理研究所.全宋筆記：第四編：七.鄭州：

大象出版社,2008.
[87]袁文.甕牖閒評[M]//上海師範大學古籍整理研究所.全宋筆記:第四編:七.鄭州:大象出版社,2008.
[88]洪遵.翰苑遺事[M]//上海師範大學古籍整理研究所.全宋筆記:第四編:八.鄭州:大象出版社,2008.
[89]程大昌.演繁露[M]//上海師範大學古籍整理研究所.全宋筆記:第四編:九.鄭州:大象出版社,2008.
[90]程大昌.演繁露續集[M]//上海師範大學古籍整理研究所.全宋筆記:第四編:九.鄭州:大象出版社,2008.
[91]程大昌.程氏考古編[M]//上海師範大學古籍整理研究所.全宋筆記:第四編:十.鄭州:大象出版社,2008.
[92]程大昌.程氏續考古編[M]//上海師範大學古籍整理研究所.全宋筆記:第四編:十.鄭州:大象出版社,2008.
[93]佚名.南窗紀談[M]//上海師範大學古籍整理研究所.全宋筆記:第五編:一.鄭州:大象出版社,2012.
[94]吴垌.五總志[M]//上海師範大學古籍整理研究所.全宋筆記:第五編:一.鄭州:大象出版社,2012.
[95]費衮.梁谿漫志[M]//上海師範大學古籍整理研究所.全宋筆記:第五編:二.鄭州:大象出版社,2012.
[96]龔頤正.芥隱筆記[M]//上海師範大學古籍整理研究所.全宋筆記:第五編:二.鄭州:大象出版社,2012.
[97]吴曾.能改齋漫録[M]//上海師範大學古籍整理研究所.全宋筆記:第五編:四.鄭州:大象出版社,2012.
[98]洪邁.容齋隨筆[M]//上海師範大學古籍整理研究所.全宋筆記:第五編:五.鄭州:大象出版社,2012.
[99]洪邁.容齋續筆[M]//上海師範大學古籍整理研究所.全宋筆記:第五編:五.鄭州:大象出版社,2012.
[100]洪邁.容齋三筆[M]//上海師範大學古籍整理研究所.全宋筆記:第五編:六.鄭州:大象出版社,2012.
[101]洪邁.容齋四筆[M]//上海師範大學古籍整理研究所.全宋筆記:第五編:六.鄭

州:大象出版社,2012.
[102]洪邁.容齋五筆[M]//上海師範大學古籍整理研究所.全宋筆記:第五編:六.鄭州:大象出版社,2012.
[103]陸游.老學庵筆記[M]//上海師範大學古籍整理研究所.全宋筆記:第五編:八.鄭州:大象出版社,2012.
[104]陸游.避暑漫抄[M]//上海師範大學古籍整理研究所.全宋筆記:第五編:八.鄭州:大象出版社,2012.
[105]周煇.清波雜志[M]//上海師範大學古籍整理研究所.全宋筆記:第五編:九.鄭州:大象出版社,2012.
[106]陳善.捫虱新話[M]//上海師範大學古籍整理研究所.全宋筆記:第五編:十.鄭州:大象出版社,2012.
[107]王明清.揮麈前録[M]//上海師範大學古籍整理研究所.全宋筆記:第六編:一.鄭州:大象出版社,2013.
[108]周去非.嶺外代答[M]//上海師範大學古籍整理研究所.全宋筆記:第六編:三.鄭州:大象出版社,2013.
[109]李季可.松窗百説[M]//上海師範大學古籍整理研究所.全宋筆記:第六編:三.鄭州:大象出版社,2013.
[110]趙彦衛.雲麓漫鈔[M]//上海師範大學古籍整理研究所.全宋筆記:第六編:四.鄭州:大象出版社,2013.
[111]倪思.經鉏堂雜志[M]//上海師範大學古籍整理研究所.全宋筆記:第六編:四.鄭州:大象出版社,2013.
[112]高似孫.緯略[M]//上海師範大學古籍整理研究所.全宋筆記:第六編:五.鄭州:大象出版社,2013.
[113]陳鵠.耆舊續聞[M]//上海師範大學古籍整理研究所.全宋筆記:第六編:五.鄭州:大象出版社,2013.
[114]王楙.野客叢書[M]//上海師範大學古籍整理研究所.全宋筆記:第六編:六.鄭州:大象出版社,2013.
[115]李心傳.舊聞證誤[M]//上海師範大學古籍整理研究所.全宋筆記:第六編:八.鄭州:大象出版社,2013.
[116]趙與時.賓退録[M]//上海師範大學古籍整理研究所.全宋筆記:第六編:十.鄭

州：大象出版社，2013.
［117］張淏.雲穀雜記［M］//上海師範大學古籍整理研究所.全宋筆記：第七編：一.鄭州：大象出版社，2016.
［118］周密.齊東野語［M］//上海師範大學古籍整理研究所.全宋筆記：第七編：十.鄭州：大象出版社，2016.
［119］史繩祖.學齋占畢［M］//上海師範大學古籍整理研究所.全宋筆記：第八編：三.鄭州：大象出版社，2017.
［120］吴淑.江淮异人録［M］//上海師範大學古籍整理研究所.全宋筆記：第八編：七.鄭州：大象出版社，2017.

二、基礎文獻(以四部分類排列)

［1］王文錦.禮記譯解［M］.北京：中華書局，2001.
［2］班固.漢書［M］.北京：中華書局，1964.
［3］陳壽.三國志［M］.北京：中華書局，1964.
［4］房玄齡.晋書［M］.北京：中華書局，1974.
［5］沈約.宋書［M］.北京：中華書局，1974.
［6］蕭子顯.南齊書［M］.北京：中華書局，1972.
［7］姚思廉.梁書［M］.北京：中華書局，1973.
［8］令狐德棻.周書［M］.北京：中華書局，1971.
［9］李延壽.南史［M］.北京：中華書局，1975.
［10］魏徵.隋書［M］.北京：中華書局，1973.
［11］劉昫.舊唐書［M］.北京：中華書局，1975.
［12］歐陽修，宋祁.新唐書［M］.北京：中華書局，1975.
［13］脱脱，等.宋史［M］.北京：中華書局，1977.
［14］司馬光.資治通鑒［M］.北京：中華書局，1956.
［15］吴任臣.十國春秋［M］.北京：中華書局，1983.
［16］吴兢.貞觀政要［M］.上海：上海古籍出版社，1978.
［17］馬令.南唐書［M］//傅璇琮，徐海榮，徐吉軍.五代史書彙編.杭州：杭州出版社，2004.
［18］陶岳.五代史補［M］//傅璇琮，徐海榮，徐吉軍.五代史書彙編.杭州：杭州出版

社,2004.

[19]錢儼.吴越備史[M]//傅璇琮,徐海榮,徐吉軍.五代史書彙編.杭州:杭州出版社,2004.

[20]李吉甫.元和郡縣圖志[M].北京:中華書局,1983.

[21]樂史.太平寰宇記[M].北京:中華書局,2007.

[22]許嵩.建康實録[M].北京:中華書局,1986.

[23]朱長文.吴郡圖經續記[M].南京:江蘇古籍出版社,1999.

[24]陸廣微.吴地記[M].南京:江蘇古籍出版社,1999.

[25]范成大.吴郡志[M].南京:江蘇古籍出版社,1986.

[26]趙宏恩.江南通志[M].文淵閣四庫全書本.臺北:臺灣商務印書館,1986.

[27]劉清之.戒子通録[M].文淵閣四庫全書本.臺北:臺灣商務印書館,1986.

[28]俞希魯.至順鎮江志[M].南京:江蘇古籍出版社,1999.

[29]周應合.景定建康志[M]//中華書局編輯部.宋元方志叢刊:第二册.北京:中華書局,1990.

[30]史能之.咸淳毗陵志[M]//中華書局編輯部.宋元方志叢刊:第三册.北京:中華書局,1990.

[31]潜説友.咸淳臨安志[M]//中華書局編輯部.宋元方志叢刊:第四册.北京:中華書局,1990.

[32]徐碩.至元嘉禾志[M]//中華書局編輯部.宋元方志叢刊:第五册.北京:中華書局,1990.

[33]談鑰.嘉泰吴興志[M]//中華書局編輯部.宋元方志叢刊:第五册.北京:中華書局,1990.

[34]施宿.嘉泰會稽志[M]//中華書局編輯部.宋元方志叢刊:第七册.北京:中華書局,1990.

[35]羅願.新安志[M]//中華書局編輯部.宋元方志叢刊:第八册.北京:中華書局,1990.

[36]翟灝.湖山便覽[M].光緒元年槐蔭堂王氏刊本.

[37]田汝成.西湖游覽志[M].杭州:浙江人民出版社,1980.

[38]吕不韋.吕氏春秋[M]//四部精要.上海:上海古籍出版社,1992.

[39]王充.論衡校釋[M].黄暉,校釋.北京:中華書局,1990.

[40]陸羽.茶經語釋[M].蔡嘉德,釋.北京:農業出版社,1984.
[41]張又新.煎茶水記[M]//朱自振,沈冬梅,增勤.中國古代茶書集成.上海:上海文化出版社,2010.
[42]孟詵.食療本草譯注[M].鄭金生,譯注.上海:上海古籍出版社,1992.
[43]顔之推.顔氏家訓集解[M].王利器,集解.上海:上海古籍出版社,1980.
[44]馮翊.桂苑叢談[M]//上海古籍出版社編.唐五代筆記小説大觀.上海:上海古籍出版社,2000.
[45]張鷟.朝野僉載[M]//上海古籍出版社編.唐五代筆記小説大觀.上海:上海古籍出版社,2000.
[46]劉餗.隋唐嘉話[M]//上海古籍出版社編.唐五代筆記小説大觀.上海:上海古籍出版社,2000.
[47]李肇.唐國史補[M]//上海古籍出版社編.唐五代筆記小説大觀.上海:上海古籍出版社,2000.
[48]劉肅.大唐新語[M]//上海古籍出版社編.唐五代筆記小説大觀.上海:上海古籍出版社,2000.
[49]佚名.大唐傳載[M]//上海古籍出版社編.唐五代筆記小説大觀.上海:上海古籍出版社,2000.
[50]高彦休.唐闕史[M]//上海古籍出版社編.唐五代筆記小説大觀.上海:上海古籍出版社,2000.
[51]韋絢.劉賓客嘉話録[M]//上海古籍出版社編.唐五代筆記小説大觀.上海:上海古籍出版社,2000.
[52]段成式.酉陽雜俎[M]//上海古籍出版社編.唐五代筆記小説大觀.上海:上海古籍出版社,2000.
[53]柳宗元.龍城録[M]//上海古籍出版社編.唐五代筆記小説大觀.上海:上海古籍出版社,2000.
[54]李濬.松窗雜録[M]//上海古籍出版社編.唐五代筆記小説大觀.上海:上海古籍出版社,2000.
[55]康駢.劇談録[M]//上海古籍出版社編.唐五代筆記小説大觀.上海:上海古籍出版社,2000.
[56]張讀.宣室志[M]//上海古籍出版社編.唐五代筆記小説大觀.上海:上海古籍出

版社,2000.
[57]范攄.雲溪友議[M]//上海古籍出版社編.唐五代筆記小説大觀.上海:上海古籍出版社,2000.
[58]孟棨.本事詩[M]//上海古籍出版社編.唐五代筆記小説大觀.上海:上海古籍出版社,2000.
[59]佚名.玉泉子[M]//上海古籍出版社編.唐五代筆記小説大觀.上海:上海古籍出版社,2000.
[60]劉崇遠.金華子[M]//上海古籍出版社編.唐五代筆記小説大觀.上海:上海古籍出版社,2000.
[61]皇甫枚.三水小牘[M]//上海古籍出版社編.唐五代筆記小説大觀.上海:上海古籍出版社,2000.
[62]杜光庭.録异記[M]//上海古籍出版社編.唐五代筆記小説大觀.上海:上海古籍出版社,2000.
[63]封演.封氏聞見記[M]//陶敏.全唐五代筆記:第一册.西安:三秦出版社,2012.
[64]盧肇.逸史[M]//陶敏.全唐五代筆記:第二册.西安:三秦出版社,2012.
[65]李匡文.資暇集[M]//陶敏.全唐五代筆記:第三册.西安:三秦出版社,2012.
[66]段公路.北户録[M]//陶敏.全唐五代筆記:第三册.西安:三秦出版社,2012.
[67]蘇鶚.蘇氏演義[M]//陶敏.全唐五代筆記:第三册.西安:三秦出版社,2012.
[68]李伉.獨异志[M]//陶敏.全唐五代筆記:第三册.西安:三秦出版社,2012.
[69]馮贄.雲仙雜記[M]//陶敏.全唐五代筆記:第四册.西安:三秦出版社,2012.
[70]杜光庭.仙傳拾遺[M]//李時人.全唐五代小説.西安:陝西人民出版社,1998.
[71]鄭綮.開天傳信記[M]//王仁裕.開元天寶遺事十種.上海:上海古籍出版社,1985.
[72]樂史.楊太真外傳[M]//王仁裕.開元天寶遺事十種.上海:上海古籍出版社,1985.
[73]鄭處誨.明皇雜録[M]//王仁裕.開元天寶遺事十種.上海:上海古籍出版社,1985.
[74]王仁裕.開元天寶遺事[M].北京:中華書局,2006.
[75]王定保.唐摭言[M].上海:古典文學出版社,1957.
[76]李昌齡.樂善録[M].叢書集成初編本.北京:中華書局,1985.

[77]錢易.南部新書溯源箋證[M].梁太濟,箋證.上海:中西書局,2013.
[78]沈汾.續仙傳[M].文淵閣四庫全書本.臺北:臺灣商務印書館,1986.
[79]徐鉉.稽神録[M].北京:中華書局,1996.
[80]王林.燕翼詒謀録[M].北京:中華書局,1981.
[81]顧文薦.負暄雜録[M]//説郛.涵芬樓本.北京:中國書店,1986.
[82]錢康公.植跋簡談[M]//説郛.涵芬樓本.北京:中國書店,1986.
[83]江少虞.宋朝事實類苑[M].上海:上海古籍出版社,1981.
[84]周密.武林舊事[M].知不足齋叢書本.
[85]洪邁.容齋隨筆[M].上海:上海古籍出版社,1978.
[86]程大昌.雍録[M].北京:中華書局,2002.
[87]調露子.角力記校注[M].翁士勛,校注.北京:人民體育出版社,1990.
[88]陸友.墨史[M].知不足齋叢書本.
[89]晁季一.墨經[M].叢書集成初編本.北京:中華書局,1985.
[90]張彦遠.歷代名畫記[M]//中國書畫全書編撰委員會.中國書畫全書:第一册.上海:上海書畫出版社,1993.
[91]董逌.廣川書跋[M]//中國書畫全書編撰委員會.中國書畫全書:第一册.上海:上海書畫出版社,1993.
[92]郭若虚.圖畫見聞志[M]//中國書畫全書編撰委員會.中國書畫全書:第一册.上海:上海書畫出版社,1993.
[93]賈思勰.齊民要術[M].北京:團結出版社,1996.
[94]圓仁.入唐求法巡禮行記[M].上海:上海古籍出版社,1986.
[95]張君房.雲笈七簽[M].北京:中華書局,2003.
[96]陶宗儀.説郛[M].涵芬樓本.北京:中國書店,1986.
[97]歐陽詢.藝文類聚[M].上海:上海古籍出版社,1982.
[98]徐堅.初學記[M].北京:京華出版社,2000.
[99]王欽若.册府元龜[M].北京:中華書局,1960.
[100]李昉.太平御覽[M].北京:中華書局,1960.
[101]李林甫.唐六典[M].北京:中華書局,1992.
[102]杜佑.通典[M].北京:中華書局,1988.
[103]王溥.唐會要[M].北京:中華書局,1955.

[104]王溥.五代會要[M].上海:上海古籍出版社,1978.

[105]宋敏求.唐大詔令集[M].北京:商務印書館,1959.

[106]陳振孫.直齋書録解題[M].上海:上海古籍出版社,1987.

[107]長孫無忌.唐律疏議[M].北京:中華書局,1983.

[108]李昉.太平廣記[M].北京:中華書局,1982.

[109]高承.事物紀原[M].北京:中華書局,1989.

[110]張説.張説集校注[M].熊飛,校注.北京:中華書局,2013.

[111]李白.李太白全集校注[M].郁賢皓,校注.南京:鳳凰出版社,2015.

[112]劉禹錫.劉禹錫集[M].北京:中華書局,1990.

[113]白居易.白居易集[M].北京:中華書局,1979.

[114]元稹.元稹集[M].北京:中華書局,1982.

[115]韓愈.韓昌黎文集校注[M].馬其昶,校注.上海:古典文學出版社,1957.

[116]杜牧.樊川文集[M].上海:上海古籍出版社,2007.

[117]陸龜蒙.陸龜蒙全集校注[M].何錫光,校注.南京:鳳凰出版社,2015.

[118]皮日休.皮子文藪[M].上海:上海古籍出版社,1981.

[119]羅隱.羅隱集[M].北京:中華書局,1983.

[120]計有功.唐詩紀事[M].北京:中華書局,2013.

[121]郭茂倩.樂府詩集[M].上海:上海古籍出版社,1998.

[122]彭定求.全唐詩[M].北京:中華書局,1960.

[123]董誥.全唐文[M].上海:上海古籍出版社,1990.

[124]孔範今.全唐五代詞釋注[M].西安:陝西人民出版社,1998.

[125]逯欽立.先秦漢魏晋南北朝詩[M].北京:中華書局,1983.

三、研究專著

[1]陳寅恪.元白詩箋證稿[M].上海:上海古籍出版社,1978.

[2]傅璇琮.唐代科舉與文學[M].西安:陝西人民出版社,1986.

[3]傅築夫.中國封建社會經濟史:四[M].北京:人民出版社,1986.

[4]顧志興.浙江藏書家藏書樓[M].杭州:浙江人民出版社,1987.

[5]王昆吾.唐代酒令藝術[M].上海:東方出版中心,1995.

[6]朱大渭,劉馳,陳勇,等.魏晋南北朝社會生活史[M].北京:中國社會科學出版

社,1998.
[7]李斌城,李錦綉,吴麗娱,等.隋唐五代社會生活史[M].北京:中國社會科學出版社,1998.
[8]李錦綉.唐代制度史略論稿[M].北京:中國政法大學出版社,1998.
[9]黎虎.漢唐飲食文化史[M].北京:北京師範大學出版社,1998.
[10]宿白.唐宋時期的雕版印刷[M].北京:文物出版社,1999.
[11]劉廣生,趙梅莊.中國古代郵驛史[M].北京:人民郵電出版社,1999.
[12]吴玉貴.中國風俗通史:隋唐五代卷[M].上海:上海文藝出版社,2001.
[13]徐連達.唐朝文化史[M].上海:復旦大學出版社,2003.
[14]王賽時.唐代飲食[M].濟南:齊魯書社,2003.
[15]張劍光.唐五代江南工商業布局研究[M].南京:江蘇古籍出版社,2003.
[16]廖芮茵.唐代服食養生研究[M].臺北:臺灣學生書局,2004.
[17]魏嘉瓚.蘇州古典園林史[M].上海:上海三聯書店,2005.
[18]景遐東.江南文化與唐代文學研究[M].北京:人民文學出版社,2005.
[19]張秀民.中國印刷史[M].韓琦,增訂.杭州:浙江古籍出版社,2006.
[20]顧志興.浙江藏書史:上[M].杭州:杭州出版社,2006.
[21]黄雲鶴.唐宋下層士人研究[M].石家莊:河北人民出版社,2006.
[22]傅京亮.中國香文化[M].濟南:齊魯書社,2008.
[23]韓養民,李志慧,郭興文,等.中國民俗史:隋唐卷[M].北京:人民出版社,2008.
[24]程千帆.唐代進士行卷與文學[M].武漢:武漢大學出版社,2008.
[25]王永平.中國文化通史:隋唐五代卷[M].北京:北京師範大學出版社,2009.
[26]金瀅坤.中晚唐五代科舉與社會變遷[M].北京:人民出版社,2009.
[27]廖宜方.唐代的母子關係[M].臺北:稻鄉出版社,2009.
[28]劉樸兵.唐宋飲食文化比較研究[M].北京:中國社會科學出版社,2010.
[29]高世瑜.中國婦女通史:隋唐五代卷[M].杭州:杭州出版社,2010.
[30]萬軍杰.唐代女性的生前與卒後[M].天津:天津古籍出版社,2010.
[31]劉琴麗.唐代舉子科考生活研究[M].北京:社會科學文獻出版社,2010.
[32]王俊奇.唐代體育文化史[M].北京:北京體育大學出版社,2010.
[33]于賡哲.唐代疾病、醫療史初探[M].北京:中國社會科學出版社,2011.
[34]王佺.唐代干謁與文學[M].北京:中華書局,2011.

[35]陳德弟.先秦至隋唐五代藏書家考略[M].天津:天津古籍出版社,2011.

[36]吴麗娱.終極之典——中古喪葬制度研究[M].北京:中華書局,2012.

[37]翁育瑄.唐宋的奸罪與兩性關係[M].臺北:稻鄉出版社,2012.

[38]張勃.唐代節日研究[M].北京:中國社會科學出版社,2013.

[39]俞鋼.唐代制度文化研究論集[M].上海:上海古籍出版社,2013.

[40]鄒福清.唐五代筆記研究[M].北京:中國社會科學院出版社,2013.

[41]張國剛.唐代家庭與社會[M].北京:中華書局,2014.

[42]金瀅坤.唐五代科舉的世界[M].上海:復旦大學出版社,2014.

[43]盧蓉.中國墓碑研究[M].北京:社會科學文獻出版社,2015.

四、研究論文和學位論文

[1]金志超.浙江碧湖宋塔出土文物[J].文物,1963(3):24-32.

[2]文物編輯部.無産階級文化大革命期間出土文物展覽簡介[J].文物,1972(1):75-76.

[3]屈萬里,昌彼得.刻書之始[G]//喬衍琯,張錦郎.圖書印刷發展史論文集續編.臺北:文史哲出版社,1977:43-51.

[4]楊繩信."模勒"與版刻考[J].西北大學學報,1981(5):49-50.

[5]金寶祥.和印度佛教寓言有關的兩件唐代風俗[M]//唐史論文集.蘭州:甘肅人民出版社,1982:31-52.

[6]張弓.唐五代時期的牙人[M]//魏晋隋唐史論集:第一輯.北京:中國社會科學出版社,1981:252-266.

[7]林立平.唐宋時期商人社會地位的演變[J].歷史研究,1989(1):129-142.

[8]張劍光,鄒國慰.唐代商人社會地位的變化及其意義[J].上海師範大學學報,1989(2):102-109.

[9]張澤咸.唐代的誕節[M]//張澤咸集.北京:中國社會科學出版社,2007:471-488.

[10]王靈善.論唐代商人的政治地位[J].山西大學學報,1992(4):27-32.

[11]林立平.唐宋之際城市旅店業初探[J].暨南學報,1993(2):82-90,149.

[12]張澤咸.唐代的節日[J].文史:第三十七輯.北京:中華書局,1993:81-92.

[13]薛天緯.干謁與唐代詩人心態[J].西北大學學報,1994(1):17-23.

[14]陳偉明.唐宋時期的漁業生産[J].農業考古,1994(3):207-217.

[15]邱仲麟.不孝之孝——唐以來割股療親現象的社會史初探[J].新史學,1995,6(1):49-94.
[16]葛景春.李白與唐代的干謁之風[J].中州學刊,1995(2):97-99.
[17]張劍光.唐代漁業生產的發展及其商品化問題[J].農業考古,1996(3):195-204.
[18]徐連達.隋唐的酒事、酒宴與酒令[J].中國社會經濟史研究,1997(3):4-9.
[19]葛曉音.論初盛唐文人的干謁方式[M]//詩國高潮與盛唐文化.北京:北京大學出版社,1998:211-234.
[20]姚偉鈞.漢唐節日禮俗的形成與特徵[J].華中師範大學學報,1999(1):70-75.
[21]安彩鳳.唐代的飲酒風[J].文博,1999(2):80-81,92.
[22]邱仲麟.人藥與血氣——"割股"療親現象中的醫藥觀念[J].新史學,1999,10(4):67-116.
[23]盧海鳴.六朝時期南京(建康)的緑化[J].現代城市研究,2000(6):39-40.
[24]李志生.唐人婚齡探析[M]//北京大學歷史學系.北大史學:第八期.北京:北京大學出版社,2001:15-28.
[25]馬自力.唐人筆記小説中的唐代女性——從資料與問題出發的初步考察[J].文藝研究,2001(6):102-106.
[26]房鋭.從王鐸死因看晚唐藩鎮之禍及落第士人的心態[J].天津大學學報,2002(1):52-56.
[27]宫雲維.有關宋人筆記中唐五代科舉史料的幾個問題[J].古籍整理研究學刊,2003(1):18-22.
[28]張金桐.唐人小説中的婦女性愛:小説家營造的心理態勢[J].河北學刊,2003(1):96-101.
[29]劉玉峰.唐代商品性農業的發展和農産品的商品化[J].思想戰綫,2004(2):109-118.
[30]房鋭.從《北夢瑣言》看唐五代人的婚配觀[J].廣西社會科學,2004(2):129-131.
[31]張國剛,蔣愛花.唐代男女婚嫁年齡考略[J].中國史研究,2004(2):65-75.
[32]房鋭.從《北夢瑣言》看晚唐落第士人的心態[J].社會科學家,2004(5):52-54.
[33]蔡静波,楊東宇.論晚唐科舉與落第士人的心態——以《北夢瑣言》爲例[J].唐

都學刊,2005(4):24-27.
[34]房鋭.從《北夢瑣言》看晚唐重進士科之風氣[J].唐都學刊,2005(5):1-4.
[35]劉菊湘.唐代旅游研究[J].寧夏社會科學,2005(6):106-108.
[36]王俊奇.唐宋都市民俗體育文化的繁榮發展[J].上饒師範學院學報,2006(1):75-79.
[37]張劍光,張潔.唐五代城市消費的方式、水平和結構研究[J].吉林大學學報,2006(2):143-152.
[38]景遐東.唐代文人漫游江南之風及其影響[J].沙洋高等師範專科學校學報,2006(3):35-38.
[39]岳純之.唐代法定適婚年齡考[J].歷史教學,2006(5):18-21.
[40]岳純之.論唐代婚外性行爲及其社會控制[J].齊魯學刊,2006(5):47-51.
[41]岳純之.唐代性開放説質疑[J].南開學報,2007(6):106-113.
[42]辛德勇.唐人模勒元白詩非雕版印刷説[J].歷史研究,2007(6):36-54.
[43]張劍光,鄒國慰.唐五代時期江南農業生産商品化及其影響[J].學術月刊,2010(2):119-129.
[44]包偉民.唐代市制再議[J].中國社會科學,2011(4):179-189.
[45]張劍光.唐五代牙人活動之蠡測[M]//唐代經濟與社會研究.上海交通大學出版社,2013:13-20.
[46]張劍光.六朝至唐代江南城市游覽風尚的變化及其原因[J].社會科學,2014(5):131-142.
[47]朱紅.唐代節日民俗與文學研究[D].復旦大學博士學位論文,2002.
[48]趙玉平.唐五代宋初敦煌佛齋禮儀研究[D].上海師範大學博士學位論文,2015.
[49]歐陽輝.唐代民間旅店業述論[D].江西師範大學碩士論文,2007.
[50]冉海問.唐代的旅館業[D].山東大學碩士論文,2008.
[51]吴娟娟.香料與唐代社會生活[D].安徽大學碩士論文,2010.
[52]程佳佳.《容齋隨筆》所録隋唐五代史料之研究[D].上海師範大學碩士論文,2013.

後記

這個世紀剛開始的時候，我參加了《全宋筆記》的點校和整理工作，先後點校第一編、第三編、第六編、第八編、第九編中的三十多種宋人筆記。第一編中點校的筆記在審稿結束後，經傅璇琮先生提議，做些體例上的改動，又修改了校勘記，最終收入杭州出版社的《五代史書彙編》中。古籍點校是一項比較辛苦的工作，看似容易，但其實不簡單。比如有的筆記版本流傳不多，重要版本今天都收藏在圖書館，作爲参校本，必須詳細校對，這就要利用上海圖書館的藏書。有一段時間連續幾個星期，我天天坐在上海圖書館二樓的閲覽室裏對同一本書的幾個版本進行核對。點校工作需要有十分的耐心，有的句子初看不是太理解，需要查閲大量的工具書，有時經過一兩個小時的努力，最後搞清楚意思，但衹是標了一個逗號而已。等到稿子交上去，還得經歷幾上幾下的修改，來了校樣後還得校對兩次，花費的大量時間與出的成果相比，想想還真是不太合算。

在點校時，要對這些筆記認真閲讀多遍。其時我還做着唐五代江南史的研究，於是順便在點校過程中摘録了大量的資料。前期的宋人筆記中，有豐富的五代十國的資料，特别是關於南方幾個小國家的。這些資料是研究五代江南史的基礎素材，十分重要，對豐富五代十國歷史的研究作用巨大。這時我漸漸地發現，宋人筆記的記載中有大量唐後期及五代時期獨特的資料，而以往我們在研究時一般以唐代的筆記爲主，當然，重要的宋代筆記亦會引起大家的注意，但大部分的宋代筆記却是被忽略掉了，而這些資料其實有許多是極有價值的。因此，我一直在想，等《全宋筆記》點校完，要做兩件工作：一是對宋代筆記中關於唐代的獨有記録做出整理，這是體現宋代筆記資料價值的重要一點；二是要根據宋代筆記中的記載對唐五代歷史進行一些研究，希望能對唐五代歷史的認識有所裨益。

二〇一〇年,“《全宋筆記》編纂整理與研究”申報國家社科重大課題,我向課題主持人戴建國教授提出了自己的想法,并希望這個想法能作爲一個子課題作出更進一步的研究。由於宋代筆記較多地記録了唐五代人們的社會生活,爲了與其他的子課題項目相匹配,我的這個子課題遂集中在宋人筆記中關於唐五代社會生活的研究上。又由於對唐五代社會生活的研究前人已有不少成果,所以我的課題并不是系統地對唐五代社會生活進行研究,而是在宋人記載較爲集中的一些方面進行更爲深入的探討,力求利用宋人的資料對目前研究還不是太到位的地方進行重新闡述,同時利用宋人的記録將前人没有注意的一些方面加以推進,或者對前人研究比較粗疏的地方進行一些補充,希望能對唐五代社會生活的瞭解更加豐滿。

由於前期主要是將精力用於點校上,真正着手研究這個課題是最近兩年的事情,中間還穿插着一些其他的事務,能静下心來進行寫作的時間并不是很多。好在這個寒假裏要寫的内容大體已完成,我亦可以交差歇口氣了。説句實在的,宋代筆記中記録的唐五代社會的資料,比我原先想象的要豐富,也就是説,宋代筆記裏還有很多内容可以繼續研究。本書的寫作是告一個小段落,但這僅是一個階段性工作的結束,接下來還可以利用宋代筆記對唐五代歷史的各個方面進行深入探討。

儘管寫作本書花了不少精力,但因爲與以往我的研究方式有很大的不同,所以心裏常常會惴惴不安。單純利用宋代筆記進行唐五代社會生活的探索,與利用唐代史書和筆記進行的考察,區别到底在哪裏?是否能通過我的研究充分展現出宋代筆記的特有價值?筆記的内容比較龐雜,涉及的問題太多,如果唐宋資料放在一起研究,勢必會淹没宋代筆記的價值,這個是我在寫作本書時特别矛盾的地方。我知道,僅通過宋代筆記進行研究,不可能勾勒出唐五代社會生活的全貌,但通過這種研究,哪怕衹是使唐五代社會生活的一些生活片段更爲清晰、更爲豐富,我覺得我的寫作目的也就達到了。

誰都知道學術研究永無止境,錯誤亦是難免,本書當然亦是如此,唯有今後在不斷的學習中加以改進。

附帶提一下,整理《全宋筆記》時,各書使用的底本時代不一,書寫習慣不同,在處理避諱字、舊體字、异體字等方面并不一致,我們力求做到的是每本書中用字前後統一;一些字甚至使用的是簡化字,整理時爲了保存版本原貌仍如其書。不過本書在引用相關資料進行寫作時,爲了保持前後統一,避諱、俗體、异體等儘量改爲正體,簡化字亦改爲繁體字。儘管這樣的體例使得引用的資料與筆記原文會發生一些細小的變化,但對本書的寫作來説,這樣的做法應該更爲合情合理。

後記寫到這裏,照例是要做些感謝的。但我在隨筆集《學海隨心》的《形式主義》一文中曾經批判過學界寫後記亂感謝的風氣,所以自己首先要把這俗套免了。不過,特殊的原因使我决定還是要感謝一下。《全宋筆記》的主編傅璇琮先生不久前剛剛去世,記得先生曾多次到上海,召集我們開會討論點校時必須注意的體例以及版本問題,詳實而具體,先生討論時態度和善,既詳盡聽取我們的意見,又準確地表達他的看法。先生安排我們標點的幾種筆記收入《五代史書彙編》,孔夫子舊書網上目前還掛着我標點的《江南野史》《江南餘載》的稿子,上面有先生簽名覆校的字樣,先生對文稿的校改清晰可見。能够與這樣的學術大家有交集,聆聽他的教誨,實在是後學者的榮幸。

最後,還得感謝一下學術界的各位專家學者,本書能取得一點成績,是站在你們的肩膀向上作的一躍。亦得感謝這段時間在科研和教學上幫助過我的各位朋友和同人,是你們給了我好心情,是你們給了我歡笑。我的博士生劉永强在書稿的修改過程中幫我查實不少資料,使書稿避免了很多錯誤。“山遠近,路横斜,青旗沽酒有人家。城中桃李愁風雨,春在溪頭薺菜花。”田野溪邊的薺菜花,迎着春天的風雨,一朵接一朵地開放,帶給人們絲絲悸動,帶給人們美好念想。

張劍光

二〇一六年二月十八日初稿

二〇一八年七月二十八日修改